borges babilônico

jorge schwartz
ORGANIZAÇÃO
maria carolina de araujo
COORDENAÇÃO EDITORIAL

borges babilônico

uma enciclopédia

COMPANHIA DAS LETRAS

Grafia atualizada segundo o Acordo Ortográfico da Língua Portuguesa de 1990, que entrou em vigor no Brasil em 2009.

Capa e projeto gráfico
Raul Loureiro
Curadoria de imagens
Jorge Schwartz
Tradução dos textos em espanhol
Gênese Andrade
Preparação
Márcia Copola
Checagem
Regina Pereira
Índice onomástico
Luciano Marchiori
Revisão
Isabel Cury
Angela das Neves

EDITORA SCHWARCZ S.A.
Rua Bandeira Paulista, 702, cj. 32
04532-002 – São Paulo – SP
Telefone: (11) 3707-3500
www.companhiadasletras.com.br
www.blogdacompanhia.com.br
facebook.com/companhiadasletras
instagram.com/companhiadasletras
twitter.com/ciadasletras

Dados Internacionais de Catalogação na Publicação (CIP)
Câmara Brasileira do Livro, SP, Brasil

Borges babilônico: Uma enciclopédia/organização Jorge Schwartz; coordenação editorial Maria Carolina de Araujo; [tradução dos textos em espanhol Gênese Andrade].
— 1ª ed. — São Paulo: Companhia das Letras, 2017.

ISBN: 978-85-359-2867-9

1. Apontamentos 2. Borges, Jorge Luis, 1899-1986
3. Literatura argentina
I. Schwartz, Jorge. II. Araujo, Maria Carolina de.

17-00667 CDD-ar864

Índice para catálogo sistemático:
1. Verbetes: Literatura argentina 860.9

sumário

apresentação

jorge schwartz

De los diversos géneros literarios, el catálogo y la enciclopedia son los que más me placen. No adolecen, por cierto, de vanidad. Son anónimos como las catedrales de piedra y como los generosos jardines.

J. L. BORGES

Apud Antonio Fernández Ferrer, *Borges A/Z*, p. 160.

Poderia começar esta breve introdução fazendo considerações acerca do excesso que significa publicar mais um dicionário sobre Borges; poderia também refletir sobre o papel da biblioteca ou da enciclopédia em sua vida e literatura. Acredito que pouco tenho a acrescentar aos verbetes específicos a respeito desses tópicos aqui incluídos. Em todo caso, nenhum dos dicionários ao meu alcance foi concebido como trabalho em equipe ou inclui um número tão extenso e variado de colaboradores. Planejada a princípio para o leitor brasileiro, esta obra, com seus mais de mil verbetes, poderá ser de utilidade a um público bem mais amplo, e não só àquele dedicado exclusivamente à literatura.

A história do *Borges babilônico* (título emprestado de uma referência que Julio Cortázar faz ao mestre em *Cartas a los Jonquières*) teve início há muitos anos, como mero exercício de leitura — exercício que Borges sempre privilegiou ao da escrita, em particular quando se tratava da leitura de enciclopédias.

No fim da década de 1990, a Editora Globo de São Paulo publicou as *Obras completas* de Borges em quatro volumes (Prêmio Jabuti de Tradução), que preparei com Maria Carolina de Araujo, minha colaboradora e assistente editorial. Baseados nas pesquisas e em inúmeras consultas feitas para essa edição, conjecturamos que, com os extensos materiais ao nosso dispor, poderíamos elaborar um glossário ou o que no começo chamamos "Guia de leitura de Borges para o Brasil", ou simplesmente "Guia Borges". Falei "exercício" de leitura porque o projeto foi pensado inicialmente para ser realizado por alunos das áreas de graduação de Espanhol e de História da América, da Universidade de São Paulo: os alunos deveriam compor os verbetes, com o apoio de bolsas de Iniciação Científica do Conselho Nacional de Desenvolvimento Científico e Tecnológico (CNPq). Durante os primeiros dois anos, os seminários com os estudantes dedicaram-se à definição de um corpus: nomes próprios, termos e expressões extraídas dos quatro volumes das *Obras completas* cujo detalhado repertório pudesse despertar o interesse do leitor brasileiro. Chegou-se a uma lista exorbitante que ultrapassou 7 mil verbetes. Foi quando percebemos com mais clareza aquilo que já suspeitávamos: o caráter infinito da erudição de Borges e a empresa impossível de construir uma provável enciclopédia de uma mente enciclopédica por excelência. Uma metaenciclopédia.

O processo seletivo do corpus dos termos foi, sem dúvida, subjetivo e arbitrário. O que seria importante esclarecer ao leitor de Borges no Brasil que também despertasse o interesse de um leitor que não fosse brasileiro? Começaram então a surgir áreas de conhecimento que impediam que a realização do projeto ficasse limitada a um grupo de estudantes de graduação: literaturas argentina, inglesa, francesa, italiana, oriental, judaica, finlandesa, norte-americana, alemã ou anglo-saxônica; temas diversos como a poesia, a tradução, as matemáticas e a filosofia; também o mundo da história e da cultura argentinas, especialmente o do século XIX e da primeira metade do XX. Definimos, desde o início, que não faríamos interpretação de textos. Além disso, evitamos repetir informações de fácil acesso pelos meios da informática (Google, Wikipédia) e adotamos a norma de que todos os verbetes fariam referência específica à obra de Borges.

Na organização deste volume, o rico tecido de relações entre os diferentes verbetes teve de se subordinar à tirania do critério alfabético; toda vez que se fez necessário, recorremos ao uso da remissão de um verbete a outro.

Percebendo que alguns assuntos mereciam uma abordagem mais extensa, inauguramos a categoria dos "verbetes temáticos". Entre os especialistas convidados para a elaboração desses pequenos ensaios, encontram-se nomes como Alberto Manguel, Alfredo Alonso Estenoz, Ana Cecilia Olmos, Annick Louis, Beatriz Sarlo, Claudia Fernández, Daniel Balderston, Davi Arrigucci Jr., David Oubiña, Edgardo Cozarinsky, Enrique Mandelbaum, Enrique Sacerio-Garí, Inés Azar, Ivan Almeida, Júlio Pimentel Pinto, Julio Schvartzman, Magdalena Cámpora, María de los Ángeles González Briz, Martín Greco, Michel Lafon, Pablo Rocca, Patricia Artundo, Rafael Olea Franco, Ricardo Piglia, Saúl Sosnowski, Walter Carlos Costa.

Além da imensa quantidade de consultas que realizamos, principalmente aos próprios autores dos verbetes, dois especialistas se dedicaram a uma leitura crítica das versões finais: Alfredo Alonso Estenoz, do Luther College em Iowa, e Júlio Pimentel Pinto, da Universidade de São Paulo. Para a supervisão dos verbetes sobre a cultura e literatura do Oriente, contamos também com a colaboração de Christina Civantos, da Universidade de Miami. Coube a Gênese Andrade a delicada tarefa da versão de textos originais em espanhol para o português. Da nossa plêiade de colaboradores locais, merece destaque Paulo Ferraz de Camargo Oliveira, que nos acompanhou ao longo dos anos elaborando e revisando verbetes.

Houve casos, considerados de exceção, em que incorporamos verbetes já publicados, como vários daqueles que vieram à luz no caderno mais!, suplemento da *Folha de S. Paulo* (1º de agosto de 1999), sob o título "ABC de Borges", com colaborações de excelência. Outros, por exemplo, foram generosamente cedidos por Marcela Croce e Gastón Sebastián M. Gallo, autores da *Enciclopedia Borges*, e por Edgardo Cozarinsky e Eduardo Berti, autores da *Galaxia Borges*.

Uma das exceções mais curiosas, talvez a mais curiosa de todas, é o verbete sobre Jorge Luis Borges, elaborado pelo próprio escritor como "Epílogo" ao clássico volume das *Obras completas*, de 1974, que saiu pela Editora Emecé de Buenos Aires. Nas páginas finais desse volume, o verbete se apresenta como um texto redigido para uma hipotética "Enciclopedia Sudamericana", que seria publicada em Santiago do Chile cem anos mais tarde, portanto em 2074. O verbete é sobre "Borges, José Francisco Isidoro Luis", com a deliberada substituição de "Jorge" por "José".

Alguns instrumentos foram indispensáveis em nossas pesquisas: a clássica edição das *Oeuvres complètes*, da Bibliothèque de la Pléiade, em dois volumes, anotada por Jean Pierre Bernès, e a mais recente edição crítica das *Obras completas* de Borges, em três volumes, anotada por Rolando Costa Picazo e, no caso do primeiro volume, também por Irma Zangara. Tiveram igualmente grande utilidade alguns dicionários, como: *Borges: Una enciclopedia*, de Daniel Balderston, Gastón Gallo e Nicolás Helft; *Borges, libros y lecturas*, de Laura Rosato e Germán Álvarez, publicado em Buenos Aires pela Biblioteca Nacional em 2010; ainda, de Daniel Balderston, *The Literary Universe of Jorge Luis Borges*; de Evelyn Fishburn e Psiche Hughes, *Un diccionario de Borges*; *Reasoned Thematic Dictionary of the Prose of Jorge Luis Borges*, de Ion T. Agheana; *Ficciones de Borges*, de Antonio Fernández Ferrer, e *Borges A/Z*, organizado por esse mesmo autor (para a prestigiosa coleção La Biblioteca de Babel, de Franco Maria Ricci).

A lista de agradecimentos é enorme, começando pelos 66 colaboradores, que nunca deixaram de responder às nossas insistentes dúvidas. Lamento, profundamente, ter de registrar aqui duas perdas irreparáveis: Michel Lafon, um dos mais sofisticados críticos de Borges, que redigiu em especial para o nosso livro o verbete "Pierre Menard", sem dúvida o personagem mais famoso da segunda metade do século XX para a teoria da literatura. E Ricardo Piglia, que tanto fez pela divulgação da literatura de Borges, e que não poderia estar ausente do nosso projeto. Nenhum dos dois terá a alegria de ver o *Borges babilônico* publicado. O maior agradecimento, no entanto, é para a minha infatigável parceira, a coordenadora editorial Maria Carolina de Araujo, que, ao longo dos anos, não se furtou a lidar com todas as dificuldades próprias à elaboração de um livro muito próximo a um dicionário e com colaboradores tão diversos. Quero agradecer à Companhia das Letras, que, por intermédio dos editores Flávio Moura e Emilio Fraia, acolheu esta iniciativa. Também Raul Loureiro, responsável por um projeto gráfico de originalidade e beleza ímpares. *Last but not least*, sem a contribuição do CNPq os alunos não teriam ingressado neste fascinante universo, que os manteve ocupados durante vários anos.

Vi e ouvi Borges pela primeira vez por ocasião do Prêmio Jerusalém, na Universidade Hebraica de Jerusalém (1971). Depois, na memorável visita que o escritor fez a São Paulo, acompanhado de María Kodama, em 1984, e que as várias biografias sobre ele ignoram.

Passei a ensiná-lo nas aulas de graduação da área de Espanhol da Universidade de São Paulo. Mas, de fato, só aprendi a lê-lo ao lado de Emir Rodríguez Monegal, durante minha permanência em Yale (1977-8). A Emir, *in memoriam*, dedico este trabalho.

Para terminar, gostaria de me apropriar das palavras de Borges no prólogo ao *Livro dos seres imaginários*, ele mesmo uma espécie de dicionário:

> Um livro desta índole é necessariamente incompleto; cada nova edição é o núcleo de edições futuras, que podem se multiplicar até o infinito. [...] Como todas as miscelâneas, como os inesgotáveis volumes de Robert Burton, de Fraser ou de Plínio, o *Livro dos seres imaginários* não foi escrito para uma leitura consecutiva. Gostaríamos que os curiosos o frequentassem, como quem joga com as formas mutantes que revela um caleidoscópio.

colaboradores

Abel Posse [AP]
Adriana Astutti [AA]
Alberto Manguel [AM]
Alexandre Eulalio [AE]
Alexandre Fiori [AF]
Alfredo Alonso Estenoz [AAE]
Ana Cecilia Olmos [ACO]
Annick Louis [AL]
Arthur Nestrovski [AN]
Beatriz Sarlo [BS]
Clara Cohen [CC]
Claudia Fernández [CF]
Daniel Balderston [DB]
Davi Arrigucci Jr. [DAJ]
David Oubiña [DO]
Dylan Frontana [DF]
Edgardo Cozarinsky [EC]
Enrique Mandelbaum [EM]
Enrique Sacerio-Garí [ESG]
Fabiano Gonçalves Borges [FGB]
Fiorina Torres [FT]
Gastón Gallo [GG]
Germán Álvarez [GA]
Gisele Castro [GC]
Henrique Nunes Canever [HNC]
Hernán Martínez Millán [HMM]
Hernán Nemi [HN]
Inés Azar [IAZ]
Ivan Almeida [IAL]
João Adolfo Hansen [JAH]
Jorge Luis Borges [JLB]
Jorge Schwartz [JS]
Juan Manuel Bonet [JMB]
Juliano Gouveia dos Santos [JGS]
Júlio Pimentel Pinto [JPP]
Julio Schvartzman [JSV]
Laura Rosato [LR]
Leah Leone [LL]
Leila Mara Ruiz Babadópulos [LMRB]
Leyla Perrone-Moisés [LPM]
Lucas Margarit [LM]
Magdalena Cámpora [MCA]
Marcela Croce [MCR]
Marcelo Coelho [MCO]
Marcelo Pereira da Silva [MPS]
Marco Aurélio Botelho de Lima [MABL]
Margarita Guerrero [MAG]
Maria Augusta da Costa Vieira [MACV]
María de los Ángeles González Briz [MAGB]
Mario Tesler [MT]
Martín Greco [MG]
Michel Lafon [ML]
Nicolas Shumway [NS]
Pablo Martínez Gramuglia [PMG]
Pablo Rocca [PR]
Patricia Artundo [PA]
Paulo Ferraz de Camargo Oliveira [PFCO]
Priscila Pereira Mota [PPM]
Rafael Olea Franco [ROF]
Ricardo Piglia [RP]
Rodolfo Brandão [RB]
Sandra Martins Correia [SMC]
Saúl Sosnowski [SS]
Tiago Pinheiro [TP]
Walter Carlos Costa [WCC]
Yves Finzetto [YF]

(El primero es común a todas ellas, naturalmente)

capítulos. De esas novelas, una es de carácter simbólico; otra, sobrenatural; otra, policial; otra, psicológica; otra, comunista; otra, anticomunista, etcétera. Quizá un esquema ayude a comprender la estructura.

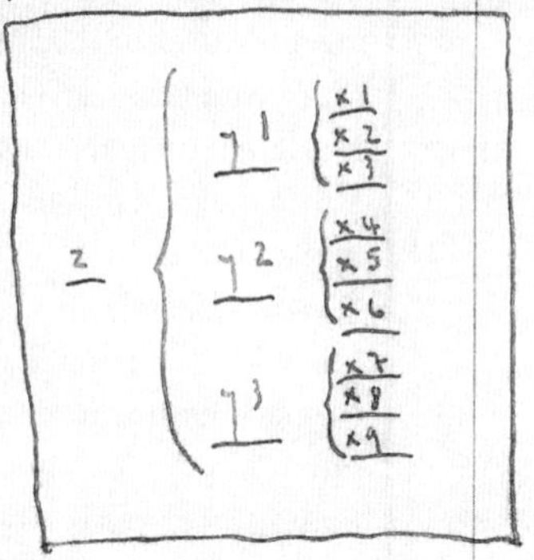

De esa estructura cabe repetir lo que declaró Schopenhauer de las doce categorías kantianas: Todo lo sacrifica a un furor simétrico. Previsiblemente, alguno de los nueve relatos es indigno de Quain; el mejor no es el que ~~originalmente~~ originariamente ideó, el x4; es el de naturaleza fantástica, el x9. Otros están afeados por bromas lánguidas y por seudo precisiones inútiles. Quienes los leen en orden cronológico (verbigracia: x3, y 1, z) pierden el sabor peculiar del extraño libro. Dos relatos — el x7, el x8 — carecen de valor individual; la yuxtaposición les presta eficacia... No sé si debo recordar que ya publicado April March, Quain se arrepintió del orden ternario y predijo que los hombres que lo imitaran optarían por el binario

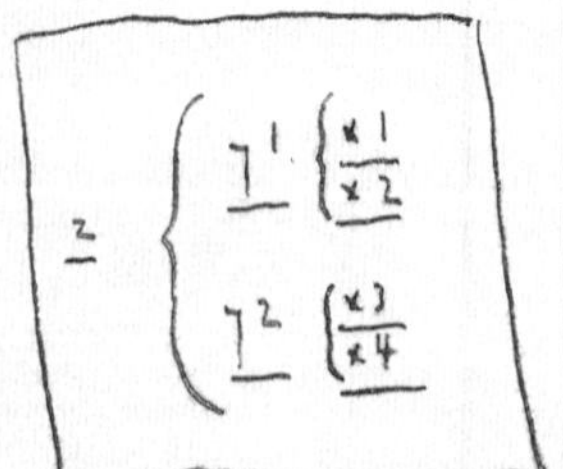

1910, o ano do cometa e do centenário

A dupla referência a essa data, citada por Borges em "O encontro" (*O informe de Brodie*), está relacionada ao cometa Halley e ao centenário da Revolução de Maio, ocorrida na Argentina. Acredita-se que o cometa foi avistado em 466 a.C. pela primeira vez e por Johannes Kepler em 1607. Ao relacionar essa aparição com a que registrou em 1682, Edmond Halley provou matematicamente a existência de cometas que percorrem uma órbita em torno do Sol e que, portanto, pertencem a nosso sistema solar. O cometa Halley ainda foi visto em 1759, 1835, 1910 e 1986.

Quanto à Revolução de Maio, ela foi organizada por um *cabildo* aberto, que Baltasar Hidalgo de Cisneros y la Torre, o vice-rei do rio da Prata durante 1809 e 1810, aceitou a contragosto manter. Assim sendo, ele encarregou o *cabildo* de formar uma junta de governo provisória. Esta, presidida pelo próprio Cisneros, dizia-se fiel a Fernando VII, rei espanhol que estava cativo na França, e contra o então rei da Espanha, José Bonaparte, que fora posto no trono pelos exércitos de Napoleão. Antes que essa junta pudesse funcionar, porém, uma revolta a desfez. Em 25 de maio, formou-se uma nova, sem Cisneros, liderada pelo coronel Cornelio Saavedra. A partir daí a junta teria participação decisiva na conquista da independência da Argentina. — HNC

3

El mago ejecutó esas órdenes. Consagró un plazo (que finalmente abarcó dos años) a descubrirle los arcanos del universo y del culto del fuego. Íntimamente, le dolía apartarse de él. Con el pretexto de la necesidad pedagógica, dilataba cada día las horas dedicadas al sueño. También rehizo el hombro derecho, acaso deficiente. A veces, lo inquietaba una impresión de que ya todo eso había acontecido... En general, sus días eran felices; al cerrar los ojos pensaba: *Ahora estaré con mi hijo.* O, más raramente: *El hijo que he engendrado me espera y no existirá si no voy.* X Gradualmente, lo fue acostumbrando a la realidad. Una vez le ordenó que embanderara una cumbre lejana. Al otro día, flameaba la bandera en la cumbre. Ensayó otros experimentos análogos, cada vez más audaces. Comprendió con cierta amargura que su hijo estaba listo para nacer — y tal vez impaciente. Esa noche lo besó por primera vez y lo envió al otro templo cuyos despojos blanqueaban río abajo, a muchas leguas de inextricable selva y de ciénaga. Antes (para que no supiera nunca que era un fantasma, para que se creyera un hombre como los otros) le infundió el olvido total de sus años de aprendizaje.

Su victoria y su paz quedaron empañadas de hastío. En los crepúsculos de la tarde y del alba, se prosternaba ante la figura de piedra, tal vez imaginando que su hijo irreal ejecutaba idénticos ritos, en otras ruinas circulares, aguas abajo; de noche no soñaba, o soñaba como lo hacen todos los hombres. Percibía con cierta palidez los sonidos y formas del universo: el hijo ausente se nutría de esas disminuciones de su alma. El propósito de su vida estaba colmado; el hombre persistió en una suerte de éxtasis. Al cabo de un tiempo que ciertos narradores de su historia prefieren computar en años y otros en lustros, lo despertaron dos remeros a medianoche: no pudo ver sus caras, pero le hablaron de un hombre mágico en un templo del Norte, capaz de hollar el fuego y de no quemarse. El mago recordó bruscamente las palabras del dios. Recordó que de todas las criaturas que componen el orbe, el fuego era la única que sabía que su hijo era un fantasma. Ese recuerdo, apaciguador al principio, acabó por atormentarlo. Temió que su hijo meditara en ese privilegio anormal y descubriera de algún modo su condición de mero simulacro. No ser un hombre, ser la proyección del sueño de otro hombre ¡qué humillación incomparable, qué vértigo! A todo padre le interesan los hijos que ha procreado (que ha permitido) en una mera confusión o felicidad; es natural que el mago temiera por el porvenir de aquel hijo, pensado entraña por entraña y rasgo por rasgo, en mil y una noches secretas.

El término de sus cavilaciones fue brusco, pero lo prometieron algunos signos. Primero (al cabo de una larga sequía) una remota nube en un cerro, liviana como un pájaro; luego, hacia el Sur, el cielo que tenía el color rosado de la encía de los leopardos; luego las humaredas que herrumbraron el metal de las noches; después la fuga pánica de las bestias. Porque se repitió lo acontecido hace muchos siglos. Las ruinas del santuario del dios del fuego fueron destruidas por el fuego. En un alba sin pájaros el mago vió cernirse contra los muros el incendio concéntrico. Por un instante, pensó refugiarse en las aguas, pero luego comprendió que la muerte venía a coronar su vejez y a absolverlo de sus trabajos. Caminó contra los jirones de fuego. Éstos no mordieron su carne, éstos lo acariciaron y lo inundaron sin calor y sin combustión. Con alivio, con humillación, con terror, comprendió que él también era una apariencia, que otro estaba soñándolo.

Jorge Luis Borges 1940-

a

ab aeterno

Expressão utilizada por Borges no ensaio "História da eternidade" (*História da eternidade*), no qual, conforme ele próprio afirma, estabelece uma ordem cronológica da história geral das eternidades, já que, em um mesmo escrito, trata de buscar as teorias divergentes de filósofos como Platão (v.), Plotino (v.), Santo Agostinho (v.) e Schopenhauer (v.) acerca das várias temporalidades, desde a simultaneidade de passado, presente e futuro até o tempo como sucessão. Entre as questões expostas estão o universo unânime (Plotino), a exclusão do futuro (Bradley), a realidade do infinito (Russell) (v.), a persistência de todas as coisas (Platão), a atualidade corporal (Schopenhauer) e o mistério da Trindade (Santo Agostinho), além da predestinação *ab aeterno* e mesmo da teoria pessoal de Borges, o qual registra a "insinuação possível de eternidade". — AF

Abarbanel, Isaac; Abarbanel, Judas

Isaac Abarbanel ou Abravanel (1437-1508), grande exegeta, arrendador de terras da realeza, conselheiro da corte em Portugal e provedor dos exércitos castelhanos — cargo mencionado por Borges em "*The Truth about Columbus*, de Charles Duff" (*Textos cativos*) — na Guerra de Granada. Esse conflito foi travado entre a Espanha católica, liderada pelos Reis Católicos, Fernando de Aragão e Isabel de Castela, e o reino muçulmano de Granada, liderado por Boabdil (v.). Em 1492, os cristãos, após anos de tentativas e cercos militares, conseguiram vencer e expulsar os muçulmanos da península Ibérica.

Nascido em Lisboa e filho de Isaac Abravanel, Judas Abarbanel ou Abravanel (1460-1523), citado por Borges em "Nova refutação do tempo" (*Outras inquisições*), foi juiz, filósofo, físico e poeta. A família, por motivos políticos, foi obrigada a deixar Portugal e buscar refúgio na Espanha, como Borges comenta no poema "Uma chave em Salônica" (*O outro, o mesmo*), onde Judas ficou conhecido como León Hebreo [Leão Hebreu]. Com a expulsão dos árabes e judeus em 1492, eles tiveram de sair da Espanha e, dessa vez, instalaram-se no reino de Nápoles, atual Itália. Leão Hebreu dedicou-se então à literatura, e sua obra de maior importância é *Dialoghi di amore*, publicada postumamente, em 1535. Nela, o autor faz uma clássica exposição do amor platônico. Escrita em forma de diálogo, seus protagonistas são Philón e Sophia (*Philón* + *Sophia* = Filosofia). Leão Hebreu foi também exímio intérprete do neoplatonismo renascentista, conforme o próprio Borges ressaltou no mesmo "*The Truth about Columbus*, de Charles Duff". — LMRB e PFCO

Abaroa, Diego

Personagem do conto "A outra morte" (*O Aleph*), de Borges, está diretamente vinculado a dom Pedro Damián, cuja morte é investigada nessa narrativa. Abaroa é gaúcho, posteiro de uma fazenda em Gualeguaychú, na província de Entre Ríos. O próprio sobrenome não aparece de forma arbitrária na narrativa, dado que se origina do basco *baroa*, que significa "arvoredo ou outro lugar sombreado que sirva de refúgio ao gado", acepção que se mostra simbólica e bastante congruente com o personagem em questão. Abaroa é um dos envolvidos no mistério da morte de Damián, a qual se tenta explicar por meio de três versões, e transforma-se, com relação à própria existência no conto, em uma imagem diluída e incerta. O posteiro viu Damián morrer, mas, como este último é instável dentro da ficção, a figura de Abaroa torna-se igualmente instável. — PPM

Abasto, Mercado de

Na década de 1890, foi estabelecida, em Buenos Aires, uma feira em que se vendiam frutas e verduras. Em 1934, inaugurou-se o atual edifício, localizado na rua Corrientes, 3200, onde funcionou, até 1984, o maior mercado da cidade. Em 1998, o prédio foi reaberto, porém como centro comercial.

É numa "*úmida noite no exato centro de nosso Mercado Público*", narrada em "As inscrições das carretas" (*Evaristo Carriego*), que Borges fica observando as várias carretas que passam por ele, todas com inscrições inusitadas e diferentes que chamam sua atenção. Borges é um caçador de inscrições, que diz serem "*flores da periferia*", "*classicismo do subúrbio*"; elementos de expressão literária popular superiores a alguns versos clássicos. Suas observações sobre as inscrições reafirmam-lhe a postura peculiar no que se refere, por exemplo, ao aspecto da autoria literária. Para ele, o principal na literatura não é a autoria de uma obra, mas o texto em si, mesmo que se trate de uma obra anônima, como tais inscrições. Outro aspecto abordado nesse conto é a facilidade que temos de julgar o breve e a possibilidade de mudarmos nossa opinião acerca de uma frase, ainda que ela seja uma inscrição de carreta. — PFCO

Abdalmalik

Os primeiros califas da Abissínia iniciaram a prática de adotar um título real, denominado *laqab* [apelido], quando ascendiam ao califado. O termo significava a reivindicação da suprema autoridade no Estado muçulmano. Entre os sultões Ayyubid e Mamluk, o *laqab* escolhido foi Al-Malik, que quer dizer "o Rei". Abdalmalik foi um governante da dinastia dos omíadas, contudo apenas na Síria e no Egito se reconheceu sua autoridade, já que nessa época houve intensas lutas de poder entre os diversos líderes locais. Por fim, em 692, Abdalmalik vence todos os rivais e garante a sobrevivência do califado como instituição política, permitindo o renascimento da expansão do Império que nos vinte anos seguintes anexaria o Norte da África, a Espanha e o Império Árabe. O período omíada foi essencial para a formação árabe, pois em seu auge o Império se expandiu, a administração se tornou ativa, e houve o florescimento da arquitetura, tendo sido erigido, sob o governo de Abdalmalik, o Domo da Pedra, em Jerusalém.

Abdalmalik também foi poeta. É justamente a essa característica que Borges se refere em "A busca de Averróis" (*O Aleph*). — PFCO

Abelardo

Filósofo e teólogo francês (1079-1142), defendeu a leitura crítica das Escrituras fundamentada na razão. Estudou com grandes mestres de seu tempo — Roscelino de Compiègne e Guilherme de Champeaux — e tornou-se um renomado professor de dialética em Paris.

Um episódio célebre de sua vida é a ligação amorosa que teve com uma aluna chamada Heloísa, filha do cônego Fulbert. Este, ao saber do relacionamento, manda castrar Abelardo. Depois disso, o casal se separa, e ambos passam a viver em reclusão. A troca de cartas entre os dois ficou famosa, ainda que haja dúvidas sobre se não teria sido Abelardo o único autor dessa correspondência.

Além das missivas, Abelardo escreveu uma autobiografia intitulada *Historia calamitatum* [História das minhas calamidades]. No campo filosófico, sua obra mais conhecida é *Sic et non* [Sim e não], tratado que revisa todas as escolas de pensamento da época de forma dialética, tal como era entendida, ou seja, a busca de prós e contras de uma ideia. Tomás de Aquino (v.) retomaria esse método na *Suma teológica*.

Borges evoca o nome de Abelardo em "Das alegorias aos romances" (*Outras inquisições*), ao discutir a querela entre as filosofias realistas e as nominalistas. Citando Maurice de Wulf, lembra-o como um ultrarrealista e como professor da dialética *in re* — doutrina escolástica de base aristotélica que procura os universais "nas coisas" (daí o "in re") usando um método diferente do platônico. — TP

Abeneara

Aben Ezra, Esra ou Hezra. Propriamente Abraham ben Meir ibn Esra, citado como Abraham Judaeus, Abenarey e Avenara nos escritos medievais. Rabino espanhol (Toledo, 1092-Rodas, 1167), era chamado pelos judeus de o Sábio, o Grande, o Admirável. Foi contemporâneo do filósofo judeu Maimônides (v.). Estudou profundamente a exegese, a gramática, a poesia, as matemáticas, a astronomia e a filosofia durante viagens à Itália, ao Egito e à França, entre 1115 e 1157. Intérprete da Bíblia, médico, poeta, gramático, filósofo, cabalista e astrônomo, sua obra em 24 livros, *Comentários sobre o Antigo Testamento*, demonstra seu estilo claro, expressando a preferência pelo sentido gramatical dos termos em detrimento de alegorias.

Bastante livre e audacioso nas exposições, elabora questionamentos acerca do Pentateuco contrapondo suas opiniões às que dominavam na época, pois sua análise se baseava no livre exame, na filosofia racional e nas ciências físicas e naturais. Borges o menciona em "*The Library of Pico della Mirandola*, de Pearl Kibbe" (*Textos cativos*) como um dos autores que constavam da biblioteca do humanista italiano Pico della Mirandola (v.). — PPM

Abengabirol

Borges faz questão de ressaltar, em "*The Library of Pico della Mirandola*, de Pearl Kibbe" (*Textos cativos*), a presença de livros de autoria de Abengabirol, ou Salomão ibn Gabirol (*c.* 1020-*c.* 1057), na volumosa biblioteca de Giovanni Pico della Mirandola (v.). A curta existência de Ibn Gabirol, sobre cuja biografia muito se escreveu, ainda que com escassos dados seguros, não o impediu de afirmar-se como uma das grandes referências da poesia hebraica medieval, ao lado de Yehuda Halevi e Moisés ibn Ezra. Teria nascido em Málaga e vivido a maior parte do tempo em Zaragoza, vindo a falecer, ao que parece, em Valência. Em sua conflituosa vida — ele era sustentado por mecenas, com os quais mantinha relações sempre ambivalentes de submissão e rebeldia —, aos poucos desenvolveu um profundo sentimento religioso que soube plasmar em letra, suscitando uma escrita original, ao empregar imagens e formas peculiares da poesia árabe para territorializar seu incrível conhecimento do hebraico bíblico e talmúdico em textos que espelham uma virtuosidade linguística gigantesca.

Parte dos poemas de Ibn Gabirol acabou por ganhar lugar nos textos litúrgicos, dada a concisão, intensidade e delicadeza com que foram compostos. Os críticos reconhecem em seus poemas místicos uma proximidade com a poesia sufista, e é evidente em toda a sua obra uma influência neoplatônica acentuada. Seu trabalho filosófico mais importante encontra-se registrado no livro *Mekor Haim* [A fonte da vida], escrito originalmente em árabe. O original perdeu-se, tendo sido o conteúdo preservado em uma tradução latina medieval intitulada *Fons vitae*. Esse livro constitui-se em um diálogo entre um sábio e seu discípulo. Em cinco tratados, discutem-se os princípios da matéria e da forma sobre o pano de fundo de uma concepção emanacionista neoplatônica. A tese fundamental, a de uma matéria universal subjacente a toda existência emanada de Deus, teve enorme impacto na escolástica cristã do século XIII. Ibn Gabirol não foi meramente o primeiro filósofo judeu na Espanha. Muitos o consideram o primeiro filósofo espanhol da Andaluzia. — EM

Abensida

Abensida, ou Ibn Sida, foi um importante estudioso da língua e da lexicografia árabes na Andaluzia durante os anos de ocupação muçulmana na península Ibérica. Os biógrafos divergem bastante quanto ao ano de seu nascimento: estima-se que tenha se dado em torno de 1006, em Murcia. A cegueira, igualmente de origem incerta, rendeu-lhe um epíteto, o Cego de Murcia, e muitas alusões a sua memória esplendorosa — dizem que, impossibilitado de ler, se especializara em decorar obras extensas e que sua cabeça guardava uma biblioteca respeitável. A atividade de lexicógrafo propiciou a confecção de dois valiosos dicionários: o *Mohkam* e o *Mujassas*. Ibn Sida dedicou-se também à poesia e à filosofia. Morreu em Denia, onde viveu boa parte da vida, em 1066.

Em "A busca de Averróis" (*O Aleph*), Abensida é brevemente mencionado no início do conto. Intrigado com a impossibilidade de decifrar os significados das palavras "comédia" e "tragédia", o curioso personagem Averróis "*deixou a pena. Disse para si mesmo (sem demasiada fé) que costuma estar muito perto o que buscamos, guardou o manuscrito do* Tahafut *e se dirigiu à prateleira onde se alinhavam, copiados por calígrafos persas, os numerosos volumes do* Mohkam *do cego Abensida. Era irrisório imaginar que não os tivesse consultado, mas foi tentado pelo ocioso prazer de virar suas páginas*". — DF

Abentofail, Abubeker

Abu Bakr Muhammad ibn adal-Malik ibn Tufayl al-Qaysi, ou simplesmente Abentofail, nasceu em Guadix por volta do ano 1100. Não é possível encontrar dados minuciosos sobre sua biografia. Sabe-se que foi discípulo de Avempace e médico do sultão almôade Abu Yacub Yusuf, o "rei-filósofo", na cidade de Marrakech. Foi também amigo e protetor do filósofo Averróis (v.), que o sucedeu no cargo de médico do sultão. Abentofail se dedicou ainda à matemática e à filosofia. Morreu em Marrakech entre 1185 e 1186.

A única obra de Abentofail que chegou até nós é considerada uma das precursoras do gênero romance e, pela temática, de um romance em especial: *Robinson Crusoé* (1719), de Daniel Defoe (v.). Trata-se de *Hayy ibn Yaqzan*, lembrada por Borges em nota de rodapé no ensaio filosófico "História da eternidade" (*História da eternidade*). A tradução literal do título seria algo como "Vivo, filho de Desperto"; exatamente o modo como o escritor argentino se referiu à obra. Contudo, em razão da tradução de Edward Pococke (1671), no Ocidente o livro é mais conhecido como *O filósofo autodidata*. — DF

Abercrombie, Lascelles

Poeta e crítico inglês (1881-1938), escreveu *Interludes and Poems* (1908), além de trabalhos considerados contribuições importantes à crítica literária moderna, como *Theory of Poetry* (1924) e *The Idea of Great Poetry* (1925). Em "Nota sobre Walt Whitman" (*Discussão*), escrito que discute a ideia de um "*livro absoluto*", Borges delineia sua opinião a respeito de Whitman (v.) com base na citação de Abercrombie sobre o poeta norte-americano: "*Whitman — lemos — extraiu de sua nobre experiência essa figura vívida e pessoal que é uma das poucas coisas grandiosas da literatura moderna: a figura dele mesmo*". A consideração de Abercrombie trata de uma característica de Whitman que parece fundamental a Borges: a dos "*dois Whitman*". — AF

Aberdeen, negros touros de

Cidade do nordeste da Escócia, na costa do mar do Norte, Aberdeen situa-se em um importante ponto de comunicação entre o Norte e o Sul. Borges a elege como o local onde, em 1714, o personagem do conto "O imortal" (*O Aleph*) assina a *Ilíada*, traduzida pelo poeta inglês Alexander Pope (v.).

No século XIX, a atividade pecuária argentina destacou-se progressivamente até que, no fim do referido século, o país se tornou um dos principais produtores e exportadores mundiais de carne bovina. Assim, a Argentina conquistou enormes fortunas, o que a fez figurar entre as maiores economias do mundo na virada para o século XX. Uma das raças levadas para seus campos foi a Aberdeen-Angus, utilizada para a produção de carnes. Originária da Escócia, daí o nome, essa raça foi criada também em outros países, como Uruguai e Reino Unido. Na Argentina, sua importação começou em 1879. Em "A busca" (*O ouro dos tigres*), os negros touros de Aberdeen podem ser tomados como uma das diversas alusões à história do país presentes no poema. — PFCO

Abolicionista, Partido

Grupo de apoio à abolição da escravatura nos Estados Unidos. É difícil indicar precisamente a duração desse movimento, assim como as datas do seu princípio e do seu fim. O fato é que, na passagem do século XVIII para o XIX, o rápido crescimento da indústria do Norte do país e dos algodoais do Sul, que supriam de matéria-prima aquela fonte, levou à diferenciação cada vez maior dos interesses das duas regiões. Enquanto a estrutura socioeconômica do Norte se baseava no minifúndio, no trabalho assalariado, na manufatura e na indústria, o Sul apoiava-se no latifúndio monocultor, na agricultura para exportação e no emprego do trabalho escravo.

Os antagonismos fizeram surgir movimentos como aquele citado por Borges em "O atroz redentor Lazarus Morell" (*História universal da infâmia*), o Partido Abolicionista do Norte, região onde a escravidão fora abolida em 1799. Esse movimento que pregava a liberdade dos negros em todos os territórios norte-americanos começou a se fortalecer em 1812, sendo apoiado pelas principais lideranças nortistas, as quais viam nos escravos um mercado consumidor em potencial. Em 1856, tais abolicionistas ingressam no recém-formado Partido Republicano. Com a eleição de Abraham Lincoln, republicano e antiescravagista, para presidente, nove estados escravistas do Sul tentaram se tornar independentes, dando início à Guerra de Secessão (1861-5), que culminou com a derrota do Sul e a abolição da escravatura em todo o país. — HNC

Abram

Em "Duas notas. Arte de injuriar" (*História da eternidade*), escrito em que Borges admite ser a injúria algo relativamente valioso, a frase dita por Abram, personagem de *Romeu e Julieta*, de autoria de William Shakespeare (v.), "*Do you bite your thumb at us, sir?*", serve-lhe como elucidação para expor que, para a injúria, "*nem mesmo uma linguagem é necessária*". Assim, Borges registra que a arte de injuriar foi, ao longo do tempo, assumindo formas diversas: verbais, como nos casos de Swift (v.) e Voltaire (v.), e não verbais, como no *pito catalán* (na Argentina e no Uruguai se chama *pito catalán* ao gesto de caçoada que consiste em colocar o polegar da mão direita na ponta do nariz enquanto se agitam os outros dedos estendidos), sempre preservando a ideia contida na citação do personagem Abram. — AF

Abramowicz, Maurice

De origem judaico-polonesa, o escritor e advogado Maurice Abramowicz (1901-81) foi um dos melhores amigos de Borges em Genebra. Conheceram-se no Collège Calvin, onde ambos estudaram a partir de 1914. Abramowicz iniciou Borges na leitura de Rimbaud (v.) e com ele discutiu temas literários, por meio de inúmeras correspondências. As mais de quarenta cartas, em francês, estão reunidas em um importante epistolário, "Cartas de Borges a Abramowicz escritas en francés" (parcialmente reproduzido em *Textos recobrados 1919-1929*). Dois anos mais jovem que o escritor argentino, corrigiu e se encarregou de publicar no periódico literário *La Feuille*, de Genebra, a resenha "Chronique des lettres espagnoles", que Borges lhe enviara da Espanha.

Por sua vez, Borges traduziu o poema "Un canto resignado", de Abramowicz, publicando-o na revista *Ultra* como Maurice Claude, pseudônimo que também é citado na dedicatória do poema "Señal", escrito por Borges e publicado na revista *Grecia* em 1920. Maurice Abramowicz aparece como comentarista, em nota de rodapé, no texto "Três versões de Judas" (*Ficções*) e recebe uma homenagem póstuma em "Elegia" e "Abramowicz" (*Os conjurados*). — SMC

Abraxas

Abraxas ou Abrasax é, para os gnósticos, o nome da divindade dotada de 365 virtudes. Esse nome foi usado pelo gnóstico Basilides (v.) para designar um deus supremo a quem se atribuíam 365 emanações, ou inteligências superiores, e que era representado pela imagem de um homem com cabeça de galo e pernas como serpentes, segurando um escudo e um chicote. Sistema religioso de reminiscência da filosofia grega, da mitologia oriental, da crença dos judeus e das nascentes do cristianismo, o gnosticismo é eclético, conjugando os cultos de Mirta, Cibele e Ísis, a doutrina do neopitagorismo, a moral dos estoicos e também o cristianismo.

Dada tal diversidade, há diferentes abordagens sobre a entidade Abraxas: mitologistas antigos a situavam entre os deuses egípcios; outros, ocultistas, identificavam-na como um demônio, com aparência semelhante à traçada por Basilides. Borges a menciona no ensaio "Uma vindicação do falso Basilides" (*Discussão*), em que discorre a respeito da doutrina e das concepções em torno da figura desse pensador, cuja crença era fundamentada na figura do deus Abraxas. — PPM

Abrechnung mit Spengler
[Acerto de contas com Spengler]

Artigo escrito pelo personagem do conto "Deutsches Requiem" (*O Aleph*) em uma tentativa de libertar-se da influência opressora que sentia por parte do filósofo alemão Oswald Spengler, cujas ideias assumiram conotações agressivas, levando-o a ser acusado de estar na origem dos movimentos fascistas europeus. No conto, o personagem Otto Dietrich zur Linde admite que, ainda que fosse fuzilado como torturador e assassino, queria ser compreendido e para isso mostrava a naturalidade do fato de pensar como seus antepassados: "*já que de alguma forma sou eles*", diria. As ideias de Spengler com relação ao declínio do Ocidente e às culturas sujeitas às leis biológicas passam a ser plenamente identificadas com as do personagem, que decide libertar-se após a redação do artigo. — AF

Abulbeca de Ronda

Abulbeca, ou Abul Baqa, é um dos poetas andaluzes mais importantes do período de dominação muçulmana na península Ibérica. Nascido em Ronda no ano de 1204, notabilizou-se por escrever uma *casida*, composição poética árabe de origem pré-islâmica, em tom elegíaco, na qual lamentava a perda de Sevilha, Córdoba e Valência para os reinos cristãos de Fernando III e dom Jaime, além de profetizar o fim do Império Islâmico na Andaluzia. Abulbeca morreu em 1285 ou 1286, sem poder presenciar a concretização de sua trágica profecia.

Em "Os tradutores d'*As mil e uma noites*" (*História da eternidade*), durante uma severa crítica às malfadadas investidas poéticas de Richard Burton (v.) em sua tradução das *Mil e uma noites*, Borges apresenta-nos uma nota de rodapé em que é citado o nome do poeta muçulmano: "*A seguinte variação dos motivos de Abulbeca de Ronda e Jorge Manrique também é memorável: Where is the wight who peopled in the past/ Hind-land and Sind; and there the tyrant played?...*".

De fato, não é impossível que Abulbeca tenha sido uma das referências do orientalista inglês, pois ambos se identificavam com o sufismo, uma das vertentes do pensamento islâmico. — DF

Abulhasan

O sufismo é uma forma especificamente islâmica de trilhar o caminho místico. No início do século VIII, quando ele surgiu, não existia ainda nenhum sistema organizado que conduzisse as novas práticas religiosas. Com o decorrer do tempo, em especial ao longo dos séculos X e XII, começaram a aparecer indivíduos considerados centrais para o estabelecimento das primeiras práticas. Esses mestres se dedicaram a tornar o sufismo algo respeitável, pois havia resistências quanto a seus métodos, já que sua prática era dirigida a uma aproximação mais pessoal com o divino. Nos séculos XII e XIII surgiram os *turuq*, plural de *tarīqa*, que significa "caminho". Tais grupos tinham suas próprias orações e liturgias. Uma das mais famosas ordens se chamava Shādhiliyya e era influenciada por Abū al-Hasan, professor muito atuante e profundamente espiritual. Em "Os tradutores d'*As mil e uma noites*" (*História da eternidade*), Borges faz uma referência a Abulhasan. — PFCO

Ação Patriótica dos Oitenta

No fim do governo de Nicolás Avellaneda (1874-80), ocorreu a federalização da cidade de Buenos Aires, que foi separada da província e se tornou a capital federal. Essa mudança desagradou parte da burguesia bonaerense, que, depois de ter esboçado reação militar, foi derrotada. O episódio completou o processo de consolidação nacional e impulsionou o projeto liberal de reorganização e desenvolvimento econômicos. Em 1880, Julio Argentino Roca era eleito presidente da nação, dando início à Geração de 80, também conhecida como a "belle époque argentina", e a um sistema político oligárquico que duraria até 1916. Tal geração, formada por políticos ilustrados influenciados pelo liberalismo e positivismo, fascinados pelo progresso e pela modernização, consolidou o sistema agroexportador. Como resultado, no começo do século XX a Argentina era a sexta maior economia mundial e tinha indicadores sociais semelhantes aos dos países europeus. A situação só viria a mudar com a crise de 1929.

A menção à Ação Patriótica dos Oitenta surge em "Palermo de Buenos Aires" (*Evaristo Carriego*), em que Borges faz uma breve retrospectiva histórica do bairro onde acontecerá a narrativa, Palermo. Ele cita a ponte Alsina como obra impregnada da memória desse período áureo da Argentina. — HNC

Acevedo de Borges, Leonor, mãe de J. L. Borges

Nascida em 1876, filha de Leonor Suárez e Isidoro Acevedo (v.), era a guardiã das histórias de família. Representava a linhagem militar, muitas vezes enaltecida por Borges e que o ligava ao passado de seu país. Leonor Acevedo, de caráter forte e autoritário, sempre exerceu grande influência sobre o filho. Na infância, por exemplo, proibiu-lhe a leitura de *Martín Fierro* (v.) por considerar a obra literatura de rufiões que nada dizia a respeito dos verdadeiros *gauchos* (v.).

Aprendeu inglês com o marido, Jorge Guillermo Borges (v.), passando a ler nesse idioma quando ele e o filho foram paulatinamente perdendo a visão. Depois da morte de Jorge Guillermo, traduziu *A comédia humana*, de William Saroyan. O trabalho foi publicado e recebeu uma distinção de uma sociedade de armênios de Buenos Aires. Traduziu ainda *A metamorfose*, de Kafka (v.), e vários contos de Nathaniel Hawthorne (v.), um dos livros de arte de Herbert Read e alguns relatos de Herman Melville (v.), Virginia Woolf (v.) e William Faulkner (v.).

Leonor e Borges viveram durante muito tempo no apartamento da rua Maipú. Em 1955, quando o autor já quase não enxergava, dona Leonor tornou-se uma eficiente secretária, ocupando-se da correspondência, da leitura e das anotações dos textos ditados pelo filho, além de acompanhá-lo em inúmeras viagens dentro e fora do país.

Os relatos sobre a cidade de Buenos Aires, do fim do século XIX, e sobre o nascimento do tango, tão recorrentes na obra de Borges, são contribuições de Leonor Acevedo, assim como a finalização do conto "A intrusa" (*O informe de Brodie*).

Borges atribuiu a Leonor grande parte do seu sucesso literário, dedicando-lhe as *Obras completas* de 1974. Leonor Acevedo de Borges faleceu quase centenária, em 1975. — SMC

Acevedo Díaz, doutor Eduardo

Escritor uruguaio (1851-1921), foi um dos primeiros e principais romancistas de seu país. Sua obra sempre esteve muito ligada à arriscada política de oposição em que militou desde bastante jovem, no começo nas filas revolucionárias e, posteriormente, nas redações de jornal. Sua produção literária, que em razão da inconstante vida de perseguições, prisões e exílios não conta com um número elevado de títulos, apresenta o propósito declarado de projetar em um ciclo épico-didático de cunho realista as origens da nacionalidade uruguaia. Destaca-se a tetralogia iniciada com *Ismael* (1888) e que culminou em *Lanza y sable* (1914), tratando do esforço independentista em seus episódios críticos. De tal produção deriva a importância de Acevedo Díaz na tomada de consciência nacional uruguaia. Carlos Argentino Daneri, personagem de "O Aleph" (*O Aleph*), empreende a versificação dos "*epítomes do doutor Acevedo Díaz*". — JGS

Acevedo Laprida, Isidoro

Militar argentino (1835-1905), avô materno de Borges. Participou das lutas entre províncias que levaram à organização da nação argentina, militando na facção portenha. Conviveu com a família de sua filha, Leonor Acevedo (v.), durante a primeira infância de Borges. Este lhe dedicou um poema intitulado "Isidoro Acevedo" (*Caderno San Martín*).

Na "Biografia de Tadeo Isidoro Cruz (1829-1874)" (*O Aleph*), texto em que imagina um passado para um personagem de *Martín Fierro* (v.), o *gaucho* Cruz (v.), Borges dissemina o nome do antepassado: Cruz recebe o nome de Isidoro e trabalha na fazenda de Francisco Xavier Acevedo. Francisco era o avô paterno do escritor e seu segundo nome — nome completo de Borges: Jorge Francisco Isidoro Luis Borges Acevedo. Além disso, Borges menciona no texto a "*cavalaria de Suárez*", isto é, do pai de sua avó materna, que também se chamava Isidoro, e Eusebio Laprida, um parente mais distante. Dessa forma, não só completa o clássico nacional argentino como o enlaça à própria biografia e à história de sua família.

O sobrenome Acevedo aparece ainda no alter ego de Borges, protagonista de "Utopia de um homem que está cansado" (*O livro de areia*): "*Sou Eudoro Acevedo. Nasci em 1897, na cidade de Buenos Aires. Já completei setenta anos. Sou professor de letras inglesas e norte-americanas e escritor de contos fantásticos*". (V. Cepeda; Suárez, Manuel Isidoro.) — PMG

Acha, Mariano

Militar argentino (1801-41), começou seus serviços militares nas fronteiras do sul de Buenos Aires. Em 1828, participou das lutas civis e acompanhou o coronel Juan Lavalle. Na luta contra a tirania de Juan Manuel de Rosas (v.), foi chefe de vanguarda do general La Madrid, na província de Cuyo. Imortalizou-se na jornada de Angaco. Com a ocupação de San Juan, em agosto de 1841, comandados pelo rosista José Felix Aldao (v. Aldao, *montoneros* de) e por Nazario Benavídez, 2 mil homens são mortos por menos de quinhentos homens de Mariano Acha, nesse combate na zona de Cuyo, um dos mais sangrentos das guerras civis argentinas. Mas, também em agosto de 1841, os 280 sobreviventes do exército foram traídos no mesmo campo de Angaco, e Mariano Acha foi decapitado às margens do rio Desaguadero. Borges apresenta a morte de Acha como um dos resultados do conflito de setenta anos contra os *gauchos* (v.) argentinos e reivindica ainda sua relevância na história da nação. — PPM

Açoite de Deus

Expressão atribuída a Átila (406-453), rei dos hunos, em razão da atuação devastadora do comandante que invadiu desde a Gália até a Itália. Aparece no último parágrafo de "Histórias de cavaleiros" (*Evaristo Carriego*), em que Borges trata da selvageria e da destruição, próprias das fundações "*ilusórias*" dos reinos que atravessam a história dos povos. Ele traça um paralelo entre os diversos personagens históricos que se destacam pela destruição e conseguinte constituição de um "reino" desde Átila e Gêngis Khan (1162-1227) até o cavaleiro, cuja obra é "*tão efêmera quanto ele*" e com o qual, segundo Borges, o argentino se identifica. — AF

Acuña de Figueroa, Francisco

Expoente das letras uruguaias (Montevidéu, 1791-1862), compôs os hinos uruguaio e paraguaio, além de publicar 1450 epigramas. Em 1814, quando Montevidéu capitulou diante de José Gervasio Artigas (v.), que havia três anos comandava as lutas na Banda Oriental tentando livrar a região do domínio espanhol e da influência luso-brasileira e de Buenos Aires, Francisco Acuña de Figueroa exilou-se na corte portuguesa no Rio de Janeiro, só retornando em 1818 à futura capital uruguaia, já sob o domínio de Portugal, onde passou a ocupar alguns cargos públicos.

Sua vasta obra literária foi publicada postumamente, em 1890, sob o título genérico de *Obras completas*. As composições poéticas de sua autoria têm caráter lúdico e burlesco, evidenciado pelos anagramas, charadas, sátiras e epigramas. Dessa forma, Figueroa pretendia criar novos caminhos para a expressão poética. Quando Borges o cita em "Uma vida de Evaristo Carriego" (*Evaristo Carriego*), é para relembrar exatamente o aspecto lúdico de seus epigramas. Cita-o novamente em "A poesia *gauchesca*" (*Discussão*), afirmando sua condição de referência para a literatura *gauchesca* (v.) na Argentina. — PFCO

Adam (ou Adão) Kadmon, o homem arquétipo

Ao explicar o esquema sefirótico das dez emanações do Ser Infinito (v. *En Soph*) no ato da Criação, Borges, no texto "A cabala" (*Sete noites*), faz menção a Adão Kadmon: "*as dez emanações formam um homem que se chama Adão Kadmon, o Homem Arquétipo. Esse homem está no Céu e nós somos seu reflexo*". A noção de Adão Kadmon emerge dos comentários do Gênesis 1,26: "façamos o homem à nossa imagem e semelhança", a pluralidade apontando para uma primordialidade que precederia o ato de Criação posterior. A ideia de Adão Kadmon que Borges comenta é originária da cabala de Isaac Luria (v.), místico importante do fim do século XVI. Na visão desse místico, Adão Kadmon significa os mundos de luz que, após a retração da luz do Ser Infinito, emanaram para dentro do espaço primordial, suscitando assim a mais sublime manifestação da Divindade, acima de todos os mundos que se seguem no processo criativo, até o de nossa materialidade. O Adão Kadmon seria, portanto, a primeira forma assumida pela emanação, e as radiações de luz que ele emitia através dos olhos, ouvidos, narinas, boca e órgãos seriam as fontes de luz de todo o processo criativo subsequente. Nos textos da escola de Luria, apesar de se reconhecer o mistério que envolve essa primeira manifestação do processo criativo do Ser Infinito, não se deixa de discutir em grandes detalhes o modo como ela se organizava e as luzes celestiais que irradiavam de Adão Kadmon. Tal imagem permitiu uma antropomorfização do esquema sefirótico, por meio do qual os atributos divinos atuam na Criação.

O Adão Kadmon serve como uma espécie de canal entre o *En Soph* e toda a hierarquia de mundos que estariam por vir. E na cabeça [*rosh*] de Adão Kadmon é que poderosas luzes foram se alinhando em padrões complexos até assumirem a forma de letras — as consoantes da língua hebraica —, pontos vocais e mesmo sinais de leitura, ou seja, todos os elementos que compõem a língua sagrada, o hebraico. A combinação dessas luzes/letras possibilitou a formação de nomes que puseram em atividade potências ocultas em múltiplas configurações que dele se irradiavam através dos órgãos. É essa primordialidade que permite a Borges dizer que "*todos estão incluídos no Adão Kadmon, que abrange o homem e seu microcosmo: todas as coisas*". — EM

Addison, Joseph

Escritor inglês (1672-1719), dedicou-se à poesia, ao drama e ao ensaio no período que corresponde ao classicismo na Grã-Bretanha. Em uma época de notáveis ensaístas no país, foi um dos iniciadores do "ensaio de jornal", que teve grande popularidade a partir do fim do século XVII e durante o XVIII. Um dos mais importantes meios de divulgação do gênero, a revista *The Spectator* publicou muitos dos textos de Addison. Borges faz uma citação de um de seus ensaios em "Nathaniel Hawthorne" (*Outras inquisições*): "*a alma, quando sonha, é teatro, atores e plateia*". Repetida pelo escritor argentino em várias ocasiões quando alude ao ensaísta, essa referência é sempre apresentada como contraponto aos versos de Góngora (v.): "*El sueño, autor de representaciones, / en su teatro sobre el viento armado, / sombras suele vestir de bulto bello*" [O sonho, autor de representações, / em seu teatro, sobre o vento armado, / sombras sói vestir com o vulto belo]. Como o próprio Borges informa em "O carrasco piedoso" (*Nove ensaios dantescos*), a citação foi extraída do número 487 de *The Spectator*, publicado na quinta-feira 18 de setembro de 1712. — LM

Adormecido Desperto

Citado em "Os tradutores d'*As mil e uma noites*" (*História da eternidade*), trata-se do nome pelo qual é conhecido o personagem Abulhasan (v.), cuja história faz parte de um dos contos, fundamentais segundo Borges, do francês Jean Antoine Galland (v.), em *Mil e uma noites*. O conto do Adormecido Desperto originalmente não constava do exemplar das *Noites árabes* trazido de Istambul por Galland. Foi transmitido a ele por um católico sírio ("*um maronita adicional, de memória não menos inspirada que a de Xerazade*"), juntamente com outros como "Aladim" e "Ali Babá e os quarenta ladrões". Tais contos se transformaram, ao longo do tempo, em histórias "*indispensáveis e que os tradutores vindouros* [...] *não ousariam omitir*". — AF

Adrogué, chácara e hotel

Ao longo de décadas, a família de Borges passou parte das férias de verão em Adrogué, pequena vila cerca de vinte quilômetros ao sul de Buenos Aires. No início, alugava uma casa, mas, após certo tempo, começou a frequentar o hotel Las Delicias. Nessa vila, em 1935, foi escrito "Os tradutores d'*As mil e uma noites*" (*História da eternidade*). Com arquitetura simétrica e labiríntica, o hotel de Adrogué serviu de inspiração para alguns contos, entre eles "A forma da espada", "A morte e a bússola" e "Tlön, Uqbar, Orbis Tertius" (*Ficções*), bem como "O imortal" e "A casa de Astérion" (*O Aleph*).

A chácara de Adrogué é citada diretamente em "O Aleph" (*O Aleph*) e em "O escritor argentino e a tradição" (*Discussão*). Nesse ensaio, Borges tece considerações sobre a arte argentina e afirma que, para ser argentino, não é preciso retomar a profusão de cores, a toponímia argentina nem expressões nativas típicas, como o lunfardo ou o sotaque arrabaldeiro, tampouco limitar o exercício poético a alguns pobres temas locais, como arrabaldes (v.) e estâncias, pois ser argentino é pertencer a uma ampla cultura ocidental.

Adrogué é uma das principais referências na obra de Borges, permeando sua produção literária durante várias décadas. Mesmo muito tempo depois das férias de verão de sua infância. — PFCO

a fair field full of folk

Esse verso de Geoffrey Chaucer (v.), cujas aliterações são caracterizadas por Borges como exageradas e próprias do século XIV, serve de contraponto à sua afirmação de que a aliteração era um elemento fundamental do verso germânico. No ensaio "As *kenningar*" (*História da eternidade*), Borges retifica, em um postscriptum, com base em tal verso, sua ideia a respeito da forma do verso presente nos textos germânicos antigos. Conclui, assim, que as aliterações eram mais um meio que um fim de versos cujas vogais "*muito diferentes umas das outras se aliteravam entre si*". — AF

Affe des Todes

Significa "macaco da morte", metáfora utilizada pelo poeta alemão Wilhelm Klemm para designar a palavra "sonho". O conto "A metáfora" (*História da eternidade*) é um dos múltiplos escritos que Borges dedicou a tal figura, considerada por ele a essência da poesia. — LMRB

Agassiz, naturalista suíço

Jean Louis Rodolphe Agassiz (1807-73) estudou medicina em Zurique, Heidelberg e Munique. De volta a seu país, especializou-se em geologia e paleontologia. Fixou-se em 1846 nos Estados Unidos, onde foi professor de história natural. Em 1865 viajou ao Brasil para a investigação de espécies animais, especificamente na área de ictiologia. Marcou uma nova fase nos estudos zoológicos e paleontológicos, instaurando as bases da "paleictiologia". Teorizou ainda a "*era glacial universal*". Apresentou sua teoria acerca da depressão amazônica, a qual, no entanto, foi invalidada por seu companheiro nessa pesquisa, Charles F. Hartt, e mais tarde criticada por Charles Darwin. Escreveu *Essay on Classification*, abordando o tema da filosofia criacionista, no mesmo ano em que foi publicado o livro *A origem das espécies* (1859), de Darwin. Em "William James, *Variedades da experiência religiosa. Estudo sobre a natureza humana*" (*Biblioteca pessoal. Prólogos*), em uma nota dedicada à vida do filósofo e escritor norte-americano William James (v.), Borges comenta que James acompanhou Agassiz em uma das expedições por este empreendidas à Bacia Amazônica. — PPM

Agostinho, Santo

Um dos Doutores da Igreja, Agostinho (354-430) foi o grande estruturador intelectual da religião católica. Nascido em Tagaste, no norte da África, estudou e ensinou retórica em Cartago, sendo leitor de Cícero (v.). Quando jovem, viveu com uma concubina, com quem teve um filho. Procurou uma breve aproximação com o maniqueísmo, filosofia religiosa persa que se baseia na oposição fundamental entre Bem (Deus, o mundo espiritual) e Mal (o Diabo, as coisas materiais), mas logo o rechaçou. Reencontrou-se no neoplatonismo, que o levou a um retorno à fé cristã da infância. Na Páscoa de 387, foi batizado por seu tutor, Santo Ambrósio, fato que alegrou sua mãe, Santa Mônica, a qual faleceria nesse mesmo ano. Desconsolado, Agostinho passou a uma intensa vida religiosa: transformou-se em um exímio pregador, fundou um mosteiro em Tagaste e iniciou ampla obra teológica. Em 395, tornou-se bispo de Hipona.

Em *Confissões* (398), narra sua conversão, refletindo sobre o papel da memória e do tempo, a ponto de Borges considerar o livro o melhor documento acerca da eternidade cristã. Apesar de *Confissões* ser definida como a primeira autobiografia do Ocidente, Borges aponta que a retórica de Agostinho se interpõe entre ele e seu leitor, diferentemente do que ocorre na obra de Dante (v. Alighieri, Dante), conforme se pode ler em "A *Divina comédia*" (*Sete noites*).

Em *A Cidade de Deus* (426), Agostinho propôs soluções para as questões teológicas da época. Fez isso descrevendo os conflitos entre a Cidade dos Homens e a Cidade de Deus. Entre eles, Borges parece ter interesse especial pelos combates às heresias, como a de um universo que precede a Deus, visão defendida por Basilides (v.) em "Uma vindicação do falso Basilides" (*Discussão*), a da salvação de todos os seres, a do retorno ao Criador no fim dos tempos e a da crença denominada *apokatastasis*, todas presentes em "A doutrina dos ciclos" (*História da eternidade*), além da ideia do eterno retorno. De acordo com o escritor argentino, as refutações de Agostinho são contra uma banalização da Crucificação, já que tais heresias multiplicam a morte de Cristo como se ele fosse "*um acrobata na cruz, em espetáculos intermináveis*". Essas discussões estão no centro da querela entre Aureliano e João de Panônia (v.) no conto "Os teólogos" (*O Aleph*). Borges, ironicamente, porá os dois como sendo iguais aos olhos de Deus.

Antes de morrer, Agostinho presenciou dois dos importantes eventos que anunciaram o fim do Império Romano do Ocidente: a invasão dos visigodos em Roma e o cerco de Hipona pelos vândalos. — TP

Agramante

Rei africano, personagem das obras *Orlando enamorado* e *Orlando furioso*, de Ludovico Ariosto (v.), é o chefe supremo dos mouros que organiza uma expedição contra a cristandade e a cujo acampamento Deus envia a discórdia, causando-lhe desordem e confusão. É tido como arquétipo do herói impetuoso, dada a narrativa de seus ataques e estratégias bélicas. Borges cita-o no poema "Ariosto e os árabes" (*O fazedor*), referindo-se à sarracena gente que segue as bandeiras de Agramante e sua posse do Ocidente, aludindo, portanto, a seu caráter de liderança e condução do povo e seu espírito guerreiro. — PPM

Agripa, Cornélio

Na época do nascimento de Cornelius Enricus de Nettesheym Agrippa (Colônia, 1486-Grenoble, 1535), Colônia, na atual Alemanha, era importante centro acadêmico do Sacro Império Romano-Germânico. Aluno da Universidade de Paris, onde fundou uma sociedade secreta com outros estudantes interessados em magia e alquimia, Agripa foi também secretário dos imperadores Maximiliano I de Habsburgo e Carlos V. Médico, teólogo e militar, era especialista em filosofia e ocultismo. A obra *De occulta philosophia* (1531) explica o mundo em termos de análises cabalísticas, cartas hebraicas e numerologia pitagórica, e defende a magia como veículo para o conhecimento de Deus e da natureza. Em 1530, publicou *De incertitudine et vanitate scientiarum et artium* [Da incerteza e da vaidade das ciências e das artes]. Preso e acusado de heresia, teve a pena amenizada por Carlos V, que o condenou ao exílio. A partir daí, não há registros seguros sobre sua vida. Cornélio Agripa deixou tratados e ensinamentos sobre a mortalidade do corpo, a grandeza do espírito, a imortalidade da alma e a reencarnação. Na primeira página da obra *De incertitudine...*, ele escreveu: "*Ipse Philosophus, daemon, heros, Deus et omnia*", frase que Borges traduziu em "O imortal" (*O Aleph*) ao pé da letra: "*sou deus, sou herói, sou filósofo, sou demônio e sou mundo*". — LMRB

Agripa, o Cético

Tendo vivido provavelmente entre os séculos I e II, foi adepto do ceticismo, a antiga filosofia grega que punha em dúvida a validade de nossos conhecimentos relativos ao mundo exterior e à verdade. É famoso pela formulação de cinco tópicos — as opiniões seriam discordantes, nada seria evidente por si só, a percepção e o julgamento seriam relativos, a filosofia dogmática ofereceria hipóteses impossíveis de demonstrar, e a filosofia estaria atada às tentativas de provar o sensível pelo inteligível e vice-versa — que fundamentam o argumento do ceticismo grego em relação ao julgamento predeterminado da inata incapacidade de compreensão do ser humano. Duvidando tanto da evidência dos sentidos como da capacidade de entendimento, Agripa concluiu que os homens não possuem um ponto de partida para obter o conhecimento pleno.

Agripa, o Cético, é personagem de "Avatares da tartaruga" (*Discussão*), em que Borges discute questões sobre filosofia e ocultismo, como a incerteza das vaidades terrenas e a constante peregrinação do homem em busca de sua identidade, temas frequentes em sua literatura. — LMRB

Aguas Corrientes, Palacio de las

Chamado oficialmente Gran Depósito Ingeniero Guillermo Villanueva, situa-se entre as ruas Riobamba, Viamonte, Ayacucho e avenida Córdoba. Sua construção foi realizada pela empresa inglesa Bateman entre 1887 e 1894, e atualmente sedia a empresa Agua y Saneamientos Argentinos. O edifício é um Monumento Histórico Nacional e um dos mais importantes de Buenos Aires, além de magnífico exemplo da arquitetura eclética que caracterizou as construções de fins do século XIX na Argentina. Tendo sido parte de um plano de obras de saneamento da capital federal, o Palácio armazenava e distribuía água, destinada ao abastecimento da população portenha. Em seu interior há doze tanques com capacidade total de 70 milhões de litros, bem como uma suntuosa estrutura sustentada por colunas, vigas e armações metálicas, escondida atrás de um sólido muro. As fachadas são revestidas de mais de 130 mil tijolos esmaltados e 300 mil peças de cerâmica, fabricados na Bélgica e na Inglaterra especialmente para essa obra. Em meio a inúmeros elementos decorativos destacam-se, em alto relevo, escudos de cada uma das províncias argentinas. O teto é feito de ardósia verde proveniente da França. Em "O Congresso" (*O livro de areia*), Borges está provavelmente opondo a suntuosidade do Palácio à simplicidade da província de Santa Fe. — LMRB

Ahab

Um dos personagens mais famosos da literatura norte-americana. Capitão do navio-baleeiro *Pequod*, é o protagonista do romance *Moby Dick* (1851), de Herman Melville (v.). Sua fisionomia revela-se peculiar e, até certo ponto, assustadora: Ahab tem uma enorme cicatriz em um dos lados da face e, no lugar da perna, usa uma prótese produzida com os ossos de uma baleia. Seu maior objetivo, na verdade uma vingança, é caçar a baleia-branca Moby Dick, ser monstruoso de dimensões colossais.

Com discurso extremamente sedutor e despótico, ele convence toda a tripulação do *Pequod* da necessidade de exterminar o gigantesco cetáceo. Obcecado, não mede as consequências de seus atos e resolve desafiar as forças descomunais da natureza ao arrastar o baleeiro para o mar aberto. O resultado do confronto final com Moby Dick é trágico: Ahab e quase todos os tripulantes do navio sucumbem ante o poder da baleia. O único sobrevivente do naufrágio é Ismael, o narrador da história.

Ahab é lembrado por Borges no conto "O Zahir" (*O Aleph*) e em "Os quatro ciclos" (*O ouro dos tigres*). O narrador-personagem do conto — o próprio Borges ficcionalizado —, depois de refletir que "*não existe moeda que não seja símbolo das moedas que resplandecem infindavelmente na história e na fábula*", faz uma longa enumeração, um exercício de erudição, citando moedas que conquistaram alguma notoriedade. Entre elas, está a "*onça de ouro que Ahab mandou cravar no mastro*" do navio e que seria oferecida ao tripulante que primeiro avistasse a baleia Moby Dick. Aludir a Ahab em "O Zahir", contudo, é pertinente não apenas pela existência da moeda espanhola. Assim como o personagem de Melville, o personagem de Borges no conto é atormentado por uma ideia fixa, é um monomaníaco. — DF

Ahasverus, fórmula de

Ao assinalar as grandezas de H. G. Wells (v.) como escritor e confessar a influência dele em sua obra, Borges destaca, no final do texto "O primeiro Wells" (*Outras inquisições*), que aspectos da obra desse autor "*hão de se incorporar, como a fórmula de Teseu ou a de Ahasverus, à memória geral da espécie, e que em seu interior se multiplicarão, para além dos limites da glória de quem os escreveu, para além da morte do idioma em que foram escritos*". A aproximação que Borges realiza entre os enredos fantásticos de Wells e a "fórmula de Ahasverus" é no sentido de indicar que Wells teria urdido, em sua tarefa literária, um padrão ou um modelo que, como o escritor argentino aponta, seria capaz de atravessar fronteiras linguísticas e adquirir autonomia autoral, podendo ser retomado e retrabalhado por outros autores, em todas as línguas. Como Ahasverus, o Judeu Errante, a lendária figura condenada por Jesus a errar eternamente mundo afora até a segunda vinda do Salvador, por tê-lo maltratado durante a sua *via crucis*.

Essa lenda ganhou afinidade com as de outros eternos errantes, principalmente o Caim do relato bíblico, com quem Tertuliano identificou todo o povo judeu. A lenda de Ahasverus, uma fórmula na linguagem utilizada por Borges, serviu de matéria para a produção de inúmeras narrativas populares e textos da literatura universal, desde o início da era cristã até nossos dias, sendo vestida com as crenças e concepções de cada momento em que é narrada. Assim, na Idade Média cristã, o personagem serviu para inspirar o horror religioso e a demanda por piedade. No século XVII, serviu como suporte da sátira social e também como figura trágica que expressava a revolta contra a Igreja e a ordem estabelecida. No século XIX, tingiu-se das cores do antissemitismo moderno. O personagem Shylock (v.), de *O mercador de Veneza*, obra de Shakespeare (v.) escrita na última década do século XVI, foi construído de acordo com essa "fórmula", e suas metamorfoses incluem os nomes de Cartaphilos, Der Ewige Jude, Juan Espera en Dios, Laqueden, Isaac, Votadio, Boutedieu, Eternal Jew etc., emergindo nas letras de um sem-fim de autores e ilustradores, em uma errância literária que atravessa a história. No Brasil, Castro Alves dedicou-lhe um poema, "Ahasverus e o gênio", e Machado de Assis, no conto "Viver!", colocou-o em um maravilhoso diálogo com Prometeu — o outro eternamente condenado — no fim dos tempos, depois que toda a história humana já havia se passado. — EM

Aixa, recriminação de

Aixa foi a última rainha muçulmana de Granada antes que a região fosse conquistada pelos Reis Católicos, Fernando de Aragão e Isabel de Castela, em 1492. É xará da esposa predileta do profeta Maomé. Sua biografia não pode ser facilmente remontada sem a interferência de aspectos ficcionais: esposa do sultão Abul Hassan e mãe de Boabdil (v.), figurou muitas vezes como personagem de crônicas e de textos literários produzidos a partir do século XVI.

Ao que tudo indica, a rainha foi a gênese da instabilidade política que derrubou Abul Hassan do poder. Depois de ficar sabendo que o marido teria se enamorado de uma escrava, Aixa, dominada pelo ciúme, teria convencido o filho Boabdil a enfrentar o pai e tomar para si o reino de Granada.

Anos mais tarde, quando os muçulmanos não puderam mais resistir à invasão dos Reis Católicos, ao sair desterrada de Granada, Aixa, dando-se conta de que Boabdil chorava, teria dito a ele: "Você chora como mulher por aquilo que não soube defender como homem". Borges faz alusão a essa frase em "A viúva Ching, Pirata" (*História universal da infâmia*) apresentando-nos uma variação dela: "*Anne, desdenhosa, deu com aquela áspera variante da recriminação de Aixa a Boabdil: 'Se tivesses lutado como um homem, não te enforcariam como a um cão'*". — DF

Ajax

Há na mitologia grega dois personagens com esse nome. Um era o príncipe da Lócrida, filho de Oileu. O outro era filho de Télamon, rei da Salamina. Bonito, alto, forte, calmo e temente aos deuses, este Ajax foi um dos maiores guerreiros gregos, mas acabou enlouquecendo quando, após a morte do filho, a mãe de Aquiles (v.) designou as armas dele ao mais corajoso dos gregos. Estes achavam que o mais corajoso era Ajax, no entanto, por justiça, quem votou foram os prisioneiros troianos, escolhendo Ulisses. Ajax aceitou; porém, na noite seguinte, tomado por uma loucura vingativa, matou todo o rebanho que alimentava o exército grego e, de manhã, recuperado o juízo, sentiu-se tão mal pelo que havia feito que se suicidou.

Borges, em "O fazedor" (*O fazedor*), refere-se ao episódio em que Ajax é designado pela sorte para combater Heitor em uma das batalhas da Guerra de Troia, narrada por Homero (v.) na *Ilíada* (VII, vv. 183-92). — HNC e LMRB

Ako, senhor da Torre de

Ako é uma cidade situada a oeste de Honshu, a maior das ilhas japonesas, célebre por sua paisagem montanhosa. Durante o período Heian (794-1185) era local de veraneio à beira-mar frequentado pelos cortesãos de Kyoto. Ako é muito conhecida no Japão por suas produções de teatro *Kabuki*, apresentando peças de samurais. Atrai turistas para seu festival anual de dramaturgia, no mês de dezembro.

"O incivil mestre de cerimônias Kotsuké no Suké" (*História universal da infâmia*) é a reescritura de um relato que Borges leu em *Tales of Old Japan* (1871), de A. B. Mitford. A narração de Mitford baseou-se em um acidente ocorrido no início do século XVIII: um grupo de samurais cujo mestre fora assassinado se revoltou contra o senhor feudal, responsável pela morte. Esse texto, sob o título "O drama dos quarenta e sete *ronins*" (*ronin* significa "samurai sem mestre") ou, ainda, "História doutrinal dos quarenta e sete capitães", tornou-se uma peça de extrema popularidade na representação do teatro japonês que preserva em sua estrutura cênica as ligações com o passado e a tradição, o já citado *Kabuki*. — LMRB

Aksa

Masjid, em português "mesquita", significa qualquer lugar limpo ritualisticamente que sirva à prostração para o *salāt*, "veneração". Por tradição, entretanto, é um lugar construído para que nele se façam orações coletivas, ao qual pode ser anexada uma biblioteca ou uma escola. Normalmente, as mesquitas têm uma entrada principal, em geral uma *qubba*, "domo", e um *manāra*, "minarete", de onde é dado o *ādhān*, "o chamado para a oração". No interior quase vazio, apenas com carpete no chão, fica o *mihrāb*, "nicho", que marca a *qibla*, "a direção para Meca". Há áreas separadas para ablução, pois os rituais exigem que os fiéis estejam limpos.

A mesquita de Al-Aqsa, uma das mais importantes do mundo, fica em Jerusalém, considerada a terceira cidade mais sagrada para os muçulmanos, depois de Meca e Medina. Tal mesquita é mencionada por Borges no poema "O Oriente" (*A rosa profunda*). — PFCO

Akutagawa, Ryūnosuke

Ensaísta, poeta e contista (1892-1927), é conhecido como o primeiro escritor japonês a estabelecer uma conexão entre a literatura de seu país e o estilo europeu, atraindo assim o olhar da crítica ocidental. Sua obra é marcada por uma mescla das influências das lendas populares e da tradição japonesas com as da narrativa de autores como Oscar Wilde (v.) e Anatole France. Entre seus trabalhos mais importantes estão o conto "Rashomon" (1915) e a novela *Kappa* (1927).

O escritor japonês é mencionado no prólogo ao romance policial *A pedra lunar* (1868) (*Prólogos, com um prólogo de prólogos*), de Wilkie Collins (v.), autor que conta entre seus principais recursos estilísticos com a sucessiva narração da fábula, técnica que, conforme aponta Borges, também foi empreendida na prosa por Akutagawa. Observando a interação desse escritor com a literatura ocidental, Borges comenta ainda que tal técnica narrativa remete igualmente à obra de Robert Browning (v.), poeta que Akutagawa traduziu para seu idioma. — PPM

Alá

Os árabes nômades acreditavam em diversas deidades e espíritos, em geral ligados a pedras, rochas e fontes de água, e cada tribo tinha suas próprias deidades protetoras. Havia ainda um deus supremo, chamado Alá ou, às vezes, Al-Rahmān. Já em 610, Maomé iniciou sua pregação afirmando a ideia de um deus único. Um elemento-chave nessa nova religião que surgia era a submissão a "Um Deus, o Criador", ou Alá, fonte de todo o conhecimento. Alá é citado em "Et caetera" (*História universal da infâmia*) e em "A busca de Averróis" (*O Aleph*). — PFCO

Álamo, El

Uma das cinco missões fundadas pelos espanhóis entre 1718 e 1731, El Álamo foi palco, em 1836, da principal batalha entre mexicanos e anglo-saxões pelo domínio do território texano. Colonos de origem anglo-saxônica que moravam no Texas lutaram para que a região se separasse do México e fosse anexada aos Estados Unidos. Após treze dias de combates, as tropas mexicanas contiveram os rebeldes. No mesmo ano, no entanto, o exército do México foi derrotado militarmente pelos Estados Unidos, e o Texas, anexado ao território norte-americano.

Além de recordar os defensores do Álamo em um dos textos finais de *O fazedor*, "*In memoriam* J. F. K.", Borges indica no poema "Texas" (*O outro, o mesmo*) a semelhança entre a Batalha do Álamo e a das Termópilas (480 a.C.), referindo-as como "*nomes que o incessante labirinto/ dos dias não arrasta*"; reflete, dessa forma, sobre o caráter cíclico do tempo, com relação à recorrência de eventos e circunstâncias ao longo da história. — PPM

Al-Andalus

Forma como os muçulmanos chamavam a atual região da Espanha e de Portugal que era ocupada por eles. Após quase um século de expansão muçulmana, a península Ibérica foi conquistada no início do século VIII, colapsando o reino visigótico e despedaçando a unidade da península. O nome Al-Andalus possivelmente conserva a memória dos vândalos, ou, ainda, pode se referir à região do Atlântico. Os romanos e visigodos, por sua vez, chamavam-na Hispânia. Aqui, nasce um reinado muçulmano independente do califado oriental, governado pela dinastia dos omíadas. Nos oito séculos seguintes, cristãos e muçulmanos lutariam entre si pela posse da terra. Entre 711 e 1031, os triunfos cristãos foram raros. Apenas surgem esperanças para eles quando a região de Al-Andalus entra em crise institucional. À medida que a Reconquista se fortalecia, o nome ia se restringindo aos territórios muçulmanos, cada vez mais encolhidos. Hoje, ele sobrevive como Andaluzia [Andalucía], lembrando os últimos estágios de ocupação muçulmana na parte mais ao sul da península. Borges menciona essa região em "A busca de Averróis" (*O Aleph*). — PFCO

Alarico

Alarico (370-410) foi um rei visigodo que devastou as regiões balcânicas, tendo subjugado a Grécia e invadido a Itália. O saque de Roma, realizado por suas tropas em 410, teve intensa repercussão no Império Romano do Ocidente. Conforme a tradição popular, o corpo de Alarico foi sepultado no leito do rio Busento, na Itália. Em *Textos cativos*, numa nota dedicada a *The Fear of the Dead in Primitive Religion* (1933-6), livro de James G. Frazer (v.) cujo tema, assinala Borges, é o temor dos mortos, o autor argentino menciona a mítica tumba de Alarico como um dos objetos de análise de Frazer em sua obra. — PPM

Albert, Stephen

Personagem do conto "O jardim de veredas que se bifurcam" (*Ficções*), o sinólogo inglês Stephen Albert havia sido missionário religioso em Tientsin, na China. Aparece como um elo entre Ts'ui Pên (v.) e seu bisneto Yu Tsun. Este foi à sua procura e o assassina no final da narrativa, como estratégia durante a Segunda Guerra Mundial para revelar o nome secreto da cidade que deveria ser bombardeada por Berlim: Albert. Do mesmo modo que Ts'ui Pên, autor de um romance em que todos os desfechos são possíveis, Albert é morto por um estrangeiro, mas o movimento dialético é que o estrangeiro é o bisneto de Ts'ui Pên. Assim, nessa relação, Borges apresenta um movimento cíclico e igualmente labiríntico proposto pela ambientação do conto e, por sua vez, pelo romance de Ts'ui Pên. O sinólogo vive em sua "realidade" a experiência do infinito que decodificara na obra do bisavô de Yu Tsun. Stephen Albert, como outros personagens borgianos, é um estrangeiro que mediante o conhecimento livresco acede a um passado histórico, no caso o passado de Ts'ui Pên, desconhecido do próprio bisneto deste. — PPM

Albertelli, Pilo

Estudioso italiano da filosofia grega antiga, Albertelli (1907-44) escreveu, entre outros livros, *Gli eleati, testimonianze e frammenti* e *Il problema morale nella filosofia di Platone*, ambos de 1939. É mencionado no ensaio filosófico "A esfera de Pascal" (*Outras inquisições*), no qual figuram temas recorrentes na obra borgiana, o universal e o infinito. Borges busca em *Gli eleati*, livro em que Albertelli discorre sobre o eleatismo — corrente filosófica iniciada por Parmênides (v.) e cujo principal traço é a distinção que estabelece entre o mundo físico (dos sentidos) e o inteligível (da razão) —, suporte para a discussão sobre o conceito e significado de "esfera", imagem que, diz, pode corroborar a ideia de que a história universal talvez seja a história de algumas metáforas. De tal obra, Borges cita que Calógero e Mondolfo, contemporâneos de Albertelli, entendem que Parmênides intuiu uma esfera infinitamente crescente, dinâmica. Albertelli, em contraposição, não crê que possa haver uma esfera sem fim, expressando um pensamento que une sua filosofia à de Aristóteles (v.). — PPM

Alberto Magno

Nos séculos XII e XIII, o Ocidente sofria sérias transformações materiais, intelectuais e religiosas. Nesse contexto, as Ordens Mendicantes e suas práticas de apego à natureza (especialmente os franciscanos), de intensa pregação e de repressão aos hereges (sobretudo os dominicanos), foram mais eficazes que as velhas ordens clericais no atendimento das novas necessidades sociais e espirituais. Os seguidores de Domingo de Guzmán e de Francisco de Assis atuavam entre os leigos, recorrendo às línguas vulgares e às narrativas folclóricas, ao contrário dos monges tradicionais, que se enclausuravam nos mosteiros.

Assim, os grandes teólogos das universidades do século XIII eram franciscanos ou dominicanos, como Alberto Magno (*c.* 1206-80), citado em "História da eternidade" (*História da eternidade*) por ter sido um teórico da eternidade cristã, autor de diversas obras, como *De mineralibus*, *De anima*, *De intellectu et intelligibili*, *Summa theologiae*, *Summa de creatures*, além de ter feito comentários sobre Aristóteles (v.). Mas seus maiores méritos foram a intuição sobre o significado que a tradição aristotélico-árabe pudesse ter na filosofia cristã e a distinção entre a filosofia, baseada na razão, e a teologia, fundamentada na revelação. Tomás de Aquino (v.) foi seu discípulo.

Em "Notas" (*Discussão*), Borges problematiza, entre outras ideias, as considerações religiosas de alguns filósofos cristãos e coloca Alberto Magno junto dos maiores mestres da literatura fantástica. — PFCO

Albornoz, Alejo

Como tantos outros, Albornoz não passa de um personagem literário de Borges. Porém, como sua citação na nota de rodapé parece indicar um referente real, e em se tratando de Borges e na ausência de fontes que confirmem a existência de tal personagem no mundo real, a dúvida persiste, não havendo outra informação a não ser a concedida pelo autor no texto ("As *Misas herejes*", *Evaristo Carriego*). Seria ele uma espécie de mestiço briguento, duro e ascético, que teria vivido nas décadas de 1880 e 1890 na paróquia de Socorro, e para quem, além da menção na nota, Borges escreveu a letra do tango "Milonga de Albornoz", inserida no livro *Para as seis cordas*. — HNC

Albornoz, Filemón

Personagem do livro *Hormiga Negra* (1881) (v.), de autoria do escritor argentino de literatura *gauchesca* (v.) Eduardo Gutiérrez (v.). Borges recorda em "Eduardo Gutiérrez, escritor realista" (*Textos cativos*) o capítulo dessa obra em que Guillermo Hoyo, o típico *gaucho* (v.) *malo*, luta com o valentão Albornoz, de Santa Fe. E critica duramente Gutiérrez dizendo que seus personagens, a exemplo de Albornoz, eram romanceados segundo as exigências românticas dos *compadritos* (v.) portenhos. — PPM

Alburak, égua

Foi a égua Alburak, ou simplesmente Buraq, que serviu de cavalgadura a Maomé em um episódio lendário de sua vida: a Viagem Noturna [*isra*]. Conta-se que, uma noite, o Profeta (tratamento pelo qual Maomé é reconhecido no islã) foi acordado pelo anjo Gabriel para empreender uma viagem quase instantânea de onde estava, na cidade de Meca, até Jerusalém, local sagrado que abrigaria a mesquita mais remota do universo. Maomé teve de percorrer o trajeto montado em Buraq, um equídeo branco e alado. Em Jerusalém, vivenciou uma de suas experiências místicas mais intensas, conhecida entre os muçulmanos como *miraj*: subiu até o sétimo céu para se encontrar com Alá. O episódio é apenas citado no Alcorão; os detalhes da Viagem Noturna foram infundidos pela tradição islâmica. De qualquer forma, ainda hoje o Muro das Lamentações em Jerusalém é chamado Buraq pelos muçulmanos, pois nele o Profeta teria amarrado a égua antes de ascender.

Buraq é lembrada por Borges no ensaio (ou pseudoensaio) histórico-filosófico intitulado "História da eternidade" (*História da eternidade*). Ela é mencionada, mais especificamente, em uma nota de rodapé concebida para exemplificar como o "*tempo dos homens não é comensurável com o de Deus*". — DF

Alcáçar do Fogo Subterrâneo

É em *Vathek* (1782), comentado nos textos "William Beckford, *Vathek*" (*Biblioteca pessoal*) e "Sobre o *Vathek* de William Beckford" (*Outras inquisições*), romance gótico de ambientação orientalista de Beckford (v.), que Borges identifica o "*inequívoco sabor*" do pesadelo e encontra na imagem do Alcáçar o "*primeiro Inferno realmente atroz da literatura*". O Alcáçar do Fogo Subterrâneo, palácio localizado na ruinosa cidade de Istakar, e onde se acham os maiores tesouros e talismãs capazes de controlar o mundo, descrito na parte final de *Vathek*, revela-se um dos cenários mais fantasmagóricos da obra do escritor inglês. — PPM

Alcácer-Quibir, exército de

Alcácer-Quibir, no Norte da África, foi o lugar onde o exército de dom Sebastião, rei de Portugal morto na batalha ocorrida no dia 4 de agosto de 1578, e seu aliado local, Mulei Mohamed, foram derrotados ao enfrentar as tropas de Abde Almelique, que tinha o apoio turco mas também morreu na luta. Com o desaparecimento de dom Sebastião, o caminho ficou aberto para a chamada União Ibérica, que se deu no reinado de Felipe II da Espanha. O exército português demandou enormes esforços e recursos financeiros, até mesmo empréstimos. Era formado por 2 mil castelhanos (em vez dos 5 mil prometidos pelo rei espanhol), 3 mil alemães e seiscentos italianos, além de 9 mil a 12 mil portugueses. No total, incluindo infantaria e cavalaria, o número de combatentes variava entre 14 mil e 20 mil. Esse exército contava ainda com quinhentas a mil embarcações, doze a 36 peças de artilharia e mil a 2500 cavalos. Nas tropas de Almelique havia em torno de 87 mil cavaleiros e 25 mil atiradores a pé, números impressionantes para a época. Apesar de tais cifras variarem bastante, todas as histórias do combate apontam larga vantagem numérica para Almelique.

É a esses números dos exércitos envolvidos na batalha que Borges se refere em "Paul Valéry: *O cemitério marinho*" (*Prólogos, com um prólogo de prólogos*). — HNC

Alcorão

O Alcorão, ou simplesmente Corão, é o livro sagrado dos muçulmanos. Nele estão compiladas todas as revelações divinas feitas a Maomé, o grande fundador do islã. Sua versão final surgiu por volta de 660, trinta anos após a morte do Profeta. O livro propugna, em linhas gerais, a ideia de um Deus único e onipotente, a quem todos devem se submeter. Contudo, assim como a Bíblia, deu margem a distintas interpretações entre seus adeptos. Sem dúvida, a diversidade de leituras do Alcorão é uma das causas das cisões dentro do islã e do aparecimento de suas diversas vertentes religiosas.

O inegável interesse de Borges por aquilo que se convencionou chamar Oriente não ignora a existência e a importância do Alcorão. Em "Do culto dos livros" (*Outras inquisições*), por exemplo, ao refletir acerca do "*predomínio da palavra escrita sobre a falada*" e da transformação do livro em objeto místico, o escritor argentino não se esquece de citar o livro sagrado dos muçulmanos: "*Para os muçulmanos, o Corão (também chamado O Livro,* Al-Kitab) *não é mera obra de Deus, como as almas dos homens ou o universo; é um dos atributos de Deus, como Sua eternidade ou Sua ira*". — DF

Aldao, *montoneros* de

José Félix Esquivel y Aldao (1785-1845) lutou ao lado do libertador José de San Martín (v.) nas campanhas do Chile e do Peru. Defendeu a província de Mendoza contra as investidas do unitário (v.) Francisco Laprida (v.), que acabou sendo morto por ele. Promoveu assentamentos de camponeses chilenos ao sul e participou da primeira Campanha do Deserto, contra os índios, em 1833, ao lado do general Juan Manuel de Rosas (v.), caudilho de Buenos Aires.

Aldao foi caudilho da província de Mendoza, no oeste da Argentina, desde 1841 até sua morte. Assim como outro caudilho, Estanislao López (v.), passou de média para grande riqueza, o que mostra que eles foram os únicos, entre os dezoito da época, que não pertenceram a famílias de grande prestígio e riqueza. Como caudilho, Aldao teve entre seus inimigos Domingo Faustino Sarmiento (v.), que seria presidente do país de 1868 a 1874.

É exatamente o momento da morte de Francisco Laprida pelos *montoneros* de Aldao que Borges narra em "Poema conjectural" (*O outro, o mesmo*). Nesse poema são recriados, ficcionalmente, os últimos pensamentos do referido unitário, que sucumbe com a "*íntima navalha na garganta*". — PFCO

Aldiger

Nome próprio que antecipa o de Dante Alighieri (v.), citado em "História do guerreiro e da cativa" (*O Aleph*). — PFCO

alegorias

O termo "alegoria" vem do grego *allós*, que quer dizer "outro", e *agourein*, "falar", e pode ser traduzido como uma maneira especial de falar, de caracterizar determinado fato ou pessoa, dizendo "b" para significar "a". A alegoria consiste em um artifício utilizado pelos artistas — e não apenas pelos escritores — para tentar, por meio de algo material, concreto, representar conceitos abstratos, como, por exemplo: "seu amor é tão mortal como o veneno de uma cobra". Pode se revelar também quando, ao longo de um livro, como *Razão e sensibilidade* (1811), escrito por Jane Austen (v.), consegue-se perceber que determinado(s) personagem(ns) representa(m) a razão e outro(s) a sensibilidade.

Borges discorre, em "Nathaniel Hawthorne" (*Outras inquisições*), sobre algumas definições de alegoria ao localizar uma polêmica literária acerca da pertinência das alegorias; ressalta, em especial, a vindicação de Chesterton (v.) e a refutação de Croce (v.). No fim, conclui que uma alegoria será tão melhor quanto menos mecânica, artificial, for sua construção. De acordo com Borges, existiriam dois tipos de escritores: os que pensam por abstrações e os que pensam por imagens. Estes, segundo ele, conseguem utilizar com felicidade as alegorias. No entanto, quando aqueles tentam fazer o mesmo, incorrem no mecanicismo, na distração estética, ou no jogo de adivinhação que Croce havia denunciado e que, em vez de auxiliar, acaba por dificultar o entendimento da ideia que pretendem passar.

Em "Das alegorias aos romances" (*Outras inquisições*), Borges considera a alegoria à luz dos debates entre realismo (a crença nos universais ou conceitos abstratos) e nominalismo (a crença em que só existem os particulares). Afirma que na atualidade triunfou esta última visão e que sua forma de expressão é o romance, porque este é fábula de indivíduos assim como a alegoria era "*fábula de abstrações*". — HNC e AAE

Alem, Leandro

Desde muito jovem, quando serviu voluntariamente em batalhas entre Argentina e Paraguai, Leandro Alem (1842-96) dividiu-se entre o estudo do direito e a absorvente paixão pela política, filiando-se, democrático e antiautoritário, em 1868, ao Partido Autonomista da Argentina, pelo qual logo veio a ocupar cargos de deputado e de senador. Em 1890, organizou o levante armado contra o presidente Miguel Juárez Celman, que abandonou o poder. Alem, então, promoveu a fundação da União Cívica Radical, destacado partido na evolução política do país. Porém, marcado por fracassos políticos, suicidou-se em 1896.

Em "História de Rosendo Juárez" (*O informe de Brodie*), Borges se refere à figura de Alem como aquela em que os radicais se apoiavam. Citando Ricardo Rojas (v.), alude a um confronto entre Leandro Alem e José Hernández (v.), autor do clássico argentino *Martín Fierro* (v.) (*Obras completas en colaboración*). Em "Esquinas" (*Atlas*), imaginam-se as muitas esquinas que Alem teria visto antes do suicídio, fato recordado ainda em "Buenos Aires" (*A cifra*). — JGS

Alemán, Mateo

Mateo Alemán (Sevilha, 1547-1614) escreveu o romance picaresco *Guzmán de Alfarache* (1599-1604). Em "A supersticiosa ética do leitor" (*Discussão*), Borges faz uma crítica a esse autor quando diz que *Guzmán de Alfarache* é uma obra "*laudatória de outras prosas narrativas*". Segundo vários críticos, Alemán incorpora traços visíveis da obra anônima para sua projeção como escritor, sem ser muito criativo. Provavelmente, Borges compartilhava dessa opinião. — LMRB

Aleph

Conta-se, de acordo com uma tradição judaica, que, para consolar a letra *aleph* — a primeira do alfabeto hebraico, representada por "א" — por não haver começado a Torá (Pentateuco) com ela, Deus a utilizou para iniciar os Dez Mandamentos. Além disso, quando Moisés indagou o nome de Deus, recebeu como resposta três palavras que começam com *aleph* e significam "Serei Quem Serei". O pano de fundo dessas narrações encontra-se em crônicas cabalísticas e em compilações de interpretação da Bíblia que atribuem um poder criativo à conjunção das letras hebraicas. Sendo "um" seu valor numérico e não podendo ser pronunciado quando não está acompanhado por uma vogal, o *aleph* — graficamente representado por três das letras do impronunciável Tetragrámaton (v.), o nome de quatro letras que só podia ser invocado pelo Sumo Sacerdote e cuja pronúncia desconhecemos — aponta para o Verbo Divino que o povo é incapaz de ouvir sem mediação humana (no caso, Moisés no monte Sinai).

Em "Uma vindicação da cabala" (*Discussão*) (v. cabala), Borges dedicou-se a compreender e justificar a prática hermenêutica dos cabalistas. Com "O Aleph", no livro homônimo, forjou seu próprio símbolo, ao justapô-lo às teorias matemáticas de Georg Cantor (v.) sobre o infinito. O Aleph subjaz igualmente à vida do Golem (v.), já que, ao subtrair tal letra, o monstrengo de homem passava da vida como verdade [*emet* (v.)] à morte [*met*, ambas as palavras em hebraico]. Assim como o gato preto que não está em Gershom Scholem (v.), intuo essa alusiva presença no poema "O Golem" (*O outro, o mesmo*).

Essa letra (א) ilustra a capa da primeira edição de *O Aleph* (1949). Mergulhados no universo de Borges, reconhecemos em seu design gráfico a linha que separa e ao mesmo tempo une as forças que apontam para o céu e para a terra, para a própria noção dos arquétipos que povoam tantos dos textos do autor. No relato que parte da sensível morte de Beatriz Viterbo (v.), Borges remete explícita e simultaneamente ao místico e ao racional ("*Para a cabala, a letra significa o* En Soph [Sem Fim], *a ilimitada e pura divindade; também se disse que tem a forma de um homem que aponta para o céu e para a terra, indicando que o mundo inferior é o espelho e o mapa do superior; para a* Mengenlehre, *é o símbolo dos números transfinitos, em que o todo não é maior que uma das partes*"). A "*pequena esfera furta-cor, de um fulgor quase intolerável*", que lhe permite *ver* minuciosamente o conjunto infinito do "*inconcebível universo*", aproxima-o como escritor do problema enfrentado por aqueles que vislumbram mundos não compartilhados por seus interlocutores.

O *aleph*, letra que contém todas as letras, remete a dimensões que extrapolam o comum; é símbolo de acesso à mediocridade (Carlos Argentino Daneri), da prostrada loucura de quem é incapaz de raciocinar (Funes) ("Funes, o memorioso", *Ficções*), de quem se refugia na alegria de entender (Tzinacán) ("A escrita do Deus", *O Aleph*) ou do consolo que o esquecimento proporciona (Borges). — SS

Alexandre Bicorne

Nome pelo qual ficou conhecido entre os muçulmanos Alexandre Magno, rei da Macedônia e um dos imperadores mais importantes da história da humanidade. Traçar sua biografia não é exercício fácil, pois são tênues os limites que separam o personagem histórico da figura mítica, a qual sempre desempenhou papel relevante, tanto no imaginário dos povos ocidentais como no das populações orientais. Sabe-se que nasceu em Pella, no ano de 356 a.C., e morreu na Babilônia, em 323 a.C. Foi discípulo de Aristóteles (v.) e tornou-se rei muito cedo, aos vinte anos de idade. Dedicou seu reinado a dar continuidade aos planos expansionistas do pai, Felipe II, que já havia submetido a Grécia e pretendia invadir a Pérsia. Alexandre conquistou a Pérsia, avançou para o Egito, onde fundou Alexandria, e se apoderou de uma fatia da Ásia Central, que incluía parte do território da Índia.

Borges pôde, em algumas ocasiões, demonstrar o fascínio que lhe provocava o antigo rei da Macedônia. Na conferência sobre *As mil e uma noites*, transcrita no livro *Sete noites* (1980), explica a razão do nome Bicorne [Zul'Qarnain]: "*Nos países do Islã ele ainda é celebrado sob o nome de Alexandre Bicorne, porque dispõe dos dois cornos, do Oriente e do Ocidente*". Mais adiante, na mesma conferência, valendo-se de uma "*informação curiosa anotada pelo barão de Hammer Purgstall*", revela o motivo mais específico — e talvez mais importante — de seu interesse por Alexandre: "*a primeira pessoa que ouviu a recitação de histórias, que reuniu homens da noite para contar histórias que distraíssem sua insônia, foi Alexandre da Macedônia*". Ou seja, a todas as histórias e lendas que cercam tal personagem, deve-se somar ainda esta — a de que ele tenha sido uma espécie de precursor longínquo do rei Shariar, por apresentar o papel de agregador de confabuladores noturnos do que muitos séculos mais tarde viria a ser *As mil e uma noites*. A ideia é retomada por Borges no fragmento poético "Alguém" (*História da noite*). — DF

Alexandre de Afrodísia

Filósofo do neoplatonismo e da continuação da escola peripatética (*c.* 200), escreveu, além de interpretações da filosofia aristotélica, obras originais como *Sobre a alma* e *Sobre o destino*. Nasceu em Afrodísia, pequeno país da Ásia Menor, perto do mar Egeu, e chegou a lecionar no liceu de Atenas. Também conhecido como o Exegeta, Alexandre é o clássico intérprete de Aristóteles (v.), ainda que com alterações, e tradutor de suas obras, qualidade esta a que Borges se refere em "A busca de Averróis" (*O Aleph*). Interpretou a teoria aristotélica do intelecto, distinguindo três espécies deste no homem: o físico ou material, que se constitui na potencialidade de conhecer as coisas; o adquirido ou *in habitu*, que pela realização da potencialidade possui o hábito de abstrair a forma da matéria, e, por fim, o agente ou produtivo, causa que torna possível passar do intelecto físico (potência) ao adquirido (hábito). Combateu a escola dos estoicos, defendendo a liberdade da vontade contra o determinismo absoluto. — HNC

alfajor de Santa Fe

Guloseima típica da Argentina e da América do Sul, comentada por Borges no início do conto "O Aleph" (*O Aleph*), consiste em duas bolachas doces, unidas por uma camada de doce de leite ou geleia de frutas. Hoje o *alfajor* costuma receber cobertura de chocolate, mas o mais tradicional ou é recoberto por um glaçado de açúcar ou não traz cobertura. Diferentes regiões e cidades argentinas gabam-se da sua forma peculiar de elaborá-lo. Aquele feito na província de Santa Fe caracteriza-se pela massa de mil-folhas, com pouco açúcar e recheio de doce de leite; pode ser de tamanho grande, com várias camadas e diâmetro similar ao de um bolo.

Em "Macedonio Fernández" (*Prólogos, com um prólogo de prólogos*), Borges, afirmando que não gostaria de perder nenhum detalhe da vida de Macedonio, comenta que este, interessado por guloseimas, discutiu uma vez as características do *alfajor*, pondo-se a favor dos doces *criollos* (v.). Poder-se-ia dizer que, com base na análise da referida guloseima, realizada por Macedonio, Borges remete a um questionamento mais amplo, relativo à condição do *criollo*, tema bastante presente na obra borgiana. — PMG e PFCO

Alfarabi

Filósofo do Turquestão (870-950) cujo pensamento marcou o início da filosofia islâmica. São relevantes seus comentários acerca da lógica aristotélica, bem como os tratados sobre metafísica, em que aproxima a metafísica da política. Seu pensamento, influenciado pelas ideias de Plotino (v.), caracteriza-se principalmente por uma cosmologia fundada na geração dos seres a partir do Uno. Entre os escritos de Alfarabi, destacam-se *Tratado sobre o Uno e a Unidade* e *Epístola sobre o intelecto*. Em suas análises filosóficas estão subentendidas também questões referentes ao singular e ao universal e aos modos específicos do conhecimento de ambos.

Borges refere-se a esse filósofo no ensaio "O enigma de Edward FitzGerald" (*Outras inquisições*), em que traça semelhanças entre o escritor inglês e o persa Omar ben Ibrahim (v. Khayyam, Omar), o qual se acredita ter sido bastante influenciado por Alfarabi, aquele que "*entendeu que as formas universais não existem fora das coisas*". Tem-se, portanto, nessa menção uma alusão indireta ao tema do infinito e do universal, recorrentes na obra borgiana. — PPM

Al-Ghazali, Muhammad (o Algazel dos escolásticos)

Abu Hamid Muhammad al-Ghazali (1059-1111), segundo Borges o "*Algazel dos escolásticos*", nasceu em Khorasan, na Pérsia. Lecionou teologia em Bagdá, mas logo foi para a Síria, com o intuito de se dedicar à sistematização de seus pensamentos sobre filosofia e religião.

Al-Ghazali considerava a razão insuficiente como princípio para chegar ao conhecimento das coisas. Um de seus livros mais importantes, *Tahafut-ul-falasifa* [Destruição dos filósofos], é uma crítica severa a todos os filósofos que, ancorados na filosofia de Aristóteles (v.), procuraram racionalizar as crenças religiosas, promovendo uma conciliação entre filosofia e dogma. As ideias desse livro foram refutadas anos mais tarde por Averróis (v.), que escreveu *Tahafut-ul-Tahafut* [Destruição da destruição].

Em sua obra, Borges fez rápidas referências a Al-Ghazali. O teólogo persa é citado no conto "A busca de Averróis" (*O Aleph*) e nos breves exercícios críticos "Pascal" e "Do culto dos livros" (*Outras inquisições*). Neste último, é lembrado por sua engenhosa e involuntariamente platônica definição do Corão. — DF

Alhambra

Alcázar localizado em Granada, uma das províncias administrativas que compõem a região da Andaluzia, na Espanha. Granada foi o último reino mouro a ser derrotado pelas tropas dos Reis Católicos, Isabel e Fernando, no ano de 1492, durante o processo de reconquista da península Ibérica deflagrado pelos reinos cristãos. Na medina de Alhambra fica o famoso palácio de mesmo nome, sede do reino que os cristãos conquistaram e símbolo da riqueza e poder dos muçulmanos ibéricos. A construção do palácio, obra dos soberanos nazarenos da península, iniciou-se no século XIII, mas só se concluiu no século seguinte. Seu interior é realmente suntuoso, e a água é utilizada como elemento de decoração em suas várias fontes.

No poema "Alhambra" (*História da noite*), escrito em 1976 na cidade de Granada, Borges ressalta a beleza de sua arquitetura e, tomando o ponto de vista de um narrador mouro, destaca o episódio da queda do palácio e do reino como um marco do fim da presença dos reinos muçulmanos na península. Para isso, ele alude à religião, empregando os termos "cruz" (cristianismo) e "lua" (islamismo) e aplicando aos cristãos o termo "infiel", normalmente usado pelos textos cristãos da época ao se referirem aos muçulmanos: "*Que a cruz do infiel apagará a lua*". Alguns versos desse poema hoje estão transcritos na entrada do Alhambra. — HNC

Alighieri, Dante

Poeta e escritor italiano (1265-1321), nasceu em Florença e morreu exilado em Ravena. É, como se sabe, autor de diversas obras em latim (*De vulgari eloquentia*, *De monarchia*) e em italiano (*Rime*, *Vita Nuova*, *Convivio*); entre estas últimas está sua obra-prima, *La divina commedia*.

Borges não foi um leitor assíduo da literatura italiana, mas, em sua opinião, *A divina comédia* excede o âmbito nacional e não pode ser inscrita em uma só tradição: "*É possível dizer na Argentina que Dante é um tema de literatura estrangeira?*" ("Jorge Luis Borges, encrucijada de admiraciones y negaciones, nos habla de su labor futura", *Textos recobrados 1931-1955*). A partir dos anos 1930, Borges defende paulatinamente a ideia de que a *Comédia* é o livro máximo da história da humanidade, "*o ápice da literatura e das literaturas*" ("A *Divina comédia*", *Sete noites*), um livro infinito que contém "*o que foi, o que é e o que será, a história do passado e a do futuro, as coisas que tive e as que terei*" (prólogo a *Nove ensaios dantescos*), "*um conjunto de cumes*" ("A *Divina comédia*").

Todas as características que o escritor argentino atribui aos clássicos (profundidade cósmica, interpretações infinitas, deliberação e fatalidade de cada elemento) estão presentes em suas descrições da *Comédia*, na qual "*não existe palavra injustificada*" (*Nove ensaios dantescos*). Borges propõe uma aproximação hedonística ao texto de Dante: "*O conhecimento direto da* Comédia, *o contato imediato, é a mais inesgotável felicidade que a literatura pode oferecer*" ("Estudio preliminar", *Dante. La divina comedia*, Coleção Clássicos Jackson, 1949). Por isso, não se deve estranhar que sua leitura seja predominantemente estética. Ele se mostra mais atento aos procedimentos poéticos e narrativos que aos aspectos religiosos: claramente, lê a *Comédia* como "a viagem rumo a Beatriz" e não rumo à visão de Deus. Dentre os procedimentos estéticos de Dante, destaca a intensidade de seu realismo e a construção dos personagens. Enfatiza em especial um recurso narrativo: a aparente discrepância entre as opiniões do Dante autor e as emoções do Dante personagem, tal como aparece nos episódios de Francesca e Paolo, de Ulisses, do nobre castelo do Limbo.

A *Comédia* é uma referência intertextual que atravessa toda a obra de Borges da maturidade. Além de haver ensaios, poemas e prosas poéticas que aludem a ela explicitamente, percebe-se em diversos textos a presença implícita de Dante.

Durante as décadas de 1940 e 1950, Borges publicou em periódicos uma série de ensaios dedicados ao estudo de aspectos parciais da obra do italiano ("O carrasco piedoso", "O encontro num sonho", "O último sorriso de Beatriz", "O nobre castelo do canto IV", "O falso problema de Ugolino", "A última viagem de Ulisses", "Dante e os visionários anglo-saxões", "*Purgatório* I, 13", "O Simurgh e a águia"), que somente muitos anos depois seriam reunidos em *Nove ensaios dantescos* (1982).

Vários textos receberam como título versos da *Comédia*, entre eles "*Inferno* I, 32" e "*Paradiso* XXXI, 108" (*O fazedor*), e "*Inferno*, V, 129" (*A cifra*). Outros evocam secretamente a arquitetura do mundo dantesco; sirvam como exemplo dois poemas de *O outro, o mesmo*: "Do inferno e do céu" ("*os olhos não verão os nove círculos/ da montanha invertida*") e "Outro poema dos dons" ("*aquele outro sonho do inferno/ da torre do fogo que purifica/ e das esferas gloriosas*").

Particularmente significativa é a função da *Comédia* como intertexto do conto "O Aleph" (*O Aleph*). Alguns críticos, entre os quais Emir Rodríguez Monegal (v.), viram no próprio nome dos personagens uma evocação do poema dantesco: Beatriz Viterbo (v.)/ Beatrice e Carlos Argentino *Daneri*/ *Dan*te Aligh*ieri*. Outros vínculos parecem mais relevantes, sobretudo o que se refere à relação entre linguagem e realidade, aquilo a que Jaime Rest chama, em *El laberinto del universo*, "o confronto entre realismo ingênuo e nominalismo crítico" que o relato propõe; ou seja, a incapacidade da linguagem de expressar a realidade última, "o inefável centro do relato". A experiência mística não difere daquela evocada por Dante no canto XXXIII do *Paraíso*: "*il mio veder fu maggio/ che 'l parlar nostro*" [minha visão foi maior/ que nossa palavra]. As fontes da descrição do Aleph, cujas imagens ocupam "*o mesmo ponto, sem superposição e sem transparência*", são a primeira visão de Deus como um ponto ("*un punto vidi che raggiava lume/ acuto sí, che 'l viso ch'elli affoca/ chiuder conviensi per lo forte acume*" [vi um ponto que irradiava luz/ tão intensa, que os olhos que ela incendeia/ convém fechar devido à intensidade de seu brilho], *Paraíso* XXVIII, 16-18) e a descrição da Trindade no último canto. Os exemplos poderiam multiplicar-se.

Borges incorpora à própria poética duas ideias rastreadas no poema do italiano. A primeira consiste na concepção da literatura como sonho. Borges lê a *Comédia* como um sonho de Dante, do qual este é ao mesmo tempo autor e personagem. Tal concepção, de acordo com o escritor argentino, é uma novidade introduzida por Dante na tradição. A identificação entre literatura e sonho dá a Borges a possibilidade de ensaiar sua peculiar leitura do episódio de Ugolino, conforme a qual, no relato dantesco, como nos sonhos, coincidem o fato e sua negação: "*Na treva de sua Torre da Fome, Ugolino devora e não devora os cadáveres amados, e essa ondulante imprecisão, essa incerteza, é a estranha matéria de que é feito. Assim, com duas possíveis agonias, sonhou-o Dante e assim o sonharão as gerações*" ("O falso problema de Ugolino", *Nove ensaios dantescos*). Dante mesmo, como protagonista do próprio sonho, é o Dante de nosso sonho, aquele que os leitores receberão: "*Conhecemos Dante mais intimamente que seus contemporâneos. Eu quase afirmaria que o conhecemos como o conheceu Virgílio, que foi um sonho dele*" ("A *Divina comédia*"). Da mesma forma, Borges sugere que o encontro final entre Dante e Beatriz é precisamente um "*encontro em um sonho*" ("O encontro num sonho", *Nove ensaios dantescos*), e isso justifica a abundância de obscuros símbolos de caráter onírico no episódio.

A segunda ideia dantesca presente na poética borgiana consiste na possibilidade de cifrar uma vida inteira em um só momento. Essa é, na opinião de Borges, a estratégia central do Dante narrador: "*Um romance contemporâneo necessita de quinhentas ou seiscentas páginas para fazer-nos conhecer alguém, se é que chegamos a conhecer essa pessoa. Dante não necessita de mais do que um momento. Nesse momento o personagem fica definido para sempre. Dante busca esse momento central inconscientemente. Tentei fazer o mesmo em muitos contos e fui admirado por esse achado, que é o achado de Dante na Idade Média*" ("A *Divina comédia*"). Esse momento, no caso de Dante, é o que resolve a condenação eterna ou a salvação das almas. Assim, os amantes do canto v do *Inferno* definem-se pelo momento de pecado que os condena. Em compensação, depois de uma vida de pecado, Bonconte da Montefeltro se salva em um instante de arrependimento, no canto v do *Purgatório*. Logo, não é por acaso que Borges desenvolve essa ideia no "Poema conjectural" (*O outro, o mesmo*), no qual cita e traduz Dante quase textualmente. Os versos "*Là 've 'l vocabol suo diventa vano, / arriva' io forato ne la gola, / fuggendo a piede e sanguinando il piano. / Quivi perdei la vista e la parola*" são transpostos nestes: "*Como aquele capitão do Purgatório: / fugindo a pé e ensanguentando o solo, / foi cegado e tombado pela morte / ali onde um rio escuro perde o nome, / assim hei de cair*". Se Francisco Narciso de Laprida (v.) *no espelho desta noite reconhece seu rosto eterno insuspeitado*, também se pode ler em termos de transcendência o *júbilo secreto que lhe endeusa o peito inexplicável*, pois o personagem da *Comédia* encontra na batalha não só a morte, mas, fundamentalmente, a salvação eterna graças ao arrependimento. Não se deve esquecer que, no poema dantesco, os versos seguintes aos citados por Borges se referem explicitamente à conversão de Bonconte da Montefeltro: "*nel nome di Maria fini', e quivi / caddi, e rimase la mia carne sola*" [no nome de Maria terminei, e ali / caí, e ficou minha carne só]. Esse tema tão frequente no *Purgatório*, o do poder de remissão que um instante de verdadeira contrição possui em relação a uma vida inteira de pecado — fortemente vinculado, sobretudo nesse canto, ao caráter imperscrutável da justiça divina —, desloca-se, na voz de Borges, para a concepção segundo a qual "*qualquer destino, por longo e complicado que seja, consta na realidade* de um único momento*: o momento em que o homem sabe para sempre quem é*" ("Biografia de Tadeo Isidoro Cruz (1829-1874)", *O Aleph*), tal como ocorre com Evaristo Carriego, Tadeo Isidoro Cruz (v.) e outros personagens do universo borgiano. — CF e MG

Aljubarrota

Vila portuguesa, na Estremadura, onde o rei dom João I venceu dom João I de Castela, em 1385. A Batalha de Aljubarrota assegurou a independência de Portugal com relação a Castela, sendo um dos eventos mais gloriosos da história lusitana. O famoso Mosteiro da Batalha, ou Convento de Santa Maria da Vitória, cuja construção se iniciou em 1388, foi erguido em homenagem ao resultado dessa luta. Em "Colônia do Sacramento" (*Atlas*), Borges compara a batalha com os inúmeros conflitos entre Portugal e Espanha pela posse de Colônia do Sacramento, no Uruguai. — LMRB

Almafuerte

Pseudônimo de Pedro Bonifacio Palacios, professor, orador e poeta argentino (1854-1917), célebre por sua devoção a Domingo F. Sarmiento (v.), pela vocação para a hipérbole, e por seus giros poéticos grandiloquentes e com frequência transgressores. A atitude de Borges com relação a esse poeta é um exemplo de sua maneira de vincular-se à tradição literária e da construção sistemática da própria obra. Em um delicioso prólogo a uma antologia de poemas de Almafuerte ("Prosa e poesia de Almafuerte", *Prólogos, com um prólogo de prólogos*), Borges descreve a cena da declamação em que o descobrira, na infância, pela boca de Evaristo Carriego (v.); trata-se de uma revelação: a linguagem, até ali, para ele, um mero meio de comunicação, "*podia ser também música, paixão e sonho*". Não ignora, de maneira nenhuma, os defeitos de Almafuerte, mas o paradoxo "*de uma íntima virtude que abre caminho através de uma forma às vezes vulgar sempre me interessou*". Essa é uma chave de Borges: de seus gostos e de sua escrita. Por isso, ao tentar explicar em 1930 a atitude estoica, não fatalista, mas piedosa, na poesia de Carriego, rumo à desgraça, Almafuerte serve-lhe de modo heterogêneo, juntamente com Francisco de Quevedo (v.), José Hernández (v.) e George Bernard Shaw (v.), para construir um campo de associações possíveis. O surpreendente sistema de vínculos continua em "Três versões de Judas" (*Ficções*), conto no qual uma nota de rodapé evoca a passagem em que Euclides da Cunha (v.) afirma que, para o heresiarca de Canudos, Antônio Conselheiro, a virtude "*era quase uma impiedade*", para acrescentar em seguida: "*O leitor argentino recordará passagens análogas na obra de Almafuerte*". Finalmente, no citado prólogo, de 1962, o sistema borgiano se retroalimenta, e o que em 1944 o escritor atribuía, na ficção, a Runeberg (v.), seu personagem vingador de Judas — no século II, "*teria dirigido* [...] *um dos conventículos gnósticos*" ("Três versões de Judas") —, retoma, via Euclides da Cunha, como projeção sobre o próprio Almafuerte, que "*teria sido um heresiarca* [...]*; em plena barbárie, um profeta de pastores e de guerreiros, um Antônio Conselheiro*" ("Prosa e poesia de Almafuerte"). Quase nada. — JSV

Almagesto, mundo do

Almagesto ou Almajesto é um tratado de astronomia e matemática que resume os conhecimentos da Antiguidade, escrito por Cláudio Ptolomeu no século II. Descreve os instrumentos astronômicos da época e é composto de treze livros, de um catálogo de 1022 estrelas dispostas em 48 constelações, e de uma teoria sobre as fases lunares e sobre os eclipses solar e lunar. Esse tratado influiu muito no conhecimento científico durante a Idade Média e o Renascimento. Tinha por princípio a Terra como centro do universo (orbe), em um ponto fixo (geocentrismo), e perdurou até surgir a teoria de Copérnico (heliocentrismo), depois reforçada por Galileu.

O mundo do Almagesto é citado por Borges, em meio a observações críticas sobre a obra de Blaise Pascal (v.), em "Pascal" (*Outras inquisições*). — LMRB

Almagro

Bairro da cidade de Buenos Aires cujo nome homenageia Daniel Almagro, conquistador espanhol que, com Francisco Pizarro, derrotou o Império Inca. Almagro também realizou a primeira expedição ao território do atual Chile, passando por regiões onde hoje se localiza a Bolívia. Na obra de Borges, em "Emma Zunz" (*O Aleph*), é o bairro onde se situa a casa da humilde operária do conto, e, em "A *Divina comédia*" (*Sete noites*), aquele onde foi construída a biblioteca em que o próprio Borges trabalhou. — HNC

Al-Mahdi, Mohamed

Mohamed al-Mahdi (Muhammad al-Mahdi) foi o terceiro califa da dinastia dos abássidas, que reinou na Pérsia de 750 a 1258. Filho de Almansur, ascendeu ao califado em 775, onde permaneceu até 785, quando Al-Hadi o substituiu. Seu reinado ficou marcado, entre outras coisas, pela dura perseguição aos hereges, ou seja, todos aqueles que de algum modo afrontavam a doutrina islâmica e a unidade religiosa do Império.

Al-Mahdi é citado por Borges no conto "O tintureiro mascarado Hákim de Merv" (*História universal da infâmia*). Sob seu califado, segundo o conto, o personagem mascarado Hákim de Merv, o Profeta Velado, foi perseguido e morto depois de formar uma seita cujo objeto de adoração era ele próprio. — DF

Almansur, Yacub

Último dos grandes monarcas árabes a se destacar na história da península Ibérica, nasceu em 1160 no Marrocos. Ascendeu ao trono em 1184, sucedendo ao pai, Abu Yacub Yusuf, e deu continuidade à dinastia dos almôades.

Marcaram o reinado de Yacub al-Mansur as sucessivas campanhas contra os cristãos da península. A mais famosa de suas investidas vitoriosas foi contra o exército do rei Afonso VIII, de Castela, e ficou conhecida como a Batalha de Alarcos (1195). Outro feito a lembrar é a construção da mesquita de Sevilha e de seu minarete, a Giralda, obra arquitetônica que ainda hoje surpreende os turistas da cidade.

Al-Mansur morreu em 1199, um ano depois de Averróis (v.). A menção a este, aqui, não é gratuita. Os dois conviveram, e Al-Mansur admirava muito o filósofo, tendo-o convidado até mesmo para fazer parte de sua corte. No conto "A busca de Averróis" (*O Aleph*), Borges alude a essa ligação entre ambos ao escrever que a versão do *Quitah-ul-ain* (v.) que Averróis possuía lhe fora dada pelo "*emir Yacub Almansur*". — DF

Almanza, Juan

Personagem do conto de Borges "O encontro" (*O informe de Brodie*), era um famoso arruaceiro na Argentina de fins do século XIX. Violento, cometeu o primeiro assassinato aos catorze anos de idade. Tinha aversão, que era recíproca, a Juan Almada porque as pessoas confundiam um com o outro. Na composição de tais personagens, Borges recorre a dois nomes comuns de origem ibérica, que convidam à comparação: Juan Almanza, cujo sobrenome é marroquino de origem andaluza, e Juan Almada, sobrenome de origem portuguesa também usado na Espanha. Pode-se pensar, se se observar a rivalidade da perspectiva genealógica, que se estabelece um paralelo desses personagens com Espanha e Portugal propriamente, países que têm um passado histórico marcado pela concorrência e disputas, bem como pela busca de diferenciação no momento em que se formavam como nações. Almada e Almanza sempre se procuram, mas nunca se encontram. Almada teve morte natural no Hospital de Las Flores, enquanto Almanza foi atingido por uma bala perdida. — PPM

Al Moqanna; Profeta Velado

Al Moqanna (ou Muqanna) foi o fundador de uma seita herética em Khorasan (nordeste do atual Irã), no fim do século VIII. Era seguidor de Abu Muslim, líder militar e religioso que, insurreto, gerara grande instabilidade para o poderio abássida na região. Dando continuidade aos propósitos de seu mestre, Al Moqanna [o Velado] formou um numeroso exército de seguidores. Definia-se como profeta, espécie de herdeiro divino de Maomé e de Abu Muslim. Algumas fontes, entre elas o próprio Borges, asseguram que seu nome verdadeiro era Hákim.

O escritor argentino provavelmente tomou conhecimento da existência de Al Moqanna na biblioteca de seu pai. Mais especificamente, no primeiro poema ("The Veiled Prophet of Khorassan") de Thomas Moore, em *Lalla Rookh, An Oriental Romance* (1817). A ideia de um rosto monstruoso oculto por um véu branco, tal como se lê em "O tintureiro mascarado Hákim de Merv" (*História universal da infâmia*), já estava presente no livro do humanista britânico. Contudo, sem nunca abrir mão da inventividade, Borges afirma que a deformidade do rosto do falso profeta era, na verdade, produto de uma doença: a lepra. "*O prometido rosto do Apóstolo, o rosto que havia estado nos céus, era de fato branco, mas com a brancura peculiar da lepra manchada. Era tão avantajado ou incrível que lhes pareceu uma máscara carnavalesca.*" — DF

Almotanabi

Ahmad ben al-Husayn, também chamado Abu l-Tayyib [o da Bondade, ou o Bondoso], nasceu em 915 na cidade de Kufa, no atual Iraque. Reza a história, ou a lenda, que, ao tentar se passar por profeta entre os beduínos da Síria, ele recebeu o apelido que o identificaria para sempre: Almotanabi, ou Al-Mutanabbi [o Falso Profeta, ou Aquele que Finge Ser Profeta].

Reconhecido até hoje por sua relevância na história da literatura árabe, começou a escrever poemas ainda criança e, já adulto, serviu durante nove anos na corte do príncipe Sayf al-Dawla, na cidade de Alepo, um dos mais importantes centros culturais do período. Compôs inúmeros versos exaltando a grandeza de Al-Dawla. Contudo, tinha uma veia forte para a poesia satírica, o que lhe rendeu ótimos poemas mas desagradou a muita gente, levando-o a viver boa parte de seus dias sob ameaças de morte.

Foi um defensor do arabismo. Passou a vida viajando por toda a extensão do mundo árabe em busca dos valores primordiais dessa civilização. Mesmo sendo poeta, não dispensou a espada para lutar por seus ideais. Talvez por essas razões, Borges, ao tentar definir a personalidade de Richard Francis Burton (v.) em "Os tradutores d'*As mil e uma noites*" (*História da eternidade*), tenha se lembrado dos versos de Al-Mutanabbi. De fato, a inquietude, a itinerância, certo ceticismo religioso, o amor pela literatura e o gosto pela sátira são traços partilhados pelos dois personagens históricos. Al-Mutanabbi foi assassinado em 965 no mosteiro da Razão, perto de Bagdá. — DF

Al-Rashid, Harum

V. Harum al-Rashid.

Alsina, Adolfo; alsinista

Adolfo Alsina (1829-77) foi governador da província de Buenos Aires, vice-presidente de Domingo Faustino Sarmiento (v.) no período de 1868 a 1874 e ministro da Guerra do presidente Nicolás Avellaneda. Seu pai, o político e advogado Valentín Alsina, figura histórica do Partido Unitário, teve de se exilar em Montevidéu durante o governo de Juan Manuel de Rosas (v.). Ao regressar, após a Batalha de Monte Caseros (1852) (v.), foi governador de Buenos Aires e intransigente defensor da preeminência e até mesmo da segregação dessa província em relação à

Confederação Argentina liderada por Justo José de Urquiza (v.). Seus partidários eram chamados de *pandilleros* [pandilheiros].

Adolfo fundou o Partido Autonomista, contrário à federalização de Buenos Aires durante o longo período em que o país ficou sem capital definitiva e cujos correligionários foram chamados também de "alsinistas" ou *crudos* [crus], em oposição aos *cocidos* [cozidos] ou nacionalistas, que seguiam a orientação de Bartolomé Mitre (v.). Na guerra contra os índios, manteve uma estratégia defensiva, criando a célebre *zanja nacional* [fosso nacional] ou *zanja de Alsina*, cujos trezentos quilômetros de fortificações e fossas pretenderam, sem sucesso, deter os *malones*, isto é, grupos de indígenas que atacavam seus inimigos com muita rapidez (v. ataques de índios). Após sua morte, impôs-se a estratégia ofensiva do general Julio Argentino Roca, que, com a bem-sucedida "conquista do deserto", chegou à presidência do país em 1880. Borges recorda a filiação alsinista de seu avô Isidoro Acevedo em *Caderno San Martín*. (V. Arroyo del Medio.) — JSV

Altamira

Descobertas em 1875, localizam-se em Altamira, perto de Santillana del Mar (em Santander), na Espanha, as cavernas pré-históricas que guardam pinturas rupestres: bisões, javalis, cervos etc. Segundo uma das explicações sobre esses desenhos, pode-se dizer que, para os homens que os estamparam, eles tinham um valor mágico que favorecia a morte do animal, ajudando na caça. Tais cavernas são consideradas a Capela Sistina da arte quaternária.

No poema intitulado "O advento" (*O ouro dos tigres*), a referência a Altamira está a serviço de uma ideia muito borgiana: um homem é todos os homens, na memória humana está presente a reminiscência de uma manhã em Altamira, o traçado de umas silhuetas, embora os séculos tenham apagado outras vivências primitivas. Em "Hino" (*A cifra*), Borges retoma a mesma ideia a partir de um percurso por diversas etapas da memória humana. — MAGB

Althing, velha pedra do

O Althing (ou Alpingi), a mais antiga assembleia democrática do mundo, foi fundado ainda na época viking, em 930, na Islândia. Estabeleceu-se em Thingvellir, região rochosa do território, onde funcionou até 1799, embora tenha sofrido mudanças em 1262, quando se votou a união entre Islândia e Noruega. Ali, em uma grande rocha, o orador da lei tomava assento e presidia a assembleia. Na dedicatória do livro *História da noite* a María Kodama (v.), Borges enumera uma série de "*coisas díspares*", como ele próprio observa, que justificam o seu oferecimento. Ao lado de uma nau da Noruega e de noruegueses que "*atravessam o claro rio, os escudos no alto*", faz referência a uma velha pedra do Althing, ampliando as alusões ao mundo escandinavo, pelo qual se sabe que nutria gosto particular. — PPM

Alto, Barrio del

V. mapa portenho.

Alvarado, Pedro de

Conquistador espanhol (1486-1541), veio para a América em 1510 como segundo homem de Hernán Cortés, cujo objetivo era conquistar o México. Em 1523, Alvarado empreendeu a conquista da Guatemala, onde, no ano seguinte, fundou a cidade que hoje se chama Antigua. Seu livro *Relación hecha por Pedro de Alvarado a Hernán Cortés, en que se refieren las guerras y batallas para pacificar las provincias del antiguo reino de Goathemala* data de 1525.

Em 1527, regressou à Espanha, onde foi nomeado governador e capitão-geral da Guatemala; depois disso, de volta à América, fundou a cidade de São Miguel e incentivou o comércio com o Pacífico. No ano de 1531, organizou uma expedição para a conquista das ilhas Molucas. Retornou à Espanha em 1537 e obteve a renovação do cargo de governador da Guatemala por mais sete anos, além de licença para explorar outras regiões americanas. Morreu em Guadalajara, no México, em decorrência de ferimentos sofridos durante batalha contra índios da Nova Galícia.

Borges lembra Alvarado no texto "A escrita do Deus" (*O Aleph*) como aquele que incendiou uma pirâmide dos ameríndios, ressaltando-lhe o caráter combatente no processo de conquista e colonização da América Hispânica. — HNC

Álvarez, José Sixto (vulgo Fray Mocho)

Precursor do conto *criollo* (v.), este autor argentino (1858-1903), observador de tipos e costumes, rico em humorismo e pitoresco, fundou em 1897 *Caras y Caretas* (v.), publicação influente na vida cultural de seu país. Borges o cita diretamente nos livros em que se aprofunda na literatura suburbana ou *criolla*, como em "*La canción del barrio*" (*Evaristo Carriego*); afirma, por exemplo, que "*Fray Mocho* [es] *la cotidianidá conversada del arrabal*" (*El tamaño de mi esperanza*) e que ele e Evaristo Carriego (v.) compõem "*as duas clássicas figurações literárias do nosso subúrbio*" (*El idioma de los argentinos*). Com Adolfo Bioy Casares (v.), ambos sob o pseudônimo comum de Honorio Bustos Domecq, Borges dedica à memória de José Sixto Álvarez o conto "Las doce figuras del mundo", do livro *Seis problemas para Don Isidro Parodi*, de 1942 (*Obras completas en colaboración*), além de referências aos "calçados Fray Mocho" em outros contos escritos sob o mesmo pseudônimo, "La víctima de Tadeo Limardo" (*Seis problemas para Don Isidro Parodi*) e "La fiesta del monstruo" (*Nuevos cuentos de Bustos Domecq*). — JGS

Alvear, Carlos María de

Político e militar argentino (1789-1852), nasceu em Santo Ángel, nas Missões Orientais. Começou os estudos em Porto Alegre e, em 1804, seguiu com a família para a Espanha. No entanto, apenas ele e o pai chegaram a seu destino, pois o navio foi atacado e incendiado por piratas. Terminou os estudos em Londres, e voltou para a Espanha, onde serviu na brigada dos carabineiros reais, tendo se destacado sobretudo nas guerras contra o exército francês de Napoleão Bonaparte. Em 1811, juntou-se à causa independentista americana. No ano seguinte, desembarcou em Buenos Aires e aliou-se ao exército de José de San Martín (v.). Lutou em diversas batalhas das guerras da independência (v.) e da consolidação desta, até mesmo na Guerra do Brasil (v.), sendo citado por Borges numa referência à Batalha de Ituzaingó (v.) em "A velha senhora" (*O informe de Brodie*). Alvear também ocupou vários postos no recém-formado Estado argentino, principalmente nos tempos do governo de Juan Manuel de Rosas (v.), embora tenha ficado fora do país depois de ser deposto do cargo de diretor supremo, ao qual fora alçado em 1815. A destituição se deu em virtude de alguns desacertos, de sua ambição e da oposição do general Ignacio Álvarez Thomas. Faleceu nos Estados Unidos, onde exerceu a função de ministro plenipotenciário até a queda de Rosas, em 1852. — HNC

Alvear Cambaceres, Elvira de

Poeta argentina (1907-59). Membro de uma família da classe alta mais tradicional (descendente de próceres da independência e de políticos endinheirados), Elvira de Alvear Cambaceres teve nos anos 1920 uma relação de amizade com Borges, interrompida por sua estadia na França entre 1930 e 1937. Quando ela regressou, retomaram a amizade, mas Elvira foi se fechando na solidão e acabou tornando-se vítima de deterioração física e psicológica, a ponto de perder tanto sua quase lendária beleza como a noção de realidade (Borges escreve no poema "Elvira de Alvear", *O fazedor*: "*Todas as coisas a deixaram, menos/ uma. A generosa cortesia*"). Alguns viram na descrição de Beatriz Viterbo (v.), personagem de "O Aleph" (*O Aleph*) marcado pela loucura familiar, e também em Teodelina Villar (v.), representante da fugacidade da beleza e da riqueza em "O Zahir" (*O Aleph*), versões de Elvira de Alvear. A chácara de sua mãe, Mariana Cambaceres de Alvear (v.), é um dos espaços descritos no poema de Carlos Argentino Daneri em "O Aleph". Hoje, a obra da poeta é quase desconhecida, e seu nome perdura somente pelas conexões com Borges. Como ele mesmo sugeriu, referindo-se a outros casos, o personagem literário é mais verdadeiro que a mulher que existiu. — PMG

Amaro, doutor Juan Francisco

Personagem dos contos "A seita da Fênix" (*Ficções*) e "A outra morte" (*O Aleph*). No primeiro, Juan Francisco Amaro, doutor em Paysandú, Uruguai, é o único, além do narrador, que consegue distinguir os sectários da Fênix, aparentemente indiscerníveis, ponderando a facilidade com que se acrioulavam. Em "A outra morte", Amaro, tal como o coronel Dionisio Tabares, havia militado na revolução de Saravia (v. Saravia, Aparicio) e mais especificamente na Batalha de Masoller (v.), em 1904.

É ele quem fornece ao narrador do conto, com base na lembrança dessa batalha, o segundo relato sobre a morte do valente Pedro Damián, contrastando com o de Patricio Gannon, de acordo com o qual Damián teria morrido em Entre Ríos, em 1946. Também diverge das afirmações do coronel Tabares, para quem Damián teria sido um homem que se acovardou diante dos inimigos na mesma Batalha de Masoller. — JGS

Amazonas

Região do noroeste da América do Sul que abrange a maior bacia hidrográfica do mundo. Seu descobrimento se deve à viagem empreendida por Francisco de Orellana, em 1541, desde a nascente do rio Amazonas, nos Andes peruanos, até o oceano Atlântico. A certa altura do trajeto, o explorador espanhol encontrou uma tribo de índias guerreiras e lutou contra elas. Associando-as com as amazonas do rio Termodonte e à palavra indígena "amassunu", que significa "ruído das águas", deu nome à região.

Maior rio do planeta em todas as avaliações possíveis exceto extensão, o Amazonas e, mais precisamente, suas fontes foram alvo do plano de exploração do escritor Mark Twain (v.) quando este contava 23 anos, segundo Borges em "El Oeste" (*Introducción a la literatura norteamericana*), projeto substituído pelo de pilotar barcos no rio Mississippi assim que chegou a New Orleans. O Mississippi reaparece em "O atroz redentor Lazarus Morell"

(*História universal da infâmia*), denominado "*o rio mais extenso do mundo*", "*rio de peito largo*", "*um infinito e obscuro irmão*" do Amazonas, cuja largura ultrapassa os cinquenta quilômetros em alguns trechos. — JGS

Ambrósio

Doutor da Igreja (340-397) nascido na Gália romana. Embora decididamente inclinado aos aspectos pastorais e morais da religião, não desdenhou por completo a tradição filosófica grega. Entre seus principais escritos estão *De officiis ministrorum* e *Hexameron*, obra em seis livros que celebra a Criação e na qual se notam nuances estoicas. É mencionado em um ensaio — "O *Biathanatos*" (*Outras inquisições*) — acerca da obra *Biathanatos* (1647), tratado de John Donne (v.) cujo fim, conforme indica o próprio Borges, é atenuar o tema do suicídio. O escritor argentino comenta que, em meio aos vários exemplos utilizados por Donne para fundamentar sua tese sobre o suicídio, isto é, o suicídio como atitude justificável, há um trecho do *Hexameron* no qual o autor diz que as abelhas se matam quando infringem as leis de seu rei. Essa imagem, interpretada à luz da obra de Donne e das observações de Borges, afirma uma defesa do suicídio como sendo este um ato nobre no âmbito ético e moral mas que, nas homilias de Ambrósio, assume ademais uma faceta religiosa que defende a grandeza do ato de obediência e entrega. — PPM

Amiano

Amiano Marcelino foi um historiador romano do período do império tardio ou decadência (século IV), autor de *Rerum Gestarum* e *Historiae*. Comungava com a linhagem tradicional da historiografia romana que aplicava chave moralista na avaliação de fatos, personagens e, sobretudo, dos costumes corrompidos da época em relação aos tempos gloriosos e remotos da cidade de Roma e do Império. De maneira análoga à dos historiadores que o precederam, Amiano não raro se valia da comparação entre culturas para a consecução de um efeito depreciativo.

Borges alude a ele em uma nota de rodapé repleta de citações curiosas e aleatórias da historiografia em "Histórias de cavaleiros" (*Evaristo Carriego*). O escritor argentino atribui ao autor a afirmação de que "*os hunos tinham tanto medo das casas quanto das sepulturas*" para ilustrar a constatação feita por seu pai de que o estudo da história pode ser útil e não só agradável. — JGS

Amorim, Enrique

Poeta, narrador e dramaturgo (1900-60), nasceu e morreu em Salto, no litoral do Uruguai. Viveu entre essa cidade, Montevidéu e Buenos Aires, tendo feito viagens constantes à Europa. Frequentou quase todas as personalidades destacadas da cultura da época, como Horacio Quiroga (v.), Rafael Alberti, Candido Portinari, Federico García Lorca, Nicolás Guillén, Sherwood Anderson (v.). Conviveu com Borges desde a juventude, já que foi casado com Esther Haedo, prima do escritor argentino. De fato, este passou algumas temporadas de descanso em Las Nubes, fazenda do uruguaio em Salto. Amorim publicou mais de quarenta livros, embora de qualidade desigual. Os romances de temática rural que escreveu, *La carreta* (1929), *El caballo y su sombra* (1941), *Corral abierto* (1956) e *La desembocadura* (1958), foram apreciados pela crítica de seu país. Borges redigiu um prefácio para a edição alemã de *La carreta*, publicada em 1937, e, no conto "Tlön, Uqbar, Orbis Tertius" (*Ficções*), transformou esse autor em personagem. Em mais de uma ocasião, recordou que, durante viagem com Amorim por Rivera, cidade fronteiriça com Santana do Livramento, no Rio Grande do Sul, presenciou o assassinato de um homem. — PR e MAGB

Amritsar

Legendária cidade indiana situada no oeste do estado de Punjab. Fundada ao redor de um reservatório de água que regularizava e alargava um antigo lago, Amrit-Sarovar [o Lago do Néctar], de onde provém seu nome, recebeu em 1589 o Hari Mandir [Templo Dourado], construído no meio do reservatório, como centro espiritual dos sikhs. Assolada por batalhas religiosas no decorrer de sua história, Amritsar foi também palco do massacre de Jallianwala Bagh, em 1919, quando 379 seguidores de Gandhi foram mortos e 1200 feridos pelas tropas britânicas, por reivindicarem a independência da Índia.

O narrador Christopher Dewey, do conto "O homem no umbral" (*O Aleph*), afirma que "*a geografia exata dos fatos*" por ele narrados importa muito pouco, mesmo porque nenhuma precisão guardam em Buenos Aires nomes como o de Amritsar. — JGS

Anais da Biblioteca

Em 1866, na França, Paul Groussac (v.) embarcou para a Argentina, onde galgou vários postos na área educacional enquanto ampliava e aprofundava relacionamentos com os governantes do país. Por fim, em 1885 foi designado diretor da Biblioteca Nacional, cargo que ocupou até a morte. Durante esses 44 anos, consagrou-se às investigações eruditas e aos temas históricos. Sua dedicação a estes últimos resultou em detalhados e extensos trabalhos. Entre eles, as publicações dos *Anais da Biblioteca* representaram valiosa contribuição para as pesquisas relativas à história argentina. Nos *Anais*, Groussac haveria registrado as origens do bairro de Palermo, como afirma Borges em "Palermo de Buenos Aires" (*Evaristo Carriego*).

Groussac também fundou a revista *La Biblioteca*, de influência realista e naturalista europeia, dado o esgotamento, a partir da década de 1880, das formas românticas. Em sua maioria, os textos nela publicados eram mais ensaios do que criações artísticas de valor durável. Porém, alguns sobreviveram ao tempo como documentos sociais e estudos de costume. Quando Borges assumiu a direção da Biblioteca Nacional, em 1955, planejou reeditar essa revista. — PFCO

Anales de Buenos Aires, Los

Nos anos 1920, Borges participou da criação e edição de várias revistas de vanguarda (*Prisma*, *Proa*) (v.), frutos da associação de um grupo de intelectuais. Nas décadas de 1930 e 1940, dirigiu profissionalmente quatro revistas ou nelas atuou como chefe de redação: *Revista Multicolor de los Sábados* do jornal *Crítica* (12 de agosto de 1933-6 de outubro de 1934, em colaboração com Ulyses Petit de Murat), *Obra, Revista Mensual Ilustrada* (1934-6), *Destiempo* (1936-7) e *Los Anales de Buenos Aires*. Esta última foi um dos principais órgãos em que publicou no período correspondente à década de 1940, além de *Sur* (v.) e *La Nación* (v.), todos de orientação antifascista e antiperonista.

A revista teve 23 números, publicados entre janeiro de 1946 e outubro de 1947, com um formato de 20 × 28 cm, incluindo publicidade e ilustrações. Dentre os ilustradores, destacam-se: Antonio Berni, Norah Borges (v.), María Elisabeth Wrede, Horacio Butler, Xul

Solar (v.), Amanda Molina Vedia, Atilio del Soldato — alguns colaboravam esporadicamente, outros de forma permanente.

A publicação foi fundada com base no modelo da *Université des Annales* de Paris, criada em 1907 por Yvonne Sarcey, como desdobramento de *Les Annales Politiques et Littéraires*, periódico semanal de Jules e Adolphe Brisson lançado em 1883. A *Université des Annales* organizava ciclos de conferências que constituíam um circuito paralelo ao das universidades profissionalizantes; seu objetivo era promover a cultura, em particular nas províncias francesas, e correspondia a ideais republicanos (por isso durante a guerra interrompeu-se sua publicação); as conferências e outros artigos eram reunidos em uma revista, *Conferencia*, entre 1919 e 1950.

Seguindo esse modelo, *Los Anales de Buenos Aires* organizou primeiramente conferências sobre temas culturais e artísticos, as quais se realizaram em Buenos Aires, no teatro Empire, no fim da Segunda Guerra Mundial. A fundadora e diretora da associação, Sara Durán de Ortiz Basualdo, também financiou a revista. Mas, de modo geral, pode-se dizer que quem tomou a iniciativa foi um grupo de argentinos e refugiados espanhóis simpatizantes da cultura francesa e da causa aliada. Essa origem explica, em parte, a presença importante de colaboradoras entre os escritores e ilustradores, e de participantes amadores. A intenção da associação e da revista era defender a cultura, como aponta o editorial do primeiro número, que identifica como causas dos acontecimentos europeus então recentes o esquecimento da cultura e o desdém da intelectualidade, declaração que adquiriria sentido político local a partir de fevereiro de 1946, quando Juan Domingo Perón (v.) venceu as eleições presidenciais.

Borges, desde o começo um dos editores anônimos, figura como assessor do terceiro número até o número 20-22; em seguida, como diretor, enquanto a Asociación Anales de Buenos Aires é responsável pela direção editorial da revista.

Ao objetivo de difundir a tarefa realizada pela associação, somou-se o de reunir a produção literária e plástica de escritores argentinos e europeus, bem como a crônica da temporada musical, teatral e cinematográfica de Buenos Aires e Paris, e a evolução de diferentes formas de arte (a poesia francesa, o romance inglês, a música russa, o romance do existencialismo francês etc.). A revista põe ênfase na relação, apresentada como privilegiada, entre a França e a Argentina, e na produção nacional que corresponde à ideia de "alta cultura" e se orienta claramente para o presente e para a recuperação de uma herança cultural humanista. Entre os ensaístas, estão Ramón Gómez de la Serna (v.), Ezequiel Martínez Estrada (v.), Ivan Bunin, Ramón Pérez de Ayala, Borges; entre os narradores, Alejandro Casona, Nadejda Teffi, Vercors (pseudônimo de Jean Bruller), Enrique Amorim (v.), Santiago Dabove (v.); publicam-se poemas de Ricardo Gutiérrez (v.), Ricardo E. Molinari, Horacio Rega Molina, Eduardo González Lanuza (v.), Raúl González Tuñón, Ulyses Petit de Murat, Silvina Ocampo (v.), além de uma homenagem a Gabriela Mistral, Prêmio Nobel de Literatura em 1945. Entre os representantes da intelectualidade espanhola no exílio, podemos mencionar Rafael Alberti, Amado Alonso, Francisco Ayala, Ricardo Baeza, Arturo Barea, Alejandro Casona, Ramón Gómez de la Serna, Juan Ramón Jiménez (v.), Ramón Pérez de Ayala, Pedro Salinas, Guillermo de Torre (v.). Há colaboradores franceses prestigiosos como Paul Claudel, André Gide (v.), François Mauriac, André Maurois (que foi à Argentina em 1947 convidado por *Los Anales*). Entre os jovens intelectuais e artistas rio-platenses e latino-

-americanos, estão León Benarós, María Elena Walsh, Alberto M. Salas, Rosa Chacel, Juan Rodolfo Wilcock, Emir Rodríguez Monegal (v.), Germán Arciniegas, Monteiro Lobato, Estela Canto (v.), Patricio Canto, Silvina Bullrich, Patricio Gannon, Juan Carlos Paz, Pablo Neruda, Julio Cortázar (v.) (que publicou seus primeiros relatos em *Los Anales*). A série consta de três números temáticos: um dedicado à França (7), um parcialmente dedicado a H. G. Wells (v.) (9) e um a Juan Ramón Jiménez (23) no momento de sua visita ao país proporcionada pela revista.

A presença de Borges deve ser então considerada a partir de duas modalidades: como responsável pela publicação e como colaborador. Como diretor, sua tarefa consistiu em combinar, na organização, a escolha dos textos e dos números especiais, os próprios interesses e a linha da associação, e suas atividades; notamos assim a participação de um grupo de intelectuais argentinos que se encontram em outras publicações dirigidas por Borges, como Xul Solar, Enrique Amorim, Ulyses Petit de Murat, Santiago Dabove, Manuel Peyrou, Carlos Pérez Ruiz, Roberto Godel, assim como uma série de textos pelos quais ele havia mostrado curiosidade (como "The Three Horsmen of Apocalypse", de G. K. Chesterton [v.], 2, 15-16). Outras seções da revista, porém, como a dos relatos realistas sobre a Segunda Guerra ou a dos contos que narram a vida de mulheres de classes abastadas, correspondem, evidentemente, à linha fundadora. A partir do número 3, quando Borges assumiu a direção, percebem-se muitas alterações, tanto no surgimento de resenhas de livros como na escolha de autores e na organização: suas características se mantêm, mas a revista passa a constituir menos um espaço de justaposição de artigos do que um conjunto autônomo, cujas partes estão articuladas de forma estratégica, ao mesmo tempo que se observa um diálogo entre os números; paralelamente, a crônica da vida cultural adquire uma dimensão crítica. Ser diretor permitiu ainda abrir espaço para uma prática de escrita à qual Borges se inclinava, e que remete à noção de coleção e de antologia: o "Museu", em colaboração com Adolfo Bioy Casares (v.), sob o pseudônimo B. Lynch Davis, publicado a partir do número 3 (que se encontra também na revista *Destiempo*, editada por ambos entre 1936 e 1937, e, com uma forma diferente, no suplemento do jornal *Crítica*). Essa seção, que reúne textos de autores variados, assim como textos de Borges mas atribuídos a outros autores, expõe a tentativa borgiana de ampliar os limites da literatura, questionando a noção de autoria. Vários fragmentos serão retomados por ele, como o célebre "Do rigor na ciência" (1, 3), que integra *História universal da infâmia* na edição de 1954 e, a partir de 1960, *O fazedor*. No número 4, a seção invade até o espaço publicitário, e os anúncios de "Flores y plantas: las orquídeas" e das "Pieles Wolf" convivem com o texto anônimo "Dois homens rememoram suas vidas".

Como autor, Borges publicou notas bibliográficas e diversos contos. As três notas — "Nota sobre o Ulisses em espanhol" (1, 1), "Hilda Roderick Ellis: *The road to hell*" (1, 3) e "Ainsworth, Noyes, Christopher Smart" (1, 4) — só foram reunidas em livro parcialmente, embora em sua maioria apresentem problemáticas que lhe interessam de modo recorrente, como a primeira, na qual ele aborda a escrita de James Joyce (v.), evocada durante os anos da vanguarda, e a tarefa da tradução, objeto de análise em "Os tradutores d'*As mil e uma noites*" (*História da eternidade*), cujos primeiros fragmentos apareceram no suplemento do jornal *Crítica*. Sem dúvida, a direção de uma revista abre um espaço de difusão de literatura traduzida, prática sobre a qual Borges apresenta a necessidade de refletir; *Los Anales* inclui, além disso, a publicação de poemas acompanhados de várias traduções (como nos casos de "El desdichado", de Gérard de Nerval, em tradução espanhola de Silvina Ocampo e inglesa de Andrew Lang [v.], no número 5, e de "Ode quinta" do livro primeiro de Horácio [v.], traduzida por Lupercio Leonardo de Argensola, John Milton [v.], Lucien d'Abancourt, Adolfo Bioy Casares, Silvina Ocampo, no número 1, 8), o que ressalta a concepção borgiana da tradução. Dos cinco ensaios publicados em *Los Anales*: "O paradoxo de Apollinaire" (1, 8, retrato de Guillaume Apollinaire [v.] por Picasso (v.), vinheta de Norah Borges), "Nota sobre Walt Whitman" (2, 13, retrato por Norah Borges) (*Discussão*), "Sobre Oscar Wilde" (1, 11, vinheta de Andreu Dameson), "Sobre Chesterton" (2, 20-22, retrato por María Elisabeth Wrede), "O primeiro Wells" (1, 9, ilustração por Amanda Molina Vedia), apenas os três últimos foram reunidos em livro (*Outras inquisições*, 1952). "Sobre Chesterton" marca a culminação de uma série de escritos sobre o autor inglês; no que se refere aos ensaios não publicados em livro, seu conteúdo também foi parcialmente reciclado, mas a versão que encontramos na revista propõe uma análise de questões relevantes na época (como a relação entre as doutrinas e as obras, em "O primeiro Wells").

Quanto aos relatos, Borges publica apenas quatro em *Los Anales*, e somente a partir do segundo ano da revista, mas trata-se de alguns de seus contos mais famosos, que aparecem acompanhados de ilustrações: "Os imortais" (posteriormente "O imortal") (2, 12, ilustrado por Amanda Molina Vedia), "Os teólogos" (2, 14, ilustrado por Juan Otano), "A casa de Asterión" (2, 15-16, ilustrado por María Elisabeth Wrede), "O Zahir" (2, 17, ilustrado por Luis Laguna Hermitte, vinheta de Elba Fábregas). Observa-se na revista um retorno à mitologia greco-latina, trabalhada em termos fantásticos, em parte uma tendência da época na cultura rio-platense, que Borges também explora em sua ficção. A divulgação de seus contos corresponde a certo desenvolvimento do fantástico em *Los Anales*, confirmado pela presença de diversos textos e autores — Felisberto Hernández ("El acomodador", com o nome Herisberto Hernández, 1, 6); "Los cautivos de Longjumeau", de Léon Bloy (v.) (1, 7); vários relatos de Silvina Ocampo; "En el insomnio", de Virgilio Piñera (1, 10); "Casa tomada" (1, 11), "Bestiario" (2, 18-19) e um poema dramático, "Los reyes" (2, 20-22), de Julio Cortázar; "De los reyes futuros", de Adolfo Bioy Casares (2, 2, 20-22). Longe de aparecer como um gênero privilegiado, o fantástico impôs-se de maneira gradual, sempre convivendo com relatos de viés realista, que com frequência remetem à Segunda Guerra.

Como experiência profissional de direção e edição, *Los Anales de Buenos Aires* propõe um espaço que Borges vai marcando progressivamente com um olhar analítico, crítico e polêmico, o qual, em parte, questiona a linha ideológica da revista. Ambas as tendências convivem e encontram um equilíbrio polêmico durante os breves anos de vida da publicação. — AL

Anaxágoras

Filósofo grego, pré-socrático, da escola jônica, Anaxágoras (500-428 a.C.) introduziu na filosofia a ideia da inteligência como princípio do universo, tendo sido seguido por Sócrates (v.) e Péricles. Para ele, a natureza é constituída de um número infinito de elementos semelhantes em cuja composição reside a origem de todas as coisas: tudo está em tudo e nada nasce do nada, é o espírito humano que movimenta o conjunto das coisas materiais. Borges o cita em "Pascal" (*Outras inquisições*), para explicar sua influência no pensamento de Pascal (v.), e em "Nova refutação do tempo" (*Outras inquisições*), para falar dessa mesma influência na obra de Lucrécio (v.). — LMRB

Anchorena, rua

Situa-se no bairro portenho de Palermo, onde Borges viveu entre 1938 e 1943, na casa de número 1660, que atualmente abriga a Fundação Jorge Luis Borges. Em "Palermo de Buenos Aires" (*Evaristo Carriego*), ele se refere à origem do bairro, antecipando a existência de Anchorena, que se localizaria, então, em um dos extremos dos matadouros do Norte, a primeira construção do lugar. — JGS

Andaluzia

Localizada ao sul da península Ibérica, entre 711 e 1492 foi ocupada pelos muçulmanos, que deixaram fortes marcas na cultura da região, produzindo um pensamento sofisticado em diversas áreas, com destaque para as da matemática, medicina e filosofia, nas quais se acolheu e expandiu o legado do conhecimento ocidental antigo.

Borges conheceu a Andaluzia. Ali ele sentiu, como diz em "Elegia" (*O outro, o mesmo*), "*ter regressado* [...] *às antigas terras de sua estirpe*". O lugar é ainda palco da tradução "A câmara das estátuas" do livro *As mil e uma noites* (noite 272) ("Et caetera"), incluída pelo escritor na *História universal da infâmia*. A denominação arcaica Al-Andalus (v.) surge no conto "A busca de Averróis" (*O Aleph*). Ademais, Andaluzia é aludida como origem de uma pequena quadra mencionada em "Arte de injuriar" (*História da eternidade*) e de outras duas, "*de palavras diferentes e de alma idêntica*" (*El tamaño de mi esperanza*). Além dessas citações, Borges tematiza a região no poema "Da diversa Andaluzia" (*Os conjurados*): "*Quantas vozes e quanta bizarria / e uma só palavra. Andaluzia*". — JGS

Anderson, Sherwood

Nascido em Ohio, nos Estados Unidos, Sherwood Anderson (1876-1941) concebeu a parte mais consistente de sua obra com o terceiro livro, *Winesburg, Ohio* (1919), uma coleção de contos que ilustram, segundo alto padrão naturalístico, a vida no campo. Outras reuniões de contos foram publicadas pelo autor, entre as quais se destacam *The Triumph of the Egg* (1921) e *Death in the Woods* (1933). Nelas, ele segue a anterior ilustração das frustrações da vida contemporânea, tema também caro em seus romances, *Poor White* (1920), *Dark Laughter* (1925), e na semiautobiografia *Tar: A Midwest Childhood* (1926).

Borges alude a seu nome em "Carl Sandburg" (*Textos cativos*), biografia sintética que faz de Sandburg (v.), amigo de Sherwood Anderson, e em "Uma alarmante *História da literatura*" (*Textos cativos*), resenha sobre a obra que, segundo Borges, oferece "*quase duas*" linhas ao escritor norte-americano. — JGS

Andrade, Olegario

Poeta e jornalista argentino (1839-82). Nascido no Brasil durante o exílio dos pais, Olegario Víctor Andrade une o jornalismo e a poesia em uma obra imprescindível, principalmente pela etapa madura que corresponde à sua consagração como poeta épico, para uma visada entre a disputa de Buenos Aires e o restante do país no momento de delimitação do Estado argentino. Suas grandes epopeias, como *San Martín* (1878), *Nido de cóndores* (1881) e *Atlántida: Canto al porvenir de la raza latina en América* (1881), de caráter positivista com base em uma modernidade então prometida, dividem espaço com um começo poético formado por elegias, redondilhas e idílios memorialísticos.

Borges cita seu nome em "Os escritores argentinos e Buenos Aires" (*Textos cativos*), em uma enumeração de autores que corroborariam a ideia de que boa parte dos feitos literários bonaerenses foi provocada por escritores de outras regiões, além de aludir a um volume de Andrade em uma descrição de "A velha senhora" (*O informe de Brodie*). — JGS

Andreä, Johannes Valentinus

Filho de um abade de Königsbronn, na atual Alemanha, o teólogo e poeta luterano (1586-1654) foi também leitor e escritor prodígio de comédias ao estilo inglês. Autor de grande número de obras em latim e alemão, marcaram-no anos de peregrinação em um degredo voluntário. A combinação entre "verdade" e "poesia" dos preceitos da Fraternidade Rosa-cruz, surgida no século XVIII como uma utopia iluminista, remonta à trilogia de Andreä, *Konfession der Societät der Rosenkreuz* (1613), *Fama fraternitatis des Ordens der Rosenkreuz* (1614) e *Turris Babel sive iudiciorum de fraternitate Rosaceae via chaos* (1619), no que concerne a uma preceituação ao abandono do ambíguo e à restrição ao seguro, isto é, à obediência a Cristo e com base nele.

No conto "Tlön, Uqbar, Orbis Tertius" (*Ficções*), Borges atribui a Andreä a autoria do "curioso livro" *Lesbare und lesenwerthe Bemerkungen über das Land Ukkbar in Klein-Asien*, datado de 1641; trata-se, porém, de uma informação apócrifa. A referência constitui um antecedente do livro que, como a enciclopédia de Tlön, começa a influenciar a realidade e modificá-la. — JGS

Andrômaca

Filha do rei de Tebas, cidade arrasada por Aquiles (v.). Mulher de Heitor, com quem teve apenas o filho Astíanax, perdeu o pai e os sete irmãos no ataque dos gregos. Após a morte do marido e a queda de Troia, tornou-se escrava de Pirro, filho de Aquiles, que a ofereceu em casamento a seu irmão Heleno. Segundo a tradição, ela teria sido uma mulher do tipo dominador. Na *Ilíada*, porém, é apresentada como símbolo do amor conjugal. De qualquer forma, foi fonte de inspiração para a tragédia de Eurípides (v.) intitulada *Andrômaca* (c. 425 a.C.) e, muitos séculos depois, para *Andrômaca* (1667), de Jean Racine. Em "*The Story of Achilles*, de W. H. D. Rouse" (*Textos cativos*), Borges alude às inúmeras versões homéricas e aos epítetos atribuídos a seus personagens. — LMRB

Angélica e Medoro

Personagens de *Orlando furioso* (1532), de autoria do italiano Ludovico Ariosto (v.). Trata-se de um poema épico de rica inspiração e variedade de tom que reflete o brilho da Renascença da Itália. Em *Orlando* ou *Rolando furioso*, publicado em quarenta cantos (1516) e mais tarde, em 1532, em sua forma definitiva de 46 cantos, o autor retoma *Orlando enamorado* (1486), de Boiardo, exatamente no ponto em que este havia interrompido a obra. O livro narra a loucura de Orlando ao ser desdenhado por Angélica, a Bela, que despreza as homenagens de todos os pretendentes e se apaixona por Medoro [Medor]. O papel representado por Angélica difere nas duas obras: em Boiardo, ela é uma feiticeira que veio do reino de Catai para desviar de seus deveres os soldados de Carlos Magno; em Ariosto, uma jovem oriental inocente, perdida no Ocidente à procura do reino do pai. Auxiliada por um jovem sarraceno (Medoro), apaixona-se por ele. No poema "Ariosto e os árabes" (*O fazedor*), Borges evoca a obra desse poeta, a qual por dois séculos dominou o imaginário europeu. — LMRB

Angoulême, Marguerite d'

Marguerite d'Angoulême (1492-1549), rainha de Navarra, foi importante nome na literatura francesa renascentista, tendo escrito poemas, peças de teatro e narrativas. Revela em sua obra a influência de autores como Dante Alighieri (v.) na poesia (*Dialogue en forme de vision nocturne*, 1525) e Boccaccio (v.) na prosa. Inspirada no *Decameron* (1351), começa a elaborar um conjunto de novelas com a mesma estrutura e estilo do clássico realista italiano. Não se sabe se pretendia escrever também um "decamerão" de narrativas. De publicação póstuma, *O heptamerão* (1559), compêndio de 72 narrativas, além da crítica ao clérigo da época e da crise das concepções do mundo religioso, tem como tema o amor. Borges menciona tal obra em "Arthur Machen" (*Textos cativos*), comentando que esse autor publicou em 1887 uma versão inglesa de *O heptamerão*. — PPM

Aníbal

General e político cartaginês, Aníbal (247-183 a.C.) foi educado no ódio aos romanos. Chefe do exército e membro do Senado de Cartago em 221 a.C., até o ano de 219 a.C. ampliou as conquistas púnicas. O assalto a Sagunto, cidade aliada de Roma, provocou a Segunda Guerra Púnica (218-201 a.C.). Tendo obtido o controle de quase toda a península Ibérica, Aníbal lá deixou seu irmão Asdrúbal, atravessou os Alpes, investiu contra a península Itálica por terra com poderoso exército, e derrotou os romanos nas batalhas de Ticino e Trébia. Passou pelos Apeninos, e conquistou a vitória de Trasimeno e a de Cannes. Sua tentativa de atacar Roma resultou infrutífera; com a chegada de Cipião à África, teve de retornar a Cartago, sendo vencido por ele em 202 a.C. e forçado a aceitar suas propostas de paz. Nessa época, restaurou o Estado cartaginês, além de formar alianças contra Roma no Oriente. Entretanto, foi denunciado pelos inimigos e obrigado a fugir. Depois, refugiou-se na corte de Prúsias, rei da Bitínia, mas, delatado aos romanos e completamente derrotado, suicidou-se por envenenamento.

Borges estabelece, em "A muralha e os livros" (*Outras inquisições*), um paralelo entre Aníbal e Che Huang-ti, príncipe chinês cuja subida ao poder em 238 a.C. foi facilitada pelo fim do regime feudal. Chamado o Primeiro Imperador pelos historiadores de seu país, Che Huang-ti causou destruições, anexou vários outros reinos, e iniciou a construção da Grande Muralha com o intuito de impedir a invasão dos hunos. Em 213 a.C., exigiu a queima de todos os livros sobre o passado da China. — LMRB

Anjos de Mons

V. Machen, Arthur.

Anônimo Florentino

Diversos indivíduos foram assim cognominados, entre eles um pintor florentino do século XVI. Na *Divina comédia*, de Dante Alighieri (v.), há um personagem com esse nome. Porém, dado o contexto de "A última viagem de Ulisses" (*Nove ensaios dantescos*), em que se mencionam a obra do escritor italiano e dois de seus comentadores, um dos quais é o Anônimo Florentino, parece que Borges se refere ao autor de *Trattato antico dell'arte della seta in Firenze*, escrito na virada do século XV para o XVI. Muitos estudiosos da obra de Dante consideram que o Anônimo Florentino seja Graziolo dei Bambaglioli. — PFCO

Anschluss

Palavra alemã, significa "anexação". No dia 13 de março de 1938, a Áustria foi anexada ao *Reich*, projeto almejado pelo Partido Nazista desde antes de sua ascensão ao poder na Alemanha. Afinal de contas, não seriam os austríacos portadores dos mesmos atributos que os cidadãos do *Reich*, ou seja, homens de raça, cultura e língua germânica? Ideologicamente, por meio da *Anschluss*, o nazismo promoveria a restauração do Sacro Império Romano-Germânico. Em um processo mais diplomático do que propriamente militar, levado adiante por Von Ribbentrop e urdido com intensas pressões e ameaças, o chanceler austríaco Kurt Schuschnigg foi obrigado a incorporar ao governo membros do Partido Nazista do seu país. Schuschnigg caiu em 11 de março de 1938, sendo sucedido pelo novo chanceler, de afinidade integral com o governo nazista, Arthur Seyss-Inquart, o qual pediu às tropas alemãs que ingressassem em Viena para "restabelecer a ordem". Em 14 de março, o chanceler do *Reich*, o austríaco Adolf Hitler, fez sua entrada na capital do antigo Império Austro-Húngaro. No dia 10 de abril, um plebiscito montado por uma gigantesca máquina de propaganda nazista confirmou e legitimou a *Anschluss*: 99,7% dos austríacos aprovaram a união com a Alemanha. Os líderes dos que se opuseram estavam no cárcere. Desse grupo de opositores participou, de acordo com Borges, Jaromir Hladik (v.), o personagem de "O milagre secreto" (*Ficções*) que, sendo judeu e tcheco, assinou um protesto contra a *Anschluss*, talvez por entender que o processo de anexação da Áustria seria acompanhado pela invasão da Tchecoslováquia, fato que efetivamente ocorreu em 18 de março de 1939. — EM

Anselmo

O célebre teólogo francês Santo Anselmo (1033-1109) foi um dos fundadores da escolástica. Em 1093, tornou-se arcebispo de Canterbury. Escreveu o tratado *Da Trindade e da Encarnação do Verbo* com o intuito de refutar os erros do também francês Roscelino de Compiègne, filósofo escolástico e fundador do nominalismo. A querela entre Roscelino e Anselmo é citada em "Das alegorias aos romances" (*Outras inquisições*).

Borges alude à teologia de Santo Anselmo, segundo a qual o conhecimento não constitui o ponto de partida para a obtenção da fé, pois esta seria sinônimo de amor e contemplação de Deus. O "*argumentum ontologicum*" (prova ontológica), que o autor argentino menciona em "O primeiro Wells" (*Outras inquisições*), refere-se à teoria de Anselmo de que temos em nós a ideia de um ser perfeito e, como a perfeição absoluta implica a existência, o ser perfeito existe. — LMRB

Antiga Edda (*Hávamal, 47*)

V. *Edda Islandorum*.

Antologia da literatura fantástica

A carreira de Jorge Luis Borges parece inseparável de suas múltiplas intervenções no sistema cultural argentino e, nas últimas décadas de vida, no cenário internacional. Entre elas, estão a escrita e a compilação de livros com uma grande variedade de parceiros e, em especial, com seu maior companheiro de empreendimentos literários, Adolfo Bioy Casares (v.). *Borges*, volume publicado em 2006 que contém as entradas do diário de Bioy dedicadas ao amigo, mostra que a colaboração do duo foi bem mais produtiva do que se imaginava. Assim, Bioy menciona mais de uma dezena de livros e antologias que os dois organizaram a pedido de editoras e que continuam inéditos.

Dentre as antologias por eles publicadas, como as influentes *Poesía gauchesca* (1955) e *Los mejores cuentos policiales* (1943 e 1951), destaca-se a *Antologia da literatura fantástica*, na qual também colaborou Silvina Ocampo (v.), volume publicado no Brasil em 2013, pela editora Cosac Naify. No *Borges* de Bioy há numerosas referências a antologias em geral e, particularmente, a esta última. Do diálogo ocorrido no sábado 20 de julho de 1968, Bioy registrou a seguinte frase, tipicamente paradoxal, de Borges: "*Mesmo prescindindo de seus textos argentinos, nossa* Antologia fantástica *é uma das obras capitais da literatura argentina*". A declaração surpreende pela assertividade, em um autor famoso pelo *understatement* e autoironia, e sugere grande consciência histórica de Borges em relação ao impacto duradouro da coletânea na literatura de seu país natal. Em 28 de junho de 1978, quando o amigo tinha 79 anos e já era uma celebridade mundial, Bioy apresentou no diário uma inesperada hipérbole borgiana sobre a *Antologia da literatura fantástica*: "*É o melhor livro do mundo*" (*Borges*, 2006, p. 1512).

Como se sabe, a tradução desempenha papel central na importação de gêneros literários. Da épica à *graphic novel*, passando pelo romance realista e pelo verso livre, ela costuma ser a via de acesso privilegiada à maioria dos leitores de todos os países, que desconhece línguas estrangeiras. Na *Antologia*..., tal papel é evidente. Com predominância de textos traduzidos, tem sido considerada pela crítica peça-chave na formação do gênero fantástico na literatura rio-platense, em um primeiro momento, e hispano-americana, nas décadas seguintes, contribuindo para a renovação do cânone dessas literaturas e transformando em central um gênero antes marginal. Longe de ser um capricho pessoal, esse livro é uma das armas usadas pelos autores, de forma muito consciente, para se afirmarem como nomes de primeira linha no sistema literário argentino, da mesma maneira que os textos para revistas e jornais e, naturalmente, a elaboração das respectivas edições, incluindo a excêntrica obra a quatro mãos.

A *Antologia*... teve duas versões bastante diferentes que refletem o status do gênero fantástico e dos antologistas em dois momentos cruciais da história literária rio-platense. Embora isso não costume ser devidamente indicado pelos editores, o volume que circula atualmente em vários formatos e lugares corresponde à segunda edição modificada e ampliada de 1965, e não à original, montada em 1940.

Os críticos são unânimes em constatar a singularidade dessa publicação. Para Daniel Balderston, a *Antologia*..., ao ser lançada, em 24 de dezembro de 1940, "define um marco na história argentina, não por ser a primeira vez que se fez literatura fantástica (essa tradição remonta pelo menos a Eduardo Holmberg, no século XIX) nem que se traduziram obras fantásticas de literaturas estrangeiras, mas pelo caráter didático, até evangélico, que tem" ("De la *Antología de la literatura fantástica* y sus alrededores", *Historia crítica de la literatura argentina*).

Emir Rodríguez Monegal (v.), em *Borges: Una biografía literaria*, vê um "bem-intencionado ardor sectário por parte dos antologistas". O crítico uruguaio, o qual ressalta a importância da antologia para a formação de escritores que logo promoveriam uma "ressurreição da literatura hispano-americana", nota a concomitância de sua publicação com a do primeiro livro de destaque de Bioy Casares, *La invención de Morel*, lançado no dia 14 de novembro do mesmo ano. Essa edição veio acompanhada de um prefácio de Borges, que significou, para Monegal, "um manifesto sobre a literatura do fantástico".

Um elemento polêmico na análise da antologia é sua tríplice colaboração. A crítica Annick Louis acredita que o papel de Silvina Ocampo foi menosprezado. A própria escritora declarou que a ideia inicial fora dela, baseando-se em modelos ingleses. Já Borges revelou que a antologia era projeto dele e de Bioy, com mínima contribuição de Ocampo.

Apesar da declaração de Silvina, um exame dos textos sugere que grande parte do trabalho, até mesmo de tradução, se deve a Borges e a Bioy, e que as ideias gerais que orientam as duas edições — particularmente a segunda — são, sobretudo, de Borges.

A primeira edição traz 54 textos, alguns de autores repetidos, licença típica de Borges e Bioy. Certos escolhidos para compor a *Antologia...* parecem ser opções características dos dois, que compartilhavam uma admiração por, entre outros, Rudyard Kipling (v.), Olaf Stapledon (v.), Thomas Carlyle (v.), G. K. Chesterton (v.), W. W. Jacobs (v.), Max Beerbohm e Eugene O'Neill (v.), assim como Franz Kafka (v.), Guy de Maupassant (v.) (mais admirado por Bioy do que por Borges), François Rabelais (v.), Giovanni Papini (v.), dom Juan Manuel (v.) e o episódio "História de Abdula, o mendigo cego", extraído das *Mil e uma noites*.

Parecem ter sido escolhidos pelos três compiladores os autores argentinos incluídos nessa edição, como Leopoldo Lugones (v.), Macedonio Fernández (v.), Santiago Dabove (v.), Manuel Peyrou, Arturo Cancela (v.) e Pilar de Lusarreta, e alguns ingleses, como H. G. Wells (v.), Saki e Lewis Carroll (v.). Já a inclusão de María Luisa Bombal indica ter sido sugestão de Silvina. É típica de Borges a escolha dos chineses Tsao Hsue-Kin, Chuang Tzu (v.) e, especialmente, dos franceses Jean Cocteau (v.) e Léon Bloy (v.), do romano Petrônio (v.), dos etnógrafos Alexandra David-Néel e James George Frazer (v.), do orientalista Richard Wilhelm, do místico Emanuel Swedenborg (v.) e do filólogo Thomas Bailey Aldrich.

As falsas atribuições, tanto na primeira como na segunda edição, devem ter sido mais uma preferência de Bioy que de Borges, como comprova o diário de Bioy. Em todo caso, dos 54 textos da primeira edição, apenas um parecia ser uma falsa atribuição: o de Holloway Horn, de quem foram reeditados em 2012 *Half-Caste* e *Harlequinade*. Todos são, portanto, de autores reais, embora pouco conhecidos. Da segunda edição, apenas um aparenta ser uma falsa atribuição: o de Ah'Med Ech Chiruani, publicado pela primeira vez em 1955, na antologia *Cuentos breves y extraordinarios*, outro trabalho colaborativo de Borges e Bioy.

Uma das mudanças mais visíveis na segunda edição é a adoção da ordem alfabética, a ordem dos dicionários e enciclopédias: a ordem borgiana por excelência.

Como fica claro no diário de Bioy, a crescente colaboração entre os dois amigos acabou por ofuscar a de Silvina. Outra alteração relevante é o aumento de contribuições argentinas e de outros países de língua espanhola, incluindo mais textos dos próprios antologistas.

A importância dessa obra se dá em vários níveis. Além de continuar atraindo leitores de diferentes idades, em todo o âmbito hispânico, ela é notável por cruzar as fronteiras da língua em que nasceu e também por interessar à crítica. Assim, ganhou versões em inglês, italiano e, recentemente, em português do Brasil. Nos três casos, a edição traduzida foi a segunda, que se caracteriza por cortes e acréscimos. Eliminaram-se dois textos: um de Cocteau e um da chilena María Luisa Bombal. Cocteau permaneceu na segunda edição com outro texto, mas Bombal desaparece como autora.

No total, a segunda edição conta com 75 textos. Entre os novos, estão diversos autores argentinos do agrado dos antologistas, como Juan Rodolfo Wilcock, Julio Cortázar (v.), Carlos Peralta, H. A. Murena, José Bianco, além de autores preferidos de Borges, como o japonês Ryūnosuke Akutagawa (v.), Martin Buber (v.) e o hiperborgiano Sir Richard Francis Burton (v.).

Cabe destacar, finalmente, que a *Antologia...* é o que o mercado editorial chama *long-seller*, um sucesso permanente tanto de vendas como entre críticos e escritores. Pode-se dizer que, apesar de constituída em boa parte por textos estrangeiros, a *Antologia da literatura fantástica* é hoje um sólido clássico das letras hispânicas. — WCC

Apollinaire, Guillaume

Conhecido fundamentalmente pelos caminhos abertos em direção a um novo lirismo humanista no início do século XX, Guillaume Apollinaire, nascido Wilhelm Albert Włodzimierz Apolinary de Wą-Kostrowicki (1880-1918), poeta, contista e crítico de arte francês, apresenta uma obra múltipla no domínio da poesia, como se nota em seus dois livros principais, *Alcools* (1913), em que toda pontuação é suprimida, e *Calligrammes* (1918), no qual alguns poemas (ideogramas) buscam, como diz o título, uma expressão também visual. Apollinaire escreve, desde bastante jovem, para muitas revistas literárias parisienses, como *La Revue Blanche*, *La Plume* e *Vers et Prose*, e sob inúmeros pseudônimos. Ainda fundou outras, como *Le Festin d'Ésope* (1903) e, mais tarde, o importante órgão de vanguarda artística e literária *Les Soirées de Paris*. Entusiasta da pintura moderna, em especial do cubismo, escreveu seu primeiro grande ensaio de crítica de arte, em 1905, sobre Pablo Picasso (v.), *Picasso, peintre*, e proferiu em 1917 a conferência, posteriormente publicada, *L'Esprit Nouveau et les poètes*. Via no *orphisme*, que, na acepção dada por ele próprio em 1912, significava a preeminência da cor na composição pictórica, a manifestação de forças que animavam a pintura e a literatura modernas.

Borges aponta, em "Jean Cocteau, *O segredo profissional e outros textos*" (*Biblioteca pessoal*), a amizade de Cocteau (v.) com diversos nomes da vanguarda europeia, inclusive Apollinaire. — JGS

Apolônio de Rodes

Ao considerar, em "Nota sobre Walt Whitman" (*Discussão*), a ambição de certos poetas de escrever um livro absoluto com base em um tema elevado, Borges cita o exemplo de Apolônio de Rodes, que se propôs a narrar a história da "*primeira nau que cruzou os perigos do mar*". Apolônio (Alexandria 295-215 a.C.), de fato, é o autor da obra épica helenística *As argonáuticas*, as viagens de Jasão e seus companheiros, na nau *Argos*, em busca do velocino de ouro. Talvez sua experiência pessoal de viajante o tenha levado a realizar essa obra. Diz-se que, sendo discípulo de Calímaco, poeta lírico e bibliotecário de Alexandria, deve ter se exilado em Rodes por não haver seguido os ensinamentos retóricos de seu mestre, que rejeitava a volta ao estilo homérico. Na ilha, fundou a própria escola de retórica e concluiu seu poema. No fim da vida, regressou a Alexandria, cuja célebre biblioteca dirigiu até a morte. A parte mais memorável dos quatro breves livros da epopeia é a que descreve o amor entre Jasão e Medeia. Em "A arte narrativa e a magia" (*Discussão*), Borges estuda uma atualização da epopeia de Jasão por William Morris (v.): *The Life and Death of Jason* (1867). — IAL

Apuleio, Lúcio

Escritor latino, filósofo adepto do platonismo e exímio orador (125-180), citado por Borges em "Notas" (*Discussão*), escreveu diversos tratados filosóficos, sendo um dos principais *De Platone et eius dogmate*, espécie de resumo da doutrina platônica, segundo seu ponto de vista. Contudo, é conhecido especialmente pelo relato em prosa das aventuras de um jovem transformado em asno por magia, *O asno de ouro*, que o escritor argentino menciona em "Sobre *The Purple Land*" (*Outras inquisições*), "Adolfo Bioy Casares: *A invenção de Morel*" (*Prólogos, com um prólogo de prólogos*) e "*Die Raeuber vom Liang Schan Moor*, de Shi Nai An" (*Textos cativos*), fazendo referência, neste último texto, ao caráter picaresco da obra.

O asno de ouro ou *Metamorfoses*, composto de onze livros, cuja narração se organiza em digressões em forma de aventuras e contos, um "*gênero nômade e aleatório*" e de "*variedade sucessiva*", como observa Borges, além de expressar uma visão irônica e satírica da vida, está repleto de referências místico-religiosas. Costuma ser considerado o primeiro romance latino, e sua importância na literatura universal revela-se incontestável, pois influenciou o romance picaresco espanhol do século XVI, incluindo o clássico cervantino *Dom Quixote* (1605), e outros clássicos, como o *Decameron* (1353), de Boccaccio (v.). Em "*Die Raeuber vom Liang Schan Moor*, de Shi Nai An" (*Textos cativos*), Borges aponta a excelência de Apuleio no gênero, referindo-se à capacidade de narrar de modo convincente o sobrenatural e o mágico. — PPM

"A quem ler"

No prólogo original a *Fervor de Buenos Aires* (1923), há um importante e vital posicionamento de Borges a respeito das questões concernentes aos atos de leitura e escritura. Para o escritor argentino, o fato de projetar sua imagem a seu leitor como sendo outro leitor, meramente anterior e sem nenhum privilégio de invenção, fica bem caracterizado nessa passagem, na qual ele até mesmo se desculpa pela usurpação prévia de algum verso feliz, pois considera que seria fortuita a diferença entre sua posição de escritor e a do leitor. Borges sustentava uma postura de afirmação de complementaridade entre os atos de leitura e de escritura, de forma que o escritor compactuaria com os outros autores em um jogo de trocas e empréstimos.

Para compreender sua exacerbada atitude de crítica e negação da autoria, é preciso entender que para Borges a releitura, assim como a tradução, é parte da invenção literária e talvez seja até a própria invenção literária. É por isso que, de acordo com Emir Rodríguez Monegal (v.), sua obra se destacaria como uma poética da leitura.

O extenso prólogo a *Fervor de Buenos Aires* foi extremamente abreviado na reedição dos *Poemas* em 1943, da forma como é lido hoje, uma epígrafe intitulada "A quem ler" (v. leitor). — PFCO

Aqueronte

O rio dos infernos, na mitologia grega, o qual ninguém podia atravessar duas vezes. Na *Odisseia*, há a descrição do mundo subterrâneo (inferno) com o Aqueronte, que as almas devem transpor para chegar ao império dos mortos. O barqueiro Caronte é encarregado de levá-las de uma margem à outra do rio, cujas águas se acham praticamente estagnadas pelo lodo e por grande quantidade de juncos entrelaçados.

No Epiro, costa ocidental (mar Jônico) da Grécia Continental, existia um rio chamado Aqueronte. Ele atravessava uma região selvagem e, em determinado ponto, desaparecia em uma profunda fenda, ressurgindo depois perto da foz e formando um pântano insalubre em uma paisagem desolada. Uma falsa etimologia, segundo a qual seu nome derivava do grego *infortúnio*, e as particularidades do rio epirota muito contribuíram para a lenda de que ele estava ligado ao inferno, porque as características que se lhe conheciam na superfície eram atribuídas ao mundo subterrâneo.

Em "Delia Elena San Marco" (*O fazedor*), Borges relata a despedida com aceno de longe dessa amiga, pois, tal como o triste Aqueronte, o rio de veículos e de gente entre eles era intransponível. — LMRB

Aquiles

Herói grego e descendente dos deuses. Seu pai, Peleu, rei da cidade de Ftia, era neto de Zeus, e sua mãe, Tétis, filha de Nereu, um deus marinho muito antigo. Na versão mais conhecida da lenda, Tétis, para tornar o filho imortal, mergulha-o nas águas do Estige, o rio dos infernos, mas, como o segurava pelos calcanhares, estes passaram a ser seu único ponto fraco, dando origem à famosa expressão "calcanhar de Aquiles". Foi educado pelo centauro Quíron de uma maneira que correspondia ao ideal de equilíbrio grego entre o corpo e o espírito. Aquiles passa a ser amigo inseparável de Pátroclo, um primo distante que Peleu havia acolhido. Depois de superar as artimanhas da mãe, que procurava evitar sua ida à Guerra de Troia, ele acompanha o exército grego com o primo e com um exército de temíveis guerreiros que lhe são confiados pelo pai. Contudo, Aquiles viria a ter um sério desentendimento com Agamenon, o que o levaria a desistir de lutar na guerra, decisão da qual só voltaria atrás para vingar a morte de Pátroclo, eliminado por Heitor, filho do rei de Troia. Aquiles consegue matar o assassino, mas em seguida é morto por uma flechada disparada por Páris, irmão de Heitor, que, guiada por Apolo, acaba acertando justamente seu calcanhar.

Borges cita Aquiles repetidamente em sua obra. Em "A supersticiosa ética do leitor" (*Discussão*), a invulnerabilidade do herói é ressaltada e, em "A perpétua corrida de Aquiles e da tartaruga" (*Discussão*), ele surge na discussão sobre um paradoxo, tema que tanto agrada a Borges. — HNC

Aquino, Santo Tomás de

Filósofo e teólogo medieval (1225-74), estudou na cidade de Nápoles, ingressando, em 1244, na Ordem dos Dominicanos. Viajou para Paris, onde se tornou discípulo de Alberto Magno (v.). Em 1274, o papa Gregório X o convocou para participar do Concílio de Lyon, a fim de promover a reconciliação da Igreja grega com a latina. Faleceu no mosteiro cisterciense de Fossanova, aos 49 anos. Chamado Doctor Angelicus ou Princips Scholasticorum, foi canonizado em 1323.

Em "Avatares da tartaruga" (*Discussão*), Borges destaca que Santo Tomás de Aquino, na *Suma teológica*, associa a dinâmica do mundo a "*um interminável encadeamento das causas*", em que "*cada causa é um efeito*" e "*Cada estado provém do anterior e determina o subsequente, mas a série geral pode não ter sido, pois os termos que a formam são condicionais, ou seja, aleatórios*". Em "A outra morte" (*O Aleph*), surge nova menção à *Suma teológica*, na qual se afirmaria que Deus não pode "*fazer que o passado não tenha sido*", mas, ressalta o autor argentino, a obra nada "*diz da intrincada concatenação de causas e efeitos*". Nas duas ocorrências, Borges refere-se à defesa, pelo filósofo, de que a ordem do mundo manifesta a Providência divina, e o chamado destino é a ordem que resulta, não das causas primeiras, mas das segundas, distinção que permite compreender o milagre como intervenção divina.

Uma terceira (e breve) referência à *Suma teológica* aparece em "Utopia de um homem que está cansado" (*O livro de areia*). Santo Tomás também é mencionado por Borges em "Pascal" (*Outras inquisições*), aí comparado a Leibniz e ao esforço de busca da "comprovação cosmológica" da infinitude de Deus, e em "A imortalidade" (*Borges oral*), sobre o anseio de eternidade da mente. — SMC e JPP

araucano ou pampa

Nomes atribuídos pelos conquistadores espanhóis a dois povos indígenas do atual território argentino. Os araucanos ("mapuches", em sua própria língua) viveram no vale do Aconcágua e no arquipélago de Chiloé, no atual Chile, até o fim do século XVI, quando começaram a migrar esporádica ou definitivamente para o outro lado dos Andes. Enfrentaram os conquistadores, tendo sido rendidos, pelos Estados argentino e chileno, somente quando terminava o século XIX.

"Pampa" referia-se ao grupo de povoadores encontrado pelos espanhóis ao chegarem a esse local, no centro-oeste da Argentina, o qual pertencia à etnia het. Por extensão, o nome aplicou-se a todos os povos da região pampiana.

No fim do século XIX, quando transcorreram os acontecimentos narrados em "História do guerreiro e da cativa" (*O Aleph*), araucanos, pampas, puelches, tehuelches e outros povos conviviam nos territórios ainda não conquistados pelo Estado argentino. A língua imprecisa que a cativa misturava com o inglês torna mais difusa a localização do relato, construindo uma barbárie e uma fronteira como zonas genéricas, um tanto abstratas, ficcionalizadas, literárias. (V. fronteira.) — PMG

Arcipreste de Hita

V. Ruiz, Juan.

Arequipa

Segunda maior cidade do Peru e a mais importante do sul desse país, foi fundada em 1540 com o nome de Villa Hermosa e situa-se ao pé do vulcão Misti, de mais de 5500 metros de altura, estando ela própria a uma altura de 2360 metros, em meio a uma rica região mineira. Conta, em média, trezentos dias de sol por ano e uma temperatura que não ultrapassa os 25°C e raramente cai para menos de 10°C, sendo por isso denominada Cidade do Eterno Céu Azul. É também conhecida como Cidade Branca, em razão de seus magníficos templos e construções feitos com uma pedra branca chamada *sillar*. Perto de Arequipa, encontram-se as ruínas de uma civilização indígena anterior à inca. Lá se descobriu, em 1995, a famosa múmia Juanita, de quinhentos anos. Trata-se do corpo de uma menina que tinha entre doze e catorze anos de idade quando foi morta em sacrifício ao deus inca Apu Ampato. Além disso, a cidade é um significativo centro da vida política peruana. Entre seus inúmeros filhos ilustres, está o escritor Mario Vargas

Llosa, vencedor do Prêmio Nobel de Literatura de 2010.

Borges cita Arequipa em "A velha senhora" (*O informe de Brodie*), quando comenta algumas batalhas de independência ocorridas na América Latina, ressaltando assim o valor histórico dessa cidade. — HNC

Argentina

Nos anos 1930, a questão da argentinidade começa a se tornar um gênero novo conhecido como "ensaio sobre o ser nacional", cujos representantes mais destacados são Raúl Scalabrini Ortiz (*El hombre que está solo y espera*, 1931), Ezequiel Martínez Estrada (v.) (*Radiografía de la pampa*, 1933) e Eduardo Mallea (*Historia de una pasión argentina*, 1937). Borges manteve-se alheio a essa preocupação essencialista, mas não a certos traços que identificava como próprios dos *criollos* (v.) e, especialmente, ao que se refere a suas produções estéticas e costumes sociais.

Em um texto de 1929, no qual defende Paul Groussac (v.), concorda com a convicção do intelectual francês sobre a pobreza da literatura local e afirma que "*o romance argentino não é ilegível por faltar-lhe mesura, mas por falta de imaginação, de fervor. Posso dizer o mesmo de nosso viver em geral*" ("Paul Groussac", *Discussão*).

Borges também faz uma incursão no estudo dos "tipos" locais: se os *compadritos* (v.) e os *cuchilleros* [bons na faca] forem indagados a respeito de tudo nos contos, a presença do marginal ocupará um ensaio em que a história literária se revela em seu aspecto negativo: "*O marginal do século XIX queria ser admirado por ser feliz, decidido e temerário; o de nosso tempo, por haver sido alguma vez essas coisas e, sobretudo, por ser um maltratado, um rancoroso, uma vítima. De um ideal clássico, passamos a um ideal romântico, no sentido mais abjeto da palavra*".

Em *Evaristo Carriego*, estabelece que "*o argentino na verdade é um indivíduo, não um cidadão*" — em um ensaio posterior, depara com "*o nosso pobre individualismo*", título do texto incluído em *Outras inquisições* — e acrescenta em nota de rodapé: "*O Estado é impessoal; o argentino só admite relações pessoais. Por isso, para ele, roubar verbas públicas não configura crime. Comprovo um fato, sem justificá-lo ou desculpá-lo*".

Talvez seja em "Nota sobre (em busca de) Bernard Shaw" (*Outras inquisições*) que o empenho borgiano se mostre mais generalizador: "*O argentino sente que o universo não passa de uma manifestação do acaso, o fortuito concurso de átomos de Demócrito; a filosofia não lhe interessa. A ética também não: o social se reduz, para ele, a um conflito de indivíduos ou de classes ou de nações em que tudo é lícito, exceto ser escarnecido ou vencido*". Em um depoimento sobre Victoria Ocampo (v.), Borges sentencia: "*é lícito dizer que a melhor tradição argentina é a de superar o argentino*" (*Textos recobrados 1956-1986*). — GG e MCR

Argos

Cidade da Grécia, situada no Peloponeso, perto do golfo de Náuplia, era a antiga capital da Argólida, mais tarde subjugada por Esparta, em cujo cerco foi morto Pirro. Argos ou Argo é também um príncipe grego que, segundo a lenda, tinha cem olhos, dos quais cinquenta permaneciam sempre abertos. Mercúrio conseguiu adormecê-lo com o som de sua flauta e cortar-lhe a cabeça; seus olhos, Juno espalhou na cauda do pavão. Na linguagem corrente, Argos é o símbolo da vigilância.

Argos era ainda o nome da nau dos heróis que, comandados por Jasão, saíram à procura do velocino de ouro na Cólquida. Eram cerca de cinquenta argonautas, entre eles Hércules,

Castor, Pólux, Orfeu, Peleu e Télamon. Mais tarde, Atena transformou a nau em constelação. Com "*Os remos de Argos, a primeira nave*", verso de "Coisas" (*O ouro dos tigres*), Borges se refere, portanto, às viagens dos argonautas.

Em outra referência, presente em "Nota para um conto fantástico" (*A cifra*), Borges cita o pórtico de Argos, construção alusiva a uma doutrina dos estoicos liderada por Zenão de Cítio, que ensinava sob uma entrada principal coberta em Atenas. Nesse texto, o escritor argentino comenta a crença que Pitágoras tinha de que, em uma de suas encarnações anteriores, fora Euforbo, herói troiano que desferiu o primeiro golpe sofrido por Pátroclo. Menelau matou Euforbo e recolheu seu escudo, que foi depositado no Templo de Hera, em Argos. — LMRB

argot

Palavra francesa utilizada para descrever o vocabulário particular de um grupo social ou de pessoas que desempenham a mesma profissão; como "gíria", "lunfardo" (v.), *germanía*. A questão das peculiaridades dos idiomas é um dos principais temas de reflexão de Borges. Assunto central do seu texto "O escritor argentino e a tradição" (*Discussão*), no qual discorre sobre o uso das especificidades locais do espanhol falado na Argentina, a linguagem é o ponto de partida para ele refletir acerca das relações temáticas em função da origem de determinado escritor.

Borges diz, em "*La langue verte*, de Pierre Devaux" (*Textos cativos*), que um dos livros por ele comentado foi escrito em *argot* de Paris. Em "Kipling e sua autobiografia" (*Textos cativos*), refere-se ao léxico militar presente no livro de Erich Maria Remarque, que ele leu, *Sin novedad en el frente* (1929). — PFCO

Ariosto, Ludovico Giovanni

Poeta e dramaturgo italiano (1474-1533), escreveu, entre outras obras, *Il negromante*, *Satire*, *Cinque canti*, *La lena*. A principal, um dos pontos altos da literatura renascentista, é *Orlando furioso*, na qual trabalhou durante muitos anos, desde sua concepção, em 1504, até a primeira edição, em 1516, e a terceira, em 1532. O texto recolhe, adapta, ironiza, reescreve inúmeras e heterogêneas tradições precedentes. Esse processo de apropriação do patrimônio literário e cultural torna-o uma antecipação da estética de Borges. De fato, este vê no escritor italiano uma figura central da literatura feita de literatura, da literatura concebida como intertextualidade e criação coletiva. Dedica-lhe o poema "Ariosto e os árabes" (*O fazedor*), cujo primeiro verso é precisamente: "*Ninguém pode escrever um livro*". Aí vincula *Orlando* à Pérsia, ao Parnaso, à Inglaterra, ao Hindustão, e diz que a Ariosto, "*como a todo poeta, a fortuna / ou o destino deu-lhe sorte rara; / seguia por caminhos de Ferrara / e ao mesmo tempo andava pela lua*". O diário de Bioy Casares (v.) traz diversas referências de Borges a *Orlando furioso* e ao caráter irônico da épica de seu autor. O apêndice de *Literaturas germánicas medievales* contém o breve item "Ariosto e os nibelungos", em que Borges qualifica *Orlando furioso* de "*vasto, mutante e luminoso poema*", "*uma das maiores felicidades da literatura*". No fim da vida, inclui, entre os volumes da coleção Biblioteca Personal, o *Ensaio sobre* Orlando furioso, de Attilio Momigliano, em cujo prefácio declara que, para Ariosto, "*a única liberdade concedida ao homem é a de sua infinita imaginação*".

No poema "A rosa" (*Fervor de Buenos Aires*), Borges comenta a rosa de Ariosto e, em "A metáfora" (*História da eternidade*), recorda-nos que, inspirado por Catulo, Ariosto compara, em *Orlando furioso*, uma donzela a uma flor secreta. Em "História do tango" (*Evaristo Carriego*), remete a personagens de vários autores que brigam ao longo dos séculos, incluindo aqueles criados pelo escritor italiano. — CF e MG

Aristóteles

No começo da *Metafísica*, Aristóteles (384-322 a.C.) afirma que é da natureza humana o desejo pelo saber. Desse modo, depois de reconhecer sua ignorância, o homem procuraria fugir dela. Em sua busca pelo conhecimento, "*esse grego, manancial de toda a filosofia*", como Borges o define em "A busca de Averróis" (*O Aleph*), teria sido o primeiro a refutar o paradoxo de Aquiles (v.) ("A perpétua corrida de Aquiles e da tartaruga", *Discussão*), proposto por Zenão de Eleia (v.), e que tanto havia marcado o escritor argentino. Da *Metafísica*, ele cita em "Avatares da tartaruga" (*Discussão*) um trecho traduzido para o espanhol por Patricio de Azcárate Corral.

Tendo estudado durante a juventude na Academia de Platão (v.), Aristóteles inegavelmente sofreu influência do mestre. Após a morte de Platão, a Academia tomou o rumo do misticismo matemático, segundo o qual a matemática seria o único meio de chegar à realidade última das coisas, preceito incompatível com a formação naturalista de Aristóteles, que abandonou Atenas e, alguns anos depois, escreveu *Sobre a filosofia*, obra que repudiava o pitagorismo da Academia. Com o advento do cristianismo, foi esquecido, pois, entre outras afirmações, dizia não crer que o mundo fora criado. No século III, pensadores gregos convertidos à nova religião começaram a reavivar o pensamento aristotélico, porém alterando-o de forma que pudesse ser aceito pela Igreja. Em decorrência dessas adaptações, colocou-se seu trabalho em perfeita harmonia com o pensamento de Platão, apesar de ele discordar deste em certos pontos.

Além da *Metafísica*, algumas de suas obras mais comentadas são o conjunto de indagações sobre questões filosóficas estabelecidas entre ele e seus alunos ao longo dos anos, bem como a *Poética* e a *Retórica*. A primeira é uma análise da tragédia grega encenada na época. Na *Poética*, Aristóteles inseriu os conceitos de "mímese" (imitação do real) e "catarse" (efeito dramático sobre a plateia, levando-a ao amadurecimento), e empregou os termos "tragédia" e "comédia", que Borges afirma haverem confundido o filósofo e tradutor do árabe Averróis (v.), embora este os tivesse encontrado anteriormente na *Retórica* ("A busca de Averróis"). Esta segunda debruça-se sobre o estudo dos elementos do discurso capazes de persuadir o ouvinte, como a metáfora, tema frequente na obra de Borges.

Seguindo as propostas aristotélicas presentes na *Retórica*, Borges ("A metáfora", *História da eternidade*) acreditava que as metáforas deveriam se basear em coisas e não na linguagem, posição que o levou a se distanciar do movimento ultraísta, do qual havia participado na juventude. Outra aproximação entre a *Retórica* e Borges está no resgate que a escritura do ensaio, gênero amplamente usado pelo argentino, faz da arte da retórica, no sentido de que o texto ensaístico busca o convencimento por meio de argumentos oblíquos e de recursos inesperados. — PFCO

Arlt, Roberto

Escritor argentino (1900-42), filho de imigrantes (pai alemão e mãe tirolesa de língua italiana), concebeu uma obra de caráter claramente autobiográfico no que concerne às suas difíceis relações familiares, escolares e econômicas, em uma Buenos Aires em avultante crescimento demográfico e de condições urbanas especificas. Arlt reconhece-se ligado às preocupações críticas do pensamento de cunho esquerdista sob a égide do grupo literário de Boedo (v.), que, grosso modo, queria "transformar o mundo", em oposição ao de Florida (v. Boedo), conformado em "transformar a literatura", grupo em que Arlt situa Borges.

Conhecido hoje como um dos principais expoentes da narrativa urbana da América Latina, embora tenha tido importante participação no teatro independente de Buenos Aires e na crítica jornalística, com a célebre coluna "Aguafuertes Porteñas", sua obra ficcional, da qual se destacam os romances concebidos em continuação *Los siete locos* (1928) e *Los lanzallamas* (1931), é marcada por um individualismo angustiado, anárquico, violento e de aparente descuido formal, que lhe valeu por muito tempo a condição de escritor polêmico e marginal.

Borges cita Arlt no prólogo de *O informe de Brodie*, comentando a recriminação que se fizera a esse escritor pelo fato de ele desconhecer o lunfardo, em um exemplo sobre a então despreocupação na escrita de Borges em relação ao *Diccionario de la Real Academia*. — JGS

armazém

Estabelecimento comercial para venda de bebidas, alimentos não perecíveis e artigos domésticos de primeira necessidade (produtos de limpeza e de higiene pessoal, velas etc.). No fim do século XIX, em Buenos Aires e em outras cidades, alguns armazéns ofereciam mesas para consumo de bebidas alcoólicas e refeições rápidas. Quando surgiu o tango, era comum praticá-lo nesses lugares, em pistas improvisadas, de pequenas dimensões, às vezes com piso de terra e iluminação escassa, como Borges recorda no poema "Versos de catorze" (*Lua defronte*). Boa parte da mitologia do tango ocorre ali: os longos jogos de cartas ou de dados, os conflitos entre *compadritos* (v.), a presença de prostitutas, o sucesso fugaz de um cantor de bairro, o abandono, pelo homem, da mulher que o ama, ou mesmo seu desprezo. Em outros países, a palavra é usada para designar estabelecimentos distintos, sendo comum com esse sentido apenas na Argentina.

Como elemento típico da cultura local, o armazém está presente nas obras iniciais de Borges, tanto no poema mencionado, e ainda em "Palermo de Buenos Aires" e "Uma vida de Evaristo Carriego" (*Evaristo Carriego*). — PMG

Armínio

Considerado o primeiro herói nacional alemão (*c.* 18-19 a.C.), foi chefe dos queruscos, tribo germânica que habitava o território da atual Alemanha. Líder de uma rebelião que derrotou três legiões romanas comandadas por Públio Quintílio Varo durante a sangrenta Batalha de Teutoburgo, no ano 9, é citado por Borges em "Deutsches Requiem" (*O Aleph*), por meio do narrador Otto Dietrich zur Linde, oficial nazista. Linde discute a derrota do nazismo e tenta encontrar uma maneira de aceitá-la. Acaba por conseguir isso mediante o entendimento de que todos os fatos — passados, presentes e futuros — estão interligados por uma relação de causa e efeito. Como exemplos de fatos que tiveram consequências historicamente importantes e duradouras, ele menciona a tradução da Bíblia por Lutero, a morte de Christoph zur Linde e a vitória de Armínio sobre os romanos, a qual levaria, no futuro, à formação do Império Alemão. — MPS

Arnold, Matthew

Poeta e ensaísta inglês (1822-88), viveu durante o período vitoriano, que marcou sua perspectiva conservadora tanto no plano da educação — foi inspetor escolar por quase 35 anos e dedicou vários escritos à questão — como no da literatura. Para ele, a cultura implica uma superação espiritual em oposição à brutalidade da sociedade industrial e urbanizada, compondo desse modo uma tradição literária em busca de uma experiência estética, tema que desenvolveu em um de seus livros mais importantes: *Culture and Anarchy* (1869).

Borges destaca as reflexões de Arnold sobre a tradução como um exercício que deve afastar-se da literalidade, já que isso trairia o espírito original do texto: nas palavras do autor argentino, "*altera as ênfases*" (*Sur*, 338-339, 1976). Em "A postulação da realidade" (*Discussão*), também há uma referência à tese do inglês sobre o ofício da tradução. Borges comentará, ainda, a opinião do ensaísta sobre a força da influência da cultura celta na literatura inglesa em relação à influência germânica. Uma breve biografia de Arnold é apresentada em *Introducción a la literatura inglesa*. — LM

Aron, Robert

Durante o período que antecede a Segunda Guerra Mundial, o historiador e ensaísta francês (1898-1975) participou de uma das equipes de jovens de seu país empenhados em opor-se ao pensamento extremista, tanto de direita como de esquerda, que tentavam disseminar suas iniciativas a países democráticos. Como consequência desse movimento, dirigiu com Arnaud Dandieu a revista *L'Ordre Nouveau* e publicou, também ao lado de Dandieu, uma série de ensaios políticos. A partir de 1954, acrescentou a suas atividades a de historiador, abordando primeiramente a história contemporânea francesa. Os resultados se encontram em *Histoire de Vichy* (1956), *Histoire de la libération* (1959) e *Histoire de l'épuration* (1967-75), obras que se tornaram referência sobre o assunto. O autor devotou-se ainda à história religiosa, e suas pesquisas criaram grande impressão nos meios cristãos, tendo sido traduzido em diversas línguas. Em 1974, foi eleito para a Academia Francesa. Borges resenha o livro *Victoire à Waterloo*, de Aron, em *Textos cativos*. — JGS

Arquitas

Filósofo grego (*c*. 400-365 a.C.), discípulo de Filolau e contemporâneo de Platão (v.), era filosoficamente filiado ao pitagorismo e foi o principal representante da escola de Tarento. Possuía qualidades de homem de Estado, razão por que o elegeram governador dessa cidade por sete vezes consecutivas. Dedicou-se também a estudos nas áreas de matemática, música, mecânica e astrologia. No prólogo a *Crônicas marcianas* (1950), de Ray Bradbury (v.), que é um livro de ficção científica, Borges faz menção a obras antigas em que se narram feitos e situações que hoje estariam relacionados ao universo desse gênero de literatura, sendo, segundo ele, suas precursoras. Uma delas é *Noites áticas*, de Aulo Gélio, crítico e gramático romano, na qual se lê que "*Arquitas, o pitagórico, fabricou uma pomba de madeira que andava pelo ar*" ("Ray Bradbury, *Crônicas marcianas*", *Prólogos, com um prólogo de prólogos*). — MPS

arrabalde

Termo empregado geralmente no sentido amplo de "*ponto extremo da cidade*". Borges, porém, diferencia-o de "bairro", "subúrbio" e "margens". O arrabalde, palavra também utilizada tanto pelo tango como pela literatura que recupera sua mitologia, corresponde mais a essas construções literárias que aos bairros portenhos reais. Assim, Palermo ou Saavedra, por exemplo, representam melhor o arrabalde do que Flores ou Constitución, regiões igualmente distantes do centro de Buenos Aires. Em "Invectiva contra el arrabalero" (*El tamaño de mi esperanza*, 1926), Borges considera a linguagem do arrabalde um arremedo do lunfardo (v.), a gíria profissional de ladrões e rufiões.

Em *Evaristo Carriego*, o escritor situa sua origem na cópia da fala da rua Corrientes, em pleno centro da capital argentina. As duas caracterizações, sem deixarem de ser irônicas, enfatizam-lhe o caráter convencional; os arrabaldes "autênticos", para Borges, aqueles que ele "buscava" na juventude, segundo o prólogo acrescentado em 1969 a *Fervor de Buenos Aires*, remetem a seu gosto pela indecisão e pela fronteira, pois são os pontos em que cidade e campo se confundem e se sobrepõem. (V. mapa portenho; *orillas*.) — PMG

Arredondo, Avelino

Arredondo (Montevidéu, 1874-1931). No dia 25 de agosto de 1897, tal como Borges volta a narrar no conto homônimo, o jovem Arredondo pôs fim à vida do presidente Juan Idiarte Borda (v.), episódio também comentado em "*In memoriam* J. F. K." (*O fazedor*) e no poema "O passado" (*O ouro dos tigres*). Os fatos relatados no conto "Avelino Arredondo" (*O livro de areia*) aconteceram quase sem variantes na realidade: Arredondo matou Borda com um tiro, na frente da Plaza Matriz de Montevidéu, na saída do Te Deum que era celebrado na catedral metropolitana. Ocorria então a guerra civil entre *blancos* (forças insurgentes encabeçadas por Aparicio Saravia) (v.) e *colorados* (partido oficial). O advogado de defesa do assassino foi o escritor e político uruguaio Luis Melián Lafinur (v.), firme opositor do governo, que trabalhou com sucesso a curiosa hipótese de que, como o cadáver não fora submetido a autópsia, não se podia comprovar de modo fidedigno que o presidente não teria falecido *antes* de a bala penetrar em seu corpo. A imagem do complô político pairou sobre o julgamento e sobre o próprio assassinato, pois muitas forças, incluídas as mais renovadoras do partido do governo, opunham-se a Borda.

Isso levou Borges a associar a morte violenta do presidente uruguaio ao episódio homólogo que se deu na praça Dealey, em Dallas, com John F. Kennedy, em 1963. Arredondo ficou poucos anos na prisão. Quando saiu, o presidente José Batlle y Ordóñez, também *colorado* e antes enérgico antibordista, empregou-o na alfândega de Montevidéu. Nenhuma rua da cidade leva o nome de Arredondo, contrariamente ao que diz Borges no epílogo de *O livro de areia*. Tampouco há ali alguma rua chamada Juan Idiarte Borda, nome do único presidente constitucional a não ser beneficiado por essa usual política da memória. — PR e MAGB

Arroyo del Medio

Limite natural entre as províncias de Buenos Aires e Santa Fe, o Arroyo del Medio nasce na lagoa Cardoso e desemboca no rio Paraná. O aspecto limítrofe propiciou o uso metafórico de seu nome. Quando a fama de um *cuchillero* [bom na faca] atravessa o Arroyo significa que transcendeu sua província natal. Borges afirma, sobre o avô materno, no poema "Isidoro Acevedo" (*Caderno San Martín*), que era "*alsinista e nascido do lado bom do Arroyo del Medio*", expressão com que se aproxima da perspectiva localista do personagem, pois o "lado bom" do Arroyo viria a ser, para quem nasceu em Buenos Aires e participava de um chauvinismo provinciano com vocação centralista, precisamente este. — JSV

Artaxerxes, o Falso

Nome de três reis persas que lutaram pela conquista e controle do Egito e cujas biografias foram escritas por Plutarco (v.). Na Bíblia, a menção a Artaxerxes está em Esdras 4,7.8.11.23 e inclui referência à sentença do soberano persa contra a atividade dos judeus em Jerusalém. Estudiosos dividem-se na atribuição desse fato a Artaxerxes I e II. O Falso Artaxerxes aparece em "Atenas" (*Atlas*), associado, em um sonho, ao pai do autor do relato. A admiração de Borges por elementos da cultura persa se manifesta aí não apenas pela presença do *falso* rei, mas pela espécie de trocadilho que existe entre a morte deste e o jogo travado entre pai e filho: o xadrez, de origem indiana, que foi transmitido aos povos pelos persas. Em persa, o nome do jogo, *Shah-mat* [o rei morreu], equivale a "xeque-mate", incidente responsável pelo fim da partida e pela morte do rei. No sonho, o pai, "*que era também o Falso Artaxerxes*", realizava um ato de magia que eliminava as peças do adversário. Ao interpretarem o texto, alguns estudiosos atribuem a morte do rei à morte do pai, cuja identidade se confundia com a do soberano que morreu enquanto dormia. — AF

Artemidoro, tratado de

Escritor grego que viveu no século II, é conhecido também como Artemidoro Daldiano, ou de Daldis. Em sua obra *Oneirocritica* [Interpretação dos sonhos], dividida em cinco livros, apresenta o significado dos sonhos e determinadas regras para interpretá-los, valendo-se de diversos casos práticos a fim de exemplificar a aplicação destas. *Oneirocritica*, uma compilação de escritos de vários autores, tem por propósito expor a arte da interpretação dos sonhos visando à predição do futuro; além disso, nela Artemidoro oferece uma valiosa interpretação dos mitos, superstições e ritos religiosos antigos. O tratado, citado por Sigmund Freud e Carl Gustav Jung, entre outros, é mencionado por Borges no conto "Episódio do inimigo", publicado em dois livros, *O ouro dos tigres* e *A moeda de ferro*. Em outro momento, ao discorrer sobre *Vathek*, de William Beckford (v.) (*Biblioteca pessoal*), ele diz que os sonhos "*foram esmeradamente estudados desde Artemidoro até Jung*", corroborando assim a tradição do estudo dos sonhos, iniciada pelo autor grego. — PPM

Artigas, José Gervasio

Caudilho da Banda Oriental (v.), nasceu em 1764, no Sul, em lugar ainda discutido, e morreu em Ibiray, em um semivoluntário exílio no Paraguai, em 1850. Foi educado pelos franciscanos na Montevidéu colonial, mas passou a juventude no desolado Norte do território, onde fez trabalhos rurais, chegando a atuar como contrabandista de gado para a região portuguesa. Em 1798, integrou-se ao *Cuerpo de Blandengues*, polícia de fronteira sob as ordens do governo espanhol. Ganhando prestígio entre *gauchos* (v.), índios e mestiços do campo, tornou-se o principal líder da insurreição antiespanhola, que eclodiu em 1811. Após prolongada guerra, na qual fez alianças com outros chefes *criollos* (v.) das Províncias Unidas do Rio da Prata (depois Argentina), derrotou os ocupantes imperiais, constituindo seu governo entre 1815 e 1820. Idealizou um projeto de governo americanista, que envolvia outras províncias vizinhas na denominada Liga Federal, e com isso conquistou a consideração das autoridades de Buenos Aires. O governo de Artigas, submetido a todo tipo de instabilidades políticas e militares, gozou do favor dos mais necessitados em virtude da implantação da reforma agrária, do estímulo a uma política educativa e cultural avançada, mas sucumbiu aos embates da oligarquia e dos portenhos, por sua vez aliados indiretos dos portugueses, que invadiram a Banda Oriental e em poucas semanas derrotaram suas forças. A Banda Oriental transformou-se, então, na Província Cisplatina. Afastado do poder, o chefe dos orientais refugiou-se no Paraguai, onde morreu na pobreza, resistindo a regressar à terra de origem.

A historiografia liberal, sobretudo a de Buenos Aires, traçou sua imagem como a do caudilho rude e brutal, enquanto no Uruguai ele começou a ser visto, por volta de 1880, como o fundador da nacionalidade ou o chefe democrático intérprete das massas, e, mais tarde, como o revolucionário institucional e social. A partir de 1950, e mesmo antes, José Gervasio Artigas tornou-se um mito nacional em cujo exemplo se ampararam todos os governos, ideologias e grupos. Já Borges adotou sobre ele a visão portenha, fortalecida pela influência que recebeu do seu "tio oriental", Luis Melián Lafinur (v.), o qual, embora uruguaio, escreveu vários textos contra o caudilho. Todas as menções a Artigas que integram a obra borgiana buscam rebaixá-lo dessa perspectiva, que hoje ninguém defende. Foi citado em "O alarmismo do dr. Américo Castro" (*Outras inquisições*) e em "O Congresso" (*O livro de areia*). — PR

Arzibáshef, Mikhail

Escritor russo (1878-1927), viveu grande e breve notoriedade entre 1907 e 1912, até o surgimento de uma nova geração realista em seu país. Os romances desse autor são atribuídos à fase posterior do fracassado movimento revolucionário de 1905, a partir do qual as obras sobre perversões, suicídios e tensões psicológicas de vários tipos adquiriram popularidade. Escreveu a respeito de angústias morais e morte, e, segundo alguns críticos, ainda que em seus livros aparentemente estejam implícitos sinais de preocupação filosófica, com o tempo a superficialidade deles se tornou evidente.

Borges o menciona em "Filmes" (*Discussão*) como o autor de *Sanin* (1907) — que trata a liberdade sexual de forma naturalista e em que jovens falam livremente dos próprios desejos sexuais e defendem o princípio do amor livre — e compara seu propósito inicial ao do primeiro *Martín Fierro* (1872) (v.). Arzibáshef parece adequar-se ao perfil do escritor russo traçado pelo argentino no prólogo de *A invenção de Morel*, de Bioy Casares (v.): "*os russos e os discípulos dos russos demonstraram até o fastio que ninguém é impossível: suicidas por felicidade, assassinos por benevolência, pessoas que se adoram até o ponto de separar-se para sempre*". Assim, sobre os autores russos, chega à conclusão de que sua "*liberdade plena acaba por equivaler à plena desordem*" (*Prólogos, com um prólogo de prólogos*). — AF

Asbury, Herbert

Jornalista e editor norte-americano (1891-1963), é autor de *The Gangs of New York* (1928), obra que Borges utiliza para elaborar o texto intitulado "O provedor de iniquidades Monk Eastman" (*História universal da infâmia*). Nele, descreve brevemente dois *compadritos* (v.) ("*Os desta América*") para, em seguida, produzir um esboço do herói ("*Os da outra*") mais famoso da Nova York de fins do século XIX e começo do XX: Monk Eastman. O decoroso livro de Asbury, como o qualifica o escritor argentino, é sua fonte para a escritura de gêneros já trabalhados em alguns de seus escritos, entre eles a narrativa policial e a ficção tomada de fatos reais. As histórias do norte-americano, consideradas por certos leitores narrativa em que a ficção se faz presente, baseiam-se em registros formais próprios ao contexto analisado, bem como em fontes não oficiais da biografia de criminosos e de testemunhos policiais. É assim que a obra mencionada e suas numerosas ilustrações sobre as gangues nova-iorquinas, que procederiam das gangues irlandesas na América, servem a Borges como mais uma fonte para relatos eminentemente ficcionais. — AF

Ascasubi, Hilario

Poeta argentino (1807-75), participou das guerras civis na facção unitária, como soldado e oficial, primeiro no Norte do país e depois no exílio, na Montevidéu sitiada pelas tropas do presidente legal, Manuel Oribe (v.), aliado de Juan Manuel de Rosas (v.). Posteriormente, apoiou Justo José de Urquiza (v.), governador de Entre Ríos pelo Partido Federalista, que, em 1852, à frente do chamado Exército Grande (v.), com a Batalha de Monte Caseros (v.) acabou com o longo governo de Rosas; finalmente, combateu Urquiza quando o país voltou a se dividir entre a Confederação Argentina, encabeçada pelo entrerriano, e a província de Buenos Aires, cujos líderes eram Valentín Alsina e Bartolomé Mitre (v.). Ascasubi dedicou-se a empreendimentos econômicos muito diversos: foi fornecedor de pão do governo de Montevidéu, acionista na construção do Teatro Colón de Buenos Aires, comissário e recrutador de tropas mercenárias em Paris, para o governo de Mitre. Teve uma copiosa produção de folhas soltas e folhetos *gauchescos* (v.) na etapa do gênero denominada facciosa ou "*gauchipolítica*". Essas composições foram reunidas nos volumes *Trobos de Paulino Lucero* (Buenos Aires, 1853) e *Aniceto el Gallo* (Paris, 1872). Em Paris, publicou toda a sua obra, incluindo o extenso poema *Santos Vega o Los mellizos de la flor*, cuja maior parte terminou de escrever, vertiginosamente, nessa cidade. Desenvolveu um vastíssimo aparato de artifícios retóricos que lhe possibilitaram multiplicar as vozes e os escritos *gauchos* (v.) de seus poemas, atribuídos na ficção aos paisanos "amigos", unitários (v.), e aos "inimigos" federalistas (v.). Escreveu um dos textos mais violentos e ferozes do século XIX argentino, "La refalosa" (v.). Borges celebrou a "*combativa felicidade*" de Ascasubi, a qual permitiu a este mobilizar contra Rosas "*danças que parecem evoluir como exércitos*" ("A poesia *gauchesca*", *Discussão*). — JSV

Ashe, Herbert

Engenheiro inglês, personagem de "Tlön, Uqbar, Orbis Tertius" (*Ficções*). Ainda que críticos como Emir Rodríguez Monegal (v.) o hajam associado a Jorge Guillermo (v.), pai de Borges, Félix della Paolera, amigo do escritor argentino e conhecedor de sua obra, observa que Herbert Ashe é um nome atribuído ao engenheiro ferroviário inglês William Foy, que, tal qual Ashe, foi hóspede do hotel de Adrogué (v.). Como em muitos casos nos textos de Borges, questiona-se a fantasia criada em torno da figura de Foy/Ashe no conto citado. Na verdade, o que se pode notar é um fenômeno literário recorrente na obra borgiana, responsável pela alternância de um personagem real com um ficcional. É com base no perspectivismo da memória de "*alguma lembrança limitada e evanescente de Herbert Ashe*" ("Tlön, Uqbar, Orbis Tertius") que se dá na narrativa o momento de contato do narrador com o volume XI de *A First Encyclopaedia of Tlön* e com a história de um planeta desconhecido. Della Paolera conhecia William Foy, mas, quando sugeriu apresentá-lo a Borges, este recusou, uma vez que já havia criado Ashe e lhe parecia assustador "conhecer" um personagem seu. — AF

Asín Palacios, Miguel

Sacerdote, arabista e filólogo espanhol, nasceu em Zaragoza, no mês de julho de 1871. Autor de extensa obra, foi admirado por sua erudição em assuntos relacionados à teologia e à filosofia. Dedicou grande parte dos estudos a identificar pontos de conexão e intercâmbio entre o pensamento cristão e o pensamento muçulmano. Interessou-se em particular pela filosofia de Al-Ghazali (ou Algazel) (v.). Na pequena reflexão que faz sobre as ideias de Pascal (1623-62) (v.), em "Pascal" (*Outras inquisições*), Borges menciona Asín Palacios precisamente porque este detectara ecos de Algazel em alguns pensamentos do filósofo francês: "*Para ilustrar o* Pari [uma das teses de Pascal], *caberia citar os textos de Arnóbio, Sirmond e Algazel indicados por Asín Palacios*". Segundo o escritor argentino, os sinais de familiaridade entre Pascal e Algazel foram dados pelo sacerdote em seu livro *Huellas del Islam* (1941). Asín Palacios faleceu em 1944, na cidade de San Sebastián. — DF

asquenazes (ou *ashkenazim*)

Denominação dos judeus oriundos de Ashkenaz, termo usado para designar os judeus da Europa Ocidental. Nessa região, estabeleceu-se entre os judeus uma unidade de costumes, rituais e leis diferente da tradição paralelamente desenvolvida entre os sefardis (v. judeus sefardis), judeus da Espanha muçulmana.

A expressão aparece no conto "Deutsches Requiem" (*O Aleph*), cujo narrador, de sua perspectiva nazista, define o poeta David Jerusalem (v.) como "*o protótipo do judeu sefardi, embora pertencesse aos depravados e detestados asquenazes*". Além da sua admiração pela cultura judaica e pela obra de Rafael Cansinos-Asséns (v.), que se convertera ao judaísmo, assim como pela amizade de Maurice Abramowicz (v.), o interesse de Borges pelo judaísmo se mostrou de diversas formas, como na presença de personagens judeus em sua obra. Ademais, o autor argentino sempre se opôs às ideologias antissemitas e ao nazismo. No conto mencionado, o narrador, oprimido e declaradamente culpado, pretende ser compreendido para que se entenda a história da Alemanha e a "*futura história do mundo*". Observa que um tempo novo exige homens novos, "*um despojar-se do velho homem, que está viciado, para vestir o novo*", como preconizava a ideologia nazista. — AF

assassino Karamazov, O (filme) [*Der Mörder Dimitri Karamasoff*]

Trata-se de um drama fatalista, barroco, obscuro e repleto de personagens condenados por suas paixões. Inspirado no romance *Os irmãos Karamazov* (1879), de Fiódor Dostoiévski (v.), o filme de Fiódor Ozep foi considerado uma mistura perfeita de expressionismo alemão e montagem soviética. Curiosamente, porém, Borges afirma, em "Filmes" (*Discussão*), que aprecia a obra de Ozep porque ela evita os "erros" da escola alemã, assim como os do cinema da União Soviética. — DO

Assembleia dos pássaros ou Colóquio dos pássaros

V. Attar, Farid al-Din abu Talib Muhammad ben Ibrahim.

assinaturas literárias

V. pseudônimos literários.

Assurbanipal, biblioteca de

A biblioteca de Assurbanipal é a mais antiga de que se tem notícia. Construída no século VII a.C., seu acervo era formado por 22 mil tábuas de argila, escritas em caracteres cuneiformes. Assurbanipal (669-627 a.C.), o último rei da Assíria, ergueu a biblioteca em Nínive. Resgatada em parte, contém em seus arquivos mais de 20 mil plaquetas de textos sumero-acadianos. Borges refere-se em "*Bhagavad Gîta. Poema de Gilgamesh*" (*Biblioteca pessoal*) ao poema épico *Gilgamesh* (v. *Poema de Gilgamesh*), texto híbrido das culturas suméria e babilônica. A biblioteca foi destruída pelos persas. — LMRB

Astérion

Personagem recriado por Borges com base no mito do Minotauro presente na obra de Apolodoro, a qual data do princípio da era cristã. Os textos do autor grego versam sobre mitologia grega e sobre a figura de Teseu. No conto "A casa de Astérion" (*O Aleph*), o escritor argentino, para quem o mundo era um labirinto de palavras e memórias, trata de um tema que lhe é caro e fundamental em sua obra: o labirinto, representando o universo (macrocosmo) ou o mundo interior do homem (microcosmo). Nessa história, o labirinto aprisiona não o monstro, mas o homem Astérion, que vive angústias existenciais e busca sua identidade mediante recursos como a autoduplicação imaginária. Astérion não se restringe, como o mito, ao fruto do amor entre a mulher do rei Minos e um touro do mar, um corpo de homem com cabeça de touro que é encerrado em um labirinto construído pelo escultor Dédalo na ilha de Creta, perto da Grécia. Trata-se de um ser a cujo estado são próprios a solidão, o silêncio e as dúvidas que se estendem ao universo. Seu desejo de libertação é motivo para a recriação de outro personagem, Teseu, que na lenda extermina o Minotauro mas, no conto borgiano, mostra-se como o salvador de Astérion, uma vez que o livra efetivamente do anseio de sua existência. — AF

Astíoque

Personagem da *Ilíada*, envolve-se com Ares e dá à luz Ascálafo e Yálmeno. Borges cita em "As versões homéricas" (*Discussão*) a "*virgem modesta*", filha de Actor, em um exemplo de recorrências linguísticas próprias do texto de Homero (v.). O fragmento reproduzido enfatiza o uso de conjunções adversativas pelo autor grego, de forma a elucidar os problemas advindos da tradução e, por conseguinte, das versões da obra. Na passagem "*uma virgem modesta quando ascendeu à parte superior da morada de seu pai, mas o deus abraçou-a secretamente*", Borges destaca a conjunção "mas". Em outras traduções (como as literais e arcaizantes de Butcher e Lang) (v.), em vez da adversativa, é utilizada a aditiva "e": "*uma vez saqueada a escarpada cidade de Príamo, embarcou ileso com sua parte do despojo e com um nobre prêmio; não foi destruído pelas lanças agudas nem teve ferimentos no cerrado combate: e muitos tais riscos há na guerra, porque Ares enlouquece confusamente*". O tema da tradução e a responsabilidade do criador que transforma um texto e o leva à sua língua são importantes na obra do escritor argentino, pois discutem questões como a superstição em relação ao texto traduzido e aos elementos característicos ao poeta e à linguagem por meio da qual ele se expressa. — AF

astrologia judiciária

Diferentemente da chamada "astrologia natural", que se limita a estudar a incontestável influência dos astros sobre a natureza, a astrologia judiciária analisa a história dos homens e a relaciona à configuração e à posição dos astros. Conforme diz Borges em "O tempo circular" (*História da eternidade*), tal ciência se propagou em Atenas sobretudo após a morte de Platão (v.). Ele ainda ressalta que "*essa ciência, como todos sabem, afirma que o destino dos homens é regido pela posição dos astros*". Também acerca do eterno retorno, tema recorrente na obra de Borges, ele considera que "*algum astrólogo que não havia examinado em vão o* Timeu *formulou este argumento irretorquível: se os períodos planetários são cíclicos, a história universal também é cíclica*". Nesse mesmo texto, Borges compara o argumento astrológico à história cíclica de Nietzsche (v.) e ao modo de conceber o retorno com base nas semelhanças e não no fato idêntico, reconhecendo ser o terceiro o modo de conceber o eterno retorno: "*Chego ao terceiro modo de interpretar as eternas repetições: o menos pavoroso e melodramático, mas também o único imaginável*". — AF

Atahualpa

Último imperador inca, governou de 1532 a 1533, quando foi sacrificado pelos espanhóis, que o acusaram de ter armado uma estratégia para combatê-los. Sua morte representa ao mesmo tempo o fim de Tahuantinsuyo [Império Inca] e o começo do que hoje chamamos Peru. Em "*As mil e uma noites*" (*Sete noites*), Borges estabelece uma ligação entre os nomes ilustres de Atahualpa, do imperador asteca Montezuma e do cacique argentino Catriel, a quem seu avô, coronel Francisco Borges (v.), combateu na Guerra do Paraguai. — LMRB

Atanásio (Satanásio)

Teólogo, escritor e pregador ortodoxo (295-325), governou durante 46 anos, com intervalos, a Igreja católica de Alexandria, no Egito. Atanásio lutou de forma intransigente contra o arianismo, cuja perspectiva religiosa interpretava Pai e Filho constituídos não de idêntica, mas de semelhante substância. Por meio de seus textos eloquentes, opôs-se a bispos e imperadores que concordavam com a nova doutrina dominante de Ário (250-336). Desse modo, foi perseguido, exilado cinco vezes e acusado de crimes como abuso sexual e magia.

Em uma nota de rodapé de "História da eternidade" (*História da eternidade*), Borges sublinha o trocadilho Atanásio/Satanásio, possivelmente atribuído ao teólogo e a seu esforço para manter a ideia do Filho como consubstancial ao Pai. Segundo o teólogo, "Cristo é verdadeiramente homem e verdadeiramente Deus", questão levantada por Borges em "Uma vindicação da cabala" (*Discussão*). Entre alguns comentários sobre a doutrina da Santíssima Trindade, o escritor argentino ressalta que, além do fato de que a distinção entre as três pessoas (Pai, Filho e Espírito Santo, aos quais Atanásio atribuía a mesma substância) em uma só possa parecer arbitrária, "*renunciar* [...] *à Dualidade* [Pai-Filho] [...] *é fazer de Jesus um delegado ocasional do Senhor, um incidente da história*". Observa também que "*as três inextricáveis pessoas implicam um horror intelectual, uma infinitude sufocada, especiosa, como de espelhos contrários*". No entanto, o objeto final de Borges nesse escrito não é tratar das três pessoas, mas do Gênese, mais propriamente, da origem das Escrituras. — AF

ataques de índios [*malones*]

Os *malones* estão presentes na literatura argentina, sobretudo na poesia *gauchesca* (v.), que retrata o *gaucho* (v.) e sua terra, as políticas de fronteira e o recrutamento do homem do campo para as campanhas contra os índios. Borges restringe os ataques indígenas do pampa a um dos temas da literatura *gauchesca*, pois julga a passada colonização uma operação tão efêmera "*que aconteceu de um avô meu, em 1872, comandar a última batalha importante contra os índios*", conforme se lê em "Palermo de Buenos Aires" (*Evaristo Carriego*). E observa: "*de que serve evocar destinos já mortos?*". Ao tratar dos temas da poesia *gauchesca*, ele menciona dois escritores argentinos fundamentais que descreveram o pampa, o *gaucho* e sua luta contra os índios: Hilario Ascasubi (v.) e José Hernández (v.), autores de *Paulino Lucero* (1846) e *Martín Fierro* (1872-9) (v.), respectivamente. Em "A poesia *gauchesca*" (*Discussão*), comenta o fato de Hernández destacar o horror das lutas e o de Ascasubi referir-se às "*léguas de índios que investem*". A individualidade do *gaucho* que vai se constituindo com a liberdade que o pampa lhe oferece, com a urbanização de seu país e com o ataque empreendido contra a "*guerra cruel dos índios*", como diz Hernández, mostrou-se elemento importante na formação da perspectiva de quase todos os argentinos para quem, segundo Borges, "*o* gaucho *é um objeto ideal, prototípico*". — AF

Átis

Originariamente uma divindade asiática, Cibele foi adotada pelos gregos e pelos romanos, que a consideravam mãe de seus deuses supremos (Zeus, na Grécia, e Vênus, em Roma); isso a levou a ser confundida com Reia, a mãe de Zeus, segundo a mitologia grega. Átis era um jovem e belo pastor, por quem Cibele se afeiçoou ternamente, tornando-o guardião de seu templo mas exigindo que ele mantivesse a virgindade. O pastor se apaixonou por uma ninfa e com ela se casou. Cibele, não suportando a traição, resolveu se vingar. A vida de cada ninfa, como se sabe, está ligada a um elemento da natureza (árvore, fonte, rocha etc.), e a deusa mandou derrubar a árvore da qual dependia a vida da mulher de Átis. Este enlouqueceu de tristeza e se mutilou de tal forma que quase sucumbiu. Comovida com a sua dor, Cibele o transformou em pinheiro. Todos os anos, na Grécia, em Roma e na Ásia Menor, a morte e a metamorfose de Átis eram celebradas durante as grandes festas de renovação da natureza, na primavera. Borges cita esse exemplo em "Os quatro ciclos" (*O ouro dos tigres*) como uma das muitas histórias que contamos e recontamos, modificando-as ao longo do tempo: "*A última história é a do sacrifício de um deus. Átis, na Frígia, se mutila e se mata*"; "*Quatro são as histórias. Durante o tempo que nos resta, continuaremos a narrá-las, transformadas*". — HNC

Attar, Farid al-Din abu Talib Muhammad ben Ibrahim

Desse importante poeta persa, sabe-se que nasceu em Nishapur (no atual Irã), entre 1119 e 1140, e que foi violentamente assassinado na mesma cidade pelos soldados de Tule, filho de Gêngis Khan, entre 1200 e 1230. Farid al-Din foi também perfumista — o nome Attar é destinado a quem se dedica a tal ofício. Sua poesia, profundamente mística, é vista ainda hoje como uma das mais relevantes manifestações dos ideais sufistas.

Não são poucas as menções a esse poeta na obra de Borges. Em "O Simurgh e a águia" (*Nove ensaios dantescos*), por exemplo, podemos ler uma breve e precisa biografia de Farid al-

-Din, a qual serve como material introdutório para que o escritor argentino fale sobre a notável obra de Attar: *Mantiq al-Tayr* [*Colóquio dos pássaros*, ou *Assembleia dos pássaros*, ou ainda *A linguagem dos pássaros*], "*essa epopeia mística dos pássaros que procuram seu rei, o Simurg, e finalmente chegam ao palácio dele, que se encontra atrás dos sete mares, e descobrem que eles são o Simurg e que o Simurg é todos e cada um deles*" ("O enigma de Edward FitzGerald", *Outras inquisições*). Como acontece com muitos autores, Borges revela grande interesse por um aspecto ou uma ideia da obra de Attar, ilustrada com *O colóquio dos pássaros*: a possibilidade de que a identidade de quem procura e a do procurado sejam a mesma. — DF

Auden, W. (Wystan) H. (Hugh)

Poeta anglo-americano (1907-73), produziu vasta obra, muitas vezes realizada em colaboração, como os livros que assina com o amigo de infância e também poeta Christopher Isherwood, e os diversos libretos operísticos [*opera libretti*] com Chester Kallman, entre outros. Estabeleceu-se nos Estados Unidos por opção própria em 1938, ensinando em diferentes instituições do país e tornando-se, em 1946, cidadão norte-americano. Da sua carreira poética iniciada em 1928, destacam-se os livros *For the Time Being* (1944) e *The Age of Anxiety* (1947), além das várias coletâneas que publicou a partir de 1945. Borges observa como Auden seguiu em suas traduções da *Edda maior* (códice escandinavo datado do século XIII) (v. *Edda Islandorum*) o caminho, aberto pelo poeta Gerard Manley Hopkins, de restabelecimento da primitiva métrica inglesa, baseada na quantidade silábica, no uso de palavras compostas e na aliteração. Borges destaca ainda, em "Da vida literária" ("*Christmas Holiday*, de W. Somerset Maugham", *Textos cativos*), o poema "Spain", de Auden, incluído na antologia *Poems for Spain*, na resenha que fez desse livro. — JGS

Austen, Jane

Renomada autora do início do século XIX inglês (1775-1817), escreveu, quando jovem, romances populares e histórias burlescas. Publicou quatro grandes romances: *Razão e sensibilidade* (1811), *Orgulho e preconceito* (1813), *Mansfield Park* (1814) e *Emma* (1816). Em um prólogo à edição argentina de *A pedra lunar*, de Wilkie Collins (v.), Borges alude com entusiasmo a outro romance de Collins, *A mulher de branco*, para aduzir que o notável tradutor Edward FitzGerald (v.) preferia esse livro aos de Jane Austen.

Nem o próprio Borges demonstrava muito apreço pela obra da escritora inglesa, como fica evidente na citação a seguir, retirada de *Ensaio autobiográfico*: "*Isso me lembra a sugestão de Mark Twain de que se poderia iniciar uma biblioteca magnífica tão somente deixando de fora os livros de Jane Austen e que, mesmo se nessa biblioteca não restassem mais livros, continuaria sendo uma biblioteca magnífica porque os livros dela não estariam ali*". — JGS

Austin

Capital do estado do Texas (nos Estados Unidos) desde 1845, situa-se às margens do rio Colorado. Em 1961, no dia 10 de setembro, Borges seguiu com a mãe (v. Acevedo de Borges, Leonor) para Austin a convite da Universidade do Texas e da Fundação Tinker, a fim de ministrar um curso de literatura. Era a primeira vez que viajava para aquele país, após cerca de quatro décadas sem sair da Argentina e em um ano em que sua fama começava a se internacionalizar.

Especialmente bem recebido pelos intelectuais dessa universidade, passou também por Harvard, Yale, Columbia, e deu uma palestra na Biblioteca do Congresso, em Washington. Na dedicatória das *Obras completas* (1974) à mãe, o autor menciona as manhãs de Austin como cara lembrança de dias partilhados. — MABL

autorrepresentação; representações autobiográficas

A imagem que um autor constrói de si varia ao longo de sua carreira, às vezes contraditoriamente. Nela confluem diversos fatores: a figura pública e midiática, criada em especial com base em entrevistas para a imprensa, intervenções e aparições públicas; as autorrepresentações na própria obra poética e de ficção; a forma como o autor caracteriza seu trabalho e a si mesmo nos prefácios de seus livros e em notas autobiográficas.

Como reação à exacerbação romântica do eu e da literatura confessional, Borges desde muito jovem descartou a possibilidade de um eu unificado que pudesse ser representado como uma totalidade na escrita. Também rejeitou o meramente confessional por não conter outro valor além do episódico. Isso não invalida, por outro lado, a presença do elemento autobiográfico em sua literatura, particularmente em *Fervor de Buenos Aires* (1923). Aí a imagem do poeta como alguém que caminha pelos subúrbios da cidade, em busca de significado na região em que esta começa a se confundir com o campo, é uma das mais duradouras. Esse livro inaugura uma constante na obra borgiana: a semelhança das características de personagens fictícios com as do autor real, identificação que, como ele assinalou na análise que fez da figura de Walt Whitman (1819-92) (v.), pode conduzir a erros de leitura.

Durante a maior parte dos anos 1920, Borges caracterizou a si mesmo como representante da modernidade absoluta. Embora tenha abandonado desde muito cedo os aspectos mais programáticos do ultraísmo, a novidade tanto de sua escrita como de sua figura literária sobressai. Na nota autobiográfica incluída em uma antologia de poesia argentina de 1926 — e em outras notas desse período —, escreve que nasceu em 1900. O gesto é significativo, como já observou Alan Pauls: mostra o desejo de desligar-se de certo passado. Cinquenta anos mais tarde, no prefácio de seu livro de poemas *A moeda de ferro* (1976), Borges reivindica e justifica o fato de haver nascido no século XIX: "*Não em vão fui gerado em 1899. Meus hábitos regressam àquele século e ao anterior e procurei não esquecer minhas remotas e já esmaecidas humanidades*".

Na primeira metade da década de 1930, Borges era conhecido sobretudo como poeta, ensaísta e tradutor. Sua própria construção autoral tem parte da responsabilidade nisso: no prefácio a *História universal da infâmia* (1935), apresenta-se como tradutor, redator de "*exercícios de prosa narrativa*". Aplicando tais termos a si mesmo, ele quer atenuar a conotação da palavra "autor" como alguém capaz de inventar ficções completamente originais (v. leitor). Sabe-se, porém, que o trabalho de recriação que Borges fez das fontes usadas para *História universal da infâmia* é muito maior do que o que ele admitiu na ocasião, constatação que põe em dúvida o emprego de outras palavras para substituir "autor" e, portanto, pode-se ler como uma construção deliberada. Uma das dificuldades no estudo de questões de autorrepresentação no escritor argentino surge precisamente de situações como esta: saber com exatidão quais desses fatores são intencionais e obedecem a uma estratégia de autorrepresentação e quais constituem um pressuposto estético legítimo.

Talvez um dos êxitos da ficção de Borges seja a estreita relação que existe entre ele e o personagem de mesmo nome, ou com características compartilhadas, que aparece em vários contos: "Tlön, Uqbar, Orbis Tertius" (*Ficções*), "O Aleph" (*O Aleph*), "Homem da esquina rosada" (*História universal da infâmia*), "O Zahir" (*O Aleph*), "História de Rosendo Juárez" (*O informe de Brodie*), entre outros. Em certos casos, "Borges" é apenas testemunha de um fato ou o interlocutor do narrador: sua função é a do escritor que ouve uma história, a qual depois relata. Em outros, a construção é autoparódica, como em "O Aleph", "O Zahir" (*O Aleph*) e "O Sul" (*Ficções*). De algum modo, esses personagens encarnam aspectos da personalidade do escritor com os quais ele parece haver mantido uma relação ambígua: a fama, o desejo de ser ou de ter sido outro, o apego às relações amorosas ou sentimentais.

A partir dos anos 1960, quando a fama de Borges se amplia dentro e fora da Argentina, a narrativa de sua vida também se refina. Surgem ou são reafirmados temas constantes que contribuíram para sua imagem mais recordada, como a dupla herança (assinalada por vários críticos): familiar, com o lado militar ligado à história do país, e literária, com os autores que o formaram; a contradição entre o destino literário e o culto da coragem, a relação com outros escritores argentinos. Esse momento marca ainda o ponto em que as entrevistas com Borges se concentraram majoritariamente na vida dele, mais que em suas opiniões sobre diversos temas literários ou sociais, o que era comum até então. Parte dessa narrativa autobiográfica é determinada pelo próprio meio de comunicação e pela abundância de entrevistas. A fama produz um efeito de retroalimentação e contribui para fixar tal narrativa.

O único texto autobiográfico longo que Borges concebeu foi *An Autobiographical Essay* (1970), originalmente intitulado "Autobiographical Notes" e redigido em colaboração com Norman Thomas di Giovanni — então seu principal tradutor para o inglês —, com o objetivo de "apresentá-lo", nas páginas da *The New Yorker*, ao público norte-americano. Borges já fora publicado em inglês nos Estados Unidos, mas os editores da revista, assim como Di Giovanni, estimaram que era necessária maior contextualização para que os leitores entendessem melhor sua obra. É difícil estabelecer até que ponto Di Giovanni interveio na redação do texto. Ele ressaltou que apenas sugeriu informações sobre a Argentina das quais um leitor não familiarizado com o país ou com a obra do autor poderia necessitar. Ali aparecem anedotas clássicas: o fato de haver lido *Dom Quixote* (1605-15) pela primeira vez em inglês, ter aprendido alemão com um dicionário, com a poesia de Heinrich Heine (v.) e com uma Bíblia alemã, ou a forma como, ao ler a *Divina comédia*, percebeu que podia, como Dante Alighieri ao despedir-se de Virgílio, continuar a leitura diretamente em italiano, sem a ajuda da versão em inglês. O primeiro exemplo revela as intenções de autoconstrução: Borges mudava a história conforme se tratasse de uma audiência anglofalante ou hispanofalante; diante desta última, dizia que nunca havia lido o *Quixote* em inglês. Da representação (auto)biográfica nesse texto, o homem de letras emerge, coerentemente, como um único indivíduo que desde a infância sabia que seu destino seria o de escritor, tema clássico nas autobiografias de escritores. Aí também está a desproblematização do recontar sua vida: não há elementos confessionais, momentos de virada, dilemas, tudo o que se espera em um escrito do tipo. *Ensaio autobiográfico* é, para usar as palavras do próprio Borges, uma série de "*notícias tranquilas*".

Outra das imagens perduráveis em sua autoconstrução é a da divisão entre a figura pública do escritor e a figura privada, tematizada no famoso poema "Borges e eu" (*O fazedor*), de 1960. Essa divisão pode também ser estendida à existente entre o Borges maduro e o jovem: radicalizada em alguns casos, como o do relato "O outro" (*O outro, o mesmo*), em que o narrador enfatiza que eram como dois desconhecidos; atenuada em outros, como no prefácio à edição de 1969 de *Fervor de Buenos Aires*, em que defende que o jovem de 1923 era essencialmente o homem que várias décadas depois escrevia o prefácio.

A figura pública de Borges é inseparável da infinidade de entrevistas que ele concedeu. Segundo depoimentos, raras vezes se negava a ser entrevistado. Se isso era principalmente por vaidade ou, como ele mesmo explicou, por cortesia diante do pedido, é difícil estabelecer, e consiste em um dos temas nos quais se centrou o debate em torno do cultivo de sua figura pública: até que ponto ele correspondia às expectativas do público ou utilizava os meios de comunicação em benefício próprio? Borges era um favorito da imprensa: suas respostas engenhosas ofereciam aos jornalistas a manchete e o material para distrair a audiência. As opiniões sobre outros escritores, as ideias fora do comum, a insistência nos temas recorrentes de sua vida podem ser lidas como tentativas de escandalizar (gesto em que perdura seu espírito vanguardista) e também como opiniões sinceras, às vezes impensadas, que o levaram a se retratar em algumas ocasiões, contribuindo para a ambiguidade de sua posição.

É válido esclarecer ainda que a imagem de um autor não está de todo sob seu controle: os leitores também contribuem para ela e, sendo assim, ela evolui conforme os modos de leitura se modificam. Talvez uma das transformações mais radicais da imagem de Borges nos últimos anos tenha sido produzida pelo diário de Adolfo Bioy Casares (v.), *Borges* (2006); neste é apresentada uma visão do cotidiano de ambos os escritores que até então carecia de tal nível de detalhes. Aí se reforça a imagem do Borges maledicente, mas também emerge a do homem rigorosamente entregue a seus diferentes projetos de trabalho: os contos escritos em colaboração com Bioy, a função de jurado em concursos, as aulas em universidades e, sobretudo, um aspecto que não parece assimilável pela mídia: o trabalho quase secreto (com o qual Bioy frequentemente se surpreende) em sua própria obra. — AAE

Avellaneda

Avellaneda, no contexto de "*La canción del barrio*" (*Evaristo Carriego*), refere-se a um bairro que, em 1930, ano da publicação do livro *Evaristo Carriego*, estava distante do centro de Buenos Aires e representaria o que Borges chama de "arrabaldes" (v.). O título do ensaio borgiano deriva do título homônimo de um livro póstumo de Carriego (v.), publicado em 1913. Dezessete anos depois, as duas obras, *Misas herejes* e *La canción del barrio*, foram editadas e vieram a público em um único volume.

Nesse ensaio, Borges faz algumas considerações sobre os subúrbios e seus habitantes, encontrados em Avellaneda. Outros bairros também seriam representações da condição de arrabalde, como Belgrano ou Palermo, sendo este último o bairro onde Borges viveu durante a infância e que, segundo ele mesmo, "*estava nos miseráveis confins do norte da cidade*" (*Borges: Una biografía literaria*). — PFCO

Avellanos, doutor

Don José Avellanos é um personagem do livro *Nostromo* (1904), de Joseph Conrad (1857-1924) (v.). Descrito como estadista, poeta, homem de cultura que representa seu país em várias cortes europeias, Don Avellanos teria sido o autor de uma análise histórica, intitulada *Historia de cincuenta años de desgobierno*, sobre Costaguana, país fictício localizado na América do Sul. Entretanto, a obra nunca teria sido publicada, pois em uma das revoltas suas páginas se teriam perdido. Em Costaguana estariam retratados diversos aspectos comuns às nações latino-americanas observados por ele durante sua curta permanência no golfo do México e em alguns países sul-americanos, em 1876.

Em "Guayaquil" (*O informe de Brodie*), Borges faz referências ao romance de Conrad citando o cume do Higuerota, o golfo Plácido, o Estado Ocidental e sua capital, Sulaco, todos elementos presentes em *Nostromo*. Nesse conto, ele diz que certas cartas de Simón Bolívar (v.) foram exumadas do arquivo do doutor Avellanos. Com base em tal exumação, Borges enreda uma história ficcional sobre os destinos das referidas cartas. — PFCO

Averno

Averno (do latim *avernus*, "inferno"), citado no poema "Emanuel Swedenborg" (*O outro, o mesmo*), é um lago da Itália, na região de Nápoles, que se formou sobre a cratera de um vulcão extinto, fato que na Antiguidade contribuiu para que o considerassem imagem de entrada para o inferno. Em suas margens encontrava-se o antro de um personagem de destaque nas lendas romanas, Sibila de Cumas, profetisa inspirada por Apolo, encarregada de decifrar seus oráculos. Na *Eneida*, de Virgílio (v.), a Sibila serve de guia a Eneias em sua descida aos infernos (III, vv. 441 ss.), comentada por Borges em "Edward Gibbon" (*Prólogos, com um prólogo de prólogos*). — LMRB

Averróis

Nascido em Córdoba em 1126, Abu al-Walid Muhammad ibn Ahmad ibn Muhammad ibn Rushd, ou simplesmente Averróis para os ocidentais, foi um importante filósofo muçulmano. Seus estudos e pensamentos, sempre muito calcados na obra de Aristóteles (v.), ganharam grande projeção no Ocidente, tendo sido bastante apreciados pelos adeptos da escolástica. *Tahafut-ul-Tahafut* [Destruição da destruição] é talvez o seu livro mais célebre; trata-se de uma refutação às ideias de Algazel (v. al-Ghazali, Muhammad).

Averróis (ver conto "A busca de Averróis") promoveu uma conciliação entre filosofia e dogma, levando muitos estudiosos a associá-lo ao secularismo. Seu esforço foi mal interpretado e lhe custou o exílio, depois de ele ter sido acusado de heresia. Morreu em 1198, em Marrakech, no Marrocos. — DF

Avicena

Nome pelo qual Abu Ali al-Hussain ibn al-Hassan ibn Ali ibn Sina ficou conhecido no Ocidente. Nascido em agosto de 980, em Afsana, na Pérsia, é considerado, ao lado de Averróis (v.), Alfarabi (v.) e Al-Ghazali (v.), um dos mais importantes filósofos da história do pensamento árabe. Suas qualidades foram largamente reconhecidas pelos muçulmanos, que durante muito tempo o chamaram Al-Saih al-Rais [o Grande Sábio]. Também médico, uma de suas obras mais relevantes é o *Cânon de medicina* [*Kitab al-Qanun fi-al-Tib*], consultado por estudantes europeus até meados do século XVII. Outro trabalho fundamental, o *Livro da cura* [*Kitab al-Sifa*], consiste em uma espécie de enciclopédia que versa sobre vários temas, entre eles metafísica, matemática, física e lógica. Foi grande admirador do pensamento grego antigo, mais particularmente da filosofia de Aristóteles (v.), cuja *Metafísica* compreendeu, segundo ele próprio, graças aos subsídios intelectuais recebidos de

Alfarabi, seu mestre. Morreu em junho de 1037, próximo à cidade de Ramadah.

Apesar do prestígio do filósofo e do expressivo interesse de Borges pela cultura árabe, Avicena é pouco citado na obra do autor argentino. No texto "O enigma de Edward FitzGerald" (*Outras inquisições*), por exemplo, há uma ligeira menção a ele como uma das prováveis referências intelectuais de Omar Khayyam (v.): "*foi, dizem, prosélito de Alfarabi, que entendeu que as formas universais não existem fora das coisas, e de Avicena, que ensinou que o mundo é eterno*". — DF

avó inglesa de Borges

V. Borges, Francisco.

Axum, fortaleza de

Além da invasão de Napata, antiga capital do reino de Cuxe, por tropas egípcias e gregas no século VI a.C., questões econômicas e ambientais contribuíram para a mudança da capital para Méroe, mais ao sul. No século IV, esse reino passou por um processo de decadência, durante o qual emergiu o reino de Axum, a sudeste de Méroe, onde hoje é a Etiópia, que só foi menos poderoso do que o Império Romano e o Persa. Uma amostra disso é o fato de que, mesmo após seu declínio, os reis da Etiópia continuavam a ser coroados na cidade que legou o nome a todo o reino. Registros históricos também sugerem que a rainha de Sabá teria partido de Axum para encontrar-se com o rei Salomão, em Jerusalém.

Nas ruínas dessa cidade, Enno Littmann (v.), segundo Borges, decifrou algumas inscrições etíopes. Como bem aponta Rosemary Arrojo ("Borges e a maldição de Babel: escritura, interpretação e conflito"), a decifração, a tradução textual, é tema recorrente na obra do escritor, para quem não existiria a imparcialidade na tradução de uma obra, mas, antes, uma apropriação e uma reescritura em local e momento distintos, respondendo a outros interesses.

Nas reflexões presentes em "Os tradutores d'*As mil e uma noites*" (*História da eternidade*), de 1936, sobre as diferentes traduções da obra árabe para idiomas europeus, Borges deixa transparecer algumas questões que se tornam essenciais para a compreensão de seu trabalho. Entre elas, podem ser citadas a repugnância pela insistência na cor local — posição contrária à postulada nos seus primeiros anos de produção literária vanguardista —, registrada na análise da tradução das *Mil e uma noites* feita por Enno Littmann, a importância que dá ao desenvolvimento do processo literário e, por meio da crítica ao orientalista, o enaltecimento à literatura em língua alemã, além, claro, da própria questão da tradução textual, tema também abordado em, entre outros textos, "Pierre Menard, autor do *Quixote*" e "A Biblioteca de Babel" (*Ficções*). — PFCO

Ayacucho

Cidade peruana fundada pelo conquistador espanhol Francisco Pizarro, em 1539, com o nome de San Juan de la Frontera de Huamanga, e fundada novamente, no ano seguinte, por Vasco de Guevara. Tornou-se mais conhecida como Huamanga, apenas, e durante o período colonial foi centro de mineração e comércio. Em 1825, Simón Bolívar (v.) a rebatizou de Ayacucho, em referência e homenagem à Batalha de Ayacucho, última grande contenda terrestre das guerras da independência hispano-americanas (v.) e que determinou a independência do Peru.

A batalha se deu em 9 de dezembro de 1824, e nela tomaram parte hispano-americanos procedentes de vários locais do continente. Borges refere-se ao episódio militar em quatro textos, ressaltando em todos a participação de argentinos no combate e as marcas que este deixou. Em "História do tango" (*Evaristo Carriego*), trata genericamente dos "*homens argentinos* [que] *combateram em distantes batalhas do continente*"; em "A poesia *gauchesca*" (*Discussão*), a menção surge em uma citação direta da obra de José Hernández (v.). Em "Martín Fierro" (*O fazedor*) traz de volta à cena o personagem de Hernández e constata, amargamente: "*Essas coisas, agora, são como se não tivessem sido*". Em "A velha senhora" (*O informe de Brodie*), é citada a presença, no conflito, do personagem fictício Mariano Rubio. — JPP

Azorín

Borges menciona Azorín, nome literário de José Martínez Ruiz (1874-1967), com Miguel de Unamuno (v.) e Antonio Machado (v. Machado, irmãos), em contraposição a Miguel de Cervantes (v.), porque acreditava terem eles inventado uma concepção poética da Espanha que não correspondia à ideia do autor do *Quixote* ("Magias parciais do *Quixote*", *Outras inquisições*).

Embora nunca tenha visitado a Argentina, Azorín foi colaborador do jornal *La Prensa* (v.) durante várias décadas (entre 1916 e 1951). Isso é apenas um indicador de que teve forte presença na cultura rio-platense, da mesma maneira que os demais integrantes mais notórios da chamada Geração de 1927. Determinadas preocupações centrais dele coincidem com outras tantas inquietações persistentes na obra de Borges, algumas das quais podem provir de leituras comuns, em particular de Nietzsche (v.) e Schopenhauer (v.). Destaca-se, especialmente, sua angustiosa obsessão pelo tempo, manifestada em reflexões que o aproximam de Borges. A imersão na lembrança como tentativa de apoderar-se do tempo, a ideia do homem como ser em trânsito, passageiro fugaz diante da eterna repetição de fatos e situações, consolidam nos escritos de Azorín a percepção de que não é o tempo que passa mas o sujeito que o percebe, mergulhado na "perdurável corrente das coisas" (*La voluntad*, 1902).

Se o devir leva inexoravelmente à morte, o tempo, em sua dimensão repetitiva — sua circularidade, que se capta como a presença do passado no presente —, contém a ideia de eternidade, e a vida consiste nessa repetição cíclica e em um constante retorno das coisas. "Tudo é um e o mesmo", diz Azorín em *Las confesiones de un pequeño filósofo* (1904). Seguindo Schopenhauer, Borges tentou demonstrar precisamente, em "Nova refutação do tempo" (*Outras inquisições*), a inexistência do mesmo diante da repetição de momentos idênticos. A redução do tempo a um instante é comum a ambos, assim como a ideia do eterno retorno tomada de Nietzsche e a preocupação com a imortalidade.

Podem ser aspectos comuns, ainda: a confusão entre sonho e realidade, entre ficção e realidade; a inserção de nomes de pessoas reais nas ficções (procedimento, ao mesmo tempo, muito cervantino); a dissolução de fronteiras entre autor, narradores e personagens. Os dois partiram de sua erudição e enorme cultura como fonte de inspiração literária. A obsessão pela mãe, pelas bibliotecas e livros também pode ser apontada como uma característica que os aproxima. Ambos se ocuparam do *Quixote* como clássico, além de se interessarem pelas leis de sua criação e pela vigência de alguns marcos da tradição espanhola, oferecendo uma versão própria do "Ejemplo XI" de *El conde Lucanor*, do infante dom Juan Manuel (v.) (Borges o fez em "O bruxo adiado", em *História universal da infâmia*, e Azorín em "El conde Lucanor", incluído em *Los valores literarios*, 1914). — MAGB

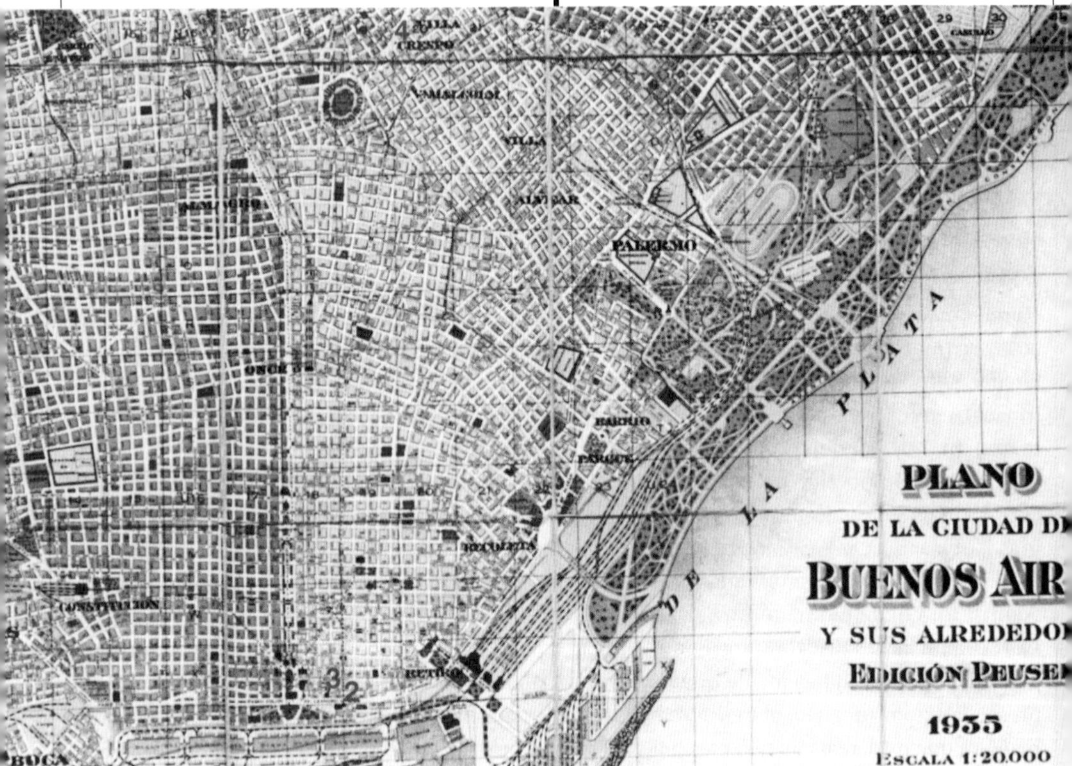
PLANO
DE LA CIUDAD
Y SUS
1935
ESCALA 1:20.000
DE LA PLATA
PALERMO
RECOLETA
RETIRO
BOCA
VILLA
CRESPO
VILLA
ALVEAR
BARRIO
PARQUE

b

Baal

Divindade cananeia, suméria e cartaginesa, deus da fertilidade, das forças vitais. Dentro dessa mitologia, Baal é aliado de El, deus da sabedoria, e inimigo de Mot, senhor da morte e da seca. Seu nome deriva do acádio Bel (v.), que quer dizer Senhor, *Lord* ou mesmo "marido".

Os israelitas fixados em Canaã durante o século IX a.C. passaram a chamar de Baal todos os deuses da região, o que levou esse nome a ser largamente citado no Antigo Testamento. Tornou-se sinônimo de "falsa divindade" e, com o transcorrer do tempo, foi incorporado ao repertório cristão como designação de um dos regentes do inferno. Do nome Baal se origina Belzebu (ou Ba'al Zebûb), que significa Senhor de Zebûb. Entretanto, *zebûb*, termo hebraico, é também um coletivo para moscas. Daí surgiu a alcunha Senhor das Moscas, usada pelos seguidores de Javé, que divulgaram difamações segundo as quais os seguidores do deus Baal sacrificavam os próprios primogênitos e deixavam seus corpos expostos para que fossem cobertos por esses insetos.

No poema "Fragmentos de uma tabuinha de barro decifrada por Edmund Bishop em 1867" (*Os conjurados*), Borges diz: "*Louvado seja Baal, Deus de muitos céus, louvada seja Tanith, a face de Baal*". Tanith, uma divindade cartaginesa associada à Lua, é representada como uma deusa da guerra mas também como uma mãe virginal, razão por que sua imagem é constantemente ligada a Baal. — TP

Baal Shem Tobh [Tov], Israel

Líder religioso carismático (*c.* 1700-60) nascido em Okop, lugarejo da atual Ucrânia. Filho de pais já idosos, cresceu em meio a extrema pobreza, em tempos difíceis sacudidos por guerras. Cedo ficou órfão e foi entregue aos cuidados de sábios. Tornou-se uma espécie de assistente de professores de crianças nas rústicas escolas judaicas de pequenas vilas do Leste Europeu. A história de Baal Shem Tov desdobra-se em múltiplas lendas, uma vez que suas intenções terminaram por transformar-se em um horizonte para inúmeros homens tocados por elas. De acordo com a tradição, aos vinte anos ele se escondeu nos Cárpatos, preparando-se para suas futuras tarefas. Ao completar 36 anos, revelou-se como líder de um movimento no interior do judaísmo que veio a ser conhecido como "hassidismo". Baal Shem almejava extrair a mais profunda das atitudes místicas do mais simples indivíduo. Para ele, o lugar do sábio era junto de seu povo, convertendo cada homem em um *hassid*, um piedoso capaz de participar com alegria e entusiasmo do *Tikun* — a reparação da história da humanidade e do próprio universo —, devolvendo à Fonte as centelhas divinas que, em estado de exílio, se encontram dispersas pelo mundo.

Borges faz dele, no poema "Israel" (*Elogio da sombra*), um epônimo do coletivo judaico no momento de sua metamorfose. E, em "A morte e a bússola" (*Ficções*), a biografia de Baal Shem é um dos livros produzidos pelo estudioso Marcelo Yarmolinsky, a primeira vítima morta no Hôtel du Nord, cujas obras o detetive Lönnrot estuda diligentemente para solucionar o crime. — EM

Bacon, Francis

Conduzido com inflexível unilateralidade pela máxima "saber é poder", que o levaria a um menosprezo perigoso a qualquer lei moral, o filósofo inglês (1561-1626) expressou em seu principal livro, *Novum Organum* (1620), o entusiasmo pela técnica. Essa seria a parte metodológica do ambicioso plano de trabalho científico intitulado "Grande Instauração", que pretendia uma reforma total do conhecimento humano contra o puramente teórico. A pesquisa experimental seria o meio de obtenção de uma verdade acerca da natureza. Bacon acreditava, assim, que o controle sobre a natureza, ressaltado em *Nova Atlântida* (1627), proporcionaria o bem-estar e a harmonia dos homens. Tal posição o coloca como arauto da ciência moderna.

No ensaio "Do culto dos livros" (*Outras inquisições*), Borges evoca a obra de Bacon intitulada *Advancement of Learning* (1605) para exemplificar que, para o cristianismo, a divindade escrevera dois livros: as Escrituras Sagradas e o mundo propriamente dito. No epílogo a *Outras inquisições*, ele corrige a atribuição dessa ideia ao filósofo. No entanto, "Uma vindicação da cabala" (*Discussão*) cita o inglês como um daqueles que referem a Bíblia como uma encarnação do Espírito Santo. Para o autor argentino, Bacon admite a ideia do "ano platônico", em cujo fim os acontecimentos no mundo se repetiriam, porém sem endossar a de repetição particular da história. Afirmação análoga contém o livro *Essays* (1627), do qual Borges retira a epígrafe para o conto "O imortal" (*O Aleph*). — JGS

Bacourt, baronesa de

A baronesa de Bacourt compõe o panorama crítico da obra do autor ficcional francês Pierre Menard (v.), do famoso conto "Pierre Menard, autor do *Quixote*" (*Ficções*). Esse personagem pode ter sido recriado com base em Louise-Geneviève de Saintonge, conhecida como senhora de Gillot de Beaucourt, e ainda como senhora de Beaucourt, a quem é atribuída *Le Courrier d'amour*, obra literária francesa publicada em 1679.

Além da hipótese erudita (infinitamente possível nos nomes que Borges inventa), há o caráter paródico do nome: a relação entre Bacourt e *bas court*, que significa "meia curta", ou seja, baronesa de meias curtas, cuja baixeza é reforçada pelo "ba" do título nobiliário e pela presença, no mesmo parágrafo, da condessa de Bagnoregio [banho/ banheiro régio]. Os nomes ridículos acompanham perfeitamente o início do texto, que se constitui como paródia de cenáculos e salões *fin-de-siècle*. Os "vendredis [sextas-feiras] *inesquecíveis*" da Bacourt ecoam os *mercredis* [quartas-feiras] de madame Verdurin ou os círculos de madame de Guermantes, com suas veneradas aristocratas e suas burguesas aspirantes à aristocracia, sua promiscuidade entre mecenas, parasitas e *hommes de lettres*, assim como a perigosa proximidade com os discursos de direita em tempos do caso Dreyfus (v.) (um jornal cujos leitores são "*poucos e calvinistas, quando não maçons e circuncisos*").

De modo geral, certa relação temática irmana a baronesa de Bacourt e a condessa de Bagnoregio com a princesa de Faucigny-Lucinge, em "Tlön, Uqbar, Orbis Tertius" (*Ficções*) e "O imortal" (*O Aleph*): todas elas tecem os laços finos e burlescos que unem a instituição literária às damas da sociedade. Nesse sentido, a Bacourt poderia até mesmo ser parte de uma ambígua rede paródica, cifrada, do círculo social e literário que o próprio Borges frequentava na época: em que medida a Bagnoregio ou a Bacourt caricaturam Elvira de Alvear (v.), Zemborain de

Torres ou Molina Vedia, às quais o escritor argentino dedica contos, ou prefiguram ainda a extraordinária senhora Bibiloni de Bullrich, personagem recorrente do *Borges*, de Bioy Casares (v.)? — PPM e MCA

Baedeker, guia

O guia *L'Italie Septentrionale*, cuja publicação data de 1873, era um manual para o viajante que pretendia se aventurar pelo Norte da Itália. Rapidamente se tornou famoso, contando com revisões e aperfeiçoamentos constantes. Suas contínuas reedições estimularam o surgimento de outros guias de viagens, como o *Murray*, o *Foster* e o *Baedeker*. A peculiaridade do *Baedeker* consistia na tendência a explicar, historiar e compreender o contexto, transformando-o, de acordo com alguns, no primeiro guia moderno.

Em "A morte e a bússola" (*Ficções*), um dos personagens recebe uma página de um manual que o narrador julga ser o *Baedeker*. Em "Gustav Meyrink" (*Textos cativos*), o guia teria sido forte influência para o livro que Meyrink (v.) escrevera. — PFCO

Bahr, Hermann

Hermann Bahr (1863-1934) estudou filosofia, direito, economia e filologia na Áustria e na Alemanha. Em 1890, começou a redigir artigos sobre arte, tornando-se conhecido por seus textos teóricos. Trabalhou em diversos lugares, sempre ligado à crítica cultural publicada em jornais de Viena, em especial crítica de teatro. Participando da vanguarda austríaca, escreveu peças críticas e impressionistas. Acreditava que o artista deveria ser sempre moderno, vale dizer, um revolucionário. Bahr foi um defensor, sucessivamente, do romantismo, naturalismo e simbolismo, o primeiro crítico a usar o termo "modernismo" para as obras literárias e um dos primeiros observadores do movimento do expressionismo. Suas peças e textos literários, porém, não alcançaram a qualidade de seus artigos. São de autoria dele, entre outros livros, *Zur Kritik der Moderne* (1890) e *Die Überwindung des Naturalismus* (1891).

No prólogo a *Lua defronte*, Borges cita justamente a ideia de Bahr sobre o dever do artista de ser moderno. — PFCO

Bajo

V. mapa portenho.

Balfour, Arthur

O sionismo e outros temas ligados ao judaísmo são reiteradamente abordados por Borges. Nesse contexto inscreve-se a experiência síria de Arthur James Balfour (1848-1930), inglês, autor do documento que é considerado um dos mais importantes passos dados em direção à criação do Estado de Israel, a Declaração Balfour. Datado de 2 de novembro de 1917 e endereçado a Lord Rothschild, o texto anunciava o apoio da Grã-Bretanha ao estabelecimento de judeus na Palestina, o que provocou divisões entre os políticos e intelectuais da época. A comunidade hebraica comemora até hoje a data da declaração. Curiosidade: o primeiro assentamento judaico na Palestina, após a Primeira Guerra Mundial, foi chamado de Balfouria.

A experiência síria, citada por Borges em "Uma vindicação de Israel" (*Textos cativos*), refere-se à passagem de Balfour por Damasco, em 1925. Sua recepção foi marcada por tumultos e agitações sociais. Depois de ele ser retirado do trem pelas autoridades locais, de modo a evitar o confronto com os manifestantes, a multidão o perseguiu e ameaçou invadir o hotel onde estava hospedado. O exército precisou ser convocado para removê-lo dali e embarcá-lo em um navio no porto de Beirute.

Contudo, apesar desses eventos, Balfour pôde notar as diferenças entre a Síria, dominada pela França, e a Palestina, controlada pelos britânicos, concluindo que a administração francesa era muito mais instável que a de seu país. Ele observou que haviam sido mobilizadas tropas com 30 mil homens para garantir o controle sobre territórios sírios, enquanto um único regimento de cavalaria fora mobilizado na Palestina, onde, conforme Balfour também ressaltou, judeus e árabes trabalhavam lado a lado. — PFCO

Balmes, Jaime

O epistolário de Balmes, citado por Borges em "O Congresso" (*O livro de areia*), é formado pelas cartas escritas por esse filósofo nascido em Vich, na Catalunha (1810-48). Profundo conhecedor de teologia e católico fervoroso, Jaime Balmes desenvolveu uma obra vastíssima, vinculada à doutrina de Santo Tomás de Aquino (v.), com isso contribuindo para a reafirmação e florescimento das ideias do teólogo na península Ibérica. Ainda que aberto à influência do racionalismo de Descartes, Balmes foi acima de tudo um pensador católico que dedicou boa parte de seus esforços intelectuais para reagir ao avanço das principais correntes do pensamento moderno, como o empirismo inglês, o kantismo e o idealismo alemão. — DF

Balvanera

Em 1799, o frade franciscano Damián Pérez recebeu como doação o terreno em que, posteriormente, se erigiu uma capela dedicada a Nossa Senhora de Balvanera. Balvanera é o bairro de origem de Benjamín Otálora, protagonista de "O morto" (*O Aleph*) — um típico *compadrito* (v.), chefe de contrabandistas —, e também onde morava uma jovem que Borges conheceu em 1927, fato narrado em "Os espelhos velados" (*O fazedor*).

Em "Palermo de Buenos Aires" (*Evaristo Carriego*), depois de abordar a formação histórica do bairro de Palermo, Borges rememora a região vizinha de Balvanera, e seus casarões em abundância, onde, com a chegada do verão, as pessoas levavam cadeiras para a calçada e abriam suas moradas. São imagens muito vivas que evocam a lembrança de uma Buenos Aires memorial, típica do autor argentino. Ao contrário de seus contemporâneos, ele não valoriza a cidade cosmopolita e moderna que se urbaniza vertiginosamente. A sua Buenos Aires é uma cidade de subúrbios, como o bairro de Balvanera, local de melancolia e solidão, de casas baixas e iguais, voltadas para os pampas e para o pôr do sol, situadas nas *orillas* (v.). — PFCO

Balzac, Honoré de

Romancista francês (1799-1850) nascido em Tours, autor de *La Comédie humaine*, conjunto de romances ("mosaico, tapeçaria, catedral") que concretizam o projeto de "escrever a história esquecida dos costumes", "uma história completa, na qual cada capítulo é um romance e cada romance, uma época". Organizada em "Cenas da vida privada, parisiense, política, militar", "Avant-propos de *La Comédie humaine*" busca representar a sociedade e "a razão de seu movimento", isto é, entender os mecanismos do dinheiro, da ambição e do interesse "que desenvolve as tendências ruins do homem" ("Avant-propos").

É conhecida a influência desse projeto, único no século XIX, em diversas correntes do pensamento de esquerda. Na Argentina, as leituras programáticas de Balzac são precoces (revistas anarquistas nos anos 1920, projeto *Claridad* nos 1940); a impaciência de Borges também. Para o autor de *Ficções*, Balzac é muitas coisas (ruins): o produtor de "*enciclopédias em formato oblongo ou prontuários da vida total*" (1924) e o redator de "*romances 'estatísticos ou etnográficos'*" ("Vindicação de *Bouvard et Pécuchet*", *Discussão*); uma limitação ilusória que a intelectualidade de esquerda da década de 1940 usou para postular a suposta transparência entre realidade e relato total; um dos agentes do romance psicológico que amplia o argumento ("*Anota com justiça Ortega y Gasset que a 'psicologia' de Balzac não nos satisfaz; cabe observar o mesmo de seus argumentos*", sentencia Borges em "Adolfo Bioy Casares: *A invenção de Morel*", em 1940 — *Prólogos, com um prólogo de prólogos*); um motivo para polemizar com Roger Caillois em torno de *Une ténébreuse affaire* e do romance policial em *Sur* (1942) (v.). A antipatia com Balzac é igualmente (mais) uma marca de distância com relação a Ezequiel Martínez Estrada (v.), autor de *Heraldos de la verdad. Montaigne, Balzac, Nietzsche* (1957) e *Realidad y fantasía en Balzac* (1964). — MCA

Banchs, Enrique

Poeta argentino (1888-1968), cultivou desde muito jovem as formas clássicas, com um eco parnasiano. Porém, depois do quarto livro — *La urna* (1911), constituído por cem sonetos —, praticamente parou de publicar e até de reeditar sua produção, que só voltou a circular ao ser reunida pela Academia Argentina de Letras, cinco anos após a morte de Banchs.

Embora Borges tenha dado provas de admiração genuína por sua habilidade formal, as principais menções ao poeta em seus livros derivam de um uso acima de tudo argumentativo, quando não provocador. Assim, em "O escritor argentino e a tradição", conferência realizada em 1953, inserida em *Discussão* (edição de 1957), ele escolhe a obra de Banchs para fazer um confronto com as perspectivas culturais nacionalistas que consideram o clássico *Martín Fierro* (1872-9) (v.) emblema da argentinidade. Depois de citar um poema em que uma perda amorosa dá lugar à imaginação de telhados e rouxinóis, admite que esses objetos são "*anômalos*" no subúrbio de Buenos Aires, onde foram escritos, e conclui, com um gracejo, que ali "*não estarão, naturalmente, a arquitetura nem a ornitologia argentinas, mas estão o pudor argentino, a reticência argentina*". Nas conversas com Bioy Casares (v.), publicadas postumamente, Borges tende a considerar o poeta "*limitado*" e "*mesquinho*", e em 1957 alfineta: "*Tudo isso, assim como não querer que seus livros sejam reeditados, é feito pensando em sua biografia*". — JSV

Banda Oriental

Faixa territorial situada a leste (oriente) do rio Uruguai. Com esse nome ficou conhecida a jurisdição política que compreendia, desde a dominação espanhola até a independência do Estado Oriental do Uruguai, em 1828, os territórios hoje correspondentes a este último Estado-Nação, ao Rio Grande do Sul e às chamadas Missões Orientais, atualmente parte da República Argentina.

Borges sempre se refere ao Uruguai como Banda Oriental, que lhe traz reminiscências épicas — segundo ele, perdidas em seu país já no fim do século XIX — e lhe permite, como no poema "Milonga para os orientais" (*Para *as seis cordas*), esquivar-se da imposição das fronteiras nacionais entre a Argentina e o Uruguai. — PR e MAGB

Bandello, Matteo

Bispo católico e escritor piemontês (1485-1561), provavelmente de origem nobre. Viveu em Milão, Pavia, Florença e Nápoles. Parece ter sido bastante lido no século XVI e princípio do XVII, tanto na península Itálica como na Inglaterra, onde teria influenciado William Shakespeare (v.) e inspirado temas depois desenvolvidos em *Romeu e Julieta* e *Muito barulho por nada*.

Bandello escreveu poesia e, sobretudo, novelas, nas quais, alheio a qualquer tipo de idealização, busca representar a sociedade e as relações sociais de seu tempo.

Borges menciona as *Histórias trágicas* de Bandello em "Miguel de Cervantes: *Novelas exemplares*" (*Prólogos, com um prólogo de prólogos*), lembrando que Lope de Vega (v.) destacou seu "caráter exemplar". Em nota de rodapé, porém, ironiza o empenho realista do piemontês, ao defini-lo como "*imitador do* Decameron *de Boccaccio*" (*Prólogos, com um prólogo de prólogos*). — JPP

Banu Abbas

Os Banu Abbas formaram a linhagem de califas que governaram o mundo muçulmano entre os séculos VIII e XIII. Inaugurou a dinastia, mais conhecida nos livros de história como dinastia dos abássidas, em 750, Abu al-Abbas, descendente direto do tio do profeta Maomé. Os abássidas substituíram a importante dinastia dos omíadas e erigiram a cidade de Bagdá, que se tornou a capital do Império Islâmico. Seus principais governantes foram Harum al-Rashid (v.) e o filho, Al-Mamun, que dirigiram o califado nas primeiras décadas do século IX. Al-Mamun é especialmente lembrado por seu papel de mecenas. Foi patrocinador assíduo das artes e das ciências, e fundou o Bayt al-Hikmah, um destacado observatório astronômico.

Em "O tintureiro mascarado Hákim de Merv" (*História universal da infâmia*), Borges relata uma história supostamente transcorrida no período em que a dinastia se aproximava de seu esplendor. Era a época do califado de Mohamed al-Mahdi (775-785) (v.). Os Banu Abbas são lembrados no conto por sua predileção pela cor preta, "*a cor emblemática*", confrontada pelo véu branco do insurgente Hákim, o "*Profeta Velado*". — DF

Barahona de Soto, Luis

Poeta espanhol (1548-95), estudou medicina por influência da família. Posteriormente, dedicou-se ao cultivo das letras, tornando-se um dos mais consagrados líricos de seu tempo. Também escreveu éclogas — composições bucólicas que enaltecem a vida rural — e traduziu algumas fábulas de Ovídio (v.). Seu livro mais conhecido é *Las lágrimas de Angélica* (1586), longo poema alegórico, com notáveis descrições, baseado em um episódio de *Orlando furioso* (1532), de Ariosto (v.). Barahona de Soto mereceu menções de Cervantes (v.), no *Quixote* (1605-15), e de Lope de Vega (v.).

Citada por Borges em "Notas" (*Discussão*), a obra consta do comentário sobre o livro *Mathematics and the Imagination* (1940), sendo lembrada por curiosidades matemáticas e por conter um exemplo de silogismo envolvendo dois personagens. — PPM

Barker, Ernest

Desde sua formação, em Oxford, Ernest Barker (1874-1960), cientista político inglês, estudou, lecionou e desenvolveu trabalhos acadêmicos nessa cidade. Dedicou-se à interpretação em termos idealistas da filosofia política e à consideração de como o Estado implementaria sua proposta moral criando uma sociedade moral, pela união entre direito e ciência política. Escreveu, entre outros livros, *Reflections on Government* (1942) e *Principles of Social and Political Theory* (1951).

Em "Marcel Schwob: *A cruzada das crianças*" (*Prólogos, com um prólogo de prólogos*), comentando as cruzadas europeias, Borges faz referência a uma passagem de Barker que afirmaria terem as cruzadas cessado, não fracassado. — JGS

Baroja, Pío

Autor basco prolífico (1872-1956), conciliou, ao longo da vida, a colaboração em diversos periódicos de seu país e a intensa produção de romances, incursionando esporadicamente por outros gêneros, como o conto, a poesia, o ensaio e o drama. Baroja acreditava no romance como reflexo da vida, composto como um fluir de episódios dispersos, unidos por meio de um personagem central, no mais das vezes inadaptado e condenado a submeter-se ao sistema que despreza. Um pessimismo cético é patente em sua literatura, bem como uma tendência à simplicidade na escrita e um antirretoricismo.

Referindo-se em "Macedonio Fernández" (*Prólogos, com um prólogo de prólogos*) a um romance fantástico, iniciado em colaboração com Macedonio Fernández (v.) e Julio César Dabove mas nunca concluído, Borges revela terem escolhido o "*tom conversado*" de Pío Baroja para o primeiro capítulo. Em uma resenha de 1919, intitulada "Chronique des lettres espagnoles" (*Textos recobrados 1919-1929*), Borges elogia o ceticismo e a franqueza do escritor basco em seu livro *Momentum catastrophicum* (1919), em que a Espanha do começo do século XX é definida como um "*triste espetáculo*". — JGS

barracão [*corralón*]

Estabelecimento comercial de grande porte, onde se vendiam produtos alimentícios por atacado, ração para animais, ferramentas, roupas de trabalho e combustíveis como lenha ou carvão. Em geral, era possível entrar no barracão com carros particulares, e os próprios empregados — ociosos quando não havia clientes — carregavam as compras. Em "Fundação mítica de Buenos Aires" (*Caderno San Martín*), "*corralón*" funciona como metonímia dos trabalhadores argentinos que, segundo Borges, apoiavam o presidente Yrigoyen (v.), assim como ele. — PMG

Barranca Yaco

Paragem da província argentina de Córdoba (centro do país), não distante de Sinsacate e situada no chamado Caminho Real do antigo Vice-Reino do Rio da Prata, que conduzia até o Alto Peru (hoje Bolívia). Ali foi assassinado, em 16 de fevereiro de 1835, o caudilho federalista Juan Facundo Quiroga (v.). Recriado de modo narrativo por Domingo F. Sarmiento (v.) no capítulo XIII de *Facundo o civilización y barbarie* (1845), o episódio é um dos fragmentos mais antologizados da literatura argentina do século XIX. Borges baseou-se nele para compor "O general Quiroga vai de coche para a morte" (*Lua defronte*), poema em que o ponto de vista irônico distancia o monólogo interior conjectural do personagem. Na primeira versão, o autor usou uma linguagem localista exacerbada e até lunfardo; na edição de seus poemas de 1958, corrigiu implacavelmente esse aspecto, sacrificando o impacto formal de vários versos, como "*muerte de mala muerte se lo llevó al riojano*" [morte de má morte levou o riojano], que passou a ser "*la muerte, que es de todos, arreó con el riojano*" [a morte, que é de todos, arriou com o riojano]. — JSV

Barrès, Auguste-Maurice

Ensaísta, romancista e político francês (1862--1923), foi um influente pensador em sua época, tanto pela postura de ação como pela obra que produziu. Quando, aos 26 anos, conhece o sucesso precoce com o primeiro tomo da trilogia *Le Culte du moi*, Barrès se lança à vida política, em que seguirá defensor fiel de um nacionalismo tradicionalista com base no culto à terra e aos mortos — "La Terre et les morts", título da célebre conferência que proferiu em 1899. Ao fundar o jornal *La Cocarde* e, notoriamente, com sua trilogia do *Roman de l'enérgie nationale*, patenteia o "culto do eu" na fidelidade ao solo natal. O homem que afirma ser "necessário sentir o máximo possível analisando ao máximo" e que prega o "nacionalismo do eu" alcança, no ano de 1906, a consagração literária e política, pela eleição à Academia Francesa e à Câmara dos Deputados de Paris, na qual permanecerá até a morte.

Em "Pierre Menard, autor do *Quixote*" (*Ficções*), Borges especula sobre as "*espanholadas*" que a reescrita do *Dom Quixote* teria inspirado "*a Maurice Barrès ou ao doutor Rodríguez Larreta*". — JGS

Barrett, Elizabeth

Poeta inglesa, esposa do escritor Robert Browning (v.), Elizabeth Barrett (1806-61), de saúde frágil desde a infância, encontrou nas letras um refúgio. Por quinze anos viveu com o marido na Itália, em razão do clima desse país, que a auxiliava no tratamento da tuberculose. Sua obra mais importante, *Sonnets from the Portuguese*, escrita no período de seu noivado, permaneceu escondida de Browning durante anos, por motivos que até hoje causam debate.

Em um comentário à obra de Dante (v. Alighieri, Dante) feito em "*Purgatório*, I, 13" (*Nove ensaios dantescos*), é citada a dedicatória de Browning à esposa falecida em *The Ring and the Book*, na qual o poeta diz "*que ela é metade anjo e metade pássaro*". Borges vê nisso um processo de "*subdivisão, que pode ser interminável*", uma vez que "*o anjo já é metade pássaro*". — TP

Bartholomew, Roy

Em Adrogué (v.), no dia 12 de fevereiro de 1980, Roy Bartholomew escreveu o epílogo para a obra *Siete noches*, uma coletânea de conferências proferidas por Borges em 1977, em Buenos Aires. Em 1979, Bartholomew consultara o autor sobre a possibilidade de reunir em um único volume aquelas sete conferências, as quais haviam sido gravadas, transcritas e posteriormente, embora contivessem diversos erros de transcrição, cortes arbitrários e excesso de erratas, publicadas em um diário portenho.

A nova transcrição ficou, portanto, a cargo de Bartholomew, que, seguindo as recomendações de Borges, trabalhou-a e editou-a esmeradamente de modo que se corrigissem os possíveis equívocos e as falhas das outras publicações. No epílogo, Bartholomew descreve a minúcia, o cuidado e o apreço do escritor argentino pela forma perfeita, seu interesse e longas divagações acerca da origem de algumas palavras, em uma demonstração da consideração que ele nutria pela própria literatura e de seu respeito pelo desenvolvimento das línguas. A amizade entre os dois é citada por Borges em "A poesia" (*Sete noites*). — PFCO

Basilides

Teólogo gnóstico (117-138), nasceu em Antioquia. Em Alexandria, pregou o cristianismo, ao qual adicionou elementos do zoroastrismo, como a dualidade fundamental entre bem e mal. A doutrina de Basilides só é conhecida por causa dos textos de seus detratores, tais como Santo Hipólito e Santo Irineu. Segundo consta, ele escreveu um evangelho em 24 tomos, em que defende um universo incriado e eterno, formado por 365 níveis ou "céus", regidos pelo Pai, e onde haveria um mundo sob comando de uma divindade subalterna: o Javé dos judeus. De acordo com o teólogo, a salvação apenas se daria por um desenvolvimento intelectual e com a supressão da arrogância. A seita criada sob esses preceitos, a dos basilidianos, durou até o século IV.

Borges recupera a cosmogonia de Basilides, dedicando-lhe um ensaio inteiro, "Uma vindicação do falso Basilides" (*Discussão*), no qual assinala a multiplicação dos céus como uma forma de matizar os problemas do bem e do mal, entre outras questões teológicas. Ele sugere até mesmo a mudança que tal evangelho teria provocado na história das religiões caso Alexandria não houvesse sido conquistada por Roma. No prólogo, classifica esse ensaio como um "*resignado exercício de anacronismo*".

Há a indicação de que em "A Biblioteca de Babel" (*Ficções*) se encontraria não só esse evangelho gnóstico, mas também seus comentários, e os comentários de seus comentários. O protagonista de "Três versões de Judas" (*Ficções*) é apontado como contemporâneo de Basilides. — TP

Baskerville, sabujo dos

Em uma das obras mais famosas de Arthur Conan Doyle, *O cão dos Baskerville* (1902), Sherlock Holmes (v.) e o dr. Watson investigam a morte de Sir Charles Baskerville, supostamente assassinado por um misterioso cão que diziam assombrar os pântanos próximos à mansão da família. O autor escocês criou, nessa história, um clima sobrenatural que, de modo recorrente, Holmes insiste em negar, por mais que a narração pontualmente ponha em dúvida tal certeza. Talvez se possa dizer que a presença etérea de um sobrenatural insinuado, nunca explícito, contribua para o caráter cerebral do livro, elemento típico dos contos policiais apreciados por Borges. Ademais, Doyle coloca nas palavras de seu personagem principal a possibilidade de o presente caso ser um dos mais complexos já investigados pela dupla de detetives: "*I am not sure that of all five hundred cases of capital importance which I have handled there is one which cuts so deep*" [Não tenho certeza se entre os quinhentos casos de importância capital com que lidei há algum que seja tão intrincado].

No curioso *Dicionário de lugares imaginários*, os autores Alberto Manguel e Gianni Guadalupi localizam, na região de Dartmoor, na Inglaterra, uma construção específica como sendo a mansão dos Baskerville. Essa residência está hoje sob os cuidados do National Trust, órgão governamental responsável pela proteção e manutenção do patrimônio histórico britânico. — PFCO

Baudelaire, Charles

Tido como "poeta maldito" enquanto vivo, Baudelaire (1821-67) é saudado e reconhecido por numerosas gerações de poetas que o seguiram. Órfão de pai aos seis anos de idade, figura solitária quando aluno do liceu, boêmio, amante infortunado, adulto mantido sob tutela, escritor levado à Justiça, é também o leitor voraz, o aluno brilhante, o crítico perspicaz e vigoroso, o gênio obstinado. Um dos principais precursores da poesia moderna, com destaque para obras como *As flores do mal* (1857) e *Spleen de Paris* (1869), foi ele quem deu a definição mais difundida do termo "modernidade", delineada no artigo "O pintor da vida moderna" (1863).

Borges cita a produção de Baudelaire em "Sobre o *Vathek* de William Beckford" (*Outras inquisições*) ao se referir à criação e às formas do horror. Entretanto, vê no poeta maldito um dos autores em que se nota a decadência da especulação sobre o "inferno". Baudelaire serve ao argentino, nesse texto, como exemplo de escritor que dramatiza as infelicidades de sua biografia. Em outro momento, é considerado por ele um exímio utilizador do "limitado" recurso da metáfora.

Mais de uma vez, Borges associou Baudelaire a Edgar Allan Poe (v.), de cuja obra o poeta foi admirador, tradutor para o francês e importante divulgador. Em "Pierre Menard, autor do *Quixote*" (*Ficções*), Baudelaire é incluído no encadeamento de livros e autores que justificariam a escolha do *Quixote* por Menard (v. Pierre Menard): o escritor francês seria um elo decisivo na passagem de Poe a Mallarmé ("*que gerou Baudelaire, que gerou Mallarmé*"). A inevitável conexão com Poe reaparece em "Sobre Chesterton" (*Outras inquisições*), que reforça o significado da obra do poeta francês na conformação de uma ficção voltada para o enigma e para o horror: "*Poe e Baudelaire propuseram-se, como o atormentado Urizen de Blake, a criar um mundo terrível*". — JGS e JPP

Beauvais, Vincent de

Do pouco que se conhece sobre a vida desse sábio dominicano e teólogo francês (1190?-1264), sua entrada no convento de Saint-Jacques em Paris, no ano de 1218, e as visitas frequentes ao mosteiro de Royaumont, onde pregava ao rei Luís IX, tornam-se os dados mais destacados. Bibliotecário e preceptor dos filhos desse monarca, Beauvais é um exemplar do século de ouro (XIII) do enciclopedismo medieval, afeito à classificação e ordenamento da enorme massa de fatos e ideias do século precedente. Seu monumental trabalho intitulado *Speculum Majus*, que figura entre as obras da biblioteca de consulta do Congresso, no conto "O Congresso" (*O livro de areia*), é composto de oitenta livros divididos em 9885 capítulos, resultado da tarefa confessa de reunir os ramos do saber humano sobre a divindade, a natureza, a doutrina e a história. — JGS

Becher, Johannes

Poeta, crítico e editor alemão (1891-1958), esteve vinculado sobretudo ao expressionismo. Borges o define como poeta comunista, tendo observado o evidente teor antibélico de seus textos (em 1918, Becher associou-se ao comunismo), e o incluiu na lista dos escritores nos quais ele acreditou por muitos anos, porque "*a quase infinita literatura* [estava num] *homem. Esse homem foi Carlyle, foi Johannes Becher, foi Whitman, foi Rafael Cansinos-Asséns, foi De Quincey*", conforme aponta no final de "A flor de Coleridge" (*Outras inquisições*). Sua poesia anti-imperialista o conduziu ao exílio na União Soviética durante o nazismo (1935-45), período em que escreveu os livros de poemas *Wiedergeburt* (1948) e *Deutschland ruft* (1942). Após a guerra, voltou à Alemanha, onde, alguns anos mais tarde, tornou-se ministro da Cultura (1954).

Em "Dois poetas políticos" (*Textos cativos*), em que resenha a obra de Becher *Der Glücksucher und die sieben Lasten* (1938), Borges lhe atribui o qualificativo de ter sido, por volta de 1916, "*um dos primeiros poetas da Europa (Em esplendor verbal, talvez o primeiro)*". — PPM

Beckford, William

Escritor inglês (1759-1844), autor de *Vathek* (1786), romance que Borges prefaciou em 1984 com base em seu ensaio "Sobre o *Vathek* de William Beckford", publicado em *La Nación* (v.) (1943) e recolhido em *Outras inquisições*. Levou uma vida excêntrica: milionário, viajante, bibliófilo, construtor de palácios e libertino, conforme resume Borges segundo suas leituras sobre o autor. É interessante ver a forma como ele estrutura a apresentação de Beckford, dizendo de que modo este seria lido e influenciaria outros escritores, entre os quais Edgar Allan Poe (v.) e J.-K. Huysmans (v.), para em seguida começar a tratar das leituras que o próprio Beckford realizou. Uma opinião generalizada dos críticos citados pelo autor argentino reforça a criação do Alcáçar do Fogo Subterrâneo (v.), que denominou "*primeiro Inferno realmente atroz da literatura*". Beckford escreveu o original de *Vathek* em francês, em 1782, e somente quatro anos depois o livro foi publicado em sua língua natal. Borges, talvez retomando a tradição e o espírito do romance gótico inglês, afirmou que "*o original é infiel à tradução*". — LM

Beckh, Hermann

Orientalista alemão (1875-1937), foi primeiramente estudante de economia nacional e direito em Munique. Depois, em Berlim e Kiel, estudou sânscrito e a língua tibetana. A partir de 1910, passou a lecionar línguas orientais na Universidade de Berlim, tornando-se professor de ciência da religião em 1919. Recebeu a menção de padre quando, em 1922, visitou a Comunidade Cristã. Como padre e como professor no seminário de Stuttgart, escreveu e discursou na Alemanha e no exterior. Entre seus trabalhos estão *Buddha und seine Lehre* (1916), *Von Buddha zu Christus* (1925) e *Weisheit und Christentum* (1938).

Em "Formas de uma lenda" (*Outras inquisições*), texto breve em que Borges empreende um exercício de erudição aplicado às variações da lenda de Buda, Hermann Beckh é citado como talvez tão falível quanto o próprio Borges em sua tentativa de estabelecer uma cronologia do Hindustão. — JGS

Bécquer, Adolfo

Gustavo Adolfo Bécquer (Sevilha, 1836-Madri, 1870), importante autor do século XIX, representa o ponto de partida da lírica moderna na Espanha. Precursor do simbolismo (modernismo em seu país) espanhol, exerceu grande influência sobre a poesia das gerações de 1898 e 1927. Sua obra mais famosa, *Rimas* (1871), composta de 79 poemas, deve muito às traduções que Eulogio Florentino Sanz fez de *L'Intermezzo lyrique*, de Heinrich Heine (1857) (v.). Em prosa, escreveu *Leyendas* (1871), *Cartas literarias a una mujer* (1860-1) e *Cartas desde mi celda* (1864). *Leyendas* é constituído de uns vinte relatos ao gosto da época: folclore e fantasia. As situações misteriosas, terror, loucura, amor e morte com elementos sobrenaturais fazem parte de seu repertório.

Os versos a que Borges se refere em "Dois romances fantásticos" (*Textos cativos*), "*Quando me contaram, senti o frio/ de uma folha de aço nas entranhas...*", são da primeira estrofe do poema XLII, de *Rimas*; "Cuando me lo contaron sentí el frío/ de una hoja de acero en las entrañas;/ me apoyé contra el muro y un instante/ la consciencia perdí de donde estaba". — LMRB

Bel, mistérios de

Bel, nome acádio, correspondente ao Baal (v.) fenício mencionado na Bíblia: termo hebraico que significa Senhor, nome do deus mais importante e mais popular da Síria, Fenícia e Canaã. Esse deus era considerado senhor dos céus e, portanto, o deus da chuva, da vegetação e da fertilidade em geral. Seu culto atraiu os israelitas, apesar de ser duramente combatido pelos profetas. Borges cita Bel em "A loteria na Babilônia" (*Ficções*), quando diz que os homens iniciados em seus mistérios participavam automaticamente dos sorteios sagrados dessa loteria. — LMRB

Belgrano

V. prostíbulos (Lorea, Boca, Solís).

Bell, E. T.

Matemático, professor e escritor escocês-norte-americano, Eric Temple Bell (1883-1960) descobriu diversos teoremas no campo da teoria dos números. Passou a lecionar na Universidade de Washington em 1926, quando foi nomeado professor de matemática pelo Instituto de Tecnologia da Califórnia. Em seus trabalhos *Algebraic Arithmetic* (1927) e *The Development of Mathematics* (1940), ele aborda com linguagem clara e concisa o que acredita fazer parte das principais tendências da matemática (v.). Tinha a opinião de que tal área não era adequadamente apresentada ao público leigo. A fim de remediar essa lacuna, lançou *Men of Mathematics* (1937), em que relata importantes descobertas de vários matemáticos.

Resenhado em "*Men of Mathematics*, de E. T. Bell" (*Textos cativos*), o livro foi considerado por Borges uma história da matemática. Este nos informa também que a obra constitui "*uma história dos matemáticos europeus, desde Zenão de Eleia até Georg Ludwig Cantor de Halle*", incluindo muitos autores situados entre os 23 séculos que separam os dois mencionados. Sob o pseudônimo John Taine, Bell escreveu cerca de doze livros de ficção científica, como *The Time Stream* (1946). Compôs ainda um volume de poesia, este assinado com seu próprio nome. — PPM

Bellay, Joachim du

Em 1549, esse poeta francês (1522-60) forma, com Pierre de Ronsard, o grupo nomeado primeiramente Brigade e, depois (1553), La Pléiade. Motivado pelo intuito de seus membros de definir novas regras poéticas que dessem à língua francesa a grandeza dos antigos, Du Bellay publica, no mesmo ano da fundação do grupo, *Défense et illustration de la langue française*, texto de teoria literária do Renascimento que é considerado o manifesto dos poetas de La Pléiade. Ainda em vida, o autor lança vários livros, entre eles as coletâneas de sonetos *L'Olive* (1549) e *Les Regrets* (1558).

Em prólogo à coletânea *Prosa e verso*, de Francisco de Quevedo (v.) (*Prólogos, com um prólogo de prólogos*), originalmente publicado em *Outras inquisições* sob o título "Quevedo",

Borges aponta, na vasta obra poética do escritor espanhol, variantes de sonetos de diversos autores, entre os quais os compostos por Joachim du Bellay. — JGS

Benares

Também conhecida como Varanasi ou Kashi, é a cidade mais sagrada da Índia para o hinduísmo, religião de múltiplas divindades. Situa-se ao longo da margem oeste do rio Ganges, no estado de Uttar Pradesh, que, ao norte, faz fronteira com o Tibete e o Nepal. Além de Benares ser um centro de peregrinação, os hindus consideram especialmente auspicioso morrer ali, pois creem alcançar dessa forma o caminho direto para o céu. "Benares" é o título de um dos poemas de *Fervor de Buenos Aires*. Dentro de um panorama tão "bonaerense", a composição adiciona ao volume certo cosmopolitismo orientalista. O conhecimento de Borges e seu interesse pela cultura oriental estão evidentes em diversos momentos de sua obra, a exemplo do que escreveu sobre dois livros famosos: o poema *Bhagavad Gîta* (v.), em que confluem as seis escolas da filosofia hindu, e *Poema de Gilgamesh* (v.), a primeira epopeia do mundo, em *Biblioteca pessoal*. — CC

Benda, Julien

Julien Benda (1867-1956) pensava que os homens de letras, a quem chama de "clérigos", traíram em favor de interesses práticos sua função, que seria a de defender os valores eternos e desinteressados, como a razão e a justiça. Ele postulava o enclausuramento dessa casta, a dos indivíduos que lidam com a atividade do espírito. Contra as tendências do século XX, defendia os valores universais e, no campo artístico, colocou-se contra o dadaísmo e o surrealismo. Em *La Trahison des clercs* (1927), desenvolve os motivos que teriam levado os intelectuais a trair sua função e a adotar posturas antidemocráticas. A Segunda Guerra Mundial teria exacerbado o que Benda já denominara "traição dos clérigos". Em 1936, publicou o livro *La Jeunesse d'un clerc*, comentado por Borges em "Kipling e sua autobiografia" (*Textos cativos*); ao refletir sobre os tipos de autobiografia, o autor argentino diz que a de Benda foi deformada sutilmente.

Em "Pierre Menard, autor do *Quixote*" (*Ficções*), Borges afirma que Menard (v. Pierre Menard) era contemporâneo de *La Trahison des clercs* e, em "Nathaniel Hawthorne" (*Outras inquisições*), que Benda pensava por abstrações. — PFCO

Benengeli, Cide Hamete

No capítulo VIII de *Dom Quixote de La Mancha* (v. Cervantes), o narrador interrompe abruptamente o relato e anuncia que aí termina a história que ele conhecia. No capítulo seguinte, conta haver achado um novo manuscrito, em caracteres árabes, assinado por um tal Cide Hamete Benengeli. Esse autor fictício é uma criação cervantina que serve para multiplicar a mistura dos planos de ficção e realidade, já que os personagens têm consciência de sua existência como seres "feitos de letras", e o segundo autor se permite com frequência criticar, corrigir ou censurar Cide Hamete.

Ao mesmo tempo, a invenção do "*historiador árabe e manchego*", como é caracterizado o suposto autor, dá à obra assinada por Cervantes — emblemática da língua castelhana — o caráter de uma discutível tradução do árabe. O fato de pôr em questão a autoria — ao afirmar no prólogo do livro que, "*embora pareça pai, sou padrasto de* Dom Quixote" —, a invenção de fontes, a atribuição duvidosa, o tópico da falsa tradução foram aspectos do *Quixote* que fascinaram Borges, como se pode ver em "O ato do livro" (*A cifra*) e "Um problema" (*O fazedor*). — MAGB

Bennett, Enoch Arnold

Após a publicação de dois volumes de contos, esse escritor inglês (1867-1931) trabalhou como editor do periódico *Woman*. Seu primeiro romance, *A Man from the North*, foi lançado em 1898. Passou dez anos em Paris e, de volta à Inglaterra, exerceu o ofício de articulista de literatura no jornal *Evening Standard*, em 1926. O teatro provocou-lhe longa paixão que resultou em peças de êxito, como *Milestones* (1912). A influência do realismo francês em *The Old Wives' Tale* (1908) foi reconhecida por Borges em um breve e elogioso prólogo a *Enterrado vivo* (1908), em "Enoch A. Bennett, *Enterrado vivo*" (*Biblioteca pessoal*), e em "Flaubert e seu destino exemplar" (*Discussão*). Até o fim da vida, Bennett publicou romances, às vezes em série, que delineiam um retrato detalhista, irônico e afetuoso do mundo provinciano.

Borges refere-se, em "Eden Phillpotts" (*Textos cativos*), à colaboração de Bennett com Phillpotts (v.) em algumas comédias. — JGS

Beowulf

Poema épico do período anglo-saxão ou *Old English period* da literatura inglesa (até 1100), *Beowulf* foi provavelmente composto no século VIII. Sobreviveu na forma de um único manuscrito — *Cotton Vitellius A.XV* —, escrito em torno do ano 1010, que se encontra na Biblioteca Britânica, em Londres. Embora ambientado na Escandinávia antes da chegada do cristianismo, é fundamentalmente cristão e, por certo, feito para ser recitado diante de uma audiência cristã. Esse poema abre com uma exortação à exemplar prosperidade do reino dinamarquês em tempos passados. Segue-se a narração de como Beowulf — figura central da obra —, sobrinho de Hygelac, rei dos geatas (povo do sul da Suécia), na juventude, salva duas vezes o reino de Hrothgar, da Dinamarca. O demônio Grendel, da raça de Caim, noite após noite, durante doze longos invernos, aterrorizara o magnífico salão, denominado Heorot, construído por Hrothgar. Beowulf, desarmado, valendo-se somente do extremo vigor das mãos (seu punho tem a força de trinta homens), luta com Grendel e segura-lhe o braço de tal modo que o arranca quando o outro tenta se desvencilhar. Ferido mortalmente, Grendel foge e sangra até morrer na misteriosa região onde vivia, espécie de caverna sob um lago. É também nesse lugar que Beowulf persegue, enfrenta e mata a mãe de Grendel, que, para vingar o filho, invadira Heorot e abatera o guerreiro mais querido do rei. No conflito, a espada Hrunting do herói falha, mas a vitória lhe é dada pela Providência divina, por meio de outra espada, enorme e antiga. Como troféu, ele leva a cabeça de Grendel para o rei. Recompensado ricamente por seus feitos pelo rei Hrothgar, volta à sua terra. Depois de um próspero e pacífico reinado de meio século, Beowulf luta contra um dragão que assolara o reino. De novo sua espada falha; apenas o auxílio do único dos companheiros que não o abandona, Wiglaf, permite que ele aniquile o dragão, mas isso lhe custa a vida. O poema fecha com presságios de tempos de guerra para os geatas e com o funeral do herói. Entre as referências de Borges a *Beowulf*, está o poema "Fragmento" (*O outro, o mesmo*), cujo último verso é "*Uma espada para a mão de Beowulf*". — FT

Bérard, Victor

Depois de cursar o liceu Lons-le-Saunier e a École Normale Supérieure, Victor Bérard (1864-1931), tradutor e catedrático francês, frequentou a École Française d'Athènes, doutorando-se em 1894 com uma tese sobre a origem dos cultos árcades. Dedicou grande parte da vida ao estudo de poemas da *Odisseia*, com base em análises filosóficas, literárias, históricas e geográficas. Desempenhando, em paralelo a seus trabalhos helenistas, um papel político importante, Bérard publicou vasta obra, da qual se destaca a tradução da *Odisseia*, considerada por Borges, em "As versões homéricas" (*Discussão*), "*drama clássico francês*".

O autor argentino não aprofunda o que seria a hipótese fenícia. Ele comenta que esta fora citada — cortesmente, mas sem maior convicção — por Rouse (em seu manual *Homer*) e que teria impressionado anteriormente James Joyce (v.) e seu intérprete Gilbert (v.) ("Um manual homérico", por W. H. D. Rouse, *Textos cativos*). No artigo "Fragmento sobre Joyce" (*Sur*, 1941) e em outros textos, Borges questiona os paralelismos entre a *Odisseia* e o *Ulysses* de Joyce como uma característica supervalorizada e diz que o mais louvável desta última obra é o mais insignificante: "*os contatos de James Joyce com Homero, ou (simplesmente) com o senador pelo departamento do Jura, M. Victor Bérard*".

Em todo caso, em linhas gerais, a hipótese fenícia referida é a de que a *Odisseia* e as navegações fenícias estariam estreitamente ligadas. A topologia e a toponímia da *Odisseia* ou da *Telemaquia*, assim como os nomes de lugares, os sítios e as lendas da Grécia primitiva, conduziriam à hipótese de que uma *thalassocratie* fenícia teria precedido as aventuras marítimas homéricas.

A partir disso, Bérard desenvolve seu estudo (*Les Phéniciens et* l'Odyssée) da presença fenícia no poema homérico, por meio de citações. — JGS

Bereshit

É a palavra hebraica que inicia o relato bíblico e que deu nome ao primeiro dos cinco livros de Moisés. Em português, Gênesis. Prenhe de significados ainda inesgotados em milênios de exegeses, compõe-se da preposição "Be" e do substantivo "reshit" [começo, princípio, início], que, por sua vez, é constituído por "rosh" [cabeça] e "it", que designa uma abstração. Borges analisa a formação do termo em "A cabala" (*Sete noites*). Assim, essa majestosa cosmologia que relata a gênese do universo denota uma atividade divina em permanente estado de realização, uma cena de origem e não a origem de uma cena mitificada. — EM

Bergson, Henri

O mais popular dos filósofos da França durante os primeiros quarenta anos do século XX, Henri Bergson (1859-1941) escreveu *Essai sur les données immédiates de la conscience* (1889) e *Durée et simultanéité* (1922), entre outros livros. Sua popularidade é sentida não só no âmbito acadêmico, em que, depois de obter a cátedra de Filosofia Moderna no Collège de France e publicar *L'Évolution créatrice* (1907), seus cursos tornam-se a moda da jovem geração filosófica e literária da época. Invoca-se o nome de Bergson em diversas polêmicas de caráter anticientificista, sempre rechaçadas, no entanto, pelo autor, que, cansado da agitação ao redor de sua figura, aposentou-se em 1920. Igualmente afastado, passados cinco anos, de posições públicas e políticas que o ocuparam em especial após 1914, consagra-se à elaboração da etapa final de seu pensamento, aproximado da fé cristã, como mostra *Les Deux sources de la morale et de la religion* (1932).

Em "A perpétua corrida de Aquiles e da tartaruga" (*Discussão*), Borges cita o *Ensaio sobre os dados imediatos da consciência* de autoria desse filósofo para reforçar a noção de que os atos e o tempo, diferentemente dos objetos e do espaço, não podem ser divididos. Uma vontade de refutação semelhante à da parábola de Zenão (v.) que nomeia o ensaio. O mesmo acontece em "Avatares da tartaruga" (*Discussão*). Em "O tempo e J. W. Dunne" (*Outras inquisições*), o escritor argentino alude ao mau costume intelectual de "*conceber o tempo como uma quarta dimensão do espaço*", como o denunciara Bergson. — JGS

Berkeley, Anthony

Embora graduado em letras clássicas pelo University College de Oxford, o inglês Anthony Berkeley Cox (1893-1971) exerceu as mais variadas atividades antes de se dedicar à escrita, como, por exemplo, a de recruta do exército na Primeira Guerra Mundial, em negócios ligados à corte, e a de diretor da Publicity Services Ltd. e da A. B. Cox Ltd. Produziu esquetes humorísticos, óperas cômicas, análises políticas etc., mas foi sobretudo por suas ficções policiais que se tornou conhecido. Com vasta obra no gênero, assinou-a ora com o próprio nome ora com pseudônimos, como Roger Sheringham, com o qual debutou na literatura, em 1925, e Francis Iles. Destacam-se os livros *The Poisoned Chocolates Case* (1929) e *Before the Fact* (1932). Borges fez a resenha do romance policial *Not to Be Taken* (1937), de Berkeley, em *Textos cativos*. — JGS

Berkeley, George

O filósofo irlandês (1685-1753) foi aluno e, posteriormente, professor do Trinity College de Dublin. Desenvolveu um sistema de pensamento dirigido à matemática e à filosofia como prática e método para evitar ideias abstratas que encobrem a visão da verdade, conceito presente em seus primeiros trabalhos, como *Three Dialogues between Hylas and Philonous* (1713) e *Principles of Human Knowledge* (inacabado). Borges baseia-se nesta última obra da doutrina idealista para compor "Nova refutação do tempo" (*Outras inquisições*). Fundamentado em fórmulas como *esse est percipi* [ser é ser percebido], Berkeley não prescinde, porém, da consideração de uma divindade (infinita) que respalde o espírito finito e imperfeito dos homens. Depois de ser nomeado bispo, dedica-se a diversas atividades filantrópicas e moralizantes. Por volta de 1740, em virtude de epidemias que assolaram a Irlanda, o filósofo tentou conceber um remédio que funcionaria como "panaceia universal", projeto do qual foi incansável divulgador até o fim da vida, principalmente por meio do volume *Siris* (1744).

Borges atribui ao irredutível individualismo da filosofia de Berkeley, já prefigurado em William de Occam, certas feições da ética inglesa. Não hesitando em mencionar tal filosofia como exemplar da literatura fantástica, o escritor argentino refere em inúmeras passagens, como as do ensaio citado, a relação da obra de Berkeley com a de seu comentador, David Hume (v.). — JGS

Bernárdez, Francisco Luis

Poeta argentino (1900-78) a quem Borges dedicou o poema "Elegia dos portões" (*Caderno San Martín*), integrou o grupo de Florida

(v. *martinfierrismo*). No fim de 1927, ao lado de Borges e outros, apoiou a candidatura de Hipólito Yrigoyen (v.) para a presidência da República. Esse posicionamento culminou no afastamento, no mesmo ano, de Borges e demais colaboradores da revista *Martín Fierro* (v.), pois seus editores se recusavam a apoiar qualquer partido político. Não bastasse tal litígio, em 28 de abril de 1928 a revista *Claridad* publicou o poema a seguir, que teria sido escrito por Borges, Leopoldo Marechal (v.), Pablo Rojas Paz, Francisco López Merino (v.), Francisco Luis Bernárdez, pelos irmãos González Tuñón (v. González Tuñón, Enrique) e por outros, tentando acusá-los de apoio ao *caudillo*, isto é, Yrigoyen: "*Desfazedor de velhos e caducos regimes, / quando por fim transpuseres os desejados limites / do grande salão presidencial, / escute nossas súplicas, compreenda nossos gestos / e nos dê consulados, cátedras e outros postos, / homem genial e sem igual!*".

Conforme anota Emir Rodríguez Monegal (v.) em seu artigo "Borges y la política", publicado em 1977 na *Revista Iberoamericana*, em número especialmente dedicado ao escritor, ninguém havia acreditado na autenticidade do poema. É a esse fato que Borges faz menção em uma nota de rodapé de "As *kenningar*" (*História da eternidade*), ao chamar a si próprio e a Bernárdez de "traidores".

A política (v.) na vida de Borges e sua representação literária é um tema que suscita muitos debates entre os críticos de sua obra. Há os que consideram ter havido um primeiro Borges, ligado às vanguardas e aos debates políticos e sociais, e um segundo, que rejeitaria o primeiro. Por outro lado, há os que desconsideram tal divisão, à medida que os temas presentes nos textos iniciais, ao serem abordados de outras maneiras, foram se tornando mais velados. — PFCO

bestiário

V. *Manual de zoologia fantástica*.

Beth

O alfabeto hebraico originou-se em 1800 a.C., indo para a Arábia do Sul e depois para a Fenícia, onde se tornou bem popular em 1400 a.C. Do Sinai e da Fenícia, passou para os hebreus, gregos e latinos, por intermédio dos quais chegou ao mundo moderno. O alfabeto hebraico em uso atualmente, empregado pelos judeus após o cativeiro da Babilônia, é conhecido como *Ashurith*, que quer dizer "assírio". Antes disso, escrevia-se o hebraico em caracteres fenícios ou antigos. A escrita hebraica, em sua forma antiga, era derivada da fenícia, que deu origem à grega, à latina e à aramaica, da qual se desenvolveu, por meio de uma constante estilização, a escrita quadrática, assim chamada pela tendência dos caracteres hebraicos de compor formas semelhantes ao quadrado. Beth — "ב" — é a segunda letra do alfabeto hebraico e é usada também como numeral 2 ou "segundo". Significa "casa". Borges a cita em "A loteria na Babilônia" (*Ficções*). — PFCO

Betsaida

Palavra hebraica, significa "a casa da pesca". Foi uma antiga aldeia de pescadores à beira do mar da Galileia, palco da multiplicação dos pães e dos peixes promovida por Jesus Cristo. Em "História da eternidade" (*História da eternidade*), Borges cita Mateus 11,21 — "*Ai de ti, Corazim! Ai de ti, Betsaida!*" — como um dos dois exemplos bíblicos em que a eternidade é compreendida como amplificação do nono atributo de Deus, Sua onisciência, ou seja, na eternidade do Senhor estariam registrados de uma só vez não apenas todos os instantes efetivamente sucedidos, mas também aqueles que teriam lugar diante da mais insignificante alteração de um acontecimento causal. — EM

Bhagavad Gîta

Significa Canção do Senhor, ou, segundo as possíveis traduções mencionadas por Borges, o Canto de Deus ou o Canto do Bem-Aventurado. Estima-se que esse poema épico tenha sido escrito no século III a.C. Mais que uma obra literária importante, é considerado um livro sagrado para os indianos, algo comparável à Bíblia para os cristãos.

Apesar de alguns estudiosos e religiosos defenderem sua autonomia, o *Bhagavad Gîta* integra o sexto livro do *Mahabharata* (v.), a mais notável epopeia produzida pelos hindus. Dentro desse contexto, o episódio que perfaz o poema é narrado pelo personagem Sanjaya ao rei Dhirtarastra, e se constitui basicamente de um diálogo entre Arjuna, um dos heróis da epopeia, e Krishna, a encarnação do deus Vishnu na Terra. No prólogo ao *Bhagavad Gîta* (*Biblioteca pessoal*), Borges faz um resumo do conteúdo narrativo presente nos setecentos versos do poema. — DF

Biblioteca

"*Se tivesse de indicar o evento principal de minha vida*", afirmou Borges no *Ensaio autobiográfico* (1970), "*diria que é a biblioteca de meu pai. Na realidade, creio nunca ter saído dessa biblioteca. É como se ainda a estivesse vendo.*" Essa biblioteca do bairro de Palermo, em Buenos Aires, foi o modelo das bibliotecas posteriores que ocuparam um lugar tão importante na vida e na obra do escritor. Por um lado, temos as bibliotecas reais, em que trabalhou: a Biblioteca Municipal Miguel Cané, onde foi tão miserável, salvo pelas viagens de bonde durante as quais leu Dante Alighieri (v.) pela primeira vez, e a Biblioteca Nacional (v. Biblioteca de Borges, dentro da Biblioteca Nacional), da qual foi nomeado diretor em 1955, quando já estava cego, fato que lhe inspirou o célebre "Poema dos dons" (*O fazedor*) (1959), cujos versos iniciais são: "*Ninguém rebaixe a lágrima ou rejeite / esta declaração da maestria / de Deus, que com magnífica ironia / deu-me a um só tempo os livros e a noite*". Aqui está implícita uma ideia recorrente em sua obra: dos livros que contêm e, portanto, são a imagem do mundo, ou, mais precisamente, da Biblioteca que é o próprio mundo.

Por um lado, no mesmo poema Borges diz que "*imaginava o Paraíso / tendo uma biblioteca por modelo*". Para ele, esse é o prazer da ordem, dos encontros literários fortuitos (entre o leitor e o livro, entre os próprios livros), do acaso posto a serviço da inteligência, da "*gravitação amistosa que vinha deles*" (*Borges, oral*). Por outro lado, no conto "A Biblioteca de Babel" (*Ficções*) (1941; primeira versão, "A biblioteca total", *Sur*, 1939), a biblioteca é uma espécie de inferno: "*iluminada, solitária, infinita, perfeitamente imóvel, armada de volumes preciosos, inútil, incorruptível, secreta*". Seu outro nome é "universo".

Esse "universo", no que se refere ao espaço privado de Borges, era muito reduzido. No apartamento da rua Maipú, no centro de Buenos Aires, onde passou as últimas décadas de vida, o autor conservava poucos livros — poucos para quem foi um dos maiores leitores do século XX. As poucas estantes continham, porém, o essencial de suas leituras. Havia vários dicionários e enciclopédias: a *Britannica*, edição de 1911, a *Garzanti*, a *Brockhaus* (v.) e a *Espasa-Calpe*. Duas estantes na sala guardavam livros de Robert Louis Stevenson (v.), G. K. Chesterton (v.), Henry James (v.) e Rudyard Kipling (v.), alguns de seus autores favoritos. Aí também se encontravam *An Experiment with Time*, de J. W. Dunne (v.); vários romances de H. G. Wells (v.); *The Moonstone*, de Wilkie Collins (v.); vários romances de Eça de Queirós (v.) ("*um dos maiores romancistas do século XIX*", dito em entrevista a Fernando Sorrentino); livros de Leopoldo Lugones (v.), Ricardo Güiraldes e Paul Groussac (v.); *Ulysses* e *Finnegans Wake*, de James Joyce (v.); *Vies imaginaires*, de Marcel Schwob; romances policiais de John Dickson Carr, Milward Kennedy e Richard Hull; *Life on the Mississippi*, de Mark Twain (v.); *Buried Alive* (1908), de Enoch Arnold Bennett (v.); *Lady into Fox* e *A Man in the Zoo*, de David Garnett; as obras completas de Oscar Wilde (v.) e de Lewis Carroll (v.); *La decadencia de Occidente*, de Oswald Spengler; os vários volumes de *História do declínio e queda do Império Romano*, de Edward Gibbon (v.); vários livros de matemática e de filosofia, incluindo obras de Emanuel Swedenborg (v.), Arthur Schopenhauer (v.) e (um preferido de Borges) *Wörterbuch der Philosophie*, de Fritz Mauthner (v.). Muitos desses livros o acompanharam desde a adolescência; outros traziam os selos de livrarias portenhas hoje desaparecidas: Mitchell's, Rodríguez, Pygmalion.

Em seu quarto, guardava várias obras de poesia e uma das coleções de literatura anglo-saxônica e islandesa mais importantes da América do Sul, entre cujos volumes se encontravam o dicionário de Skeat, uma versão anotada de *The Battle of Maldon* e *Altgermanische Religions Geschichte*, de Richard Meyer. Entre os livros de poesia, havia os de Enrique Banchs (v.), Heinrich Heine (v.), San Juan de la Cruz (v.), e muitas edições comentadas de Dante. Mas faltavam em sua biblioteca as obras de Marcel Proust, Jean Racine, Goethe (v.). Também faltavam em seu "universo" suas próprias obras, "*de um autor pouco memorável*", justificava.

Por outro lado, além dessas bibliotecas reais, Biblioteca é, para Borges, uma extensão da antiga metáfora do mundo como livro, iniciada com o Livro de Ezequiel 2,9, ampliada no Apocalipse 5,1 e abundantemente comentada na Idade Média. Trata-se de uma biblioteca (ou livro) universal, que tudo contém: a felicidade que nos promete o paraíso, o horror que nos aguarda no inferno. O escritor argentino comenta essa metáfora na conclusão do ensaio "Do culto dos livros" (*Outras inquisições*): "*O mundo, segundo Mallarmé, existe para um livro; segundo Bloy, somos versículos ou palavras ou letras de um livro mágico, e esse livro incessante é a única coisa que há no mundo: melhor dizendo, é o mundo*". A esse singular volume se reduz a biblioteca universal em uma nota de rodapé de "A Biblioteca de Babel", na qual Borges, atribuindo a observação a Letizia Alvarez de Toledo, sugere que a vasta Biblioteca poderia reduzir-se "*a um único volume*" de folhas "*infinitamente finas*".

Ao longo da obra de Borges, a ideia da biblioteca universal transforma-se em outras representações do universo autorreferencial; "*Meus livros (que não sabem que eu existo)/ São tão parte de mim como este rosto*" são os primeiros versos do poema "Meus livros" (*A rosa profunda*). Testemunha desse universo, o leitor, ansioso para pôr sua experiência em palavras, percebe ser redundante a tarefa que se propõe: a biblioteca (livro, mapa, enciclopédia) já existe e é o próprio mundo. Borges apresenta uma versão humorística do tema em um breve texto, "Do rigor na ciência" (*O fazedor*), e uma versão mais elaborada e extensa no conto "O Congresso" (*O livro de areia*). Tal relação entre biblioteca e universo é, para ele, a justificação do ato intelectual que prescinde da necessidade de atuar fisicamente no mundo. O leitor é como Dom Quixote, "*que, em véspera perpétua de aventura, / não saiu nunca de sua biblioteca*", afirma no poema "Leitores" (*O outro, o mesmo*). Para Borges, essa realidade literária é suficiente. (V. enciclopédias; Bodleiana de Oxford.) — AM

Biblioteca de Borges (dentro da Biblioteca Nacional)

Jorge Luis Borges assumiu a direção da Biblioteca Nacional da República Argentina em 25 de outubro de 1955. Sua gestão baseou-se em uma política cultural com ativa participação dos intelectuais reunidos em torno de *Sur* (revista e editora) (v.). Dentre as principais ações do escritor, cabe destacar a reedição de *La Biblioteca*, revista fundada por Paul Groussac (v. *Anais da Biblioteca*).

A crescente fama internacional de Borges, afiançada, por volta daqueles anos, com a publicação de suas *Obras completas* pela editora Emecé e a tradução de alguns de seus contos para o francês, conferiu à Biblioteca Nacional uma imagem quase mítica. A figura do poeta cego ficou vinculada para sempre ao antigo edifício do Barrio Sur.

A Coleção Jorge Luis Borges da Biblioteca Nacional reúne um conjunto de livros doados pelo escritor à instituição. Entregues como última ação antes de Borges abandonar o cargo em 1973, tais exemplares permaneceram ocultos durante trinta anos nos arquivos gerais da Biblioteca. Um achado casual — ou uma revelação — foi a centelha inicial de uma pesquisa exaustiva, que resultou na recuperação de quase mil volumes.

Esses livros, que faziam parte da biblioteca pessoal do autor, apresentam marcações, anotações e manuscritos originais. O catálogo *Borges, libros y lecturas*, publicado pela Biblioteca Nacional, traz a transcrição das anotações, contextualizando-as e tentando reconstruir o processo de leitura para mostrar suas marcas no ato de escrever.

Assim, o acervo da Biblioteca Nacional — único em seu gênero na esfera pública — composto de livros pertencentes à biblioteca pessoal de Borges situa-se como o segundo em importância. O primeiro núcleo bibliográfico é o da Fundação Internacional Jorge Luis Borges, sob a direção de María Kodama (v.). (V. enciclopédias; Biblioteca.) — GA e LR

Biblioteca, La, revista

V. *Anais da Biblioteca*.

Biblioteca Nacional

A Biblioteca Pública de Buenos Aires, antecessora da Biblioteca Nacional, foi criada em 1810, como parte de um projeto educacional que pretendia promover uma mudança social profunda. Sua inauguração estava inserida no começo das lutas de independência e na reorganização social, significando uma ligação entre o compromisso político e o intelectual. Alguns de seus diretores foram homens importantes para a literatura e a política argentinas. Em 1880, tornou-se Biblioteca Nacional, acompanhando a evolução institucional do país e constituindo-se em reservatório patrimonial e cultural. Durante a gestão de Paul Groussac (v.), passou a ser referência para os temas históricos e de crítica literária.

Em 1937, Borges obteve um cargo secundário na Biblioteca Municipal Miguel Cané, onde trabalhou até 1946. "*Resisti na biblioteca por aproximadamente nove anos. Foram nove anos de contínua infelicidade*", lembra ele no *Ensaio autobiográfico*. Quando Perón (v.) assume o poder, o escritor é sumariamente transferido para o posto de inspetor de aves no mercado municipal, e pede demissão. A Sociedade Argentina de Escritores (Sade) faz então um ato público de desagravo. A experiência serviu de inspiração ao autor para alguns de seus contos mais famosos, como "A Biblioteca de Babel", "A loteria na Babilônia", "A morte e a bússola" e "As ruínas circulares", todos de *Ficções*. A ideia de uma biblioteca infinita deriva, em parte, de sua experiência nessa biblioteca, onde ele deu início à leitura de autores como Ludovico Ariosto (v.) e Dante Alighieri (v.), que lhe proporcionaram uma fuga para um mundo de imaginação e sonhos. Em 1955, com o apoio das amigas Esther Zemborain de Torres e Victoria Ocampo (v.) e da Sociedade Argentina de Escritores, a qual presidiu entre 1950 e 1953, Borges foi, enfim, designado diretor da Biblioteca Nacional, localizada na rua México, 564. A instituição mudou-se em 1993 para a rua Agüero, 2502, no bairro da Recoleta. (V. enciclopédias.) — PFCO

Bimbo y Krazy Kat

Bimbo é um dos personagens criados por Max Fleischer, pioneiro do cinema de animação. Trata-se de um cão que, com o nome de Fitz, apareceu ao lado de Koko the Clown nos primeiros filmes de Fleischer durante a década de 1920, a série *Out of the Inkwell*, na qual se misturavam desenhos animados com atores reais. Depois, já denominado Bimbo, passou a ter um papel secundário, o de namorado de Betty Boop. Finalmente, tornou-se uma das tantas vítimas do código de controle da produção cinematográfica, o chamado Código Hays, sendo eliminado da tela porque a relação amorosa da garota com o cãozinho não era bem-vista.

Krazy Kat foi originalmente uma tira cômica concebida por George Herriman, que os jornais norte-americanos veicularam entre 1913 e 1944. Ali, o inocente felino Krazy Kat tinha uma queda pelo rato Ignatz, o qual o maltratava constantemente enquanto o cão policial Officer Bull Pupp tentava impedir que ele o fizesse. Mais tarde, a tira foi levada ao cinema em várias adaptações, dirigidas por Bill Nolan, Charles Mintz e Isadore Klein, entre outros.

Embora os desenhos animados cinematográficos não pareçam acomodar-se facilmente no imaginário borgiano, o escritor resgata, em "Filmes" (*Discussão*), o caráter autônomo de uma pura invenção. — DO

Bioy Casares, Adolfo

Escritor argentino (1914-99), autor de extensa obra. Dentre seus romances, destacam-se *La invención de Morel* (1940), *Plan de evasión* (1945), *El sueño de los héroes* (1954), *Diario de la guerra del cerdo* (1969), *Dormir al sol* (1973) e *La aventura de un fotógrafo en La Plata* (1985). Produziu vários livros de contos: *Prólogo* (1929), *17 disparos contra lo porvenir* (1933), *Caos* (1934), *La nueva tormenta o La vida múltiple de Juan Ruteno* (1935), *La estatua casera* (1936), *Luis Greve, muerto* (1937), volumes descartados por sugestão de Borges. Mais tardiamente, escreveu *La trama celeste* (1948), *Historia prodigiosa* (1956), *El gran Serafín* (1967), *El héroe de las mujeres* (1978), entre outros. O romance policial *Los que aman, odian* (1946) foi composto em colaboração com sua esposa, Silvina Ocampo (v.). Bioy ganhou o Prêmio Cervantes (1990) e é reconhecido como um dos mestres da literatura fantástica do século XX em língua espanhola.

Borges e Bioy Casares formaram uma dupla literária prolífica que se ocultou sob os pseudônimos Honorio Bustos Domecq, B. Suárez Lynch e Lynch Davis. Curiosamente, a primeira colaboração de ambos foi um folheto comercial para a empresa familiar de

Bioy Casares, *La leche cuajada de La Martona* [Coalhada La Martona] (La Martona, 1935), no qual se pode apreciar certa linha humorística que se desenvolveria posteriormente nos textos de Bustos Domecq. Publicaram *Seis problemas para Don Isidro Parodi* (pseudônimo H. Bustos Domecq, 1941); *Duas fantasias memoráveis* e *Um modelo para a morte* (pseudônimo B. Suárez Lynch, 1946); *Crônicas de Bustos Domecq* (1967); *Nuevos cuentos de Bustos Domecq* (1977). Também divulgaram textos na revista *Los Anales de Buenos Aires* (v.), a maioria sob o pseudônimo Lynch Davis. De suas obras em colaboração, a mais famosa é "La fiesta del monstruo" (conto escrito em 1947, incluído em *Nuevos cuentos de Bustos Domecq*), em que os autores se pronunciaram contra o peronismo.

Organizaram juntos várias antologias, duas delas com Silvina Ocampo — *Antologia da literatura fantástica* (v.) (1940) e *Antologia poética argentina* (1941). Os livros *Los orilleros*, *El paraíso de los creyentes*, *Cuentos breves y extraordinarios* (1955), *Libro del cielo y del infierno* (1960) foram assinados com seus nomes verdadeiros, assim como as antologias *Los mejores cuentos policiales* (1943; segunda série, 1951) e *Poesía gauchesca* (1955). Fizeram traduções do inglês e coordenaram, para a editora Emecé, a coleção de romances policiais El Séptimo Círculo, na qual selecionaram a primeira centena de textos.

Apesar da amizade que os unia, Borges, ao resenhar alguns livros de Bioy anteriores ao intitulado *A invenção de Morel*, fez-lhes ressalvas, e os elogios pontuais a determinados aspectos deles não são de todo convincentes. Sobre *La estatua casera*, declarou: "*Passo ao que é fundamental neste livro de Bioy Casares — e em todos os seus livros. Sua voluntária e cuidadosa incoerência — me atreverei a dizê-lo? — me impressiona menos que seus ocasionais desabafos autobiográficos, que seu niilismo* criollo" (*Sur*, 1936). Sobre *Luis Greve, muerto*, explica: "*nem a obscuridade das passagens criminosas sobrevive à releitura, nem Bioy Casares busca para sua obra os prazeres híbridos da incoerência. Sua falsa obscuridade, às vezes, é feita de elipses; em geral, de explicações e precisões*" (*Sur*, 1937). Na referência, na mesma nota, a dois títulos anteriores de Bioy, observa-se a regressão crítica de Borges ("*em* Caos *e em* La nueva tormenta, *a imaginação predomina; nesse livro — nas melhores páginas desse livro — essa imaginação obedece a uma ordem*", *Sur*, 1937), que só teria plena convicção do trabalho do amigo no prefácio de *A invenção de Morel* (*Prólogos, com um prólogo de prólogos*), em que admite a originalidade de trasladar "*a nossas terras e a nosso idioma um gênero novo*" e pôr o romance argentino a par de *The Turn of the Screw* ou de *Der Prozess*: "*Discuti com seu autor os pormenores de sua trama; reli-a; não me parece imprecisão ou hipérbole qualificá-la de perfeita*". Em "Um argumento" (*Textos recobrados 1956-1986*), imagina a contrapartida de *Diário da guerra do porco*, ou seja, uma conjuração dos velhos contra os jovens que espera que ninguém escreva — já morto Léon Bloy (v.), único realizador possível —, "*já que seria um livro muito triste*". Estabelece que nos primeiros capítulos haveria mortes misteriosas, "*os últimos, como na obra exemplar de Bioy, nos darão a chave*".

No *Ensaio autobiográfico* (1970), Borges admite: "*se me permitem uma afirmação taxativa, eu diria que Bioy foi me levando aos poucos ao classicismo*". Postumamente, foi publicado *Borges* (2006), de autoria de Bioy Casares, extenso diário íntimo que recupera episódios e conversas entre ambos, obra à qual se poderia aplicar a afirmação irônica de Borges: "*Para os contemporâneos de Freud, a obra mais perdurável de um autor são as indiscrições de seus amigos*". — MCR e GG

Blake, William

O prólogo escrito por Borges, para a coleção Biblioteca Personal, sobre a *Poesia completa*, de William Blake, começa com a afirmação de que esse personagem da literatura inglesa é um "*Visionário, gravador e poeta*", o que nos abre caminho para continuar a leitura. Blake (1757-1827) foi precursor do romantismo na Inglaterra. Em sua produção, pode-se apreciar a criação de uma mitologia absolutamente pessoal, voltada, com base nas visões dele, para seus textos e sua obra plástica. Do mesmo modo, a teoria sobre os opostos complementares leva-nos a uma aproximação com uma maneira diferente de perceber o mundo e com sua concepção ética da existência. Tal teoria implica a maleabilidade das oposições entre as partes, marcando a necessidade de cada uma delas de adquirir sentido nessa dialética. O bom necessariamente implica o mau, assim como a experiência fará parte de um binômio com a inocência. Para Blake, há "*três caminhos de salvação: o moral, o intelectual e o estético*" ("William Blake, *Poesia completa*", *Biblioteca pessoal*), diz Borges, que atingem certo misticismo na realização poética. De suas visões originaram-se livros como *The Book of Thel* (1789), *Songs of Innocence* (1789), *Songs of Experience* (1794) ou *The Book of Los* (1795).

Borges inclui em *A cifra* o poema "Blake", no qual se pode apontar a união dessa estrutura mística de sua obra a um sistema neoplatônico de arquétipos imperceptíveis, já que a percepção é anulada pelos cinco sentidos. O autor argentino situa-o como um antecedente de Walt Whitman (v.) e dos expressionistas. Entre as influências que Blake recebeu, encontra-se principalmente a do místico sueco Emanuel Swedenborg (v.). Ilustrou poemas de Thomas Gray, John Milton (v.) e *A divina comédia* (v.) de Dante (v. Alighieri, Dante). — LM

Blanqui, Louis Auguste

Filho do subprefeito de Puget-Théniers, Blanqui (1805-81) estudou medicina e direito antes de iniciar sua carreira política. Republicano entusiasta, o revolucionário francês tomou ativa postura na Revolução de 1830 em seu país, mantendo-a durante o reinado de Luís Filipe, entre 1830 e 1848. Líder da Société des Saisons, foi diretamente responsabilizado pela insurreição armada empreendida por essa organização, em 1839, contra o regime monárquico em vigor, com vistas à implementação da República Social, sendo condenado primeiro à morte e, após comutação, à prisão perpétua. Libertado pela Revolução de 1848, criou a Société Républicaine Centrale, órgão de tendências violentas, o que o levou de volta à prisão no ano seguinte. Escapou em 1865 e continuou no exterior a propaganda contra o governo imperial. Ao retornar passados quatro anos, fundou, depois da queda do Império, o clube La Patrie en Danger e o jornal de mesmo nome. Ao lado de sua enorme contribuição jornalística, publicou um estudo astronômico intitulado *L'Éternité par les astres* (1872), e, postumamente, seus escritos em economia e sociologia foram reunidos sob o título *Critique sociale* (1885).

Borges comenta em "O tempo circular" (*História da eternidade*) o modo como Blanqui entendeu o tempo circular em *L'Éternité par les astres*. Essa concepção é aludida em uma passagem de "A criação e P. H. Gosse" (*Outras inquisições*). Borges recorda o conceito de "nostalgia da terra" mencionado, entre outros, pelo francês, para falar sobre um procedimento de *A invenção de Morel*, de Adolfo Bioy Casares (v.), em *Prólogos, com um prólogo de prólogos*. — JGS

Bloy, Léon

O francês Léon Bloy (1846-1917) foi filósofo, novelista e ensaísta católico de forte influência mística. Dentre suas obras, destacam-se *Le Vieux de la montagne* (1911), *Mon Journal* (1904) e *L'Invendable* (1909). Borges escreveu os prólogos dos livros *A salvação pelos judeus* (*Biblioteca pessoal*) (1892) e *Cuentos descorteses* (1894), de autoria de Bloy, a quem considerava um continuador dos cabalistas, juntamente com Blake (v.) e Swedenborg (v.), como afirma no ensaio "O espelho dos enigmas" (*Outras inquisições*). — FGB

Bnei-Israel

Em hebraico, significa "filhos de Israel". De acordo com o relato bíblico, o coletivo de Israel enraíza-se na história de ancestrais tribais do fim do século XIII a.C., em especial Jacó, que foi denominado Israel depois de ter lutado com um homem misterioso — um anjo, segundo os comentaristas: "Jacó não será mais o teu nome, senão Israel, pois lutaste com Deus e com homens e venceste" (Gênesis 32,29). Esse nome tornou-se um epônimo utilizado por todos os descendentes de Jacó, seus doze filhos que, multiplicados no tempo, transformaram-se nas doze tribos de Israel. Assim, Israel converteu-se em uma pequena nação no fim do segundo milênio antes de Cristo, porém de natureza política e militar insignificante. Sua principal realização encontra-se no campo religioso, todo ele construído em virtude de um pacto com Deus, pacto que é compreendido como fundador da própria existência nacional. O impacto de seus escritos religiosos, as Sagradas Escrituras, na história universal, levou os israelitas a ser considerados o Povo do Livro.

Em "Uma vindicação de Israel" (*Textos cativos*), Borges reflete sobre as argumentações empregadas em relação às questões de antissemitismo, tanto pelos opositores do povo de Israel como por seus apoiadores. — EM

Boabdil, o rei

Boabdil (Abu Abdullah, 1459-1527), último sultão árabe. Reinou de 1482 a 1492, ano em que, displicente na defesa do palácio de Alhambra (v.), foi expulso pelos espanhóis. Reza a lenda que, ao deixar a cidade, voltou-se para dar uma última olhada em sua querida Granada, abaixou a cabeça e começou a chorar. Naquele instante, lembrou as palavras da mãe, Aixa: "*Se tivesses lutado como um homem, não te enforcariam como a um cão*". A frase original da qual Borges cita essa variante é "Você chora como mulher por aquilo que não soube defender como homem" em "A viúva Ching, pirata" (*História universal da infâmia*). — LMRB

Boca del Riachuelo, genoveses do bairro da

O bairro da Boca, em Buenos Aires, leva esse nome por se localizar na desembocadura do rio Riachuelo no rio da Prata. Era, por isso, uma zona muito alagadiça, de difícil assentamento de moradias. Os primeiros grupos mais numerosos, constituídos por famílias genovesas, só afluíram para a região entre 1830 e 1852, quando foram construídos os estaleiros navais e armazéns que a caracterizam. Em 1890, dos 38 mil habitantes, apenas 17 mil eram argentinos. Os italianos eram 14 mil. Em 1882, o bairro foi declarado independente, com o nome de República Independiente de la Boca, por um grupo de genoveses. Também ficou conhecido pelo fato de lá estar situado o Caminito, local turístico bastante visitado hoje em dia. É talvez o único bairro étnico da cidade, no qual os imigrantes criaram uma cultura própria fortemente ligada ao país de origem.

Em "História do tango" (*Evaristo Carriego*), Borges fala sobre uma versão sentimental que atribui a origem do tango aos subúrbios, em especial ao bairro da Boca. Afirma ainda que costumava responsabilizar os genoveses dali pela degeneração dos tangos. Essa associação entre o tango e o bairro é novamente citada em "Palermo de Buenos Aires" (*Evaristo Carriego*). A referência a La Boca é constante na obra do escritor, uma vez que fazia parte do universo da periferia, do bairro distante, a que ele aludiu inúmeras vezes. — PFCO e PMG

Boccaccio, Giovanni

Praticante, em Nápoles, dos primeiros poemas de apologia a personalidades do lugar, nos quais transparece uma clara vocação narrativa, o poeta e narrador italiano (1313-75) se depara, em Florença, com o espectro da crítica de valores empreendida por Dante Alighieri (v.). Esse fato o transformou em um escritor comprometido com sua realidade, o que se nota no conjunto de novelas intitulado *Decameron* (1348-53), pelo qual é lembrado, embora a Boccaccio seja atribuído historicamente o primeiro romance psicológico moderno, *Elegia di Madonna Fiammetta* (1343-4). A profundidade da investigação psicológica é uma marca de sua obra.

Em "Os tradutores d'*As mil e uma noites*" (*História da eternidade*), Borges alude a Boccaccio e ao *Decameron*. Inicialmente, compara a ele as castas versões do livro de contos que dá nome ao ensaio, e logo afirma a superioridade do argumento deste acerca da epidemia que atacou Florença em 1348, mote das aventuras do livro de Boccaccio. Essas duas obras confrontadas por Borges serão reunidas em uma mesma estante de volumes poeirentos na crônica "En búsqueda del absoluto" (*Obras completas en colaboración*). O autor argentino aponta ainda o *Decameron* como a fonte do argumento do poema narrativo *Troilus and Criseyde*, do inglês Geoffrey Chaucer (v.) (*Obras completas en colaboración*). — JGS

Bodleiana de Oxford

Em 1610, uma ideia de Thomas Bodley possibilitou a expansão do acervo da biblioteca da Universidade de Oxford. Em acordo com a Company of Stationers, estabeleceu-se que deveria ser entregue à biblioteca uma cópia perfeita de todo livro impresso por seus membros, norma que serviu de base para o Copyright Act. Bodley, além de ter estimulado o estudo de cada ramo do saber reconhecido na época, percebeu a necessidade de atrair maiores benefícios. Com isso, a biblioteca passou a receber um fluxo de doações que formaram coleções separadas lá dentro. Se na inauguração, em 8 de novembro de 1602, ela dispunha de um acervo superior a 2 mil livros, alguns dos quais doados pelo próprio Bodley, em 1620 já contava mais de 16 mil livros e manuscritos, atingindo, em 1885, o número de 406 mil volumes. Atualmente, a Bodleiana possui 6 milhões de exemplares.

De novo nos aproximamos do mundo predileto de Borges: as bibliotecas e seus livros, temas recorrentes na obra do escritor (v. Biblioteca). Em "O enigma de Edward FitzGerald" (*Outras inquisições*), ele cita um manuscrito perdido na Bodleiana. Já em "*Undr*" (*O livro de areia*), comenta um manuscrito de 1615, encontrado na mesma biblioteca, que continha páginas escritas por um autor do século XI. — PFCO

Boécio
(Boethius, Anicius Manlius Severinus)

Seguindo a carreira do pai, o filósofo romano Boécio (475?-524) tornou-se cônsul em 510, sob o reinado de Teodorico. Com boa educação em grego e latim, ambas as línguas servindo à sua prática de orador, também realizou traduções de obras de Aristóteles (v.) (*Organon*, *Topika*, *Peri hermeneias*, *Analitika*), entre outros, para as quais redigiu comentários. O modelo grego para o estabelecimento de categorias e terminologias reaparecerá nos escritos teológicos do autor. Assim será igualmente em *De consolatione philosophiae*, em que as doutrinas platônicas operam o amor de Deus como a fonte da felicidade humana, filosofia que consola Boécio, então prisioneiro acusado de sacrilégio. Nessa condição ele se dedica a escrever, aguardando a execução, que ocorre em 524. Borges alude a tal período da vida do romano em "Das alegorias aos romances" (*Outras inquisições*).

Em "Notas" (*Discussão*), o escritor argentino aponta *De consolatione philosophiae* como a mais elegante conciliação entre o arbítrio humano e a Providência divina, citando a definição de Boécio sobre a eternidade, encontrada na mesma obra. Esta é, ainda, evocada por Borges como um antecedente da combinação de gêneros de seu *Elogio da sombra*. — JGS

Boedo, grupo de

O grupo foi assim chamado porque Boedo era o nome da rua de um distrito operário de Buenos Aires onde viviam alguns dos escritores com tendências marxistas e anarquistas. Boa parcela de seu público leitor era formada por indivíduos que residiam nos bairros suburbanos, em sua maioria imigrantes, intencionalmente imprecisos em relação à norma culta do idioma, com gostos dirigidos para as histórias curtas e romances, ao contrário dos leitores da revista *Martín Fierro* (v.), da qual Borges participou, que preferiam poesias e ensaios e se identificaram com o grupo de Florida (v. *martinfierrismo*). Ambos os grupos estabeleceram dois públicos, dois sistemas literários distintos, duas formas de traduzir a literatura estrangeira. Porém, essa divisão primária entre eles, Florida defendendo a arte pela arte e Boedo fazendo uso político da arte, não reflete a sua complexa relação, uma vez que certos autores faziam parte dos dois.

A aproximação do grupo de Boedo com a estética socialista é comentada por Borges em "Um resumo possível" (*Evaristo Carriego*). Em "As inscrições das carretas" (*Evaristo Carriego*), ele compara uma das inscrições com textos desse mesmo grupo, e a considera superior. Boedo também foi um dos lugares pelos quais passou o narrador de "O Zahir" (*O Aleph*). — PFCO

Boileau, Nicolas

Poeta e clérigo francês (1636-1711), era partidário do jansenismo, doutrina de origem religiosa que pregava a austeridade e a graça intelectual. Escreveu sátiras (*Satires*) em que comentou aspectos da vida parisiense da época, e também sátiras universais, religiosas, ou dirigidas abertamente a personalidades públicas. Mais tarde, foi incorporado simultaneamente à corte do rei Luís XIV e a círculos aristocráticos, envolvendo-se nas mais diversas polêmicas, das quais a mais famosa é a *Querelle des anciens et des modernes* [Querela dos antigos e modernos]. Nessa disputa, Boileau representa, por meio de sua obra *Art poétique* (1673), a principal figura do conservadorismo poético.

Borges define o classicismo do século XVIII (prosa e verso organizados segundo normas da razão) como obediente à legislação de Boileau, observando, na conferência *"As mil e uma noites"*, publicada em *Sete noites*, que no mesmo século essa vigência passava a ser ameaçada pelo conhecimento de livros orientais. O escritor usa a figura do poeta francês em "Prosa e poesia de Almafuerte" (*Prólogos, com um prólogo de prólogos*) para exemplificar autores que conheceram a solidão, a castidade, a infelicidade e a cegueira. — JGS

Bolívar, Simón

Simón José Antonio de la Santísima Trinidad Bolívar y Palacios (1783-1830), o Libertador, foi um dos principais líderes da independência das colônias espanholas na América do Sul. Nasceu em uma tradicional família caraquenha, muito respeitada, não só pela grandeza de suas propriedades, que incluíam fazendas e uma área de mineração, mas também por descender de colonizadores espanhóis do século XVI. Seus preceptores foram Andrés Bello e Simón Rodríguez. Bolívar recebeu educação esmerada e formação militar, que se iniciou quando ele tinha catorze anos. Conheceu Cuba, México, Jamaica, Haiti, Espanha, França e Itália. Na sua segunda viagem à Europa, no ano de 1805, teria assumido, nos montes sagrados de Roma, a missão de libertar a América do domínio espanhol.

Entre julho de 1811 e abril de 1825, alternando sucessos e insucessos, como a vitória narrada por Borges no poema "Página para recordar o coronel Suárez, vencedor em Junín" (*O outro, o mesmo*) e a comentada em "A velha senhora" (*O informe de Brodie*), Bolívar participou da libertação da Venezuela, Colômbia, Equador, Peru e Bolívia. Formulou projetos de uma unidade americana, que se centralizaria em Caracas e da qual México e Argentina não fariam parte, porém neles fracassou. Em 1822, encontrou-se reservadamente com o general José de San Martín (v.) na cidade de Guayaquil (v.). Dessa reunião, não resultou nenhum documento oficial, persistindo, até hoje, dúvidas e controvérsias historiográficas sobre o teor da conversa. Pouco tempo depois do encontro, San Martín anunciou seu afastamento do comando militar e político das lutas de independência na América espanhola. Em 1830, já distante do poder e muito pessimista quanto à situação da América Hispânica naquele momento e no futuro, estabeleceu-se na França, onde morreu doente e desencantado com seus feitos políticos, sociais e militares.

Em "Guayaquil" (*O informe de Brodie*), Borges mescla sua narrativa com os acontecimentos inventados por Joseph Conrad (v.) em *Nostromo* (1904). Nesse contexto se insere a indicação das cartas de Bolívar, as quais estariam guardadas no arquivo de um dos personagens do romance de Conrad. O conto do autor argentino discute a construção das representações históricas, a variedade dos discursos históricos, e problematiza o conceito de "verdade histórica", ao especular sobre a misteriosa reunião de 1822 em Guayaquil. — HNC

Bollini, atalho de

No ano de 1874, em razão de um surto de cólera, trezentos imigrantes foram deslocados do bairro de Palermo para a região da quinta de Bollini. Vivendo em moradias precárias, os recém-chegados praticavam a venda ambulante de frutas e hortaliças. Em 1887, deu-se oficialmente o nome Bollini ao trecho compreendido entre as ruas French e Pacheco de Melo, na altura do número 2900, hoje conhecido como Pasaje Bollini. No começo do século XX, àqueles imigrantes somaram-se habitantes locais que não se dedicavam muito ao trabalho. Atualmente, bares, pubs, restaurantes e exposições de arte permeiam os dois quarteirões, cujas casas, em geral, foram restauradas e estão bem cuidadas.

Ponderando sobre a mitologia dos bairros mais periféricos, tão presente em sua obra ao longo dos anos, Borges diz em "O atalho de Bollini" (*Atlas*) que, no fim do século XIX, esse era um local de duelos entre *cuchilleros* [bons na faca]. — PFCO

Bombal, Susana

Escritora argentina (1902-90), autora de *El cuadro de Anneke Loos* (1963), obra premiada pela Sociedade Argentina de Escritores (Sade) com La Faja de Honor. Seu livro *Tres domingos* traz um prólogo de Borges, no qual ele aproxima o método narrativo de Bombal ao de Virginia Woolf (v.); por esse método, o leitor tomaria conhecimento dos fatos de maneira indireta, ou seja, apenas por meio da consciência dos personagens. O escritor dedicou a Susana Bombal o conto "O encontro" (*O informe de Brodie*), além dos poemas "The unending rose" (*A rosa profunda*), "Signos" (*A moeda de ferro*) e "Susana Bombal" (*O ouro dos tigres*). — YF

Borges, Francisco

Militar argentino (1835-74), avô paterno de Borges. Alistou-se na defesa de Montevidéu durante o cerco realizado pelas forças de Manuel Oribe (v.). Uniu-se ao Exército Grande (v.) e, depois da vitória em Caseros (v.), radicou-se em Buenos Aires, lutando em seus exércitos nos conflitos com tropas nacionais ou de outras províncias, e participou ainda da guerra de fronteiras contra os índios (v. ataques de índios, *malones*, e guerra contra os índios). Em 1874, juntou-se aos contingentes de Bartolomé Mitre (v.), que se rebelou contra o governo da nação. Na Batalha de La Verde, no mesmo ano, quando sua derrota já era um fato, lançou-se a galope contra o inimigo, ferindo-se mortalmente. Casou-se com Frances "Fanny" Haslam, de origem inglesa, que ensinaria seu idioma ao neto. A morte do avô foi recriada por Borges em "Alusão à morte do coronel Francisco Borges (1833-74)" (*O fazedor*), cujo último verso, "*e quase intocado pelo verso*", é desmentido não só pelo próprio poema em que se insere mas também pelas várias aparições do personagem — muito secundário na história argentina — na obra borgiana. — PMG

Borges, Jorge Francisco Isidoro Luis

"Correndo o risco de cometer um anacronismo, delito não previsto pelo código penal mas condenado pelo cálculo de probabilidades e pelo uso, transcreveremos uma nota da *Enciclopedia Sudamericana*, que será publicada em Santiago do Chile em 2074. Omitimos algum parágrafo que poderia parecer ofensivo e desatualizamos a ortografia, que não se ajusta sempre às exigências do leitor moderno. O texto diz assim:

"BORGES, José [sic] Francisco Isidoro Luis: autor e autodidata, nascido na cidade de Buenos Aires, então capital da Argentina, 1899. A data de sua morte é ignorada, já que os jornais, gênero literário da época, desapareceram durante os magnos conflitos que os historiadores locais agora compendiam. Seu pai era professor de psicologia. Foi irmão de Norah Borges (q. v.). Suas preferências foram a literatura, a filosofia e a ética. Prova da primeira é o que nos chegou de seu trabalho, que deixa porém entrever certas incuráveis limitações. Por exemplo, nunca terminou de apreciar as letras hispânicas, apesar do hábito de Quevedo [v.]. Foi partidário da tese de seu amigo Luis Rosales, que arguia que o autor dos inexplicáveis *Trabajos de Persiles y Sigismunda* não poderia haver escrito o *Quixote*. Esse romance, quanto ao mais, foi um dos poucos que mereceram a indulgência de Borges; outros foram os de Voltaire [v.], os de Stevenson [v.], os de Conrad [v.] e os de Eça de Queirós [v.]. Deleitava-se com os contos, traço que recorda a sentença de Poe [v.], '*There is no such thing as a long poem*' [Não há nada como um longo poema], que confirmam os usos da poesia de certas nações orientais. No que se refere à metafísica, basta-nos recordar certa *Clave de Baruch Spinoza*, 1973. Foi catedrático nas universidades de Buenos Aires, do Texas e Harvard, sem outro título oficial além de um vago bacharelado realizado em Genebra, que a crítica continua pesquisando. Recebeu o título de Doutor Honoris Causa na Universidade de Cuyo (na Argentina) e na de Oxford. Uma tradição repete que jamais formulou uma pergunta nos exames e que convidava os alunos a escolher e tecer considerações sobre um aspecto qualquer do tema. Não exigia datas, alegando que ele mesmo as ignorava. Abominava a bibliografia, que afasta o estudante das fontes.

"Agradava-lhe pertencer à burguesia, atestada por seu nome. A plebe e a aristocracia, devotas do dinheiro, do jogo, dos esportes, do nacionalismo, do sucesso e da publicidade, pareciam-lhe quase idênticas. Em 1960, filiou-se ao Partido Conservador, porque (dizia) 'é indubitavelmente o único que não pode suscitar fanatismos'.

"O renome de que Borges gozou durante sua vida, documentado por uma grande quantidade de monografias e de polêmicas, não deixa de assombrar-nos agora. Consta que o primeiro assombrado foi ele e que sempre temeu que o declarassem um impostor ou um embusteiro ou uma singular mistura de ambos. Indagaremos as razões desse renome, que hoje nos parece misterioso.

"Não se deve esquecer, em primeiro lugar, que os anos de Borges corresponderam a um declínio do país. Era de estirpe militar e sentiu saudade do destino épico de seus antepassados. Pensava que o valor é uma das poucas virtudes de que os homens são capazes, mas seu culto levou-o, como a tantos outros, à veneração irrefletida dos marginais. Assim, o mais lido de seus contos foi 'Homem da esquina rosada', cujo narrador é um assassino. Compôs letras de milonga, que festejam homicidas congêneres. Suas estrofes de caráter popular, que são um eco de Ascasubi [v.], exumam a memória de briguentos muito razoavelmente esquecidos. Redigiu uma piedosa biografia de certo poeta menor, cuja única proeza foi descobrir as possibilidades retóricas do cortiço [v.]. Os autores de sainetes já haviam armado um mundo que era essencialmente o de Borges, mas as pessoas cultas não podiam desfrutar de seus espetáculos com a consciência tranquila. É perdoável que aplaudissem quem lhes autorizava esse prazer. Seu secreto e talvez inconsciente desejo foi tramar a mitologia de uma Buenos Aires que jamais existiu. Assim, ao longo dos anos, contribuiu sem saber e sem suspeitar disso para essa exaltação da barbárie que culminou no culto do *gaucho* [v.], de Artigas [v.] e de Rosas [v.].

"Passemos ao avesso. Apesar de *Las fuerzas extrañas* (1906), de Lugones [v.], a prosa narrativa argentina não ultrapassava, de modo geral, o depoimento, a sátira e a crônica de costumes; Borges, sob a tutela de suas leituras setentrionais, elevou-a ao fantástico. Groussac [v.] e Reyes [v.] ensinaram-lhe a simplificar o vocabulário, entorpecido então por curiosas feiuras: *agressividade*, *alienação*, *busca*, *complexado*, *conscientizar*, *condução*, *conjuntural*, *geracional*, *grupal*, *negociado*, *promo-*

ver-se, recepcionar, sentir-se motivado, sentir-se realizado, situacionismo, verticalidade, vivenciar... as academias, que teriam podido desaconselhar o emprego de tais monstrengos, não se animaram. Aqueles que condescendiam com esse jargão exaltavam publicamente o estilo de Borges.

"Borges sentiu alguma vez a discórdia íntima de sua sorte? Suspeitamos que sim. Desacreditou do livre-arbítrio e lhe comprazia repetir esta sentença de Carlyle [v.]: 'A história universal é um texto que somos obrigados a ler e a escrever incessantemente e no qual também nos escrevem'.

"Pode-se consultar sua *Obra completa*, Buenos Aires, Emecé Editores, 1974, que segue com rigor suficiente a ordem cronológica." — Jorge Luis Borges, "Epílogo" das *Obras completas*. Buenos Aires: Emecé, 1974, pp. 1141-5.

Borges, Jorge Guillermo

Advogado argentino, nascido em Entre Ríos (1874-1938), filho póstumo do coronel Francisco Borges (v.) e pai do escritor. Herdou de seu avô Haslam o idioma inglês, assim como a cegueira progressiva — transmitida ao filho —, a qual o obrigou a se aposentar em 1914. Foi professor de psicologia em língua inglesa.

Em uma nota sobre a amizade, Borges o recorda como "*tão modesto que teria preferido ser invisível*". No *Ensaio autobiográfico*, caracteriza-o como o pai morto do personagem de Baltasar Espinosa em "O Evangelho segundo São Marcos" (*O informe de Brodie*): "*Meu pai, Jorge Guillermo Borges, era advogado. Era um anarquista filosófico — um discípulo de Spencer — e também professor de psicologia na Escuela Normal en Lenguas Vivas, onde ditava as aulas em inglês utilizando como texto a versão resumida do manual de psicologia de William James*".

Borges lembra que os ídolos do pai eram Shelley (v.), Keats (v.) e Swinburne (v.), e que, como leitor, ele tinha "*dois interesses*": livros sobre psicologia e metafísica (Berkeley (v. Berkeley, George), Hume (v.), Josiah Royce e William James (v.)), e sobre o Oriente (Lane (v.), Burton (v.) e Payne). Também foi ele quem lhe ensinou as primeiras lições de filosofia, explicando os paradoxos de Zenão de Eleia (v.) com a ajuda de um tabuleiro de xadrez, e, mais tarde, os rudimentos do idealismo. Rememora ainda sua preferência pela *Ode to a Nightingale*, de Keats, e enfatiza a tradução que fez das *Rubaiyat*, de Omar Khayyam (v.), baseada na versão inglesa de Edward FitzGerald (v.).

O autor revela que, enquanto Jorge Guillermo escrevia o romance *El caudillo* (1921), aceitou "*com resignação*" algumas metáforas ruins oferecidas pelo filho, procedentes do expressionismo alemão. A tradição inglesa em que o pai o inicia é apontada pela mãe: "*Eu sei — minha mãe me disse — que, toda vez que repito versos ingleses, repito-os com a voz de meu pai.* [...] *Quando repito versos de Schiller, meu pai está vivendo em mim*" ("A imortalidade", *Borges oral*). A série anglófila paterna inscreve-se também no conto "Tlön, Uqbar, Orbis Tertius" (*Ficções*), no qual o narrador recorda, em torno de Herbert Ashe (v.), que "*meu pai estreitara com ele (o verbo é excessivo) uma daquelas amizades inglesas que começam por excluir a confidência e logo depois omitem o diálogo*". O amor de Borges pelo escandinavo talvez tenha surgido com "*um exemplar da* Völsunga Saga *que meu pai me deu haverá meio século, traduzida por Morris e por Magnússon para um arcaico dialeto inglês, quase puramente saxão*" ("Prólogo a *Seis poemas escandinavos*", *Textos recobrados 1956-1986*). — MCR

Borges, J. L., e Vázquez, María Esther: *Literaturas germánicas medievales*; Borges, J. L., e Ingenieros, Delia: *Antiguas literaturas germánicas*

V. literatura nórdica medieval.

Borges, Norah

Pintora, gravadora e ilustradora argentina, de Buenos Aires (1901-98), seu verdadeiro nome era Leonor Fanny Borges Acevedo de Torre. De 1914 a 1918, residiu em Genebra, onde frequentou a Escola de Belas-Artes. Em 1915, organizou um livro com oito poemas e ilustrações de sua autoria, intitulado *Notas lejanas*, que foi prefaciado por seu irmão, Jorge Luis Borges. Em 1918, aprendeu a técnica da gravura sobre madeira, trabalhando segundo leitura pessoal do expressionismo alemão. Com Borges, participou do ultraísmo espanhol, em Sevilha, Madri e Maiorca, e suas xilogravuras integraram várias publicações ultraístas, entre elas *Grecia*, *Ultra* e *Reflector*. Ilustrou o *Manifiesto vertical ultraísta*, de Guillermo de Torre (1900-71) (v.). Em 1921, retornou a seu país e teve participação ativa no ultraísmo argentino, ilustrando a revista mural *Prisma* (v.) e *Proa, Revista de Renovación Literaria* (v.). Em 1923, fez a capa do primeiro volume de poemas do irmão, *Fervor de Buenos Aires*. Ao regressar de nova viagem pela Europa (1923-4), ilustrou *Proa* em sua segunda época e fez parte do grupo *martinfierrista* (v. *martinfierrismo*). Nesse período, ilustrou diversos livros, entre eles os de Norah Lange (v.), Eduardo Mallea e Carlos Mastronardi (v.). Em 1926, participou da Exposição de Pintores Modernos, ao lado de Emilio Pettoruti, Xul Solar (v.) e Piero Illari, para acompanhar as conferências de Filippo T. Marinetti (v.) realizadas na Asociación Amigos del Arte.

Em 1928, casou-se com Guillermo de Torre, radicando-se em Madri quatro anos depois. Expôs, em 1934, no Museu de Arte Moderna, e foram, ela e o marido, os animadores do Adlan (*Amics de l'Art Nou*) madrilenho. Em 1936, recebeu um convite para participar da exposição *L'Art Espagnol Contemporain* no museu Jeu de Paume, em Paris. Partiu pouco antes da eclosão da Guerra Civil Espanhola (v.), regressando definitivamente à Argentina em 1937. Colaborou em *Los Anales de Buenos Aires* (1946-8) (v.), revista dirigida pelo irmão, com ilustrações, vinhetas e notas sobre arte assinadas sob o pseudônimo Manuel Pinedo. Em 1977, Borges escreveu o prefácio de *Norah: Con quindici litographie di Norah Borges* [Norah: Com quinze litografias de Norah Borges] (Milão: Edizioni il Polifilo), livro que reuniu um conjunto das litografias produzidas pela artista em 1925. — PA

Borzage, Frank

Frank Borzage (1894-1962) dirigiu mais de oitenta filmes, entre eles *Seventh Heaven* (1927), *A Farewell to Arms* (1932) e *Moonrise* (1948). Com grande talento para filmar melodrama e romance, foi, durante as décadas de 1920 e 1930, um dos mais importantes diretores de Hollywood. Depois, seu estilo profundamente sentimental começou a parecer um pouco antiquado e acabou sendo deixado de lado na história do cinema. O que Borges aprecia em Borzage é o olhar estilizado que tende a desconstruir o mundo para transformá-lo em expressão dos desejos de seus personagens, como escreve em "Filmes" (*Discussão*). — DO

Boswell, James

Escritor escocês (1740-95), amigo de Samuel Johnson (v.), escreveu sua biografia, *The Life of Samuel Johnson* (1791). As referências a esse autor na obra de Borges remetem-nos à relação entre Boswell e Johnson. Nas "Notas" que integram o volume *Discussão*, o escritor argentino diz que tal biografia é um dos livros mais relidos por ele. Além disso, em "Sobre *Purple Land*" (*Outras inquisições*), tece importante comentário acerca do impacto que uma frase do escocês lhe causara: "*Melhorando até a perfeição uma frase divulgada por Boswell, Hudson conta que muitas vezes na vida empreendeu o estudo da metafísica, mas que sempre foi interrompido pela felicidade*", afirmando que foi uma das mais memoráveis que encontrou na literatura. Em *Introducción a la literatura inglesa*, faz uma breve resenha biográfica de *The Life of Samuel Johnson*. — LM

Bourget, Paul

Poeta, romancista, crítico e dramaturgo francês (1852-1935), iniciou a atividade literária com o volume de poemas *Au bord de la mer* (1873). Contudo, o que mais se destacou em sua obra foram os romances de análise psicológica. Apreciador da singular arte de Stendhal, Bourget voltou-se para uma vertente nova em um momento em que a escola realista dominava a ficção na França. Desse modo, assumiu uma postura e uma precisão narrativa distintas daquelas dos escritores que retratavam com fidelidade surpreendente o ambiente e as ações do indivíduo e da sociedade. Sua prosa centrava-se principalmente nas secretas origens e vicissitudes do caráter humano. Entre os diversos romances que escreveu, estão *Cosmopolis* (1892) e *Un divorce* (1904).

Em "Um trágico romance inglês" (*Textos cativos*), ele é citado em nota dedicada ao livro *Brighton Rock* (1938), de Graham Greene (v.), na qual se pode entender que Borges não nutre apreço por Bourget. O escritor argentino trata de desvinculá-lo do parâmetro de autor de bons romances psicológicos, ainda que essa classificação de gênero seja relativamente imprecisa para ele, que, como se sabe, nunca foi admirador de romances, com exceção de alguns clássicos, entre os quais *Dom Quixote*. — PPM

Bousset, Wilhelm

Teólogo alemão (1865-1920), estudioso do Novo Testamento, professor nas universidades de Göttingen e Giessen, e cofundador da chamada Religionsgeschichtliche Schule, "escola de história das religiões". Publicou diversos trabalhos sobre crítica textual do Novo Testamento, gnosticismo, e sobre a Igreja primitiva. *Die Religion des Judentums im neutestamentlichen Zeitalter* (1903) é uma de suas principais obras. Foi também colaborador da *Encyclopaedia Britannica*, fato citado rapidamente por Borges em "Uma vindicação do falso Basilides" (*Discussão*). — PFCO

bouestrophedon [boustrophédon]

Procedimento de escrita e de leitura que se dá em uma linha da direita para a esquerda e na seguinte da esquerda para a direita, e assim sucessivamente. Em dois textos que abordam a cabala, "Uma vindicação da cabala" (*Discussão*) e "A cabala" (*Sete noites*), Borges menciona essa modalidade de leitura, a qual, conforme ele mesmo observa, constitui um dos métodos hermenêuticos e criptográficos que conduzem à doutrina cabalística. O autor acrescenta ainda que, na cabala, "*trata-se a Escritura como se fosse uma escrita cifrada, criptográfica, e inventam-se diversas leis para lê-la*". A leitura em *boustrophédon* aparece como possibilidade, compondo uma dessas "leis". A palavra grega tem outra acepção, mais restrita: denota o anagrama perfeito formado pela inversão pura de um termo, como ocorre com "amor" e "Roma". Tem-se, então, a ideia de buscar, com base na exploração de diversas maneiras de leitura, novas palavras de acordo com as quais estão escritas, e é a tal especulação que alude Borges, entre outras possibilidades, ao tratar da cabala nos referidos textos. — PPM

Bradbury, Ray

Escritor norte-americano (1920-2012), foi um dos autores mais importantes e inovadores da ficção científica.

No prólogo que escreveu para *Crônicas marcianas* (1950), de Bradbury, em 1955, Borges associa a conquista do espaço exterior ao tédio norte-americano, a experiência pessoal do autor. Além disso, cria, para esse gênero considerado menor — a ficção científica —, uma linhagem ilustre que vai de Luciano de Samósata (v.) a Ludovico Ariosto (v.), de Giordano Bruno (v.) a Francis Bacon (v.), na qual insere essa obra de Bradbury como um romance de tom elegíaco, diferenciando-o do sentido épico que tais aventuras interplanetárias deveriam possuir. O livro, segundo Borges, é uma advertência dos perigos que a humanidade pode vir a enfrentar. O escritor argentino nos oferece ainda, em "Ray Bradbury, *Crônicas marcianas*" (*Prólogos, com um prólogo de prólogos*), uma breve resenha biográfica do autor. — LM

Bragi, deus

Na mitologia nórdica, deus da eloquência e da poesia. Filho de Odin e da gigante Gunnlod, sua mulher era Idun, a guardiã das maçãs mágicas da juventude. Representa-o um homem velho, de barba longa, com uma harpa. Na *Edda prosaica* (v.), em "Gylfaginning", o deus Bragi é apontado como o maior dos poetas e, em "Skaldskaparmal", é o personagem que dialoga com Aegir sobre poesia. Borges faz referência a esse diálogo ao descrever a *Edda prosaica* em "As *kenningar*" (*História da eternidade*). — FT

brahá

Costuma-se traduzir essa palavra hebraica, citada por Borges em "A cabala" (*Sete noites*), por "bênção", do latim *benedictione*. O termo faz referência à graça divina, a "bendizer". Seu verdadeiro sentido, no entanto, pode ser reconhecido por um pequeno relato do Talmude (Brahot, 7A): "Rabi Ishmael narra uma visão de Deus. Ele O escutou pedindo-Lhe: 'Ishmael, Meu filho, *barhemi*'. E Rabi Ishmael respondeu-Lhe: 'possa Teu atributo de *Chessed* [amor irrestrito] sobrepor-se ao Teu atributo de *Din* [julgamento severo]'". A tradição judaica ensina que uma simples ação de *brahá* tem efeito cósmico, uma vez que a *brahá* promove *Shefa*, "fluxo abundante" do amor de Deus e de Sua bondade. — EM

Brahma

Segundo a tradição hinduísta, primeira criatura viva do universo, origem e essência. Divindade suprema e força onipresente, representante do período védico da religião indiana. A vida de Brahma alastra-se por toda a duração do universo, e ele possui o poder de criar a multiplicidade de formas de vida existente. Borges retoma em "O budismo" (*Sete noites*) e em "O tempo circular" (*História da eternidade*) a ideia do eterno retorno, uma constante em sua temática. — LMRB

Brahms, Johannes

Compositor alemão (1833-97), filho de um contrabaixista que tocava nos bares da região portuária de Hamburgo, por quem foi iniciado na música e com quem trabalhou mesmo depois de começar um estudo formal de piano. Seguidor sistemático dos modelos clássicos como princípio básico de composição, que, no seu caso, provinham sobretudo de Beethoven; algumas músicas de autoria deste integraram o primeiro concerto de Brahms, em 1847. Após o surgimento da segunda geração romântica em seu país, ele efetuou um retorno ao classicismo e, em 1860, declarou-se, com outros adeptos, contra a chamada "música do futuro". Mantendo a antiga estética hierárquica dos gêneros musicais, buscou atingir o sublime por meio do trivial; nesse sentido, compôs *Danças húngaras* (1869), com base em temas ciganos.

Além de intitular "A Johannes Brahms" um poema de *A moeda de ferro*, Borges refere-se ao compositor por intermédio dos narradores dos contos "Deutsches Requiem" e "O Zahir" (*O Aleph*), e no roteiro cinematográfico *El paraíso de los creyentes*. — JGS

brancos

V. Oribe, Manuel; Rivera (Uruguai).

Brasil

A presença do Brasil na obra de Borges, seja pela geografia, seja pela literatura, nunca deixou de ser marginal, como os próprios *gauchos* (v.) por ele representados. Cidades do Rio Grande do Sul são mencionadas em vários contos, como regiões fronteiriças e eivadas de conflitos. Emir Rodríguez Monegal (v.) recupera uma experiência marcante da juventude do escritor, quando este testemunhou a morte de um *gaucho*, por um capanga, em Sant'Ana do Livramento, o que teria alimentado o seu imaginário na literatura sobre o Sul do Brasil. Ainda em 1970, em entrevista dada a Leo Gilson Ribeiro em São Paulo, Borges lembra: "*em Santana do Livramento, por exemplo, toco uma autenticidade* gauchesca *mantida mais pura do que na Argentina ou no Uruguai: é uma forma que tenho de voltar ao passado de minha infância*".

Daniel Balderston estudou de modo extensivo as ficções em que o Brasil surge na obra de Borges, especialmente em seis contos, configurando uma representação "do Brasil como lugar de selvas, de pântanos, de imensidão, de mistério". Também a literatura brasileira foi vista por Borges como periférica, exceção feita a *Os sertões* (1902), de Euclides da Cunha (v.). A ausência da leitura de Machado de Assis, por exemplo, na obra do escritor sempre chamou a atenção da crítica brasileira.

É interessante que, assim como a geografia e a literatura brasileiras ocuparam espaços marginais em sua obra, a crítica e as diversas biografias de Borges praticamente ignoraram as duas importantes passagens do argentino por São Paulo. Uma delas, em agosto de 1970, para receber o Prêmio da Bienal do Livro, o considerável valor de 25 mil dólares, das mãos de Ciccillo Matarazzo. Esse ano coincide com o da publicação do primeiro de uma série de oito títulos do autor pela Editora Globo, então estabelecida no Rio Grande do Sul. Borges veio a São Paulo acompanhado do seu tradutor para o inglês, Norman Thomas di Giovanni. Há um registro fotográfico curiosíssimo de época, fato quase fantástico, de uma palestra ministrada por Borges no Curso de Madureza Santa Inês, no bairro da Liberdade.

A segunda passagem foi a visita memorável realizada em agosto de 1984, ocasião em que Borges veio acompanhado de María Kodama (v.). A estadia em São Paulo do escritor mundialmente consagrado causou grande impacto em nossos meios. Foram dois dias intensos, com notável palestra no estacionamento do jornal *Folha de S.Paulo* e outra no Museu de Arte de São Paulo (Masp), quando o diretor do museu, Pietro Maria Bardi (1900-99), precisou interromper a entrada do público. Não faltaram entrevistas a jornais e televisão. Foi durante a palestra no Masp que Borges recebeu de José Mindlin, e com enorme alegria, um primeiro exemplar de *Os sertões*, de Euclides da Cunha.

A presença literária de Borges no Brasil se iniciou em 1928, com registros pioneiros e surpreendentes de Mário de Andrade considerando-o "a personalidade mais saliente da geração moderna da Argentina". Os quatro artigos visionários de Mário sobre literatura argentina, publicados no *Diário Nacional*, de São Paulo, entre outubro de 1927 e maio de 1928, foram resgatados por Rodríguez Monegal, como apêndice, em *Mário de Andrade/Borges* (1978). Tudo indica que tenham sido as primeiras menções a Oliverio Girondo (v.), Ricardo Güiraldes (v.), Luis Emilio Soto e outros participantes da geração *martinfierrista* (v. *martinfierrismo*). No arquivo de Mário de Andrade, sediado no Instituto de Estudos Brasileiros da Universidade de São Paulo (IEB-USP), encontram-se exemplares de época de *Inquisiciones* (1915), *El idioma de los argentinos*, com vinhetas de Xul Solar (v.), 1928, e exemplares da revista *Proa* (primeira época) (v.).

A paixão que a literatura borgiana despertou no leitor brasileiro, a partir das análises inaugurais de Mário de Andrade em 1928, está presente em *Borges no Brasil* (2001). Os nomes dos "descobridores" do autor argentino no Brasil, como Augusto Meyer, Alexandre Eulalio e Murilo Mendes, juntam-se a uma rara tradução de Clarice Lispector e a textos de especialistas como Davi Arrigucci Jr., Júlio Pimentel Pinto, Eneida M. de Souza, Bella Jozef entre outros. Suas passagens por São Paulo estão também registradas em rica iconografia e nas reveladoras entrevistas do período. Acompanha uma bibliografia completa do que se produziu sobre Borges no Brasil até o ano da edição desse livro, em 2001.

Em 1998, foi lançado pela Editora Globo, de São Paulo, o primeiro dos quatro volumes das *Obras completas*, em que se adotou o padrão editorial da Emecé de Buenos Aires. Essa edição conquistou o Prêmio Jabuti de Tradução. A partir de 2007, a editora responsável pelas *Obras completas* de J. L. Borges passou a ser a Companhia das Letras, que trouxe a público novas traduções de Davi Arrigucci Jr., Heloisa Jahn e Josely Vianna Baptista.

Na área da tradução da poesia de Borges, merece destaque especial a de Augusto de Campos, *Quase Borges: 20 transpoemas e uma entrevista*. — JS

Brasil, Guerra do

Com o fim do governo de Fructuoso Rivera, assumiu a presidência do Uruguai o general Manuel Oribe (v.), aliado de Juan Manuel de Rosas (v.), ditador da Confederação Argentina. Com a revolta de Rivera em 1838, Rosas interferiu na situação, apoiando Oribe. O Uruguai declarou guerra à Confederação Argentina e Oribe venceu Rivera. Em meio a esse conflito, as estâncias que muitos brasileiros possuíam no interior daquele país foram atacadas e saqueadas pelos soldados do novo presidente. E os ataques alastraram-se para os territórios do Rio Grande do Sul. Em 29 de maio de 1851, Brasil, Uruguai e os governadores das províncias argentinas de Entre Ríos e Corrientes assinaram um pacto para derrubar Oribe e as tropas da Confederação Argentina, o que de fato veio a ocorrer.

Em "História do tango" (*Evaristo Carriego*), Borges tenta mostrar que o argentino, apesar de ser valente e de ter lutado em diversas batalhas no continente americano, incluindo a Guerra do Brasil (ou Guerra Cisplatina), se reconhece mais no *gaucho* (v.) e no *compadre* (v. *compadrito*) do que no Estado ou nas representações militares de sua história, ideia retomada em "A poesia *gauchesca*" (*Discussão*). No conto "O duelo" (*O informe de Brodie*), Borges relata que um antepassado de um dos personagens militou na campanha do Brasil. — PFCO

Bremen, Adão (Adam) de

As referências biográficas sobre Adão de Bremen são escassas. Nem mesmo as datas de nascimento e de morte podem ser comprovadas: 1050?-85? Ao certo, sabe-se apenas que Bremen foi um historiador alemão do século XI. Sua obra *Gesta Hammaburgensis Ecclesiae Pontificum* trata da história eclesiástica de Hamburgo e das missões cristãs que se esforçaram para difundir a fé católica no norte da Alemanha e na Escandinávia.

Para redigir seus relatos históricos, Adão de Bremen recorreu, sobretudo, às fontes orais, recolhendo os dados mais importantes de viajantes que visitaram as terras descritas. O procedimento, inclusive, é forjado por Borges em "*Undr*" (*O livro de areia*). No conto, Bremen obtém informações a respeito dos urnos por meio do diálogo travado com o islandês Ulf Sigurdarson.

Libellus, também conhecido como *Descriptio insularum Aquilonis*, é o quarto livro de Adão de Bremen e funciona como uma espécie de apêndice geográfico a seus estudos. Descreve as terras do Norte europeu e algumas ilhas do mar do Norte. O ano da primeira edição, publicada em Estocolmo, é 1615. — DF

Breton, André

Escritor francês (1896-1966) e criador da revista *Littérature*, na qual fundou o movimento surrealista. Após um período experimental, com base na hipnose e na escrita automática, por exemplo, André Breton direcionou para esse movimento seus textos teóricos, como o *Manifesto surrealista* (1924). Um projeto constante de liberação do sujeito e o repúdio a qualquer forma de controle exterior acompanham a trajetória do escritor inconformista nos diversos grupos de vanguarda aos quais se filiou. O engajamento político de Breton, para quem o indivíduo deveria permanecer como "sonhador definitivo", é um prolongamento de suas concepções sobre literatura e arte, conformado no livro *Position politique du Surréalisme* (1935). Breton colaborou em vários periódicos e dirigiu, durante os anos 1930, a revista *Le Surréalisme au Service de la Révolution*. Redigiu com Trótski, em 1938, no México, o manifesto *Por uma arte revolucionária independente*, que, no entanto, foi assinado pelo pintor mexicano Diego Rivera.

Borges comenta esse texto, quando da sua publicação, em "Um caudaloso manifesto de Breton" (*Textos cativos*), pontuando o absurdo de crer que a arte possa ser reduzida a uma vertente política (marxismo) e o fato de que tal afirmação é incompatível com a total "licença em arte" proclamada pelos autores. Fica clara a aversão de Borges ao movimento surrealista liderado por André Breton. — JGS

Brezina, Otokar

Pseudônimo do poeta tcheco Václav Ignác Jabavy (1868-1929), importante representante do movimento simbolista em seu país. Foi professor na pequena cidade de Nová Říše, onde estudou diversos filósofos e místicos medievais, além de escritores contemporâneos como Baudelaire (v.), Mallarmé, Schopenhauer (v.) e Nietzsche (v.). O desenvolvimento da poesia de Brezina começou cedo, mas a morte dos pais em 1890 é que determinaria os temas trabalhados em sua obra madura: a melancolia e a solidão humanas inseridas na vastidão do cosmos. Seus principais livros são: *Svítání na západě* [Aurora no Ocidente] (1896), *Stavitelé chrámu* [Os construtores do templo] (1899) e *Ruce* [Mãos] (1901). Escreveu também ensaios e é dono de ampla correspondência.

Borges se refere a Brezina em dois artigos para a revista *El Hogar* (v.), os quais se encontram em *Textos cativos*. No primeiro, "Franz Werfel", uma biografia, esse autor é lembrado como amigo do poeta tcheco e tradutor de seus poemas para o alemão em uma antologia intitulada *Winde von Mittag bis Mitternacht*. No segundo, uma resenha sobre "Uma alarmante *História da literatura*", de Klabund, Borges cita, para ilustrar os defeitos do livro, a "*definição metafórica*" que o autor dá de Brezina. — TP

Bridges, Robert Seymour

Poeta, antologista e tipógrafo inglês (1844-1930), foi figura literária influente no início do século XX. Abandonou a carreira de medicina para dedicar-se à literatura. Embora atualmente não seja muito conhecido, em 1913 o nomearam Poet Laureate [poeta contratado oficialmente pela família real britânica para compor poemas para a corte e para cerimônias nacionais]. Escreveu *Milton's Prosody* (1893), *John Keats* (1895), *Poems* (1873) e *Yattendon Hymnal* (1899). Em 1929, publicou aquela que é considerada sua maior obra, *The Testament of Beauty*, um poema filosófico sobre a evolução da alma humana. Conforme nos relata Borges em "O rouxinol de Keats" (*Outras inquisições*), Bridges fez uma crítica a um dos poemas de John Keats (v.). — LMRB

Brighton

Cidade costeira situada ao sul da Grã-Bretanha. Em princípios do século XIX, com Jorge IV ainda príncipe regente, Brighton era uma famosa estação balneária. Aí, no ano de 1872, inaugurou-se um aquário, criado pelo engenheiro Eugenius Birch, cuja arquitetura segue inspiração italiana. Logo ao abrir, o espaço tornou-se um sucesso, com exibições de polvos, lagostas e leões-marinhos, além de atrações culturais como concertos e peças de teatro. Após uma sucessão dos mais variados usos ao longo do século XX, o local continua aberto à visitação até hoje.

Na obra de Borges, o aquário é citado em "O Aleph" (*O Aleph*) como referência para um dos tantos lugares do planeta que o personagem Carlos Argentino Daneri planejou versificar. — PFCO

Brobdingnag

País habitado por gigantes, encontrado na segunda das *Viagens de Gulliver* (1726), de autoria de Jonathan Swift (v.). Esses gigantes, cuja altura é doze vezes a de um homem comum, são desajeitados, grosseiros, e às vezes mesquinhos e maldosos. Sua cultura, restrita e utilitária, resume-se à história, poesia, moral e matemática. As leis são curtas e simples. O sistema de governo é a monarquia.

Os diálogos entre o rei e Gulliver foram a forma usada por Swift para vituperar as políticas europeias, suas leis e suas guerras. Diz o rei, no fim da discussão: "Devo concluir que a maior parte de seus compatriotas é a mais perniciosa raça de pequenos e odiosos parasitas que a Natureza jamais permitiu que rastejassem na face da Terra".

Tal país é citado por Borges como exemplo de calúnia em "Arte de injuriar", a segunda das "Duas notas" que fecham a *História da eternidade*. Segundo ele, a proporção desmedida, tanto de Lilliput como de Brobdingnag, é "*um sonho antropométrico que não chega nem perto das complexidades de nosso ser*", um artifício de Swift para difamar o gênero humano. — TP

Brockhaus, *Enciclopédia* alemã de, e *Enciclopédia Meyer*

Enciclopédias alemãs surgidas no século XIX, exerceram grande influência sobre o gênero, em razão de seus verbetes curtos escritos em uma linguagem voltada para o uso comum. A *Enciclopédia Brockhaus* (*Brockhaus Enzyklopädie*) originou-se da *Frauenzimmer-Lexicon*, publicada entre 1796 e 1808. Nesse ano, Friedrich Arnold Brockhaus adquiriu os direitos daquela que seria a maior enciclopédia de sua língua. A edição de 2005-6 possui 25 mil páginas em trinta tomos, e a edição digital leva o título de *Brockhaus multimedial premium*. Já a *Enciclopédia Meyer* (*Meyers Konversations-Lexikon*) apareceu em 1840-52, com 46 volumes. Seu criador foi Joseph Meyer, do Bibliographisches Institut. Em 1984, houve a fusão da editora de Meyer com a de Brockhaus.

Em sua infância, durante as visitas que fazia à Biblioteca Nacional com o pai, Borges costumava folhear as duas enciclopédias, conforme anotou em "A cegueira" (*Sete noites*). Em uma aula dada em 1978, intitulada "O livro" (*Borges oral*), ele diz que lhe ofereceram uma edição da *Enciclopédia Brockhaus* de 1966. — TP

Brod, Max

Max Brod (1884-1968) nasceu em Praga e, no início do século XX, teve intensa participação nos círculos culturais da cidade. Após a Primeira Guerra Mundial, tornou-se ativista da causa sionista e, em 1939, emigrou para a Palestina, onde continuou a exercer até a morte as atividades de jornalista e escritor. Autor extremamente produtivo, sua obra inclui poemas, ficções, peças teatrais e ensaios de filosofia, crítica literária e política. O pano de fundo de grande parte de seus textos é a fórmula do Livro de Jó, ou seja, as dificuldades de conciliar a crença em Deus com o mal que existe no mundo. Brod propunha um homem empenhado na busca da perfeição.

Em seu trabalho filosófico mais importante, *Heidentum, Christentum, Jüdentum* [Paganismo, cristianismo, judaísmo] (1921), citado por Borges em "Frei Luis de León, *Cântico dos Cânticos. Exposição do Livro de Jó*" (*Biblioteca pessoal*), Brod afirma que o judaísmo representa o "milagre deste mundo" e constitui um estágio fundamental no processo de aperfeiçoamento humano, contrapondo-se, por um lado, à "continuação deste mundo", tal como sustentado, segundo ele, pelo paganismo, e, por outro, à "negação deste mundo", formulada em certas correntes do cristianismo. Apesar de ter deixado vinte romances, talvez seja mais lembrado como o primeiro a reconhecer a grandeza dos escritos de seu amigo íntimo Franz Kafka (v.). Foi a Max Brod que Kafka, nos momentos finais de vida, legou sua verba testamentária, isto é, o pedido de que queimasse seus textos inéditos. Brod, porém, não o atendeu; ao contrário, não mediu esforços para preservar os manuscritos do amigo, tendo sido o responsável principal por sua publicação e divulgação. A generosidade de Brod possibilitou ainda que se reconhecesse o gênio do escritor tcheco Jaroslav Hasek, autor de *O bom soldado Schweik* (1907), e o do compositor Leos Janacek, também tcheco. — EM

Brodie, David

Personagem do conto "O informe de Brodie", do livro homônimo. É um missionário escocês, natural de Aberdeen, que pregou a fé cristã na África Central e em regiões incivilizadas do Brasil, onde aprendeu português. Borges observa, no prólogo do livro, que essa história procede da última viagem empreendida por Lemuel Gulliver, personagem do escritor irlandês Jonathan Swift (v.), para terras desconhecidas e fantásticas. Desse modo, Brodie tem um paralelo direto com Gulliver e, como é comum na narrativa borgiana, enquadra-se em uma ambiência ficcional em que se mesclam elementos do universo fantástico e referências reais. — PPM

Brodir, apóstata

Na *Saga de Njal* (1280) (v.), viking que fora diácono cristão mas renunciara à sua fé, Brodir oferecia sacrifícios aos espíritos pagãos e era hábil em magia. Na Batalha de Clontarf (na *Saga*, denominada Batalha de Brian), ocorrida na Sexta-Feira Santa de 1014, próximo a Dublin, lutou ao lado das forças do rei nórdico de Dublin, Sigtrygg, que tinha como aliado Sigurd, duque de Orkney. O rei cristão Brian venceu a batalha, mas morreu nas mãos de Brodir, que depois foi capturado e morto.

Borges transcreve, no ensaio "As *kenningar*" (*História da eternidade*), o fragmento da *Saga* em que as naves de Brodir sofrem, por três noites seguidas, surpreendentes ataques, prenunciadores de seu destino, e menciona a batalha na abertura do conto "O espelho e a máscara" (*O livro de areia*). — FT

Brook Farm

Comunidade experimental localizada em West Roxbury, próximo a Boston, fundada em 1841 por George Ripley, que a construiu com base nas teorias do filósofo francês Charles Fourier. O falanstério de Brook Farm atraiu intelectuais da Nova Inglaterra, entre os quais o famoso escritor Nathaniel Hawthorne (v.), fato mencionado por Borges no ensaio sobre esse autor, em *Outras inquisições*. — YF

Brouwer, mapa de

O matemático e filósofo holandês Luitzen Egbertus Jan Brouwer (1881-1966) elaborou um mapa dividido em três porções, representando três países (padrão de mapa em que duas linhas limítrofes pertencem ao mesmo tempo às três porções que dividem), mas com o diferencial de que *todos* os seus pontos limítrofes são simultaneamente dos três. Em "Notas" (*Discussão*), Borges cita esse mapa no texto sobre o livro de Edward Kasner e James Newman, *Mathematics and the Imagination* (1944), que trata da popularização das ciências matemáticas e que, para seu gênero, foi bastante lido e conhecido na época (v. Kasner e Newman).

Ao enumerar uma série de temas abordados em tal obra, Borges inclui o "*incessante mapa de Brouwer*" entre os "*imediatos e acessíveis encantos das matemáticas, que até um mero homem de letras pode entender, ou imaginar que entende*". — PPM

Brown, Father; Padre Brown

Personagem do escritor inglês Gilbert Keith Chesterton (v.), é um padre-detetive que figura nos seus contos policiais, reunidos em *A inocência do Padre Brown* (1911) e *O segredo do Padre Brown* (1927). Brown caracteriza-se por sempre chegar à revelação de um mistério por meio da inteligência e do raciocínio, e por jamais condenar os criminosos, mas conceder-lhes perdão e oportunidade para que mudem, de modo que nos desfechos de tais contos nunca há prisão nem violência.

Em um discurso sobre o conto policial, ao se referir à tradição literária de detetives que descobrem mistérios meramente por obra intelectual, Borges cita o Padre Brown, colocando-o ao lado de Sherlock Holmes (v.), o conhecido personagem criado pelo autor britânico Conan Doyle. Antes disso, Borges o menciona em "Juan López e John Ward" (*Os conjurados*, 1985) e comenta que John Ward andou pela mesma cidade que Father Brown, provavelmente Essex, condado da Grã-Bretanha de onde era o padre, a despeito de este figurar em diversas narrativas que têm lugar não só em outras cidades como também em outros países, por exemplo, a França. — PPM

Browne, Edward Granville

Orientalista britânico (1862-1926), escreveu *A Literary History of Persia*, obra em quatro volumes, publicada na Inglaterra entre 1902 e 1924, que versa sobre a literatura persa feita do ano 1000 até o ano de 1924. Nela há também uma seção acerca das origens do povo e da língua persa.

Em "A metáfora" (*História da eternidade*), é citada uma das metáforas presentes na obra de Browne: "'*águia de três asas*', *que é um nome metafórico da flecha, na literatura persa*". O tema desse texto de Borges é um dos mais importantes para os vanguardistas argentinos, especialmente os que sofriam a influência do ultraísmo (v.), corrente literária de origem espanhola. Ao retornar da viagem que fizera à Europa com a família, Borges trouxe consigo as ideias do grupo liderado por Rafael Cansinos-Asséns (v.), e no início da década de 1920 fundou o ultraísmo em seu país. Os escritores conterrâneos que aderiram ao movimento manifestavam forte preocupação com o caráter metafórico de suas obras, buscando sempre as mais inusitadas metáforas. — PFCO

Browne, Sir Thomas

Thomas Browne (1605-82), eminente médico inglês e renomado escritor, obteve o grau de bacharel em Artes na Universidade de Oxford. Visitou a Irlanda, depois a França, e finalmente realizou a famosa jornada pela Itália, considerada essencial para uma formação intelectual completa. Terminou os estudos na Holanda. Em 1635, escreveu *Religio Medici*, livro que causou grande impacto, tanto por seu título como pelo brilhantismo do autor e sua hábil transformação da linguagem. Vertido para o latim, espalhou-se por toda a Europa, onde mereceu tradução para vários idiomas. O fato de tornar-se muito conhecido gerou problemas para Browne, que foi acusado de ateísmo e heresia por alguns leitores.

Em 1658, publicou *Hydriotaphia, Urn Burial; or, a Discourse of the Sepulchral Urns Lately Found in Norfolk. Together with the Garden of Cyrus, or the Quincuncial, Lozenge, or Network Plantations of the Ancients, Artificially, Naturally, Mystically Considered. With Sundry Observations*. Em 1671, foi sagrado cavaleiro pelo rei Carlos II, recebendo o título de Sir. Browne é reiteradamente citado por Borges ao longo de sua obra. — PFCO

Browning, Robert

Poeta e dramaturgo vitoriano (1812-89) frequentemente citado por Borges. Browning distingue-se pela criação, em sua obra poética, do *dramatic monologue*, em que a voz narrativa conta uma experiência de modo breve e pontual, como uma espécie de monólogo interior. Dentre seus poemas, cabe destacar "Porphyria's lover" e, dentre os livros, a série *Bells and Pomegranates*, publicada entre 1841 e 1846. Em *A rosa profunda* inclui-se o poema "Browning resolve ser poeta", no qual Borges utiliza o recurso do monólogo para caracterizar o poeta inglês. No prólogo de *O outro, o mesmo*, afirma: "*No 'Poema conjectural' observa-se a influência dos monólogos dramáticos de Robert Browning*", o que abre a possibilidade de estabelecer uma ampla relação entre os dois poetas, e isso se confirma em uma imensa quantidade de referências aos escritos do vitoriano.

Em "Kafka e seus precursores" (*Outras inquisições*), Borges faz uma alusão ao poema "Fears and Scruples", do livro *Pacchiarotto*, como profecia da obra kafkiana. No comentário que ele escreve em *Introducción a la literatura inglesa*, ressalta novamente o uso do monólogo dramático e oferece vários exemplos. Por outro lado, destaca como obra mais importante *The Ring and the Book*, de 1869. Já em *Evaristo Carriego* (1930), Browning é evocado como uma de suas claras influências; também é mencionado no prólogo de *A cifra* (1981). O lapso de tempo que separa esses textos confirma seu comentário no prólogo de *O ouro dos tigres*, ao referir-se à poesia de Browning como uma preferência. — LM

Bruegel, Pieter

Também conhecido como Bruegel, o Velho, Pieter Bruegel (Países Baixos, 1525-69) dedicou-se à pintura, gravura, desenho e ilustrações, sendo sua obra lembrada principalmente como um painel da simples população campesina no século XVI, na região onde nasceu e da qual quase nunca saiu. Sua popularidade como paisagista incorpora a composição sobre bases mitológicas, proverbiais, alegóricas e simbólicas, em que as vicissitudes humanas são expostas como um "mundo de ponta-cabeça", enlouquecido. A reinterpretação da pintura flamenga divide espaço, na produção marcadamente caudatária do modo renascentista italiano de Bruegel, com as representações bíblicas, encomendadas por membros da corte espanhola.

Em um prólogo à obra *As tentações de Santo Antão* (*Biblioteca pessoal*), de Gustave Flaubert (v.), Borges aponta o quadro de mesmo título de Bruegel como uma das inspirações para o livro. — JGS

Brunanburh

Batalha travada em 937, no lugar então conhecido por esse nome, na qual o rei saxão Aethelstan derrotou Constantino II, rei da Escócia, e seus aliados noruegueses Anlaf Sihtricsson e Anlaf Guthfrithson, provenientes da Irlanda. A Batalha de Brunanburh causou grande impressão entre seus contemporâneos. Sua memória foi preservada pela tradição nórdica, e sobre ela se compôs um poema. A Batalha de Wen Heath, descrita na *Saga de Egil* (v. *Skallagrimsson*, *Saga de Egil*), embora diferente em muitos aspectos, parece ter como fonte histórica mais aproximada aquela de Brunanburh.

Borges, em "Snorri Sturluson, *Saga de Egil Skallagrimsson*" (*Biblioteca pessoal*), identifica a batalha mencionada na *Saga* como a de Brunanburh. Outras referências ao combate e ao poema composto sobre ele estão presentes na sua obra, entre elas os poemas intitulados "Brunanburh, 937 A.D." (*A rosa profunda*) e "A um poeta saxão" (*O outro, o mesmo*). — FT

Bruno, Giordano

Filósofo italiano (1548-1600), influenciou, entre outros, Leibniz e Spinoza (v.). Entrou para a Ordem dos Dominicanos em 1562 e dez anos depois foi ordenado padre. Acusado de heresia em 1576, iniciou uma vida de filósofo andante, ensinando e escrevendo. Ao ler Copérnico, aderiu a grande parte de suas afirmações astronômicas, e construiu uma teoria sobre o universo que hoje é a mais aceita. Essa teoria diz que, se o Sol nada mais é que uma estrela, então todas as demais estrelas que à noite vemos no céu seriam outros sóis, porém tão distantes que nos parecem menores. Foi também um crítico de Aristóteles (v.), tendo publicado diversos livros que falam sobre a natureza da verdade e do universo. Tais livros acabaram angariando a antipatia dos católicos romanos ortodoxos. Denunciado à Inquisição em 1592, foi condenado por heresia e morto na fogueira.

Giordano Bruno é citado, por exemplo, quando Borges se refere à obra de Pascal (v.), em "A esfera de Pascal" (*Outras inquisições*), para poder situar esse autor no seu tempo e espaço. Esse é um trecho de grande beleza literária, pois Borges não faz isso objetivamente, com datas e fatos históricos, mas, com base em uma concepção de universo representada por Copérnico e Bruno, mostra a fonte da angústia e solidão que, no texto, ele liga a Pascal. — HNC

Buber, Martin

Filósofo e teólogo nascido em Viena (1878--1965), passou grande parte da infância em Lemberg, com o avô Salomão Buber, que teve enorme influência na visão de mundo desse brilhante escritor religioso. Ao lado do avô, Buber entrou em contato com os relatos do movimento místico judaico-hassídico, os quais ele desdobrou posteriormente na filosofia do diálogo, que desenvolveu em seu livro mais importante, *Eu e tu* (1923). Essa obra foi precedida de um profundo estudo e recopilação de sábios hassídicos, registrados em *Histórias do Rabi* e *As histórias do Rabi Nakhman* (1906).

Estudou nas universidades de Viena, Leipzig, Zurique e Berlim. Nesta última, exerceram grande impacto sobre ele os trabalhos dos filófosos Wilhelm Dilthey e Georg Simmel, seus professores. Com Dilthey, Buber aprendeu que, na análise de textos de épocas anteriores, é necessário fazer surgir novamente a viva implicação de todos os elementos presentes, de forma a expor a luta espiritual da qual os textos são expressão — abordagem que visa muito mais a sua compreensão do que a uma avaliação crítica. É dele também uma incrível tradução para o alemão do Antigo Testamento, em que busca manter o ritmo e a estrutura frasal do original hebraico. Esse projeto começou no início dos anos 1920, em parceria com Franz Rosenzweig, que faleceu em 1929, levando Buber a concluí-lo sozinho em 1961. Ou seja, o pano de fundo de todo o seu intenso trabalho filosófico, literário e político é a tradução da Bíblia para os nossos dias. De acordo com o austríaco, o leitor contemporâneo da Bíblia teria deixado de ouvi-la e, para ele, a voz narrativa bíblica não quer ser lida, mas ouvida.

Em 1938, Buber emigrou para a Palestina, onde se dedicou a lecionar filosofia social na Universidade Hebraica de Jerusalém. Ao disseminar princípios do hassidismo e do judaísmo em geral a conceitos universais, ele alcançou o lugar de grandioso escritor humanista e passou a ser uma das principais referências teológicas do século XX. Borges alude a uma observação filosófica de Buber sobre o próprio viver em "História dos ecos de um nome" (*Outras inquisições*): "*viver é penetrar numa estranha moradia do espírito, cujo chão é o tabuleiro em que jogamos um jogo inevitável e desconhecido contra um adversário cambiante e às vezes horrível".* — EM

Bucentauro

Deriva de *bucentaurus*, termo latino que significa "centauro com corpo de touro". Era uma grande galera de madeira entalhada e dourada, na qual o doge de Veneza desfilava no Dia da Ascensão para celebrar seu casamento simbólico com o mar Adriático. Ao passar pelo Lido (ilha-porto de Veneza), o doge atirava um anel de ouro ao mar, dizendo: "Mar, nós te esposamos, em sinal de soberania positiva e perpétua". Esses anéis são ressignificados poeticamente por Borges em "Veneza" (*Atlas*) como "*os elos indefinidos de uma cadeia ideal no tempo*". — LMRB

Buckley, Theodor Alois

A questão que envolve produções e traduções de textos literários é uma das mais importantes para Borges, estando presente em vários momentos de sua obra. Assim, ao comentar em "As versões homéricas" (*Discussão*) algumas traduções da *Odisseia* para o inglês, ele cita Buckley (1825-56). Esse autor traduziu diversas obras clássicas para o inglês, entre as quais textos homéricos, como a *Odisseia* em 1851, como informa Borges. — PFCO

Buddhacarita, epopeia sânscrita

Buddhacarita-kavya-sutra é um poema narrativo escrito pelo poeta Asvaghosa, um dos grandes representantes da literatura budista. O autor, que viveu no norte da Índia entre 80 e 150 aproximadamente, criou um poema épico sobre a vida de Buda e seus ensinamentos.

Borges cita uma passagem desse poema em "Formas de uma lenda" (*Outras inquisições*) para exemplificar que uma mesma lenda pode, com o passar dos séculos, ser reinterpretada e transformada. — YF

Buenos Aires

Nos anos 1920, Borges sintetiza com originalidade a nostalgia de um passado que imagina e o choque que a Buenos Aires moderna lhe causou quando ele regressou da Europa. Havia partido em 1914, no início da adolescência, e voltara em 1921, jovem veterano das guerrilhas vanguardistas, do expressionismo ao ultraísmo. "As coisas não acabam porque cedem ao sentimento, mas, ao contrário, começam aí", escreveu Paul Virilio. E Borges, no poema "Bairro Norte" (*Caderno San Martín*): "*Um dia este bairro foi uma amizade*". A nostalgia do tempo da infância, o *ubi sunt* do sentimentalismo autobiográfico, é o ponto inicial, o território de memória a partir do qual Borges constrói uma escrita e arma um passado desde a modernidade estética. Nessa borda, entre uma Buenos Aires que ele crê recordar e a cidade que encontra em 1921, desenha um espaço literário que funda sua primeira grande invenção: o *criollismo* (v. *criollo*) urbano de vanguarda. Publica três livros de poemas — *Fervor de Buenos Aires* (1923), *Lua defronte* (1925) e *Caderno San Martín* (1929) — e quatro de ensaios — *Inquisições* (1925), *El tamaño de mi esperanza* (1926), *El idioma de los argentinos* (1928) e *Evaristo Carriego* (1930). Sete livros, um começo certamente espetacular com que conquistou seu lugar com mão firme, embora anos depois ele mesmo tenha rejeitado esses ensaios (exceto o dedicado a Evaristo Carriego) (v.) e tenha corrigido implacavelmente (nem sempre para melhor) seus poemas.

Em *Devant le Temps*, Georges Didi-Huberman, a propósito de um painel "abstrato" de Fra Angélico no convento de San Marco de Florença, discorre sobre a fatalidade, a soberania e a potência interpretativa do anacronismo. A percepção atual, afirma, não pode senão incorporar a tradição abstrata à sua visão da pintura do passado: olha-se do ponto de vista de uma reminiscência que é inevitavelmente anacrônica. O que seria inadmissível para a história é uma condição da literatura e da arte. Borges olha Buenos Aires como um espaço recordado, um espaço mítico que ele mesmo, mais que receber do passado, impulsiona como sua própria novidade na literatura argentina: a cidade *criolla* (v. *criollo*) que persiste na cidade moderna, a planície pampiana que se reflete no pátio, nas cercas vivas dos subúrbios, nas ruas "*sem calçada defronte*", ou seja, as ruas que tocam o pampa e se perdem na extensão de uma paisagem familiar.

Nesse mito, o passado é um espaço em que se reinventa a planície heroica das guerras do século XIX, a violência que é a mãe da coragem suicida ou resignada do *gaucho* (v.), os códigos de honra de uma sociedade rural pré-moderna. Sem essa dimensão cultural, a Buenos Aires moderna seria uma cidade sem raízes, produzida pela abundância econômica, pela imigração, pelas instituições das elites letradas. Para Borges, em compensação, é uma cidade que mostra seu mapa histórico, ao qual correspondem diferentes intensidades de sentimento.

Borges tem à sua disposição a caixa de ferramentas das vanguardas europeias que lhe são afins, e as utiliza de maneira original na postulação de um cenário urbano *misto*: Buenos Aires é a sobrevivência de um passado hispano-*criollo* e sua perda em um presente modernizante. Nesse cruzamento, também ocorre uma inversão: Buenos Aires é a cidade moderna em construção e, precisamente por isso, o cenário de uma nostalgia do passado. Borges desloca-se entre essas duas dimensões do tempo, cujo conflito lhe permite *ver* esses "*fatos distanciados que vão morrer*", como escreve no poema "Bairro Norte". Capta a desaparição, o momento em que a cidade esquece seu passado, porque esse esquecimento é também uma condição de sua modernidade. Borges, desde a modernidade estética, compreende que tal condição deve ser problematizada, e se ocupa do grande paradoxo: a modernidade é (também) uma relação com o passado.

O cosmopolitismo em Borges não pode separar-se de sua reformulação do *criollismo*. Na década de 1920, Borges é cosmopolita *porque* é um escritor *criollo*. A distância interposta pelos sete anos passados na Europa coloca-o na posição de quem não foi testemunha das transformações aceleradíssimas da cidade mas se deparou com elas ao voltar. A cidade interiorana de sua infância (as cidades da infância sempre têm algo de vilarejo) se transformara. Durante os anos em que ele esteve ausente, consolidaram-se mudanças que haviam começado no último terço do século XIX. Então, Buenos Aires já estava em construção técnica e urbana; quando Borges regressou, o impulso construtivo ia apagando as qualidades aldeãs e hispano-*criollas*.

Buenos Aires tinha mudado de escala, embora conservasse para sempre aqueles traços de monotonia que enfastiavam os viajantes mais refinados ou menos dispostos a renunciar à "cor local" que outras cidades da América Latina ofereciam. Em compensação, Buenos Aires proporcionava a seus habitantes a trama de serviços que as elites haviam considerado indispensáveis a um projeto de modernização triunfante: o sistema elétrico e a rede de transportes, incluído o primeiro metrô, a trama regular de suas ruas ("*Streets, streets, just streets*", comenta entediada uma viajante que chegava de Nova York em 1919). A recordação da Buenos Aires da infância é incongruente com a cidade à qual Borges regressa vindo da Europa.

Mas o hiato cosmopolita na vida de Borges (seus anos em Genebra, sua experiência espanhola) também foi uma extensão multiplicada do cosmopolitismo portenho. Nisso coincidem sua vida e a da cidade. Começa com o "*criollismo* urbano" porque esse movimento é indispensável em face do cosmopolitismo social e cultural de Buenos Aires, cuja origem está no projeto das elites e também nas consequências não desejadas desse projeto: o predomínio demográfico da imigração, sua emergência no campo cultural e político.

Borges, então, estabelece sua cartografia; como em um mapa histórico, sobrepõem-se "estados de cidade", que provêm da recordação (da imaginação) do passado e da percepção do presente. Na construção poética de uma paisagem, os marcos cartográficos são invenções léxicas, que possibilitam que o percurso pela cidade real se torne um itinerário estético. [...]

O poema inicial do primeiro livro de Borges, *Fervor de Buenos Aires*, intitula-se "As ruas". Exibe todos os elementos com os quais se fundam as margens, em oposição ou em resposta às representações de outros contemporâneos. O movimento é de fora para dentro e produz uma interiorização do espaço urbano. É um manifesto e uma arte poética:"*Las calles de Buenos Aires/ ya son la entraña de mi alma./ No las calles enérgicas/ molestadas de prisas y ajetreos,/ sino la dulce calle de arrabal/ enternecida de árboles y ocasos/ y aquellas más afuera/ ajenas de piadosos arbolados/ donde austeras casitas apenas se aventuran/ hostilizadas por inmortales distancias/ a entrometerse en la honda visión/ hecha de gran llanura y mayor cielo./ Son todas ellas para el codicioso de almas/ una promesa de ventura/ pues a su amparo hermánanse tantas vidas/ desmintiendo la reclusión de las casas/ y por ellas con voluntad heroica de engaño/ anda nuestra esperanza.// Hacia los cuatro puntos cardinales/ se van desplegando como banderas las calles;/ ojalá en mis versos enhiestos/ vuelen esas banderas*" [As ruas de Buenos Aires/ já são a entranha de minha alma./ Não as ruas enérgicas/ incomodadas por pressas e burburinhos,/ mas a doce rua de arrabalde/ enternecida de árvores e ocasos/ e aquelas mais afastadas/ alheias a piedosos arvoredos/ onde austeras casinhas apenas se aventuram/ hostilizadas por imortais distâncias/ a intrometer-se na funda visão/ feita de grande planície e maior céu./ São todas elas para o cobiçoso de almas/ uma promessa de ventura/ pois a seu amparo irmanam-se tantas vidas/ desmentindo a reclusão das casas/ e por elas com vontade heroica de engano/ anda nossa esperança.// Rumo aos quatro pontos cardeais/ vão se desfraldando como bandeiras as ruas;/ oxalá em meus versos eretos/ voem essas bandeiras] [versão original, 1923].

As ruas: ninguém como Borges nomeia desse modo Buenos Aires, pela reiteração de uma palavra, "ruas", que deve ser o substantivo mais frequente em seus primeiros livros de poemas. Há também os nomes próprios, uma abundância cartográfica e topológica, que é ao mesmo tempo familiar, íntima e compartilhada: Recoleta, Jardim Botânico, Plaza San Martín, Villa Urquiza, Villa Ortúzar, San Juan, Chacabuco, o famoso "*Guatemala, Serrano, Paraguay, Gurruchaga*", o riacho Maldonado, Pacífico, Palermo; e ainda, como em uma carta geográfica, os pontos cardeais. Borges dá nome e opera, por nomeação, a gênese literária de um espaço. Trata-se de uma paisagem pobre, antipitoresca, de cidade simples e "*austeras casinhas*". São valorizadas a reta e a abstração, a horizontalidade e os quarteirões regulares produzidos pela quadrícula de umas "*ruas tenuemente submissas*".

Nessa paisagem, para a qual Borges postula a originalidade e o traço distintivo do argentino, os pátios, os terraços, as balaustradas, "*coluninhas e aldrabas*", os gradis e janelas com grades, os paredões e os terrenos baldios organizam um espaço geométrico, quase despovoado, onde os vazios são fundamentais como qualidade estética e traço cultural. Velhos objetos da cidade hispano-*criolla*, reciclados nas casinhas pobres que a imigração constrói nos bairros, exibem uma diferença, por subtração, oposta a toda exuberância pitoresca. Borges tornou essa diferença um paradigma espacial ao mesmo tempo mítico (produtor de histórias e de imagens poéticas) e representativo (em relação perceptível com a nova cena urbana). Justamente nesse caráter complexo de sua invenção, nesse conflito entre o que Buenos Aires era, o que Borges recorda, do que sente falta e o que lhe é estranho, está a originalidade de sua relação com a cidade. Ser das margens é um destino que pode impor-se como limitação, mas também aceitar-se como qualidade original. — BS (Sarlo, 2003)

Bunyan, John

Escritor inglês (1628-88), pregador e ministro puritano, entre seus livros estão *Grace Abounding to the Chief of Sinners* (1666), sua autobiografia espiritual, e *The Pilgrim's Progress* (1678), que o consagrou literariamente e que narra a saga de um homem rumo à cidade celestial, sendo, portanto, uma alegoria da salvação. Conhecida em português como *O peregrino*, essa obra teve uma segunda parte, de tom mais humorístico, em 1684 (*A peregrina*), em que a esposa do protagonista decide também empreender sua jornada. Em Bunyan, o domínio da linguagem, coloquial e bíblica, serve a diferentes propósitos, desde a sátira social, o humor e o relato do esplendor heroico até a expressão do fervor religioso. Seu tratamento do comportamento humano é perspicaz e sutil, e, tanto na autobiografia como em seus outros escritos alegóricos, demonstra a faculdade de aplicar as concepções da teologia evangélica à vida concreta.

Consolidado representante de um clássico, é mencionado diversas vezes por Borges, como em "A duração do inferno" (*Discussão*), em que o autor argentino o cita diretamente, e em "Sobre Chesterton" (*Outras inquisições*), em que relata uma parábola narrada em *The Pilgrim's Progress*. — PPM

Burton, Richard Francis

Escritor, tradutor, explorador e viajante (1821-90), sua obra é heterogênea. Depois de ter vivido com a esposa em Portugal, foi cônsul do Império Britânico em Santos, no litoral paulista, mas o casal residia um período nessa cidade e outro em São Paulo. Durante sua estadia no Brasil, Burton comentava a intenção de traduzir *Os lusíadas* (1572), de Luís de Camões (v.), para o inglês. Também tinha um projeto de tradução dos relatos de Hans Staden, realizado em 1874 por um amigo seu que morava em Santos, para o qual escreveu o prefácio. O casal permaneceu no país de outubro de 1865 a julho de 1868, quando Burton solicitou transferência, depois de haver se cansado de Santos, pois achava que a cidade era isolada do mundo. No ano seguinte, publicou *Exploration of the Highland of Brazil*, obra em dois volumes.

No fim da década de 1880, traduziu *As mil e uma noites*, fato que foi abordado por Borges na primeira parte, "O capitão Burton", do ensaio "Os tradutores d'*As mil e uma noites*", em *História da eternidade*. Nas páginas do autor argentino, a heroicidade de Burton é transferida para o campo literário, pois é aí que as traduções e os tradutores estabelecem uma aniquilação, como uma luta entre cavaleiros. Borges opõe a figura do escritor britânico à do orientalista Lane (v.), da mesma forma que este último, por meio de sua tradução, opôs-se a Galland (v.). Alude também à tradução de Burton na conferência *"As mil e uma noites"*, publicada em *Sete noites*, em que, por um viés autobiográfico, inclui-se como um descontínuo e latente leitor dos *"dezessete volumes da versão de Burton"*.

Ao longo da obra de Borges, há muitas referências à de Burton, apontando, sobretudo, para a multiplicidade de temas, o que permite que sejam criadas várias lendas. A obra que mais se destaca, porém, é sua mencionada tradução do árabe. — LM e PFCO

Burton, Robert

Escritor inglês (1577-1640), nascido em Leicestershire e educado em Oxford. Publicou sua obra mais importante, *The Anatomy of Melancholy*, em 1621, sob o pseudônimo Democritus Junior. O livro consiste em um tratado que se caracteriza pela abundância de citações e por um espírito de miscelânea, o que sem dúvida atraiu Borges, que chegou a considerá-lo um dos livros mais pessoais, com os ensaios de Montaigne (v.), embora reúna diversas citações de fontes clássicas, científicas etc. Talvez seja essa a característica que leva Borges a afirmar que nossa identidade (argentina) se constitui na descontinuidade e na alteridade: *"Somos todo o passado, somos nosso sangue, somos as pessoas que vimos morrer, somos os livros que nos melhoraram, somos gratamente os outros"*, como se pode ler no epílogo das *Obras completas em colaboração*; ideia semelhante é apresentada no epílogo de *História da noite*.

Ressalta-se essa mesma propriedade da descontinuidade no prólogo de *O livro dos seres imaginários*: *"Como todas as miscelâneas, como os inesgotáveis volumes de Robert Burton, de Fraser ou de Plínio,* O livro dos seres imaginários *não foi escrito para uma leitura consecutiva"*.

O conto "A Biblioteca de Babel" (*Ficções*) inicia-se com uma epígrafe extraída de *Anatomia da melancolia*, parte 2, seção II, mem. IV, fragmento que alude às possibilidades de variação que as 23 letras do alfabeto apresentam, o que leva a uma cifra quase infinita, como uma construção emblemática da literatura. As combinações possíveis dessas 23 letras são o que dá forma à Biblioteca de Babel e daí à biblioteca infinita de Borges.

Burton e seu livro, que se ramifica para outros fins, distintos da ciência e do pensamento objetivo propriamente ditos, serão citados constantemente ao longo da obra de Borges. Cabe ressaltar a relação que este estabelece com a insônia de Nietzsche (v.) em "A doutrina dos ciclos" (*História da eternidade*) ou a ideia de livro inesgotável que, em várias alusões, qualifica a obra de Burton e talvez a sua própria. — LM

bushido

Termo usado correntemente no Japão desde o período Edo (1600-1868) para designar o código de honra, conjunto de regras éticas da classe dos antigos samurais. Tal conjunto de leis e normas de conduta implicava não apenas o espírito marcial e a habilidade com armas, mas também a absoluta lealdade ao senhor, um senso rigoroso de honra pessoal, devoção ao dever e a coragem, se necessária, para sacrificar a própria vida em batalha ou ritual. Profundamente enraizado na cultura japonesa antiga, a partir de 1880, contudo, em especial após a guerra entre China e Japão (1894-5), o *bushido* encontrou novas formas de expressão, com uma tendência mais declaradamente nacionalista. Assim, foi associado ao patriotismo e à devoção ao imperador Meiji e identificado, pelo filósofo cristão Uchimura Kanzo, com a lealdade que deveria ser dispensada a Cristo.

No texto "*Nihon*" (*A cifra*), Borges declara ter divisado o Japão por meio de diversos elementos representativos, citando entre eles o *bushido* como, "*quase, um arquétipo, no caminho da honra*". — PPM

Bustos, Francisco

Pseudônimo usado por Borges para assinar certos textos publicados no jornal *Crítica*, em 1934. Além de algumas resenhas, Francisco Bustos figura como autor de três prosas breves, "*Dreamtigers*", "Os espelhos velados" e "As unhas" (*O fazedor*), e um conto, "O homem da esquina rosada" (*História universal da infâmia*), na época sob o título "Hombres de las orillas".

Em sua autobiografia, Borges escreve que a timidez e o temor à crítica o impeliram a esconder a autoria desses textos. Mas não só: também a certeza de que o tema do conto — a violência — seria desaprovado por sua mãe foi um fator determinante. Os pais já o haviam censurado pela biografia de Evaristo Carriego (v.). No prefácio à edição de 1954 de *História universal da infâmia*, o autor revela a origem do pseudônimo: era o nome de um avô de seu avô paterno. Esse recurso de emprestar o nome dos antepassados para criar novos "autores" seria reutilizado por Borges nas obras em colaboração com Adolfo Bioy Casares (v.). — TP

Butler, Samuel

Nascido na Inglaterra (1835-1902), emigra em 1859 para a Nova Zelândia, onde permanece por cinco anos. Dessa época datam as cartas que, endereçadas a seu pai, formam o corpo dos livros de estreia de Butler, dentre os quais se destaca o romance utópico *Erewhon* (1872). De volta ao país natal, ele se dedica a diferentes atividades: à pintura, a um irônico ataque à ideia da Ressurreição de Cristo (*The Fair Heaven*, 1873) e, entre 1877 e 1890, a uma série de trabalhos científicos, em sua maioria contra certos aspectos do darwinismo, como *Evolution, Old and New* (1879) e *Unconscious Memory* (1880). Sua produção crítica é intensamente voltada para Homero (v.), cuja obra traduziu, e Shakespeare (v.). *The Way of All Flesh*, publicado postumamente (1903), revela-se como sua semiautobiografia.

Borges considera que o juízo de "prosa conversada" proferido por Paul Groussac (v.) acerca de Cervantes (v.) se adéqua também a Butler, cujas traduções de Homero são comentadas no ensaio "As versões homéricas" (*Discussão*), e mencionadas com menor ênfase em outros momentos da sua obra ficcional e crítica. Além disso, Borges destaca as capacidades butlerianas de humor e de culto à vida, comparando-as à postura do poeta argentino Almafuerte (Pedro Bonifacio Palacios) (1854-1917) (v.). — JGS

Byron, Lord

Pertencente à segunda geração romântica, o poeta inglês George Gordon Byron (1788-1824) viveu entre Londres e a Grécia. Sua obra, na qual se destacam o drama em verso *Don Juan*, *The Corsair* ou *The Siege of Corinth*, é numerosa e extensa. Embora Borges tenha dado a seu gato o nome de Beppo, título de um poema de Byron, o escritor argentino o considerava um poeta medíocre e de segunda ordem. Porém, insiste que a notoriedade dele provém mais de sua imagem que de sua obra literária, o que é comparado à correspondência de Flaubert (v.), no livro de ensaios *Discussão*. Apesar disso, faz várias referências a Byron, por exemplo, em *Atlas*, ou quando menciona, em *História da eternidade*, a veneração que Burton (v.), tradutor das *Mil e uma noites*, tinha por ele. — LM

C

C. G.

Concepción Guerrero foi namorada de Borges em sua juventude. Na versão original, de 1923, o poema "Sábados" (*Fervor de Buenos Aires*) traz a dedicatória: "*A mi novia Concepción Guerrero*". Em uma carta a Jacobo Sureda, seu confidente do início dos anos 1920, Borges a descreve como uma jovem de dezesseis anos, linda, argentina de pais andaluzes.

Na edição francesa das *Obras completas* (La Pléiade), há as seguintes informações: a versão pré-original do poema aparece sob o título "Sábado", na revista *Nosotros* (v.), Buenos Aires, ano 16, v. XLII, n. 160, setembro de 1922. Nas versões de 1943, 1954 e 1969, a dedicatória foi reduzida às iniciais *C. G.* — LMRB

cabala

Uma das várias palavras hebraicas para designar "tradição". Tem origem no verbo *kabel*, que significa "receber". É com esse termo que mais frequentemente se denomina o ensinamento esotérico do judaísmo e do misticismo judaico, em especial nas formas que estes assumiram a partir do século XII. Em sua acepção mais ampla, cabala abrange todos os processos e movimentos esotéricos que se sucederam e se mantiveram ativos ao longo da história judaica. Portanto, trata-se de um termo geral que tende a integrar em seu interior experiências singulares tão multifacetadas que, em muitos casos, para fazer jus a elas, dificilmente poderiam ser aproximadas.

Basicamente, são duas as grandes fontes das múltiplas correntes cabalísticas no decorrer dos anos: o relato da Criação, tal como exposto na Bíblia, e a visão da Carruagem Celestial, tal como descrita pela visão do profeta Ezequiel (v.). A primeira serve de modelo para trazer à cena o processo de criação do mundo e dos homens como um processo sempre em atividade, e não como o relato de uma origem fixada em um ponto inicial, em um distante passado. A segunda serve de modelo para revelar a ação oculta da Divindade, Seus modos de funcionar. Ambas as fontes serviram de base, já com certeza a partir do século I e com a influência de elementos do gnosticismo greco-romano e das religiões do Oriente Próximo, para o estabelecimento tanto de uma cabala extática — que pretende suscitar a visão do Trono Celestial e a explicitação de Seus mistérios, aspirando não tanto à compreensão da verdadeira natureza de Deus, mas ao alcance de certo êxtase advindo da percepção do fenômeno do Trono e Suas Carruagens — como de uma cabala teosófica, que visa explicitar o modo como a Sabedoria Divina opera no ato da Criação.

Uma das fontes essenciais dessa cabala é o *Sefer Yetsirá*, ou *Livro da Criação*, obra produzida em algum momento entre os séculos II e VI, pequena no tamanho mas de gigantesca influência ao longo dos anos, em que são descritos os 32 caminhos secretos da Sabedoria, por meio dos quais Deus criou o mundo. Esses caminhos nada mais são do que as 22 letras do alfabeto hebraico e os dez números essenciais que, na permutação entre si, dão origem a todo o universo.

O objeto da cabala é o texto revelado, a Torá, um objeto concreto e infinito ao mesmo tempo, uma vez que é apreendido a partir de três princípios fundamentais: 1) em sua totalidade, os cinco livros da Torá expressam o Nome de Deus; 2) a Torá é um organismo vivo, isto é, nada nela é supérfluo, nenhuma letra; 3) a palavra divina tem um significado infinito. É na operação no interior desses três princípios que o Livro passa a oferecer suas letras, palavras, versículos, capítulos e livros como material a ser utilizado na explicitação tanto dos planos do vasto universo, desde a materialidade da vida até o ponto primordial — Origem de tudo —, como das maneiras de promover a unificação desses mundos. Por meio de tal concepção, possibilita-se a perfeita incorporação da ordem exterior do mundo a uma ordem interior e simbólica. Assim, cada aspecto do mundo exterior, os ínfimos detalhes e as maiores grandezas podem ser encontrados e investigados na Torá, bastando para isso mergulhar no sentido literal que se manifesta na superfície do texto revelado, por meio do uso da analogia, da dedução, da indução e do cálculo das letras ou gematria, que se trata da explicação de uma palavra ou grupo de palavras de acordo com o valor numérico das letras ou pela substituição por outras letras do alfabeto, de acordo com padrões estabelecidos.

Grande parte da literatura cabalística consiste em comentários aos livros da Bíblia, por meio dos quais a própria experiência pessoal e histórica do estudioso é ao mesmo tempo refletida e absorvida no encontro com o texto sagrado. Refletida porque se trata de um desdobramento textual operado pelo leitor, e absorvida porque tal desdobramento é feito de modo a tudo se dar como se fosse uma emanação do texto bíblico. A assinalada autoria divina da Torá conferiu a esse espaço textual, com certeza já desde o século III a.C., a condição de *locus* da sabedoria, de um padrão invisível a partir do qual, para os sábios do antigo Israel e do Oriente Próximo em geral, a realidade por inteiro é moldada.

Apesar de ser possível traçar um desenvolvimento histórico das diversas compreensões místicas ao longo dos anos, os grandes textos da cabala eclipsam a dimensão histórica, uma vez que todos se pretendem manifestações de uma sabedoria originária em atividade desde o Princípio e, nesse sentido, todos os grandes textos místicos são ecos da Eternidade.

Borges, de todo esse vasto campo, está mais atento ao rico florescimento místico que se deu primeiramente em terras espanholas no século XII e que, depois da expulsão da Espanha, continuou a se desdobrar no século XVI, na cidade de Safed, na Galileia.

É do século XIII que provém boa parcela do material contido no *Zohar*, o *Livro do esplendor*, redigido em aramaico, ao que tudo indica, por Moisés de León (v.). Nesse livro, a Criação emerge como algo que não é exterior a Deus mas que acontece em Seu próprio interior, como um extravasamento e expressão de Seus infinitos conteúdos, a partir de uma sucessão de emanações. O *Zohar* constitui-se basicamente de comentários de passagens bíblicas, os quais espelham a Torá como um livro que, nas palavras de Borges — "Uma vindicação da cabala" (*Discussão*) —, assume a condição de "*um mecanismo de propósitos infinitos, de variáveis infalíveis, de revelações que espreitam, de superposições de luz*", isto é, como um "*livro impenetrável*" que se oferece para ser interrogado "*até o absurdo, até a prolixidade numérica*". — EM

Cabrera e Carbajal

A família dos Cabrera, ancestrais de Borges, está entre os primeiros colonizadores espanhóis na América do Sul. Carbajal, por sua vez, constitui uma das famílias dos primeiros colonizadores espanhóis na Argentina. No poema "A noite cíclica" (*O outro, o mesmo*),

Borges evoca alguns de seus antepassados, e complementa situando-os no contexto militar argentino: "*as felizes vitórias, as mortes militares*". Em um segundo momento, no poema "O conquistador" (*Moeda de ferro*), em que volta à história argentina do período das guerras da independência (v.) e, ao mesmo tempo, aborda a questão do caráter cíclico da existência, como no poema anterior, ele retoma os antepassados: "*Cabrera e Carbajal foram meus nomes*". — PPM

Cáceres, Fabio

Narrador-protagonista do romance *Don Segundo Sombra*, de Ricardo Güiraldes (v.), que conta a aprendizagem de um adolescente sem nome, considerado órfão, com Don Segundo Sombra, um experiente criador de gado que o educa, transmitindo-lhe as habilidades e os valores dos trabalhadores do campo (*gauchos*, no sentido em que Güiraldes usa o termo). Ao longo dos anos em que a história transcorre, constrói-se entre eles uma relação muito próxima — para Borges, arquetípica da amizade, sentimento que ele considera "*nossa paixão argentina*"; o tema da amizade entre homens na literatura é abordado em "A *Divina comédia*" (*Sete noites*). Somente no final do romance o protagonista se inteira de quem é seu pai, o qual morrera e lhe deixara uma herança que o torna um fazendeiro. Então, adota o nome Fabio Cáceres. — PMG

Cagliostro

Conde de Cagliostro era o pseudônimo de Giuseppe Balsamo (1743-95), alquimista e místico italiano. A desregrada vida no mosteiro beneditino, para onde ele fora enviado ainda muito jovem, desembocou na sua associação com um ourives recém-chegado a Palermo, na Itália, sua cidade natal. Cagliostro burlou-o e roubou-o, fugindo em um périplo por vários países europeus, asiáticos e africanos, durante o qual adquiriu os mais diversos conhecimentos alquímicos e ocultos. Ao chegar à Inglaterra, por volta de 1760, afirmou-se descobridor de um segredo alquímico e foi iniciado em rituais de maçonaria egípcia, estabelecendo posteriormente os Alojamentos Maçônicos de Ritos Egípcios na Alemanha, Rússia e França, onde passou a entreter a corte de Luís XVI, até se envolver no Caso do Colar, golpe armado sobretudo por ele próprio, pela condessa Jeanne de la Motte e por uma jovem que se fazia passar pela rainha Maria Antonieta. Como consequência desse escândalo, Cagliostro foi banido do país, fixando-se em Roma como médico por vários anos, até surgir a suspeita de fundação de um Alojamento Maçônico, o que o levou à prisão pela Inquisição, em 1791, sob acusação de heresia, magia, conjuração e maçonaria. Tendo escapado da sentença de morte, morreu aprisionado no solitário castelo de San Leo, na Itália.

Referindo-se à obra de Thomas Carlyle (v.), em "Do culto dos livros" (*Outras inquisições*), principalmente a um ensaio sobre Cagliostro, Borges atribui a Carlyle a ideia de que "*a história universal é uma Escritura Sagrada que deciframos e escrevemos de forma incerta, e na qual também nos escrevem*". — JGS

Calderón de la Barca, Pedro

Depois de abandonar a carreira eclesiástica que a família lhe reservara, Calderón (1600-87) dedicou seu tempo à composição de peças "profanas", ligando-se rapidamente às representações palacianas. Desses anos é a duradoura obra *La vida es sueño* (1635). O drama, ou sua ideia fundamental de que "*toda la vida es sueño / y los sueños, sueños son*", é referido por Borges no ensaio-conferência "O pesadelo" (*Sete noites*). O protagonista, Sigismundo, Borges cita em "O pudor da história" (*Outras inquisições*) em reflexão sobre o aparecimento do segundo ator no teatro grego.

Motivos particulares levaram Calderón novamente a uma bem-sucedida vida religiosa a partir de 1645. Ele só deixaria, porém, de escrever obras "profanas" em 1663, quando foi nomeado capelão de honra do rei. O vasto conjunto do teatro calderoniano acolhe os gêneros da comédia, dramas (trágicos, filosóficos e religiosos) e autos sacramentais, com preocupações temáticas comuns como a responsabilidade moral do homem, a honra e o conflito entre ilusão e realidade.

Borges alude, em "O enigma de Edward FitzGerald" (*Outras inquisições*), às medíocres traduções da obra de Calderón para o inglês empreendidas por Edward FitzGerald (v.) e à tradução de Shelley (v.) para o alemão (*Obras completas en colaboración*). — JGS

Caliban

Personagem de *A tempestade*, última peça de William Shakespeare (v.). Caliban, anagrama de "canibal", é filho de Sicorax, feiticeira ocultista que dominava a ilha remota onde Próspero e a filha Miranda se refugiaram depois de serem vítimas de uma manobra política, em Milão, e perderem o poder. Próspero escraviza Caliban, um ser adulto e disforme, também dotado de poderes mágicos, e o utiliza como auxiliar em seus planos de atrair e destruir os inimigos e restaurar seu poder. Próspero se alia ainda a Ariel, espírito volátil, que era mantido prisioneiro de Sicorax até a chegada do milanês à ilha.

Nessa peça, Caliban representa os instintos mais terrenos, imediatistas e primitivos do homem, enquanto Ariel representa a elevação e a beleza do espírito humano. Em 1900, José Enrique Rodó escreveu *Ariel*, livro em que a Europa é associada a Próspero, os Estados Unidos e seu utilitarismo a Caliban, e a América Latina a Ariel e ao idealismo. Para Rodó, a América Latina era o lugar onde a cultura humana atingiria o ápice, mas, para isso, tinha de se aproximar mais da Europa que dos norte-americanos, a fim de não se perder no utilitarismo destes. Seu livro e suas ideias tiveram tanto impacto no pensamento latino-americano, que deram origem ao movimento conhecido como "arielismo". Borges menciona brevemente Caliban em "William Shand" (*Prólogos, com um prólogo de prólogos*). — HNC

Calimano, Emilio Suárez

Emilio Suárez Calimano (1884-1949) escreveu diversos livros sobre história literária da Argentina e da América. Entre eles, está *21 Ensayos*, incluídos em *Nosotros* (1926) (v.), uma das mais de oitenta revistas que surgiram na Argentina na década de 1920. Foi nesse mesmo periódico que Borges publicou, em 1921, o artigo "Ultraísmo"(v.), em que enumera os princípios da nova poética vanguardista argentina. Calimano é também autor da obra *Historia de la literatura americana y argentina*, de 1940.

Borges citou Calimano em "Uma vida de Evaristo Carriego" (*Evaristo Carriego*), ao enumerar alguns dos escritores que foram amigos de Carriego (v.). — PFCO

caló

Jargão secreto cigano, também chamado de *zincaló* ou "romani-ibérico". Originou-se com o uso do vocabulário romani seguindo a estrutura da gramática catalã. Além da Espanha, o caló pode ser encontrado em Portugal e na França. No México, designa um linguajar de baixo prestígio, associado à delinquência.

No ensaio "O alarmismo do dr. Américo Castro" (*Outras inquisições*), Borges cita algumas estrofes de coplas em caló, transcritas por Rafael Salillas em *El delincuente español: Su lenguaje* (1896). Faz isso para mostrar que nem em Madri a língua espanhola é "pura", contrapondo o argumento de que o idioma do Prata sofre de "lunfardismo" e "mística gauchofilia", tal como Américo Castro (v.) acusa em *La peculiaridad lingüística rioplatense y su sentido histórico* (Buenos Aires: Losada, 1941). — TP

Cambaceres de Alvear, Mariana

Proprietária de sítio da tradicional família argentina Alvear, na calle 11 de Setiembre 1240, no bairro de Belgrano.

A propriedade é referida por Borges em "O Aleph" (*O Aleph*) na alusão à versificação do planeta Terra empreendida por Carlos Argentino Daneri, que, segundo o conto, em 1941 já havia descrito a chácara em seus versos. — JGS

Camões, Luís de

Poeta português (1525?-80), compôs *Os lusíadas* (1572). Considerada a obra máxima da literatura lusa, é constituída de dez cantos, com 1102 estrofes em oitava rima. Os dois primeiros versos do poema "A Luís de Camões" (*O fazedor*) de Borges, "*Sem pena e sem ira o tempo vela / as heroicas espadas*", aludem ao canto VII, oitavo verso da estrofe 79 de *Os lusíadas*: "*Numa mão sempre a espada e noutra a pena*". O autor argentino a chama de "*tua* Eneida *lusitana*", porque Camões adotou alguns procedimentos de composição encontrados na *Eneida* de Virgílio (v.). Ele discorre sobre esse tema em "Destino e obra de Camões", conferência proferida no Centro de Estudos Brasileiros de Buenos Aires (1972), então dirigido por Maria Julieta Drummond de Andrade.

Ao tratar da possibilidade de um livro que prevaleça ao tempo, Borges aponta a escolha de assuntos elevados, como, entre outros, a escolha camoniana da presença portuguesa no Oriente. — LMRB

Campo, Estanislao del

Escritor argentino (1834-80), era aparentado politicamente com a família do general Juan Lavalle, importante referência do Partido Unitário. Como militar, lutou com Bartolomé Mitre (v.) nas batalhas de Cepeda (1859) (v.) e Pavón (1861), cujo resultado decidiu a vitória de Buenos Aires sobre a Confederação encabeçada por Justo José de Urquiza (v.). Mais tarde, quando Mitre promoveu a Revolução de 1874 para impedir que Nicolás Avellaneda chegasse à presidência, Estanislao del Campo combateu nas fileiras das forças governamentais que o derrotaram na Batalha de La Verde.

Escreveu poemas convencionais em língua culta, mas se dedicou também com êxito à poesia *gauchesca* (v.), sobretudo em *Fausto. Impresiones del gaucho Anastasio el Pollo durante la representación de esta ópera* (1866, conhecido posteriormente como *Fausto criollo*), citado por Borges em diversos textos. Essa obra constitui um ponto alto do gênero e, ao mesmo tempo, alterou seus rumos, afastando-o do combate político conjuntural (o que não implicou necessariamente uma despolitização) e inscrevendo-o em uma operação cultural bastante complexa. De fato, a presença do *gaucho* (v.) do título no grande teatro lírico de Buenos Aires, em meio a uma sociabilidade de classe alta urbana, e o relato dessa experiência a seu amigo Laguna, na Baixa Buenos Aires, perto do rio, foram uma operação de extrema audácia compositiva: consistiram na utilização dos códigos do gênero literário mais popular do século XIX rio-platense para descrever uma cerimônia da alta cultura urbana. Isso deu lugar a uma disputa de interpretações que começou com a publicação do texto e, de certa maneira, ainda não terminou. Além do mais, gerou as condições para a aparição da obra máxima do gênero: *Martín Fierro* (v.).

Seguindo um procedimento habitual em suas intervenções críticas, Borges desprezou os debates suscitados pelos questionadores da "verdade" *gaucha* do poema, especialmente Leopoldo Lugones (v.), que reprovava desde a proposta da situação básica (um *gaucho* na ópera) até a pelagem ("*overo rosao*") do cavalo montado pelo personagem Laguna. Em vez dessa abordagem, deslocou a questão da representação realista para aquilo que tais críticas subestimavam: o que o poema construía por puro resultado poético de sua forma: "*Passam as circunstâncias, passam os fatos, passa a erudição dos homens versados no pelo dos cavalos; o que não passa, o que talvez nos acompanhe na outra vida, é o prazer proporcionado pela contemplação da felicidade e da amizade*", em sua opinião "*a virtude central do poema*" ("Estanislao del Campo: *Fausto*", *Prólogos, com um prólogo de prólogos*). — JSV

Can Grande della Scala

Can Grande della Scala (Verona, 1291-Treviso, 1329), senhor de Verona, vicário do imperador Henrique VII e capitão-geral da liga gibelina na Lombardia. É protagonista de importante passagem profética do *Paraíso* (canto XVII, vv. 70-93), na qual Dante Alighieri (v.) alude à hospitalidade que, no exílio, recebe da parte de Can Grande e atribui a ele obras notáveis como reformador político.

O principal interesse de Borges por essa figura diz respeito a uma célebre epístola de Dante, a XIII, escrita em 1316. Aí o poeta dedica a Can Grande o *Paraíso*, que está escrevendo. A segunda parte da epístola contém um comentário sobre a polissemia da *Divina comédia*, ao qual o autor argentino se refere em três oportunidades.

Tanto no ensaio sobre a *Divina comédia* que abre *Sete noites* como no prólogo a *Nove ensaios dantescos*, Borges indaga sobre o significado simbólico do poema, associando essa interpretação ao comentário de Iacopo di Dante (1322), segundo o qual o inferno, o purgatório e o paraíso representam três condições da vida humana.

Por outro lado, no prólogo a *Mystical works*, de Emanuel Swedenborg (v.) (*Prólogos, com um prólogo de prólogos*), Borges enfatiza o sentido literal do além dantesco em oposição aos destinos ultraterrenos de Swedenborg, ainda que na epístola esse seja apenas um dos quatro sentidos atribuídos ao texto da *Divina comédia*. — CF e MG

Cancela, Arturo

Escritor argentino (1882-1956), autor de obras fantásticas, como *Tres relatos porteños* (1922), e de textos com teor filosófico, como *Palabras socráticas a los estudiantes* (1928), bastante admirado por intelectuais e escritores de sua época. Cancela adotou uma postura crítica e irônica com relação às novas classes médias urbanas, avaliando a produção cultural que se apropriava das criações dos arrabaldes (v.). Também se voltou para a análise e observação do tempo presente como forma de tentar encontrar explicações para os acontecimentos e, assim, enfrentar os problemas do porvir. Em *Historia funambulesca del profesor Landormy*, publicada integralmente em 1944, ele faz uma representação do presente por meio do humor, da ironia e da paródia. Nessa obra, ainda criticou os intentos de inserção da Argentina na modernidade, mas, ao contrário do que ocorre na fase inicial de Borges, não se voltou com saudosismo para o passado. Cancela advogava seu aspecto de irrecuperável, assim como o futuro também pode se tornar irrecuperável caso o presente insista em permanecer.

Em 1899, Joseph Charles Mardrus (v.) realizou uma tradução das *Mil e uma noites* para o francês e foi considerado por muitos o tradutor mais fiel desse livro. Como Borges nos informa em "Os tradutores d'*As mil e uma noites*" (*História da eternidade*), Cancela era um dos admiradores da tradução de Mardrus. Discutindo sobre a herança germânica dos ingleses, em "Langston Hughes", na resenha "*Ce vice impuni, la lecture*, de Valery Larbaud" (*Textos cativos*), Borges diz que Cancela é um dos poucos leitores em Buenos Aires de Samuel Butler (v.). — PFCO

Cancha Rayada

Batalha da guerra de independência argentino-chilena (19 de março de 1818), considerada a pior derrota do general José de San Martín (v.). O exército dos Andes formou uma frente de mais de 8 mil soldados, enquanto os realistas, sob o comando do general Mariano Osorio, somavam 4600, com a metade da artilharia. Para os revolucionários, foi um rude golpe não poder impor sua clara superioridade numérica. Com a vitória de Chacabuco (anterior) e a de Maipú (posterior), constitui o conjunto das três grandes batalhas do general San Martín. O coronel Mariano Rubio, personagem ficcional de "A velha senhora" (*O informe de Brodie*), participou dela; em razão de seu caráter de "*prócer menor*", sua presença nas três batalhas, incluindo a derrota, confere-lhe verossimilhança e o aproxima de San Martín, verdadeiro protagonista da homenagem referida no conto. — PMG

candombe

Música em que predominam os instrumentos de percussão, danças e coreografia que a acompanham, criadas por diferentes etnias africanas instaladas em Montevidéu, no período colonial. Contrariando hipóteses pouco fundamentadas de Vicente Rossi (v.), uruguaio radicado na Argentina, em *Cosas de negros* (1926) — livro admirado por Borges, sobretudo pelo estilo e capacidade inventiva do autor —, Lauro Ayestarán demonstrou que o candombe "primitivo" desapareceu na metade do século XIX, tornando-se depois, em especial desde meados do XX, por conta do renascimento das festas de Carnaval, a música popular que influenciou significativamente diversas correntes populares e cultas. Borges enumera, em uma nota de rodapé de "As *Misas herejes*" (*Evaristo Carriego*), alguns estudos que abordam a origem do tango, destacando que um deles remete aos "*impertinentes terreiros de candomblé de La Concepción e de Monserrat*". — PR

Cansinos-Asséns, Rafael

Escritor andaluz (1883-1964), cuja posteridade se deve mais à evocação contínua de Borges que ao estudo de sua vasta obra como poeta, romancista, crítico, ensaísta e infatigável tradutor. Dentre os vários aspectos que levaram o autor argentino a considerá-lo um dos seus primeiros mestres, destacam-se o caráter erudito ("*tinha lido todas as bibliotecas da Europa*") e o multilinguismo ("*é conhecedor de muitas linguagens — entre elas o hebraico e o árabe — e há um lugar em seus escritos em que se ufana de poder saudar as estrelas que melhoram sua solidão em onze idiomas clássicos e modernos*"; *Martín Fierro*, n. 12-13, nov. 1914). Outro elemento de grande empatia foi o fato de Cansinos haver curiosamente abraçado a fé dos judeus, cuja cultura Borges tanto admirara, tendo até mesmo reivindicado antepassados hebreus pela genealogia materna, os Acevedo.

O começo dessa amizade infinita tem raízes comuns: a fundação do ultraísmo em Madri, por Cansinos, em 1918, e em Buenos Aires, por Borges, em 1921. Na contramão de líderes vanguardistas perenes como Filippo Tommaso Marinetti (v.), André Breton (v.) e Vicente Huidobro, os dois voltaram-se rapidamente contra os princípios da vanguarda que eles mesmos haviam fundado: Cansinos, no romance paródico *El movimiento V.P.* (1921), e Borges, que, ao publicar em 1923 seu primeiro livro de poesia, *Fervor de Buenos Aires*, descartava qualquer tipo de retórica vanguardista. Sabemos que Borges, assim como Cansinos, voltou-se para o discurso da história, o apego à tradição, a evocação dos mitos, o humor crítico e a fina ironia. Existia a sensibilidade para o novo, e a ele se entregaram ambos inicialmente com fervor, mas com desconfiança.

Quando Borges esteve em São Paulo, em 1984, prestes a completar 86 anos de idade, sua lembrança do amigo da juventude continuava intensa: "*Conheci em Madri um homem que continuo considerando — talvez menos por sua escritura que pela lembrança do seu diálogo. Conheci Rafael Cansinos-Asséns e, de algum modo, sou discípulo de Cansinos. Não das teorias de Cansinos, e sim do diálogo de Cansinos, do sorriso de Cansinos e até dos silêncios de Cansinos-Asséns*" ("Borges em São Paulo", *Borges no Brasil*). Considera-se assim discípulo de sua oralidade, na tradição dos diálogos mantidos por Borges com Macedonio Fernández (v.) e com Xul Solar (v.). — JS

Canta Claro, El

Revista argentina de consumo de massa, criada pelos irmãos Indalecio e Patricio Angulo, em 1921, em Buenos Aires. Dedicava-se quase exclusivamente à difusão de letras de tango e outros gêneros populares, e em menor escala a notícias relacionadas a cantores, discos, locais para dançar etc. Foi dirigida por compositores de tango como Alfredo Bigeschi e Alberto Cosentino. Deixou de circular em 1956, mas entre 1967 e 1970 publicou-se uma segunda série, mais voltada para a música juvenil, sob a direção de Celestino Cabaleiro.

Borges a menciona no texto "*La canción del barrio*" (*Evaristo Carriego*) como exemplo da artificialidade da linguagem do arrabalde (v.), que a seu ver não corresponde à fala cotidiana dos subúrbios mas se formou pela influência dos meios de comunicação, cada vez mais de massa: discos e rádios que divulgam tangos, e folhetins, jornais e revistas. — PMG

cantador pampiano
[*payador pampero*]

V. desafio poético.

Cantar del Cid

Considerada a grande obra épica da literatura castelhana, o *Cantar de Mío Cid* (1145), anônima, narra a trajetória de um cavaleiro — Don Rodrigo Díaz de Vivar — injustamente desterrado de um reino cristão. Com a perspectiva de construir o próprio reino, recuperar sua honra e reconquistar as terras que os cristãos haviam perdido para os árabes, Don Rodrigo se lança na luta pela Reconquista, chegando, por fim, a ser reconhecido e reintegrado na corte castelhana graças a seu valor guerreiro, honradez e prudência. Por meio de um texto quase completamente conservado que combina o relato histórico com o discurso poético, a obra narra em língua românica as aventuras e desventuras de El Cid Campeador (1043-99) em forma versificada, tendo sido difundida, no período medieval, por meio de apresentações feitas por menestréis que se serviam também de instrumentos musicais.

Em "O imortal" (*O Aleph*), Borges faz um comentário *despectivo*, mencionando "*o rústico* Poema do Cid". Já em "Poesia *gauchesca*" (*Discussão*), o clássico poema espanhol é comparado a *Martín Fierro* (1872-9) (v.), de José Hernández (v.), epopeia argentina imortal que descreve tipos, costumes, paixões, lutas e ambições dos *gauchos* (v.). — MACV

Canto, Estela

Escritora, jornalista e tradutora argentina (1916-94), na década de 1940 teve um relacionamento amoroso com Borges que terminou quando ele a pediu em casamento. Pelo vínculo de Estela com o comunismo e por sua postura liberal quanto à sexualidade, o círculo íntimo do escritor (particularmente sua mãe) desaconselhava a ligação dos dois. Segundo o relato de Canto, ela não quis se casar antes de manter relações sexuais, requisito que ele se negou a cumprir. Nos anos 1960, reencontraram-se e começaram uma amizade. Borges dedicou a Estela o conto "O Aleph" (*O Aleph*), com cujo manuscrito a presenteou. A dedicatória, no fim do texto, permite várias interpretações. Por um lado, foi Estela Canto quem datilografou a versão original. Por outro, há rumores de uma relação incestuosa entre ela e seu irmão Patricio Canto, ensaísta e poeta. Em "O Aleph", os primos Beatriz Viterbo (v.) e Carlos Argentino Daneri mantiveram uma relação incestuosa. Em um dos manuscritos iniciais, esses personagens eram irmãos, o que se considerou uma alusão aos irmãos Canto. Finalmente, em um conto repleto de referências à *Divina comédia* (a descida aos infernos, Beatriz, a proximidade sonora entre "Dante Alighieri" e "Argentino Daneri"), seu nome possibilita mais uma associação: cada *canto* do poema de Dante (v. Alighieri, Dante) termina com a palavra "stelle". Estela Canto escreveu um ensaio sobre Borges carregado de recordações pessoais que contribuem com dados interessantes para sua biografia: *Borges à contraluz* (1989; em português, 1991). — PMG

Cantor, Georg

Georg Ferdinand Ludwig Philipp Cantor, matemático alemão (1845-1918) que adquiriu fama por introduzir estranhos conceitos sobre o infinito, inferindo que, para tratá-lo, deve-se estabelecer correspondência entre duas séries e que ela deve ser biunívoca. Desse modo, pode-se afirmar que a quantidade de números pares é igual à de números naturais. Diferenciando então a aritmética de números finitos da de infinitos, Cantor (v. matemáticas) construiu uma estrutura lógica completa. Sua teoria contesta os números reais, os quais afirma serem uma sucessão convergente de números racionais.

O que interessa a Borges em Cantor é sua teoria dos conjuntos, da qual surgiria o número transfinito. Em "A imortalidade" (*Borges oral*), ao comentar o que ela seria para os budistas, Borges compara esse número transfinito ao número infinito de vidas que o budismo apregoa. Cantor também é evocado em "A doutrina dos ciclos" (*História da eternidade*), ensaio em que o autor argentino discute o eterno retorno de Nietzsche (v.). Explica que o filósofo alemão propõe o retorno dos fatos, mesmo levando em conta a não infinidade dos átomos, embora sua quantidade e configurações sejam incalculáveis. Porém, em uma tentativa de refutar a doutrina nietzschiana, Borges a aproxima da teoria dos conjuntos de Cantor, a qual afirma a não finitude do número de pontos do universo, assim como de qualquer trecho do universo. O escritor argentino expõe uma explicação simplificada da teoria, cujo axioma básico diz: "*conjunto infinito é aquele conjunto que pode equivaler a um de seus conjuntos parciais*". O procedimento matemático arguido por Borges segue o mesmo princípio aplicado ao paradoxo de Zenão (v.). — RB

Capdevila, Arturo

Poeta "modernista" argentino (ou seja, simbolista) (1889-1967), ganhador do Prêmio Nacional de Literatura em 1920 e 1923, fez parte do grupo pós-modernista que reagiu contra o romantismo. O filósofo espanhol Miguel de Unamuno (v.), residindo em seu país natal, escreveu uma carta que se divulgou de forma fragmentada na revista *Nosotros* (v.) em 1923. Seu teor serviu de pretexto para que o governo espanhol decretasse, em 20 de fevereiro de 1924, o desterro dele para uma ilha. Como resposta imediata, ainda no mesmo mês, um manifesto em favor de Unamuno foi redigido e assinado por, entre outros intelectuais, Arturo Cancela (v.) e Arturo Capdevila. Em seguida, a revista *Martín Fierro* (v.) resolveu publicar a carta de Unamuno, decisão que pode ser interpretada como resposta de autoafirmação e de distanciamento em relação às gerações literárias anteriores.

Em "Os tradutores d'*As mil e uma noites*" (*História da eternidade*), Borges nos informa que Capdevila é um dos muitos admiradores da tradução realizada em 1899 por J. C. Mardrus (v.), para o francês, do livro *As mil e uma noites*. — PFCO

Caras y Caretas

Revista portenha, de periodicidade semanal, que circulou entre 1898 e 1941; houve uma versão anterior em Montevidéu, de 1890 a 1897. Reunia textos de ficção e atualidades, com projeto gráfico inovador. É considerada a primeira revista guiada por interesses puramente comerciais. Diversamente das antecessoras facciosas, influenciadas pela política, sua sustentação econômica deveu-se mais aos anúncios publicitários que às assinaturas. Ao longo de sua história, foi pioneira nas alterações do padrão técnico do periodismo, ao incorporar a fotografia, o folhetim e a história em quadrinhos. Acompanhou também a profissionalização dos escritores e o surgimento de um público moderno, de educação média e interesses amplos, que a lia nos meios de transporte, nos locais de trabalho e nos espaços de lazer. Teve uma breve reaparição em 1982. Desde 2005, com o financiamento de um sindicato e periodicidade mensal, publica-se sua quarta série, centrada na política e na história. Borges menciona-a como fonte de um episódio sobre Hormiga Negra (v.) em "Estanislao del Campo: *Fausto*" (*Prólogos, com um prólogo de prólogos*). — PMG

Carlos XII

Rei da Suécia (1682-1718), foi um gênio militar e, em 1700, venceu o exército aliado de Rússia, Polônia e Dinamarca na Batalha de Narva.

Contudo, nove anos depois, os russos o derrotaram na Batalha de Poltava. Em 1718, onerado mais que o possível com tributos de sangue e de dinheiro, o reino sueco viu com a morte de seu soberano a preponderância do Norte Europeu passar dos suecos para os russos.

Borges cita o nome de Carlos XII em um poema, "O passado" (*O ouro dos tigres*), e dedica-lhe outro, "Para Carlos XII" (*O outro, o mesmo*), inteiramente, demonstrando grande admiração por ele. — HNC

Carlyle, Thomas

A obra desse ensaísta escocês é citada por Borges em muitas ocasiões. Carlyle nasceu em Ecclefechan, em 4 de dezembro de 1795, e cursou teologia na Universidade de Edimburgo. Dedicou-se ao estudo da literatura alemã, traduziu o romance *Wilhelm Meister* (1795-6), de Johann Wolfgang von Goethe (v.), em 1824, e no ano seguinte escreveu *The Life of Friedrich Schiller*. Faleceu em Londres em 1881.

Seu romance *Sartor Resartus* (1834) interessa a Borges principalmente pelo fato de trazer um comentário sobre um livro irreal, como o autor argentino afirma no prólogo de *O jardim de veredas que se bifurcam* (*Ficções*). Também no "Prólogo de prólogos" (*Prólogos, com um prólogo de prólogos*), anuncia a possibilidade de fazer uma obra com uma série de prólogos de livros inexistentes. *Sartor Resartus*, assim como o livro de ensaios *Dos heróis*, foi prefaciado por Borges.

Outro tema retirado da obra de Carlyle é sua concepção da história, a qual Borges resume tanto nos prólogos mencionados como em *Introducción a la literatura inglesa* (1965): "*Carlyle pensava que a história universal é uma espécie de criptografia divina, que estamos lendo e escrevendo continuamente e na qual também nos escrevem*", citação que repete de forma quase exata no fim do texto "Magias parciais do *Quixote*" (*Outras inquisições*). — LM

Carpentier e Dempsey

Disputa pelo título mundial de pesos pesados, ocorrida no dia 2 de julho de 1921, em Jersey City, na qual o norte-americano Jack Dempsey defendia o título de campeão contra o Apolo do Ringue, o francês Georges Carpentier. Famoso por seu soco fortíssimo, Dempsey havia conquistado o título em 1919, vencendo Jess Willard, e de fato o manteve até 1926. Em um célebre artigo, o jornalista H. L. Mencken narra a preferência do público pelo francês, já que o norte-americano era visto como um "fraco" por ter fugido do serviço militar. Apesar disso, Carpentier foi a nocaute no segundo minuto do quarto round. Nunca mais disputou o cinturão, perdendo o título de campeão europeu no ano seguinte. O confronto teve bilheteria recorde, de quase 2 milhões de dólares (uma fortuna para a época), e até hoje figura entre os mais lendários do boxe.

No texto "Macedonio Fernández" (*Prólogos, com um prólogo de prólogos*), Borges conta sobre a intolerância aos franceses por parte de Fernández, que, na noite da final de boxe, profetizaria: "*Ao primeiro soco de Dempsey, já estará o francesinho na plateia, pedindo que lhe devolvam o dinheiro porque a função foi muito curta*", de acordo com a transcrição do autor argentino. — TP

Carpócrates

Filósofo grego gnóstico, herege do século II, professor em Alexandria, tentou conciliar ideias platônicas com o cristianismo, criando uma seita anárquica igualitária que não reconhecia nenhuma concepção de lei. Essa seita herética proclamava a fé no dualismo do bem e do mal, relativizando a divindade de Cristo e sustentando que a alma é prisioneira do corpo, do qual se esforça por libertar-se. Carpócrates defendia que o homem só poderia ser redimido depois de ter vivenciado experiências de toda sorte e realizado toda sorte de atos, bons e maus.

Em um primeiro momento, no ensaio "Uma vindicação do falso Basilides" (*Discussão*), Borges cita um texto de Quevedo (v.) que enumera pensadores cujas filosofias apresentavam caráter de miscelânea, entre eles Carpócrates, ao lado de Cerinto (v.) e Nicolau de Antioquia. Em outro momento, em "Três versões de Judas" (*Ficções*), ele se refere a Carpócrates como um dos nomes dos catálogos de heresiarcas menores. Por fim, menciona-o em "Os teólogos" (*O Aleph*). — PPM

Carriego, Evaristo

Poeta argentino (1883-1912), nascido na província de Entre Ríos, limítrofe com o Uruguai, mas autor de poemas suburbanos nos quais, pela primeira vez, o mundo do arrabalde (v.) de Buenos Aires é estetizado. Antes de sua morte precoce, publicou apenas o livro de poemas *Misas herejes* (1908).

No *Ensaio autobiográfico* ditado, de 1970, Borges assegura que parte do dinheiro obtido com o Segundo Prêmio Municipal concedido a *El idioma de los argentinos* lhe permitiu dedicar um ano à redação de *Evaristo Carriego*. "*Minha mãe queria que eu escrevesse sobre um dos três poetas que realmente tinham valor — Ascasubi, Almafuerte ou Lugones. Quem dera o tivesse feito. Em vez disso, escolhi escrever sobre um poeta popular quase invisível.*" O caráter popular e a quase invisibilidade moderam, ambígua e paradoxalmente, o arrependimento. Ensaio raro, de gênero difuso e objeto múltiplo (apenas um capítulo se intitula, com evasiva sabedoria de biógrafo, "Uma vida de Evaristo Carriego"), é, parcialmente, o resultado da mesma atitude que o fez privilegiar, desde os primeiros poemas, o olhar sobre Palermo, Villa Ortúzar e outros bairros então periféricos, e de sua preferência, na antologia pessoal, pelos autores não (ou nunca por inteiro) canonizados. As voltas posteriores ao tema de Carriego (entre elas suas próprias notas à reedição de 1954 e o prólogo de uma antologia de 1963) cultivam a ironia e a reticência, sobretudo no que se refere a uma vertente sentimental e *costumbrista*, que depois lamentaria também no tango (v.). — JSV

Carroll, Lewis

Com esse pseudônimo tornou-se conhecido Charles Lutwidge Dodgson, nascido em Daresbury, na Inglaterra, em 1832. Matemático e escritor, dedicou-se também à fotografia. É autor de *Alice no País das Maravilhas* (1864) e de *Através do espelho* (1871). Essas duas obras levaram seu nome a ocupar lugar de destaque na literatura vitoriana. Dodgson, quer dizer, Carroll morreu no dia 14 de janeiro de 1898, em decorrência de uma bronquite, pouco antes de completar 66 anos.

Os paradoxos de ordem lógica que o escritor inglês apresenta em suas obras entusiasmaram Borges praticamente desde o início de sua ficção. A epígrafe "*And if he left off dreaming about you...*", incluída em "As ruínas circulares" (*Ficções*), chama nossa atenção para isso. Em vários de seus contos, ele reformula situações que se referem à possibilidade de uma alteração da lógica cotidiana, seja no plano temporal — por exemplo, em "O informe de Brodie" (*O informe de Brodie*) —, seja em suas reflexões sobre uma existência de caráter onírico. Em *Introducción a la literatura inglesa* (1965), expõe um breve esboço biográfico, no qual, ao comentar as aventuras de Alice, associa a fantasia de Carroll a um princípio de "*pesadelo*" ("Lewis Carroll: *Obras completas*", *Prólogos, com um prólogo de prólogos*). — LM

Cartaphilus, Joseph

Personagem do conto "O imortal" (*O Aleph*), é um antiquário de Esmirna que teria morrido no mar e sido enterrado na ilha de Ios. Infere-se da descrição do narrador que se tratava de um homem misterioso e que viajara por diversas terras. Por meio desse personagem, Borges retorna ao tema sempre presente da eternidade, do caráter cíclico e infinito, à ideia de que um homem é todos os homens, já que, em dado momento no conto, Homero e Flamínio Rufo (Cartaphilus) parecem ser uma única pessoa, hipótese que é amparada por suas características físicas, traços vagos e feições cinzentas, e pelo próprio fato de ele ser um antiquário, possuidor de artefatos de várias épocas e lugares. O nome Cartaphilus está relacionado também à tradição literária do Judeu Errante, o qual, segundo o lendário judaico, fora condenado à imortalidade e a vagar constante e ciclicamente pelo mundo, encontrando e conhecendo várias culturas. Esse Cartaphilus alegoria da eternidade vincula-se, como observa Gene Bell-Villada (*Borges and His Fiction: A Guide to His Mind and Art*), a uma tripla identidade: de poeta grego, soldado romano e viajante judeu, o que implicitamente o situa em instâncias centrais da civilização antiga: a literatura grega, o Império Romano e a religião e pensamentos judaicos. — PPM e AAE

Cascales, Francisco

Escritor espanhol (1564-1642). Além de estudioso de gramática, foi militar e viajou pelos Países Baixos, França e Itália. Esteve em contato com importantes humanistas de sua época. Traduziu a *Arte poética* (18 a.C.) de Horácio (v.) e escreveu epigramas latinos no estilo de Marcial. Foi amigo de Lope de Vega (v.) e criticou Góngora (v.). As *Cartas filológicas* constituem, na verdade, parte de uma correspondência confidencial com eruditos contemporâneos, reunidas em 1626 e publicadas em 1634, as quais contêm relevantes reflexões históricas e estéticas, embora nem sempre imparciais. Entre outras coisas, censurou veementemente o estilo gongórico por considerá-lo obscuro, e posicionou-se contra o culteranismo em geral. À postura adversa a Góngora, Borges se refere em "Nota sobre Walt Whitman" (*Discussão*). — MAGB

Caseros, Batalha de

Ocorrida em 3 de fevereiro de 1852, foi um marco histórico fundamental para a Argentina, pois determinou o fim da Confederação Argentina sob o governo ditatorial de Juan Manuel de Rosas (v.), em face dos exércitos do Império do Brasil, do Uruguai e das províncias de Entre Ríos e Corrientes, estas sob o comando do general Justo José de Urquiza (v.). A Argentina estava agora dividida em dois Estados: a cidade e a província de Buenos Aires, com seu Partido Liberal, e a Confederação Argentina, formada por treze províncias, sob o governo de Urquiza e do Partido Federalista. Essa modificação resultou da luta de Urquiza contra o poder central que Buenos Aires estabeleceu de modo inquestionável até 1852. Participaram da batalha alguns nomes importantes, como Bartolomé Mitre (v.) e Domingo Faustino Sarmiento (v.).

Para Borges, a luta liderada por Juan Manuel de Rosas seria uma "*mera correria ou batalha perdida de antemão*", conforme escreveu em

"Palermo de Buenos Aires" (*Evaristo Carriego*). Em "Diálogo de mortos" (*O fazedor*), em uma conversa imaginária entre Rosas e Facundo Quiroga (v.) depois de mortos, este afirma que Rosas foi um covarde por ter fugido de um fim honroso em combate: "*Em 1852, o destino, que é generoso ou queria sondá-lo até o fundo, ofereceu-lhe uma morte de homem, em uma batalha. O senhor mostrou-se indigno desse presente, porque o combate e o sangue lhe deram medo*". — PFCO

Castro, Américo

Filólogo e historiador espanhol discípulo de Ramón Menéndez Pidal, considera-se que Américo Castro (1885-1972) pertenceu à Geração de 1914. Nas décadas de 1920 e 1930, visitou Buenos Aires e ajudou a consolidar o então recém-criado Instituto de Filologia da Universidade de Buenos Aires. Com ideias liberais, aderiu à República Espanhola e teve de exilar-se nos Estados Unidos em 1938, onde lecionou em diferentes universidades até sua morte. Autor de diversas obras de crítica, linguística e história, destaca-se, como síntese de seu pensamento político, *España en su historia* (1948), reeditado, com alterações, várias vezes. Em 1941, publicou *La peculiaridad lingüística rioplatense y su sentido histórico*, livro em que critica com veemência o castelhano rio-platense com um suporte empírico questionável e justifica sua suposta vulgaridade pela ausência de hierarquias sociais rígidas. Borges zomba abertamente disso, além de rejeitar tanto o cientificismo filológico como a pretensa maior autoridade dos espanhóis sobre os hispano-americanos nas questões de língua. Paradoxalmente, relaciona a filologia do exilado antifranquista ao totalitarismo nazista. Em uma entrevista de 1973 sustenta, com argumentos falsos, que Américo Castro antecipou o peronismo. — PMG

Catriel

V. Atahualpa.

Caulacau [*Kaulakau*]

Juntamente com a entidade do deus supremo Abraxas (v.), Caulacau é um dos enigmáticos nomes gnósticos comentados por Basilides (v.). Vinculado de modo direto às especulações cabalísticas, o nome Caulacau, na crença gnóstica, está relacionado a determinado número na contagem da ascendência de Cristo.

Em um primeiro momento, Borges refere-se a essa entidade no ensaio "Uma vindicação do falso Basilides" (*Discussão*), identificando-a como o nome do redentor dos gnósticos. Já em "História dos ecos de um nome" (*Outras inquisições*), ele relata que Basilides reduziu um vasto vocabulário de nomes próprios à "*palavra cacofônica ou cíclica* Kaulakau, *espécie de chave universal de todos os céus*". — PPM

Céline, Louis-Ferdinand

Escritor francês (1894-1961). Após um período de muitas viagens pela Europa e por outros continentes, em grande parte motivadas pela prática da medicina, com a qual dividiria durante toda a vida o ofício da literatura, o então familiarmente conhecido dr. Destouches participou do meio intelectual parisiense destacando-se de imediato com a publicação do romance *Voyage au bout de la nuit* [*Viagem ao fim da noite*] (1932), sua principal obra ao lado de *Mort à crédit* (1936). Tendo ainda escrito ulteriormente trabalhos diferenciados, como letras de canções, roteiro cinematográfico, peça teatral e balé, Céline é condenado com seu editor, em 1939, por difamação, por causa do livro *L'École des cadavres* (1938), e, em 1945, é condenado por traição pela Corte de Justiça francesa, com base em sua ligação com o regime antissemita. Voltando a seu país apenas em 1951, permaneceu como escritor maldito até a morte, publicando outras obras de menor repercussão que a polêmica criada em torno de sua figura.

O narrador de "Pierre Menard, autor do *Quixote*" (*Ficções*), de Borges, questiona se a atribuição de um livro a Céline não proporcionaria uma renovação de seu conteúdo: "*Atribuir a Louis-Ferdinand Céline ou a James Joyce* (v.) *a* Imitação de Cristo *não será uma renovação suficiente desses tênues conselhos espirituais?*". — JGS

Cepeda

Houve duas batalhas com o nome de Cepeda: a primeira em 1820 e a segunda em 1859, nas quais Buenos Aires enfrentou as demais províncias que hoje constituem a Argentina. Em "Isidoro Acevedo" (*Caderno San Martín*), Borges afirma que seu avô "*lutou quando Buenos Aires o quis/ em Cepeda, em Pavón e na praia dos Corrales*", referindo-se à segunda. Embora a Constituição que criou a Confederação Argentina tivesse sido sancionada em 1853, Buenos Aires havia mantido sua independência. Em outubro de 1859, no canavial de Cepeda (Santa Fe), as forças portenhas, sob o comando de Bartolomé Mitre (v.), enfrentaram as federais (das outras províncias), sob o comando de Justo José de Urquiza (v.), que venceu. Esse fato determinou a incorporação de Buenos Aires à Confederação Argentina, mediante o Pacto de San José de Flores. Entretanto, Buenos Aires continuava reticente a incorporar-se e, depois de um conflito em razão das leis eleitorais, Mitre e Urquiza voltaram a enfrentar-se na Batalha de Pavón, em setembro de 1861, na margem sul do rio Pavón, tendo sido vencedor o primeiro. O país organizou-se em torno da supremacia de Buenos Aires; as autoridades nacionais residiam ali como "hóspedes" do governo local. Em 1880, quando a cidade foi declarada território federal, a província sublevou-se novamente. Após uma série de batalhas, na praia dos Corrales Viejos, na fronteira da cidade, as forças nacionais acabaram por impor-se. O fato de Acevedo ter participado das três batalhas dá provas de sua lealdade portenha. — PMG

Cerinto

Cerinto, cuja data e local de nascimento e morte não são conhecidos, embora se acredite que tenha vivido no fim do século I, foi um dos primeiros líderes do antigo gnosticismo, reconhecido como herege pelos primeiros cristãos em razão de seus ensinamentos acerca de Jesus Cristo e suas interpretações sobre o cristianismo. Opondo-se ao ensino da cristandade ortodoxa, a escola gnóstica de Cerinto negava a divindade de Jesus e a crença na criação do mundo físico por um deus supremo. Cerinto propriamente não deixou escritos a respeito de seu pensamento herético. O que se sabe de sua filosofia procede de relatos de pensadores que escreveram sobre ele. Entre os mais antigos estão a refutação do gnosticismo de Irineu, em *Adversus Haeres* (*c.* 170), e *Philosophoumena* (*c.* 230), de Hipólito.

É mencionado indiretamente em "Uma vindicação do falso Basilides" (*Discussão*), texto em que Borges discorre sobre a doutrina desse pensador herege e sobre as concepções em torno dela. O autor argentino reproduz um trecho de autoria de Quevedo (v.) no qual figura o nome de Cerinto, entre os de outros filósofos. — PPM

Cerros Blancos

Na década de 1890, aconteceram diversos enfrentamentos político-militares no Uruguai envolvendo o governo vigente, do Partido Colorado, e os rivais do Partido Blanco, também chamado de Partido Nacional.

Em 1897, o movimento oposicionista, liderado por Aparicio Saravia (v.), maior e mais organizado do que anteriormente, começou a exigir mais participação no cenário político uruguaio, demanda logo negada pelo governo. Como resultado, ao longo do ano os dois lados se enfrentaram militarmente. No total, os revoltosos e as tropas governamentais realizaram cinco batalhas, uma das quais em Cerros Blancos, no departamento de Rivera, vencida pelas tropas de Saravia. No final dos confrontos, contudo, a vitória não parecia pender para nenhum dos lados da contenda, situação que gerou tentativas de pacificação, todas fracassadas. Foi somente depois do assassinato do presidente Juan Idiarte Borda (v.), do Partido Colorado, que as negociações de paz foram retomadas. O autor do assassinato foi Avelino Arredondo (v.), protagonista do conto homônimo, de *O livro de areia*. — PFCO

Cervantes, Miguel de

O mais célebre escritor espanhol de todos os tempos. Nasceu em Alcalá de Henares, em 1547, e morreu em Madri, em 1616. Ainda muito jovem, viajou para a Itália, participou da Batalha de Lepanto — em que perdeu o movimento da mão esquerda — e de episódios militares menores, depois dos quais ficou preso em Argel durante cinco anos. Ao regressar à Espanha, foi detido e então, supõe-se, começou a escrever *Don Quijote de La Mancha* (1605). Já havia publicado, em 1585, *La Galatea*, romance pastoril ou écloga, escrito em prosa e verso, em seis livros. Compôs com êxito os dramas *El trato de Argel* e *Numancia*, entre muitas outras peças de teatro. O último período de sua vida foi o mais fecundo: em 1613, lançou as *Novelas ejemplares*, na verdade doze relatos curtos. Em 1614, publicou *Viaje del Parnaso*, poema de mais de mil tercetos, escrito como imitação de *Viaje al Parnaso* e *Avisos del Parnaso*, do italiano Cesare Caporali, insistindo na alegoria dos maus poetas que tentam escalar o monte Parnaso, o que lhe permite a enumeração e o elogio de mais de cem poetas espanhóis. Em 1615, saiu a segunda parte do *Quixote*. *Los trabajos de Persiles y Sigismunda*, editado postumamente, é um romance em quatro livros, ambientado em exóticas praias nórdicas, que narra a típica história de dois amantes submetidos a toda sorte de peripécias e adversidades até sua união, no final.

Borges dedica a Cervantes muitas páginas, nas quais é evidente a leitura minuciosa de toda a sua obra. Em "Pierre Menard, autor do *Quixote*" (*Ficções*), ele utiliza o texto cervantino para refletir, a seu modo, sobre o alcance da crítica literária e sobre as múltiplas leituras que um texto oferece (v. Pierre Menard). Em "Magias parciais do *Quixote*" (*Outras inquisições*), problematiza as noções de realidade e ficção no romance de Cervantes, assim como o tema muito borgiano do homem que lê sua própria história eliminando tais fronteiras. Volta ao tema em "Parábola de Cervantes e de Quixote" (*O fazedor*), ao identificar autor e personagem no terreno comum do sonho e do mito. Em um prólogo às *Novelas exemplares* (*Prólogos, com um prólogo de prólogos*), Borges analisa o estilo moroso de Cervantes nessa obra, tão oposto à violência de muitos assuntos, e descobre os temas que preocupavam o escritor, como o acaso e o destino. Nesse e em outro texto, o "Epílogo" das *Obras completas* de 1974 (v. o verbete "Borges, José Francisco

Isidoro Luis"), alude à possibilidade de tratar de duas facetas do autor ou da existência de "dois Cervantes". — MAGB

Chacarita, La

Em decorrência da epidemia de febre amarela de 1871 (v.), surgiu a necessidade de construir mais cemitérios em Buenos Aires. Assim, no terreno conhecido como Chacarita de los Colegiales foi inaugurado em 14 de abril de 1871 um novo cemitério. Em 1875, ele já havia atingido sua capacidade máxima e, por isso, precisou ser fechado para novos enterros, mas continuou funcionando até 1886. No ano seguinte, começaram as exumações dos corpos e o traslado das ossadas para outro local, e o cemitério foi denominado Chacarita la Nueva. Contudo, em 30 de dezembro de 1896 passou a se chamar Cementerio del Oeste, até 5 de março de 1949, quando se estabeleceu o nome de Cementerio de la Chacarita, um dos maiores cemitérios do mundo.

No prólogo, escrito em 1969, de seu livro *Caderno San Martín*, de 1929, Borges reconhece que abusou "*imperdoavelmente*" da conotação popular de La Chacarita, em oposição a uma suposta conotação "*aristocrata de La Recoleta*", outro importante cemitério da capital. Essa oposição surge no poema "Mortes de Buenos Aires" (*Caderno San Martín*), que está dividido em duas partes. Na primeira, "La Chacarita", Borges evoca intensamente a morte e elabora descrições sombrias; a segunda, "La Recoleta", é o local onde "*a morte é briosa*". Em "O Aleph" (*O Aleph*), Borges visualiza "*um adorado monumento na Chacarita*" e, em "Palermo de Buenos Aires" (*Evaristo Carriego*), o cemitério surge em meio aos subúrbios (v. Recoleta, La). — PFCO

Chahiz de Basra

Al-Chahiz, ou Al-Yahiz, era o apelido de Amr ben Bahr. Nascido em Basra, no atual Iraque, em 775, ficou conhecido por ser um dos principais escritores da literatura *adab* (em um sentido mais amplo, *adab* está relacionado à alta cultura, à boa educação, aos bons modos — neste caso, porém, vinculado à literatura, significa "belles-lettres"). A prosa de Al-Chahiz foi fundamental para o desenvolvimento da literatura *adab*, pois conseguiu mesclar a feição escolástica ou técnica — própria dos filólogos, historiadores, juristas e alcoranistas de seu tempo — com aspectos da vida e elementos linguísticos contemporâneos, tornando mais contundentes e eficazes os propósitos educativos e humanísticos do *adab*. Al-Chahiz morreu em Basra, aos 93 anos. Seu livro mais famoso é *Al-Hayawan* [Os animais].

Ideias de Al-Chahiz são brevemente mencionadas por um dos personagens de Borges no conto "A busca de Averróis" (*O Aleph*) durante uma discussão sobre o valor da escrita. — DF

Châlons, derrota de

Em 451, os exércitos de Átila dominavam a região entre os rios Volga e Danúbio. Quando os hunos de Átila chegaram à confluência dos rios Reno e Necker, os francos se aliaram a eles. Após conquistas territoriais, os invasores hunos avançaram para o coração da Gália, sitiando Orléans, que, com a ajuda dos romanos, rechaçou-os. Átila, assim, resolve voltar à outra margem do Sena e esperar pelos inimigos nas planícies de Châlons, lugar que seria perfeito para operações de cavalaria, na batalha que envolveria os romanos e visigodos contra os hunos e seus aliados.

Todos os povos entre o Volga e o Atlântico estavam reunidos em Châlons, e muitos deles, divididos em facções. Teodorico, rei dos visigodos, foi um dos que morreram no combate. Mas Torismundo, o novo rei visigótico, derrota os hunos, forçando Átila a retornar à Turíngia. Nesse retorno é que ele perpetrou suas maiores atrocidades.

Ao falar sobre o "*tango de briga*" em "História do tango" (*Evaristo Carriego*), Borges comenta a convicção de alguns poetas de que brigar pode ser uma festa. Nesse sentido, ele faz uma referência ao livro de Jordanès, *História dos godos*, do século VI, no qual o autor revela que Átila, antes da derrota de Châlons, teria dito que a sorte reservara aos seus soldados os júbilos daquela batalha. E, em "A postulação da realidade" (*Discussão*), transcreve uma citação de Edward Gibbon (v.) sobre a batalha, como exemplo do método clássico de escrita. — PFCO

Chanson de Roland [Canção de Rolando]

Primeira canção conhecida de gesta, ou seja, sobre feitos guerreiros, originalmente preferida na França a despeito do gênero épico. Composta em fins do século XI, tematiza a lenda do desastre de Roland, sobrinho de Carlos Magno. Ao retornar de uma expedição contra os sarracenos, na Espanha, Roland foi traído por seu padrinho, Ganelon, na Batalha de Roncesvales, já em território francês. Historicamente, a batalha data de 778, enquanto o mais antigo manuscrito da canção pertence ao século XII.

Borges alude ao episódio central da canção, o da batalha, no poema "Ariosto e os árabes" (*O fazedor*), asseverando, em certos momentos de sua obra, experimentar o sabor do heroico nessa composição que apresenta, a exemplo de outras, a tendência a agrupar a virilidade à coragem. Guardadas as proporções, o escritor argentino refere comparações feitas entre a *Chanson de Roland* e demais textos supostamente épicos, citando-a ao tratar de livros considerados clássicos em "A cabala" (*Sete noites*) e "O matreiro" (*Prólogos, com um prólogo de prólogos*). — JGS

Chapman, George

Dramaturgo e tradutor inglês (1559-1634), dedicou-se por muito tempo ao teatro, somando em sua trajetória sete comédias e duas tragédias. Além dessas peças, compôs outras em colaboração, como a comédia *Eastward Hoe* (1605), assinada também por Ben Jonson (v.) e John Marston, a qual rendeu aos autores um pequeno período de prisão em virtude de sua tendência contra a Escócia. Chapman, entretanto, é principalmente lembrado pela empenhada tradução das obras homéricas, publicadas em 1611 sob o título *The Whole Works of Homer: Prince of Poets*.

Borges refere-se a parte dessas traduções de Homero (v.) realizadas por Chapman no ensaio "As versões homéricas" (*Discussão*). Em outras passagens, ele alude às composições de palavras do autor inglês, à biografia que este escreveu sobre William Beckford (v.) ("Sobre o *Vathek* de William Beckford", *Outras inquisições*) e ao famoso soneto de John Keats (v.) cujo título faz menção a Chapman: "On First Looking into Chapman's Homer" (*Introducción a la literatura inglesa*, em *Obras completas en colaboración*). — JGS

Chatterton, Thomas

Escritor inglês (1752-70) famoso por seus textos escritos em uma linguagem pseudoarcaica, que ele afirmava serem originais antigos, até então ignorados, como acontece em uma passagem de *Felix Farley's Bristol* (1768), ou ainda nos célebres poemas "Rowley" — atribuídos a um escritor imaginário do século xv, nos quais transparece toda a destreza estilística de Chatterton, em gêneros diversos como a balada. A publicação da primeira das sete partes em prosa poética de *Ethelgar, a Saxon poem*, baseado na mitologia escocesa, e o suicídio do autor, supostamente motivado pela miséria em que vivia, garantiram o grande efeito da sua figura sobre o imaginário romântico europeu, principalmente o inglês. Borges se refere à morte de Chatterton no poema "A fome" (*O outro, o mesmo*). — JGS

Chaucer, Geoffrey

Geoffrey Chaucer (*c.* 1343-1400) foi um dos principais — se não o principal — expoentes da literatura da Idade Média inglesa, tanto por suas obras como por suas traduções. Entre estas últimas, encontram-se alguns fragmentos do *Roman de la rose* (século XIII) (v.) e *De consolatione philosophiae*, de Boécio (v.). Sabemos também que ele escreveu um tratado sobre o astrolábio e se interessava pela alquimia.

Borges destaca a tradução na Idade Média como uma "recriação estética". Em *Introducción a la literatura inglesa*, inclui uma breve biografia de Chaucer, em que o apresenta como o pai da poesia inglesa e como um inovador das letras, em razão da influência do verso e da rima italianos e franceses, deixando para trás a rusticidade do verso anglo-saxônico. Nesse mesmo livro, ressalta duas de suas obras: *Troilus and Criseyde* (*c.* 1380) e *The Canterbury Tales* (1387-1400); a primeira, cuja influência nos leva a *Il Filostrato* (*c.* 1335), de Boccaccio (v.), pela profundidade; a segunda, como uma série de retratos de época, na qual é ilustrado "*o caráter de cada narrador*".

Em várias passagens de sua obra, Borges intercala comentários sobre Chaucer. Poderíamos realçar, por exemplo, o modo como o menciona em "O falso problema de Ugolino" (*Nove ensaios dantescos*), em que considera o poeta inglês um leitor, um anotador da obra de Dante Alighieri (v.), retomando assim o tema da "Retratação" final de *The Canterbury Tales*; ou seja, Chaucer como um tradutor e, consequentemente, como um intérprete (leitor) de outras obras. — LM

Chénier

V. Faguet, Émile.

Chesterton, G. K.

Um dos escritores mais mencionados por Borges em sua obra, nasceu em Londres, em 29 de maio de 1874. Foi primeiro ilustrador, em seguida jornalista, tornando-se escritor apenas mais tarde. Autor de obra numerosa, quando faleceu, em 14 de junho de 1936, já havia lançado mais de uma centena de livros.

De sua obra, em geral marcada por uma apologia do catolicismo, Borges destaca principalmente as narrativas policiais, entre elas *The Man Who Was Thursday* (1908). Publicou, na revista *Sur* (v.) (n. 10, julho de 1935), o ensaio "Os labirintos policiais e Chesterton", no qual estabelece um conjunto de regras, entre irônicas e divertidas, para a narrativa policial. Passado um ano, voltou ao tema na mesma revista (n. 22, julho de 1936) em "Modos de G. K. Chesterton", texto em que, além de discutir o gênero policial, reconhece três facetas do autor: religioso, escritor de relatos policiais e poeta. Esses dois textos são fortemente inspirados em artigos do inglês sobre o mesmo tema, divulgados no decorrer da década de 1920, em especial "Como escrever uma história de detetive", de 1925. Em 1947, Borges escreveu o ensaio "Sobre Chesterton", publicado em *Los Anales de Buenos Aires* (v.) e depois incluído em *Outras inquisições*.

O autor argentino ressalta na obra de Chesterton a estrutura da narrativa policial como o desenvolvimento do aspecto mais abstrato e reflexivo do gênero, situando seus contos acima dos de Edgar Allan Poe (v.), tal como afirma na conferência "O conto policial" (*Borges oral*).

Além de resenhar seus livros e traduzir alguns deles, Borges homenageou Chesterton com referências em *Seis problemas para Don Isidro Parodi* (1942), que escreveu com Adolfo Bioy Casares (v.), ambos sob o pseudônimo Bustos Domecq. No primeiro conto desse volume um dos personagens se faz passar pelo Padre Brown (v.) e, em "O deus dos touros", encontra-se uma breve alusão ao Reverendo Brown. — LM

Chiclana, Jacinto

Personagem ficcional de Borges, protagonista da milonga homônima, que integra *Para as seis cordas*. Trata-se de uma figura ideal de malfeitor, quase abstrata em sua descrição. O próprio Borges conta que, ao ouvir um episódio sobre Jacinto Chiclana, que havia morrido ao ser atacado por vários homens no bairro do Once, o nome pareceu-lhe particularmente adequado a um malevo portenho; daí seu caráter cifrado e a ausência total de detalhes. O poema foi musicado por Astor Piazzolla e cantado por Edmundo Rivero em 1965. (V. *compadrito*.) — PMG

china Dominga

V. Nava, mulato.

Chocano, Santos

José Santos Chocano Gastañodi, poeta peruano (1875-1934), participou da Revolução Mexicana entre 1912 e 1915, quando chegou a ser assistente do presidente Francisco Madero e secretário do revolucionário do Norte, Francisco "Pancho" Villa. Na Guatemala, colaborou com o ditador Manuel José Estrada Cabrera, e por isso quase o executaram em 1919. Antes disso, trabalhou como jornalista e diplomata. Foi preso várias vezes por subversão e terminou a vida no Chile, dedicando-se à busca de relíquias perdidas. Um louco o assassinou a punhaladas, pensando que Chocano escondia um mapa do tesouro.

A poesia de Chocano é grande devedora a Rubén Darío (v.), de quem ele foi amigo, e aos românticos. Considerado um dos precursores do modernismo hispano-americano (simbolismo) no Peru, suas principais obras são *En la aldea* (1983), *Alma América* (1906) e *Primicias de oro de las Índias* (1934). Escreveu também um livro de memórias e algumas peças de teatro.

Chocano é mencionado nas "Duas notas" que se apresentam no fim de *História da eternidade*. Na seção intitulada "A arte de injuriar", Borges escreve que a mais esplêndida imprecação que ele já ouvira foi pronunciada por Vargas Vila: "*Os deuses não consentiram que Santos Chocano desonrasse o patíbulo, morrendo nele. Anda por aí, vivo, depois de ter extenuado a infâmia*". — TP

Chuang Tzu

Filósofo nascido na China (369-286 a.C.), foi representante da corrente taoista do pensamento chinês que promovia a ideia de total solidariedade entre o homem e a natureza, e acreditava que seguir o Tao [Caminho da Natureza] era ver a identidade absoluta de todas as coisas. Borges menciona-o no ensaio "A muralha e os livros" (*Outras inquisições*), reivindicando sua relevância na história e tradição chinesas. De fato, não é insignificante a influência das ideias do filósofo nessa antiga tradição. Seus princípios expandiram-se, criando bases tanto na literatura como no pensamento asiáticos. Em "Avatares da tartaruga" (*Discussão*), texto em que se propõe a discorrer sobre o "infinito", Borges cita-o como defensor do conceito de que o universo não constitui uma única coisa, dizendo que, para Chuang Tzu, "*a unidade cósmica e a declaração dessa unidade já são duas coisas: essas duas e a declaração de sua dualidade já são três*", e assim sucessivamente. Talvez a referência mais frequente a Chuang Tzu seja a do sonho da borboleta, analisado pelo autor argentino em "Nova refutação do tempo" (*Outras inquisições*): Chuang Tzu sonhou que era uma borboleta e, ao despertar, não sabia se ele era Tzu que sonhara ser uma borboleta ou se era uma borboleta e estava sonhando que era Tzu. — PPM

Church, Richard William

Biógrafo e religioso inglês (1815-90), tornou-se um incentivador do Oxford Movement, que se propôs a, por meio de um pensamento doutrinário, criticar as tendências prevalecentes da Igreja anglicana, além de investigar a natureza da Igreja, com base na reapropriação das tradições da Alta Igreja do século XVII. Autor das biografias *St. Anselm* (1870), *Spenser* (1879) e *Bacon* (1884), Church publicou inúmeros ensaios e sermões, bem como a interpretação pessoal da história do movimento que apoiou, *The Oxford Movement, Twelve Years, 1833-1845* (1891).

Borges alude em "Duas notas. A aproximação a Almotásim" (*História da eternidade*) a uma errônea censura feita por Church contra *The Faërie Queene* (1590-6), poema épico incompleto de Edmund Spenser (v.). — JGS

Cícero

Conhecido como um dos maiores oradores romanos (106-43 a.C.), foi também poeta, professor, advogado e filósofo. O escritor eloquente e defensor dos ideais da República abordou uma série de questões intelectuais e sociais de forma tida como didática e exerceu forte influência na literatura europeia, como se pode observar na discussão dos sistemas filosóficos e literários a que Borges se refere em "Notas" (*Discussão*), "Os teólogos" (*O Aleph*) e "Pascal" (*Outras inquisições*). Borges explicita sua admiração pelo romano considerando seus escritos especiais, e não apenas canônicos. Ao analisar a metáfora da esfera de Pascal (v.), o autor argentino menciona Cícero e a maneira como ele associa a esfera à divindade. A discussão da tese de um tempo circular no conto "Os teólogos" traz a obra do poeta latino em que este, segundo o narrador, "*zomba dos que imaginam que, enquanto ele conversa com Lúculo, outros Lúculos e outros Cíceros, em número infindável, dizem pontualmente o mesmo, em infinitos mundos idênticos*". A ideia desse fragmento da obra de Cícero retoma temas recorrentes em Borges, como a circularidade do tempo, o eterno retorno e mesmo o questionamento do sujeito como um ser único, e está presente na metáfora do encontro entre os dois personagens do conto — Aureliano, que tem contato com a obra de Cícero, e João de Panônia (v.) — quando eles, no paraíso, "*constituíam uma única pessoa*". — AF

Cidade de Bronze, história da

Um dos contos narrados por Xerazade (v.) nas *Mil e uma noites*. Na tradução de J. C. Mardrus (v.), a história se inicia na 339ª noite e se encerra na 346ª.

À luz do conto "O imortal" (*O Aleph*), uma das características mais relevantes da Cidade de Bronze é a intransponibilidade. As muralhas que a cercam são extremamente elevadas, e em sua extensão não se pode avistar nenhuma porta de entrada. É difícil não imaginar que Borges tenha se aproveitado desses elementos para arquitetar a Cidade dos Imortais descrita pelo personagem Cartaphilus (v.): "*Gastei, em vão, meus passos: o negro embasamento não deixava ver a menor irregularidade, os muros invariáveis não pareciam consentir uma única porta*". — DF

cinema

Borges interessou-se pelo cinema desde muito jovem. Nos anos 1920, participou da fundação do primeiro cineclube da Argentina e, em 1929, publicou no jornal *La Prensa* seu primeiro ensaio sobre a nova invenção: "El cinematógrafo, el biógrafo" (*Textos recobrados 1919-1929*). Nele, o raciocínio etimológico permite-lhe propor uma especificidade para o meio de comunicação como expressão de destinos vitais diante da difundida caracterização como dispositivo maquinal que reproduz o movimento. A esse texto seguiram-se outros a respeito do tema, e o próprio escritor impulsionou a inclusão de resenhas sobre cinema em *Sur* (v.). Foi nessa revista (ao longo da década de 1930) e em *Selección: Cuadernos Mensuales de Cultura* (durante o ano de 1933) que divulgou a maioria de seus escritos acerca de filmes.

O que Borges via nos filmes que resenhou? Por um lado, admira os argumentos bem-sucedidos: é o que ressalta em *Morocco* (Josef von Sternberg (v.), 1930), o qual, apesar disso, o decepcionou. Valoriza ainda os momentos significativos, em que se dá a revelação de uma verdade estética, como ocorre em certas cenas de *The Informer* (John Ford, 1935) ou de *Street Scene* (King Vidor, 1931). Também aprecia a coerência dramática na construção dos personagens, o que não exclui as contradições psicológicas. Afirma, por exemplo, sobre um filme de Mario Soffici: "*Um homem é arrastado a chicotadas até um rio final. Esse homem é valente, esse homem é soberbo, esse homem é mais alto que o outro… Em cenas análogas de outros filmes, o exercício da brutalidade fica a cargo dos personagens brutais; em* Prisioneros de la tierra, *está a cargo do herói e, de tão eficaz, acaba sendo quase intolerável*" (*Borges em/e/sobre cinema*, 2000).

Por outro lado, desconfia dos clichês do nacionalismo, e isso o leva a reclamar da falta de autenticidade de Dublin tal como a cidade é representada em *The Informer*. Detesta o costumbrismo e a cor local. Diz: "*Entrar em um cinematógrafo da Calle Lavalle e me encontrar (não sem alguma surpresa) no golfo de Bengala ou na Wabash Avenue parece-me preferível a entrar nesse mesmo cinematógrafo e me encontrar (não sem alguma surpresa) na Calle Lavalle*" (*Borges em/e/sobre cinema*). Se começa assim sua resenha sobre *La fuga*, é justamente para reivindicar nesse filme a ausência dos lugares-comuns e das tautologias em que o realismo cinematográfico costuma recair. Por último, repudia a motivação excessiva das ações do herói, os diálogos inverossímeis, o sentimentalismo. Tudo isso o incomoda em *Los muchachos de antes no usaban gomina*: "*É, sem dúvida, um dos melhores filmes argentinos que já vi: o que equivale a dizer, um dos piores filmes do mundo*" (*Borges em/e/sobre cinema*).

Contudo, o interesse de Borges pelo cinema não se limita à reunião de suas impressões de espectador. Ele escreveu roteiros. Primeiro, um projeto intitulado *Subúrbio* (1940), no qual trabalhou com Ulyses Petit de Murat e Manuel Peyrou; pouco depois, uma adaptação da obra de Roberto Payró, *Pago chico* [Pequeno pago] (1943), com Adolfo Bioy Casares, Manuel Peyrou e Eduardo Mallea. Escreveu, somente com Bioy Casares, dois "*argumentos para o cinematógrafo*": *Los orilleros* [Os marginais] e *El paraíso de los creyentes* (1951). No prefácio do livro que reúne tais roteiros, os autores explicam que uma boa trama é de fundamental importância, embora entendam que sempre tem algo de mecânico. Nesse sentido, reconhecem que não pretenderam inovar nos códigos de gênero e sim, mais exatamente, aceitaram de bom grado as diversas convenções do cinematógrafo: "*ambos os filmes são românticos, no sentido de que os relatos de Stevenson o são. São constituídos pela paixão da aventura e, talvez, por um distante eco de epopeia*". Os mesmos pressupostos estão na base dos dois roteiros que criaram para o diretor Hugo Santiago, sua contribuição mais significativa para o cinema: *Invasión* (1968) e *Los otros* (1973).

Borges resgata o tipo de narração límpida dos filmes norte-americanos diante dos europeus, em que os excessos formalistas são um atentado contra a fluência e a continuidade da história (digamos: David Griffith versus Carl Dreyer). Isso não o impede, porém, de incomodar-se com os estereótipos, as breguices e simplificações em que incorrem os filmes de Hollywood. Como os *folk tales* [contos folclóricos] ou as narrativas orais, os relatos do cinema clássico funcionam com base em variações sobre uma mesma matriz. É uma história que já se conhece antes de se conhecer ou, em todo caso, que se pode prever porque se atém a esquemas predeterminados e a regras fixas de composição. O cinema é, para Borges, um discurso ainda sujeito a esses modos coletivos de enunciação que são os gêneros; por isso mesmo, sintoniza perfeitamente com os outros discursos que circulam na periferia da literatura consagrada e que servem de fonte para os textos de ficção escritos a partir de *História universal da infâmia*.

Na realidade, a perspectiva do Borges espectador e roteirista é sempre utilitária: a aceitação desse conjunto de convenções normatizadas que o cinema clássico impôs como linguagem universal serve-lhe, precisamente, para não ter de ocupar-se delas. Ocorre que, embora admire o formato homogêneo e contínuo da narração nos filmes norte-americanos, seus contos parecem trabalhar contra ele. É, de alguma forma, o que afirma no prólogo de *O jardim de veredas que se bifurcam*: "*Desvario trabalhoso e empobrecedor o de compor vastos livros; o de espraiar em quinhentas páginas uma ideia cuja perfeita exposição oral cabe em poucos minutos. Melhor procedimento é simular que esses livros já existem e propor um resumo, um comentário*" (*Ficções*). Certamente, o cinema clássico adotou o modelo da narrativa do século XIX, e o próprio escritor fala dos "*romances cinematográficos*" quando se refere a algum de seus diretores preferidos. Mas, se os textos de Borges se sustentam na presunção dessa continuidade romanesca, é justamente para não ter de concretizá-la, para não ter de pô-la em prática.

"A arte narrativa e a magia" e "A postulação da realidade" são dois ensaios de *Discussão* nos quais — de modo explícito — a avaliação dos mecanismos literários remete a exemplos cinematográficos. No primeiro deles, Borges define o romance como uma construção precisa que revela uma ordem e um "*vínculo inevitável entre coisas distantes*", ou seja, uma lógica causal subjacente entre situações que não pareciam relacionadas. No segundo, destaca a "*invenção circunstancial*", ou seja, põe ênfase nos momentos significativos em que, de repente, tudo parece condensar-se. A ideia de *progressão teleológica* sustentada em um dos textos pareceria contradizer o resgate dos *instantes privilegiados* que o outro propõe. No entanto, mais que opostos, esses mecanismos se revelam complementares. E é o cinema que, sem dúvida, funciona como nexo entre ambos. Por um lado, oferece uma tradição narrativa marcada por histórias coletivas e anônimas que podem ser facilmente apropriadas, transformadas e submetidas a múltiplas variações; por outro, sobre essa matriz abstrata de uma trama, o espectador literato pode recortar e construir livremente suas cenas perfeitas.

Borges y el cine [*Borges e o cinema*; reeditado com o título *Borges en/y/sobre cine*; edição brasileira, *Borges em/e/sobre cinema*], livro de Edgardo Cozarinsky publicado em 1974, constituiu um momento fundador para pensar sobre a relação entre a obra do escritor e as imagens em movimento. Sua hipótese não se limita a confirmar o entusiasmo de Borges como espectador, nem a rastrear a admiração de certos cineastas pela obra dele, nem a compilar um conjunto de textos menores sobre filmes. O que o livro revela é o impulso crucial que o cinema havia representado, sobretudo como modelo de relato, na prática narrativa do primeiro Borges. Segundo Cozarinsky, certo imaginário cinematográfico mostra-se imprescindível na concepção borgiana da narração: "Há um momento, que poderia ser localizado entre *Evaristo Carriego* e a composição de seu primeiro conto, 'Homem da esquina rosada', no qual Stevenson e Von Sternberg suscitaram igualmente a atenção de Borges, quando parecia possível submeter os valentões do fim do século e o bairro de Palermo a um tratamento verbal equivalente ao que Von Sternberg aplicava, em *Underworld*, a Chicago e seus gângsteres". Esse vínculo complexo, que vai do cinema à literatura, apresenta-se como um cenário fértil para desenvolver a tensão entre classicismo e modernidade constitutiva da poética borgiana.

Por uma coincidência infeliz, embora relevante, o escritor começa a perder a visão quando surge o cinema moderno. Assim, não pôde assistir aos filmes que puseram em xeque sua ideia da estética cinematográfica cujos fundamentos se reduzem a uns poucos princípios: o modo sinóptico de certos filmes clássicos para apresentar o argumento, o caráter romântico dos personagens, o tom épico do relato. De repente, os diretores de que tanto gosta começam a pertencer ao passado do cinema, e Borges torna-se um observador um pouco démodé. Mas essa inatualidade, essa maneira de estar fora de lugar, é um traço característico, tem efeitos significativos sobre sua literatura. Poder-se-ia até pensar: é *porque* se torna um espectador antiquado (e não *apesar disso*) que Borges encontra a estratégia para construir-se como o grande escritor moderno. — DO

Clausewitz, Karl von

General, teórico, historiador e militar prussiano (1780-1831), lutou contra Napoleão e fundou a Academia de Guerra de Berlim. Seu tratado *Da Guerra* (1832) exerceu grande influência na doutrina política e militar do estado-maior alemão. A obra baseou-se em suas experiências nas campanhas militares de Frederico, o Grande, rei da Prússia, e nas Guerras Napoleônicas. Mais tarde, Erich Friedrich Wilhelm Ludendorff inspirou-se em Clausewitz para formular o conceito de "guerra total" (1935), que Adolf Hitler ampliou. Os estudos teóricos de Clausewitz foram também admirados por Marx (v.), Engels e Lênin, e marcaram os estrategistas soviéticos e chineses, em especial Mao Tsé-Tung, igualmente favorável à ideia do armamento de toda a população.

O narrador do conto "A forma da espada" (*Ficções*) cita Clausewitz, e na resenha feita por Borges de "*Europe in arms*, de Liddell

Hart", incluído após o texto "Lord Dunsany" (*Textos cativos*), a doutrina do historiador prussiano é evocada para ilustrar o arcaísmo do exército alemão. — LMRB e PFCO

Clemenceau, Georges

O francês Georges Clemenceau (1841-1929), que foi político, médico e jornalista, ocupou vários cargos políticos. Fundou o jornal *La Justice* (1880) e lutou na Primeira Guerra Mundial. Presidente da Conferência para a Paz (1919), apelidaram-no o Pai da Vitória. No auge de sua popularidade, candidatou-se à presidência do país (1920), mas foi derrotado por Deschanel e, então, retirou-se da vida pública. Como jornalista, publicou *L'Aurore* (1897), periódico no qual o escritor Émile Zola (v.), também francês, escreveu seu famoso artigo "J'accuse". Fundou outro jornal, *L'Homme Libre* (1913), que, com a censura do início da Primeira Guerra, passou a chamar-se *L'Homme Enchainé* (1914). Em "Paul Groussac. *Crítica literária*" (*Biblioteca pessoal*), Borges diz que Clemenceau havia recebido uma obra traduzida por Paul Groussac (v.), o *If* de Kipling (v.). — LMRB

Clemente, José Edmundo

Ensaísta argentino e funcionário da área da cultura (1918-2013), foi amigo de Borges, e trabalhou com ele na editora Emecé e como vice-diretor na Biblioteca Nacional no período em que o escritor a dirigia. Segundo suas declarações, na prática era responsável pelas atividades rotineiras da Biblioteca. O volume *História da eternidade* (1936), uma coleção de ensaios publicados, em sua maioria, na revista *Sur* (v.), foi reeditado graças a Clemente, como Borges informa no prefácio de 1953. Em 1952, publicou em uma revista seu artigo "El idioma de Buenos Aires", pouco depois editado como livro com o artigo de Borges "El idioma de los argentinos" (1927) — originalmente uma conferência e mais tarde parte de um livro (1928), homônimo, não incluído nas *Obras completas*. — PMG

Clive, Lord

Militar e administrador inglês (1725-74), Robert Clive foi personagem central para a dominação britânica da Índia. Aos dezoito anos de idade mandaram-no para Madras, na condição de escrevente, a serviço da Companhia das Índias Orientais. Suas qualidades militares se revelaram quando lutou contra os franceses que tentavam subjugar Carnatic, região ao sul da Índia. Em 1755, tornou-se comandante do forte St. David. Nesse mesmo ano, tomou parte na invasão da fortaleza do pirata Tuloji Angre em Gheriah. Lutou nos dois anos seguintes contra o nababo Siraj-ud-Daula de Bengala. Derrotou-o na Batalha de Plassey, conquistando toda a província de Calcutá. Obteve os títulos de barão Clive de Plassey (1762) e de cavaleiro (1764). Em 1765, governador de Bengala, obteve favores do imperador mongol Shah Alan. Sob acusação de corrupção, suicidou-se.

Na obra de Borges, o comandante inglês aparece mencionado em "A penúltima versão da realidade" (*Discussão*), ainda em sua condição de escrevente. É também citado em um verso do poema "O Oriente" (*A rosa profunda*). Por fim, surge no prefácio "*A descrição do mundo*, Marco Polo" (v.), como sendo uma das etapas da descoberta do Oriente, com Vasco da Gama, Kipling (v.) e vários outros (*Biblioteca pessoal*). — TP

Clube de Escritores

Conforme narrado em "O Aleph" (*O Aleph*), é na sede do Clube de Escritores (instituição ficcional e provável paródia da Sade — Sociedade Argentina de Escritores) que Borges tenciona marcar uma reunião com Álvaro Melián Lafinur, homem de letras, para conversar sobre a obra de Carlos Argentino, descendente de italianos e autor de um poema que pretendia abarcar a descrição de todo o planeta, obra considerada por Borges como algo que estendia "*até o infinito as possibilidades da cacofonia e do caos*".

Em 1955, após o golpe militar que destituiu o presidente Juan Domingo Perón (v.) do poder, Borges foi nomeado diretor da Biblioteca Nacional de Buenos Aires, com o apoio da Sade e de Victoria Ocampo (v.), intelectual de grande importância na Argentina, diretora da *Sur* (v.), revista que contou com muitas colaborações do autor argentino. — PFCO

Cocteau, Jean

Poeta, dramaturgo e cineasta francês (1889--1963), foi, desde muito cedo, ligado ao meio intelectual de Paris. Em seus primeiros anos como poeta, vinculou-se ao grupo dos balés russos na cidade, onde, em 1917, encenaram seu espetáculo *Parade*. Cocteau associou-se também aos principais nomes da vanguarda artística, tendo colaborado na *Anthologie Dada* (1919). Borges aponta essas relações em prólogo — "Jean Cocteau: *O segredo profissional e outros textos*" (*Biblioteca pessoal*) — que redige por ocasião da publicação em Buenos Aires do livro do autor.

Além de fundar inúmeras revistas literárias e editoras, Cocteau contribuiu enormemente para o teatro francês, adaptando diversos autores, antigos e contemporâneos, ou encenando suas próprias criações, como *Les Parents terribles* (1938). Decorou muitos espetáculos, expôs seus quadros e publicou textos críticos em jornais como o *Paris-Midi* e *Le Figaro* e em outros veículos. Esse autor plural participou ainda da criação de roteiros cinematográficos, como nos diálogos de *Les Dames du Bois de Boulogne* (1945), de Robert Bresson, e dirigiu outros filmes, entre eles *Orphée* (1950).

Escrevendo em 1926 sobre Oscar Wilde (v.) — "La balada de la cárcel de Reading" (*El tamaño de mi esperanza*) —, Borges compara a atividade do irlandês àquela que, então, exercia Jean Cocteau: "*Wilde não foi um grande poeta nem um prosador cuidadoso, mas sim um irlandês cheio de vida que conformou em epigramas um credo estético que outros haviam diluído anteriormente em longas páginas. Foi um agitador de ideias de seu tempo. Sua atividade é comparável à que hoje exerce Jean Cocteau, ainda que seu gesto tenha sido mais solto e mais travesso que o do citado francesinho*". — JGS

Colegio Libre de Estudios Superiores

Alejandro Korn, Narciso Laclau, Aníbal Ponce, Roberto Giusti (v.) e Carlos Ibarguren fundaram o CLES em 1930, por iniciativa de Luis Reissig. O objetivo do Colegio era constituir-se em um espaço de conhecimento alternativo em relação à Universidade Nacional de Buenos Aires, que se afastava dos postulados da Reforma Universitária de Córdoba, de 1918. Partia da ideia de que a cultura devia funcionar como elemento de ação social na Argentina, e uma de suas metas básicas era estimular a pesquisa e o ensino. Em meados dos anos 1940, o CLES adotou uma clara postura de oposição à figura em ascensão de Juan Domingo Perón (v.), e vários de seus integrantes se candidataram nas eleições democráticas de

1946, que acabaram sendo vencidas pela aliança Perón-Quijano.

Em 1952, as atividades do Colegio foram suspensas, e então a ação de suas filiais no interior do país se fortaleceu, principalmente em Bahia Blanca e Rosário. Nesse contexto, as colaborações de Borges na revista do CLES — *Cursos y Conferencias* (1931-60) — não parecem casuais, considerando-se sua conhecida postura de oposição ao regime peronista. Entre 1949 e 1955, publicaram-se quatro textos dele: "Nathaniel Hawthorne", "O escritor argentino e a tradição", "A literatura alemã na época de Bach" e "Lugones, Herrera, Cartago". A versão de "Nathaniel Hawthorne" (*Outras inquisições*), foi apresentada no CLES em 1949, assim como em 1953 a de "O escritor argentino e a tradição" (*Discussão*), incluída nas *Obras completas*. — PA

Coleridge, Samuel Taylor

Poeta, crítico literário, filósofo e jornalista inglês (1772-1834). A poesia de Coleridge impregna-se de uma atividade filosófica essencialmente neoplatônica, muito difundida no movimento romântico inglês, e divide espaço com ela. O autor, dotado de gênio múltiplo, trabalhou como jornalista no *Morning Post* de Londres e proferiu palestras sobre literatura em diversas instituições de seu país, além de publicar textos críticos que compõem uma obra de importância inversamente proporcional à sua brevidade. Borges afirma que a obra de Coleridge não passa de "*sombras e projeções*" de uma "*mente riquíssima*" ("Dois retratos de Coleridge", *Textos cativos*).

O argentino refere-se ainda ao tratado crítico *Biographia literaria*, de Coleridge, como o mais importante que existe em língua inglesa, e um dos mais entediantes de qualquer língua. Em *Aids to Reflection* (1825), Coleridge tenta a conciliação entre o que chamou de Razão e a crença no cristianismo ortodoxo. Borges lhe atribui tanto a frase de que todos os homens nascem platônicos ou aristotélicos como o conceito de "fé poética", segundo a qual a forte aparência de realidade é capaz de produzir a suspensão espontânea da incredulidade.

Por considerar os poemas de Coleridge, "The Rime of the Ancient Mariner" (1797-9), e de Arthur Rimbaud (v.), "Le Bateau ivre" (1871), detentores de um "*ambiente mágico*", o narrador de "Pierre Menard, autor do *Quixote*" não consegue imaginar o universo sem eles. Em outro texto, "Lugano" (*Atlas*), Borges recorda ter descoberto em 1918 a "balada mais famosa de Coleridge".

Em "O sonho de Coleridge" (*Outras inquisições*), Borges descreve a gênese do poema "Kubla Khan" baseando-se em um sonho do poeta inglês. Alude à crítica inovadora sobre William Shakespeare (v.) feita por Coleridge, para quem a obra de Shakespeare constituía uma *natura naturata*, um efeito capaz de infinitas modificações, imitando operações internas à natureza, não sua exterioridade.

A ideia de que nos sonhos as imagens figuram as impressões que pensamos que causam (ou seja, exemplifica Borges, não sentimos horror porque uma esfinge nos oprime, sonhamos uma esfinge para explicar o horror que sentimos) é atribuída a Coleridge em dois momentos da obra do argentino: em "Ragnarök" (*O fazedor*) e em "O pesadelo" (*Sete noites*). Por fim, em "A cegueira" (*Sete noites*), Borges enumera poetas que previam sua grandeza antes mesmo de escrever uma linha, como John Milton (v.), Thomas de Quincey (v.), Coleridge e ele próprio. — JGS

Collins, (William) Wilkie

Escritor inglês (1824-89) do período vitoriano, considerado um dos precursores da narrativa policial. É autor de, entre outros livros, *The Woman in White* (1860) e *The Moonstone* (1868), que Borges, assim como Chesterton (v.), julgava dois dos mais bem-sucedidos romances policiais. Em 1946, o autor argentino escreveu o prefácio de *The Moonstone*, no qual ressaltou o uso de vozes narrativas para a construção da trama e a importância do multiperspectivismo para obter "*o contraste dramático*" ("Wilkie Collins: *A pedra lunar*", *Prólogos, com um prólogo de prólogos*). As citações de Collins na obra de Borges não são numerosas, porém as alusões aos romances dele elevam sua escrita a um grau de construção narrativa superlativo em relação a muitos de seus contemporâneos, e sobretudo no que se refere ao gênero policial. — LM

Colón (Teatro)

Os espetáculos teatrais de Buenos Aires tiveram início em fins do século XVIII, ainda sob o regime do vice-reinado. Em 1789, houve a primeira apresentação no Teatro de la Ranchería, ou Casa de Comedias, que foi destruído por um incêndio em 1792.

A cidade ficou sem teatro até 1804, quando se construiu o Coliseo. As primeiras manifestações de teatro lírico ocorreram depois da Revolução de Maio, momento em que se iniciou uma intensa atividade musical. As apresentações arrefeceram-se durante o governo de Juan Manuel de Rosas (v.), tendo sido retomadas a partir de 1848. Em abril de 1857, inaugurou-se o Teatro Colón, com uma apresentação de *La traviata*, mas, em 1888, ele foi transformado na sede do Banco de la Nación Argentina. No ano seguinte, começaram as obras do novo Colón, que só foram concluídas duas décadas depois. Seu estilo arquitetônico era eclético, típico das construções do princípio do século XX. Em 25 de maio de 2010, após três anos de reformas, deu-se a última reabertura do Colón.

Em 1866, Estanislao del Campo (v.) assistiu a uma apresentação de *Fausto*, de Gounod (v.), nesse teatro. De acordo com Paul Groussac (v.), a peça serviu de inspiração para que Estanislao criasse seu poema *gauchesco* (v.) *Fausto*, como menciona Borges em "A poesia *gauchesca*" (*Discussão*). — PFCO

Colóquio dos pássaros
ou Assembleia dos pássaros

V. Attar, Farid al-Din abu Talib Muhammad ben Ibrahim.

colorados

V. Rivera (Uruguai); Oribe, Manuel.

compadrito

O *compadre* é o personagem típico dos tangos e dos arrabaldes (v.), sem ocupação fixa, agressivo e presunçoso, pronto a desafiar para um duelo quem quer que seja. Usava uma roupa típica e sempre levava uma faca. Tendo surgido com a adaptação dos *gauchos* (v.) às margens da cidade ao longo do século XIX, foi logo imitado pelos argentinos da primeira geração, que queriam apagar as marcas de sua origem imigrante.

O diminutivo "compadrito" nasceu com um valor irônico ou depreciativo, aplicando-se, sobretudo, aos filhos de estrangeiros, os quais eram vistos como uma cópia ruim do original, mas acabou representando a mesma ideia. Embora em algumas ocasiões Borges o considere uma mistificação, sem existência real, no prólogo à reedição de *História uni-*

versal da infâmia, em 1954, confere-lhe maior verossimilhança ao explicitar em sua caracterização uma opção de estilo: "*Em seu texto, que é de tom suburbano, se notará que intercalei algumas palavras cultas:* vísceras, conversações etc. *Assim o fiz porque o* compadre *aspira à finura, ou (esta razão exclui a outra, mas é talvez a verdadeira) porque os* compadres *são indivíduos e não falam sempre como o* Compadre, *que é uma figura platônica*" (v. a segunda nota de "*La canción del barrio*", em *Evaristo Carriego*). — PMG

Concepción do Uruguai

Cidade argentina localizada na parte leste da província de Entre Ríos. Em 1778, surgiu a Villa del Arroyo de la China. Em 1783, o vice-reinado fundou a Villa de Nuestra Señora de la Inmaculada Concepción del Uruguay e ergueu-se o primeiro *cabildo*. Já no contexto dos movimentos de independência, em 1810, ela foi uma das primeiras cidades a aderir à revolução comandada por Buenos Aires contra a dominação da Espanha. Em 1814, tornou-se a capital da província de Entre Ríos. No ano seguinte, foi convocado o primeiro congresso independentista, o Congresso do Oriente, apoiando o federalismo. As províncias de Entre Ríos e Santa Fe se aliaram e, em 1820, venceram a Batalha de Cepeda (v.). Em setembro proclamou-se a República de Entre Ríos, cuja capital era Concepción do Uruguai. Porém, um ano depois, a república foi dissolvida. Em 1851, nessa cidade, o general Justo José de Urquiza (v.) pronunciou-se contra o caudilho de Buenos Aires, Juan Manuel de Rosas (v.), o que resultou na Batalha de Caseros (v.), em 1852.

Em "História de Rosendo Juárez" (*O informe de Brodie*), a cidade de Concepción do Uruguai é mencionada pelo narrador, o próprio Rosendo, para dizer que sua mãe, Clementina Juárez, "*costumava falar de seus parentes de Concepción do Uruguai*". — PFCO

conceptistas (conceptismo)

Processo estilístico da época barroca associado intimamente à poesia de Quevedo (v.), o conceptismo manifesta-se por meio de um complexo jogo de conceitos, ou seja, de ideias apresentadas por metáforas, paralelismos, jogos de palavras, alegorias e antíteses. Com o culteranismo (associado a Góngora) (v.), foi um dos processos mais marcantes da literatura barroca peninsular. Dele se encontram marcas em, entre outros, d. Francisco Manuel de Melo e no padre Antônio Vieira. Borges cita o conceptismo ao analisar, no texto "Francisco de Quevedo: *Prosa e verso*" (*Prólogos, com um prólogo de prólogos*), um poema desse autor. — YF

Conde, José Antonio

José Antonio Conde García (1766-1820) foi um importante arabista e historiador espanhol. Seu prestígio se deve, acima de tudo, à publicação em três volumes de sua *Historia de la dominación de los árabes en España, sacada de varios manuscritos y memorias arábicas*, entre 1820 e 1821. A obra alcançou amplo reconhecimento no mundo europeu do século XIX, e rapidamente ganhou traduções em inglês, alemão, francês e italiano. A principal razão desse sucesso é o caráter inovador de seu corpus documental: pela primeira vez se escrevia uma história da dominação muçulmana na península Ibérica usando para isso, quase exclusivamente, fontes árabes. A utilização de tais fontes, aliás, é que deve ter levado Borges a escrever em "A arte narrativa e a magia" (*Discussão*) que o "*doutor José*

Antonio Conde traduziu sua Historia de la dominación de los árabes en España" de "*historiadores sarracenos*". — DF

Confúcio

A forma latinizada "Confucius" compreende a chinesa "K'ung-fu-tzu", que significa "Mestre K'ung", título do mais alto estágio de sapiência. Pouco se conhece sobre a vida desse filósofo chinês (551-479 a.C.). Um heterogêneo corpus de história, poesia, ética e rituais abarca os preceitos de *Analectos*, que contém o mais autêntico da sua produção. O confucionismo foi sistematizado alguns séculos após a morte do mestre, prevalecendo no sistema educacional de seu país como molde de práticas políticas e crenças morais até a derrocada do império, em 1911.

Borges refere-se a Confúcio no episódio que trata sobre o primeiro imperador da China, Che Huang-ti, em "A muralha e os livros" (*Outras inquisições*), em paráfrases como em "Sobre os clássicos" (*Outras inquisições*), ou mesmo em citações diretas do filósofo, como ocorre em *O livro dos seres imaginários*, em que seu nome é diversas vezes evocado para explanação de seres próprios da tradição mitológica chinesa. — JGS

Conque, *La*, revista de Pierre Louÿs

Revista francesa de poesia fundada em 1891 por Pierre Louÿs, André Gide (v.) e Léon Blum, teve dez números editados até 1892, nos quais foram divulgados textos de seus fundadores, além de textos de Stéphane Mallarmé e Paul Verlaine (v.). No conto "Pierre Menard, autor do *Quixote*" (1939) (*Ficções*), o narrador borgiano pretende que Pierre Menard (v.) tenha publicado duas versões de um mesmo poema em *La Conque* em 1899, depois, portanto, do fim das edições. Na biografia sintética que redige sobre o poeta Paul Valéry (v.), presente em *Textos cativos*, Borges dá a data de 1889 como a da fundação da revista, em cujas páginas teriam aparecido os primeiros poemas de Menard. *La Conque* de fato existiu, mas a possibilidade de que esses poemas tenham sido publicados nela não passa de ficção. — JGS

Conrad, Joseph

Josef Teodor Konrad Nalecz Korzeniowski nasceu na Ucrânia em 1857, de pais poloneses. Faleceu em 3 de agosto de 1924, em Bishopsbourne, na Inglaterra.

Escritor de língua inglesa, é considerado por Borges um dos maiores prosadores nesse idioma. Sua atividade de homem do mar tornou-o um autor de contos e romances de aventuras, o que permitiu ao escritor argentino estabelecer uma genealogia com a figura e a obra de Robert Louis Stevenson (1850-94) (v.). Seu conhecimento da América do Sul se deve em grande medida à amizade com William Henry Hudson (v.), a quem insere no romance *Nostromo*, publicado em 1904.

No conto "Guayaquil" (*O informe de Brodie*), há uma referência a Conrad com a menção a seu verdadeiro nome, classificando-o como historiador. Na resenha de um romance de William Faulkner (v.), Borges caracteriza dois tipos de escritores: os que se interessam pelo puramente verbal e estético e os que se centram nas paixões do homem. Declara que Conrad foi o último a quem interessaram ambos os destinos. Várias alusões a ele permeiam a obra de Borges e, em *Introducción a la literatura inglesa*, pode-se encontrar uma breve resenha biográfica, o que confirma a preferência por esse autor tantas vezes afirmada pelo escritor argentino. Entre seus romances mais destacados, estão *The Nigger of the "Narcissus"* (1897), *Heart of Darkness* (1899) — este incluído na coleção Biblioteca Personal e com prólogo de Borges ("Joseph Conrad, *O coração nas trevas. Com a corda no pescoço*", *Biblioteca pessoal*) — e *Lord Jim* (1900). — LM

Conselheiro, Antônio, heresiarca de Canudos

V. Cunha, Euclides da.

Constitución, estação

V. mapa portenho.

conto policial

O ensaio "Los laberintos policiales y Chesterton", publicado em 1935 na revista *Sur* (v.), as obras compostas em parceria com Adolfo Bioy Casares sob os pseudônimos de Honorio Bustos Domecq, cujos textos foram divulgados em *Sur*, em janeiro e março de 1942 — "As doze figuras do mundo" e "As noites de Goliadkin" —, e de B. Suárez Lynch, cuja primeira aparição se deu em 1946, em *Um modelo para a morte*, bem como certos contos reunidos nas *Obras completas*, revelam o fascínio exercido pelo conto policial em Borges. Como autor de obras policiais, ele determinou algumas diretrizes para o gênero, expressas no ensaio "Leyes de la narración policial" (*Textos recobrados 1931-1955*). Entre elas, a que propõe a declaração prévia de todos os termos do problema, ou seja, a não ocultação dos personagens e dos acontecimentos, regra que diz ter sido desrespeitada por Arthur Conan Doyle.

Leitor assíduo de Edgar Allan Poe (v.), a quem considerava o inventor dos contos policiais, como afirmou em "O conto policial" (*Borges oral*) e reiterou em "Edgar Allan Poe, de Edward Shanks" (*Textos cativos*), Borges chegou a declarar que a teoria poética do norte-americano era muito superior aos textos, mesmo que Auguste Dupin (v.), o primeiro detetive da literatura, tenha servido de modelo e arquétipo para todos os outros, incluindo Sherlock Holmes (v.) e o Padre Brown (v.). Ele também julgava G. K. Chesterton (v.) superior a Poe, por ter escrito contos fantásticos mas com soluções policiais, como "O homem invisível", de H. G. Wells. Vale lembrar que, para o escritor argentino, o conto de detetives pertencia à esfera do fantástico, porém de um fantástico intelectual e não sobrenatural. Além desses dois autores, Borges se debruçou sobre as obras de Agatha Christie e de Conan Doyle, e rechaçou a produção norte-americana, por considerá-la o declínio do gênero, com narrativas realistas, derramamento de sangue e violência sexual.

Todos os autores citados compuseram obras ditas cerebrais, nas quais a ação e a violência física, exceção ao crime em si, cedem lugar ao raciocínio, à abstração e ao poder dedutivo, aspectos levados ao extremo com o detetive Don Isidro Parodi, personagem criado a quatro mãos com Bioy. Os dois escritores reinventaram os contos de Poe e de Conan Doyle com base em dualidades como investigação/sátira, racionalidade extrema/soluções sem lógica e discursos articulados/reações espontâneas. Tais oposições engendraram argumentos fundamentados em jogos intelectuais, rigidamente limitados por elementos predeterminados, à semelhança dos contos de Chesterton, ainda que a obra conjunta dos dois argentinos seja sabidamente caracterizada pela oralidade, espontaneidade, divagação e risos incontidos. Dentro de uma cela de prisão, Parodi decifrava, baseado apenas nas informações fornecidas por jornais e relatos orais e em sua incrível capacidade de dedução, os crimes levados a ele. Borges e Bioy punham em cena, portanto, a ideia da realidade como rastro de pistas sucessivas, cuja decifração encontrou sua máxima expressão nesse detetive de matriz edgariana, modelo no qual os jornais, fontes materiais para as deduções intelectuais, são instrumentos eficazes na decifração da realidade, tal como nas histórias protagonizadas por Auguste Dupin. É o conto policial como origem da "literatura como fato intelectual", tão ao estilo borgiano.

Borges, que pode ser considerado o primeiro e mais importante divulgador das histórias de detetives na América Latina, visava, ao difundir o conto policial, assegurar uma recepção favorável a suas próprias obras, até mesmo a seus textos poéticos, que se amparam em uma estrutura parecida com as narrativas detetivescas. A criação desse tipo de texto, sobretudo a obra em colaboração com Bioy (*Seis problemas para Don Isidro Parodi* e *Um modelo para a morte*), pretendia, ademais, reforçar a importância do leitor, que já ocupava lugar de destaque na literatura borgiana, uma vez que a trama policial era armada de modo que este seguisse as trilhas do mistério. Borges também se serviu de suas análises sobre o conto policial para criticar a literatura feita na época, que, segundo ele, estaria desprovida de coesão, em contraste com o rigor da constituição narrativa do conto policial.

Dentre seus contos detetivescos, destaca-se "A morte e a bússola" (*Ficções*), tido por Ricardo Piglia como o auge do gênero mas do qual o autor não se orgulhava por causa da carga simbólica que ele achava que o texto possuísse. Esse conto e a própria produção literária dos dois autores não poderiam ter existido da forma como os conhecemos sem a obra colaborativa com Bioy, considerada por Borges superior às suas próprias narrativas individuais. Assim como em "O morto" (*O Aleph*) e "Tema do traidor e do herói" (*Ficções*), em "A morte e a bússola" Borges inverteu as tramas e transformou o enredo secreto no centro da narrativa, configurando um movimento caracterizado pela exasperação da inteligência, necessária para o total aproveitamento, não só de seus contos policiais, mas de toda a sua obra. — PFCO

contrapunto

V. desafio poético.

Contursi, Pascual

Poeta e autor dramático argentino (1888-1932). Sobre a base da melodia de um tango preexistente, "Lita", de Samuel Castriota, Contursi elaborou alguns versos cuja estrutura rítmica coincidia perfeitamente com essa peça, além de constituir uma síntese bem-sucedida ao contar uma história sentimental de abandono, nostalgia e melancolia em uma língua que incorporava, com grande sagacidade poética, um preciso léxico lunfardo. Assim nasceu, em 1916, "Mi noche triste", que no ano seguinte foi interpretado e gravado por Carlos Gardel.

Essa magnífica conjunção de fatores levou "Mi noche triste" a ser considerado o primeiro tango entendido como canção. Na verdade, o gênero já possuía uma história de décadas, mas em seus primeiros tempos fora marginal e instrumental, e suas letras, em todo caso, ocasionais ou vulgares, de ambiente prostibular. De todo modo, antes de 1916 podem ser encontrados não poucos tangos cantados, sobretudo os de Ángel Villoldo, como "La morocha" ou "El porteñito", embora sem a peculiaridade introduzida por "Mi noche triste": contar uma história. Outras letras de

Contursi, que ainda integram os repertórios do gênero, são "Bandoneón arrabalero", "De vuelta al bulín", "Ventanita de arrabal" e, em coautoria com Enrique Maroni, o grande sucesso "Si supieras", feita sobre a partitura de "La cumparsita" e sem a autorização de seu compositor, Gerardo Matos Rodríguez.

Borges celebrou os tangos antigos, que não tinham letra ou tinham letra primitiva e obscena, e lamentou o caráter sentimental que o gênero adquiriu depois. Por isso, a menção a Contursi em *Evaristo Carriego* (1930) é breve mas lapidar. Ao comentar o poema "La queja", de Carriego (v.), que narra o apogeu e a queda de uma "*mulher de todos*" (a categoria pertence ao autor de *O Aleph*), evoca a raiz clássica horaciana do tema, para chegar ao lugar onde (e aqui o verbo é bem pouco cordial) "*desemboca*": justamente a poesia de Contursi. Na segunda edição da obra (1955), acrescentou, além de outros textos, uma breve "História do tango", voltando a fustigar o gênero no item "As letras"; e entre os exemplos escarnecidos, sem menção de título nem de autor, cita fragmentos de dois tangos de Pascual Contursi: "Flor de fango" e "Ivette". — JSV

Cooper, James Fenimore

Romancista norte-americano (1789-1851), autor de *The Last of the Mohicans* (1826), entre outros livros. Não era apreciado por Borges, que não perdeu oportunidade de criticar sua obra. Em *Introducción a la literatura norteamericana*, o autor argentino escreve uma breve biografia de Cooper e relata o modo casual como ele começou a escrever romances. Esse esboço termina com um olhar crítico sobre seus textos: "*Sua prosa verborrágica, abarrotada de vocábulos de origem latina, reúne todos os defeitos e nenhuma das virtudes de sua época*". Também no ensaio "Nathaniel Hawthorne" (*Outras inquisições*), Borges faz uma referência indireta e irônica ao estilo de Cooper, com a seguinte comparação: "*uma espécie de Eduardo Gutiérrez infinitamente inferior a Eduardo Gutiérrez*". — LM

Cordovero, doutor Nahum

Assim como outros autores fictícios, entre eles Jaromir Hladik (v.), Nahum Cordovero parece reivindicar realidade, dada a precisão da publicação, com local e data definidos: *A Coat of Many Colours* (Manchester, 1948). Representa, como recorrente em Borges, um movimento metatextual: trata-se de um autor ficcional, logo de obra apócrifa, que acusa outro documento de ser apócrifo, no caso a narrativa contida no conto "O imortal" (*O Aleph*), atribuída ao antiquário Joseph Cartaphilus (v.). O título da obra citada está relacionado diretamente com a interpretação que Cordovero faz do texto atribuído a Cartaphilus, no qual encontra interpolações de outros autores, das mais diversas vertentes literárias, indo da identificação de origens gregas à poesia de T.S. Eliot (v.) e assim forjando a imagem como a de um patchwork, uma aglutinação de diversos recortes.

Ao mesmo tempo, esse título faz referência a um símbolo muito forte na tradição judaica, cultura em que é comum que os títulos de obras remetam a fontes clássicas, como a Bíblia: "*a coat of many colours*" é a túnica listrada dada por Jacó a José (Joseph) e que incita o ódio e o ciúme de seus irmãos (Gênesis 37,3). Cordovero, por sua vez, remonta ao nome do profeta cabalístico galileu Moisés Cordovero (Palestina, atual Israel), o maior escritor da tradição mística judaica. Ainda a respeito do sobrenome, a palavra "cordovero" (do latim *chorda*, "fio" ou "corda", e *vero*, "verdadeiro") é então uma espécie de fio de saída de um labirinto, já que elucida, citado em um postscriptum, o caráter apócrifo da narrativa, apesar de ele mesmo ser apócrifo e igualmente fictício. — PPM

corno de hidromel

Quando os Aesir (nome atribuído aos da raça principal dos escandinavos) e os Vanir (nome atribuído à segunda família de divindades do panteão germânico) firmaram a paz, cuspiram todos em um caldeirão e assim nasceu Kuasir, o mais sábio dos homens. Os anões irmãos Fjalarre e Galarr o assassinaram e recolheram seu sangue em dois recipientes, chamados Bodn e Son, e em uma jarra. Misturaram mel com o sangue e fizeram o hidromel, que possuía a propriedade de transformar em poeta a quem dele bebesse. Os anões disseram aos Aesir que Kuasir se afogara em sua própria inteligência, porque não havia ninguém hábil o suficiente para esgotar seu saber por meio de perguntas. Na *Edda prosaica* (v.), esse fragmento está em "Skaldskaparmal", no primeiro parágrafo: "Também havia ali um intenso hidromel e grandes quantidades foram tomadas. A pessoa sentada próxima a Aegir era Bragi e eles beberam juntos e conversaram".

Em *Antiguas literaturas germánicas*, Borges se refere ao "*cuerno para beber*". Trata-se de um copo ou recipiente em forma de corno ou cornucópia e significa abundância. A relação entre a bebida e o mito da poesia consiste na inspiração e sabedoria associadas a bebidas mágicas. No poema da *Elder Edda*, esse fragmento está como segue: "Nem o chifre eles seguravam, nem me ofereceram pão [...] Do filho de Bolthorn, pai de Bestla,/ dominei poderosas nove canções,/ e uma bebida tomei do mais querido hidromel,/ recebido de Óthroerir". — LMRB

Corrales, praia dos

V. Cepeda.

Cortázar, Julio

Filho de argentinos, nasceu em Bruxelas (1914-84), foi para a Argentina aos quatro anos de idade e faleceu em Paris. Distingue-se como contista e é o único argentino que integra o chamado "boom da narrativa latino-americana" nos anos 1960, provavelmente iniciado com seu romance *Rayuela* (1963). Também é autor de *Divertimento* (1950), *Bestiario* (1951), *Final del juego* (1953), *Las armas secretas* (1959), *Último round* (1960), *Historias de cronopios y de famas* (1962), *Todos los fuegos el fuego* (1966), *La vuelta al día en ochenta mundos* (1967), *Un tal Lucas* (1979), *Queremos tanto a Glenda* (1980), *Deshoras* (1982), *Los autonautas de la cosmopista* (1983), *Salvo el crepúsculo* (1984).

O melhor de sua produção são os relatos breves, que lhe valeram um lugar destacadíssimo entre os escritores de língua castelhana do século XX, e que o próprio autor declara influenciados pelas teorias do gênero de Edgar Allan Poe (v.) e Horacio Quiroga (v.). A partir de 1951, e com uma bolsa de estudos do governo francês, foi viver em Paris, tendo mais tarde atuado como tradutor da Unesco. Cortázar reconhecia uma dívida com Borges no que se refere à economia verbal do relato e a aspectos formais com base na geometria do texto. Porém, divergia dele profundamente em razão de suas convicções políticas e, desde que anunciou apoio explícito ao movimento sandinista da Nicarágua (para o qual chegou a doar os direitos autorais de algumas obras), mantiveram uma relação distante e de estima estritamente literária. Borges dedicou-lhe não poucos comentários desdenhosos, mas no fim da vida decidiu incluir um volume de contos de Cortázar em sua Biblioteca Personal — coleção lançada pela editora Hyspamérica — e com frequência recordava ter publicado, na época em que era secretário da revista *Los Anales de Buenos Aires* (v.), o primeiro conto de Cortázar a sair em letra de fôrma, "Casa tomada". No prefácio a esse volume, Borges anota: "*O estilo não parece cuidado, mas cada palavra foi escolhida. Ninguém pode contar o argumento de um texto de Cortázar; cada texto consta de determinadas palavras em determinada ordem. Se tentamos resumi-lo, comprovamos que algo precioso se perdeu*" ("Julio Cortázar, *Contos*", *Biblioteca pessoal*). — MCR e GG

cortiço

O substantivo equivalente em espanhol é "conventillo", assim como "tugurio". A partir de meados do século XIX, alguns casarões dos bairros mais antigos de Buenos Aires (centro--sul), propensos a inundações, foram vendidos por seus donos, de classes altas, simultaneamente à chegada da maciça imigração ultramarina. Resposta improvisada ao alto déficit habitacional, os cortiços surgiram nessas moradias, subdivididas e alugadas como casas menores ou diretamente por cômodos, nas quais viviam muitas famílias e indivíduos agrupados, com péssimas condições de higiene; dezenas de pessoas compartilhando banheiros, sala de jantar e cozinha. As diversas epidemias que Buenos Aires enfrentou (cólera, em 1867 e 1868; febre amarela, em 1852, 1858, 1870 e, a maior de todas, em 1871) (v. febre amarela) foram devastadoras nessa região, o que, por sua vez, levou a uma grande fuga daqueles que tinham condições de sair dali, desocupando casas que depois viriam a se tornar novos cortiços.

Representado na literatura e no teatro como um espaço de troca social (às vezes idealizado), "cortiço" alude também a desordem e gritaria, conotação explorada por Borges ao escrever "*teu cortiço de almas*" ("Mortes de Buenos Aires", *Caderno San Martín*). — PMG

Cosmas

Cosmas Indicopleustes, mercador, viajante, teólogo e geógrafo que viveu no século VI em Alexandria e cujo tratado *Topographia christiana*, o qual teria sido escrito entre 535 e 547, contém um dos primeiros e mais famosos mapas-múndi. Nesse tratado, em que expõe um sistema completo de cosmografia com base nas Sagradas Escrituras, Cosmas tentou provar a precisão literal da descrição bíblica do universo, sustentando em particular que a Terra é plana. Ele afirma ser a Terra um paralelogramo plano, em cujas margens se alçam altos muros que se unem na sua parte superior formando uma abóbada e tendo o céu como cúpula. Seu sistema sideral é também bastante curioso: supõe que, no extremo norte da Terra, levanta-se uma montanha altíssima ao redor da qual estão o Sol, a Lua e as estrelas. De acordo com Cosmas, o universo é precisamente ilustrado pelo tabernáculo de Moisés, que alega ser sua réplica em detalhes. Seu livro é citado por Borges no texto "Os teólogos" (*O Aleph*) como obra "*que ensina que a Terra é quadrangular, como o tabernáculo hebreu*". — PPM

Couto, Diogo do

Historiador português (1542-1616), dedicou--se às letras e às armas, tendo ido à Índia em 1559 a fim de participar das expedições militares que buscavam expandir o domínio português. Por ordem do rei Felipe II, continuou as *Décadas*, do escritor João de Barros, publicando em vida as que vão do volume IV ao VII. Essas *Décadas* constituem relatos no gênero crônica, em que se narram as viagens dos portugueses empreendidas ao Oriente, os acontecimentos relacionados a tais viagens, e as descrições dos povos e das regiões a que se dirigiam. Couto escreveu a série de relatos de *Décadas* até o volume XII, no entanto foram publicadas apenas as *Décadas* IV-VII e X. Conforme a tradição cultural-religiosa de seu país, estão presentes nesses textos ideias e pensamentos do cristianismo. Ele também compôs poemas líricos e pastoris, reunindo um tomo de elegias, éclogas, sonetos, canções e glosas. Borges menciona suas *Décadas* no ensaio "Formas de uma lenda" (*Outras inquisições*), deixando subentendido um dos aspectos do estilo de Couto e da tradição de cronistas à qual ele pertence, isto é, a convicção religiosa católica. — PPM

Crátilo

Há poucas informações sobre Crátilo como personagem histórico. Sabe-se que foi um filósofo ateniense, contemporâneo de Sócrates (v.), e que influenciou o jovem Platão (v.). Foi adepto da doutrina do *panta rei* [tudo flui], tida como sendo de Heráclito (v.) mas assumida por Crátilo em um sentido radical: não só "*ninguém se banha duas vezes no mesmo rio*" (Heráclito), mas "*nem sequer uma única vez*" (Crátilo), dado que o rio muda até mesmo enquanto nos banhamos. Por essa razão, acabou propondo a abolição da linguagem, considerando que as ideias mudam enquanto são enunciadas. Mas o nome de Crátilo alcançou a posteridade, e a literatura de Borges, pelo diálogo epônimo que Platão consagrou a ele. Composto em torno de 359 a.C., o *Crátilo* é a mais antiga pesquisa filosófica que restou no Ocidente sobre a natureza denotativa da linguagem. Toma a forma de uma arbitragem de Sócrates entre as posições de seus discípulos Crátilo e Hermógenes. Crátilo sustenta que um nome é correto se corresponder "naturalmente" a seu significado, enquanto para Hermógenes a relação de uma palavra com seu significado é meramente convencional. Cada um exagera sua própria posição. Para Hermógenes, a palavra "cavalo" poderia muito bem servir para designar qualquer ser, até um homem. Crátilo, no outro extremo, insiste que, em uma palavra correta, o sentido deve estar diretamente encerrado em seu som e não deve poder separar-se da ideia que designa; como argumento ad hominem, por exemplo, afirma que seu rival está incorretamente nomeado porque seu nome significa "gerado por Hermes", mas ele não é nem eloquente nem belo como lhe caberia ser.

Borges explora literariamente as duas implicações extremas do *Crátilo*. O que lhe interessa de ambas é que nenhuma corresponde ao esquema clássico da representação. A posição de Hermógenes aparece claramente em "Funes, o memorioso" (*Ficções*), cujo protagonista propunha o nome de "nove" para a cifra 500 ou o de "Máximo Pérez" para 7014. A posição de Crátilo (a mais explorada em seus textos) desenvolve-se em várias etapas, mas, ao ser levada a seu ponto máximo, quase atinge os confins da posição oposta. Na primeira etapa, a mais simples, o nome é arquétipo da coisa ("*em suas letras* rosa *tem a rosa/ e na palavra* Nilo *cabe o Nilo*") (v. Golem). Um pouco mais ousada é aquela em que o nome não contém a coisa, mas dá origem a ela, posição insinuada na "Milonga para Jacinto Chiclana" (*Para as seis cordas*). Finalmente, vem a extrapolação derradeira: as palavras já não são um espelho do mundo, e sim "*uma coisa a mais acrescentada ao mundo*", como Borges escreve em "Uma rosa amarela" (*O fazedor*), e, portanto, não servem para representá-lo, nem convencional nem naturalmente, mas aludem a ele, como qualquer outra coisa poderia fazê-lo. Como se vê, Borges não toma posição na contenda do *Crátilo*, e sim passeia sua imaginação por todas as virtualidades permitidas pelo leque de possibilidades entre as posições extremas e que permite pensar além do esquema da representação. — IAL

criollo

Já foi apontado em várias ocasiões que a obra literária de Borges, ainda que dialogue de forma lúcida, sensível e irreverente com uma biblioteca universal, não deixa de lado temas e debates específicos da literatura argentina. Embora essa apreciação seja válida para o conjunto de sua obra, poder-se-ia dizer que, em determinados momentos, o que a define são os vínculos que estabelece com o elemento nacional. Particularmente, os textos publicados nos anos 1920 põem em evidência esse modo de pensar a literatura em estreita relação com a expressão de uma nacionalidade que, nesse período, identificava-se com o *criollo*. Em sintonia com os manifestos vanguardistas do período, Borges explorou as possibilidades de uma expressão literária nacional com base em um *criollismo* que não isentou sua escrita de um viés programático nem de uma exacerbação retórica que o levariam, posteriormente, a eliminar essa produção de suas *Obras completas*. No entanto, pensado com relação à cena cultural argentina dos anos 1920, esse *criollismo* borgiano apresenta-se como uma política literária eficaz que, de acordo com uma peculiar redefinição do *criollo*, resistiu aos reducionismos nacionalistas e aos essencialismos identitários da época.

Para apreciar essa singularidade, convém recordar que "*criollo*" possui uma densidade semântica e uma instabilidade conceitual que remetem às misturas raciais, às estratificações sociais e às relações de poder que atravessam a história da América Latina. Sua origem está na fala dos escravos negros e designa, em um primeiro momento, os escravos nascidos em território colonial. Em pouco tempo, a referência do termo se desloca, com significativa carga de preconceito racial, social e étnico, para os filhos de espanhóis nascidos na América Hispânica ainda sob o regime colonial. Posteriormente, esses *criollos*, descendentes de espanhóis em solo americano, apropriam-se da palavra e fazem uso político dela ao assumir uma relação de identidade com o território que legitima a expressão de uma diferença cultural. Essa diferença não tardará a ser também demanda de independência política da metrópole europeia. Entre o atributo pejorativo e uma apropriação política do termo, as referências ao *criollo* põem em cena a complexa dinâmica social e política que caracterizou a América Latina desde a época colonial até os processos de independência de seus países.

No fim do século XIX e início do XX, o alcance semântico do termo restringe-se e ele já não designa uma diferença hispano-americana, mas identidades específicas nos espaços nacionais. Nesses contextos particulares, a referência ao *criollo* não perde sua densidade política. Ao contrário, inclui em seu significado as tensões sociais provocadas pelas disputas entre os diferentes setores que intervêm nos processos de fundação e organização das nações.

No caso da Argentina, "*criollo*" e os derivados dessa palavra remetem especificamente a um universo cultural que reconhecia no *gaucho* (v.) e em seu estilo de vida um símbolo do elemento nacional. Em suas variadas manifestações, a literatura *gauchesca* (v.) trabalhou em favor dessa identificação do *criollo* com a ideia de nação, oferecendo ao imaginário cultural argentino uma série de figuras paradigmáticas (Martín Fierro, Santos Vega, Juan Moreira (v.), Don Segundo Sombra) (v.), cujas histórias se entrelaçam com a história do país. Tal identidade cultural centrada no *criollo* é objeto de disputa simbólica no entresséculo, quando a afluência de imigrantes europeus à Argentina, propiciada por políticas de Estado modernizadoras, buscou legitimar seu pertencimento ao território apropriando-se desses símbolos nacionais. Diante da ameaça de deturpação da essência *criolla* da identidade nacional, outros setores sociais tomaram para si tal representação, fundando sua legitimidade no pertencimento ao território, no uso de uma língua preservada das contaminações estrangeiras e, indiretamente, em um pertencimento de classe que se evidenciava no uso letrado que faziam da cultura do *gaucho* e no distanciamento que assumiam de um proletariado urbano que crescia com a imigração. Em outras palavras, se o *criollo* concentrava a ideia do nacional, a apropriação simbólica que se fizesse dessa referência poria em evidência as tensões sociais de um país que protagonizava acelerados processos de mudança, sobretudo no perímetro mais restrito da cidade de Buenos Aires. Um claro exemplo de tais disputas é o texto que Ernesto Quesada publicou em 1902, *El "criollismo" en la literatura argentina*, no qual sustenta que a literatura *criollista*, tão difundida na cultura popular da Buenos Aires da época, não era mais que uma expressão vulgarizada da literatura *gauchesca* que servia como instância de identificação nacional de setores sociais estrangeiros. As leituras que Leopoldo Lugones (1913) (v.) e Ricardo Rojas (1917) (v.) realizam de *Martín Fierro* (1872) (v.), de José Hernández (v.), nesses anos seguem a mesma linha: ambos pretendem elevar o poema *gauchesco* à condição de uma épica nacional que preservaria, como relato de origem, a essência *criolla* da identidade argentina.

Essas breves referências permitem dimensionar o debate já claramente instalado na cultura argentina quando Borges se incorpora à cena nacional com uma proposta literária que reformula o legado *criollo*, com uma leitura diversa da que seus predecessores haviam realizado. No ensaio "El tamaño de mi esperanza" (*El tamaño de mi esperanza*, 1926), Borges se dirige aos *criollos*, "*aos homens que nesta terra se sentem viver e morrer, não aos que creem que o sol e a lua estão na Europa*", e os convoca a buscar uma expressão literária nacional que não se deixe seduzir nem por um "progressismo" avassalador, que os impulsiona a ser norte-americanos ou europeus, nem por um *criollismo* nostálgico, que os disfarça de *gauchos* e os engessa no estereótipo. Nessas alternativas desprezadas, ecoam as críticas borgianas tanto ao cosmopolitismo que desconstrói o rosto da Buenos Aires moderna como ao *criollismo* popular professado pelos imigrantes que reduz a identidade nacional a uma pose *gauchesca*. Porém, ele admite que o mais adequado a sua proposta seria ampliar o significado de *criollismo*: "Criollismo, *sim, mas um* criollismo *que seja conversador do mundo e do eu, de Deus e da morte*" ("El tamaño de mi esperanza").

A fórmula borgiana busca superar as limitações de um *criollismo* redutor que condiciona a expressão nacional ao lugar de origem do escritor ou à sua representação impregnada de cor local. Para Borges, o *criollo* é aquele que está ligado ao país não mais por procedência territorial, social ou étnica, mas por um sentimento que o vincula indissociavelmente à paisagem local, o pampa. William Henry Hudson (v.) pode falar da pátria em inglês, em seu romance *The Purple Land* (1885), com a mesma legitimidade *criolla* que o argentino José Hernández no poema *Martín Fierro*. Em ambos os textos se reconhece a pátria porque seus autores não se restringem a uma representação localista do nacional, mas superam esses limites e se aventuram no relato do insondável destino de um homem. O *criollismo* de Borges supõe, portanto, uma extraterritorialidade que cria vasos comunicantes entre uma expressão literária nacional e o mundo, ideia que depois o autor desenvolve no ensaio "O escritor argentino e a tradição" (1932) (*Discussão*), ao afirmar que o patrimônio do escritor argentino é o universo e que, portanto, não está condenado a permanecer nos redutos comedidos da cor local, mas pode abordar com irreverência todos os temas.

Contudo, embora dialogue com o mundo, o *criollismo* que Borges professa na Buenos Aires dos anos 1920 tem suas restrições. Sua poética escolhe os subúrbios que limitam com o pampa como espaço simbólico da pátria, em detrimento das zonas portuárias onde desembarcam as massas de imigrantes. A escolha, evidentemente, não é ingênua, e revela que Borges não escapou do ressentimento ideológico que a presença dos novos protagonistas sociais provocava. No ensaio "El idioma de los argentinos" (1928), ele propõe a existência de uma oralidade *criolla* que, nessa Buenos Aires transfigurada pela aluvião de estrangeiros, firmaria as bases para a fundação de uma literatura nacional. Contraposta à rigidez castiça do espanhol peninsular e à vulgar contaminação linguística do lunfardo, a oralidade *criolla*, o autor explica, insere um matiz na língua espanhola que "*é discreto o suficiente para não entorpecer a circulação do idioma e nítido o suficiente para que nele ouçamos a pátria*". Uma entonação particular que ele reconhece nos escritos de Domingo Faustino Sarmiento (v.), Esteban Echeverría (v.), Lucio V. Mansilla, Eduardo Wilde, ou em obras menores como a de Evaristo Carriego (v.). Trata-se de nomes de linhagens diversas que Borges convoca não só para legitimar uma expressão do nacional que não prescinde de certa carga ideológica, mas também para sustentar uma posição estética nas lutas pelo poder no interior do campo literário. Os jogos de oposição entre os grupos de Florida e Boedo (v.), dos quais participou, exemplificam tais disputas simbólicas.

A disposição combativa que impulsiona esse "criollismo *urbano de vanguarda*", segundo a denominação de Beatriz Sarlo, foi rapidamente abandonada por Borges, ao buscar uma singularidade expressiva que o afasta dos coletivos de vanguarda. Porém, o diálogo com esse universo cultural *criollo*, que remonta ao século XIX com suas versões heroicas e violentas da história da pátria ou que sustenta a recriação imaginária de uma Buenos Aires alheia à modernização avassaladora, permanece ao longo de sua obra. Basta recordar textos posteriores como "O Sul" (*Ficções*), "O cativo" (*O fazedor*), "O outro duelo" (*O informe de Brodie*), muitos de seus poemas sobre Buenos Aires ou o livro de milongas (*Para as seis cordas*). Em todos eles, retorna esse *criollismo* inicial que, despojado de seu caráter programático, dialoga abertamente com o mundo. — ACO

Croce, Benedetto

Filósofo, historiador, político e crítico literário (1866-1952), o mais influente pensador italiano da primeira metade do século XX. Em 1903, fundou a revista *La Critica*, de periodicidade bimestral, publicada ininterruptamente até 1944. Ministro, senador, presidente do Partido Liberal, foi um dos poucos intelectuais que repudiaram a intervenção de seu país na Primeira Guerra. A partir de 1924, opôs-se ao fascismo, que considerava uma "doença moral". No ano seguinte, redigiu o *Manifesto dos intelectuais antifascistas*. Quando, em 1938, o regime de Mussolini estabeleceu leis raciais e obrigou os professores universitários a declarar sua origem étnica, Benedetto Croce foi o único não judeu que se negou a fazê-lo. De sua vasta obra, destacamos *Estetica come scienza dell'espressione e linguistica generale: Teoria e storia* (1902), *Breviario di estetica: Quattro lezioni* (1913), *La poesia di Dante* (1921), *Sulla natura dell'allegoria* (1922), *Storia dell'età barocca in Italia* (1928), *Poesia e non poesia* (1923), *Poesia popolare e poesia d'arte* (1930), *La poesia: Introduzione alla critica e storia della poesia e della letteratura* (1937), *Filosofia come scienza dello spirito* (1940), *La teoria della libertà* (1945); escreveu também estudos sobre Goethe (v.), Ariosto (v.), Shakespeare (v.), Corneille, Garcilaso de la Vega (v.), Baltasar Gracián (v.) e Vico (v.), entre muitos outros.

Para Croce, a arte é um ato espiritual, com base na intuição, a qual identifica com a expressão. Disso deriva também a identificação entre linguagem e poesia. Em razão da natureza intuitiva, individualista, quase inefável, da experiência estética, afirma a impossibilidade de dar explicações racionais sobre ela e rejeita categorias críticas gerais, como a retórica e os gêneros literários, ou a reconstrução das condições histórico-culturais de produção da obra artística.

Na conferência "A *Divina comédia*", publicada em *Sete noites*, Borges confessa: "*Li quase todos os livros de Croce e nem sempre estou de acordo com ele, mas sinto seu encanto*". A influência do pensamento desse autor é uma das "constantes secretas" na obra do escritor argentino, especialmente as noções vinculadas à linguagem e à metáfora. São muitas as referências explícitas e implícitas ao filósofo italiano, já desde a década de 1920: em "Indagación de la palabra" (*El idioma de los argentinos*), Borges reflete sobre a concepção de linguagem literária de Croce. Já no ensaio "A postulação da realidade" (*Discussão*), questiona a "fórmula" crociana da identidade entre o estético e o expressivo. O interesse polêmico por sua filosofia inscreve-se no quadro de uma das preocupações centrais de Borges: a reflexão sobre a impossibilidade da linguagem de desvendar a natureza última da realidade, que o vincula à concepção nominalista, como demonstrou Jaime Rest, em *El laberinto del universo*. Borges dedica a Benedetto Croce uma de suas primeiras "Biografias sintéticas" de *El Hogar* (v.) (27 de novembro de 1936, em *Textos cativos*), na qual afirma que a *Estética* de Croce é "*estéril mas brilhante*", e que se trata de "*um dos poucos escritores importantes da Itália contemporânea — o outro é Luigi Pirandello*". Extrai de uma passagem de *La poesia* a ideia central do relato "História do guerreiro e da cativa" (*O Aleph*). Compartilha as críticas ao barroquismo formuladas por Croce (reproduzindo as acusações de "*frieza íntima*" e "*engenhosidade pouco engenhosa*"). Uma última aproximação entre Borges e Croce pode ser encontrada no pensamento político, pois, tal como observa Jaime Rest, existe estreita relação entre o nominalismo filosófico e "a concepção liberal da tolerância". — CF e MG

Cromwell, Oliver

Cromwell (1599-1658) foi um dos principais líderes do Parlamento nas lutas contra o absolutismo monárquico inglês, durante a Revolução Inglesa e, em especial, na Guerra Civil (1642-8). Os setores religiosos e sociais ligados a Cromwell eram, sobretudo, os puritanos, os *yeomen* (pequenos e médios proprietários rurais), a burguesia mercantil e manufatureira, e setores da *gentry* (nobres que haviam comprado títulos e brasões e, por isso, mais do que pelo sangue, distinguiam-se dos plebeus; muitos membros da *gentry* obtiveram suas fortunas no comércio ou no manufaturado e se tornaram tardiamente proprietários de terras).

Contra os revolucionários se encontravam os aliados do rei Carlos I, que se constituíam dos anglicanos, os católicos, compostos principalmente pelos pares (alta nobreza ou aristocracia, grandes proprietários de terras e os únicos que ainda desfrutavam de privilégios legais), e alguns membros da *gentry*. Cromwell era originalmente um fazendeiro de Huntingdon, membro do Parlamento; engajou-se na Guerra Civil, e seu exército, conhecido como *ironsides*, foi decisivo para a vitória do Parlamento sobre o rei. No fim da Guerra Civil, Cromwell foi um dos signatários da sentença de morte, por decapitação, do rei Carlos I (janeiro de 1649) e governou a Inglaterra, com o título de Lorde Protetor, no único período republicano de sua história, entre 1649 e 1658. Durante o Protetorado de Cromwell, a Inglaterra consolidou sua hegemonia marítima, com o Ato de Navegação, de 1651, e esmagou os movimentos radicais, que buscavam um aprofundamento das conquistas revolucionárias. Quando faleceu, foi sucedido pelo filho, Richard, que governou apenas por oito meses, antes que o Parlamento decidisse restaurar o regime monárquico.

O interesse de Borges por Cromwell reside na especulação sobre a abolição do tempo. Em "Nathaniel Hawthorne" (*Outras inquisições*), o autor argentino afirma que, "*no que se refere à fantasia de abolir o passado, não sei se cabe lembrar que ela foi ensaiada na China, com sorte adversa, três séculos antes de Jesus* [...]. *Na Inglaterra, em meados do século XVII, idêntico propósito ressurgiu em meio aos puritanos, os antepassados de Hawthorne. 'Num dos parlamentos populares convocados por Cromwell', relata Samuel Johnson, 'se propôs muito seriamente que fossem queimados os arquivos da torre de Londres, que se apagasse toda memória das coisas pretéritas e que toda a gestão da vida recomeçasse.' Ou seja, o propósito de abolir o passado já aconteceu no passado e — paradoxalmente — é uma das provas de que o passado não pode ser abolido. O passado é indestrutível; cedo ou tarde todas as coisas voltam, e uma das coisas que voltam é o projeto de abolir o passado*". — HNC e JPP

Cruz, Tadeo Isidoro

Em *Martín Fierro* (v.), de José Hernández (v.), ocorre uma espécie de dissolução da onomástica: todos os nomes do poema, exceto o do narrador-protagonista (cujo sobrenome, no entanto, refere-se a um metal, ferro), remetem a um sistema simbólico peculiar — e por isso não constam no hagiológio —, seja uma ordem de filiação (o filho primeiro, o filho segundo), de animalização (Vizcacha), de atributos (Picardia, Inocência), de função, hierarquia ou condição (o comandante, o juiz, o índio, a mulher, a cativa), de cor da pele (o moreno), de insígnia religiosa, marca ou assinatura de iletrado (Cruz). Por isso, quando Borges decide ficcionalizar uma vida para o sargento Cruz, começa por dar-lhe nomes de batismo e a condensa parenteticamente nas duas datas que lhe poriam limites infranqueáveis, o nascimento e a morte. Assim, quem lê pela primeira vez o conto "Biografia de Tadeo Isidoro Cruz (1829-74)" (*O Aleph*, 1949) não pode inferir, com base no título e nas frases iniciais, que se trata do personagem do poema de Hernández. Se for um leitor vinculado à tradição cultural argentina, a suspeita aumentará gradualmente. E, se não o for, a revelação sobrevirá nas duas últimas palavras, e ele poderá reler a obra de acordo com essa nova aquisição: o caminho percorrido (que se volta a percorrer) pode funcionar como modelo do universo de Borges e de suas cordiais cerimônias iniciáticas.

"*Meu propósito não é repetir sua história*", declara o narrador-biógrafo. "*Dos dias e noites que a compõem, só me interessa uma noite; do restante só vou relatar o indispensável para se entender aquela noite.*" Trata-se da noite decisiva, correspondente ao canto IX de *El gaucho Martín Fierro*, na qual o sargento Cruz se encontra pela primeira vez com o protagonista, em uma situação que sela seus destinos. No conto, imagina-se o que ocorre na vida de Cruz antes desse encontro e o que conduz a ele. É notável: embora o relato não desminta o que o sargento faz com o amigo Fierro nos cantos X a XII do poema, privilegia outros fatos — invenção de Borges, não de Hernández. O método empregado no conto é o mesmo que se põe em jogo em "O fim" (*Ficções*), mas invertido; em "O fim" são apresentados acontecimentos posteriores ao último canto de *La vuelta de Martín Fierro*, o que dá outro desenlace ao argumento, prolongando e redefinindo o duelo verbal (v. desafio poético) com o negro do armazém. A chave, em ambos os textos, é a mesma: na "Biografia de Tadeo Isidoro Cruz", o personagem-título, ao encontrar-se com Fierro, "*compreendeu que o outro era ele*"; em "O fim", o negro, ao matar Fierro, "*agora era ninguém. Melhor dizendo, era o outro*". Um núcleo forte, poder-se-ia dizer, da filosofia poética de Borges, que se acha em outros textos de sua obra, como "Os teólogos" (*O Aleph*), "História do guerreiro e da cativa" (*O Aleph*), "Tema do traidor e do herói" (*Ficções*), e no título do livro de poemas *O outro, o mesmo*. — JSV

culteranismo

A poesia barroca espanhola dividiu-se, a partir do século XVII, em duas vertentes: culteranismo (ou cultismo) e conceptismo, para distinguir, respectivamente, a obscuridade cifrada nas palavras ou nos conceitos, embora sejam matizes pouco diferenciáveis na obra dos representantes máximos de ambas as escolas — Luis de Góngora (v.), do culteranismo, e Francisco de Quevedo (v.), do conceptismo. Por culteranismo entende-se o estilo poético que leva ao extremo os elementos externos da poesia renascentista, tendendo à dificuldade deliberada pelo uso de latinismos (léxicos e sintáticos), metáforas audazes e originais, esquiva a termos correntes, elipse, perífrase, alusões clássicas. Define um estilo de extrema artificiosidade e a criação de uma linguagem poética diferenciada, o mais distante possível da linguagem cotidiana. Em "As *kenningar*" (*História da eternidade*), Borges considera o culteranismo um vício de estilo, utilizando o exemplo do espanhol Baltasar Gracián (v.). Julgamento semelhante merecerá Luis de Góngora. — MAGB

Cunha, Euclides da

Ligado desde sua formação aos militares republicanos, o engenheiro e escritor (1866-1909) nascido em Cantagalo, no Rio de Janeiro, passou a contribuir para o jornal *A Província de S. Paulo* (atual *O Estado de S. Paulo*) depois de ter sido expulso da Escola Militar da Praia Vermelha, também no Rio. Em 1897, a convite do proprietário desse órgão de imprensa, Euclides juntou-se à comitiva militar do marechal Bittencourt para realizar a reportagem sobre a Guerra de Canudos, conflito iniciado no ano anterior, sobre o qual o escritor já publicara no jornal um ensaio em duas partes, "A nossa Vendeia". Da experiência vem à luz, em 1902, *Os sertões*, obra máxima do autor. Recebido com entusiasmo pela crítica da época, o livro tem sua originalidade na articulação incomum de inúmeras disciplinas (botânica, geologia, etnografia, história, geografia, engenharia militar, arquitetura), criando um painel de diferentes níveis de significação e postando-se entre a ficção e a história.

Borges tem em grande apreço essa obra de Euclides da Cunha. O escritor argentino se vale da caracterização do herege e gnóstico Antônio Conselheiro feita por Euclides para comentar os igualmente hereges Nils Runeberg, teólogo personagem de "Três versões de Judas" (*Ficções*), e o comportamento do poeta Almafuerte (v.) em sua época, em "Prosa e poesia de Almafuerte" (*Prólogos, com um prólogo de prólogos*).

Em conferência no Museu de Arte de São Paulo (Masp), no dia 14 de agosto de 1984, Borges deixa o seguinte registro: "*Bem, e falando de épica, também é um épico* Os sertões *de Euclides da Cunha, talvez sem propor-se a tal, mas de fato o é... Eu o descobri num sebo em Buenos Aires, e o li sem dicionário. Não sei se entendi tudo ou senti muitas coisas. Emocionou-me muito esse livro. Meus dois sobrenomes são portugueses: Borges e Acevedo. Acevedo é judeu português,* marrano*; Borges, por sua vez, é um nome genuinamente português. Após haver lido esse livro, li um derivado de* Os sertões, *que é* A Brazilian Mystic, *de Cunninghame Graham, o qual conta a mesma história, porém de modo mais simples. Agora tenho lembranças pessoais de* Os sertões, *caatingas que nunca vi. Mas as imagens dos livros se transformam, com o tempo, em imagens pessoais*" (*Borges no Brasil*). — JGS

Cusa, Nicolau de

Filósofo e religioso nascido na cidade alemã de Cusa, o italiano Nicolau Krebs (1401-64) admitia dois graus do saber acima dos sentidos: a *ratio* e o *intellectus*. O primeiro consistiria na faculdade de formar os juízos e raciocínios, incapaz de atingir o *intellectus*, que o sobreleva por meio de uma atividade suprarracional, iluminada pela fé ou pela mística. Nicolau de Cusa tentou explicar, utilizando o simbolismo matemático, a ineficácia do conhecimento humano acerca de suas relações com o mundo e, sobretudo, com Deus, motivo fulcral de suas principais obras, *De docta ignorantia* e *Apologia doctae ignorantiae*.

Ao tratar do infinito em "Avatares da tartaruga" (*Discussão*), Borges apresenta sumariamente algumas das teses matemáticas de Nicolau de Cusa, havendo citação similar também no conto "Aben Hakam, o Bokari, morto em seu labirinto" (*O Aleph*). — JGS

d

Dabove, Santiago

Em 1940, no prefácio de *A invenção de Morel*, de Bioy Casares (v.), Borges menciona Dabove, "*injustamente esquecido*", como um dos poucos contistas de "*imaginação raciocinada*" (*Prólogos, com um prólogo de prólogos*). À inclusão de um de seus contos, "Ser pó", na seminal *Antologia da literatura fantástica* (v.), que Borges, Bioy Casares e Silvina Ocampo (v.) publicaram no mesmo ano, deveu Santiago Dabove, durante longos anos, uma tênue, enigmática presença nas letras argentinas. (Na década anterior, Borges já fizera publicar algum texto dele no suplemento do jornal *Crítica*, em que vieram à luz os relatos de *História universal da infâmia*.) Em 1961, a reunião póstuma de relatos e prosas dispersas de Dabove, com o título *La muerte y su traje*, não chegava a duzentas páginas. As sombras tutelares de Poe (v.) e Kafka (v.) dominam o volume.

Modesto empregado do Hipódromo, avesso a deixar sua casa em Morón, fazendo-o tão somente para frequentar a tertúlia de Macedonio Fernández (v.) na confeitaria La Perla del Once, onde se discutia anarquismo, tango e metafísica, capaz (como, segundo Borges, o era Oscar Wilde) (v.) de oferecer argumentos para que outros os desenvolvessem, amador de violino (que tocava sem arco, com os dedos, como um alaúde), Dabove não podia menos que impressionar como um personagem da mesma excêntrica família de Xul Solar (v.) e Macedonio, indivíduos que praticavam o jogo literário na vida e a conversa não necessariamente na página impressa.

Nascido em 1889, Dabove morreu em 25 de julho de 1952, dia de seu santo. Borges e, levado por ele, Bioy Casares conservaram sua amizade com excursões regulares a Morón para visitar Julio César, irmão médico de Santiago. Com o passar dos anos, foi se tornando personagem de ficção, invocado por Borges para contaminar de realidade seus relatos: a história de "A intrusa" (*O informe de Brodie*), "*alguém a ouviu de alguém* [...] *e a repetiu a Santiago Dabove, por quem eu a soube*"; "O estupor", breve relato de *O ouro dos tigres*, começa: "*Um vizinho de Morón me contou o caso*". Horacio Salas reconheceu um reflexo das utopias conversadas em La Perla no projeto de parlamento universal discutido na Confitería del Gas de "O Congresso" (*O livro de areia*). — EC

Daneri, Carlos Argentino

V. Viterbo, Beatriz, e Alighieri, Dante.

Darío, Rubén

Nicaraguense (1867-1916), é considerado um dos maiores expoentes do modernismo hispano-americano. Os números iniciais da revista *Grecia*, de Sevilha, que publicou o primeiro poema de Borges e se consagrou como o berço dos ultraístas, começavam com frases de Darío. Quando Borges retornou da Europa, contaminado pelas ideias do ultraísmo, a estética simbolista-decadentista de Darío ainda dominava a cena literária da América Hispânica. Contudo, na década de 1920, as inovações perpetradas pelos modernistas hispano-americanos, como a capacidade de mesclar diferentes influências estéticas incorporando-as em uma distinta paisagem cultural, esgotaram-se, estimulando oposições vanguardistas. Apesar de Darío ter transformado a poesia em língua espanhola do fim do século XIX, Borges o atacou em um manifesto da revista *Prisma* (v.) escrito em 1921, afirmando que o modernismo ibero-americano e o rubenismo já estariam exauridos. Ao contrário de Darío, Borges achava que a poesia servia para transformar a realidade concreta e palpável em realidade interior e emocional.

Em "As *Misas herejes*" (*Evaristo Carriego*), Borges critica os trabalhos de Darío. No prólogo de *O outro, o mesmo*, ele comenta a contribuição do nicaraguense para as traduções de obras francesas. — PFCO

David Jerusalem

Em "Deutsches Requiem" (*O Aleph*), Borges afirma, em nota de rodapé, que o nome de David Jerusalem não consta em nenhuma obra de referência literária alemã. Apesar de Borges acreditar na veracidade do personagem citado, ele o qualifica como sendo "*talvez um símbolo de vários indivíduos*". Otto Dietrich zur Linde, narrador-personagem do conto, relata em primeira pessoa sua história de adesão ao regime nazista e participação nele até ser preso no fim da Segunda Guerra Mundial.

Evidentemente, as ideias de Otto sobre o nazismo, expostas ao longo do texto, diferem de forma radical das de Borges. O conto é apenas o relato de um nazista que trabalhou no campo de concentração de Tarnowitz, para onde fora enviado o suposto poeta David Jerusalem, autor dos mencionados solilóquio *Rosencrantz fala com o Anjo* e poema "Tse Yang, pintor de tigres". A origem judaica do sobrenome Rosencrantz, um dos personagens da peça *Hamlet*, de William Shakespeare (v.), remete diretamente ao tema tratado em "Deutsches Requiem", isto é, a relação entre nazismo e judaísmo. Ademais, delineia-se, aqui, uma das concepções mais marcantes de Borges sobre o tema da autoria de uma obra literária. Para ele não importa se David Jerusalem existiu, pois o autor é menos importante do que a obra em si. — PFCO

De Chirico, Giorgio

Pintor italiano nascido na Grécia (1888-1978), apresentou, desde sua formação inicial, traços clássicos de pintura, como ele mesmo escreveu em um artigo intitulado "Classicismo pittorico", quando afirmou "*Pictor classicus sum*" [Sou um pintor clássico]. Tais assunções provocaram, a partir de 1925, uma polêmica no grupo surrealista, que o elegera mestre por seus trabalhos de natureza metafísica anteriores a 1918. Nessa época, ele buscava de modo declarado traduzir o sentimento misterioso que descobrira nos livros de filosofia, lidos intensamente no período que passou em Paris, e a melancolia dos dias outonais e do meio-dia nas cidades italianas, da qual são exemplos *Enigma de um dia* (1914), pertencente ao acervo do Museu de Arte Contemporânea da USP, *Enigma de uma tarde de outono* (c. 1910) e *As musas inquietantes* (1916).

No texto "Henri Michaux. *Um bárbaro na Ásia*" (*Biblioteca pessoal*), ao comentar o filme *Luzes da cidade* (1931), de Charles Chaplin, Borges alude aos pesadelos imóveis das telas de Giorgio de Chirico. No prólogo ao livro *Um bárbaro na Ásia* (1933), de Michaux — que também colaborava na importante revista *Sur* (v.), de Victoria Ocampo (v.) —, traduzido para o espanhol pelo próprio Borges, este fala da admiração do autor pela obra do pintor metafísico italiano. — JGS

De Quincey, Thomas

Autor inglês, nascido em 1785, em Manchester, estudou em Oxford e fez parte do círculo literário dos poetas românticos Samuel Taylor Coleridge (v.), William Wordsworth (v.) e Robert Southey. Morreu em Edimburgo, em 1859.

Uma das primeiras referências de Borges a sua obra se acha na epígrafe de *Evaristo Carriego* (1930), que pode ser lida não só como marca da poética borgiana sobre a biografia, mas também pelo vivo interesse que encontramos em seu trabalho pelo descentramento e pela situação da ficção perante a história. Por outro lado, Borges constrói, com base em certos aspectos da vida de De Quincey, um personagem que descreve em *Introducción a la literatura inglesa* como de pesadelo, sombrio e exaltado pelo consumo de ópio. É justamente aí que destaca o texto dele de 1822, *Confessions of an English Opium Eater*. Faz muitas referências a esse escritor, enfatizando o que afirma no prefácio de *Os últimos dias de Emmanuel Kant e outros escritos*: *"A ninguém devo tantas horas de felicidade pessoal"* (*Biblioteca pessoal*). A complementaridade entre a marca intelectual e o compromisso estético é uma das características que o autor argentino ressalta de sua obra, a qual consiste em catorze volumes, em sua maioria constituídos por uma série de ensaios. Quanto a estes, cabe destacar: "On the Knocking at the Gate in *Macbeth*" (1823), "Letters to a Young Man Whose Education Has Been Neglected" (1823) ou "Suspiria de Profundis" (1845). — LM

De Sanctis, Francesco

Importante crítico literário italiano do século XIX, nasceu em Morra Irpina, na província de Avellino, em 1817, mas ainda criança se mudou para Nápoles, onde morreu em 1883. Também professor, lecionou em Nápoles e em Zurique, e teve forte inclinação para a política — foi governador de Avellino, deputado no Parlamento italiano e ministro da Educação. Nesse cargo, lutou contra o analfabetismo e tentou promover uma renovação do ensino nas escolas de seu país.

Como crítico, é frequentemente citado por sua identificação com o pensamento dialético hegeliano. Sua obra mais expressiva talvez seja a *Storia della letteratura italiana*, de 1869, mencionada por Borges em "Das alegorias aos romances" (*Outras inquisições*) por apresentar uma reflexão sobre o papel da alegoria nas narrativas literárias. Esse autor e a obra dele são lembrados pelo escritor argentino também em "O falso problema de Ugolino" (*Nove ensaios dantescos*). Nesse caso, o italiano é incorporado ao rol de críticos que, segundo Borges, empenharam-se em analisar o verso 75 do penúltimo canto do *Inferno*, o qual suscitou uma "*inutile controversia*": "*Dante quis que pensássemos que Ugolino (o Ugolino de seu* Inferno, *não o da história) comeu a carne de seus filhos?*". — DF

Defoe, Daniel

Escritor inglês (*c.* 1660-1731), conhecido principalmente por dois romances, *Robinson Crusoé* (1719) e *Moll Flanders* (1722). Também escreveu vários panfletos e textos de caráter satírico. Muitos o consideram, ao lado de Samuel Richardson, o autor que assentou as bases do romance inglês. Borges escreveu o prefácio ao livro de 1722 ("Daniel Defoe, *As aventuras e desventuras da famosa Moll Flanders*", *Biblioteca pessoal*), no qual esboçou uma resenha biográfica e atribuiu a Defoe o mérito da "*invenção dos traços circunstanciais*" em sua prosa. Por outro lado, afirmou que era demonólogo. Borges situa-se diante da obra de Defoe como um leitor neutro e não passional. As escassas alusões a esses romances confirmam tal atitude. — LM

DeMille, Cecil B.

Cecil Blount DeMille (1881-1959) começou sua carreira durante o período do cinema mudo, mas depois veio a ser um dos mais famosos diretores e produtores do período de ouro de Hollywood. Seu nome está associado a mais de setenta filmes, entre eles *The Ten Commandments* (1923), *King of Kings* (1927), *Samson and Delilah* (1949) e *The Greatest Show on Earth* (1952). Embora muitos de seus filmes sejam comédias, DeMille tornou-se célebre graças a suas contribuições para o cinema épico e bíblico, ou, mais exatamente, graças ao estilo artificial, estereotipado e exótico que as superproduções de Hollywood utilizaram para aproximar-se desses gêneros.

Para Borges, DeMille é o emblema do cinema industrial mais artificioso, espetacular e falso. Em "Filmes" (*Discussão*), zomba dos figurantes de seus filmes que tentam disfarçar-se de assírios. Em "Sobre a dublagem" (*Sur*, 128, junho de 1945, reproduzido em *Discussão*), define o cinema como "*uma espécie de paraíso negativo*". Em "O pudor da história" (*Outras inquisições*), seu nome é sinônimo de pompa, e em "Os tradutores d'*As mil e uma noites*" (*História da eternidade*) descobre que a versão de Joseph Charles Mardrus (v.) — maravilhado com a pobreza de *cor oriental* do texto árabe — não deixa de acrescentar motivos exuberantes: "*com uma persistência não indigna de Cecil B. DeMille, prodigaliza vizires, beijos, palmeiras e luas*". Esse *orientalismo*, que caracteriza o olhar do cineasta sobre a história, parece-lhe superficial, vulgar e maniqueísta. — DO

Demiurgo ou Artífice

Palavras que remetem diretamente ao ofício de artesão, é com elas que Platão (v.) designa o deus que fabricou o universo. Este, antes da intervenção do artesão divino, definia-se sobretudo pela desordem, pela carência relativa de inteligibilidade — era o mundo confuso das "causas errantes". Diante desse quadro, o Demiurgo, caracterizado sempre como detentor de uma bondade infinita, tomou como modelo as ideias eternas do mundo das essências para produzir um universo ordenado, de inteligibilidade geométrica e dotado de alma.

A figura do Demiurgo aparece na obra *Timeu*, um dos diálogos que marcam a etapa final do pensamento de Platão. A expressividade desse diálogo reside no fato de nele estar esmiuçada, com certa clareza, a cosmologia do filósofo ateniense, ou seja, a forma como ele concebia a criação e a organização do universo.

No prólogo a *Nove ensaios dantescos*, Borges lembra que Dante (v. Alighieri, Dante) havia mencionado o *Timeu* e suas concepções sobre a rotação e a esfera como sendo, respectivamente, o movimento e a forma mais perfeitos. Tais ideias, de acordo com Borges, teriam ditado a geografia presente na obra de Dante. — DF

Demócrito de Abdera

Um dos principais filósofos denominados "pré-socráticos", embora tenha sobrevivido a Sócrates (v.). Nasceu provavelmente em Abdera em meados do século V a.C. e viveu mais de cem anos. Passou para a história do pensamento como um dos fundadores da escola atomista, que chegou a influenciar até o pensamento científico do século XX. Segundo ela, os dois princípios que compõem a realidade são os átomos (ou partículas indivisíveis da matéria) e o vazio em que eles se movem de modo casual; o restante do que chamamos "realidade" seria efeito de nossa percepção. Suas ideias nos chegam principalmente graças aos comentários de Aristóteles (v.), já que de sua vastíssima obra restaram apenas fragmentos e uma longa coleção de aforismos de orientação ética. Perduram, porém, muitas lendas em torno da pessoa de Demócrito. A tradição latina (Juvenal) (v.) conhecia-o como "o filósofo sorridente", por sua tendência natural à jovialidade e por ter sido o primeiro filósofo grego que propunha como finalidade do homem, simplesmente, o bom humor. Segundo Diógenes Laércio (v.), que fez sua biografia, deixou-se morrer de inanição, e no fim sobreviveu graças ao simples aroma de um pão. Diógenes conta também que Platão (v.) nunca o citou em seus escritos para não contradizer o "melhor de todos os filósofos". Se Borges o menciona, é, sobretudo, em razão de um detalhe curioso, que ele mesmo considera apócrifo ("*falso, mas muito bonito*", em "Imortalidade", *Borges oral*) e que Aulo Gélio incluiu no décimo livro das *Noites áticas*. Conta que se cegou voluntariamente, para melhor concentrar-se em suas ideias. Borges retoma o fato em "Elogio da sombra" (*Elogio da sombra*): "*Demócrito de Abdera arrancou seus olhos para pensar; / o tempo foi meu Demócrito*". — IAL

Demóstenes

Orador e senador ateniense (384-322 a.C.) muito admirado por sua retórica. Defendia que Atenas deveria impor-se pela força para manter seu poderio. Opondo-se a Esparta, conclamou Atenas a reagir contra os macedônios, que intervinham na Tessalônica e se aliaram aos persas, poderosos inimigos dos atenienses. Após seguidos reveses, Atenas foi obrigada a fazer a paz com os macedônios. Demóstenes, inconformado com a situação, declarou nova guerra a Felipe, rei da Macedônia, conclamando outros povos a se unirem a Atenas, até mesmo os persas. As guerras continuaram com Alexandre III, o Grande. Em meio a tantos conflitos, acusaram Demóstenes de desviar parte do dinheiro que seria usado na Acrópolis, e ele se viu constrangido a fugir. Com a vitória final de Alexandre, em 322, os macedônios exigiram que os líderes da coalizão ateniense lhes fossem entregues, forçando Demóstenes a uma nova e derradeira fuga. Nesse ano, no Templo de Poseidon, em Calauria, ele se envenenou e morreu.

Figura complexa e ambígua, Demóstenes é lembrado por seus discursos de estilo elevado. Além dos discursos públicos, escreveu sobre heranças, guarda, seguros, invasão, fraude e assaltos. Ele é citado por Borges em "Os teólogos" (*O Aleph*), ainda que seja apenas a título de ilustração para compor um cenário argumentativo. Nesse conto, Borges está, de fato, interessado nos destinos humanos, na questão da individualidade e do duplo, temas centrais de sua obra. — PFCO

desafio poético

[*contrapunto*, *payada*, *payada de contrapunto*]

O desafio poético ou repente é chamado, no castelhano rio-platense (isto é, da Argentina e do Uruguai), no Chile e na Bolívia, "*payada*", "*contrapunto*" ou "*payada de contrapunto*". Indica o duelo verbal de dois *payadores* [cantores repentistas] que fazem perguntas e as respondem em versos, em estruturas estróficas específicas, usualmente com acompanhamento de violão. A tradição permanece nesses países e também no Brasil. Vence aquele que deixa o rival sem resposta.

Borges produziu uma mudança substancial na maneira de pensar a relação desse gênero oral com a poesia *gauchesca* (v.). Contra aqueles, como Ricardo Rojas (v.), que estabeleciam uma continuidade sem conflitos entre um e outra, argumentou, em "O escritor argentino e a tradição" (*Discussão*), que a *gauchesca* "*é um gênero literário tão artificial quanto qualquer outro*", que apresenta suas composições "*como se fossem ditas por* gauchos, *para que o leitor as leia com entonação* gauchesca". A poesia dos *gauchos* (v.) e a poesia popular em geral evitam essa entonação e toda cor local, porque não precisam delas e porque aspiram a um tom elevado (v. *gauchesca*). Com essas definições, Borges complica salutarmente as coisas, reconhecendo, a seu modo, um intercâmbio que, poder-se-ia propor, impede qualquer autossuficiência não contaminada dos gêneros culturais altos ou baixos: "*É provável que agora a poesia* gauchesca *tenha influído nos cantadores* gauchos *e que estes também utilizem profusamente os* criollismos". Para finalizar, dá como prova de sua tese algo que constitui um achado de leitura: faz notar que o único momento de *Martín Fierro* (v.) em que o autor abandona qualquer cor local e cultiva uma língua geral, substituindo os temas vernáculos pelos abstratos, é o do desafio poético entre Martín Fierro e Moreno: "*É como se o próprio Hernández tivesse desejado indicar a diferença entre sua poesia* gauchesca *e a genuína poesia dos* gauchos. *Quando esses dois* gauchos, *Fierro e o Moreno, põem-se a cantar, esquecem toda afetação* gauchesca *e abordam temas filosóficos*". — JSV

Desargues

Girard Desargues (1591-1661), matemático e engenheiro francês, foi um dos fundadores da geometria projetiva, na qual introduziu noções de pontos e de retas ao infinito, como diz Borges em "Notas" (*Discussão*). Unificou os métodos de estudo das cônicas, interpretando matematicamente, entre outras, a técnica da perspectiva utilizada pelos pintores. Também nessa área de conhecimento, influenciou outros estudiosos, como o matemático e filósofo Blaise Pascal (v.). Publicou diversos tratados sobre a perspectiva e a geometria projetiva propriamente. Borges, em uma nota dedicada à obra de Edward Kasner (v.) e James Newman, *Mathematics and the Imagination* (*Discussão*), menciona "*as linhas paralelas de Desargues, que se cortam no infinito*", como um dos encantos acessíveis das matemáticas. — PPM

Diágoras de Mileto

Poeta sofista oriundo de Mileto, no ano de 411 a.C. foi condenado à morte, em Atenas, por professar o ateísmo, mas fugiu para Corinto. Há dúvidas quanto às suas ideias sobre o assunto, pois os fragmentos que ainda restam não apoiam a acusação de ateísmo. Apesar dessa falta de evidências mais concretas, lemos, em "Quevedo" (*Outras inquisições*), que Cícero (v.) o acusava de ser ateu. Tal citação serve para que Borges teça comentários sobre as qualidades que levariam poetas, filósofos, literatos a ser reconhecidos e consagrados pelas futuras gerações.

De acordo com o escritor argentino, na história da filosofia haveria ideias e conceitos obscuros que, no entanto, exerceriam grande atração na imaginação dos homens. Para ilustrar seu pensamento, ele menciona algumas concepções religiosas oriundas de Platão (v.) e Pitágoras. E, se Diágoras era um ateu, Quevedo (v.) era "*invulnerável a esse encanto*", o encanto das ideias religiosas obscuras. Assim, Borges faz uma conexão entre o filósofo grego e o escritor espanhol para afirmar a grandeza deste e, no limite, da própria literatura em língua espanhola. — PFCO

dialética *in re*

Termo da filosofia escolástica utilizado para designar uma vertente do pensamento de inspiração aristotélica, e que acredita na existência independente de modelos universais fora da mente, ainda que esta seja o princípio ativo das coisas. Por isso, tal doutrina é oposta ao platonismo. Abelardo (v.), por exemplo, entendia esse universal como o sentido das palavras, isto é, o nome esclarece o conceito. A expressão é empregada já por Sêneca (v.) em *Epistulae morales*, em que afirma que a dialética se divide em duas partes: as coisas (*in res*) ditas e as expressões pelas quais elas são ditas. É preciso lembrar também que, nesse contexto, a linha que divide a dialética da lógica não é muito determinada. Tal concepção de dialética aparece em um ensaio de *Outras inquisições*, "Das alegorias aos romances", em que o filósofo Abelardo é classificado como mestre da dialética *in re*. — TP

Díaz, Juan

Desde o início da colonização da América, as duas metrópoles ibéricas (Portugal e Espanha) enfrentavam constantes problemas concernentes à efetivação da posse da terra e à sua exploração econômica. Logo após a descoberta do continente, questionou-se a extensão territorial do Brasil e sua conformação geográfica: como se contornaria o Brasil para prosseguir até as Índias Orientais? Segundo o Tratado de Tordesilhas (1494), estaria a foz do rio Amazonas e a do rio da Prata na parte portuguesa ou espanhola? Na tentativa de esclarecer tais dúvidas, as Coroas centraram esforços na região do Prata.

Como resultado, Portugal descobriu o rio da Prata em 1511-2. Castela, em resposta, enviou em 1515 uma expedição comandada por Juan Díaz de Solís (1470-1516), que começou trabalhando para a Coroa portuguesa e, em seguida, pôs-se a serviço da Coroa de Castela. Juan Díaz fez algumas descobertas na América Central e, ao se deslocar para a América do Sul, empreendeu expedições na região do rio da Prata, onde foi morto por indígenas, às margens do estuário, acontecimento que Borges narra no poema "Fundação mítica de Buenos Aires" (*Caderno San Martín*). — PFCO

Díaz, Leopoldo

Poeta, advogado, diplomata, tradutor e jornalista argentino (1862-1947), membro da Academia Argentina de Letras. Parnasiano, escreveu na forma predominante do soneto, embora tenha experimentado todas as variantes métricas, com rigor estético e perfeição formal. Seus poemas, que se caracterizam pelo refinamento e erudição clássica para aludir a divindades e heróis tanto helênicos quanto incaicos ou astecas, estão reunidos em diversas obras, como *Una página triste* (1883), *Bajorrelieves* (1895), *Las sombras de Hellas* (1902) e *Las ánforas y las urnas* (1923). Traduziu românticos e parnasianos, foi frequentador do simbolismo e conhecedor, como poucos, da mitologia escandinava. Publicou *Traducciones* (1897), obra em que figuram traduções de poemas latinos, franceses e ingleses. Em Buenos Aires, trabalhou com, entre outros, Rubén Darío (v.) e Leopoldo Lugones (v.) no projeto da *Revista de América*, que concedeu grande relevo ao modernismo hispano-americano. Borges o menciona indiretamente em "*Um manual homérico*, por W. H. D. Rouse" (*Textos cativos*), citado por Paul Groussac (v.), que diz ter se inspirado em certos exercícios de tradução desse escritor para dizer que a tradução em verso "*não deve ser tentada*". — PPM

Dickens, Charles

Os romances de Dickens (1812-70) caracterizam-se pela descrição de Londres e seus habitantes, sobretudo das regiões marginais da cidade industrializada. Borges escreve uma breve resenha biográfica em *Introducción a la literatura inglesa*. É interessante notar que resgata da vasta obra do escritor não apenas o elemento sentimental — traço mais conhecido —, mas também o humorístico, o grotesco e o sobrenatural. Com Adolfo Bioy Casares (v.), Borges selecionou, para a coleção El Séptimo Círculo, o romance póstumo *The Mystery of Edwin Drood* (1870), o qual situa ao lado de *The Moonstone* (1868), de Wilkie Collins (v.), como um dos ápices do gênero policial. — LM

Dickinson, Emily

A vida de Emily Dickinson desenvolveu-se em meio século e em um povoado: morou em Amherst entre 1830 e 1886, muitos desses anos sem sair de casa. Vale ressaltar que não publicou nada em vida e, depois de sua morte, foram encontrados em suas gavetas mais de mil poemas manuscritos.

Sem dúvida, trata-se de uma das vozes mais interessantes da poesia norte-americana do século XIX, como Borges afirma em "O conto policial" (*Borges oral*). Em *Introducción a la literatura norteamericana*, refere-se a ela como "*a última dos transcendentalistas*", o que lhe permite traçar um paralelo com Ralph Waldo Emerson (v.). Essa relação, segundo o autor argentino, não estaria estruturada pela influência do filósofo sobre a poeta, mas pelo contexto puritano em que ambos estavam mergulhados. Em 1985, Borges escreveu um prefácio para a edição de seus poemas, traduzidos por Silvina Ocampo (v.), no qual se lê: "*Além da escrita fugaz de coisas imortais, professou o hábito da lenta leitura e da reflexão*"; depois, enumera autores que ele mesmo referenciou ao longo de sua obra: Emerson, John Ruskin (v.) e Sir Thomas Browne (v.). — LM

Diderot, Denis

Escritor e filósofo francês (1713-84), figura central do Iluminismo, foi editor da célebre *Encyclopédie*, que contribuiu para os debates intelectuais nos quais germinaria a Revolução Francesa. Educado inicialmente por jesuítas, chegou a escrever sermões sob encomenda. Também se dedicou a outras áreas do conhecimento, como a matemática e a anatomia. Depois de uma crise religiosa, começou a escrever sua obra filosófica, uma das primeiras a se basear em argumentos ditos "científicos", defendendo um materialismo ateu. A exposição que faz da evolução de seu pensamento no livro *Lettres sur les aveugles* [Cartas sobre os cegos] lhe rendeu três meses de prisão em 1749.

Escreveu obras sobre teatro, além de romances e peças. A mais famosa é *Jacques le Fataliste et son maître*, publicada postumamente, em 1796. O livro conta a história de uma viagem (em nove jornadas) com um destino que nunca fica muito claro. Em meio ao percurso, Jacques e seu mestre vão encontrando vários personagens que sempre interrompem o diálogo entre os dois para contar as próprias histórias.

Obra devedora a Voltaire (v.) e Laurence Sterne, dela Borges cita um mesmo trecho duas vezes em livros seus: como epígrafe (em francês) para o conto "O Congresso" (*O livro de areia*) e na forma de versos em "À França" (*História da noite*). Eis a citação completa e traduzida: "O frontispício do castelo advertia:/ 'Já estavas aqui antes de entrar/ e quando saíres não saberás que ficas'". Esse trecho se encontra na primeira parte de *Jacques...*, e segue-se em um jogo de metáforas sobre o mundo. No poema, Borges complementa: "*Diderot narra a parábola. Nela estão os meus dias, / meus muitos dias*" (1977). — TP

Dido

Personagem da mitologia clássica romana, era filha de Belo, rei de Tiro, como nos lembra o próprio Borges em "A poesia" (*Sete noites*). De acordo com a *Eneida*, de Virgílio (v.), após o assassinato de seu marido Dido fugiu com um grupo de pessoas para a região que viria a ser Cartago, e fundou uma cidadela chamada Byrsa. Ela se tornou, então, a rainha de Cartago. Em seguida, fugindo da Guerra de Troia, Eneias recebera abrigo permanente naquele local. Foi então que Dido se apaixonou por ele. Porém, sob ordens divinas, Eneias e seus homens saíram às escondidas da cidade e abandonaram a rainha, que, amargurada, decidiu cometer suicídio, não sem antes amaldiçoar Eneias e seus descendentes, impedindo que os dois povos um dia pudessem conviver. Vale lembrar que Virgílio situou seu enredo no século III a.C., período em que Roma e Cartago se hostilizavam na chamada Primeira Guerra Púnica. Dido também aparece na obra de Borges no poema "A quem já não é jovem" (*O outro, o mesmo*). — PFCO

Díez-Canedo, Enrique

Intelectual muito atuante nos meios culturais, preocupado com a modernização do cenário cultural espanhol, Díez-Canedo (1879-1944) foi figura de destaque no primeiro terço do século XX em seu país. Crítico teatral e artístico, escreveu *La visita del Sol* (1907), *Algunos versos* (1924), *Epigramas americanos* (1928), e colaborou na revista *España* (1915-25), na *Revista de Occidente*, e nos diários *El Sol* e *La Voz*. Nos anos 1920 e 1930, articulou sua obra literária com iniciativas culturais e políticas de cunho progressista. Com o advento da república, foi designado como embaixador em Buenos Aires, mas, em virtude do golpe militar que iniciou a Guerra Civil Espanhola (v.), decidiu retornar e se impor na defesa da legalidade republicana. Forçado a se exilar no México, lá continuou com seus trabalhos literários. Atento a toda literatura em espanhol, considerava artificiais as fronteiras políticas: à língua cabia o papel de uma imensa pátria comum.

No prólogo escrito em 1969 a *Fervor de Buenos Aires*, livro originalmente publicado em 1923, Borges afirma que Díez-Canedo foi um dos que aprovaram esse livro, pela promessa do que ele viria a ser. — PFCO

Diodoro Sículo

Historiador de Agyrium, na Sicília, escreveu uma história mundial, em quarenta volumes, intitulada *Bibliotheke*. Essa obra cobre desde os tempos mais remotos até o ano de 54. O método de Diodoro não era muito confiável, pois ele coletava várias fontes de forma acrítica. Mesmo assim, os estudiosos do período o consideram uma fonte valiosa de informação.

Borges, além de citar o nome de Diodoro em "*Paradiso*, XXXI, 108" (*O fazedor*), faz uma alusão ao trabalho dele quando pergunta ao leitor sobre a relação com o passado e o sentimento da perda. Afinal, cabe ao historiador restituir esse passado de acordo com as exigências que sua condição presente lhe coloca. Ou seja, pode-se partir desse texto para pensar sobre a atribuição do historiador como promotor de um conhecimento perdido há muito mas que pretende ser reconstituído conforme as demandas sociais de seu próprio tempo. — PFCO

Diógenes Laércio

Biógrafo cuja própria vida não é conhecida, Diógenes (200-250) escreveu *Vidas de filósofos*, que nos primeiros capítulos não inclui pensadores não gregos. Em seguida, dividiu os gregos em dois ramos, o oriental e o ocidental, e colocou nos últimos capítulos os que não couberam nessa classificação. Acrítico quanto ao uso das fontes, ele as misturava. O sétimo livro, que trata dos estoicos, é de grande valor, assim como as longas citações de Epicuro. Também preservou os textos de Platão (v.) e Aristóteles (v.).

Há, na resenha de Borges "*Die Vorsokratiker*, de Wilhelm Capelle", presente em "Gustav Meyrink" (*Textos cativos*), uma referência ao trabalho de biógrafo realizado por Diógenes. De acordo com Borges, por meio das biografias escritas pelo autor grego é possível conhecer a vida e a obra dos "*primeiros pensadores helênicos*". — PFCO

Diomedes

Um dos guerreiros gregos que participaram da Guerra de Troia, tendo desempenhado papel muito ativo na tomada da cidade, Diomedes foi superado nas qualidades de herói apenas por Aquiles (v.).

Borges nos conta em "A *Divina comédia*" (*Sete noites*) que, ao escrever sua obra maior, Dante Alighieri (v.) colocou ambos no inferno, porque eles haviam forjado o cavalo de Troia, com o qual enganaram os troianos e invadiram a cidade. — PFCO

Donne, John

Nascido em uma rica família católica, o poeta e religioso inglês (1572-1631) rejeitou a crença aos 21 anos, quando seu irmão morreu na prisão, depois de ser condenado por ter acolhido um padre católico. Na época, havia um clima de grande hostilidade contra os católicos na Grã-Bretanha, e esse padre (William Harrington) fora proscrito. Donne iniciou sua carreira como diplomata de sucesso — chegou a fazer parte do Parlamento da rainha Elizabeth —, mas sua interrupção ocorreu em 1601, quando se casou secretamente com Anne More, sem o consentimento da família dela. Filha de um dos membros da corte, Anne tinha apenas dezessete anos então. Descoberto, foi preso por algumas semanas, mas o escândalo eliminou suas chances de ocupar um cargo público.

Começou a se reerguer com a publicação de *Poemas divinos* e alguns panfletos anticatólicos. Muitos desses textos fazem tributos à realeza, o que chamou a atenção da corte. Em 1607, recusou-se a receber a Ordem Anglicana, mas depois reconsiderou, pois o rei Jaime I insistiu que Donne não teria ascensão senão pela Igreja da Inglaterra. Em 1615, foi ordenado capelão, tornando-se o pregador favorito de Jaime I e de Carlos I, de cujo reinado proferiu o sermão inaugural.

Conhecido como um dos maiores oradores ingleses, sua obra é composta de elegias, epístolas, hinos, sermões — muitos dos quais seriam encaixados na escola metafísica. Seu misticismo se aproxima bastante do herético (e até o ultrapassa), com cargas de sensualidade. Em *Biathanatos*, por exemplo, afirma que o suicídio pode não ser um pecado. Borges comenta essa ideia em um ensaio de *Outras inquisições* ("O *Biathanatos*"), defendendo-a com trechos tirados da própria Bíblia.

Donne aparece também em "Uma vindicação da cabala" (*Discussão*) como um dos defensores de que a Bíblia foi escrita pelo Espírito Santo. No prólogo de 1954 a *História universal da infâmia*, Borges diz que "*o barroquismo é intelectual, e Bernard Shaw afirmou que todo trabalho intelectual é humorístico*". Assim, o humor de Donne seria voluntário ou consentido. Já em "A esfera de Pascal" (*Outras inquisições*), sua poesia é dada como exemplo da crença na degeneração do homem, ideia que tomou o século XVII, após o otimismo renascentista. — TP

Doré, Gustave

Pintor e ilustrador francês (1832-83), colaborou no *Journal pour Rire*, no qual publicaria caricaturas semanais quando de sua estada em Paris (1848-51). Nesse mesmo periódico, ele estreou aos quinze anos de idade, com seu primeiro álbum de litografias sobre *Os trabalhos de Hércules*. Embora tenha lançado diversos álbuns de litografias, entre as quais se destaca a que representa a morte do poeta Gérard de Nerval, Doré é conhecido por suas xilografias destinadas à ilustração de mais de noventa livros editados na segunda metade do século XIX, quando era tido como o mais popular e prolífico ilustrador da França. Também experimentou a escultura e a pintura, de caráter histórico ou religioso, mas sem a frequência e o alcance de sua ilustração.

No ensaio intitulado "Presença de Miguel de Unamuno" (*Textos cativos*), Borges compara as ilustrações de Doré para o *Quixote* com as exornações sentimentais do livro *Vida de Don Quijote y Sancho* (1905), de Miguel de Unamuno (v.). — JGS

Dostoiévski, Fiódor

Escritor russo (1821-81) cujo universo literário se deteve na humanidade e na alma humana. É conhecido por explorar em seus romances a loucura e a obsessão. Abordou temas como o materialismo e a fé, o nacionalismo e o conflito de classes, a violência e o sentido da humanidade. Diz-se de sua obra que concentra todas as contradições da época, e também do ser humano como indivíduo complexo e ambíguo. Figuram entre seus principais trabalhos *Crime e castigo* (1866), *O idiota* (1868), *Os irmãos Karamázov* (1879-80) e *Os demônios* ou *Os possessos* (1872), nos quais trata invariavelmente de aspectos das experiências acumuladas em toda a sua vida. *Crime e castigo* foi um dos romances preferidos de Borges na juventude. Em *O duplo* (1848), o segundo romance de Dostoiévski, o autor aborda um fenômeno primordial de sua obra: o desdobramento da personalidade. Nessa narrativa, o protagonista Golyádkin atinge um estado patológico em que vê seu duplo materializado, fora de si. Essa natureza antinômica da personalidade constitui um dos traços mais notáveis dos personagens dostoievskianos. No conto "O outro" (*O livro de areia*), em que o Borges septuagenário tem um encontro com o jovem Borges que foi viver em Genebra em 1915, o autor argentino comenta ter lido *O duplo* (citado como *O sósia*) e *Os demônios*. Mais tarde, vê em Dostoiévski um clássico da arbitrariedade do romance psicológico, tão vilipendiado por ele. No prólogo de *A invenção de Morel*, de Adolfo Bioy Casares (v.), afirma: "*Os russos e os discípulos dos russos demonstraram até o fastio que ninguém é impossível: suicidas por felicidade, assassinos por benevolência; pessoas que se adoram a ponto de se separarem para sempre, delatores por fervor ou por humildade*", uma clara referência a Dostoiévski. O que lhe parece reprovável no romance psicológico é que pretende ser realista e que a acumulação de detalhes lhe dê verossimilhança. Mas tal pretensão esquece que é também um artifício verbal, como o romance de aventuras. — PPM e AAE

dramatis personae

Expressão latina que corresponde de modo literal a "personagens ou máscaras do drama" ou a "participantes do teatro". Remete originalmente às edições do teatro clássico, nas quais consistia na lista de personagens que antecedia o texto da obra. De forma mais ampla, é uma expressão literária utilizada para designar ou os personagens principais e secundários de uma peça de teatro, romance ou poema, ou ainda os atores de uma peça, isto é, o elenco por ordem de entrada em cena. Com sentido figurado, a expressão também pode referir-se aos participantes de um acontecimento real ou de uma sequência de acontecimentos.

Borges menciona em "Duas notas" (*História da eternidade*) a imensa população de *dramatis personae* que figuram em "A aproximação a Almotásim", referindo-se à quantidade excessiva de personagens apresentada por essa obra. Em "Nota sobre (em busca de) Bernard Shaw" (*Outras inquisições*) associa a expressão ao nome do escritor irlandês, dizendo que este extraiu de si mesmo várias *dramatis personae*, articulando dois usos da locução, um para criar diversos personagens de base biográfica e outro para criar personalidades distintas, como, por exemplo, o autor — talvez um pseudônimo de Shaw — que escrevera em um jornal da época. — PPM

Draupnir

Segundo a mitologia nórdica, *Draupnir* é um anel de ouro, pertencente a Odin, o deus supremo. O anel, que era uma fonte de inesgotável saúde, originava, a cada nona manhã, oito novos anéis iguais a ele, exceto pela faculdade de multiplicação. *Draupnir* foi criado pelo anão Eitri, que o batizou com o nome que significa "aquele que cai". Tendo recebido o anel de Alberich, rei dos anões, Odin tenta queimá-lo; reencontrado supostamente por Freyr, ele é utilizado por seu escravo, Skirni, como oferenda persuasiva à mulher daquele, personificação da terra fértil. Essa história é contada no poema "Skirnismal" da coleção da mitologia nórdica intitulada *Elder Edda*, de meados do século XIII. No poema "Volupa", que integra a mesma coleção, *Draupnir* é mencionado como o nome de um anão.

Em nota ao poema que dá nome ao livro *O ouro dos tigres*, Borges refere-se a *Draupnir* como o anel das nove noites: "*O anel que a cada nove noites / Engendra nove anéis e estes, nove, / E não há um fim*". Em *Literaturas germánicas medievales*, transcreve um fragmento de "Skaldskaparmal", da *Edda prosaica* (v.), em que "*gotas de* Draupnir, *lluvia o aguacero de* Draupnir" são formas pelas quais se chama o ouro. Na *Edda prosaica*, o fragmento é o seguinte: "*Como se deve denominar o ouro?* [...] *pingos de* Draupnir *e chuva ou aguaceiro de* Draupnir". — JGS

Dreyfus, caso

Mais famoso erro judiciário da França (1894-1906). O caso envolveu Alfred Dreyfus (1859-1935), capitão do estado-maior geral do exército francês, em uma acusação de traição e espionagem em favor da Alemanha. Pode-se notar no episódio uma farsa jurídica, antissemitismo e autoritarismo. As acusações contra Dreyfus e sua posterior condenação basearam-se em documentos falsificados do capitão junto ao adido alemão em Paris. Dreyfus foi condenado à prisão perpétua em 1894, devendo cumprir a pena na Ilha do Diabo, na atual Guiana Francesa.

Acontece que, em 1898, encontraram-se provas de sua inocência, as quais apontavam como suspeito o major Esterhazy, o espião alemão. Contudo, o segundo julgamento manteve a condenação. Em decorrência disso, Émile Zola (v.) escreveu a célebre carta ao presidente do país, Émile François Loubet, intitulada "J'accuse", que, além de denunciar o escândalo, deu origem a toda a polêmica que dividiu a França em *dreyfusards* (progressistas, sobretudo de esquerda) e *antidreyfusards* (conservadores, sobretudo de direita). A questão do antissemitismo também entrou em foco, uma vez que Dreyfus era judeu. Muitos dos que o acusavam realizavam ainda ataques antissemitas, enquanto seus defensores promoviam discursos anticlericais. Por fim, em 1906, após outros dois julgamentos, Dreyfus foi definitivamente inocentado e reintegrado ao exército francês.

Borges lembra em "L'Homme, est-il humain?, de Ramón Fernández" (*Textos cativos*), a participação de Ramón Fernández no caso Dreyfus. — HNC

Duarte, Eva

María Eva Duarte (1919-52), segunda esposa de Juan Domingo Perón (v.), líder social peronista que ficou conhecida pelo diminutivo "Evita". Antes de se casar, fora atriz de rádio e cinema. Embora não tenha ocupado cargos públicos, participou da campanha eleitoral, foi presidente da fundação que levava seu nome, destinada à assistência social, oradora em atos públicos, e aspirou à vice-presidência. Teve grande influência na política durante o primeiro mandato de seu marido, havendo contribuído para isso sua imagem de mulher do povo, próxima dos mais pobres. Sua atuação política e o forte apoio que recebia de organizações e associações populares colaboraram para a intensificação das críticas que lhe dirigiam os adversários políticos do peronismo. Morreu em 26 de julho de 1952.

Em "O simulacro" (*O fazedor*), Borges apresenta uma repetição entre paródica e ritual do velório multitudinário que se realizou em Buenos Aires e das encenações do velório, que ocorreram em diversas partes do país. Reafirma assim sua interpretação do peronismo como "*uma época irreal*", "*um sonho*", "*uma crassa mitologia*", que já havia mostrado em "L'Illusion comique" (1955; *Borges en* Sur*: 1931-1980*), imediatamente após a derrocada de Perón. A repetição incompreendida de rituais mortuários reaparece em "O Evangelho segundo São Marcos" (*O informe de Brodie*). — PMG

dublagem

No texto intitulado "Notas" (*Discussão*), Borges repudia as dublagens dos filmes estrangeiros, aproveitando para fazer referências ao que ele considera a "*decadência mundial do cinema*", salvo, a seu ver, por raras exceções, como *A máscara de Dimitrios* (v.), de 1944. Exemplos, para o autor argentino, dessa baixa qualidade são *Pelo vale das sombras*, de Hollywood, dirigido por Cecil B. DeMille (v.), em 1944, e o soviético *Diário de um nazista*, rodado em 1943, quando a União Soviética tencionou promover, por meio do Comitê de Cinema Soviético da URSS, um filme que retratasse as atrocidades perpetradas pelas tropas nazistas na Polônia, Tchecoslováquia e em um pequeno vilarejo de pescadores na União Soviética. A obra foi produzida em três partes, dirigidas por três cineastas distintos.

Borges ainda alude ao inevitável determinismo da "*evolução implacável*" da dublagem. Assim como considerava que o turismo seria a arte do desapontamento, comentado por ele nesse mesmo texto, a dublagem seria a responsável pela falta de espontaneidade dos filmes. Ademais, para Borges, essa falta de espontaneidade seria uma prerrogativa não apenas do cinema, mas da própria vida, que seria definida pelas predeterminações. — PFCO

duelo [*visteada, visteo*]

O duelo entre *compadritos* (v.), tão comum entre *gauchos* (v.), consistia em uma luta corpo a corpo, com os dois participantes armados de faca. Porém, enquanto os *gauchos* buscavam apenas exibir sua habilidade e deixar uma marca no inimigo (embora eventualmente excedessem esse limite), a luta entre *compadritos* era de morte e regida por uma série de convenções rituais. O desafio podia ser oral ou gestual. No primeiro caso, explícito ou, na maioria das vezes, indireto, como na visita ao prostíbulo em "O Congresso" (*O livro de areia*). Era uma desonra ignorar a provocação pública, como se sugere em "Homem da esquina rosada" (*História universal da infâmia*) e em "O Sul" (*Ficções*). O desafio gestual podia reduzir-se a um olhar de desprezo. Os presentes não deveriam interromper o combate nem intervir a favor de algum dos duelistas. Quando a morte ocorresse, ajudariam o vencedor a fugir, sem delatá-lo depois. O motivo da disputa podia ser um desacordo real ou simplesmente o desejo de ganhar reputação de valentão. — PMG

Dujovne, León

V. judeus sefardis.

Dulcia linquimus arva

"*Abandonamos os doces campos*" (*Bucólicas* de Virgílio, canto I, verso 3). Como Virgílio (v.), Borges faz uma meditação saudosista sobre o fim da identidade *criolla* (v. *criollo*), à qual se orgulha de pertencer, no poema "Dulcia linquimus arva" (*Lua defronte*). — LMRB

Dunne, J. W.

Dunne (1875-1949) foi um pensador que interessou vivamente a Borges por suas reflexões sobre a natureza do tempo. Cientista e engenheiro inglês, publicou em 1927 um tratado que Borges citou várias vezes, *Uma experiência com o tempo*, e até prefaciou para a coleção Biblioteca Personal. Outro título, *A nova imortalidade*, é comentado em *El Hogar* (v.), em 1938 ("J. W. Dunne e a eternidade", *Textos cativos*), em um artigo no qual trata a obra como inferior à que a antecedeu e menos convincente que ela. Um dos temas da teoria de Dunne que mais interessou ao autor argentino foi a imortalidade como simultaneidade dos tempos passado, presente e futuro, já que o pensador inglês propõe que o homem os possui durante o sono. Borges desenvolveu sua leitura dessa obra em "O tempo e J. W. Dunne" (*Outras inquisições*), em que compara a teoria a outros sistemas filosóficos, o de Schopenhauer (v.) e o de Nietzsche (v.). Tal leitura está mais próxima de um assombro ante uma construção ficcional da tese oferecida por Dunne que de um interesse pela possível constatação científica do referido tratado. A ideia de "eternidade pessoal" que comenta e expande em "O pesadelo" (*Sete noites*) supõe mais uma construção narrativa de uma experiência não narrativa e simultânea que a intenção de fornecer uma ideia universal sobre o tempo. — LM

Dupin, Auguste

Personagem do primeiro conto do gênero policial, "Os assassinos da Rue Morgue", publicado em 1841 por Edgar Allan Poe (v.). O detetive Dupin reaparecerá em outros dois contos do autor — "O mistério de Marie Rogêt" na revista *Ladies' Companion* (1843-4) e "A carta roubada" (1845) —, sempre com as características de observação e raciocínio incomuns, capazes de desenlaçar de modo inesperado um crime aparentemente tão perfeito quanto insolúvel. Borges refaz esse trajeto histórico do conto policial no prólogo de *A pedra lunar*, de Wilkie Collins (v.) (*Prólogos, com um prólogo de prólogos*), e no ensaio dedicado ao gênero em *Borges oral*. Refere-se ainda aos contos protagonizados por Dupin em *Introducción a la literatura inglesa* e *Introducción a la literatura norteamericana*, reunidos nas *Obras completas en colaboración*.

O detetive do conto "A morte e a bússola" (*Ficções*) acreditava ser, nos informa o narrador, um raciocinador como Dupin. Borges compreende genericamente, sob termos do pensamento medieval apresentados em "Das alegorias aos romances" (*Outras inquisições*), o detetive de Poe como o arquétipo da Razão. Considera ainda, inverossimilmente, no ensaio "Valéry como símbolo" (*Outras inquisições*), dedicado ao poeta francês Paul Valéry (v.), este "*uma derivação do Chevalier Dupin de Edgar Allan Poe e do inconcebível Deus dos teólogos*", um resultado da combinação entre Dupin e Deus. — JGS

Dürer, Albrecht

Pintor alemão (1471-1528), autor de uma obra tão vasta quanto diversificada, trabalhou em peças religiosas e altares, além de gravuras, desenhos e numerosos retratos e autorretratos. Filho de um ourives estabelecido em Nuremberg, foi aprendiz do pintor Michael Wohlgemuth antes de partir para sua primeira estada (1494-5) na Itália, onde consolidou seu estilo com base em artistas locais. Esse período de influências marca produções como o altar da catedral de Dresden (1498). As séries de gravuras de *Apocalypse* (*A revelação de São João*), *Grande Paixão* e *Vida da Virgem* apresentam, entretanto, elementos góticos em convivência com clássicos. Dürer prestou serviços ao imperador Maximiliano I entre 1512 e 1519, tendo alcançado reputação internacional.

Borges alude ao nome de Dürer nos poemas "O relógio de areia" (*O fazedor*) e "Duas versões de *Ritter, Tod und Teufel*" (*Elogio da sombra*). — JGS

Durtain, Luc

Pseudônimo de André Nepveu (1881-1959), poeta, romancista e ensaísta francês. Filho de um biologista, Nepveu dedicou-se ao mesmo tempo à medicina, na qual se especializou em laringologia, e à literatura, que, rapidamente, foi orientada sob seu pseudônimo em direção a um cosmopolitismo literário ao qual permaneceria fiel até o fim da carreira. Tanto os ensaios quanto os romances apresentam a Europa, os Estados Unidos, a Ásia e a Rússia como pano de fundo, o que se nota em *L'Autre Europe*; *Moscou et sa foi* (1928) e *Conquêtes du monde* (1931). Para o antropocêntrico e progressista Durtain, a busca pela "alma humana" era fundamental, e, mesmo que suas expectativas históricas — como a abolição das fronteiras nacionais pelo progresso — não houvessem se realizado, a crença na ética e na sobrevivência de uma interioridade espiritual não foi abandonada pelo autor dos poemas de *Le Retour des hommes* (1920).

Em "Pierre Menard, autor do *Quixote*" (*Ficções*), Borges alude ao nome de Luc Durtain para atribuir um artigo deste ao personagem que dá título ao conto. — JGS

e

Ébion

Nome do suposto fundador da seita judaico-cristã ebionita. Seus seguidores aceitam os ensinamentos de Jesus Cristo, mas como os de um profeta descendente do rei Davi — e não como um ser dotado de natureza divina. As origens do ebionismo (em hebreu: "homens pobres") remetem ao cristianismo primitivo, na contenda entre as doutrinas do apóstolo Paulo, que pregava a refutação da Torá, e Tiago, o Justo, que tentava reconciliar os ensinamentos de Cristo com os do judaísmo. Tal discussão desemboca na convocação da assembleia dos apóstolos, onde os preceitos de Paulo acabaram sendo adotados, como é narrado no capítulo 15 dos Atos. Os ebionitas seriam, então, os seguidores de Tiago. No século IV, São Epifânio escreveria uma lista das heresias religiosas na qual incluiria o ebionismo. Rejeitada tanto por cristãos como por judeus, a seita sobrevive até hoje.

Na obra de Borges, esse personagem aparece como uma citação de Quevedo (v.), em que se enumeram vários heresiarcas, entre eles o "*infame Ébion*". A passagem se encontra no texto "Uma vindicação do falso Basilides" (*Discussão*). — TP

ecclesia invisibilis e *ecclesia visibilis*

A distinção entre "igreja visível" e "igreja invisível" remonta aos primeiros séculos do cristianismo, e aparece enunciada por São Cipriano de Cartago (século III) e Santo Agostinho (v.) (séculos IV e V). Inspirados no versículo de Mateus 22,14: "*Muitos são os chamados e poucos os eleitos*", concebem a distinção entre uma igreja "invisível", que é a congregação de todos os predestinados, cujo nome apenas Deus conhece, e uma igreja "visível", organizada, conduzida por hierarquias humanas, na qual podem coexistir santos e réprobos. A enunciação primitiva, cunhada em momentos de disputas teológicas muito locais, permaneceu pouco nítida durante séculos. Mas o tema se intensificou como problema teológico crucial com o advento da Reforma protestante, que se cristalizou em duas interpretações mais precisas e francamente opostas. Pode-se ilustrar a formulação mais pedagógica desse conflito de interpretações recorrendo-se à teoria dos conjuntos. Para a teologia católica, a igreja invisível é um "subconjunto" da visível. Segundo a moderna formulação dada pelo documento *Lumen Gentium*, do Concílio Vaticano II, a *ecclesia invisibilis* está dentro (*subsistit in*) da única verdadeira igreja, que é a visível, fora da qual "não há salvação". Para os reformadores, em compensação, a igreja invisível é a única autêntica, por corresponder ao caráter igualmente invisível do "reino dos céus", e compreende todos os predestinados à salvação, pertençam ou não a uma instituição visível. A representação adequada do binômio seria então a de uma "intersecção" de conjuntos: nem todos os membros da igreja invisível pertencem à visível, nem todos os membros da visível pertencem à invisível. Kant retoma essa perspectiva no tratado *Die Religion innerhalb der Grenzen der blossen Vernunft* [A religião dentro dos limites da simples razão] (1793): há, por um lado, uma só igreja universal, espiritual, invisível e racional, que congrega todos os justos; e, por outro, diferentes igrejas visíveis, que correspondem à natureza social da vida humana, sem valor garantido quanto à eficácia a serviço da única igreja invisível. Borges serve-se ao longo de toda a sua obra da distinção visível/invisível (um exemplo privilegiado seria o da "obra visível" de Pierre Menard) (v.), mas a formulação literal de *ecclesia visibilis* e *ecclesia invisibilis* aparece como metáfora de "*nossas letras*", a propósito de Evaristo Carriego (v.), no prefácio do livro homônimo. Aí as noções correspondem à acepção luterana do binômio: a *ecclesia visibilis* compreende as "*instituições pias*" — cursos de declamação, antologias, histórias da literatura nacional —, enquanto a *ecclesia invisibilis* é "*mais verdadeira e reservada*" e corresponde à "*dispersa comunidade dos justos*". A parte da obra de Carriego que perdura na igreja invisível de "*nossas letras*" é, para Borges, a que consegue liberar-se da "*parcela de lágrimas*". — IAL

Echard, Laurent

Echard (1670-1730) traduziu do inglês *Histoire romaine, depuis la translation de l'empire par Constantin jusqu'à la prise de Constantinople par Mahomet II*, obra em doze volumes. Ele teria sido o primeiro contato do famoso historiador Edward Gibbon (v.) com a história, como afirma Borges em "Edward Gibbon: *Páginas de história e de autobiografia*" (*Prólogos, com um prólogo de prólogos*). — PFCO

Echeverría, Esteban

Escritor e intelectual, iniciador do romantismo na região do rio da Prata. Nasceu em Buenos Aires, em 2 de setembro de 1805, e morreu em Montevidéu, no dia 19 de janeiro de 1851. Viveu em sua cidade natal uma adolescência rebelde e boêmia até se inscrever, em 1822, no Departamento de Estudos Preparatórios da universidade. Em 1825, partiu para a Europa. Em março do ano seguinte, instalou-se em Paris, onde permaneceu por quatro anos, salvo uma visita de um mês e meio à Inglaterra em 1829, e entrou em contato com as manifestações mais significativas do movimento romântico francês. Para ele, as ideias filosóficas e políticas que estavam surgindo no continente europeu eram tão relevantes quanto a "nova" literatura produzida na capital da França. Quando regressou à Argentina, encontrou a cidade portenha aterrorizada pelos partidários de Juan Manuel de Rosas (v.), que governaria despoticamente a nação a partir de 1835. Publicou *Elvira o La novia del Plata* (1832) e *Los consuelos* (1834), obras que inauguraram o romantismo na poesia argentina. Mais adiante, com *Rimas* (1837), livro em que se encontra o poema "La cautiva", mostrou o novo rumo da literatura de seu país. Perseguido por Rosas, Echeverría se refugiou em Luján (província de Buenos Aires). De acordo com investigações recentes, lá teria escrito, em meados de 1839, a importante obra *El matadero*. Forçado pelas circunstâncias políticas, exilou-se no Uruguai no fim da década de 1840. Em Montevidéu, publicou o *Dogma socialista de la Asociación de Mayo* (1846).

Borges cita Esteban Echeverría em *Outras inquisições*, no ensaio sobre a literatura de Nathaniel Hawthorne (v.), afirmando que a literatura argentina "*produziu algumas páginas de realismo* [...] *que os norte-americanos não superaram* (*talvez nem tenham igualado*) *até hoje*". Segundo ele, o autor é responsável por algumas dessas páginas. Menciona-o também em "Domingo F. Sarmiento: *Facundo*" (*Prólogos, com um prólogo de prólogos*), como leitor fervoroso de "*livros quase secretos que encerravam doutrinas heterodoxas, e cujo fruto foi certa manhã do dia 25 de maio*". Outra citação está presente em um debate sobre *Martín Fierro* (v.) ("A poesia *gauchesca*", *Discussão*), no qual, diz Borges, Echeverría reprova os elogios feitos por Lugones (v.) e seu propósito nacionalista. — YF

Edda Islandorum;

Edda Saemundi; Antiga Edda
(Hávamal, 47)

Coleção de poemas mitológicos, didáticos e heroicos da antiga civilização nórdica que datam do período entre os séculos IX e XIII, cujo manuscrito, hoje na Biblioteca Real da Dinamarca, foi descoberto somente em torno de 1643, pelo bispo islandês Brynjólfur Sveinsson. Erroneamente atribuída ao bispo Sæmundr, chamaram-na *Edda de Sæmundr*. No século XVII, manteve-se o nome *Edda*, que pertence à obra de Snorri Sturluson (v.), para essa coleção de poemas. Os adjetivos "antiga" ou "poética" foram adicionados para diferenciá-la da *Edda* de Snorri, que passou a ser conhecida como *Edda menor* ou *prosaica*.

Dentre as várias menções à *Edda poética* na obra borgiana, mereceram referência específica os seus dois primeiros poemas. Em "A flor de Coleridge" (*Outras inquisições*), é citado o renascimento do mundo dos versos finais de "Völuspá". Em *Evaristo Carriego*, Borges, em nota de rodapé, aproxima as palavras do filho mais velho de Martín Fierro — verso 2053 da *Volta de Martín Fierro* — às de Odin — estrofe 47 — da primeira parte do poema didático "Hávamal". (V. literatura nórdica medieval.) — FT

Edda prosaica

Obra sobre mitologia e poesia nórdicas escrita por Snorri Sturluson (v.) no século XIII (em torno de 1222). Compõe-se de um prólogo e três partes, apresentadas em forma dialogada: "Gylfaginning", "Skaldskaparmal" e "Hattatal". O prólogo relata resumidamente os episódios bíblicos da criação do mundo e do dilúvio, o esquecimento de seu Criador pela humanidade e sua reverência à natureza, o surgimento das religiões pagãs, e como aos descendentes dos troianos (Æsir — povo da Ásia) foi atribuída a condição de deuses. A primeira parte — "Gylfaginning" [o engano de Gylfi] — trata da cosmogonia e mitologia nórdicas. Inclui a criação e o fim do mundo (Ragnarok), e uma descrição dos deuses da linhagem dos Æsir e de suas aventuras. As outras partes da obra se referem às duas categorias da poesia. "Skaldskaparmal" [a linguagem da poesia] aborda, fundamentalmente, o que Bragi chama de "terceira categoria da linguagem", ou seja, as *kenningar* (v.), cujo estudo se destina a encorajar jovens poetas a enriquecerem com o conhecimento da poesia dos tempos antigos. As *kenningar* são apresentadas por inúmeros exemplos de seu emprego nas composições dos maiores poetas e pela narração de histórias que lhes deram origem. "Hattatal" [a enumeração das formas do verso] trata da forma do verso, tendo como principal exemplo o poema encomiástico composto por Snorri para o rei Hákon e o duque Skúli, da Noruega. Borges vale-se da *Edda prosaica* como fonte para o ensaio "As *kenningar*" (*História da eternidade*). Também publicou, em colaboração com María Kodama (v.), uma tradução do prólogo e da primeira parte da *Edda prosaica* — "Gylfaginning" —, com o título *La alucinación de Gylfi*. (V. literatura nórdica medieval.) — FT

Edda Saemundi

V. *Edda Islandorum*.

Eguren, Fermín

Personagem do conto "O Congresso" (*O livro de areia*), era sobrinho de dom Alejandro Glencoe, presidente do Congresso do Mundo, organização com o inalcançável propósito de representar todos os homens de todas as nações. Eguren era um dos congressistas, *criollo* (v.), uruguaio e de estirpe basca, como o define o narrador, ridicularizando-o pela última característica, assim como pela sua covardia e entrega à boemia. O narrador o trata com desdém, identificando-o como o "*jovem de testa curta*". Por meio da dispendiosa conduta de Eguren em Paris, Borges acaba por satirizar o intelectual dissimulado e oportunista. — PPM

Einstein, Albert

Físico, matemático e filósofo alemão naturalizado norte-americano (1879-1955), ganhou, em 1921, o Prêmio Nobel de Física, pelo estudo do efeito fotoelétrico. Em 1933, quando Hitler tomou o poder, ele deixou a Alemanha e se mudou para os Estados Unidos, onde o Instituto de Estudos Avançados, em Princeton, o recebeu. Muitas foram as contribuições de Einstein para as ciências exatas e a filosofia: em 1929, por exemplo, elaborou uma única fórmula matemática que abrangia as leis da gravidade, eletromagnetismo e relatividade. O filósofo é mais conhecido por sua Teoria da Relatividade, que revisou completamente os conceitos existentes das leis universais fundamentais e abriu caminho para a era atômica. Seus escritos incluem: *Über die spezielle und allgemeine Relativitätstheorie* (1917), *About Zionism* (1931), *Builders of the Universe* (1932), *Why War?* (com Sigmund Freud, 1933) e *Mein Weltbild* (1934). Em um dos diversos momentos nos quais Borges discorre sobre a ciência, no caso trata-se do texto "A máquina de pensar de Raimundo Lúlio" (*Textos cativos*), menciona Einstein, um dos nomes emblemáticos da ciência contemporânea, e o relaciona a termos como "relatividade", "prótons", "energia potencial" e "quarta dimensão". — PPM

Eisenstein

V. Soviete, filmes do.

El Hervidero

Paragem onde se levantou o acampamento de Purificación, capital um tanto improvisada do governo do general José Gervasio Artigas (v.), em 1811, nos tempos do primeiro projeto emancipatório da Província Oriental, mais tarde Província Cisplatina (durante o domínio lusitano), depois República Oriental do Uruguai. Situa-se no litoral uruguaio, atual departamento de Paysandú, na fronteira com a República Argentina, a cerca de quatrocentos quilômetros de Montevidéu. Foi citada por Borges em "Avelino Arredondo" (*O livro de areia*). — PR e MAGB

Eleia, escola de

Eleia, fundada em meados do século VI a.C. por gregos que fugiam dos persas, foi o local de uma das mais importantes escolas filosóficas pré-socráticas. Apesar do nome, não havia um lugar específico, como uma escola ou um prédio, onde os filósofos se reuniriam. A escola de Eleia é mais uma doutrina de ideias. Os especialistas dividem-se, atualmente, sobre quem teria sido seu fundador, Xenófanes (v.) ou Parmênides (v.). Contudo, a doutrina eleática é bem clara: o universo é singular, eterno e imutável, e Deus é um só, sempre existiu e é imutável. Os membros dessa escola seguiram diferentes princípios filosóficos, mas unificados em torno da crítica à abordagem empírica, ignorando as aparências concretas e adotando abordagens racionais, mais abstratas e lógicas.

A escola de Eleia também produziu conhecidas aporias, como a famosa "vejo a solução, o que não vejo é o problema", além de paradoxos, sendo os mais conhecidos os de autoria de Zenão (v.), como aquele sobre Aquiles (v.) e a tartaruga, tão apreciado por Borges, comentado em "A perpétua corrida de Aquiles e da tartaruga" (*Discussão*). O autor argentino retoma a questão da passagem do tempo, com base nos conceitos eleatas, em "História da eternidade" (*História da eternidade*). E cita novamente os paradoxos eleáticos em "There are more things" (*O livro de areia*). — PFCO

Eliot, T.S.

Thomas Stearns Eliot (1888-1965) foi um dos grandes poetas de língua inglesa do século XX, nascido no Mississippi. Sua obra abrange três gêneros: poesia, crítica e dramaturgia. Em 1927, depois de viver doze anos na Inglaterra, tornou-se súdito da Coroa. Recebeu o Prêmio Nobel de Literatura em 1948.

O interesse de Borges concentra-se nos ensaios de T.S. Eliot. As marcas de "Tradition and the Individual Talent" (1919) podem ser rastreadas sobretudo em "Kafka e seus precursores" (*Outras inquisições*), texto em que há até mesmo uma referência ao autor inglês: *Points of View*, volume de ensaios publicado em 1941. Também se pode encontrar a marca de Eliot no ensaio-conferência de 1953, "O escritor argentino e a tradição" (*Discussão*). Cabe notar, porém, as poucas alusões de Borges à sua poesia. Por exemplo, *The Waste Land* (1922) é citado em *Introducción a la literatura inglesa* somente como referência obrigatória. Em "Nota sobre Walt Whitman" (*Discussão*), o escritor argentino menciona o uso poético que Eliot faz de anacronismos para "*forjar uma aparência de eternidade*". Por outro lado, traduziu para *El Hogar* (v.) o primeiro coro de *The Rock*, que acompanha uma das biografias sintéticas que a revista publicava ("T.S. Eliot", *Textos cativos*). Sem dúvida, ambos os escritores compartilham uma ideia similar de sistema literário, com base na tradição e no uso que se faz dela segundo diferentes conexões intertextuais de obras díspares da história literária. — LM

Elohim

No texto "De alguém para ninguém" (*Outras inquisições*), Borges narra o processo de uma "forma" por meio da qual alguém é transformado em ninguém, ao magnificar-se. De acordo com ele, isso ocorre em todos os "cultos". Os exemplos que dá — o culto a Shakespeare e o culto budista — são precedidos pela apresentação da transformação de Deus, de ser em não ser magnífico e onisciente: "*No princípio, Deus é os Deuses (Elohim)*", e têm essa apresentação como modelo. Elohim, que poderíamos escrever *Elohims* para ressaltar o caráter plural do termo, é o primeiro nome divino escrito na Bíblia — "No começar, Deus (Elohim) criando..." (Gênesis 1,1) —, e vários termos hebraicos são utilizados para designá-Lo no livro. Na primeira tradução da Bíblia, a *Septuagenta* (século III a.C.), a palavra Elohim foi traduzida por Théos ou Kurios, o Deus latino, introduzindo e adaptando assim as Escrituras ao mundo helenístico e abrindo caminho para que o Elohim bíblico fosse reconhecido nas línguas ocidentais pelos nomes de Deus ou Senhor. Tanto o plural Elohim como o seu singular Elohá são aparentemente uma forma ampliada do termo El, do aramaico Elah e do árabe Ilah. A forma plural é sempre tratada como se fosse um nome no singular, e esse estranho fato deu margem a um sem-fim de comentários, na tentativa de capturar os diversos sentidos que o enigmático nome carrega consigo. Além daqueles significados que Borges menciona no início de seu texto, Elohim alude à Divindade, tendo chegado aos primeiros israelitas por meio de seu uso pelos canaanitas. Os comentaristas místicos judeus ligam esse nome à noção de justiça estrita e severidade, e o contrapõem ao nome do tetragrama, YHWH, expressão da unidade e do amor. O processo de magnificação completa que transforma o ser em não ser, descrito por Borges, operou-se também na compreensão de Elohim pelas correntes da mística judaica. Assim, no culto judaico, Elohim transformou-se no *En Soph* (v.), o Ser Infinito, de quem nada pode ser dito e a quem nada pode ser atribuído — o Nada Criador de tudo. — EM

Emerson, Ralph Waldo

Pensador e poeta norte-americano (1803-82), impulsionou o chamado "transcendentalismo", movimento com claras influências do romantismo alemão que teve seu auge na Nova Inglaterra e foi uma visível manifestação contra o racionalismo. Pastor protestante por herança familiar, acabou abandonando essa atividade.

Borges situa a figura de Emerson no lugar mais alto da literatura e do pensamento norte-americanos. Destaca-se a tradução que fez de *Representative Men*, em 1850, em cujo prefácio afirma que tanto Walt Whitman (v.) como Edgar Allan Poe (v.) "*obscureceram a glória*" desse pensador, mas, "*linha por linha, são bem inferiores a ele*". No relato "As folhas do cipreste" (*Os conjurados*), diante de uma ameaça onírica, o autor argentino, para evitar a obviedade da proteção religiosa, em vez de escolher uma das tantas Bíblias que permeiam sua obra, toma um dos doze volumes da obra de Emerson.

Também o recorda no poema "Emerson" (*O outro, o mesmo*), em que o destaca tanto como leitor de Michel de Montaigne (v.) quanto como observador da natureza. Emerson adere a algumas premissas claras do transcendentalismo, como a ideia de que no indivíduo se encontram todos os homens e que todos são o universo, ou a de que os fatos da história se repetem porque o "*destino é trágico*". A obra de Emerson é citada em vários textos de Borges. Nem é preciso dizer que ocupa lugar importante em *Introducción a la literatura norteamericana*. — LM

emet

"Verdade", em hebraico. Borges a cita por ser a palavra que, em uma das versões da lenda, está inscrita na fronte do Golem (v.). Apesar de os filósofos judeus medievais geralmente aceitarem a noção grega de verdade — como "correspondente à realidade" —, o conceito bíblico sobrepõe a essa noção racionalista uma dimensão ética. Na Bíblia encontramos a expressão "o Eterno da verdade" (por exemplo, em Jeremias 10,10, Salmos 31,6), no Talmude (texto central para o judaísmo rabínico) encontramos a figura próxima: "o trono do Eterno é a verdade" (por exemplo, em Shabat 55A), e na teologia rabínica a verdade constitui um dos treze atributos de Deus, de acordo com a leitura de Êxodo 34,6. Todo esse modo de conceber a verdade não apenas valoriza o que é, não apenas a realidade, mas inclui em seu espectro o que deveria ser. Essa concepção da verdade permitiu aos comentadores bíblicos formular um conceito de Deus como paradigma absoluto de moralidade, conceito proveniente da leitura dos Profetas, bem como das demais passagens do Antigo Testamento. Hermann Cohen sustenta que a virtude humana da honestidade é o complemento que se segue ao conceito de "Deus da verdade".

Também não é despropositado traduzir *emet* como "fidelidade", porque Deus atuaria com honestidade na manutenção de Sua Criação, e a honestidade humana com Deus e os semelhantes seria uma resposta de fidelidade a Deus. Isso é especificado de muitos modos, como, por exemplo, "falar a verdade do seu coração" (Salmos 15,2). Se Deus é verdade, então o comportamento humano como um todo deve ser a prática da verdade. É nesse sentido que *emet* sustenta e transmite vida ao Golem. E a fragilidade da sustentação desse estado de verdade como critério ético está na proximidade que se estabelece, no nível do significante, entre a verdade — *emet* — e a morte — *met* —, palavras compostas das mesmas consoantes, faltando na segunda apenas o *aleph* inicial — o que permitiu aos comentadores dizer que, conectados a Deus, conexão essa simbolizada pela consoante *aleph*, os homens ganham a condição de *emet*. Desconectados, isto é, sem a presença do *aleph*, transformam-se em *met*, "morte". — EM

Empédocles de Acragas

Filósofo, senador e místico de Agrigento (Acragas), na costa mediterrânea da Sicília, na época dominada pela Grécia e intitulada Magna Grécia. Empédocles era muito respeitado por seus ensinamentos, eloquência e conhecimentos médicos. Participou de debates com Parmênides (v.) e com a escola de Eleia (v.) sobre uma teoria pluralista do universo. Aceitava a teoria do "ser concreto" e postulou a ideia de um universo como uma unidade esférica em que haveria quatro elementos, a partir dos quais tudo seria formado: fogo, ar, água e terra, misturando-se e separando-se eternamente. Essa concepção é derivada do pensamento dos filósofos de Mileto, como Xenófanes (v.), que acreditavam que toda matéria seria composta de dois elementos, água e terra. Após as contribuições de Aristóteles (v.), essa ideia expandiu-se pelo mundo grego, tendo influenciado os estoicos. A teoria dos quatro elementos perdurou por 2 mil anos como base do pensamento científico.

Fazendo observações sobre a filosofia pré-socrática fundamentado em uma análise do livro *Die Vorsokratiker* (1935), de Wilhelm Capelle, que via os pré-socráticos não apenas como precursores, mas como articuladores e fundadores da prosa grega, Borges comenta em "Gustav Meyrink" (*Textos cativos*) que algumas das ideias desses filósofos serviriam apenas como peças de museu, afirmação que ele depois refutou. Especificamente sobre Empédocles, o autor argentino considerava que suas ideias serviam apenas para assombro ou distração. — PFCO

Empédocles de Agrigento

V. Empédocles de Acragas.

En Soph

O Sem Limites, na tradução literal, ou o Ser Infinito, na tradução de Borges. É o nome a que chegaram os comentadores místicos da cabala, no processo de magnificação ilimitada que Borges descreve no texto "De alguém para ninguém" (*Outras inquisições*), de Elohim (v.), o Deus bíblico da Criação. O nome *En*

Soph não se encontra registrado em nenhuma página do Antigo Testamento nem da principal obra do judaísmo rabínico, o Talmude. De acordo com Gershom Scholem (v.), os comentadores místicos se decidiram por esse nome quando pensaram a respeito do Deus transcendente em Sua pura essência, sem relação com o mundo criado. Uma vez que cada nome com que Deus é apresentado na Bíblia foi compreendido como fazendo referência a um de Seus atributos, por meio dos quais Ele se revela às Suas criaturas, concluiu-se que não havia um nome para Deus que O identificasse com base em Seu próprio ser. Ainda segundo Scholem, o nome *En Soph* passa a ser usado na literatura cabalística a partir do século XII. O *Zohar* se expressa nos seguintes termos: "chamamos Infinito, *En Soph*, a algo que o homem não compreenderá jamais, a algo que nunca terá um fim, não tendo tido nenhum princípio. [...] Chamamos Cabeça [*Rosh*] ao Ponto Supremo, porque a partir dali começam os mistérios inteligíveis. Tais mistérios têm um fim para nós, do mesmo modo que tiveram um princípio. Mas a essência do *En Soph* propriamente dito não terá fim, nele não percebemos nem intenção, nem luz, nem claridade. Todas as luzes emanam do *En Soph*, mas nenhuma tem o brilho suficiente para conduzir-nos até o *En Soph*. É uma Vontade Suprema, mais misteriosa que todos os mistérios" (*Zohar* II, 239A).

O termo *En Soph* não chega a constituir um nome próprio. Ele é formado pela associação de duas palavras, a primeira que lhe outorga um valor negativo — En, Não —, a segunda implicando uma noção do tempo, do espaço e, até mesmo, de ação humana — *Soph*, Fim. O *En Soph* é o Infinito em relação à finitude que é o mundo. Ele é o Inconcebível, o Inacessível, o Inefável e, nesse sentido, a inexistência a que se subordina toda a existência. Um comentador místico hassídico pergunta-se por que o *En Soph*, o Sem Fim, não é chamado de *En Reshit*, o Sem Começo. E responde: "Porque, se assim fosse, não poderíamos nem sequer começar a falar d'Ele". — EM

enciclopédias

O conto de Borges "Tlön, Uqbar, Orbis Tertius" (*Ficções*) (1940) é sem dúvida o texto literário moderno mais importante que aborda o tema da enciclopédia. A primeira parte culmina com a leitura feita por Borges e Adolfo Bioy Casares (v.) do verbete sobre Uqbar, que integra um volume da *Anglo-American Cyclopaedia*: "*muito verossímil, muito adequado ao tom geral da obra e (como é natural) um pouco enfadonho*". Na parte seguinte, chega-lhes o 11º volume da *First Encyclopaedia of Tlön*, e o narrador (Borges) comenta: "*Fazia dois anos que eu descobrira num tomo de certa enciclopédia pirata uma descrição sumária de um falso país; agora o acaso me deparava algo mais precioso e mais árduo. Agora tinha nas mãos um vasto fragmento metódico da história total de um planeta desconhecido, com suas arquiteturas e suas querelas, com o pavor de suas mitologias e o rumor de suas línguas, com seus imperadores e mares, com seus minerais e pássaros e peixes, com sua álgebra e seu fogo, com sua controvérsia teológica e metafísica. Tudo isso articulado, coerente, sem visível propósito doutrinário ou tom paródico*". As palavras cruciais dessa descrição são as que descrevem essa enciclopédia e qualquer outra: "*um vasto fragmento metódico da história total de um planeta desconhecido*". A enciclopédia moderna, desde que começou a ser usada como princípio organizador, no século XVIII, a ordem alfabética, é, por antonomásia, fragmentária e metódica, e organiza a multiplicidade de modo arbitrário, segundo o alfabeto.

As palavras que Borges dedica, em "O idioma analítico de John Wilkins" (*Outras inquisições*), à organização de uma enciclopédia chinesa e suas ironias em torno dos sistemas de classificação chamaram a atenção de Michel Foucault, e essa reflexão deu a ele o tema de seu importante livro *Les Mots et les choses* [*As palavras e as coisas*] (1966). O que talvez não seja tão evidente é que, para Borges, a enciclopédia moderna, organizada em ordem alfabética, resolve esse problema ao pôr em primeiro plano a extrema arbitrariedade. Por sua vez, isso leva as enciclopédias a ser dignas de leitura contínua, não só pelo interesse de cada verbete, mas pelas raras justaposições que ocorrem quando os volumes são percorridos. Talvez seja por isso que Borges disse em 1959 a Bioy Casares (que, por sua vez, anotou as palavras em seu copioso diário, *Borges*): "*Eu sempre quis ter o* Grosse Brockhaus*; era uma enciclopédia de vinte e tantos volumes; agora o vi: o* Grosse Brockhaus *em doze volumes. Isso corresponde ao critério, atual e errôneo, que considera as enciclopédias como obras de consulta e não como obras de leitura. Antes, uma enciclopédia era uma biblioteca, com uma História da literatura chinesa, com uma História das cruzadas, com uma biografia de Milton*". Nove anos depois, Bioy anota que Borges lhe havia proposto que escrevessem juntos "*uma História das enciclopédias*". A enciclopédia como "obra de leitura": sem dúvida, o princípio hedônico que organiza suas leituras (como diz no ensaio sobre Groussac (v.) em *Outras inquisições*) pode ser descoberto nas numerosíssimas referências às enciclopédias, e especialmente à 11ª edição da *Britannica*, em sua obra. Os exemplos são abundantes: basta recordar, ao acaso, a discussão de linguística chinesa em "Palabrería para versos" (*El tamaño de mi esperanza*) (1926) e o relato "O impostor inverossímil Tom Castro" (*História universal da infâmia*), ambos derivados de artigos da *Encyclopaedia Britannica*.

Uma série de textos cruciais, desde o ensaio "La biblioteca total" (*Sur*, 1939) até o conto "A Biblioteca de Babel" (*Ficções*), e daí até o conto "O livro de areia" (*O livro de areia*), fala de livros infinitos. Nesses livros, o que prima é o caos: a maneira de narrar a infinitude (como na longa frase no final de "O Aleph", *O Aleph*) é apelar para a enumeração heteróclita ou para a desordem mais absoluta. Em "Tlön, Uqbar, Orbis Tertius" e outros textos sobre enciclopédias alfabéticas, em compensação, Borges insiste na possibilidade de que um livro finito represente o universo. Para que isso aconteça, a ordem alfabética é crucial (como observou o autor do verbete sobre enciclopédias na *Encyclopaedia Britannica*): o princípio da seleção permite que a série dê ideia de uma totalidade (sem ter de englobá-la), e a extensão curta ou média dos verbetes obriga os leitores a entendê-los como fragmentos, ou, conforme Borges afirma em um ensaio central, "A postulação da realidade" (*Discussão*), a "*imaginar uma realidade mais complexa que a declarada* [...] *e referir suas derivações e efeitos*". É assim que Borges consegue sugerir totalidades com base em fragmentos, "*simular que esses livros já existem e propor um resumo, um comentário*", como diz no prólogo de *O jardim de veredas que se bifurcam* (*Ficções*). Sem dúvida, entender as enciclopédias como "obra de leitura" é parte essencial da elaboração da minuciosa e complexa obra total de Borges. — DB

Entre Ríos

Província argentina, situada ao norte de Buenos Aires e a oeste do Uruguai. A menção na obra de Borges é frequente, com diversas funções. Por um lado, há muitas referências históricas, já que foram tropas entrerrianas, sob o comando do governador Justo José de Urquiza (v.), que derrotaram Juan Manuel de Rosas (v.). Por outro, Entre Ríos é representada muitas vezes como território fronteiriço: compartilha características com Buenos

Aires, mas também com o restante do país; está perto da cidade, mas é uma província rural; é lugar de passagem obrigatória para quem parte de Buenos Aires rumo ao Uruguai ou ao Brasil. Por fim, sua paisagem não totalmente plana (atravessada por *cuchillas* [coxilhas], pequenas elevações de terra situadas em paralelo) serve a Borges para refutar a íntima conexão entre o *gaucho* (v.) e o pampa. (V. fronteira.) — PMG

Erasmo

Erasmo de Rotterdam (1466-1536) foi um dos principais escritores, se não o principal escritor, do movimento hoje conhecido como "humanismo cristão". Visto como modelo de homem culto europeu da época, profundo conhecedor do latim e da cultura clássica, teve no seu círculo de amizades outros dos mais destacados homens de seu tempo, Thomas More (v.) e Martin Dorpius. Filho ilegítimo de um padre e da filha de um médico, entrou para a escola dos Irmãos da Vida Comum em Deventer, em 1475, e na mesma escola de Hertogenbosch em 1484. Em 1487, entrou para o convento dos agostinianos em Steyn. Foi ordenado padre em 1492, formando-se em teologia em 1497. Viajou para grande parte do continente europeu e lecionou em diversos locais. Colocou-se contra as posições de Martinho Lutero, escrevendo, em 1524, *O livre-arbítrio*, que gerou a resposta de Lutero, *Defesa contra o servo arbítrio*. Sua influência era tamanha, que Henrique VIII e Francisco I lhe pediram seu parecer sobre Lutero. Na obra de Borges, o nome de Erasmo surge em breves citações; uma delas lembra a obra *Elogio da loucura*, sátira à sociedade da Europa da época, que teve enorme repercussão nas transformações pelas quais passava esse continente. — HNC

Erígena, João Escoto

Teólogo irlandês (815-877), um dos principais nomes do renascimento carolíngio, período de grande efusão artística e filosófica que se deu durante o fim do império de Carlos Magno. Foi professor de gramática e filosofia neoplatônica na corte do rei franco Carlos, o Calvo, cargo que manteve por toda a vida, apesar dos convites de Alfredo da Inglaterra. Profundo conhecedor do grego clássico, traduziu e comentou os textos de Pseudo-Dionísio, São Máximo e São Gregório de Nissa. Em razão das influências do primeiro, passou a divulgar uma filosofia próxima ao panteísmo. Também compartilhava a ideia de que Deus não pode ser descrito por nenhum atributo afirmativo, chegando a sugerir que o melhor termo para designá-Lo é "*Nihilum*" [Nada]. Desse modo, observa Borges em "De alguém para ninguém" (*Outras inquisições*), aponta-se para uma ideia de que não ser é mais que ser alguém ou algo, pois assim se excede a própria existência. Em "Vindicação de *Bouvard et Pécuchet*" (*Discussão*), o escritor argentino mostra que muitas vezes as palavras fundamentais são proferidas pela ignorância — em Erígena, Deus "*ele mesmo não sabe o que é*". Utilizando esse exemplo, defende que o argumento do livro de Gustave Flaubert (v.) seja de natureza estética. O teólogo ainda pregou a doutrina da apocatástase, que considera que todas as criaturas, sendo atributos de Deus, retornarão ao seu Criador no fim dos tempos. Assim, a eternidade aqui incluiria os destinos individuais, além de repelir a miséria e imperfeição, conforme Borges comenta em "História da eternidade" (*História da eternidade*). Por isso, Erígena considerava o inferno um lugar purificador, e não punitivo. Tais ideias estão em *De divisione naturae*, obra em forma de diálogos que expõe uma visão sistemática do universo, no qual os fenômenos e os seres são divididos entre criados, não criados, criadores e não criadores. Tido como herético pelos papas Honorius III e Gregório XIII, esse trabalho foi listado no Index dos Livros Proibidos da Igreja católica. — TP

espelho

Em Borges, o espelho é uma tópica para o tema da ficção. Como no verso de Rainer Maria Rilke em que espelhos são intervalos de tempo cuja essência ninguém jamais pôde saber, à primeira vista Borges pareceria propor, muito classicamente, que são figuras da representação, como as alegorias que no reino das coisas fazem crer que as imagens exigem interpretação, pois sua causa suposta amaria se ocultar nas formas indecisas da aparência.

O leitor decerto lembra a laboriosa minúcia com que Borges recompõe ruínas daquelas essências ou causas que assombraram a literatura de filósofos platônicos, cristãos, gnósticos e místicos. São umas poucas metáforas tumultuosas que deslizam como pedras de gelo pela superfície de seus textos, formulando alguma espécie de charada enigmática em que o Mesmo e o Outro se especulam indefinidamente nas frias cintilações de um estilo ático, com o duplo sentido do termo "especulação", "reflexo", e "reflexão". Mas a charada nada oculta ou revela, porque é *nadería*, artificiosa magia parcial que torna muito aborrecidas e inúteis as interpretações. Borges dissolve a ideia mesma de que o espelho possa ter ou revelar alguma essência misteriosa e secreta na imagem refletida, pois sua reflexão e seus reflexos acontecem em um não lugar, a linguagem. Nela, circularmente, os espelhos de Borges demonstram que toda a sua literatura está contida naquela Enciclopédia Perdida que dirigiu o Terceiro Imperador da Dinastia Luminosa.

A enciclopédia é uma figura clássica da representação: especular, pois organizada como relação simétrica da série alfabética e dos termos alinhados sequencialmente, e, ao mesmo tempo, especulativa, pois os termos alinhados são definições. Em Borges, contudo, não há imitação, representação, expressão, adequação, semelhança, analogia ou imagem dos termos definidos e dos lugares alfabéticos na série.

O lugar não coincide com a definição, ou vice-versa: não há lugar-comum, origem, causa ou finalidade para os termos definidos; o reflexo não reflete; a reflexão é de Outro; e o termo "espelho" só indica o não lugar da linguagem refletindo o vazio da falta de lugar de todos os lugares e termos depositados na sua superfície deslizante.

Um teólogo borgiano diz que o espelho é como a cópula, abominável, porque multiplica o número dos homens. É a potência da multiplicação indefinida que verdadeiramente permite classificar os espelhos de Borges em:

a) todas as superfícies polidas, como o punhal que matou César, o olho de Shakespeare (v.), as páginas dos livros, o rosto das mulheres em alguns sonetos antigos;

b) a vida humana, que é espelho visto no escuro. Como em *Vidimus nunc per aenigmatem ut per speculum* [Vemos agora por enigma, como por espelho], frase incompreensível com que o Apóstolo parece acenar à nossa radical desesperança com a visão impossível da realidade sem imagem do Deus irrepresentável;

c) o inferno. Neste item *c*, a frase de *b*, "Vemos agora por enigma, como por espelho", significa que os espelhos são abomináveis buracos do tempo pelos quais a irrealidade do inferno é visível como a nonada de um sonho de tigre ou um labirinto que tem o centro em toda parte e a circunferência em nenhuma, como diz o platônico e divino Dionísio sobre o Um ou Deus;

d) *vanitas*. O espelho como um diabo mudo, causa segunda ou instrumento alegórico com que antigamente a Providência alertava os homens da vanidade da vaidade;

e) todos os espelhos que cintilam invisivelmente em corredores desertos da Buenos Aires de Borges e em um soneto de Mallarmé onde luz o *ptyx*. Alguns espelhos cobertos de panos nos funerais;

f) todos os espelhos incluídos nesta classificação;

g) espécie de silogismo indemonstrável sobre a falta de sentido da vida. As premissas não existem ou só são dedutíveis quando já se viveu. A primeira, maior, afirma que a identidade é um efeito da imagem. A segunda, menor, que Eu é um Outro. Na literatura de Borges, os espelhos fazem refletir a conclusão indemonstrada de que não passa de extravagante pretensão dizer a identidade do Eu, o logos do mundo, o sentido do tempo, a natureza da ficção e o ser do espelho. — JAH (Texto publicado no jornal *Folha de S.Paulo*, São Paulo, 1º de agosto de 1999, caderno mais!.)

Espinosa, Baruch

V. Spinoza, Baruch.

Ésquilo

Acredita-se, atualmente, que Ésquilo (525-455 a.C.) tenha composto ao redor de 52 peças para teatro, das quais apenas seis chegaram até nós. A tragédia, como a conhecemos hoje, foi inventada por ele, que empregou uma linguagem muito complexa ao escrever suas peças. Em "Epidauro" (*Atlas*), Borges nos conta quando foi a um teatro assistir a uma apresentação de *Prometeu acorrentado*, e aproveita para fazer um comentário sobre o uso do idioma grego.

Em "O outro Whitman" (*Discussão*), Borges critica tanto a falta de contato entre os escritores latino-americanos, que só se conhecem por meio da Europa, como a postura dos franceses, parisienses para ser mais exato, em relação à arte. Nessa crítica, ele utiliza, como meio para expressar suas opiniões, o trabalho de enumeração dos versos realizado por Ésquilo em *Os persas*. — PFCO

Euclides

Não se pode afirmar com segurança a data de seu nascimento. Natural de Mergara, ele se mudou para Atenas ao saber da fama de Sócrates (v.), tornando-se, assim, seu aluno. Soube combinar algumas ideias de Sócrates, cujo conceito essencial era o Bem, com as da escola de Eleia (v.), que defendia a crença no Ser Absoluto. Euclides, então, definiu o Bem supremo, que se identificaria com o Ser. Para ele, Ser, o Único, Deus, Inteligência, Providência, o Bem, divindade, significavam uma mesma coisa. Opondo-se a essa unicidade estaria a diversidade, identificada com o mal. Em *Elementos*, obra composta por treze livros, Euclides desenvolveu de forma lógica os teoremas anteriormente formulados por outros matemáticos. Ele também estudou outros ramos da matemática, abordando os estudos sobre proporção.

No livro de Pearl Kibbe comentado por Borges em "*The Library of Pico della Mirandola*, de Pearl Kibbe" (*Textos cativos*), há referência a *Elementos*, obra de Euclides, enquanto *Geometria* foi citada em "O pesadelo" (*Sete noites*). — PFCO

Eurípides

Poeta trágico (488-406 a.C.), nasceu em Salamis e morreu na Macedônia. Estudou com Anaxágoras (v.), depois de ter se dedicado às práticas esportivas. Foi o autor, entre outras obras, de *Medeia*, *Andrômaca*, *As bacantes*, *Electra* e *Orestes*, todas escritas entre 430 e 410 a.C., aproximadamente. De acordo com Aristóteles (v.), Eurípides fez dos heróis e heroínas pessoas normais, ao representar os humanos não como deveriam ser, mas como de fato são. Borges cita em "A poesia" (*Sete noites*) um trecho de Robert Browning (v.): "*Quando nos sentimos mais seguros, acontece alguma coisa, um pôr do sol, o final de um coro de Eurípides, e estamos de novo perdidos*". — PFCO

Exército Grande

Formado em 1851, sob o comando do general Justo José de Urquiza (v.), governador de Entre Ríos, o Exército Grande Aliado Libertador da América do Sul englobava tropas entrerrianas e, em menor quantidade, de Corrientes, Santa Fe, portenhas, brasileiras e uruguaias. Com ele, Urquiza venceu a Batalha de Monte Caseros (v.), derrotando as tropas leais ao governador de Buenos Aires, Juan Manuel de Rosas (v.), que teve de se exilar após a derrota. Assim se iniciou o processo de unificação das províncias que formariam a Argentina. Borges cita esse exército em "Palermo de Buenos Aires" (*Evaristo Carriego*). — PMG

Exeter, Códice de

O Códice de Exeter ou *Exeter Book* constitui a maior compilação de poesia inglesa antiga. Copiado por volta de 975, o manuscrito foi doado à catedral de Exeter, pelo bispo Leofric, morto em 1072. A obra inicia-se com longos poemas religiosos, como, por exemplo, *Christ*, em três partes, dois poemas sobre Saint Guthlac, o poema fragmentário "Azarius" e o alegórico "Phoenix". A eles, seguem-se pequenos versos religiosos intercalados com poemas de outras espécies, que sobreviveram apenas nesse códice. Todos os poemas líricos anglo-saxões antigos, como "The Wanderer", "The Seafarer", "The Wife's Lament", "The Husband's Message" e "The Ruin", são encontrados ali. Trata-se de poemas seculares que evocam um comovente sentido de desolação e solidão nas suas descrições de amantes separados, dos pesares do exílio, ou dos terrores e das atrações do mar, embora alguns ("The Wanderer" e "The Seafarer") tenham o peso da alegoria religiosa.

A obra é mencionada em um dos *Nove ensaios dantescos*, "O encontro num sonho", em nota de rodapé. Borges, ao discorrer sobre as simbologias e figuras poéticas presentes na *Divina comédia*, comenta que, no Códice de Exeter, a pantera é símbolo do Redentor, informando, assim, o cunho religioso do famoso manuscrito. — PPM

experiência histórica

Afinal, quem foi Borges? Como situá-lo como escritor em nosso tempo? Qual seu lugar de fato na literatura contemporânea?

A figura de Borges, projeção virtual de sua obra, sugere uma universalidade desprendida de toda circunstância particular e da história, pairando, em sua abstração generalizadora, como um mito literário, à maneira de Homero (v.) ou Shakespeare (v.), a quem se referiu tantas vezes como modelos.

Contudo, será Borges alguém comparável a Proust, Joyce (v.) ou Kafka (v.)? Ou a Guimarães Rosa, que nossa língua e fala rosiana do sertão segregam do mundo? Descontado o grau de arbítrio inerente a esse tipo de comparação, há muitos críticos importantes que, sem deixar de reconhecer-lhe o valor e o prazer que sempre nos dá a sua leitura, parecem ter restrições a vê-lo pairar tão alto. Estaríamos apenas diante de um grande mestre menor, um imitador engenhoso de Kafka, construtor de objetos verbais para quem as conjecturas e os elegantes paradoxos dão forma tão somente a dúvidas conhecidas, derivadas das categorias da metafísica e da epistemologia, e não a perplexidades reais, fundadas na experiência humana. Robert Alter e Harold Bloom tendem a avaliá-lo assim, reduzindo-lhe a complexidade do enigma à engenhosidade do paradoxo lógico (como muitas vezes foi lido Kafka). Apenas lhe concedem as graças do estilo, decerto não poucas nem pequenas, mas, no final das contas, restritas à qualidade ímpar da linguagem.

Na verdade, esses juízos são indícios do modo como Borges vem sendo lido por grande parte da crítica já faz bastante tempo. Agora é preciso lê-lo noutra direção, mais inclusiva e difícil, mas quem sabe mais justa para com o escritor: a que seja capaz de buscar a unidade orgânica entre a articulação interna de sua obra com o conteúdo de verdade humana que ela envolve e que é, até o cerne da matéria, histórico. A qualidade do todo depende da sedimentação formal de uma experiência histórica configurada em obra de arte. As implicações disso são muitas.

Antes de tudo, é necessário contextualizar a obra, o que não significa demonstrar apenas como ela reconstrói, eventualmente, os fatos e a crônica histórica e política da Argentina ou do mundo atual. Entre tantas coisas, Borges discute muitas vezes, por exemplo, versões contrapostas da realidade do país, remontando às lutas intestinas que se seguiram à independência e ao próprio projeto de nação; outras vezes, retrata ainda as imagens históricas de Buenos Aires, desde a fundação mítica da cidade até sua presença ubíqua e inarredável, inscrita na sensibilidade, no imaginário, na alma dos argentinos. Quer dizer: não basta apenas reconhecer os conteúdos históricos ostensivos ou latentes a que a sua obra efetivamente remete ou alude. Obviamente são inumeráveis as referências ao passado da humanidade e à história contemporânea, a exemplo dos episódios marcantes da Segunda Guerra Mundial, aos quais o escritor foi tão sensível, ou das questões específicas de ideologia e política, como a crítica direta ao peronismo que várias vezes ele fustigou e de que teve de se defender. A própria recepção interna da obra na Argentina dependeu muito disso. É o que se nota pela reação negativa que sempre despertou a constante e aguda crítica de Borges ao nacionalismo argentino, até que seu reconhecimento planetário, a partir sobretudo dos anos 1960, relegasse a grita ao silêncio.

Tudo isso tem grande importância para o entendimento da obra, mas não basta. Também não é o caso apenas de se mapear nela o tema da memória, de resto decisivo num autor para quem a dimensão histórico-social da memória é muito mais do que só um motivo literário relevante, como têm demonstrado estudos recentes sob esse aspecto. Não se trata, portanto, de ver a história na obra somente como referência, documento, sinal ou símbolo, mas de analisar e compreender a história imanente à forma literária, o que não é nada simples e constitui um verdadeiro programa crítico, porque supõe a leitura interna dos textos integrada ao conhecimento do contexto.

A arte de Borges em despistar seus críticos não é inferior à que ostenta ao armar labirintos verbais. Talvez isso explique como tantos repetem sobre sua obra o que ele mesmo disse dela. Em compensação, muitas vezes sugeriu também como podem ser secretos os signos, a exemplo de certas datas difíceis de precisar que aludem ao processo profundo em que estamos imersos, e não à aparência enganosa do que fica no registro da crônica histórica. No prefácio à edição francesa da Pléiade, cujo primeiro volume saiu pouco depois de sua morte, ocorrida em junho de 1986, ele se declara o menos histórico dos homens; linhas abaixo, reconhece, porém, com a graça irônica da contradição, a necessidade de se contextualizar sempre uma obra que se queira realmente compreender.

Não é outra coisa o que nos pedem seus textos. Para isso, entretanto, é preciso penetrar neles a fundo, nas verdadeiras dobras de uma obra em cuja interioridade as contraditórias versões que a consciência de um homem deu da realidade podem ter permanecido na iminência de uma revelação de todo impossível, mas, sem dúvida, se objetivaram, com toda a complexidade de sua verdade histórica, em forma artística.

Como toda grande obra de arte, a de Borges pode aspirar à totalidade do real, mas não paira nas nuvens; como as outras, tem os pés radicados na terra dos homens. Nosso patrimônio latino-americano, como herdeiros da tradição europeia diante da qual reafirmamos o desejo de ser outros, pode ser de fato o universo, como ele próprio escreveu num famoso ensaio sobre o escritor argentino e a tradição. Mas penetrar na articulação particular que sustenta essa vasta construção universal em correlação com o processo histórico que de algum modo a condiciona é necessidade básica de toda consciência crítica que queira compreender adequadamente, dos pilares ao topo, o lance, a envergadura e a significação da nova torre de Babel. A porta de Deus, inscrita no nome Babel e feita da mesma matéria de que são feitos os sonhos, pode ser reinventada a cada passo do homem, mas parte do chão histórico específico onde, feliz ou infelizmente, nos toca viver. — DAJ

expressionismo

Movimento artístico alemão que ficou conhecido por duas tendências estéticas: uma reunida em torno de *Die brücke* [A ponte], em 1905, outra em torno de *Der blaue Reiter* [O cavaleiro azul], em 1911. Houve também ramificações em outros países, como a Noruega, onde sobressaiu o pintor Edvard Münch. No campo cinematográfico, o expressionismo manifesta-se em certos filmes mudos, o mais conhecido dos quais é *O gabinete do doutor Caligari*, de Robert Wiene, a que se seguem *Nosferatu*, de Murnau, e a síntese que é *Metrópolis*, de Fritz Lang. Neles, a penumbra, a representação de um mundo subterrâneo e a gesticulação exagerada dos atores — sobretudo no que se refere à expressão facial — reforçam alguns traços que já se evidenciavam em *O gabinete do doutor Caligari*, por meio do sonho e da demência, e em *Nosferatu*, em que se abusava do tema do vampiro para expor a escuridão e o contraste entre luz e sombra.

Em sua fase inicial como escritor, Borges admite haver copiado algumas metáforas do expressionismo. Guillermo de Torre (v.), em uma nota sobre o ultraísmo espanhol, identifica-o como "expressionista concentrado". Carlos Mastronardi (v.) anota, em *Borges* (2007), que seu amigo "remonta aos mais distantes antecedentes da escola poética que estuda e difunde. Talvez essa inclinação pelo expressionismo seja um acréscimo e o diferencie de seus congêneres ultraístas, em geral menos dispostos a mostrar o lado dramático de suas experiências".

Borges traduziu uma seleção de poemas expressionistas durante sua temporada europeia no começo da década de 1920, publicados em revistas espanholas, nas quais já manifesta preferência por Wilhelm Klemm e Johannes Becher (v.) (embora depois debochasse da tendência nazista defendida por este). Ainda que nos diálogos com María Esther Vásquez destacasse o expressionismo como a vanguarda estética mais importante pela concepção integral que propunha, Borges, durante a etapa *martinfierrista* (v. *martinfierrismo*), posicionou-se ao lado da moderação ultraísta e participou do banquete oferecido pela revista *Martín Fierro* (v.) ao chefe futurista Filippo Tommaso Marinetti (v.) — que proclamava a beleza das máquinas, a técnica, especialmente a bélica, e a superioridade dos carros de corrida sobre as peças de museu —, mesmo sem admirar o italiano e limitando-se a considerar sua prédica "*uma medida profilática*" em termos artísticos. Comparando as vanguardas, declarou que "*a exasperada retórica e o lixo dinamista dos poetas de Milão se acham tão distantes de nós quanto o zumbido verbal, as intrincadas séries silábicas e o tosco automatismo dos sonâmbulos de* Sturm *ou a prolixa balbúrdia dos unanimistas franceses*". E voltou a enfrentar os alemães: "*os escrevedores do grupo* Sturm *fazem da poesia um obstinado jogo de palavras e de semelhança de sílabas*".

Verifica-se essa distância em "Acerca del expresionismo" (*Textos recobrados 1919-1929*), ensaio de 1923 em que reduz o movimento a escassos traços ("*Veemência no gesto e na profundidade, abundância de imagens e uma suposição de irmandade universal*") e analisa a colaboração da tradição judaica na razão dialética e nos símbolos dos versos expressionistas.

Em carta ao amigo Abramowicz (v.), Borges expõe a resposta dada por Wilhelm Klemm e Kurt Heynicke à tradução de seus poemas que ele realizara para o artigo publicado na revista *Grecia*: "*o primeiro com uma carta estilo Whitman e um livro de poemas com dedicatória, e o outro com uma carta também repleta do bálsamo da amizade e um retrato e a promessa de enviar-me um drama expressionista seu*" (*Cartas del fervor*).

Em "Lírica expresionista: Wilhelm Klemm" (*Grecia*, n. 50, 1920; *Textos recobrados 1919-1929*), Borges ensaia uma breve história da literatura: o movimento é antecedido pelos austríacos Rainer Maria Rilke e Georg Trakl, iniciado por Paul Fechter na poesia em 1914 — coincidindo com a eclosão da Primeira Guerra Mundial — e expandido depois para Noruega e Suíça (país onde provavelmente Borges o conheceu). Na tentativa de defini-lo, consagra-o como "*uma arte matinalmente intuicionista*" que busca uma "*ultrarrealidade espiritual*" e cuja condição mais visível é a de "*sublinhado*". Finalmente, ao mencionar as revistas *Die Aktion* e *Der Sturm*, que divulgam essa arte, atribui a ela um "*caráter dostoievskiano, utópico, místico e maximalista*".

Ao comparar o expressionismo ao futurismo e ao cubismo — em um ensaio que desconfia das formulações estéticas, as quais costumam derivar em formulismos —, adverte que, enquanto o primeiro renuncia ao mundo das aparências e prefere as correlações rítmicas, o futurismo é uma etapa (um "passo") entre o neoimpressionismo pontilhista e o expressionismo. Mas o futurismo se afasta da realidade mediante abstrações, mais do que em busca de um equilíbrio estético. Quanto ao cubismo, seria a adaptação francesa do expressionismo. O pintor Albert Gleizes é o líder dessa tendência e "*atesta a unidade do empenho estético de cubistas e expressionistas*" ("Cubismo, expressionismo, futurismo", *Textos recobrados 1919-1929*).

Em suas memórias, Borges recorda seu interesse pelo expressionismo alemão durante os anos de juventude e admite que o considerava "*muito superior a outras escolas contemporâneas como o imagismo, o cubismo, o futurismo* [v.], *o surrealismo* [v.] *etc.*" (*Ensaio autobiográfico*). — MCR e GG

Ezequiel

Autor de um dos principais livros dos profetas de Israel, é o profeta do exílio, tendo sido tocado pelo imperativo profético sete anos antes da queda de Jerusalém, em 594 a.C. É ele que acompanha o povo judeu ao exílio na Babilônia, com o qual atuou até o ano de 571 a.C. No arranjo talmúdico do Livro dos Profetas, o Livro de Ezequiel é colocado em segundo lugar, logo após o Livro de Jeremias e antecedendo o Livro de Isaías (v.). *"A justificativa: o Livro dos Reis termina em destruição, Jeremias é todo destruição, Ezequiel começa com destruição mas termina com consolação, enquanto em Isaías é tudo consolação"* (Talmude, tratado Baba Bathra, 14B). Se no Canto XVIII do *Paraíso*, Dante Alighieri (v.) faz surgir uma águia composta de milhares de reis justos — *"símbolo manifesto do Império"* —, na qual Davi faz as vezes de pupila do olho; Trajano, Ezequiel e Constantino de sobrancelhas, transmitindo assim a noção de um ser composto de outros seres, como *"um pássaro feito de pássaros"*, no exemplo de Borges, citado em "O Simurg e a águia" (*Nove ensaios dantescos*), Ezequiel, no primeiro capítulo de seu livro, ao descrever a revelação da majestosa e inconcebível carruagem divina, o carro de Deus — descrição que veio posteriormente a tornar-se a base do misticismo judaico, conhecido como misticismo da *merkavá* ("carruagem", em hebraico) ou dos segredos do Trono Celestial —, também o faz compondo um ser com base na superposição de outros seres. Ele vê um vento tempestuoso, uma grande nuvem e um fogo chamejante, e, no centro, *"algo com forma semelhante a quatro animais, os querubins* [*queruvim*, em hebraico], *mas cuja aparência fazia lembrar uma forma humana, cada qual é composto de quatro faces e quatro asas"* (1,5-6), *"quanto às suas faces, tinham forma semelhante à de um homem, mas os quatro apresentavam faces de leão do lado direito e todos os quatro apresentavam faces de touro do lado esquerdo. Ademais, todos os quatro tinham faces de águia"* (1,10), *"todos se moviam diretamente para a frente, seguindo a direção a que o espírito os conduzia"* (1,12). A etimologia da palavra hebraica "queruv" remete aos *karibu* assírios, cujas estátuas guardavam os palácios da Babilônia, tratando-se também de seres compostos de outros seres: a cabeça era humana, o corpo de leão, as patas de touro e as asas de águia. — EM

JORGE LUIS BORGES

FERVOR DE BUENOS AIRES

MCMXXIII

f

Fafnir

Na mitologia nórdica, era o filho de Hreidmar, um homem rico, poderoso e muito hábil em magia. Para apossar-se do enorme tesouro em ouro e do anel amaldiçoado do anão Andvari, que Hreidmar havia recebido dos deuses Odin, Loki e Hœnir como compensação por Loki ter acidentalmente matado seu filho Otter, Fafnir mata seu pai, vai para Gnitaheath, onde assume a forma de uma serpente (em algumas versões, a de um dragão), para guardar seu tesouro. Instigado por Regin (irmão de Fafnir), Sigurd (v.) mata Fafnir com sua espada, chamada Gram, que fora forjada por Regin. Em "O Zahir" (*O Aleph*), o personagem Borges compõe um relato cujo tema é a história de Fafnir. — FT

"Fáfnismál"

"Fáfnismál" [a linguagem de Fafnir (v.)], poema da *Edda poética* (v. *Edda Islandorum*) cujo tema é a ida de Sigurd e Regin a Gnitaheath para que Sigurd mate Fafnir. Este, ferido de morte pela espada de Sigurd, pergunta a ele sobre sua linhagem, alerta-o de que a posse do tesouro será sua morte e que Regin, que o atraiçoara, também o atraiçoará. Morto Fafnir, Regin retira seu coração e bebe o sangue que sai do ferimento. Em seguida, pede a Sigurd que cozinhe o coração para comê-lo. Ao cozinhá-lo, Sigurd molha a mão com o líquido que sai do coração e a leva à boca. Quando o sangue molha a língua, ele passa a compreender a linguagem dos pássaros. Estes dizem que Sigurd será mais sábio que qualquer outro homem se comer o coração de Fafnir e que ele não deveria poupar Regin, mas cortar-lhe a cabeça e apossar-se do tesouro de Fafnir. Assim fez Sigurd. Os pássaros também falaram sobre seu destino. O personagem Borges menciona "Fáfnismál" em "O Zahir" (*O Aleph*). — FT

Faguet, Émile

Crítico e escritor francês (1847-1916), ficou famoso pelas monografias de grandes autores contemporâneos, como *Gustave Flaubert* (1899), *André Chénier* (1902) e *Émile Zola* (1903). Colaborou em diversos periódicos, como o célebre *Journal des Débats*. Entrou para a Academia Francesa em 1900 e recebeu a Legião de Honra no ano seguinte. É a partir de sua monografia sobre Flaubert que Borges escreverá a "Vindicação de *Bouvard et Pécuchet*" (*Discussão*), obra execrada por Faguet, que achava ilógico um autor ler 1500 livros para escrever um cujos protagonistas são dois idiotas. Borges complementa que, no final, Bouvard e Pécuchet são absolvidos, já que é como se eles se tornassem Gustave Flaubert (v.), pois, após uma vida inteira praticando a tolice, são capazes agora de enxergá-la e não mais tolerá-la. Assim como há um pouco de Platão (v.) em Sócrates (v.) e de Henrik Ibsen (v.) na peça de teatro de sua autoria, *Peer Gynt* (1867), Flaubert e seus personagens se reconciliam como "*Deus com suas criaturas*", conforme anotou Borges ("Vindicação de *Bouvard et Pécuchet*"). — TP

Fa-Hien, monge

No início do século v, a *Buddha Vachana*, a "palavra de Buda", entrara na China, consolidando-se com o estabelecimento de comunidades monásticas e com a tradução dos ensinamentos sagrados para a língua falada naquele país. Inúmeros monges de correntes distintas haviam nutrido o desejo de percorrer o caminho de Buda até suas origens indianas, atravessando para tanto ermos desertos do noroeste da Índia. O monge budista Fa-Hien (340-416?) contava aproximadamente sessenta anos quando partiu com tal intuito, sendo um dos primeiros a trilhar todo o trajeto, que passava por 22 reinos, e voltar. Deixou seu registro por escrito em um livro conhecido como *A Record of Buddhistic Kingdoms*, que permanece como o único documento de um mundo budista então florescente.

Borges alude à peregrinação de Fa-Hien no ensaio "Formas de uma lenda" (*Outras inquisições*), citando um trecho do relato em "Os nagas" (*O livro dos seres imaginários*). — JGS

Falucho

De origem portenha, filho de escravos africanos, Antonio Ruiz passou à posteridade com o apelido Falucho. De 1813 até seu falecimento, em 1824, teve uma atuação destacada acompanhando Manuel Belgrano na expedição ao Alto Peru, com o Regimento de Pardos e Morenos (v.), e depois se incorporando ao Exército dos Andes no Batalhão de Negros e Libertos, comandado por José de San Martín (v.). Quando houve um levante entre as tropas que ocupavam a fortaleza de El Callao, a bandeira argentina foi arriada e a espanhola, hasteada. Falucho resistiu a prestar homenagem à insígnia contra a qual havia lutado e por isso os amotinados o fuzilaram. Em razão de sua crescente popularidade como herói, encomendou-se ao escultor Lucio Correa Morales a realização de um monumento — *Falucho* (1897) —, a que Borges se refere em "O atroz redentor Lazarus Morell" (*História universal da infâmia*). — PA

Faulkner, William

Um dos mais relevantes escritores norte-americanos do século XX, nasceu em New Albany, em 1897, e morreu em Oxford, em 1962. Foi um dos principais autores do período a utilizar o recurso do monólogo interior, o que se destaca nos romances *The Sound and the Fury* (1929) e *As I Lay Dying* (1930).

Seus romances *Absalom, Absalom!* (1936), *The Unvanquished* (1938) e *The Wild Palms* (1939) foram resenhados por Borges para a revista *El Hogar* (v.) no fim dos anos 1930. Em 1944, o escritor argentino traduziu *The Wild Palms* e atribuiu a tradução à sua mãe. Em uma dessas resenhas, ele afirma que "*é verossímil a afirmação de que William Faulkner é o primeiro romancista de nosso tempo*" ("*The Wild Palms*, de William Faulkner", *Textos cativos*), o que o situa em um plano privilegiado em relação a outros romancistas. Em 1950, ano em que Faulkner recebeu o Prêmio Nobel de Literatura, Borges ministrou um curso sobre a obra desse autor no Colegio Libre de Estudios Superiores (v.). Em 1967, incluiu-o em *Introducción a la literatura norteamericana*, apresentando uma biografia sintética. Poderíamos afirmar que é um dos poucos romancistas do século XX que realmente interessaram a Borges, o qual chega a considerá-lo, em "Nathaniel Hawthorne" (*Outras inquisições*), tão brutal quanto os autores *gauchescos* (v.). — LM

febre amarela; febre grande

Em janeiro de 1871, começaram a circular em Buenos Aires rumores alarmantes sobre a febre amarela que, em fins de 1870, açoitara o Paraguai e a província argentina de Corrientes. Já em fevereiro surgiram os primeiros sintomas da febre em San Telmo. Com o crescimento do número de doentes, e a inevitável e inegável ampliação da área geográfica afetada, fundou-se, no dia 14 de março, uma "comissão popular" para tentar combater a doença. As fábricas, seguidas das instituições públicas, foram perdendo funcionários e fechando as portas. A fome se alastrava. As fortes chuvas pioravam o quadro, inundando os subúrbios e arrastando toda sorte de detritos, até mesmo cadáveres, para os bairros centrais. O crime se multiplicou e imperou o caos, rompendo todos os vínculos sociais.

Em decorrência do aumento substancial de mortes — as estatísticas oscilam entre quatrocentas e seiscentas por dia —, em abril de 1871 criou-se um cemitério, hoje conhecido como La Chacarita, fato a que Borges alude em "Mortes de Buenos Aires" (*Caderno San Martín*). Também narra a morte de alguns personagens, causada pela febre, em "*La canción del barrio*" (*Evaristo Carriego*) e "A velha senhora" (*O informe de Brodie*). — PFCO

federalistas

A Argentina, durante o século XIX inteiro, conviveu com conflitos internos muito intensos. Com as lutas de independência, iniciava-se o longo e conturbado processo de formação e consolidação do Estado nacional. De um lado, estavam os que acreditavam que cada província deveria ser autônoma, com governos independentes, mas ainda compondo uma federação. Do outro, alinharam-se os que acreditavam que a unificação de todas as províncias, submetidas à autoridade da capital Buenos Aires, seria a melhor solução para o país que estava para ser formado. Como resultado desse embate militar e político, os argentinos iriam enfrentar lutas sangrentas, agora não mais entre emancipacionistas e espanhóis, mas entre federalistas e unitários (v.), isto é, entre os defensores da autonomia das províncias e os favoráveis à centralização do poder na futura capital.

Borges, que se interessava profundamente pela história de seu país e de todo o continente, fez diversas referências a esses conflitos, os quais foram revividos por ele, de maneira individualizada e pessoal, em "Os espelhos velados" (*O fazedor*). — PFCO

Feijóo, padre

Benito Jerónimo Feijóo y Montenegro (1676-1764), sacerdote e pensador espanhol, passou a ensinar teologia no mosteiro de San Vicente de Oviedo em 1709. Vinte anos depois, publicou o livro *Ilustración apologética*. Sua obra mais importante, *Teatro crítico*, começou a ser lançada em Madri em 1773. Contudo, algumas partes dela já circulavam desde 1726. Nenhum aspecto da atividade intelectual humana escapou à curiosidade de padre Feijóo (filosofia, literatura, teologia, medicina, história, ciências naturais, matemática, geografia, política, artes etc.). Em virtude desse amplo interesse, qualquer tentativa de classificar seu trabalho pareceria forçosamente arbitrária.

Feijóo é citado por Borges em uma nota de rodapé de "Notas" (*Discussão*), em que ele se permite acrescentar o pensador a uma compilação de todos os testemunhos sobre a doutrina do eterno retorno. No ensaio "História da eternidade" (*História da eternidade*), o escritor argentino já havia tratado das teorias de filósofos como Platão (v.), Plotino (v.), Santo Agostinho (v.) e Schopenhauer (v.). E agora, nessa nota, adiciona o testemunho do padre Feijóo. — YF

felicidade

Em *Diálogo con Borges* (1969), de Victoria Ocampo (v.), Borges declarava que seus pais haviam formado um casal feliz e que guardava um remorso com relação a eles: o de ter sido, por muito tempo, um homem infeliz. Arrependimento que ele consignou, mais tarde, no poema "O remorso" (*A moeda de ferro*): "*Eu cometi o pior dos pecados / Possíveis a um homem. Não ter sido / Feliz.* [...] / *Meus pais me engendraram para o jogo / Arriscado e esplêndido da vida, / Para a terra, a água, o ar, o fogo. / Frustrei-os. Não fui feliz*".

Em uma entrevista um pouco posterior, alguém lhe perguntou como ocupava os dias. Na época, o escritor estava divorciado e perdera a mãe; já era conhecido, mas não ainda célebre. Seu cotidiano era o de um homem que envelhecia, solitário e cego. Pois bem, Borges deu esta resposta surpreendente: "*Fico sentado na penumbra, lembro-me dos livros que li, das coisas que vi, das músicas que ouvi, e a felicidade me visita várias vezes por dia*". Essa linda resposta também está no poema "Junho, 1968" (*Elogio da sombra*): "*O homem, que está cego, / sabe que já não poderá decifrar / os belos volumes que manuseia / e que eles não o ajudarão a escrever / o livro que o justificará perante os outros, / mas na tarde que talvez seja de ouro / sorri ante o destino curioso / e sente a singular felicidade / das velhas coisas estimadas*".

No prólogo escrito em 1969 para a reedição de *Fervor de Buenos Aires*, ele comentava: "*Naquele tempo eu buscava os entardeceres, os arrabaldes e a desventura; hoje as manhãs, o centro e a serenidade*". Borges já era então mais do que um escritor: era um homem feliz, um sábio. Sabedoria expressa em seu "Fragmentos de um evangelho apócrifo" (*Elogio da sombra*): "*49. Felizes os que guardam na memória palavras de Virgílio ou de Cristo, porque estas darão luz a seus dias. 50. Felizes os amados e os amantes e os que podem prescindir do amor. 51. Felizes os felizes*". E em um depoimento: "*Ao cabo dos anos observei que a beleza, como a felicidade, é frequente. Não passa um dia sem que estejamos, um instante, no paraíso*".

A felicidade maior, Borges encontrou nas palavras. Fazendo o balanço de sua vida, em 1980, ele dizia: "*Sempre senti que meu destino era, antes de mais nada, um destino literário; ou seja, que me aconteceriam muitas coisas ruins e algumas coisas boas. Mas sempre soube que tudo isso, com o passar dos anos, se transformaria em palavras, principalmente as coisas ruins, já que a felicidade não precisa ser transmutada: a felicidade é seu próprio fim*" ("A cegueira", *Sete noites*).

Felicidade de ler. Borges foi essa coisa rara, um crítico feliz. A seu ver, um grande autor era um dispensador de alegrias; por isso ele louvava e agradecia — a Dante Alighieri (v.), a William Shakespeare (v.), a Thomas de Quincey (v.). Seu prazer era eclético. Os "*novelões policiais de Eduardo Gutierrez*", "*as fantasias de Julio Verne*", "*As mil e uma noites*", Rudyard Kipling (v.), Oscar Wilde (v.), H. G. Wells (v.), todos foram para ele razões de gozo e gratidão. Seu segredo consistia em manter-se na posição de leitor, como escreveu no poema "Um leitor" (*Elogio da sombra*): "*Que outros se vangloriem das páginas que escreveram; eu me orgulho das que li*". Felicidade de escrever: "*transformar o ultraje desses anos / em música, em rumor e em símbolo, / na morte ver o sonho, ver no ocaso / um triste ouro, tal é a poesia, / que é imortal e pobre. A poesia / retorna como a aurora e o ocaso*" ("Arte poética", *O fazedor*).

Quem teve ocasião de ver Borges de perto, em seus últimos anos, sabe que ele era um homem feliz, interessado em tudo e em todos, que sorria para que aqueles a quem não via vissem o seu sorriso. Poder continuar lendo Borges é uma felicidade que não cessaremos de lhe agradecer. — LPM (Texto publicado no jornal *Folha de S.Paulo*, São Paulo, 1º de agosto de 1999, caderno mais!.)

fênix

Personagem citada no texto "A seita da Fênix" (*Ficções*). "Em efígies monumentais, em pirâmides de pedra e em múmias, os egípcios buscaram eternidade; é razoável que em seu país tenha surgido o mito de um pássaro imortal e periódico, embora a elaboração ulterior seja obra dos gregos e dos romanos. Erman escreve que na mitologia de Heliópolis a fênix (*benu*) é o senhor dos jubileus, ou dos grandes ciclos de tempo; Heródoto, numa passagem famosa (II, 73), narra com repetida incredulidade uma primeira forma da lenda: "Existe ali outra ave sagrada que só vi em pintura, cujo nome é fênix. Raras são, efetivamente, as ocasiões em que se deixa ver, e tão de vez em quando que, segundo os habitantes de Heliópolis, só vem ao Egito a cada quinhentos anos, ou seja, quando falece seu pai. Se em seu tamanho e conformação é tal como a descrevem, sua corpulência e sua figura parecem-se muito com as da águia, e suas plumas são em parte douradas, em parte carmesim. Tamanhos são os prodígios que dela nos contam que, embora para mim sejam pouco dignos de fé, não me furtarei a relatá-los. Para transferir o cadáver de seu pai da Arábia para o Templo do Sol, utiliza a seguinte manobra: antes de mais nada forma um ovo sólido de mirra, tão grande quanto tenha forças para carregar, testando seu peso depois de formado para experimentar se é com elas compatível; depois começa a esvaziá-lo até abrir um buraco onde possa encerrar o cadáver do pai, o qual acomoda usando mais um pouco de mirra, com a qual forra a concavidade, até que o peso do ovo contendo o cadáver corresponda ao que quando sólido possuía; fecha depois a abertura, põe seu ovo nas costas e o leva ao Templo do Sol, no Egito. Eis aqui, seja o que for, o que daquele pássaro dizem".

"Uns quinhentos anos depois, Tácito (v.) e Plínio (v.) retomaram a prodigiosa história; o primeiro com retidão observou que toda antiguidade é obscura, mas que uma tradição fixou o prazo de vida da fênix em 1461 anos (*Anales*, VI, 28). O segundo também investigou a cronologia da fênix; registrou (X, 2) que, segundo Manílio, aquela vive um ano platônico, ou ano magno. Ano platônico é o tempo necessário para que o Sol, a Lua e os cinco planetas voltem a sua posição inicial; Tácito, no *Diálogo dos oradores*, faz que abarque 12994 anos comuns. Os antigos acreditaram que, completado esse enorme ciclo astronômico, a história universal se repetiria em todos os seus detalhes, pelo fato de se repetirem os influxos dos planetas; a fênix viria a ser um espelho ou uma imagem do universo. Para maior analogia, os estoicos ensinaram que o universo morre no fogo e renasce do fogo e que o processo não terá fim e não teve princípio.

"Os anos simplificaram o mecanismo da geração da fênix. Heródoto menciona um ovo, e Plínio, uma lagarta, mas Claudiano, em fins do século IV, já canta em versos um pássaro imortal que ressurge de suas cinzas, um herdeiro de si mesmo e uma testemunha das idades.

"Poucos mitos serão tão difundidos quanto o da fênix. Aos autores já citados cabe acrescentar: Ovídio [v.] (*Metamorfoses*, XV), Dante [v. Alighieri, Dante] (*Inferno*, XXIV), Shakespeare [v.] (*Henrique VIII*, V, 4), Pellicer (*A fênix e sua história natural*), Quevedo (v.) (*Parnaso espanhol*, VI), Milton [v.] (*Samson Agonistes, in fine*). Mencionaremos ainda o poema latino *De ave phoenice*, atribuído a Lactâncio, e uma imitação anglo-saxônica desse poema, do século VIII. Tertuliano, Santo Ambrósio e Cirilo de Jerusalém citaram a fênix como prova da ressurreição da carne. Plínio zomba dos terapeutas que prescrevem remédios extraídos do ninho e das cinzas da fênix." (V. *Manual de zoologia fantástica*.) — JLB e MG, *O livro dos seres imaginários*

Fermat, Pierre de

Após a morte de Pierre de Fermat (1601-65), seu filho Clément-Samuel divulgou os documentos e notas do pai nos dois volumes de *Opera Mathematica*, nos quais se incluía o chamado Grande Teorema de Fermat. Apesar de matemático talentoso, o magistrado e conselheiro do Parlamento de Toulouse publicou pouco, mantendo, entretanto, importante correspondência com outros homens de ciência, entre eles Blaise Pascal (v.), com quem cunhou a Teoria das Probabilidades ao longo de uma série de cartas. Trabalhando sobre os postulados matemáticos dos antigos gregos, começou a decifrar, em geometria e aritmética, novos territórios no domínio da probabilidade. No entanto, não muito afeito às demonstrações públicas, permitiu que suas pesquisas permanecessem dispersas em diferentes cartas, bem como na *Aritmética*, de Diofanto. Na margem "insuficiente" de um exemplar que ele possuía dessa obra, esboçou, por volta de 1630, o seu Grande Teorema. Unwin, no conto "Aben Hakam, o Bokari, morto em seu labirinto" (*O Aleph*), teria escrito um estudo sobre esse teorema não escrito. No poema "A trama" (*A cifra*), Borges refere como perdido esse teorema, no qual Fermat supõe que não existem números naturais x, y e z tais que xn + yn = zn, sendo n um número natural maior que 2. — JGS

Fernández, Macedonio

Macedonio Fernández (1874-1952) "*era um advogado argentino, um tênue e suave senhor grisalho, que vivia no bairro de Balvanera e que havia se entregado, único em seu século talvez, à curiosa ocupação de pensar*" ("Macedonio Fernández", *Textos recobrados 1956-1986*). Assim Borges o recordava em 1974, 22 anos depois da morte daquele que foi amigo de seu pai e exemplo de certo desprendimento (da fama, dos bens materiais, até da própria obra), o qual iria lançar uma longa sombra sobre a concepção do escritor acerca da literatura.

Nos anos 1920, Borges foi frequentador assíduo da tertúlia de Macedonio na confeitaria La Perla del Once, também frequentada por Santiago Dabove (v.) e Xul Solar (v.). Em uma dessas noitadas de especulação metafísica e anarquismo individualista, surgiu o projeto de candidatura de Macedonio Fernández a presidente da nação, e seu insólito nome de batismo seria pintado nas paredes da cidade, em uma ação que antecipava os happenings da década de 1960 e experiências mais recentes da realidade virtual.

Esses personagens excêntricos, de erudição curiosa, alheios à *ecclesia visibilis* (v. *ecclesia invisibilis* e *ecclesia visibilis*) das letras argentinas (como em outro registro e outro contexto também o era Carriego) (v.), não podiam exercer senão um forte fascínio sobre o jovem exaltado por inúmeras e díspares leituras, já designado pela mãe para um destino literário. O fato de Macedonio ter vivido em sucessivos quartos de pensão e neles ter esquecido seus manuscritos no momento das frequentes mudanças só podia contribuir para sua lenda. Com muita ironia contra todo tradicionalismo, sustentava que os *gauchos* (v.) eram um entretenimento para que os cavalos do campo não se entediassem; décadas mais tarde, em "O escritor argentino e a tradição" (*Discussão*), ensaio clássico contra o nacionalismo da época, Borges expressaria desconfiança semelhante com a famosa observação de que no Alcorão não há camelos.

Da obra publicada de Macedonio Fernández, quase sempre por insistência e decisão de amigos e filhos, sobrevivem melhor "Elena Bellamuerte", elegia composta por ocasião da morte de sua esposa em 1920 e que a revista *Sur* (v.) revelou em 1941; *No toda es vigilia la de los ojos abiertos* (1928) e *Papeles de recienvenido* (1929, ampliado em 1944). Por outro lado, *Una novela que comienza* (1940) e *Museo de la novela de la Eterna* (reconstruído por seu filho Adolfo de Obieta em 1967) — ficções que se desfazem em prefácios e inícios sem continuação — serviram de modelo para *Se una notte d'inverno un viaggiatore* (1979), de Italo Calvino. — EC

Fichte, Johann Gottlieb

Filósofo e nacionalista nascido na Alemanha (1762-1814), foi um dos representantes da filosofia pós-kantiana, convertendo-se posteriormente em um dos mais emblemáticos defensores do idealismo alemão. Influenciado em um primeiro momento pelas ideias de Immanuel Kant, sobretudo pela doutrina da moral inerente, Fichte desenvolveu um período marcado pela ênfase na ética e na moral. Na segunda fase de seu pensamento filosófico, engendrou uma metafísica mística e teológica da existência, fundamentado na observação de que a fé religiosa supera a razão moral, o que vem de encontro ao romantismo nascente e já expresso pelos filósofos coetâneos Schelling e Hegel. Depois de ter deixado a universidade onde lecionava, na cidade de Iena, ele foi para Berlim. Proferiu uma série de conferências, reunidas sob o título *Reden an die deutsche Nation* [Discursos à nação alemã] (1807-8), com o objetivo de convocar à luta contra a invasão de Napoleão Bonaparte, reforçando o patriotismo germânico. É a essa faceta do filósofo que Borges alude nas ocasiões em que o cita.

Em comentário a livro de Bertrand Russell (v.), tomando como base a hipótese de a realidade ser anacrônica, Borges relaciona Hitler a Fichte, associando o caráter do ditador nazista às ideias de nacionalismo exacerbado defendidas anteriormente pelo autor de *Teoria da Ciência* (1801-4). — PPM

Figari, Pedro

Advogado e pintor uruguaio (Montevidéu, 1868-1938), iniciou sua carreira profissional no fim do século XIX, vindo a ser um jurista de grande prestígio. A partir dos anos 1910, teve participação ativa no desenvolvimento da educação artística do país. Desde 1917, dedicou-se à pintura, e em 1921 radicou-se em Buenos Aires, onde fez algumas exposições. Em 1923, uma mostra em Paris permitiu-lhe fortalecer os vínculos com intelectuais franceses e latino-americanos, como Raymond Cogniat, Maurice Reynal, Jules Romains (v.), Waldemar George, Jean Cassou e Jules Supervielle. Em razão da temática de sua pintura, que resgata um tempo passado do mundo rio-platense, com seus negros, candombes, enterros, danças, a obra de Figari gerou interesse especial no ambiente parisiense, que vivenciava o que Jean Cocteau (1889-1963) (v.) denominou "crise negra", aludindo à crescente curiosidade nos círculos intelectuais pela arte negra. Em Buenos Aires, esteve estreitamente ligado aos grupos que editavam os periódicos *Martín Fierro* (v.) e *Proa* (v.), e era amigo de, entre outros, Borges, Ricardo Güiraldes (v.), Oliverio Girondo (v.) e Evar Méndez (v.). Em 1925, radicou-se em Paris, onde permaneceu até 1934, embora tenha continuado a participar de várias exposições de arte moderna na Argentina. Além de diversos artigos publicados nesse país e no Uruguai, destacam-se, dentre seus livros, *Art, esthétique, idéal* (1912), *El arquitecto. Ensayo poético, con acotaciones gráficas del autor* (1928), *Historia kiria* e *Dans l'autre monde* (1930).

Em 1928, Borges fez uma conferência sobre o artista na inauguração de sua exposição no Convivio de los Cursos de la Cultura Católica, texto inserido em 1930 no livro *Figari*, publicado por Ediciones Alfa. Nela, o escritor argentino afirmava: "*Figari pinta a memória argentina. Digo* argentina *e essa designação não é um lapso anexionista do Uruguai, mas uma inquestionável menção ao rio da Prata que, diversamente do metafórico da morte, conhece duas margens: tão argentina uma quanto a outra, tão preferidas por minha esperança as duas*". — PA

Fihrist

Fihrist, ou *Alfihrist*, foi um catálogo elaborado em meados do século X por um livreiro de Bagdá chamado Annadim Alwarraq. O autor objetivava fazer um compêndio de todos os livros escritos em árabe até aquele momento.

Borges refere-se a esse documento em "Os tradutores d'*As mil e uma noites*" (*História da eternidade*), pois nele se encontra uma das mais antigas menções de que se tem notícia sobre a história que serve de pano de fundo a todos os demais contos das *Mil e uma noites*: "*o juramento desolado do rei que a cada noite se casa com uma virgem, a qual manda decapitar ao nascer do sol, e a determinação de Xerazade, que o distrai com histórias maravilhosas até o momento em que os dois já passaram mil noites juntos e ela lhe mostra seu filho*".

A importância histórica do *Alfihrist*, como uma das chaves documentais do processo de gestação das *Mil e uma noites*, foi atualmente confirmada pelo arabista Mamede Mustafá Jarouche, no prefácio a sua reconhecida tradução das *Mil e uma noites* para o português. — DF

FitzGerald, Edward

Poeta e tradutor inglês (1809-83). Segundo a própria definição dada por Borges em *Introducción a la literatura inglesa*, o "*grande poeta menor*" FitzGerald tem seu lugar de destaque alcançado pela tradução das *Rubaiyat* de Omar Khayyam (matemático e poeta persa do século XI) (v.), obra vertida ao espanhol por Jorge Guillermo Borges (v.), pai do escritor, publicada e resenhada por Borges em meados dos anos 1920. Posteriormente, o autor argentino dedicaria um ensaio à tradução de FitzGerald, "O enigma de Edward FitzGerald" (*Outras inquisições*). A vida retirada que levou o inglês, devotada aos labores de versificação e tradução, rendeu-lhe também uma obra epistolar, da qual um fragmento serve de epígrafe a *Caderno San Martín*. — JGS

Flaubert, Gustave

Romancista francês (1821-80) nascido em Rouen, autor de *Madame Bovary* (1857), *Salammbô* (1862), *L'Éducation sentimentale* (1869), *La Tentation de saint Antoine* (1874), *Trois contes* (1877) e *Bouvard et Pécuchet* (1881, inacabado).

Borges foi um leitor atento de Flaubert, cujos livros conservou ao longo dos anos: na biblioteca pessoal da Fundação Jorge Luis Borges ainda se encontram três dos quatro volumes da *Correspondance*, a primeira edição de *Bouvard et Pécuchet* (1881) e *Gustave Flaubert* (1922), de Albert Thibaudet — do qual retira, sem dar as referências, várias citações flaubertianas para seus ensaios.

A simpatia inicial por *Bouvard et Pécuchet* como dupla que repete Quixote e Sancho ou Candide e Pangloss não o impede de incluir o último Flaubert em uma linha de satiristas que atacam a estupidez e reaparecem de maneira tópica em seus ensaios: antes de Flaubert, já Francisco de Quevedo (v.), Voltaire (v.) ou Jonathan Swift (v.) "*odiaram com ferocidade minuciosa a estupidez humana*" ("Vindicação de *Bouvard et Pécuchet*", *Discussão*). Sendo assim, o singular combate do eremita de Francis de Croisset contra a *bêtise* [imbelicidade] de seu século serve, sobretudo, para confirmar a leitura serial, propriamente borgiana, de um gênero literário (a sátira). Na realidade, são outras as vindicações que Borges faz de Flaubert; a principal, de absoluta má-fé, é a transformação do autor de *Madame Bovary* em escritor de relatos breves, operação que começa com a leitura de *Bouvard et Pécuchet* como (anti)romance de temporalidade diluída e personagens inconsistentes, e que culmina nas citações recortadas do *Manual de zoologia fantástica* (1957) (v.) e sua posterior reescritura, *O livro dos seres imaginários* (1967). Nesses textos, Borges reproduz, traduzindo fielmente, as descrições dos "*monstros efêmeros e casuais*" que aparecem no final de *As tentações de Santo Antão*: a Mantícora, "*gigantesco leão vermelho, de rosto humano, com três fileiras de dentes*"; o Mirmecoleão, "*leão pela frente, formiga por trás e com as partes pudendas ao contrário*"; o Nesnás, que "*tem um só olho, uma bochecha, uma mão, uma perna, meio corpo e meio coração*"; o Catóblepa, cuja arrepiante evocação transcreve inteira: "*Uma vez devorei minhas próprias patas sem perceber. 'Ninguém, Antão, viu meus olhos, ou aqueles que os viram morreram. Se eu levantasse as pálpebras — róseas e inchadas —, você morreria na hora*'".

Dessa forma, com os recortes a que Borges submete o texto original, *A tentação...* acaba funcionando à maneira de *O livro dos seres imaginários*, texto que "*não foi escrito para uma leitura consecutiva*" e que tem a "*peculiar atração pela miscelânea*" ("Um museu de literatura oriental", *Textos cativos*). Nesse sentido, Flaubert deixa de ser o representante arquetípico do romance do século XIX (representação que, por outro lado, Borges concede a ele impassivelmente quando se trata de esboçar o "*século romanesco por antonomásia*"; "A poesia *gauchesca*", *Discussão*) para tornar-se um autor de textos breves: ironia, hibridismo e usos anárquicos do escritor argentino e da tradição. A cirurgia sobre a forma longa se complementa naturalmente com a crítica ao estilista de fôlego. Para Borges, a obra está marcada demais pela época: "*as ansiedades arqueológicas de Flaubert*", a cor local, a reconstrução histórica, não conseguem impedir que *Salammbô* seja um romance do século XIX e francês; a obsessão pela *mot juste*, a correção, "*o conceito auditivo do estilo*" são "*superstições visuais*" que também não asseguram a permanência do texto no tempo.

Mais importante que a obra é, no fundo, a *figura do autor* que nasce com Flaubert, "*primeiro Adão de uma nova espécie: a do homem de letras como sacerdote, como asceta e quase como mártir*" ("Flaubert e seu destino exemplar", *Discussão*). É esse "*destino exemplar*" que Stéphane Mallarmé, Henry James (v.) ou James Joyce (v.) repetirão: buscar o "*Livro absoluto*", fundar uma "*literatura profana*". A *Correspondance* é o texto em que o personagem Flaubert se põe em movimento; a imagem do autor é parte da obra; Borges tematiza a biografia e a inclui nos textos. De modo notável, essa articulação entre vida, obra e figura do autor goza atualmente de grande popularidade crítica e é aplicada com frequência ao próprio Borges, que a inventou. — MCA

Flegetonte

Um dos rios infernais com que Dante e Virgílio deparam no terceiro recinto do inferno, destinado aos violentos contra Deus (*Inferno*, XIV, 116-132). Em Borges, aparece em um fragmento de um poema do espanhol Baltasar Gracián y Morales (v.). — FT

Flores, vila de

A vila de Flores foi sendo expandida ao longo dos anos, desde a vinda de dom Mateo Leal de Ayala, no começo do século XVII, do Peru, passando por diversos proprietários de terras na região, até chegar a dom Ramón Francisco Flores e seu amigo Antonio Millán, que concretizaram seu nascimento, chamando-a de "as terras de Flores". Em 1806, com a criação da cúria de San José de Flores, oficializou-se o nome da vila que margeava ambos os lados do Caminho Real, a atual avenida Rivadavia, passagem obrigatória para quem viajava rumo ao oeste. Em 1887, Flores foi anexada a Belgrano, nas fronteiras de Buenos Aires, e se tornou, dessa maneira, um dos mais importantes subúrbios da cidade, constituindo-se com o decorrer do tempo em um núcleo social e comercial de todo o oeste portenho.

Na época do conto "O Aleph" (*O Aleph*), na década de 1940, o bairro de Flores já era conhecido por seus bares e restaurantes sofisticados. Borges e Carlos Argentino Daneri, personagem do conto, estão justamente reunidos em um "salão-bar" de Buenos Aires, à semelhança dos bares de Flores. — PFCO

Formiga Negra

V. Hormiga Negra.

Fort, Paul

Tendo estudado no Lycée Louis-le-Grand de Paris, o poeta francês Paul Fort (1872-1960) afinou-se rapidamente com correntes simbolistas da literatura, fundando em 1890 o Théâtre d'Art, onde encenou inúmeras produções alheias e próprias. Nestas, prevaleceu a fusão entre a história e os romances de cavalaria. Depois de 1896, Fort começou a publicar o corpus essencial de sua obra: as *Ballades françaises*, que somaram dezessete volumes até 1958. Esses poemas em prosa rimada tentam reencontrar uma poesia popular, a fantasia, o humor, os temas nacionais e tradicionais, em uma variação infinita de formas (éclogas, idílios, odes, hinos etc.). Denominado Príncipe dos Poetas de França em 1912, Fort legou ainda dramas históricos e um livro de memórias (1944).

Carlos Argentino Daneri (v. Viterbo, Beatriz), personagem do conto "O Aleph" (*O Aleph*), almejava ser como Paul Fort, menos por suas baladas que por sua fama. Borges observa que as *Ballades* antecipam de certo modo *Las montañas de oro*, do poeta argentino Leopoldo Lugones (v.). — JGS

Fourvière

Colina ocupada antes da chegada dos romanos a solo galês, em 48 a.C., onde Júlio César implantou seis legiões. Com Augusto, construiu-se no lugar um fórum, cujo nome latino (*Forum vetus*) está na raiz etimológica do nome Fourvière, situado na atual cidade de Lyon. Segundo a tradição local, Pothin (primeiro bispo de Lyon) teria trazido consigo um ícone da Virgem, em 150. O culto a essa imagem ganhou força após a construção da capela instalada sobre a colina, em 1168, e, principalmente, com a consagração da França à Virgem, declarada por Luís XIII, em 1638. Também, a proteção recebida em virtude da Peste, em 1643, deu origem à peregrinação anual à capela no dia 8 de setembro, rito ainda vivamente cumprido.

Borges, em "História da eternidade" (*História da eternidade*), denomina de Fourvière o local onde se decretou a "nossa" eternidade pelo bispo Irineu, que esclareceu controvérsias a respeito da Trindade cristã. — JGS

Francia, doutor

José Gaspar Rodríguez de Francia (1776-1840) governou o Paraguai de 1814 até 1840, quando morreu. Possuía o título oficial de Ditador Perpétuo. Sua política interna foi de concentração de atividades no Estado, cumulada com a eliminação de qualquer oposição das elites locais, os *peninsulares* (espanhóis que viviam na América) e os *criollos* (v.) (a elite descendente dos espanhóis que colonizaram a região). Estes foram desarticulados por Francia quando, em 1820, descobriu-se uma conspiração para assassiná-lo. No episódio, o ditador aplicou a justiça sumária e o confisco dos bens, desencorajando o restante da elite a rebelar-se em virtude do alto custo pessoal e material com que arcaram os conspiradores. Todas as ordens religiosas da Igreja foram expulsas do país, e suas terras e bens (inclusive escravos), secularizados, tendo sido transferidos para o Estado, como retaliação à ordem do papa Leão XII, proferida em 1824, de que os bispos e arcebispos americanos apoiassem os esforços do rei espanhol Fernando VII no intuito de restabelecer o domínio sobre as antigas colônias. No plano externo, isolou o Paraguai do mundo, para garantir tanto a independência do país em relação a Buenos Aires como sua ditadura. Por tudo isso, Borges o destaca ao lado de outros governantes centralizadores e ditadores em "Thomas Carlyle, *Dos heróis*", em "Ralph Waldo Emerson: *Homens representativos*" (*Prólogos, com um prólogo de prólogos*) e em "Dois livros" (*Outras inquisições*). O grande romance latino-americano a ele dedicado é *Yo, el supremo* (1974) do escritor paraguaio Augusto Roa Bastos. — HNC

Fray Bentos

Capital do departamento de Río Negro, fundada em 16 de abril de 1859, com o nome de Vila Independência, localiza-se no litoral uruguaio às margens do rio Uruguai, na fronteira com a Argentina. Borges recupera esse centro superpovoado para nele situar a história "Funes, o memorioso" (*Ficções*). Em 2011, residiam na cidade, distante 340 quilômetros de Montevidéu, pouco menos de 25 mil habitantes. — PR e MAGB

Frazer, Sir James George

Nasceu em Glasgow, na Escócia (1854), e morreu em Cambridge (1941), na Inglaterra. Antropólogo de alta reputação, consagrou-se com o livro *The Golden Bough: A Study in Magic and Religion* (1894). Ao longo dos doze volumes, ele expõe a teoria da evolução da mente humana em um continuum mágico-religioso-científico. Embora essa sequência evolucionária tenha sido rapidamente descartada, a distinção que faz entre magia e religião ainda permanece entre os acadêmicos.

Aparece mencionado na literatura borgiana em "A arte narrativa e a magia" (*Discussão*). Nesse ensaio, Borges distingue dois processos causais, o natural e o mágico. O primeiro é o resultado de operações infinitas e incontroláveis. O segundo, um processo lúcido e limitado, é onde os detalhes são sempre proféticos. Frazer postulou que os homens antigos operavam mediante o segundo processo causal: viam um vínculo entre coisas iguais, ainda que distantes; e também entre coisas que antes estiveram unidas, apesar de suas diferenças. São as "*magias imitativas e contagiosas*", respectivamente. Borges crê que o romance, como gênero literário, só pode sobreviver se obedecer à lei da magia, esse limitado sistema de causas e efeitos que relaciona objetos improváveis e que descansa em uma harmonia lúcida.

O livro *The Fear of the Dead in Primitive Religion* (1933-6), de James Frazer, é apresentado por Borges em *Textos cativos*. Na resenha em que o comenta, ele argumenta que, apesar da deficiência das teorias antropológicas do autor, sua obra há de ser eternizada, seja "*como documento imediato da credulidade dos antropólogos*", seja como "*uma enciclopédia de notícias maravilhosas, uma 'silva de vária lição' redigida com singular elegância*". Contos como "O informe de Brodie" (*O informe de Brodie*) se devem à leitura de livros como os de Frazer. — RB

fronteira

A ideia de fronteira tem função central em alguns textos narrativos de Borges e estrutura parte de sua obra. O referente é múltiplo: pode ser a fronteira entre a cidade e o campo, entre a cultura branca e a indígena durante o século XIX, entre a civilização e a barbárie ou, finalmente, a fronteira linguística com o Brasil, seja do lado argentino, seja, com mais frequência, no Uruguai. Os limites raras vezes são exatos. A fronteira é um ponto de contato entre dois mundos em permanente tensão e mistura, sem que seja possível uma síntese. Justamente essa tensão permite, em alguns casos, a narração ou sua conclusão. Ali a ambiguidade é possível e a identidade pode ser alterada, refeita, como faz o personagem de "O morto" (*O Aleph*), Benjamín Otálora, um argentino que se torna um *gaucho* (v.) no Uruguai — uma ironia sobre a possibilidade de definir a nacionalidade argentina tendo como ponto de partida o *gaucho*. Em "A forma da espada" (*Ficções*), o irlandês protagonista, que "*vinha da fronteira*", se tornou seu antigo inimigo. Juan Dahlmann, o personagem de "O Sul" (*Ficções*), que, como outros em "O Congresso" e "A noite dos dons" (*O livro de areia*) — textos mais tardios na obra de Borges —, também muda, tem uma epifania no cenário da fronteira. Essa mudança pode ser, porém, em sentido diferente: se Dahlmann vai da cidade para o campo a fim de tornar-se um *gaucho compadrito* (v.), Rosendo Juárez, em "História de Rosendo Juárez" (*O informe de Brodie*) — texto que reescreve e corrige o elogio ao malevo do conto "Homem da esquina rosada" (*História universal da infâmia*) —, parte da cidade para o Uruguai no intuito de deixar de ser malevo e passar a considerar-se um homem honesto e trabalhador. "História do guerreiro e da cativa" (*O Aleph*) mostra essa imprecisão da fronteira, que, como espaço de reinvenção, pode ser cruzada em direções diferentes. Instalar-se na fronteira dilui às vezes a identidade clara da realidade e da ficção, como em "Tlön, Uqbar, Orbis Tertius" (*Ficções*), relato que começa e termina em uma fronteira espacial e que inclui personagens históricos, assim como um complexo jogo com datas futuras. Em "Funes, o memorioso" (*Ficções*), a fronteira é o espaço do fantástico — de modo similar à planície de "Utopia de um homem que está cansado" (*O livro de areia*). Funes, porém, que ignora quem foi seu pai e tem traços indígenas, longe de confundir os limites entre as coisas, vê muitas diferenças, tantas que não pode identificar, por exemplo, "*o cachorro das três horas e catorze minutos* (*visto de perfil*)" com "*o cachorro das três e quinze* (*visto de frente*)". — PMG

futurismo

Em 20 de fevereiro de 1909, Filippo Tommaso Marinetti (v.) publicou no jornal *Figaro*, de Paris, o *Manifesto do futurismo*. No começo desse movimento, predominava o caráter vanguardístico. O verso livre, as palavras em liberdade, o maquinismo e a anarquia foram os pilares sobre os quais se baseou o futurismo, considerado o primeiro grande movimento intelectual que serviu de modelo para diversas escolas artísticas e literárias na Europa. O fetichismo da máquina e a glorificação das maciças descobertas tecnológico-científicas formaram novas maneiras de encarar o mundo. Além disso, o futurismo substituiu o raciocínio lógico e consequente por uma fabulação rica e movimentada, repleta de símbolos, alegorias e incitamento à ação.

Após esse período, entretanto, o movimento se tornou conservador, com a transformação das primeiras intenções em técnicas de oratória e de governo. Em 1924, Marinetti se aproximou de Mussolini, depois de terem sido presos juntos em 1919, dando início à incorporação do futurismo pelo fascismo, que se apropriou de uma parte de suas propostas, como a estética e a ideologia da máquina, concatenando-as com a ideologia da guerra.

Borges comenta o futurismo em "O outro Whitman" (*Discussão*), e nunca escondeu seu desprezo por Marinetti: "*é talvez o exemplo mais célebre dessa categoria de escritores que vivem de achados e que raras vezes acham algo*" ("Da vida literária", *Textos cativos*, 4 de março de 1938). O fato de Borges se identificar com o expressionismo alemão torna compreensível o seu desdém pelo futurismo e outros ismos. — PFCO

g

Gaeta

Cidade portuária localizada na província italiana de Latina, no norte de Nápoles, na região do Lácio. Situa-se na extremidade de um promontório que se desprende do monte Orlando como uma península unida ao continente por um istmo. Sua fundação é anterior à de Roma e há a lenda de que Eneias, mítico herói de Troia e Roma, denominou-a Gaeta em homenagem a sua nutriz, Caieta, cujo túmulo supostamente estaria naquele monte. Cícero (v.), nas *Epistulae*, cita-a com frequência como lugar de embarque e desembarque das personalidades que se viam obrigadas a deixar Roma.

Referindo-se ao Canto XXVI do *Inferno*, da *Divina comédia* de Dante Alighieri (v.), Borges se dedica em "A última viagem de Ulisses" (*Nove ensaios dantescos*) a analisar o "*enigmático relato*" do Ulisses dantesco, em que este narra que, "*depois de separar-se de Circe, que o retivera em Gaeta por mais de um ano*", nada mais venceu "*em seu peito o ímpeto de conhecer o mundo e os defeitos e virtudes humanos*". — PPM

Galland, Jean Antoine

Orientalista, escritor e tradutor francês (1646-1715), notabilizou-se por ter oferecido ao Ocidente, após uma viagem a Constantinopla (hoje Istambul), a primeira tradução das *Mil e uma noites* (v.). Dividida em doze volumes publicados entre 1704 e 1717, sua tradução alcançou rapidamente ampla difusão e, com a mesma rapidez, tornou-se fonte de inúmeras polêmicas entre os leitores mais especializados. Borges soube, de algum modo, condensar em uma frase a ambiguidade que ela suscitou: "*Palavra a palavra, a versão de Galland é a mais mal escrita de todas, a mais impostora e a mais fraca, mas foi a mais bem lida*" ("Os tradutores d'*As mil e uma noites*", *História da eternidade*).

Segundo Christiane Damien Codenhoto em sua dissertação de mestrado — "Na senda das *Noites*" —, "Antoine Galland baseou sua tradução em um manuscrito árabe, datado do século XIV, pertencente ao ramo sírio — conforme a classificação de Mahdi —, considerado o melhor e o mais antigo dos manuscritos das *Noites*". A acusação de "impostora", proferida por Borges, deve-se, acima de tudo, a dois aspectos que caracterizam a tradução. Em primeiro lugar, Galland adaptou completamente a linguagem das *Mil e uma noites* ao sabor do público leitor francês do século XVIII. Suprimiu com isso, entre outras coisas, tudo o que no original pudesse sugerir um afrontamento à moral cristã europeia. Além do mais, ele adicionou a sua versão histórias que ouvira de um maronita de Alepo, na Síria, chamado Hanna Diab, e que não estão presentes no manuscrito que lhe serviu de base. — DF

Garcilaso de la Vega

Poeta espanhol, nasceu em Toledo, em 1501 ou 1503, e morreu em Nice, na França, em 1536, durante um conflito militar. De família nobre, recebeu a melhor educação humanista de seu tempo. Próximo à corte, atuou em operações militares, atendendo aos interesses do imperador Carlos I da Espanha (e V da Alemanha). Em 1529, transferiu-se para a Itália com o séquito do embaixador. Esse ambiente foi fundamental para completar sua formação artística, assim como para sua amizade com Juan Boscán. Deixou uma obra breve — três éclogas, duas elegias, uma epístola, cinco canções e 38 sonetos — mas suficiente para alterar os rumos da poesia espanhola. Consolidou o estilo italianista, o verso hendecassílabo e a sensibilidade renascentista de tema amoroso na lírica castelhana, o que modificou substancialmente o ritmo poético da língua, acelerando-o e refinando-o. Borges refere-se a essas inovações de Garcilaso no prólogo de *O outro, o mesmo*. — MAGB

Garcin de Tassy, Joseph Héliodore

Tradutor francês (1794-1878) nascido em Marseille, foi responsável pela consolidação do ensino do hindustâni na École Nationale des Langues Orientales Vivantes, onde passou a lecionar a partir de 1827. Membro da Académie des Inscriptions et Belles-Lettres desde 1838, devem-se a ele elegantes traduções para o francês de clássicos hindustânis, além de gramáticas de dialetos diversos e, sobretudo, a *Histoire de la littérature hindoui et hindoustani* (1839-47). Foi um dos fundadores da Société Asiatique, tornando-se seu presidente em 1867, após 45 anos de serviço.

Borges refere-se em "Duas notas" (*História da eternidade*) ao poema *Mantiq al-Tayr* (*Colóquio dos pássaros*), que Garcin de Tassy traduziu do persa para o francês. — JGS

Garibaldi

V. Portones, Los.

gauchesca

Se for considerado como início tateante do ciclo o "'Cielito' que com acompanhamento de violão cantavam os patriotas diante das muralhas de Montevidéu" (1812), atribuído a Bartolomé Hidalgo (v.), e como seu apogeu e conclusão *La vuelta de Martín Fierro* (1879), de José Hernández (v.), pode-se dizer que o gênero *gauchesco* rio-platense, um dos mais vigorosos e originais do século XIX latino-americano, estendeu-se durante pouco menos de setenta anos. Sobre ele, cabe postular algo equivalente ao que o peruano José Carlos Mariátegui afirmou em 1928 acerca da literatura indigenista: que não devia ser entendida como literatura indígena. Da mesma maneira, no rio da Prata, uma coisa é a tradição e a produção oral dos *gauchos* (v.), e outra a literatura *gauchesca*. Se esta superou as limitações do costumbrismo, foi porque fez um uso político da língua, e porque ao mesmo tempo a escolha de seu ponto de vista linguístico implicou, além dos diferentes vínculos políticos de seus autores (unitários ou federalistas) (v.), uma crítica significativa a certos estereótipos da cultura e da literatura da época.

Borges foi um dos que mais insistiram em distinguir a cultura *gaucha* da literatura *gauchesca*, e seguramente o que de modo mais lúcido pôs em evidência os contrastes, em uma prolongada abordagem do tema que ganhou sua forma definitiva nos ensaios "A poesia *gauchesca*" e "O escritor argentino e a tradição" (1957, segunda edição de *Discussão*). Obra de autores letrados, a *gauchesca* institui o protocolo segundo o qual o que se lê remete à ficção de *gauchos* que falam ou cantam em sua peculiar variante dialetal rural e plebeia do castelhano sul-americano. O efeito oralizante da *gauchesca* é tão forte que até os mais argutos leitores esquecem que com grande frequência esses textos estabelecem outra ficção:

a de que o lido corresponde a algo — gazeta, carta, manifesto, reclame, anúncio, ameaça — *escrito* por imaginários *gauchos* letrados, embora de forma muito distante do conceito das belas-letras contemporâneas, como se, ao escreverem, estivessem falando.

O autor argentino desvinculou a *gauchesca* de alguns mal-entendidos, erros e tergiversações ideológicas: da ideia de sua determinação pela paisagem pampiana, evidenciando como a literatura de outras vastas pradarias americanas não incorreu em nenhum gênero parecido; do mito de que constituía o prolongamento sem fissuras da obra dos *payadores gauchos*; e da filiação de seu maior poema, o *Martín Fierro* (v.), à épica. "*Não menos necessário para a formação desse gênero do que o pampa e as coxilhas*", propõe no primeiro dos ensaios mencionados, "A poesia *gauchesca*" (*Discussão*), "*foi o caráter urbano de Buenos Aires e Montevidéu.*" De modo que a *gauchesca* haveria nascido do assombro que o estilo vital dos *gauchos* produziu no dos "*homens de cultura civil*", quando ambos os setores se encontraram nas guerras nacionais e civis. Com Adolfo Bioy Casares (v.), Borges realizou, nos dois volumes de *A poesia* gauchesca (1955), uma antologia fundamental do gênero, cujo índice inclui os nomes dos uruguaios Bartolomé Hidalgo e Antonio Lussich (v.) e dos argentinos Hilario Ascasubi (v.), Estanislao del Campo (v.) e José Hernández (v.), além de uma peça de caráter etnográfico completamente alheia à literatura: a "História de Pedro Moyano"; a obra excluiu alguns autores talvez menores porém decisivos para o desenvolvimento do gênero, como o federalista (v.) Luis Pérez, partidário de Juan Manuel de Rosas (v.). Por outro lado, a compreensão dos procedimentos e das modalidades da *gauchesca* foi não só objeto da reflexão de Borges, mas parte importante na elaboração de sua própria poética. É notável que tenha posto em jogo, na leitura do gênero, um de seus achados mais relevantes como narrador: "*Em minha breve experiência de narrador, comprovei que saber como um personagem fala é saber quem ele é, que descobrir uma entonação, uma voz, uma sintaxe peculiar, é ter descoberto um destino. Bartolomé Hidalgo descobre a entonação do* gaucho*; isso não é pouco*" ("A poesia *gauchesca*").

Embora possam ser encontradas, na literatura *gauchesca* do Rio Grande do Sul, características comuns à homônima da Argentina e do Uruguai — começando por determinadas vozes e expressões regionais, próprias da cultura pampiana e equestre, que notavelmente atravessam as barreiras linguísticas, transformando-as em pontes —, é necessário destacar as diferenças. Em princípio, o *gauchesco*, neste caso, é uma atribuição quase de gentílico, como *gaúcho* ou *farrapo*, independentemente de qualquer referência e eventual utilização da fala camponesa. Daí a heterogeneidade do *Cancioneiro guasca*, reunido em 1910 por João Simões Lopes Neto, no qual coexistem peças tradicionais e anônimas com outras de autores específicos, versos de corte popular com outros de arte maior, hinos com desafios, entre a década de 1830 e o fim do século XIX. Obras como *Antonio Chimango* (1915), de Ramiro Fortes de Barcellos (pseudônimo Amaro Juvenal), e os *Contos gauchescos* (1912), do mesmo Simões Lopes Neto, inscrevem-se em outra temporalidade e dialogam com outras questões. O *Cancioneiro gaúcho* (1952), de Augusto Meyer, reúne, com maior discernimento crítico, "*motivos do fandango*", "*de trova e descante*", "*da guerra dos farrapos*" e "*poesia* gauchesca". — JSV

gauchos

Da etnografia à história social, da etimologia à literatura, escreveram-se milhares de páginas para tentar definir o sujeito que, do último terço do século XVIII em diante, pôde ser nomeado com essa palavra, seja em caráter reivindicativo de seu valor, seja em caráter condenatório de sua indolência (ou preguiça), seja como símbolo de uma identidade nacional. Inicialmente, foram chamados *gauchos* ou gaudérios os hábeis cavaleiros, laçadores e abatedores que participavam das vaquejadas — caça de gado bravio para obter couro, sebo e apenas alguns cortes fáceis de carne (língua, matambre); foram igualmente valentes soldados nos exércitos da independência e nas guerras civis. Com o paulatino processo de modernização, que levou ao uso de cercas e ao desenvolvimento da fazenda moderna, o nomadismo de suas práticas derivou para a condição trabalhista do peão, mas também se manteve em certas modalidades dos trabalhadores itinerantes, que mudavam de paisagem em busca das contratações sazonais das colheitas (cf. *Historia social del gaucho*, de Ricardo Rodríguez Molas).

A reelaboração, na literatura, de algumas de suas características culturais deu lugar a um poderoso gênero que, no século XIX, utilizou o *gaucho* como sujeito da enunciação ficcional e uma língua derivada da fala rural como arma para intervir fortemente nos conflitos da política e da guerra (v. *gauchesca*). No primeiro centenário, quase extinto o tipo social que motivou essas operações e até mesmo, no aspecto fundamental, aquele gênero literário, algumas intervenções de interesse estatal promoveram uma recuperação mitificadora da figura do *gaucho*, transformada agora em emblema de uma identidade nacional que se queria contrapor à "turba ultramarina", nas palavras de Leopoldo Lugones (v.), a qual estava alterando drasticamente o perfil demográfico, político e cultural do novo país. O movimento incluiu ainda a releitura de parte da literatura *gauchesca* — sobretudo *Martín Fierro* (v.) — pelo viés da épica. A indubitável, mas também violenta e traumática, modernização que se sucedeu à consolidação do Estado central e à liquidação das resistências provinciais e das sociedades aborígines deparou-se com o fato de que uma das fórmulas praticadas para garantir o crescimento da população e, com ela, da mão de obra produtiva — a maciça imigração europeia — assumia características indesejadas na heterogeneidade cultural e nas experiências de organização social e política. O grande paradoxo cultural foi que esses setores — a primeira geração de imigrantes e seus filhos — se apropriaram daquele emblema identitário e o ressignificaram como um instrumento privilegiado para a própria nacionalização (cf. *Discurso criollista en la formación de la Argentina moderna*, de Adolfo Prieto).

As primeiras atitudes de Borges quanto à questão dos *gauchos* e às temáticas que a rodeiam, nos textos impregnados de um vanguardismo de matiz *criollista* (v. *criollo*) que ele depois eliminou das *Obras completas*, foram de fascínio pelo personagem e pelas modalidades de sua fala e tons, que contaminaram as próprias opções léxicas e de fonetização da escrita. Já na época de *Evaristo Carriego* (1930), essas arestas foram sendo aparadas: manteve o apego aos traços vinculados à coragem e à discrição, porém se afastou das formas que considerava excessivamente verborrágicas e elegíacas, e dos resgates demagógicos, populistas ou nacionalistas de tais tradições. Desse modo, há ironia nas evocações da relação de Carriego com os briguentos de Palermo: suas "*efusões de armazém*" e "*juramentos* gauchos *de lealdade*". Por esse caminho, Borges enveredou para uma curiosa teoria da identidade nacional, talvez tão essencialista quanto a que ele reprova nas posições nacionalistas, mas de aspecto inverso, embora sempre matizada por rica ambiguidade. Assim, atribuiu a admiração dos argentinos pelo *gaucho* (e não pelos heróis militares) ao culto de um valor "puro", ou seja, não motivado pelas grandes causas: "*o argentino* [...] *é um indivíduo, não um cidadão*" (*Evaristo Carriego*). Borges podia condenar ética ou politicamente essa condição, mas em algum ponto (muito próximo a suas opções de estilo e a sua poética) compartilhava com ela. Isso explica, entre outras coisas, seu gosto pelos folhetins de Eduardo Gutiérrez (v.). Nos momentos em que cedia a uma composição de lugar própria das escolhas políticas explícitas de sua maturidade e da tradição familiar, tendia a admitir as polarizações da cultura oficial, como na sentença do pós-escrito de 1974 ao prólogo de *Lembranças de província* (*Prólogos, com um prólogo de prólogos*): "*Sarmiento continua formulando a alternativa: civilização ou barbárie. Já se sabe a escolha dos argentinos. Se em vez de canonizar o* Martín Fierro *tivéssemos canonizado o* Facundo, *outra seria nossa história, e melhor*"; ou na amarga conclusão: "*Vencem os bárbaros, vencem os* gauchos", do "Poema conjectural" (*O outro, o mesmo*), ainda que formulada da perspectiva de seu antepassado Laprida no transe de morte. Contudo, em seus momentos mais sagazes, Borges relativiza ou esvazia as dicotomias e sabe que não se trata de canonizações; pensa, na verdade, que "*Ao destino agradam as repetições, as variantes, as simetrias*" ("A trama", *O fazedor*) e as recria na "História do guerreiro e da cativa" (*O Aleph*), em que o bárbaro que adota a causa de Roma desenha uma parábola similar à da inglesa que, assimilada pela cultura aborígine, bebe sangue quente de uma ovelha sacrificada: "*O anverso e o reverso dessa moeda são, para Deus, iguais*". Da mesma maneira, em "A trama", a última frase de Júlio César, nas versões de William Shakespeare (v.) e de Francisco de Quevedo (v.), sobrepõe-se à de um *gaucho* ao afilhado, no momento de seu assassinato na província de Buenos Aires. Questiona-se, assim, quanto ao fato de alguns signos gozarem de um estatuto de universalidade e outros ficarem confinados às limitações locais. Por isso, em sua obra, as duas dimensões não constituem linhas separadas e alternativas; imiscuem-se, mais exatamente, de modo que uma de suas ficções mais metafísicas ("Tlön, Uqbar, Orbis Tertius", *Ficções*), na qual joga deliciosamente com o legado do idealismo subjetivo, contém referências significativas à questão *gaucha* e à cultura de fronteiras em que deve ser pensada (os dois lados do rio da Prata e do Rio Grande do Sul). Dois poemas, "Os *gauchos*" (*Elogio da sombra*) e "O *gaucho*" (*O ouro dos tigres*), condensam alguns dos valores do *gaucho* no pensamento literário do autor: o diálogo pausado, o cultivo da ironia, o fato de que os *payadores* não levantassem a voz, a incapacidade para a abstração (entre elas, a que supõe a ideia de pátria) e o fato de que os *gauchos* não se referissem a si mesmos como tais. Golpe de mestre: quando parece estar postulando a maior distância possível com esse modelo ("*Viveram seu destino como em sonhos, sem saber quem eram nem o que eram*"), produz uma aproximação magistral: "*Talvez o mesmo se passe conosco*" ("Os *gauchos*"). — JSV

Genebra

Em razão de sua cegueira, Jorge Guillermo Borges (1874-1938) (v.), pai de Jorge Luis Borges, decidiu repentinamente mudar-se com toda a família para a Suíça, pois já não podia continuar com a carreira de advogado. Lá, ele tentaria um tratamento com um famoso oftalmologista genebrês, além de possibilitar que Borges e sua irmã, Norah Borges (v.), estudassem em uma escola europeia. Depois de instalar os filhos, sob os cuidados da avó materna, o pai e a mãe partiram para um périplo pela

Europa, de acordo com a perspectiva vigente então de que, para uma formação intelectual completa, seria essencial uma viagem para aquele continente. Entretanto, essa viagem ocorreu no ano em que estourou a Primeira Guerra Mundial (1914). No exato momento do início da guerra, os pais de Borges estavam na Alemanha. Após algumas dificuldades, conseguiram retornar a Genebra, onde ficaram até o fim dos conflitos. Com a chegada da avó paterna, Fanny Haslam (1842-1935), o núcleo familiar de Palermo restaurou-se. Na dedicatória às *Obras completas*, Borges relembra as manhãs de Genebra passadas em companhia da mãe. Nos últimos anos de sua vida, acompanhado da futura esposa María Kodama (v.), ele voltou a residir na cidade, onde escreveu que se sentia "*misteriosamente feliz*". Ali permaneceu até morrer, em 14 de junho de 1986. Foi enterrado no cemitério de Plainpalais. — PFCO

George, Stefan Anton

Em suas viagens a Paris, Bélgica e Inglaterra, Stefan George (1868-1933) esteve em contato com os círculos simbolistas e decadentistas. Marcado por essas influências, escreveu *Hymnen* [Hinos] (1890) e *Pilgerfahrten* [Peregrinações] (1891). Seu período mais fértil se iniciou com a publicação de *Das Jahr der Seele* [O ano da alma] (1897), seguido de *Teppich des Lebens* [O tapete da vida] (1899), *Der siebente Ring* [O sétimo anel] (1907) e, sobretudo, *Der Stern des Bundes* [A estrela da aliança] (1913). São notáveis suas traduções de Charles Baudelaire (v.), Paul Verlaine (v.), Mallarmé, Algernon Swinburne (v.), William Shakespeare (v.) e Gabriele d'Annunzio. O escritor aparece na obra de Borges sempre como exemplo de comparação entre autores, nunca como "protagonista". Mesmo quando elogiado, ele permanece no segundo plano: "*Joyce e Stefan George realizaram mudanças mais profundas em seu instrumento (talvez o francês seja menos modificável que o inglês e o alemão); mas atrás da obra desses eminentes artífices não há uma personalidade comparável à de Valéry*" ("Valéry como símbolo", *Outras inquisições*). — YF

Gerchunoff, Alberto

Escritor e jornalista argentino (1883-1950) de origem judaico-russa. Em 1910, publicou sua obra mais famosa, *Los gauchos judíos*, na qual retrata uma Argentina idealizada, onde os imigrantes judeus podiam integrar-se de forma eficaz, com algumas poucas exceções. Seu estilo era cuidadosamente castiço, com frequentes anacronismos e culteranismos; essa opção foi explicada, em algumas análises, como uma marca e mesmo um preço de sua integração à cultura argentina. Nas décadas de 1930 e 1940, desenvolveu uma visão muito mais crítica do país, denunciando seu antissemitismo. Como jornalista, criticou fortemente o nazismo tanto do ponto de vista de uma ideologia liberal antitotalitária — compartilhada por Borges — como de sua identidade judaica, e defendeu o sionismo.

Retorno a Don Quijote é um livro póstumo publicado em 1951, cuja primeira edição Borges prefaciou ("Alberto Gerchunoff: *Retorno a Dom Quixote*", *Prólogos, com um prólogo de prólogos*). Nele, Gerchunoff elabora resenhas biográficas de personagens históricos (Émile Zola (v.), Roberto Payró e Erasmo de Rotterdam (v.), entre outros) destacados por sua ética rigorosa, exemplos de "quixotismo". — PMG

germanía

O termo vem do latim *germanus*, "irmão", e foi usado na Espanha para referir-se à gíria ou maneira de falar de ladrões e rufiões que se juntavam em irmandades ou confrarias fechadas. Essa linguagem, entendida apenas por eles, era composta de palavras do idioma espanhol com significado diverso do usual, assim como por muitos outros vocábulos de origens bem distintas. Na resenha de *La Langue verte*, de Pierre Devaux (*Textos cativos*), de 1936, Borges reflete sobre a adoção da linguagem popular na literatura, questão interessante de confrontar com os textos borgianos da década de 1920, quando ele não rejeita a linguagem marginal portenha (ver, por exemplo, *El idioma de los argentinos*, 1928). — MAGB

Gettysburg

A Guerra Civil Norte-Americana (1861-5) marcou profundamente a história dos Estados Unidos. Nela se enfrentaram o Sul, os Confederados, e o Norte, a União. Nos três primeiros dias de julho de 1862, 75 mil confederados lutaram com 88 mil soldados da União em Gettysburg, na Pensilvânia. A vitória foi do Norte, revertendo sucessivas derrotas sofridas por eles até então, na Virgínia. Essa batalha é considerada decisiva para o desenrolar do conflito, pois ali as ambições dos confederados foram diluídas, e as tropas, alijadas de forma irreparável. Durante toda a guerra, morreram 360 mil homens do lado da União, os vitoriosos, e outros 258 mil pela Confederação, os derrotados.

Em "Things that Might Have Been" (*História da noite*), Borges fala de várias coisas que poderiam ter sido, como, por exemplo, uma eventual vitória do Sul em Gettysburg. Comentando a questão da individualidade, Borges citou a Batalha de Gettysburg em "Tu" (*O ouro dos tigres*). — PFCO

Ghimel

Ghimel, "ג", é a terceira letra do alfabeto hebraico. Significa "camelo". Foi citada em "A loteria na Babilônia" (*Ficções*). — PFCO

Gibbon, Edward

Escritor e historiador inglês (1737-94) cuja principal obra é *The Decline and Fall of the Roman Empire* (1776-88). Outros livros importantes de sua autoria são *Essai sur l'étude de la littérature* (1761) e *Critical Observations of the Sixth Book of the* Aeneid (1770).

Borges escreveu um prólogo para a antologia *Páginas de história e de autobiografia* (1961) (*Prólogos, com um prólogo de prólogos*), no qual destaca primeiramente as leituras que Gibbon fez na infância e de que maneira elas influenciaram seu trabalho de historiador, e depois as que o foram transformando em católico; esse é o caso de Jacques Bossuet e também, para um erudito do mundo clássico, a leitura precoce da história romana de Laurent Echard, entre outros. Borges percorre toda a genealogia de leituras do inglês, apropriando-se da heterogeneidade de sua biblioteca. Cabe destacar ainda a perspectiva em que mergulha diante do trabalho dele: "*Percorrer* Declínio e queda *é internar-se e venturosamente perder-se em um populoso romance*", apresentando assim o modo como considera a história: uma espécie de ficção em permanente mutação. Borges remete à sua obra e a cita abundantemente, tendo até mesmo chegado a relê-la, como afirma no *Ensaio autobiográfico*. Em *Introducción a la literatura inglesa*, faz um breve esboço biográfico, informando que Gibbon observa não haver referências a camelos no Alcorão, e formula, com base nisso, a ideia insólita de que as marcas nacionais não precisam ser exacerbadas. Essa menção ao autor, feita em "O escritor argentino e a tradição" (*Discussão*), é um exemplo engraçado do procedimento borgiano de falsificar referências. Afinal, Gibbon não diz isso, até porque o Alcorão está cheio de alusões a camelos... Aparentemente, Borges alterou uma nota de rodapé do autor inglês, sobre a não menção, no Alcorão, à ingestão de carne de camelo. — LM e JPP

Gide, André

André Paul Guillaume Gide (1869-1951), escritor francês, ganhou o Prêmio Nobel de Literatura em 1947. Sua formação foi rigorosamente religiosa, e a religião é tema recorrente em seus livros, muitos de natureza autobiográfica. Iniciou a carreira influenciado pelo simbolismo, aproximação que resultou em *Les Cahiers d'André Walter* [Os cadernos de André Walter] (1891). Fez diversas viagens pela África, a primeira em 1893, onde conheceu Oscar Wilde (v.). A partir da amizade entre eles, passou a reconhecer sua orientação sexual, tornando-se um defensor dos direitos homossexuais. Mais tarde, a Igreja católica incluiria a obra dele em sua lista de livros proibidos. Gide se engajaria ainda na luta pela libertação das colônias africanas, no entreguerras. Contribuiu também para a fundação de duas importantes instituições literárias: a revista *La Nouvelle Revue Française* e a editora Gallimard.

Admirador de Gide, Borges inseriu na coleção Biblioteca Personal a obra *Os moedeiros falsos*, "*curiosa e admirável narração que inclui uma análise do gênero narrativo*". No prólogo, enfatiza a preocupação com a ética, a estética, a fruição dos sentidos e a libertação das leis morais. Compara-o a Johann Wolfgang von Goethe (v.), afirmando que, como este, Gide não é um escritor que se encontra em um único de seus livros, mas em toda a sua obra.

Esse autor foi figura constante na carreira de Borges, que, já em 1936, traduziu o poema "Perséphone", publicado na revista *Sur* (v.), n. 19. Em "Notas" (*Discussão*), naquela que se refere ao livro de Leslie D. Weatherhead, afirma concordar com a visão do francês sobre a existência de um "*inferno imanente*". Em "Os tradutores d'*As mil e uma noites*" (*História da eternidade*), invoca a preferência de Gide pela literalidade da versão de Mardrus (v.) do livro árabe, e não pelas liberdades tomadas por Jean Antoine Galland (v.). No ensaio "Nathaniel Hawthorne" (*Outras inquisições*), associa o tema da indiscernibilidade entre o real e o imaginário a Gide e a Pirandello (v.). — TP

Gilbert, Stuart

Acadêmico e tradutor inglês (1883-1969), traduziu muitos autores como: André Malraux, Antoine de Saint-Exupéry, Georges Simenon, Jean Cocteau (v.), Albert Camus e Jean-Paul Sartre. Foi um dos pioneiros no estudo da obra de James Joyce (v.), tendo traduzido *Ulysses* (1922) para o francês. Gilbert é citado por Borges em "O último livro de Joyce" (*Textos cativos*) como o "*intérprete oficial de James Joyce*". — YF

Giles, Herbert Allen

Sinólogo inglês (1845-1935), foi cônsul na China de 1867 a 1892, e depois disso professor de língua chinesa da Universidade de Cambridge. Escreveu várias obras acerca da cultura, língua, filosofia e religião daquele país. Esses muitos estudos resultaram em uma obra abrangente, que lhe rendeu reconhecimento. São do autor, entre outros livros: *A Chinese English Dictionary* (1892); *A Chinese Biographical Dictionary* (1897), premiado pela Academia

Francesa; *A History of Chinese Literature* (1901); *Introduction to the History of Chinese Pictorial Art* (1905); *Religions of Ancient China* (1905). Ademais, ele foi colaborador da *Encyclopaedia Britannica*. Por meio de *Chuang Tzu* (1889), de Giles, é que Borges chegou ao conhecimento da lenda do sonho de Chuang Tzu (v.), que passou a mencionar em sua obra. Do mesmo modo, Borges encontrará nos livros dele, como em *A History of Chinese Literature*, diversas informações, lendas e particularidades da cultura chinesa que aparecerão eventualmente em seus textos. — PPM

Girondo, Oliverio

Crescido no seio de uma família da elite viajante de Buenos Aires, Girondo (1891-1967) formou-se em colégios franceses (Lycée Louis-le-Grand, de Paris) e ingleses (Epson College). Começou a carreira literária com a revista *Comoedia* (1911) e com a obra teatral *La madrastra* (1915), em colaboração com Zapata Quesada; publicou na França, em 1922, *Veinte poemas para ser leídos en el tranvía*, dando início a sua poesia de vanguarda. No ensaio intitulado "As 'novas gerações' literárias" (*Textos cativos*), Borges atribui os movimentos de vanguarda dos quais ele, assim como Girondo, havia participado a certa influência do poeta da geração anterior, Leopoldo Lugones (v.). Oliverio escreveu para a revista argentina *Martín Fierro* (v.), em 1924, o primeiro manifesto de vanguarda em seu país. Em *Veinte poemas...*, editado na Argentina em 1925, a modernidade urbana e o cosmopolitismo configuram um suporte para espaço e tempo novos na poesia, transgressora de fronteiras. Esses elementos surgem, no mesmo ano, em *Calcomanías*, também de Girondo. Borges faz uma resenha elogiosa a esse livro, pouco tempo depois de sua publicação, na revista *Martín Fierro* (n. 18, 26 de junho de 1925), incluindo-a mais tarde em *El tamaño de mi esperanza* (1926). A frase de abertura da resenha — "*É inegável que a eficácia de Girondo me assusta*" — já dá a tônica de um poeta que, voltado para as tradições do passado, detém-se para resenhar uma obra voltada para a modernidade.

Oliverio voltou-se, após a publicação dessas duas obras vanguardistas, para a aproximação entre arte e vida, propugnando uma nova moral que, sustentada por uma poética da distância em relação à virtude e ao costume, assume o escândalo no cotidiano. Assim acontece nos poemas em prosa do seu terceiro livro, *Espantapájaros* (1931), por ocasião de cujo lançamento Girondo fez uma aposta para transformar a poesia em um fenômeno de mercado: contratou uma carroça funerária puxada por seis cavalos, sobre a qual passeou um grande espantalho que se encontra hoje no Museu da Cidade de Buenos Aires. Em poucas semanas, a edição se esgotou.

Em *Borges*, diário póstumo de Adolfo Bioy Casares (v.), fica mais evidente a distância de Borges em relação a Oliverio Girondo.

Oliverio publicou ainda *Interlunio* (1937), *Persuasión de los días* (1942) e *Campo nuestro* (1946), antes de se integrar aos jovens da revista surrealista *Poesía Buenos Aires* e retornar assiduamente à pintura, interesse já patenteado pelo ensaio "Pintura moderna" e pelas ilustrações de *Veinte poemas...* Em 1956, veio a público *En la masmédula*, livro limítrofe na arrojada experimentação poética de Girondo. — JGS

Girri, Alberto

Poeta e crítico argentino (1919-91), foi também tradutor de poetas anglo-saxões e italianos. Sua obra, observa-se, discorre sobre a impossibilidade de conciliação entre as forças antagônicas que são o espírito e a matéria. Entre seus diversos livros de poesia, figuram: *Playa sola* (1946), *En la letra, ambigua selva* (1972) e *Lírica de percepciones* (1983). Escreveu ainda textos em prosa, tais como *Un abrazo de Dios* (1966) e *Notas sobre la experiencia poética* (1983). Por ter sido um dos incentivadores de *Atlas* (1984), ele foi citado por Borges no prólogo a essa obra. Girri viu que as regiões percorridas por Borges e María Kodama (v.), bem como as fotografias e textos decorrentes dessas viagens, poderiam entrelaçar-se em um livro "*sabiamente caótico*". — PPM

Giusti, Roberto

Roberto Giusti (1887-1978) escreveu *Lecciones de literatura argentina e hispanoamericana*, *Lecciones de literatura española y antología* e *Nuestro idioma*, entre outros livros didáticos. Com Alfredo Bianchi, editou o famoso periódico *Nosotros* (v.), que fundaram em 1907 e é considerado o mais importante da época. Giusti e Bianchi foram típicos promotores literários inseridos em um período em que a escala e a complexidade da cena cultural eram ainda muito reduzidas, anterior ao advento dos movimentos de vanguarda intelectual que vieram para instaurar uma nova dinâmica na vida cultural bonaerense. Giusti, além de Macedonio Fernández (v.), Evar Méndez (v.) e Ricardo Güiraldes (v.), prontamente teceu críticas favoráveis à obra de Borges, já no começo dos anos 1920.

Para Borges, é dele a melhor descrição de Evaristo Carriego (v.). Tanto que utilizou, em "Uma vida de Evaristo Carriego" (*Evaristo Carriego*), essa descrição, publicada em *Nosotros*: "*magro poeta de olhinhos indagadores, sempre vestido de preto, que vivia no subúrbio*". — PFCO

gloria de Don Ramiro, La

V. Rodríguez Larreta, Enrique.

go, o jogo astrológico do

Nome japonês de um jogo estratégico de tabuleiro desenvolvido originalmente na China, onde é conhecido como *weiqi* (que significa algo como "jogo de cercar territórios"). Pelos *Analectos* de Confúcio (v.) pode-se saber que o *go* era praticado pela nobreza chinesa já no século VI a.C. Há diversas lendas sobre sua origem: uma delas afirma que o imperador Yao criou o jogo como instrumento para ensinar ao filho disciplina e concentração. Outra, mais ligada ao poema de Borges ("O *go*", *A cifra*), diz que o *go* surgiu de um instrumento astrológico. De fato, até hoje as nove casas de maior importância estratégica têm nomes de estrelas cardeais, chamadas *hoshi*. Além disso, a metáfora do tabuleiro como universo e dos jogadores como deuses é recorrente na literatura oriental. Várias cenas de *Genji Monogatari* [A história de Genji] narram partidas desse ponto de vista. A obra, de autoria da escritora japonesa Murasaki Shikibu, não era ignorada por Borges, que escreveu uma resenha para o livro datada de 19 de agosto de 1938, presente em *Textos cativos*.

As regras do *go* são simples, apesar da infinidade de possibilidades estratégicas que forçam certas partidas a se estenderem por mais de três horas. O tabuleiro tradicional possui dezenove linhas horizontais intersectadas por outras dezenove linhas verticais. Cada jogador a seu turno vai colocando uma das peças (que são diferenciadas entre brancas e pretas) em uma dessas casas. O objetivo é fechar um maior número de territórios, cercando as peças do adversário. — TP

Goethe, Johann Wolfgang von

Poeta, romancista, dramaturgo e filósofo alemão (1749-1832), foi a principal figura do romantismo em seu país. Estudou direito em Leipzig e Strassburg, nos anos que coincidiram com os do movimento Sturm und Drang [Tempestade e ímpeto], para o qual contribuiu com a peça *Götz von Berlichingen* (1773) e com o romance *Die Leiden des jungen Werther* [*Os sofrimentos do jovem Werther*] (1774). Borges nota, em resenha a *The Romantic Age* (*Textos cativos*), de Robert Balmain Mowat, ao contrário deste, que *Os sofrimentos do jovem Werther* é uma obra do romantismo; em "O último romance de H. G. Wells" (*Textos cativos*), afirma que esse é um exemplo de obra célebre mas de título execrável. Autor de vasto trabalho, Goethe transitou pelo classicismo, durante sua estada na Itália em 1786, o que o ajudou a dar forma às peças *Iphigenie auf Tauris* [Efigênia em Tauris] (1787) e *Torquato Tasso* (1790), bem como aos poemas de *Roman Elegien* [Elegias romanas] (1795). Após escritos sobre botânica, biologia e uma teoria das cores, Goethe deixou também as teorias estéticas que deram origem a *West-östlicher Divan* (1819) para escrever *Wilhelm Meisters Wanderjahre* (1821-9) e completar sua peça *Fausto* (parte I, 1808; parte II, 1832).

Em "A poesia *gauchesca*" (*Discussão*), Borges cita uma passagem em que o escritor Paul Groussac (v.) se refere ao *Fausto* de Goethe comparando-o ao de Estanislao del Campo (v.). No livro *El tamaño de mi esperanza* (1926), Borges já aludia ao poema de Goethe em ensaio dedicado ao "*Fausto criollo*" de Estanislao. Goethe e seu *Fausto* surgem, respectivamente, no curso da narração dos contos "O jardim de veredas que se bifurcam" (*Ficções*) e "Deutsches Requiem" (*O Aleph*) como o mais alto exemplo, sempre contestado nesses casos, do espírito alemão. Em "Sobre os clássicos" (*Outras inquisições*) o autor argentino afirma: "*Para os alemães e austríacos* Fausto *é uma obra genial; para outros, uma das mais famosas formas do tédio*". No ensaio "Quevedo" (*Outras inquisições*), ele equipara o papel desse poeta para as letras hispânicas ao que representa Goethe para as germânicas, sendo ambos considerados menos como homens que como literaturas. Idêntica comparação reaparece no ensaio dedicado a H. G. Wells (v.) ("O primeiro Wells", *Outras inquisições*).

Em resenha ao livro *A Short History of German Literature*, do historiador Gilbert Waterhouse ("Notas", *Discussão*), Borges nota que o poeta alemão Novalis (v.) teria, ao contrário do que sugere Waterhouse, condenado o *Wilhelm Meisters* de Goethe. Este, por sua vez, é encarado no mesmo texto de Borges como exemplo da privação de beleza espontânea de que sofreriam os alemães. Um dos fatores decorrentes dessa ausência seria o ingresso da simbolização na literatura, constatação que Borges já fazia ao citar Goethe em "La tierra cárdena" (*El tamaño de mi esperanza*), dedicado a *The Purple Land*, de W. H. Hudson (v.).

Borges alude ainda a Goethe em um poema no qual narra sua aprendizagem autodidata da língua alemã ("Ao idioma alemão", *O ouro dos tigres*). — JGS

Gog e Magog

Gog, oriundo da terra de Magog, é o rei considerado inimigo do povo de Deus mencionado na profecia bíblica de Ezequiel 38. Na passagem bíblica do Apocalipse 20, e em outras obras da literatura apocalíptica cristã e judaica, Gog aparece junto de uma segunda força hostil, Magog. Contudo, Magog originalmente, e segundo o texto bíblico de Ezequiel (v.), é o lugar onde Gog nasceu; é o nome que a Bíblia dá aos povos do noroeste da Ásia Menor e, em sentido figurado, aos inimigos do povo de Deus. As entidades Gog e Magog, entretanto, acabaram sendo consideradas na literatura judaica e cristã a personificação das potências do mal que sempre lutaram contra Deus e a Igreja (Jerusalém).

Borges, em "A busca de Averróis" (*O Aleph*), menciona a lenda de que Alexandre Bicorne (v.) da Macedônia teria levantado uma muralha para deter Gog e Magog. Em "História dos ecos de um nome" (*Outras inquisições*), ele cita o livro *Gog und Magog* (1949), de Martin Buber (v.), filósofo judeu de origem austríaca. Buber tornou-se conhecido por seus estudos do hassidismo, movimento de misticismo judaico. *Gog und Magog*, ficção cujos heróis são rabinos hassídicos, é ambientada na Polônia e na Hungria, tendo como cenário as Guerras Napoleônicas. — PPM

goim

Gentios, não judeus. Na Bíblia, o sentido principal de *goim* é o de "povo" ou "nação", conotando, mais que um significado pejorativo, um traço de diferença que servia para nomear os outros povos, as nações não israelitas. Durante o período do Segundo Templo, quando da volta do exílio da Babilônia, a reforma de Esdras (aproximadamente 458 a.C.) tornou a aceitação do monoteísmo um traço distintivo dos judeus, aos quais se demandava total rejeição de qualquer forma de idolatria, que foi atribuída aos não judeus. Na literatura talmúdica, que abarca um período de mais de quatrocentos anos (70 a 500), *goim* foi assumindo uma conotação mais pejorativa, ao absorver e retratar a tensa relação e as barreiras impenetráveis que, em amplos espaços geográficos, os não judeus colocavam para os judeus. O termo, com o passar dos anos, ingressou no dialeto iídiche, meio de comunicação diário de grandes parcelas do judaísmo europeu, carregando os sentidos de diferenciação e desprezo que a história foi entretecendo: se na história os judeus foram desprezados, na língua os depreciadores eram depreciados. A palavra é citada por Borges em "A morte e a bússola" (*Ficções*). — EM

Golding, Louis

Louis Golding (1895-1958) foi um popular novelista e poeta inglês. Suas obras mais conhecidas, dentre elas *Magnolia Street* (1931), tematizam a vida judaica na Inglaterra. A partir da ascensão do nazismo na Alemanha, sua literatura assumiu uma posição de combate a essa doutrina e de apologia do judaísmo, tal como manifestou nos estudos *The Jewish Problem* [*A questão judaica*] (1938), citado por Borges em "Uma vindicação de Israel" (*Textos cativos*), e *Hitler Through the Ages* [Hitler através dos tempos] (1939). Em 1933, Golding publicou um importante estudo biográfico sobre o escritor James Joyce (v.). — EM

Golem

A palavra aparece somente uma vez na Bíblia (Salmos 139,16), conotando "massa disforme" ou "germe em potencial". Na literatura talmúdica, passou a ser utilizada para designar algo cuja realização não tivesse ganhado uma forma bem-feita ou que fosse imperfeito. Em uma narrativa talmúdica (*Tratado Sanhedrin* 38B) que relata as primeiras doze horas da existência de Adão, ele é chamado de Golem, para significar que se trataria de um corpo sem alma mas dotado da possibilidade de ver o que aconteceria com as gerações futuras.

A partir do século XII, fixou-se o termo para o sentido de "criatura". Desde esse momento, foi se desenvolvendo a narrativa sobre um "ato de criação" — como o estudioso Gershom Scholem (v.) o denominou — em que tomar terra de um solo puro, permutar letras do nome sagrado de Deus e seguir regras técnicas muito estritas e um estado de concentração anímico complexo possibilitariam ao Golem levantar-se e viver. Tal empreendimento — transformar homens em criadores de outros homens — assume a ousadia de aproximar os homens de Deus. E talvez por isso todos os relatos que emergiram sobre a criação de Golems apontavam ao mesmo tempo para a produção de uma realização maravilhosa e de um insucesso. No Golem é reconhecido o nascimento do mito de Frankenstein. Nos relatos, o Golem, invariavelmente, deve ser, no fim de sua curta existência, suprimido pela mesma mão que o criou, uma vez que uma falha de produção lhe é sempre inerente. Tal falha atestaria a intransponível distância entre os homens e Deus, no que se refere à criação da vida. Das lendas que surgiram, foi se configurando um tecido mitológico que permitiu, no século XX, a emergência de uma literatura que, interessada na lenda do Golem, o fez saltar os muros da tradição mística judaica para configurar-se como um personagem de múltiplas versões na literatura ocidental, na qual se destaca a novela de Gustav Meyrink (v.) *O Golem* (1917), tão apreciada por Borges. Poucos anos mais tarde, é filmado o clássico do expressionismo alemão *O Golem* (1920), por Paul Wegener e Henrik Galeen. Borges, que se refere à obra de Meyrink em "A cabala" (*Sete noites*), também se inspirou nos estudos de Gershom Scholem e provavelmente chegou a ver o famoso filme. O prólogo escrito pelo argentino faz parte de *Biblioteca pessoal* ("Gustav Meyrink. *O Golem*"). Um dos mais memoráveis poemas de Borges é dedicado justamente a "O Golem" (*O outro, o mesmo*, 1964). Aí ocorre uma felicidade literária, quando ele consegue uma rima, quase impossível em língua espanhola, de "Golem" com "Scholem". Outro dado que merece registro é o problema de tradução para o português, na primeira estrofe, aparentemente intransponível. Em espanhol, "Cratilo" e "Nilo" não oferecem problemas de rima. Já em português, quem resolveu de forma brilhante esse impasse foi Augusto de Campos: "Se (o Crátilo nos leva a inferi-lo)/ O nome é o arquétipo da coisa,/ Já nas letras de *rosa* está a rosa/ E todo o Nilo na palavra *Nilo*" (v. Kafka e Borges). — EM

Gómez de la Serna, Ramón; *greguería* [humorismo + metáfora]

Escritor espanhol (1888-1963) cuja personalidade extravagante marcou o mundo literário de sua época. A Guerra Civil Espanhola (1936-9) (v.) levou-o a exilar-se já em 1936 em Buenos Aires, onde permaneceu até morrer. Engenhoso e original, Gómez de la Serna foi uma das antenas espanholas da vanguarda europeia, graças aos contatos precoces com Filippo Tommaso Marinetti (v.), a quem chegou a encomendar um *Manifesto futurista para os espanhóis*, que publicou em Madri, em 1912. O vínculo dele com as vanguardas históricas ficou registrado em seu livro clássico *Ismos*, de 1932. No prefácio, o escritor afirma: "Nasci antes que [os ismos] nascessem, e em estreita confidência depois, com as novas formas da arte e da literatura. Por isso posso pôr um pouco de ordem em tudo aquilo que isso significou, e posso depurar no final o que há de perene em tudo o que aconteceu". Ramón foi o inventor das *greguerías*, metáforas às quais se acrescenta humor, uma intuição engenhosa e explosiva das surpreendentes relações que podem existir entre as coisas. Suas inovações valeram-lhe um indiscutível magistério sobre o ultraísmo, tanto o espanhol como o rio-platense, mais heterodoxo, e até sobre uma parte da Geração de 1927. Além dessa invenção, que lhe deu celebridade e seguidores, cultivou o ensaio e escreveu algumas obras para teatro, artigos de jornal e relatos testemunhais. Dentre suas muitas narrativas, sobressaem *El novelista* (1923), um romance sobre como escrever romances, *Cinelandia* (1927), *¡Rebeca!* (1936) e *El hombre perdido* (1948).

Na resenha de *L'Homme blanc*, de Jules Romains (v.), incluída em *Textos cativos*, Borges simplesmente se apropria da definição de *greguería* de Ramón (humorismo + metáfora). Em "Ramón Gómez de la Serna. *Prólogo à obra de Silverio Lanza*" (*Biblioteca pessoal*), faz uma apreciação geral da sua personalidade literária e, embora lhe destaque o gênio, não deixa de assinalar a transgressão superficial dos gestos ramonianos, provavelmente uma das sobrevivências vanguardistas que o autor argentino mais abominou. Deve-se esclarecer que, na primeira etapa de sua obra, Borges celebrou Ramón em diversos artigos publicados em revistas portenhas, não coligidos por ele posteriormente em seus livros. — MAGB

Gomperz, Theodor

Theodor Gomperz (1832-1912) foi o autor de *Greek Thinkers: A History of Ancient Philosophy*, livro que pretende abordar uma ampla história da filosofia antiga clássica. Nele são feitas aproximações relativas à história da religião, da literatura e das chamadas "ciências especiais", pois o autor considerava tais temas indispensáveis para melhor compreensão do movimento especulativo. As fronteiras que dividem essas áreas, para Gomperz, não deveriam ser rígidas, porque ele acreditava que só seria possível abordar a mentalidade antiga por meio de exaustiva história universal.

Gomperz foi um dos vários intelectuais que formularam explicações para o paradoxo (tema tão caro a Borges) da tartaruga — problema clássico que a filosofia tenta resolver desde a Antiguidade —, de acordo com a informação fornecida pelo autor argentino em "Avatares da tartaruga" (*Discussão*). Em "Do culto dos livros" (*Outras inquisições*), Borges reflete sobre a primazia, ao longo da história ocidental, da palavra escrita e da palavra oral, e afirma que, na obra *Griechische Denker*, Gomperz defendeu a ideia de que Pitágoras não escreveu "*por ter mais fé na virtude da instrução falada*". — PFCO

Góngora, Luis de

Poeta espanhol (Córdoba, 1561-1627), Luis de Góngora y Argote estudou leis em Salamanca e se ordenou sacerdote, mas se dedicou verdadeiramente às letras, obtendo o favor dos nobres e poderosos da época. Sua obra foi tradicionalmente dividida em duas vertentes. De um lado, a poesia que adota o verso e o tom popular em romances, vilancicos (estruturas poéticas típicas da península Ibérica, muito populares ao longo dos séculos XV a XVIII) e letrilhas (composições poéticas utilizadas no século XVI), graças à qual alcançou maior popularidade. De outro, a poesia difícil, considerada obscura, embora sempre admirada, dos sonetos, das *Soledades* (1613-4) e da *Fábula de Polifemo y Galatea* (1612-3), em que eleva ao grau máximo o estilo cultista que extremava os achados poéticos do Renascimento, tornando a linguagem uma técnica primorosa e extravagante. *Soledades* é um poema em silvas, que consta de duas partes: a *Soledad* dos campos e a *Soledad* das ribeiras. Supõe-se que, de acordo com o plano primeiro, deveria constar de mais duas partes, as quais não chegaram a ser compostas. Nessa obra, Góngora reelabora o sonho renascentista da mítica Idade de Ouro, marcando o contraste entre a vida citadina e a vida agreste harmoniosa. A pintura da natureza é uma desculpa para moldar uma arte plena de materialidade, formas, cores e sons, apresentados por meio de uma linguagem transfigurada por metáforas e outros tropos. A partir do fim do século XIX, e graças a Paul Verlaine (v.) e Stéphane Mallarmé, Góngora foi sendo resgatado. Rubén Darío (v.) retomou essa devoção no mundo hispânico. O ultraísmo espanhol reivindicou seu uso da imagem poética, e a Geração de 1927 espanhola se definiu, na fase inicial, pela adesão ao poeta. No rio da Prata, o tricentenário da morte dele serviu como um efeito catalisador para expressar uma poética renovadora, apoiada na metáfora, como o comprovam, entre outros textos da época, alguns artigos de Borges publicados nas revistas portenhas *Martín Fierro* (v.) e *Síntesis*.

As opiniões do escritor argentino sobre Góngora são, invariavelmente, de incompreensão ou rejeição do ornato estéril e da obra desprovida de tema em prol do mero destaque da forma. Suas opiniões podem ser lidas também como uma reação às opções estéticas das vanguardas hispânicas, que Borges considerava superadas. Em várias ocasiões, Borges marcou sua preferência por Francisco de Quevedo (v.) em detrimento de Luis de Góngora, valendo-se do fato de que os dois foram os mais célebres contendores poéticos e pessoais do barroco espanhol. — MAGB

gongorismos

Chamou-se "gongorismo" a um estilo poético cultivado no século XVII espanhol e que deve seu nome a Luis de Góngora (v.). Caracterizou-se pela proliferação ao extremo de tropos, figuras e símbolos, liberdades sintáticas, erudição e mitologia até a extravagância, elementos que foram ridicularizados pelos inimigos do poeta. Dentre eles, Francisco de Quevedo (v.) foi o mais notório e feroz. Embora, com a distância temporal, seja possível encontrar mais semelhanças que diferenças nos estilos de Góngora e Quevedo, Borges, em "Quevedo" (*Outras inquisições*), atribui os "gongorismos" deste último a um jogo literário para demonstrar que também era capaz desses tecnicismos. — MAGB

González Lanuza, Eduardo

Escritor argentino de origem espanhola (1900-84), formou-se em química industrial e trabalhou na área, mas desde jovem se destacou como poeta. Durante a juventude teve com Borges uma estreita amizade, que foi mantida posteriormente, ainda que o contato entre eles diminuísse. Participaram do movimento vanguardista portenho na década de 1920, caracterizado pelo uso entusiástico da metáfora e pela rejeição da rima. Embora não possa distinguir-se por um estilo específico, González Lanuza foi influenciado pelo ultraísmo (em parte por intermédio de Borges) e pelo futurismo. Fundou, com Borges, a revista mural *Prisma* (v.) e, como ele, colaborou em *Proa* (v.), *Martín Fierro* (v.) e, mais tarde, em *Sur* (v.). A partir do fim dessa década, adotou uma estética mais convencional em poesia, e também escreveu ensaio, teatro e narrativa. Seus livros de poemas mais importantes são *Prismas* (1924) e *Oda a la alegría y otros poemas* (1949). *Los martinfierristas* (1961) é uma mistura de ensaio e memórias que traz informações úteis para caracterizar o *martinfierrismo* e definir o lugar ocupado por Borges no movimento. Em "As 'novas gerações' literárias" (*Textos cativos*), Borges tece comentários sobre E. G.

Lanuza (v. ultraísmo; futurismo; *martinfierrismo*; *Prisma*). — PMG

González Tuñón, Enrique

Autor argentino (1901-43), escreveu romances e contos, letras de tango, obras de teatro e roteiros de filmes. Trabalhou ainda no jornalismo, renovando a crônica policial. Como Borges, publicou nas revistas vanguardistas *Proa* (v.) e *Martín Fierro* (v.) e também em *Caras y Caretas* (v.). Participou dos dois grupos que disputavam o centro da cena literária na década de 1920, Florida e Boedo (v.). Sua literatura realista de crítica social insere-o no último grupo, mas sua participação nas revistas mencionadas vincula-o ao primeiro. Em parte pela vontade de realismo, propôs-se a reproduzir nos relatos e crônicas a fala das classes populares portenhas. Seu primeiro livro, *Tangos* (1926), foi duramente criticado por Borges, o qual considerava exagerada e artificial sua maneira de representar a fala do arrabalde (v.). No prefácio a essa obra, Last Reason (pseudônimo do escritor e jornalista Máximo Sáenz) (v.) discute as opiniões de Borges sobre o lunfardo e o tango. Assim, a referência a González Tuñón e Last Reason em "O alarmismo do dr. Américo Castro" (*Outras inquisições*), vários anos depois, tem sentido irônico. — PMG

Górgias

Celebrado retórico e sofista, nasceu por volta de 480 a.C., em Leontini, na Sicília, e viveu mais de cem anos. Platão (v.) citou-o em seus *Diálogos*. Pensando sobre a circularidade do tempo e a imortalidade, Borges aborda em "O livro" (*Borges oral*) o diálogo platônico como tendo sido uma tentativa de possibilitar que o livro trouxesse as respostas às perguntas que lhe eram feitas pelos homens. Assim, por meio dos diálogos, Platão se multiplicaria em outros. Górgias seria uma dessas multiplicações. — PFCO

Gosse, Edmund

Escritor inglês (1849-1928), autor de obras dramáticas e poéticas, dedicou-se intensamente à crítica literária. Ademais, desenvolveu ao longo da vida a atividade de bibliotecário (no Museu Britânico e na Câmara dos Lordes) e a de tradutor. Publicou grande número de artigos poéticos e críticos em *Saturday Review*, *Academy* e *Cornhill Magazine*. Gosse é um dos críticos que mais profundamente conheceram a literatura inglesa dos séculos XVII e XVIII (*Seventeenth Century Studies*, 1833), e divulgou em seu país o teatro dos noruegueses Henrik Ibsen (v.) e Björnstjerne Björnson por meio de suas traduções. Às primeiras obras dele, *Madrigals, Songs and Sonnets* (1870) e *On Viol and Flute* (1873), seguiram-se os dramas *King Erik* (1875) e *The Unknown Lover* (1878). Entre seus muitos trabalhos figuram ainda: *Studies in the Literature of Northern Europe* (1879), *History of Modern English Literature* (1897), *From Shakespeare to Pope* (1885) e *Father and Son* (1907), uma notável autobiografia que foi premiada pela Academia Francesa em 1913 e que reconta com ironia e humor sua fuga do domínio de um pai puritano para o mundo das letras. Nos momentos em que o cita, Borges deixa subentendido o caráter abrangente da crítica de Gosse: o escritor é relacionado a nomes como os do francês Gustave Flaubert (v.) e do norte-americano Walt Whitman (v.), além de Virginia Woolf (v.). — PPM

Gosse, Philip Henry

Naturalista inglês (1810-88) cujo interesse pela biologia marinha levou à publicação dos importantes trabalhos *Manual of Marine Zoology* (1855-6), amplo estudo sobre o assunto, e *Actinologia Britannica* (1858-60), no qual trata de espécies de anêmonas. Realizou suas pesquisas percorrendo regiões do Canadá, Estados Unidos e Jamaica. Ao tornar-se membro da Plymouth Brethren, uma seita cristã conservadora, Gosse rejeitou todos os conceitos evolucionistas. Essa postura está presente em *Life in its Lower, Intermediate and Higher Forms* e *Omphalos, an Attempt to Untie Geological Knot* (1857).

Em "A criação e P. H. Gosse" (*Outras inquisições*), Borges discorre acerca desse autor, mencionando-o como um zoólogo que relacionou o questionamento da origem da vida do homem com o tempo, questão metafísica. Dele, cita *The History of Piracy*, publicado pela primeira vez apenas em 1932, e *Omphalos*, o qual diz não ter encontrado, de modo que para tanto se vale de resumos de Edmund Gosse (v.) e H. G. Wells (v.). — PPM

Gounod

Charles Gounod (1818-93), compositor francês conhecido pelas óperas *Romeu e Julieta* e *Fausto*. Nascido em Paris, compôs diversas peças religiosas, até mesmo o hino oficial do Vaticano, intitulado *Inno e Marcia Pontificale*. Também é autor da famosa canção sacra "Ave Maria", inspirada no primeiro prelúdio de *Cravo bem temperado*, de Johann Sebastian Bach. Além disso, musicou poemas de Alfred de Musset e Victor Hugo (v.).

Em "A poesia *gauchesca*" (*Discussão*), pelas palavras de Paul Groussac (v.), Borges lembra como, em agosto de 1866, o poeta Estanislao del Campo (v.) imaginou o *gaucho* (v.) Anastasio el Pollo entre os espectadores do paraíso, enquanto assistia a uma encenação da ópera *Fausto*. Na mesma noite Estanislao começaria a escrever um poema com esse tema, sobre o qual Borges redigiria anos depois o texto "Estanislao del Campo: *Fausto*" (*Prólogos, com um prólogo de prólogos*). — TP

Graal

De tradição medieval, o Graal constitui um objeto misterioso e sagrado diversamente identificado, ao longo das várias versões da lenda, como o cálice da Eucaristia, o cálice da Última Ceia ou uma pedra preciosa. As obras medievais mais conhecidas são as de Chrétien de Troyes, *Perceval ou le Conte du Graal* (*c.* 1185), de Wolfram von Eschenbach, *Parzival* (*c.* 1210), e de Robert de Boron (que viveu entre os séculos XII e XIII), *L'estoire du Graal* (*c.* 1220). Atribuem-se três possíveis origens à lenda: a cristã, a ritual e a céltica. Boron é autor da primeira versão cristã, na qual representou o precioso objeto como a taça em que Cristo foi servido na Última Ceia. Wolfram, por sua vez, o identificou como uma pedra em que estão inscritos os nomes dos cavaleiros guardiões. O guardião do Graal, nas diferentes versões, pode ser chamado Bron, Pelles, Amfortas ou José de Arimateia. O herói que obtém êxito na conquista pode ser Percival, Gauvain ou Galaad. Com o romantismo trazendo a fábula novamente à luz, ficam conhecidas, por exemplo, a obra *Idylls of the King* (1859), de Alfred Tennyson (v.), e a ópera *Parsifal* (1882), de Richard Wagner.

Em "Os quatro ciclos" (*O ouro dos tigres*), Borges deixa subentendido que a lenda do Graal é uma das histórias que não cessarão de ser narradas. Em "Eu nem mesmo sou pó"

(*História da noite*), menciona "*O Graal, que recolheu o sangue humano / Que o Filho derramou para salvar-nos*", referindo-se assim à vertente cristã do mito, a mais difundida. — PPM

Gracián, Baltasar

Baltasar Gracián y Morales (1601-58) é considerado um dos escritores mais habilidosos e interessantes do Século de Ouro espanhol, apesar de o registro temático de sua obra ser bastante limitado. Brilhou como moralista e satirista, distinguindo-se por um estilo vivo e eficaz, conciso, feito de frases curtas e uso constante da antítese. Imprimiu suas ideias filosóficas, morais e literárias e sua visão pessimista da sociedade em *El Criticón* (1651-7), romance alegórico em que os temas são apresentados de pontos de vista antitéticos. *Agudeza y arte de ingenio* (1648) é, mais que um tratado de retórica, a síntese de suas ideias sobre a arte poética e a definição do conceptismo como corrente literária, na qual também se inscreve Francisco de Quevedo (v.). Nessa obra, Gracián não parte de um preceito prévio, mas define duas ideias-chave: conceito e agudeza, com base em exemplos tomados de autores desde a época clássica até seus contemporâneos.

A relação de Borges com Gracián, assim como com o conceptismo, foi ambígua: Borges admirou a execução perfeita, embora tenha observado o excessivo cerebralismo. Em "As *kenningar*" (*História da eternidade*), ironiza uma trabalhosa perífrase de Gracián e suas malogradas imagens, muito presas à lógica, como exemplo rígido e errado de conceptismo. Em um poema intitulado "Baltasar Gracián" (*O outro, o mesmo*), definiu assim seu estilo: "*Labirintos, antíteses, emblemas, / gelada e laboriosa ninharia, / foi para aquele jesuíta a poesia, / reduzida por ele a estratagemas*", concluindo com um verso condenatório de Gracián como poeta: "*No hubo música en su alma; sólo un vano / herbario de metáforas y argucias*".

Apesar disso, Borges tem muitos pontos em comum com Gracián — a paixão pelas construções intelectuais e pelos artifícios, o gosto pelos paradoxos e simetrias —, e provavelmente pôde se ver nele como em um espelho nem sempre agradável. Tratou-se de uma relação tensa, ainda que inevitável, como a que manteve com o barroco espanhol de modo geral. "*O destino do escritor é uma coisa curiosa. No início ele é barroco, vaidosamente barroco, e com o passar dos anos talvez atinja, se os astros forem favoráveis, não a simplicidade, que não é nada, mas a complexidade modesta e secreta*", afirmou no prólogo de *O outro, o mesmo*. — MAGB

Graves, Robert

Escritor inglês (1895-1985), autor de muitas obras, entre romances, poemas, ensaios etc., e tradutor de diversas línguas, vivas e mortas. Borges ressalta que Graves "*nunca tentou ser moderno, declarou que um poeta deve escrever como um poeta e não como um período*" ("Robert Graves, *Os mitos gregos*", *Biblioteca pessoal*). Para Borges, ele era antes um criador de mitos que um mitógrafo, tal como afirma com relação a *The White Goddess* (1946) no prólogo que escreveu para *The Greek Myths*. Suas visitas a Graves em Palma de Maiorca ficaram registradas em *Atlas*, e há um esboço da vida e obra dele em *Introducción a la literatura inglesa*. — LM

Greene, Graham

Graham Greene (1904-91), inglês, trabalhou como subeditor do jornal britânico *The Times* durante quatro anos e foi crítico de cinema da consagrada revista *Spectator*, tornando-se editor literário em 1940. Além dos romances, escreveu contos, quatro livros de viagem, quatro livros infantis, seis peças teatrais, três autobiografias e duas biografias. Sua fama literária se iniciou com *Stamboul Train* e, em 1938, ele publicou *Brighton Rock*, que narra a história de Pinkie, um jovem líder de uma gangue, que comete um assassinato. Greene expõe nesse livro um mundo de solidão, dor e medo, e considera o meio social a raiz para o comportamento de Pinkie.

Greene também foi um admirador do trabalho de Henry James (v.), como Borges atesta em "Henry James: *A humilhação dos Northmore*" (*Prólogos, com um prólogo de prólogos*). Em "Um trágico romance inglês" (*Textos cativos*), ele aproximaria a temática de Greene da própria obra no que tange à ênfase aos subúrbios de Brighton e seus "*deploráveis heróis*". Em "Sobre *The Purple Land*" (*Outras inquisições*), retoma uma discussão que havia começado na década de 1920, acerca dos exageros cometidos pela literatura *gauchesca* (v.), a qual pretendia enaltecer o que ele chamava de cor local. Para Borges, um escritor inglês poderia ser tão eficaz na descrição do *gaucho* (v.) quanto um argentino. — PFCO

greguería
[humorismo + metáfora]

V. Gómez de la Serna, Ramón.

Grettir, Saga de

Última das grandes sagas islandesas, escrita provavelmente em 1320, narra a vida de Grettir Asmundarson, chamado o Forte. Sua inteligência, coragem, impulsividade, desmedida força e gosto por enfrentar perigos apenas para que essa força seja testada, que o levam a várias aventuras envolvendo não apenas antagonistas humanos mas também criaturas sobrenaturais, contrastam com sua fragilidade e impotência perante a maldição e a feitiçaria. A maldição lançada por Glam — troll (ser de natureza demoníaca) morto por Grettir — o faz sentir-se cada vez mais aterrorizado com o anoitecer, tornando insuportável a solidão. Ao mesmo tempo, segundo as palavras de Glam, suas aventuras estão fadadas a lhe trazer má fortuna, e resultarão na sua condenação como fora da lei (*skógarmaður*), o que o obriga a apartar-se da sociedade. O feitiço de Thurid, que havia educado Thorbjorn Ongul, um dos inúmeros inimigos de Grettir, faz com que este se fira e, assim, transforme-se em presa fácil de Thorbjorn, que o mata, o que não ocorreria se ele estivesse plenamente saudável. A morte de Grettir é vingada por seu irmão Thorstein, em Bizâncio. A *Saga* tem como pano de fundo histórico a fuga dos noruegueses — entre os quais se encontra o avô de Grettir — para a Islândia durante o reinado de Harald Hårfagre (850-*c.* 931) e o início da cristianização do país, ainda em convivência com ritos pagãos.

Borges transcreve versos da *Saga* como exemplo de *kenningar* (v.), no ensaio "As *kenningar*" (*História da eternidade*), e menciona "*um exemplar da* Saga de Grettir" no poema "Mateus 25,30" (*O outro, o mesmo*) como um dos talentos recebidos pelo "eu poético". — FT

Greve, Felix Paul

Escritor e ensaísta alemão (1879-1948). Após infância e adolescência em Hamburgo, Greve vai para Bonn estudar filologia e, depois, arqueologia. Tradutor de diversos nomes da literatura francesa e inglesa, publicou em alemão alguns romances, entre os quais *Fanny Essler*

(1905) e *Maurermeister Ihles Haus* (1906). Pressionado por dificuldades financeiras, simulou suicídio em 1909 e abandonou seu país, estabelecendo-se na América do Norte. Com base no estudo autobiográfico intitulado *FPG: The European Years*, considera-se que Greve assumiu a identidade do premiado canadense Frederick Philip Grove, autor de famosos escritos autobiográficos como *A Search for America* (1927) e *In Search of Myself* (1946). Como Grove, passou a se dedicar exclusivamente à literatura a partir de 1924, alcançando status canônico na literatura canadense em 1940.

Em "Os tradutores d'*As mil e uma noites*" (*História da eternidade*), Borges alude a uma tradução comentada para o alemão que Greve empreendeu baseando-se na tradução inglesa de R. F. Burton (v.). — JGS

gringos

Em 1876, a lei argentina de colonização estabeleceu que seriam oferecidas facilidades para a incorporação dos imigrantes ao país — ainda que sem garantias da posse da terra —, ocasionando a vinda de grandes contingentes populacionais de baixo nível técnico, sobretudo da Espanha e da Itália. Esse fluxo imigratório se fixou de preferência na zona litorânea e nas metrópoles, em oposição a pequenos grupos que se trasladaram para o oeste e para o centro da Argentina, acentuando-se as diferenças entre o interior e o litoral. A aglutinação de tais coletividades estrangeiras insinuava a formação de comunidades alheias aos interesses tradicionais do país e orientadas para a solução dos problemas individuais derivados da imigração.

Os "gringos", assim, adotaram um comportamento econômico contrastante com a atitude dos *criollos* (v.), gerando um sentimento de desprezo destes para com eles, especialmente para com os italianos, considerados inferiores. Tal sentimento foi observado por Borges em "Uma vida de Evaristo Carriego" (*Evaristo Carriego*), no qual se afirma que a benevolência reservada aos desalojados pelos italianos é, na verdade, o "*revide especial dos* filhos da terra". — PFCO

Groussac, Paul

Escritor, historiador e crítico literário argentino de origem francesa (1848-1929). Nasceu em Toulouse, onde recebeu uma educação marcada pela leitura dos clássicos. Em 1866, viajou de Paris para a Argentina e aí permaneceu o resto da vida. Ao chegar, atuou como professor e aprendeu o castelhano; mais tarde trabalhou como jornalista e crítico literário, inicialmente em Buenos Aires, depois em Tucumán, onde viveu por onze anos, retornando então à capital. Foi nomeado diretor da Biblioteca Nacional (então recém-nacionalizada) em 1885, cargo que exerceu até a morte. Escreveu crônicas literárias, romances e livros de história, que foram questionados em razão de seu pouco rigor científico. *El viaje intelectual* (primeira série, 1904; segunda série, 1920) e *Crítica literaria* (1923) reúnem, respectivamente, crônicas de viagem e artigos sobre literatura, publicados na imprensa.

Borges valorizou seu estilo cortante e irônico, que se destacava nas inúmeras polêmicas que travou. Como menciona no "Poema dos dons" (*O fazedor*) e em "A cegueira" (*Sete noites*), a certa altura viu nele um semelhante, pois ocupou o mesmo posto de diretor da Biblioteca Nacional e, como Groussac (e José Mármol (v.), um poeta do século XIX), ficou cego durante o exercício da função. — PMG

Grünberg, Carlos M.

Colaborador da revista *Martín Fierro* (v.), poeta e tradutor de poemas judeus para o espanhol. Amigo de Borges desde o início dos anos 1920, logo que o escritor retornou ao país depois de longa estadia na Europa, Carlos Grünberg (1903-68) pode ter sido um dos principais introdutores de Borges no círculo de intelectuais judeus de Buenos Aires. Dirigiu várias revistas de cultura judaica e teve uma atividade de combate, no período do fascismo na Alemanha, com suas repercussões antissemitas na Argentina.

Borges, na introdução ao livro de Grünberg, *Mester de judería* ("Carlos M. Grünberg: *Mester de judiaria*", *Prólogos, com um prólogo de prólogos*), opera em ressonância com a posição de combate do autor, ressaltando a natureza irracional do antissemitismo alemão e de seus imitadores — o termo é de Borges — na Argentina. Em diversos de seus poemas, Carlos Grünberg põe em destaque a dor do povo judeu. Assim, em "Circuncisión", a voz poética dirige-se ao recém-nascido dizendo-lhe que o sangue que está sendo derramado naquela cerimônia é apenas uma primeira etapa. — EM

Guayaquil

Na cidade de Guayaquil, que hoje faz parte do Equador, ocorreu um famoso encontro, em 26 de julho de 1822, entre Simón Bolívar (v.) e José de San Martín (v.), dois dos principais líderes políticos e militares no processo de independência da América Hispânica. Entre os mais importantes objetivos da reunião, estava a discussão acerca da libertação do Peru e dos regimes políticos a serem implantados nos nascentes Estados hispano-americanos. Os resultados do encontro são incertos, uma vez que não se conhece nenhum documento que arrole os temas e as conclusões das conversas entre os dois generais. Historiadores supõem que San Martín tenha se oferecido para lutar sob as ordens de Bolívar e solicitado que este lhe cedesse 3 mil ou 4 mil soldados colombianos para terminar a guerra contra os realistas. Bolívar teria recusado os pedidos, liberando apenas três batalhões, cerca de 1400 homens. San Martín, então, teria decidido abandonar Guayaquil e regressar ao Peru, onde estava estabelecido. Alguns autores também creditam ao suposto insucesso das negociações o posterior abandono, por San Martín, da luta de independência e formação nacional na América Hispânica. Os homens que Bolívar cedera a San Martín eram os soldados colombianos que, segundo Borges em "A velha senhora" (*O informe de Brodie*), juntaram-se a Mariano Rubio em batalha anterior à expedição de Ayacucho. No conto "Guayaquil" (*O informe de Brodie*), Borges sugere a descoberta de um documento relativo ao encontro e transpõe o embate dos dois líderes militares para o confronto entre dois historiadores, ansiosos pela análise da documentação inédita. — JPP

Guedalla, Phillip

Advogado, historiador e biógrafo inglês (1889-1940), tornou-se conhecido sobretudo por seus livros de viagem e por sua engenhosidade verbal. Foi à Argentina no início da década de 1930 e sobre essa visita escreveu *Argentine Tango* (1932). É possível que Borges tenha se encontrado com ele, ou se inteirado de sua presença, em Buenos Aires, onde Guedalla se reuniu com vários intelectuais. Menciona-o duas vezes: como um dos resenhistas (do qual o narrador discorda) do romance de Mir Bahadur Ali, em "Duas notas: A aproximação a Almotásim" (*História da eternidade*), e quando comenta "*os epigramas* [...] *de mr. Phillip Guedalla*" em "Exame da obra de Herbert Quain" (*Ficções*). O uso de *mister*, *doctor* e outros títulos de nobreza ou acadêmicos são em geral irônicos em Borges. — AAE

Güemes, Martín Miguel de

Militar e político originário de Salta, na Argentina (1785-1821), pertencente à elite local, foi um dos principais apoiadores da Revolução de Maio iniciada em Buenos Aires. No comando de grupos pequenos e irregulares de cavaleiros (os "gauchos *de Güemes*", citados em "Domingo F. Sarmiento: *Facundo*", *Prólogos, com um prólogo de prólogos*), que realizavam rápidos ataques esporádicos, levou adiante a hostilidade aos exércitos espanhóis a partir de 1812. Elegeu-se governador de Salta em 1815, cargo que desempenhou até falecer. Também foi responsável pelo Exército do Norte, continuando com sua guerra de guerrilhas e defendendo o que ia se consolidando como fronteira norte do país (com a atual Bolívia, então, e até 1825, nas mãos dos espanhóis). Borges achava que Güemes não tinha a valentia que teriam os peões ("O *gaucho*", *Prólogos, com um prólogo de prólogos*). — PMG

Guerra Civil Espanhola

A Guerra Civil Espanhola começou com um levante militar, encabeçado pelo general José Sanjurjo y Sacanell que, em 18 de julho de 1936, ergueu-se contra o governo republicano do país. A Segunda República iniciara-se em 1931, e se encontrava no segundo período de governo quando ocorreu a insurreição. Sanjurjo morreu em um acidente aéreo, que alguns supõem intencional, e o general Francisco Franco Bahamonde assumiu o poder. Durante três anos de luta sangrenta, por todo o território do Estado, a Espanha não só se dividiu, mas também perdeu quase 1 milhão de pessoas. Em janeiro de 1939, com a derrota de Barcelona para os rebeldes — que contavam com o apoio da Alemanha hitlerista e da Itália de Mussolini —, a nação ficou nas mãos de Franco. Apenas Madri resistiu, até se render, nesse mesmo ano, às forças autodenominadas "nacionalistas" que puseram Franco como ditador por quase quatro décadas, até sua morte, em 1975.

Em 30 de julho de 1936, foi divulgada em Buenos Aires uma mensagem de adesão à República Espanhola, assinada por 34 escritores argentinos, entre eles Borges. Na resenha de um livro de H. G. Wells (1952) (v.), Borges traça um panorama das intransigências que o século XX permitiu em nome das ideologias, abominando o nazismo e tomando distância do comunismo. Nas polarizações ideológicas dos anos 1930, a Guerra Civil Espanhola significou, precisamente, uma especial encruzilhada ("Dois livros", *Outras inquisições*). — MAGB

guerra contra os índios

Na Argentina, a fronteira dos territórios indígenas manteve-se estável durante os últimos anos da colônia espanhola e nos primeiros da independência, com o rio Salado como demarcação natural. Entre 1820, quando o general Martín Rodríguez fez sua primeira campanha contra os índios, e 1879, a fronteira avançou devagar, com breves incursões militares dos brancos associadas a tratados e subornos para evitar os *malones* (v. ataques de índios). A localização de sucessivas linhas de fortificações (que por outro lado iam se constituindo como núcleos de população civil) foi consolidando as áreas lentamente conquistadas pelos brancos, mas os ataques indígenas eram frequentes e a situação era de muita insegurança. Com pequenos intervalos, vivia-se em um estado de guerra permanente, no qual a função das fortificações se reduzia a marcar um limite imaginário, pois a estratégia dos brancos era mais defensiva que ofensiva, com exceção de "campanhas" esporádicas. Somente com a grande Campanha do Deserto sob o comando do general Julio Argentino Roca, iniciada em 1879 — ano dos maiores confrontos — e encerrada em 1888, eliminou-se toda a resistência indígena. Borges cita-a em "História do tango" (*Evaristo Carriego*). — PMG

Guerra dos Seis Dias

No prólogo a *O informe de Brodie* (1970), no qual Borges oferece um vértice singular para a leitura e apreciação de suas obras, ele afirma: "*Nunca dissimulei minhas opiniões* [políticas], *nem sequer nos anos árduos, mas não permiti que* [estas] *interferissem em minha obra literária, exceto quando a exaltação da Guerra dos Seis Dias me pressionou*". Mais que marcar uma posição em relação à obra anterior de Borges, o prólogo na verdade pretende defender ou, ao menos, circunscrever um território legítimo para os textos do próprio livro, em que o judaísmo, principalmente nos contos "O indigno" e "Guayaquil", recebe um tratamento ousado, no primeiro por meio do personagem imigrante Jacob Fischbein e, no segundo, por meio do personagem Eduardo Zimmermann (v.), historiador da Universidad del Sur, também imigrante, expulso de seu país pelo Terceiro Reich, ambos agora cidadãos argentinos.

Borges parece querer lembrar aos leitores seu filossemitismo, seu apreço por tudo o que concerne à história judaica, para evitar possíveis maus julgamentos, a confusão entre os temas tratados nos textos e a posição pessoal do autor. De qualquer modo, chama atenção na citação acima o pinçar exclusivo desse acontecimento da história do Estado de Israel. Borges deve estar se referindo ao poema "Israel" (*O elogio da sombra*), no qual a voz poética trata o coletivo de Israel na singularidade de um homem e acompanha suas múltiplas metamorfoses história adentro, desde "*Um homem prisioneiro e enfeitiçado, / um homem condenado a ser a serpente*" até "*um homem obstinado em ser imortal/ que retornou agora a sua batalha, / sob a luz violenta da vitória, / belo como um leão ao meio-dia*".

Essa batalha, essa "*luz violenta da vitória*", deve ser uma referência à Guerra dos Seis Dias, travada entre Israel, Egito, Jordânia, Síria e Iraque, que durou de 5 a 10 de junho de 1967 e em que Israel derrotou os exércitos árabes, passando a ocupar, ao sul, o território egípcio da península do Sinai, a leste a chamada "franja oriental" e, ao norte, as colinas de Golan. Na manhã de 5 de junho, Israel tomou a iniciativa do ataque, e o que se seguiu foi uma inesperada sucessão de vitórias militares que possibilitaram, no terceiro dia de guerra (7 de junho), a conquista da cidade velha de Jerusalém, no quarto dia a tomada do deserto do Sinai até o canal de Suez, e no quinto e no sexto dias a conquista das colinas de Golan nos enfrentamentos com as tropas sírias.

Tal conflito alterou profundamente toda a geopolítica da região, e seus desdobramentos se fazem sentir até os dias de hoje, uma vez que é em torno das novas fronteiras que ele desenhou para o Estado de Israel e da polêmica unificação de Jerusalém em território israelense que se dá o sangrento debate entre Israel, os palestinos e o mundo árabe. — EM

Guerra Grande

Conflito bélico rio-platense que ocorreu entre 1839 e 1851. No Uruguai, enfrentaram-se as tropas dos *blancos*, lideradas por Manuel Oribe (v.) com o apoio do governador portenho Juan Manuel de Rosas (v.), e os *colorados*, sob o comando de Fructuoso Rivera (v. Rivera, Uruguai), com sede em Montevidéu, entre os quais militaram muitos argentinos exilados, como o coronel Mariano Rubio, personagem de Borges em "A velha senhora" (*O informe de Brodie*). Tanto Oribe como Rivera atribuíam a si o título de presidente do Uruguai; Oribe, com o apoio de fazendeiros e comerciantes do interior; Rivera — depois substituído por Joaquín Suárez —, com o da burguesia montevideana. Durante vários anos (1843-51), o conflito se limitou ao sítio de Montevidéu por parte das forças de Oribe, com breves escaramuças quase cotidianas. Em diversos momentos, outras províncias argentinas, o Brasil e potências estrangeiras como a Inglaterra e a França também intercederam apoiando um ou outro lado. A guerra terminou com a intervenção das tropas entrerrianas e brasileiras, que obrigaram Oribe a reconhecer como legítimo o governo de Montevidéu. Os soldados e simpatizantes das tropas dos *blancos*, porém, puderam integrar-se rapidamente à nova ordem política. — PMG

Güiraldes, Ricardo

Escritor argentino (1886-1927) fortemente influenciado pelo simbolismo francês, realizou uma obra em geral de temática campestre, em que mistura recursos eruditos à cópia da fala popular. Retrata uma vida rural idealizada, sem conflitos sociais. Figura importante na promoção de escritores vanguardistas nos anos 1920, graças à sua favorável condição econômica e afinidade estética, foi amigo de Borges, que elogia tanto sua obra como sua personalidade. Fundou e financiou a revista de vanguarda *Proa* (v.), na qual Borges colaborou. Os primeiros livros de Güiraldes, *Xaimaca* (1915) e *El cencerro de cristal* (1923) entre outros, não se tornaram muito conhecidos. *Don Segundo Sombra* (1926), em compensação, obteve sucesso extraordinário, não só na Argentina mas também no exterior. Em "As 'novas gerações' literárias" (*Textos cativos*) (1937), Borges menciona-o como um dos mestres de sua geração, ao lado de Macedonio Fernández (v.). A geração vanguardista, deliberadamente parricida, encontra nesse escritor que não publica e em Güiraldes, a quem o sucesso não acompanha, os precursores que podem opor à figura hegemônica de Leopoldo Lugones (v.). Em um relato escrito em 1942, com Adolfo Bioy Casares (v.), "Las noches de Goliadkin", Borges parodiou o estilo de Güiraldes. (Sobre *Don Segundo Sombra*, v. Cáceres, Fabio.) — PMG

Gutiérrez, Eduardo

O argentino Eduardo Gutiérrez (1851-89) escreveu sobre elites decadentes e, de maneira geral, sobre pessoas deixadas à margem no fim do século XIX. Mesmo tendo sido muito criticado por escrever de forma descuidada em seus folhetins, conquistou o gosto popular, pois pela primeira vez o público reconhecia em uma obra teatral personagens e problemas do próprio país. Um de seus personagens mais conhecidos é Juan Moreira (v.), da obra homônima publicada em folhetim entre 1879 e 1880 e que, a partir da década de 1880, começou a ser encenada na Argentina, Uruguai e Sul do Brasil. Uma das edições do romance *Hormiga Negra* (1881) (v.) contou com prólogo de Borges.

No prólogo a *Caderno San Martín*, Borges afirma dever a Gutiérrez o título do poema "Mortes de Buenos Aires". Em "Uma vida de Evaristo Carriego" (*Evaristo Carriego*), ele relata que algumas das leituras de Carriego foram *Juan Moreira* e *Hormiga Negra*, ambos os livros injustamente esquecidos, fato lamentado em "História do tango" (*Evaristo Carriego*). Em "Nathaniel Hawthorne" (*Outras inquisições*), compara Fenimore Cooper (v.) com Gutiérrez para, em seguida, afirmar a infinita superioridade deste último, que mereceu dele uma análise individualizada em "Eduardo Gutiérrez, escritor realista" (*Textos cativos*). — PFCO

Gutiérrez, Ricardo

Ricardo Gutiérrez (1836-96) era irmão de Eduardo Gutiérrez (v.). Sua família foi uma das fundadoras do jornal *La Nación Argentina*. Começou a faculdade de direito, mas abandonou-a para cursar medicina. Participou das batalhas de Cepeda e Pavón e da Guerra do Paraguai. Em 1875, depois de retornar da Europa, onde aperfeiçoara seus estudos médicos, fundou o Hospital de Niños. É considerado o principal iniciador da pediatria na Argentina. Em termos literários, foi um autor romântico. Seus poemas inspiraram-se no amor aos homens, na caridade, na piedade e no ódio à guerra. Em 1860, publicou o primeiro deles, *La fibra salvaje*, e logo em seguida escreveu *Lázaro*, poema que evoca romanticamente o pampa e o *gaucho* (v.).

Ricardo Gutiérrez está entre os escritores enumerados por Borges, em "A poesia *gauchesca*" (*Discussão*), que eram reprovados incondicionalmente por Leopoldo Lugones (v.), um dos autores mais significativos do modernismo hispano-americano. — PFCO

Guyau, Jean-Marie

Jean-Marie Guyau (1854-88) foi moralista, metafísico, artista e poeta e tentou superar a moral evolucionista de Charles Darwin apontando com rara agudeza as lacunas e os limites dessa teoria. Levantou questões sobre arte, religião e moral. Como ocorreu com o pai de Borges, o mentor e futuro padrasto de Guyau, Alfred Fouillée, ficou cego. A partir desse momento, o artista começou a auxiliá-lo, fato que contribuiu significativamente para sua formação intelectual. Aos dezenove anos, recebeu um prêmio da Academia de Ciências Morais e Políticas e aos vinte foi encarregado do curso de filosofia no liceu Condorcet. Escreveu três livros: *L'Art au point de vue sociologique*, *Éducation et hérédité* e *La Genèse de l'idée de temps*. Amante das artes e conhecedor de música, ele reagiu contra os versos excessivamente plásticos da versificação contemporânea, preferindo os versos musicais.

Assim como Borges, Guyau considerava a metáfora extremamente importante, até mesmo uma necessidade absoluta, pois serviria, de acordo com ele, para melhorar as funções psíquicas. Em "Notas" (*Discussão*), Borges cita Guyau, além de outros autores que falam da questão do tempo, para comentar a percepção temporal nos homens. — PFCO

Guzmán de Alfarache

V. Alemán, Mateo.

h

Haeckel, Ernst

Ernst Haeckel (1834-1919) cunhou diversos termos cujo emprego hoje é comum, como "filogenia" e "ecologia". Algumas de suas ideias que justificariam o racismo, o nacionalismo e o darwinismo social foram usadas pelo Partido Nazista. Depois de ter lido *A origem das espécies* (1859), de Darwin, abandonou a prática médica e dedicou-se a atacar os dogmas religiosos e ao mesmo tempo a construir, influenciado pelo idealismo alemão, especialmente por Goethe (v.) e Hegel, sua singular visão de mundo, que ia além da biologia, envolvendo antropologia, psicologia e cosmologia. Apesar de voraz defensor da teoria de Darwin, ele não estava tão convencido da ideia da seleção natural como explicação para a evolução. Acreditava que o meio ambiente agiria diretamente sobre os seres vivos, produzindo novas raças, cujo sucesso dependeria da interação com o meio. Mesmo que carecesse de comprovações empíricas e falsificasse dados, Haeckel continuava a ser imensamente popular na Alemanha.

Em "Notas" (*Discussão*), Borges utiliza um livro escrito por M. Davidson, intitulado *The Free Will Controversy*, para falar sobre o tema do arbítrio e do determinismo. Haeckel seria um dos autores de quem Davidson se ocupa em um dos capítulos da obra. — PFCO

Haedo, coxilha de

Elevação de escassas proporções que atravessa a planície da República Oriental do Uruguai do nordeste ao oeste do território, cujo pico mais alto atinge quatrocentos metros de altura. Borges refere-se a essa coxilha em "Milonga para os orientais" (*Para as seis cordas*). O nome se deve aos proprietários da maior parte dos campos que percorre, os Haedo, parentes da família Borges. Foi em uma de suas fazendas, situada no departamento de Río Negro, que, segundo Borges, os pais dele o conceberam. Anos mais tarde, o escritor Enrique Amorim (v.) se casaria com uma prima de Borges, Ester Haedo, o que possibilitou ao escritor argentino revisitar, sobretudo nos anos 1930, essa região do Uruguai. — PR e MAGB

Hákim de Merv, filho de Osman

V. Al Moqanna.

Hart, B. H. Liddell

Capitão e historiador inglês (1895-1970), Basil H. Liddell Hart ficou mundialmente conhecido por seus livros de história militar e estratégia. Estudou na St. Paul's School e, em Cambridge, no Corpus Christi College. Quando se iniciou a Primeira Guerra Mundial, ele se juntou ao exército britânico, onde começou como simples soldado na real infantaria leve de Yorkshire e, depois de ter sido gravemente ferido por duas vezes, conquistou a patente de capitão. Em 1924, aposentado pelo exército, foi correspondente de guerra em diversos jornais, entre eles *Daily Telegraph*, *The Times* e *Daily Mail*. Como um dos expoentes das estratégias militares com o uso de tanques, foi lido por muitos dos principais generais alemães, desenvolvendo mais tarde a tática de guerra denominada "guerra-relâmpago" ou Blitzkrieg. O mais interessante é que nesse período suas ideias, ao menos a respeito das estratégias militares, foram praticamente ignoradas na própria Inglaterra, onde atuou como conselheiro pessoal do secretário de Estado para a Guerra. Após a Segunda Guerra Mundial, fez entrevistas com vários generais alemães, as quais serviram de base para um de seus livros: *O outro lado da colina*. Em "Notas" (*Discussão*), Borges escreve que ficara admirado ao perceber que entre as obras que mais releu e sobrecarregou de notas manuscritas estava a *Historia de la Guerra de 1914-1918*, de Liddell Hart. Em *Textos cativos*, ele se refere ao livro desse autor sobre Lawrence da Arábia como excelente. Logo no início do texto "O jardim de veredas que se bifurcam" (*Ficções*), Borges alude à *História da guerra europeia* e, em resenha sobre *Europe in Arms* (*Textos cativos*), cita um trecho dessa obra: "*'Sem dúvida, há uma ciência da guerra', conclui o capitão Liddell Hart. 'Só nos falta descobri-la'*". — HNC

Harum al-Rashid

Também conhecido no Ocidente como Aarão, foi o quinto califa da dinastia dos abássidas, que governou o Império Islâmico entre os séculos VIII e XIII. Ascendeu ao trono por uma casualidade do destino — seu irmão, Al-Hadi, sucessor direto no califado, morreu prematuramente. Os anos em que Al-Rashid esteve no poder (786-809) são lembrados até hoje pelos muçulmanos como um período de grande prosperidade, como a época de ouro dos abássidas. De fato, seu califado foi marcado pelo forte incentivo ao desenvolvimento cultural e artístico do Império Islâmico. Um dos filhos dele, Al-Mamun, criou um centro de tradução que ajudou a preservar obras fundamentais de autores da Antiguidade clássica, como Platão (v.) e Aristóteles (v.).

Al-Rashid, contudo, não passou para a história apenas como o monarca ilustrado dos abássidas. Seu nome é recordado também no meio literário, pois figurou como personagem em alguns contos das *Mil e uma noites*. Não é difícil presumir que quase todas as menções de Borges ao califa remetem a essa condição de personagem das narrativas de Xerazade (v.). No entanto, Al-Rashid é um nome profícuo para as lendas. Conta-se, por exemplo, que tinha o hábito de enviar presentes exóticos ao imperador Carlos Magno. No ensaio-conferência "*As mil e uma noites*" (*Sete noites*), empenhado em demonstrar a mescla de assombro e maravilhamento que envolve a relação entre os ditos Oriente e Ocidente, Borges faz uma breve referência a um desses presentes inusitados: "*Prossigamos com a história e chegaremos a uma curiosa dádiva. Possivelmente jamais tenha acontecido. Também se trata de uma lenda. Harum al-Rashid, Aarão, o Ortodoxo, envia um elefante a seu colega Carlos Magno. Talvez fosse impossível enviar um elefante de Bagdá até a França, mas isso não vem ao caso*". — DF

hassidim, seita dos

Trata-se de um movimento religioso popular que emergiu no judaísmo na segunda metade do século XVIII, dando origem a um padrão de vida comunitária e de liderança espiritual que veio a impactar profundamente o judaísmo do Leste Europeu, durante os séculos XIX e XX, e que ainda se mantém vivo em nossos dias, em certos setores de seguidores da tradição judaica. Seu fundador, Israel ben Eliezer, era conhecido como Baal Shem Tov (v.), o Mestre do Bom Nome. Além do entusiasmo coletivo e da coesão quase sectária que o hassidismo promovia, o revolucionário desse movimento está em ter sabido sobrepor os ensinamentos e o estudo místico dos livros sagrados à realidade do exílio em que o povo de Israel se encontrava mergulhado, respondendo assim ao fosso que se abria, no século XVIII, entre as milenares esperanças de uma tradição e a dura realidade do coletivo judaico, ao imiscuir elementos do sagrado em todas as situações do cotidiano e transformar o que era estudo silencioso em experiência diária.

Na lenda hassídica, o que era do domínio exclusivo dos estudos místicos se faz espetáculo vivido, propiciando desse modo que o coletivo assuma, em sua fala e em sua vida, um modo singular de exegese dos textos da tradição judaica. As narrativas hassídicas tiveram importância fundamental no pensamento de Martin Buber (v.), que dedicou grande parte de seu empenho intelectual à recopilação delas. Talvez Borges as tenha conhecido pela mediação de Buber. O certo é que, no conto "A morte e a bússola" (*Ficções*), ele faz do personagem Marcelo Yarmolinsky o autor de, entre outros livros, uma *História da seita dos hassidim* e de uma *Biografia do Baal Shem*, os quais o detetive Lönnrot lerá pondo em funcionamento a bússola de sua investigação, que terminará por conduzi-lo à sua própria morte — uma bússola que talvez, para ser melhor compreendida, aceite como chave de leitura a visão de mundo hassídica, na qual tudo é Providência divina e não há nada além de Deus. — EM

Hawthorne, Nathaniel

Nathaniel Hawthorne nasceu em Salem, Massachusetts, em 1804, e passou a infância imerso em um mundo calvinista. Foi amigo do poeta Henry Wadsworth Longfellow (v.) desde o período escolar. Autor de contos e romances, entre os quais se destacam *The Scarlet Letter* (1850) e *The House of Seven Gables* (1851), faleceu em New Hampshire, em 1864.

Borges publicou em *Outras inquisições* "Nathaniel Hawthorne", texto originalmente apresentado como conferência no Colegio Libre de Estudios Superiores (v.), em março de 1949. Esse ensaio traz uma biografia de Hawthorne e sua relação com o contexto social. Também conta quais livros o escritor norte-americano lia e como foi a recepção posterior de sua obra por outros autores e pelos críticos. Borges comenta o modo como Hawthorne concebia suas criações, insistindo no conto "Wakefield", que ele aponta como um claro antecedente do trabalho de Franz Kafka (1883-1924) (v.). Borges afirma que "*A imaginação de Hawthorne é romântica; seu estilo, apesar de alguns excessos, corresponde ao do século XVIII*", o que situa esse narrador em um ponto de inflexão e de fundação. A partir daí, retomamos outras palavras do autor argentino, "*os demais escritores herdaram sua tarefa de sonhar*". Suspeitamos que valorizava mais seus textos breves que sua obra romanesca. Incluiu-o ainda no terceiro capítulo de *Introducción a la literatura norteamericana*. — LM

Hazar afsana

O *Hazar afsana* é uma das possíveis gêneses daquilo que hoje chamamos *As mil e uma noites* (v.). O título, de origem persa, pode ser traduzido literalmente como "mil fábulas" — Borges, no ensaio-conferência "*As mil e uma noites*" (*Sete noites*), traduziu como *As mil histórias*.

O livro já não pode ser encontrado em parte alguma. Sua existência foi documentada no século X em escritos do historiador Almasudi e no *Alfihrist* (v. *Fihrist*), importante catálogo de livros árabes produzido por um livreiro chamado Annadim Alwarraq. Nesses documentos, fica a indicação de que no *Hazar afsana* poderíamos reconhecer parcialmente a trama e os principais personagens que no futuro integrariam a narrativa principal das *Mil e uma noites*. Annadim, por exemplo, cita nomes como Sahrazad e Dinarzad, e fala da história de um rei que matava suas esposas após a noite de núpcias.

Mais que a genealogia de uma de suas obras prediletas, o que parece realmente instigar Borges é o aparecimento da palavra "mil" no título: "*Se tivessem posto novecentas e noventa e nove noites, sentiríamos que está faltando uma noite; assim, porém, sentimos que nos dão uma coisa infinita e que para completar ainda nos dão mais uma noite*" ("*As mil e uma noites*"). — DF

Hazlitt, William

Ensaísta e crítico literário inglês (1778-1830), foi um grande defensor do humanismo e um dos maiores estudiosos de William Shakespeare (v.). Colaborou em diversos periódicos, como *The Times* e *The London Magazine*, e frequentou os círculos literários de Samuel Taylor Coleridge (v.) e William Wordsworth (v.). Pregou inúmeras ideias revolucionárias, próximas ao que viria a ser o socialismo, mas, ao mesmo tempo, foi defensor de Napoleão Bonaparte, tendo escrito uma extensa biografia sobre ele. Suas principais obras são *The Spirit of the Age* [O espírito da época] e *Characters of Shakespeare's Plays* [Os personagens das peças de Shakespeare].

Há uma citação famosa de Hazlitt em "De alguém para ninguém" (*Outras inquisições*): "*Shakespeare em tudo se assemelhava a todos os homens, exceto no fato de assemelhar-se a todos os homens. No íntimo não era nada, mas era tudo o que são os demais, ou o que podem ser*" (1950). Borges introduz tal passagem como um testemunho dos cultos a Shakespeare. Mostra que a crença comum a várias religiões, segundo a qual a divindade é uma entidade ligada ao Nada, não é exceção aqui. Essa observação de Hazlitt se tornaria o argumento central do último conto escrito por Borges, que dá nome ao livro *A memória de Shakespeare*. Nele se oferecem ao próprio autor argentino as lembranças do bardo inglês, que são, ao mesmo tempo, a memória de todos os homens. — TP

Hebreu, Leão

V. Abarbanel, Isaac.

Heine, Heinrich

Escritor alemão (1797-1856), conhecido principalmente por sua obra poética, produziu também textos em prosa, tendo sido jornalista. Censurado em muitos estados da Alemanha em razão de seu liberalismo, mudou-se para a França após a Revolução de 1830, onde permaneceu até a década de 1840. Aí, teve contato com intelectuais como Honoré de Balzac (v.), Frédéric Chopin e Karl Marx (v.). Um de seus livros mais famosos é *Buch der Lieder* (1827), cujo estilo já revelara em *Die Harzreisen* (1826): oscilação entre tom grave e descontraído, humor, flexibilidade de pensamento e estilo, tom romântico e irônico, traços que marcam a emergência de uma geração e enfatizam seu caráter inovador. Borges o recorda especialmente por seu aprendizado da língua alemã em 1915 com um dicionário bilíngue alemão-inglês e um exemplar de *Lyrisches Intermezzo* (1823), obra que cita como uma das mais memoráveis do escritor que para ele foi "*o primeiro poeta alemão*", embora saibamos que o autor argentino aprendeu essa língua no Collège Calvin, durante a adolescência em Genebra.

Borges se refere também aos poemas reunidos sob o título *Zeitgedichte* (1844) e a "Der Asra", poema do primeiro livro do *Romanzero* (1851), em que Heine, curiosamente, depois de ter se convertido ao cristianismo por questões práticas, aborda os temas de sua ascendência judaica. *Melodias hebreias* (terceiro livro do *Romanzero*) e o poema "Bimini", que está entre os textos escritos de 1853 a 1854, são mencionados por Borges como obras que não devem ser esquecidas. — PPM

Henríquez Ureña, Max

Escritor dominicano (1886-1968), Maximiliano Adolfo Henríquez Ureña foi diplomata, ensaísta e historiador. Como seu irmão Pedro Henríquez Ureña, Max escreveu ficção, e foi professor e crítico literário. Entre seus livros mais importantes estão *Panorama histórico de la literatura dominicana* (1945) e uma *Breve historia del Modernismo* (1954). Contribuiu para a introdução do *modernismo* (simbolismo) em seu país. De sua obra poética destacam-se *Ánforas* (1914), *Fosforescencias* (1930) e *Garra de luz* (1958). Como ensaísta, mostrou-se notável, preocupado com os problemas políticos de seu tempo e também com o estudo da literatura hispano-americana, à qual dedicou textos acerca do *modernismo* ibero-americano e da literatura dominicana. Viveu em Cuba, México e Porto Rico por muitos anos, tendo sido diplomata durante a ditadura de Rafael Trujillo, a qual durou, desde 1930, mais de três décadas, e tendo ensinado literatura na Universidade Autónoma de Santo Domingo e na Universidade Nacional Pedro Henríquez Ureña. Borges o recorda como crítico literário em *Prólogos, com um prólogo de prólogos*, comentando que o intelectual dominicano considerava México e Buenos Aires as duas capitais do simbolismo. — PPM

Henríquez Ureña, Pedro

Em 1925, Borges conheceu o dominicano Pedro Henríquez Ureña (1884-1946), um dos mais importantes nomes das letras hispano-americanas. Em 1942, depois de *O jardim de veredas que se bifurcam* ter ficado em segundo lugar em um concurso literário, seus amigos, inclusive Ureña, reagiram com vigor e publicaram um número da revista *Sur* (v.), intitulado "Desagravo a Borges", enaltecendo-o. Em 1928, o autor argentino resenhou, na revista *Síntesis*, o livro de Ureña *Seis ensayos en busca de nuestra expresión*, e em 1960 escreveu prólogos para *Observaciones sobre el español en América y otros estudios filológicos* e *Obra crítica*, este último analisado em "Pedro Henríquez Ureña: *Obra crítica*" (*Prólogos, com um prólogo de prólogos*). Ureña colaborou com Borges e Adolfo Bioy Casares (v.) na efêmera revista *Destiempo* (1936-7) e também na *Valoraciones*. Com Borges, escreveu *Antología clásica de la literatura argentina* (1937).

Ureña aparece no conto "O Aleph" (*O Aleph*). Borges comenta, em "O alarmismo do dr. Américo Castro" (*Outras inquisições*), a citação de Américo sobre a gramática de Ureña. Em "Ragnarök", Borges sonha com o escritor dominicano (*O fazedor*). — PFCO

Heráclito de Éfeso

Pensador grego (*c.* 540-*c.* 480 a.C.), considerado o pai da metafísica e da dialética. Descendente de uma das famílias que fundaram Éfeso, recusou-se a se candidatar a governante da cidade: preferiu dedicar-se isoladamente à observação da natureza, desprezando políticos, poetas e filósofos. Ficou famosa a história de sua morte, narrada por Diógenes Laércio (v.): depois de saber que não existia tratamento para o excesso de água que havia em seu ventre, Heráclito pediu aos criados que o deitassem ao sol e o cobrissem com esterco. No dia seguinte, faleceu. Como foi impossível retirar o cadáver da montanha de esterco, sepultaram-no ali mesmo, deixando o corpo putrefato ser devorado por cães.

A crença de Heráclito baseava-se na mutabilidade como princípio central do universo. Ele acreditava que todas as coisas eram partes de um Uno, que contém toda a multiplicidade, sustentando a tensão de opostos inseparáveis: luz e trevas, bem e mal, calor e frio etc. Por isso, o fogo como elemento primordial — todas as diferenças resultam do seu caráter mutável e modificador. Em razão das formulações enigmáticas do livro *Sobre a natureza*, o pensador ganhou um epíteto: o Obscuro. De sua obra, sobrevivem apenas fragmentos. Um dos mais célebres, e constantemente referido por Borges, é "*Ninguém desce duas vezes às águas/ Do mesmo rio*" ("Heráclito", *A moeda de ferro*).

Já em seu primeiro livro, *Fervor de Buenos Aires*, no poema "Fim de ano", Borges escreve que algo perdura em nós, "*apesar de sermos/ as gotas do rio de Heráclito*". Há ainda outros poemas em que o filósofo é mencionado: em *Elogio da sombra*, *O fazedor* e *A moeda de ferro*. Em "Notas sobre Walt Whitman" (*Discussão*), as influências panteístas do poeta norte-americano são exemplificadas com o *Bhagavad Gîta* (v.) e com o fragmento 67 de Heráclito: "*Deus é dia e é noite, inverno e verão, guerra e paz, fartura e fome*". O pensador grego também aparecerá na lista de concepções de eterno retorno em "O tempo circular" (*História da eternidade*). Mas a maior prova de sua influência no pensamento de Borges é a conclusão de "Nova refutação do tempo" (*Outras inquisições*), em que as duas grandes imagens de Heráclito — o rio e o fogo — aparecem: "*O tempo é a substância de que sou feito. O tempo é um rio que me arrebata, mas eu sou o rio; é um tigre que me destroça, mas eu sou o tigre; é um fogo que me consome, mas eu sou o fogo*". — TP

Hernández, José

Poeta, jornalista, político e militar ocasional (1834-86), é lembrado especialmente por haver escrito uma obra fundamental da literatura argentina e americana, *Martín Fierro* (1872-9) (v.). De família paterna federalista (v.) — seu pai administrou um estabelecimento rural de Juan Manuel de Rosas (v.) — e família materna unitária, conheceu muito cedo a vida de fazenda e os costumes e dizeres dos *gauchos* (v.). Sua vida adulta coincidiu com os duros conflitos entre a província de Buenos Aires e a Confederação Argentina com sede no Paraná. Hernández, federalista, apoiou abertamente a Confederação. Lutou por essa causa nas batalhas de Cepeda (v.) e Pavón e, mais tarde, apoiou na política e com as armas o caudilho entrerriano Ricardo López Jordán (v.), descontente com a liderança de Justo José de Urquiza (v.) na luta contra o centralismo portenho. Isso lhe valeu perseguições e exílios, em Santana do Livramento (Rio Grande do Sul) e em Montevidéu. Foi taquígrafo do Senado da Confederação, secretário do general Juan Esteban Pedernera — presidente interino — e da legislatura de Corrientes, ministro dessa província, deputado e senador da legislatura de Buenos Aires. Seus textos jornalísticos foram publicados em, entre outros veículos, *La Reforma Pacífica*, *El Argentino*, *El Eco de Corrientes*, *El Río de la Plata* (o qual fundou e dirigiu) e em *La Patria*, de Montevidéu. Em 1863, lançou *Rasgos biográficos del general Ángel Vicente*

Peñaloza (chamado o Chacho), a quem considerou "um dos caudilhos mais prestigiosos, mais generosos e valentes que a República Argentina teve", derrotado e decapitado no governo de Domingo Faustino Sarmiento (v.), em San Juan. Criticou muito a presidência de Bartolomé Mitre (v.) e a de Sarmiento, e contemporizou com a de Nicolás Avellaneda. Em 1880, apoiou a política do general Julio Argentino Roca e defendeu na legislatura provincial o projeto de capitalização de Buenos Aires. Escreveu também uma *Instrucción del estanciero* (1881).

Borges costumava ser reticente em relação ao personagem histórico Hernández. Sua própria história familiar, poder-se-ia dizer, cruzava-se com a do poeta *gauchesco* (v.). Em 1873, López Jordán sitiou o Paraná, entre cujos defensores estava o partidário de Mitre, coronel Francisco Borges (v.), de valentia e honra proverbiais (e assim recordado por, entre outros, Eduardo Gutiérrez) (v.). Às vezes, essa reticência se transferia também para *Martín Fierro*, sobretudo quando Borges se deixava vencer por suas escolhas ideológicas. Sua obra poética e de ficção, porém, tomava outro rumo, e por isso as leituras que fez do poema de Hernández foram tão fecundas e produtivas. No conto "Biografia de Tadeo Isidoro Cruz (1829-74)" (*O Aleph*), alude a ele sem mencioná-lo explicitamente, recorrendo a uma citação da primeira epístola de Paulo aos Coríntios, para defini-lo como "*um livro insigne*", ou seja, "*um livro cuja matéria pode ser tudo para todos* [...], *pois é capaz de quase inesgotáveis repetições, versões, perversões*". (V. Cruz, Tadeo Isidoro.) — JSV

Herrera y Reissig, Julio

Poeta uruguaio (1875-1910), deixou também vários ensaios, como *Tratado de la imbecilidad del país*, publicado postumamente em 2008, alguns relatos breves e textos dramáticos. A obra poética de Herrera y Reissig, fundamental para a lírica modernista hispano-americana, foi reunida pouco depois de sua morte precoce. A diversidade de tendências do período modernista na América Latina levou-o a produzir trabalhos em mais de uma modalidade e em mais de um estilo. Sua poesia está vinculada a determinados aspectos do decadentismo e à influência parnasiana, não obstante ele tenha conseguido criar em língua espanhola uma alquimia singular da palavra, até então pouco explorada e que, posteriormente, obteve o reconhecimento e a admiração de poetas como Pablo Neruda e Federico García Lorca, entre outros. Considera-se a etapa mais importante de sua obra aquela que vai de 1903 a 1910, em que se encontram duas orientações: uma descritiva e rica em metáforas, e outra complexa e hermética, na qual se projeta eventualmente um sujeito lírico angustiado. Na paixão de Julio por metáforas e neologismos, desde os anos 1920 pode-se observar sua criação como antecipação do ultraísmo. Borges, em "Nota sobre (em busca de) Bernard Shaw" (*Outras inquisições*), critica o estilo de Herrera y Reissig, caracterizando sua obra como decorrente da concepção da literatura como jogo formal, feita de surpresas ditadas pela vaidade e pelo acaso. Menciona-o também no poema "Adrogué" (*O fazedor*). — PPM

Hesíodo

Ao lado de Homero (v.), Hesíodo, que viveu entre o fim do século VIII a.C. e o começo do século VII a.C., é considerado o maior e mais antigo poeta grego. Seu longo poema *Teogonia*, composto de 1022 versos hexâmetros, narra a história do mundo dos deuses e conta como Zeus chegou ao Olimpo. Esse poema também coloca a questão da sucessão dos estágios da cultura, a que Borges alude em "O tempo circular" (*História da eternidade*) quando fala "*nos homens de Hesíodo, que degeneram do ouro para o ferro*". Sobre a evolução da cultura humana, há duas correntes que se dividem da seguinte maneira: a decadentista, nostálgica de uma época anterior de ouro, e a progressista, a qual acreditava que nas eras primitivas predominava a barbárie. Em *Os trabalhos e os dias*, obra citada por Borges em "O Aleph", do livro homônimo, Hesíodo celebra as atividades rurais como se fossem uma escola de virtudes, somadas ao *éthos* da excelência guerreira e ao conceito de "justiça". — PFCO

hexâmetro do grego

O hexâmetro grego era a métrica utilizada na poesia épica antiga. Além disso, as respostas do Oráculo de Delfos normalmente eram fornecidas por meio dessa medida. Usado por Homero (v.), Hesíodo (v.) e Parmênides (v.), o hexâmetro também é a medida da mais antiga inscrição alfabética grega já encontrada, presente em uma jarra de vinho, descoberta na Ática. Borges comenta o hexâmetro no poema "Ao idioma alemão" (*O ouro dos tigres*). — PFCO

Hidalgo, Alberto

Poeta peruano (1897-1967), publicou narrativas, ensaios e, sob o pseudônimo Dr. J. Gómez Nerea, textos de divulgação psicanalítica. Viveu em Buenos Aires a partir de 1919. Na década de 1920, montou uma tertúlia literária com traços de performance, a *Revista Oral*. Suas obras mais importantes são *Edad del corazón* (1940), *Tratado de poética* (1944) e *Espaciotiempo* (1956) (v. *martinfierrismo*).

Participou do movimento vanguardista portenho e manteve contato com Borges, publicando com ele (e com Vicente Huidobro) o livro *Índice de la nueva poesía americana* (1926). Aí, Hidalgo incluiu um poema muito inicial do autor argentino, que este havia renegado, com uma visão positiva da Revolução Russa de 1917. A longa inimizade entre os dois foi explicada por essa inclusão, embora já existisse certa rivalidade: Hidalgo aderira ao "simplismo", uma combinação de futurismo e criacionismo, e almejava liderar os jovens vanguardistas portenhos, em uma tácita competição com o grupo *martinfierrista*. Borges cita-o em *O outro, o mesmo*, em cujo prólogo se pode perceber a inimizade mencionada. — PMG

Hidalgo, Bartolomé

Poeta, nasceu na Montevidéu colonial em 1788 e morreu em Morón, província de Buenos Aires, em 1822. Bartolomé Hidalgo aderiu à revolução independentista desde o início. Escreveu poemas neoclássicos, sob a influência da poesia espanhola da época, mas adotou uma estética adequada a suas ideias políticas revolucionárias e compôs *cielitos*, estrofes rimadas com uma linguagem que imita a fala *criolla* (v. *criollo*) rural. Escritos com o metro e a assonância do romance espanhol, têm a importância de fundar um gênero: a poesia *gauchesca* (v.). Os *cielitos* e os diálogos são incluídos com antecipação nas primeiras antologias publicadas no Uruguai e na Argentina independentes. Borges chamou-o o Adão da literatura *gauchesca*, cuja voz "*imortal, secreta e modesta*" continuou reverberando por mais de um século. — PR e MAGB

hidra de Lerna

Segundo a mitologia grega, a hidra de Lerna, filha de Equidna e de Tifão, era uma grande serpente com muitas cabeças que tinham a capacidade de se reproduzir ao serem cortadas, e o odor que exalava podia provocar a morte de quem estivesse por perto. A tradição une à hidra a figura de Héracles, que teria de enfrentá-la ajudado por seu sobrinho Iolaus.

Borges dedicou-se a ela no *Manual de zoologia fantástica* (1957) (v.) — escrito em colaboração com Margarita Guerrero —, livro cujo título foi alterado para *O livro dos seres imaginários* (1967) e ao qual se acrescentaram outros seres fantásticos. O manuscrito, de nove páginas, intitulado "Velho hábito argentino", com data de 1946 e 1955, contém dois desenhos atribuídos a Borges e pertence à biblioteca da Universidade de Virgínia. Um deles representa uma hidra com sete cabeças, entre as quais é possível reconhecer as de Juan Domingo Perón (v.), María Eva Duarte de Perón (v.), Karl Marx (v.) e Hitler. — PA

Hipódromo

Mais uma referência de Borges à sua cidade natal, Buenos Aires, o Hipódromo Argentino de Palermo, inaugurado em 7 de maio de 1876, possui uma pista de 2400 metros que é considerada uma das melhores do mundo. Palermo foi o bairro em que Borges morou com a família na infância. Na época, fazia parte da periferia da cidade, espaço de predileção da poética do autor, especialmente nos seus primeiros textos. Nesses anos 1920, a cidade foi o tema eleito pelas vanguardas para que se pensasse a questão do nacional e do moderno, ao estimular experiências objetivas, conectadas com as novas tecnologias que aceleram o tempo e criam outros ritmos para a vida, e subjetivas, configurando um movimento individual e interior que tentasse compreender a nova urbe. Portanto, na Argentina desse período, pensar sobre a cidade seria pensar sobre a pátria e sobre projetos políticos e estéticos. Por isso, a capital do país desempenha papel fundamental na obra borgiana.

Em "Uma vida de Evaristo Carriego" (*Evaristo Carriego*), Borges nos conta sobre a vida de Carriego (v.), que costumava passar na casa de sua família quando voltava do Hipódromo, local onde trabalhava Santiago Dabove (v.), escritor argentino, autor de *La muerte y su traje* (1961) — livro prologado por Borges ("Santiago Dabove: *A morte e seu traje*", *Prólogos, com um prólogo de prólogos*) —, e amigo de Borges e de Macedonio Fernández (v.). — PFCO

Histoire générale des voyages

Obra em quinze volumes compilada entre 1746 e 1759 pelo abade Antoine François Prévost (1697-1763), em tentativa monumental de descrever o mundo de acordo com os critérios do enciclopedismo do Século das Luzes.

Ao comentar o romance *The Purple Land*, de William Henry Hudson (v.) (*Outras inquisições*), Borges afirma que Hudson teria experimentado uma vida semibárbara, qualidade que Jean-Jacques Rousseau e Friedrich Nietzsche (v.), a quem o aproxima o estilo, teriam sentido por meio da *Histoire générale des voyages* e das epopeias homéricas. — JGS

história

Durante décadas, a obra de Borges foi considerada alheia à história. Ele mesmo, de variadas maneiras, contribuiu para a consolidação dessa visão, ao reiterar — sobretudo nos últimos trinta anos de vida — seu desapreço por assuntos extraliterários e a dedicação quase exclusiva a livros clássicos, supostamente atemporais, a universos fantásticos e a geografias imaginárias. Também as opiniões políticas manifestadas nos anos 1970 — anos de chumbo para a América Latina — trocavam a consciência política pelo imediatismo e pela pilhéria, reforçando a impressão de que o grande escritor não tinha interesse algum pelo presente nem pelo passado histórico de seu país, do continente ou do mundo (v. política).

Parte importante da crítica literária — talvez orientada pelas declarações do próprio Borges — reafirmou, ainda no fim dos anos 1950, o caráter irrealista, fantástico, a-histórico e algo escapista dos textos borgianos. O célebre estudo de Ana María Barrenechea, *La expresión de la irrealidad en la obra de Borges* (1957), teve, nesse sentido, papel decisivo: "Para fragilizar nossa crença em um existir concreto, Borges ataca os conceitos fundamentais em que a segurança do próprio viver se baseia; o universo, a personalidade e o tempo. [...] Além disso, sentimos a constante presença do infinito que diminui e sufoca, ou vemos a matéria desaparecer em reflexos, sonhos e simulacros em consonância com a filosofia idealista ou com ideias religiosas e lendárias que a anulam". Segundo a autora, Borges substituía a concretude do real e a experiência diretamente vivida — bases fundamentais da política e da história — por um conjunto de referências imateriais e idealizadas, que conformavam uma ficção fundada em simulacros. Diversos críticos reforçaram tal percepção, entre as décadas de 1960 e 1990 — como Jaime Alazraki, Jean Franco, Manuel Ferrer, Pierre Jourde, Jean Pierre Mourey, Roland Quilliot, Saúl Sosnowski, John Sturrock.

Algumas vozes dissonantes, no entanto, insistiam que a aparente irrealidade da obra de Borges poderia conter, de forma muitas vezes implícita, elementos políticos e históricos. Em um artigo pioneiro de 1977, por exemplo, Emir Rodríguez Monegal (v.) relembrou a intensa participação de Borges em embates políticos do passado: o radicalismo dos anos 1920, em defesa de Hipólito Yrigoyen (v.); a oposição visceral ao nazifascismo, nos anos 1930 e 1940; o profundo antiperonismo que o guiou de 1946 até o fim da vida ("Borges y la política"). Rodríguez Monegal chegou a reproduzir, no mesmo texto, um vigoroso escrito de Borges, "Dele-Dele" (datado de 15 de agosto de 1946 e publicado originalmente na revista *Argentina Libre*), que traz uma das mais corajosas críticas então feitas ao peronismo, o qual vivia seus anos de plenitude.

A recuperação do Borges preocupado com a política, porém, não assegurava necessariamente o reconhecimento dos vínculos históricos de sua obra. Tal reconhecimento começou a ganhar forma a partir da passagem dos anos 1970 para os 1980, em artigos e livros que provocaram uma guinada crítica decisiva no universo borgiano: *Las letras de Borges* (1979), de Sylvia Molloy; "Da fama e da infâmia: Borges no contexto literário latino-americano" (1984), de Davi Arrigucci Jr.; *Out of Context: Historical Reference and Representation of Reality in Borges* (1993), de Daniel Balderston; *Jorge Luis Borges: a Writer on the Edge* (1993) [*Jorge Luis Borges, um escritor na periferia*, 2008], de Beatriz Sarlo. Davi Arrigucci, um dos precursores, sintetizou o esforço: "Agora é preciso lê-lo noutra direção, mais inclusiva e difícil, mas quem sabe mais justa para com o escritor: a que seja capaz de buscar a unidade orgânica entre a articulação interna de sua obra e o conteúdo de verdade humana que ela envolve e que é, até o cerne da matéria, histórico. A qualidade do todo depende da sedimentação formal de uma experiência histórica (v.) configurada em obra de arte" ("Borges e a experiência histórica").

Diversos temas e questões recorrentes em Borges foram revisitados e reinterpretados. A obsessão borgiana pelo tempo circular e eterno deixava de ser encarada como indício de falta de historicidade e passava a ser entendida como reconhecimento do embate entre percepções distintas da provisoriedade humana — resultantes de diferentes experiências históricas vividas. A mitificação de feitos ilustres de antepassados era agora tomada como indício de uma memória histórica que devia ser problematizada para melhor compreensão da história. O propalado universalismo borgiano (que, para muitos, simbolizava sua perda de vínculo com o mundo real das fronteiras e das disputas nacionais) assumia cores locais e particulares. As incontáveis referências literárias e históricas de seus textos — verdadeiras ou falsas — eram identificadas como menções indiretas a episódios históricos e à formação de redes capazes de associar livros e autores: a "invenção de precursores" ganhava, assim, a conotação de eleição histórica, e não de escolha arbitrária e aleatória. A sucessiva reescritura dos textos — um dos principais procedimentos literários borgianos — era equiparada ao reconhecimento da historicidade de cada escrita e de seu tempo.

Por caminhos diversos, recheados de polêmicas e com numerosos exemplos e exaustivo trabalho de análise e interpretação textual, a nova e profundamente transformadora abordagem crítica destacava a postulação da realidade por Borges e seus mecanismos cifrados e alusivos de referencialidade histórica. Reagia, portanto, à própria disposição borgiana de indeterminar seus vínculos com a história e à tradição crítica das décadas anteriores. Criava ainda as bases para a realização de estudos extremamente importantes — por exemplo, *Borges ante el fascismo*, de Annick Louis — e para o reconhecimento da profunda e complexa relação de Borges com a história, ampliando a leitura e a compreensão de seus escritos, e permitindo que a crítica escapasse dos labirintos que o próprio autor criou. — JPP

Hladik, Jaromir

Personagem do conto "O milagre secreto" (*Ficções*), é um escritor de Praga, autor do drama em versos *Os inimigos* e *Defesa da eternidade*, além de haver interpretado as fontes judaicas do místico alemão Jakob Boehme e de compor certos poemas expressionistas. Como aponta Daniel Balderston, Jaromir Hladik possivelmente é uma referência ao tcheco Václav Hladík autor dramático e de vasta obra que aborda, entre outros temas, a vida na Praga moderna. Como a literatura desse romancista não está disponível em outra língua a não ser o tcheco, Borges chegou até ele, como observa ainda Balderston, por meio de um verbete sobre "literatura boehmiana" presente em um dos volumes da *Encyclopaedia Britannica*. O personagem Hladik representa tanto o pensador ocupado com a questão do tempo como o povo perseguido pelo Terceiro Reich. — PPM

Hobbes, Thomas

Filósofo e cientista político inglês (1588-1679). Durante sua estada na França, entre 1629 e 1631, estudou Euclides (v.) e tornou-se especialmente interessado em matemática. Em outra viagem ao continente, ele se encontrou com Marin Mersenne, um reputado matemático e teólogo e, em 1636, com Galileu Galilei e René Descartes, cuja ciência e filosofia o impressionaram. No entanto, como cientista político é que Thomas Hobbes se consagraria.

Em Paris, Hobbes escreveu sua obra-prima, *O Leviatã* (1651), um estudo filosófico sobre o absolutismo político. No final do livro, ele afirmou que os súditos tinham o direito de abandonar o soberano, caso este não mais os pudesse proteger, em favor de um novo soberano que pudesse fazê-lo.

Borges, quando se refere a Hobbes, relaciona-o à lógica e à matemática. Em *Discussão*, nos dois ensaios que tratam do paradoxo de Aquiles (v.) ("A perpétua corrida de Aquiles e da tartaruga" e "Avatares da tartaruga"), ele diz que Hobbes discutiu esse problema, porém não explicita qual foi a solução encontrada pelo filósofo. Assim sendo, parece que seu nome tem apenas uma função retórica e enumerativa. Borges, ao catalogar os escritores que ponderaram tal questão, tacitamente afirma que as problemáticas, sejam filosóficas ou matemáticas, jamais são novas. Cada época, sugere, apenas confere uma nova cara a um velho enigma. — RB

Hogar, El

El Hogar, Ilustración Semanal Argentina foi fundada em Buenos Aires em 1904. Sua proposta era contar a "história da semana", reproduzir fotos dos acontecimentos importantes da capital, das províncias e de "nosso grande mundo". Em geral, eram mais frequentes as reportagens para as donas de casa: sobre cozinha, higiene, educação dos meninos e das meninas, economia doméstica e até instruções a respeito do modo como "a mulher de hoje" deve dirigir um carro. Não faltavam anúncios e artigos sobre roupas e penteados da última moda, e constantemente se divulgavam segredos de beleza. Publicavam-se também artigos sobre destacadas figuras políticas e escritores famosos, histórias para crianças, ideias úteis, noticiário esportivo, narrações históricas, textos literários, e se promoviam concursos de literatura. É um espaço intersemiótico que capta, por meio de imagens e textos, o transcorrer sociopolítico da nação e da mulher. Além disso, e o que nos interessa especificamente, traz pequenos *alephs* de textos de Borges acerca de nosso grande mundo intertextual.

Durante alguns anos, *El Hogar* adquiriu um valor literário inestimável por haver publicado em suas páginas obras de Roberto Arlt (v.), Ezequiel Martínez Estrada (v.), Enrique Amorim (v.), Ramón Gómez de la Serna (v.) e, sobretudo, a voz crítica de Jorge Luis Borges. Não há dúvidas de que as palavras de Borges, ao lado dos anúncios do licor Bols, do creme facial Hinds ou do fortificante Ovomaltine, proporcionaram uma duradoura percepção e reflexão às leitoras e leitores nas semanas que transformavam o contexto nacional e internacional no fim dos anos 1930.

A colaboração foi publicada pela primeira vez no número de 7 de agosto de 1936, com o título "Guía de lecturas. Libros y autores extranjeros", sem menção ao nome do resenhista. Em um dos números seguintes, apareceu o breve ensaio "El eliotismo en la poesía inglesa", de Ann Keen, e a tradução de um fragmento de "Burnt Norton", de T.S. Eliot (v.), esta assinada por A. K. Em 16 de outubro, surgiu a assinatura de Borges, que continuou a aparecer durante três anos. Sua nova voz crítica apoderou-se do espaço que "Ann Keen" havia utilizado, criando para as leitoras e leitores um contexto original, no qual se vislumbra uma biblioteca mais ampla: a lenta leitura de Borges, que sonha em sua biblioteca. Então se estabeleceu um divertido diálogo de textos.

No início, a seção assinada por Borges não difere muito da de "Ann Keen": compõe-se de uma resenha principal, várias resenhas subsidiárias, fragmentos sobre a vida literária e uma "biografia sintética". Nas resenhas principais, são abundantes as avaliações de biografias, análises de romances, comentários sobre textos teóricos, reportagens acerca da iminente guerra na Europa e resenhas de livros pró-semitas e antissemitas. Nas "biografias sintéticas", examinam-se a formação intelectual dos escritores, os momentos críticos de sua vocação literária.

As páginas de Borges em *El Hogar* podem ser divididas em quatro etapas precisas. A primeira estende-se de 16 de outubro de 1936 a 14 de maio de 1937 e compreende a sequência inicial em que o autor vai se adaptando ao formato da página. Durante essa época, ele reduziu gradualmente o número de resenhas secundárias e aumentou o espaço dedicado à "vida literária". A segunda etapa inclui as páginas publicadas de 28 de maio de 1937 a 30 de setembro de 1938, nas quais se apresentam textos que antecipam as leituras do número seguinte e que, ao mesmo tempo, mantêm o interminável diálogo crítico das publicações anteriores. Tais números representam um período de plenitude em que Borges já conseguiu recompor e equilibrar a página à sua maneira. A seção é dividida geralmente em quatro partes: 1) a resenha principal, 2) a resenha secundária, 3) a "biografia sintética", e 4) "De la vida literaria". A uniformidade desses 35 números se deve ao fato de que todos contêm uma "biografia sintética" e uma resenha principal. É bastante evidente a mudança abrupta do esquema no número de 30 de setembro de 1938. Por quatro meses, a publicação de "biografias sintéticas" foi interrompida. Além disso, começaram a ser publicadas duas resenhas destacadas com títulos independentes, o que adverte o leitor de que não se trata de um texto único. Por outro lado, "De la vida literaria" aparece em um lugar destacado da página.

Durante a terceira etapa da seção, ocorre o singular acidente do Natal de 1938, o qual Borges recorda com muita frequência. Uma das consequências quase imediatas do acidente, que motivou sua internação em um hospital, reflete-se nessa revista: os textos de 27 de janeiro de 1939 não são de Borges, embora a página tenha aparecido com seu nome. Pelo estilo se nota que algum colega os redigiu. Nessa terceira etapa, a página é deslocada para o fim de cada número, o que sugere a diminuição de sua eficácia jornalística. Os anúncios de sabão, e outras iniciativas comerciais de *El Hogar*, eram abundantes ao redor dos textos de Borges. A transformação do texto de toda a revista merece uma minuciosa análise cultural pela importância que a criação de um público consumidor baseado em recepções e percepções sociopolíticas e socioeconômicas traz consigo — questão paradoxal em termos da teoria da produção cultural de Borges, que privilegia a recepção.

A etapa final começa com o número de 5 de maio de 1939, quando a seção foi reduzida a meia página, acompanhada por anúncios laterais, com o novo título "Libros extranjeros". Durou apenas mais três números. É óbvio, como anuncia o novo título, que faltam as "biografias sintéticas". Entretanto, na última meia página, aparece o artigo "John Wilkins, previsor" (*Textos cativos*), que é uma espécie de biografia sintética, embora mais interpretativa da obra do autor.

As colaborações de Borges para *El Hogar*, de 1936 a 1939, permitiram abordar sua narrativa e sua obra crítica madura de uma nova perspectiva. O Borges "resenhista" determina a leitura que suas ficções críticas exigem. Não há exercício melhor que explorar as ideias dele sobre tradução ou literatura policial, ou ler "A aproximação a Almotásim" ("Duas notas", *História da eternidade*) e "Pierre Menard, autor do *Quixote*" (*Ficções*) no contexto intertextual de *El Hogar*. — ESG

Hollywood

A origem de Hollywood remonta ao próprio início do cinema, quando diversas companhias de produção cinematográfica se mudaram da Costa Leste para a Califórnia. Assim, esperavam escapar ao controle de Thomas Edison e da Motion Pictures Patents Company, e também pretendiam aproveitar a variedade de paisagens e o bom clima da Costa Oeste, que permitia filmar durante o ano inteiro. Muitas dessas companhias se instalaram no bairro de Hollywood, na periferia de Los Angeles, onde logo se constituiu um poderoso centro de produção cinematográfica. O nome Hollywood acabou se tornando sinônimo de *studio system* e da indústria norte-americana. Graças ao poder desta última, os códigos narrativos utilizados pelos filmes dos estúdios se impuseram e se generalizaram em todo o mundo como se se tratasse da gramática natural do cinema.

Borges define Hollywood como "*uma vasta e complexa literatura, exercitada com feliz desempenho em todos os gêneros*" ("Filmes", *Discussão*). Este era o tipo de cinema a que ele assistia assiduamente nas décadas de 1930 e 1940: fim do período mudo, começo do sonoro, Josef von Sternberg (v.), John Ford, Ernst Lubitsch, King Vidor (v.), George Cukor, John Cromwell. O espectador Borges assistiu ao apogeu de Hollywood. A relação, não obstante, é ambivalente. Se, por um lado, o escritor celebra nesses filmes o descobrimento de uma forma moderna da épica, por outro se irrita quando os personagens arquetípicos são simplificados e se transformam em estereótipos. Incomodam-no as simplificações de problemas complexos que se resolvem de maneira esquemática — como em *Dr. Jekyll and Mr. Hyde* (1941), em que a ambivalência moral do romance se reduz a uma mera oposição entre o bem e o mal; incomodam-no as falsificações grosseiras, como em *Morocco* (1930), de Von Sternberg, que tenta mostrar uma cidade moura e só consegue repetir os clichês americanos sobre uma cidade moura; a vulgaridade o enfurece — a dublagem é entendida, assim, como um "*artifício maligno*" inventado pela indústria para produzir monstros. O que ele questiona no cinema de Hollywood são as características de uma indústria do entretenimento empenhada em satisfazer os desígnios do gosto da massa. — DO

Holmes, Sherlock

Criado pelo escocês Arthur Conan Doyle, Sherlock Holmes surgiu no romance *Um estudo em vermelho*, editado pela revista *Beeton's Christmas Annual* no Natal de 1887. Tornou-se o personagem da literatura mundial que recebeu o maior número de adaptações, estudos e especulações. O caso é único na história: a criatura Holmes, junto com Watson, seu companheiro e cronista em várias histórias, engoliu o criador Doyle. Quando Sherlock não está resolvendo mistérios, sua capacidade mental é comum e, em muitos aspectos, deficiente, sem penetração. Se não se ocupa de um caso, ele cai em estados depressivos que só consegue aliviar com a injeção de estupefacientes. O personagem é tema e título do poema "Sherlock Holmes", presente no livro *Os conjurados*. Borges não apreciava o método dedutivo de Holmes, baseado muitas vezes em pistas mínimas e não no raciocínio puro. Ao escrever um prólogo para o romance *A pedra lunar*, de Wilkie Collins (v.) (*Prólogos, com um prólogo de prólogos*), Borges lembra "*o primeiro conto policial que a história registra*" e afirma que "*essa narrativa fixa as leis essenciais do gênero*" que futuramente constituiriam o personagem Sherlock Holmes (v. conto policial). — YF

Homero

Apesar de ser considerado o grande poeta épico cujas composições formaram as bases da literatura grega, não existem informações concretas sobre sua existência. Estima-se que tenha nascido por volta de 850 a.C. Mesmo a autoria de suas obras mais conhecidas, *Ilíada* e *Odisseia*, é objeto de discussão. Em 1795, o alemão F. A. Wolf afirmou que elas não teriam sido criadas por Homero, mas seriam músicas épicas pequenas, separadas e independentes, que foram reunidas pelo tirano grego Pisístrato. Entretanto, a conclusão mais provável é a de que Homero tenha de fato existido e que ele é que unira as esparsas canções sobre a Guerra de Troia, conferindo-lhes coerência poética. A edição das obras dele que serve de base até os dias atuais foi a realizada por Aristarco.

A *Odisseia* foi composta depois da *Ilíada*. Ela narra a história do retorno de Ulisses ao lar após o fim da Guerra de Troia. Ulisses tem de escolher entre tornar-se imortal e viver como os deuses, em companhia de Calipso, e ser um mortal. Ele se decidiu pela última opção e, assim, começou sua jornada de volta. Pode-se considerar ponto central dessa obra o questionamento acerca da natureza da vida mortal, de uma vida anônima, em contraposição a uma vida imortal, entre os deuses. Por que Ulisses escolheu a vida mortal? Que valor teria uma vida que seria esquecida assim que acabasse?

As obras de Homero foram tão importantes para a constituição da cultura grega e romana, que tudo convergia para a comparação com elas. Por exemplo, a história só fazia sentido se pudesse ser posta à luz dos eventos narrados nessas duas criações literárias.

Homero é citado em "Uma vindicação do falso Basilides" (*Discussão*), quando Borges se refere à cosmogonia dos gnósticos, e também em "O imortal" (*O Aleph*), no qual é um dos protagonistas. Em "Palermo de Buenos Aires" (*Evaristo Carriego*), a história de um *criollo* (v.) é comparada à *Odisseia*, em uma aproximação mítica feita pelo autor entre sua querida cidade e o conto homérico: o *criollo* tratado como herói; a cidade alçada a um patamar que supera a realidade. Atitudes típicas das fases iniciais de Borges. Já em "Prólogo à edição de 1954" de *História universal da infâmia*, para comentar o barroco ele evoca a tradução que Alexander Pope (v.) fez para o inglês da *Odisseia*. E, por fim, no poema "Ao vinho" (*O outro, o mesmo*), lembra da Antiguidade e da presença do vinho em diversos povos em diversas épocas. — PFCO

Horácio

Horácio (65-8 a.C.), segundo Borges, foi um dos quatro "*grandes poetas da Antiguidade*" ("O pesadelo", *Sete noites*). Poeta latino contemporâneo da crise política resultante da morte de Júlio César, um de seus trabalhos mais conhecidos é *Arte poética*, expresso em verso mas com viés ensaístico decorrente do tom pessoal da narrativa, que contém normas e conselhos aos escritores que desejassem compor narrativas dramáticas. No século XVI, sua obra foi traduzida para o italiano (1535), francês (1545) e inglês (1567), tornando-se tão importante para os estudos críticos literários quanto a *Poética* de Aristóteles (v.). Em "As *Misas herejes*" (*Evaristo Carriego*), Borges comenta que a trajetória "*de uma mulher de todos*" é um tema de "*origem horaciana*". — PFCO

Hormiga Negra

Personagem do romance homônimo de Eduardo Gutiérrez (v.), publicado como folhetim no jornal *La Patria Argentina*, entre outubro e dezembro de 1881, com base na vida de Guillermo Hoyo, popularmente conhecido por esse nome. *Gaucho* (v.) com fama de briguento da cidade de San Nicolás de los Arroyos, suas peripécias são relatadas no romance desde o início da adolescência até a prisão e regeneração do personagem. De alguma maneira, explica a personalidade criminosa de Hoyo levando em conta o meio em que se formou e o abuso das autoridades. Isso pode ser visto em um episódio, entre outros, que Borges exploraria em sua própria narrativa: o valentão que, por ter fama de briguento e hábil com a faca, é desafiado e se vê forçado a brigar. Em abril de 1937, Borges dedicou um breve ensaio ao romance (não incluído nas *Obras completas* de 1974), "Eduardo Gutiérrez, escritor realista" (*Textos cativos*), no qual considera *Hormiga Negra* mais realista que *Juan Moreira* (1878-80) e as demais obras de Gutiérrez. (V. Moreira, Juan.) — PMG

Hoyo, Guillermo (vulgo Hormiga Negra)

V. Hormiga Negra.

Hudson, W. H.

Escritor e naturalista nascido na província de Buenos Aires (1841-1922), dividiu sua vida entre a Argentina e a Inglaterra. Ganhou fama com seus estudos da fauna e da flora platinas, bem como com livros sobre ornitologia. Fundou a Royal Society for the Protection of Birds, respeitável instituição de preservação do meio ambiente, ainda ativa no Reino Unido.

Seu nome (William Henry Hudson) está inscrito no cânone literário argentino em sua versão local: Guillermo Enrique Hudson. O livro mais notável desse autor é *The Purple Land that England Lost* [A terra púrpura que a Inglaterra perdeu]. Conta a história de Richard Lamb, um inglês imigrante na Argentina que se casa com Paquita sem permissão do pai dela, e por isso o casal foge para Montevidéu. Ali, em meio a brigas e amantes, ambos acabam se envolvendo com o caudilho rosista Santa Coloma. Participam da guerrilha, mas o grupo fracassa. No fim, voltam para Buenos Aires, onde Lamb é preso e Paquita vem a falecer.

Esse livro tem grande importância para Borges, que lhe dedica um ensaio inteiro, "Sobre *The Purple Land*" (*Outras inquisições*), no qual o situa dentro de uma longa tradição do herói nômade, que se inicia com a *Odisseia*. Aponta a obra como a maior da literatura *gauchesca* (v.), além de ser uma das poucas felizes que conheceu, juntamente com *Adventures of Huckleberry Finn* (1884), de Mark Twain (v.). Em "A poesia *gauchesca*" (*Discussão*), compara-a ainda ao *Martín Fierro* (1872-9) (v.), mostrando que o livro de Hudson é uma apresentação do campo ao homem da cidade, diferente do de José Hernandéz (v.).

As obras de Hudson são citadas também no texto dedicado a "Palermo de Buenos Aires" (*Evaristo Carriego*). — TP

Hugo, Victor

Victor-Marie Hugo (1802-85) tornou-se um dos maiores nomes do romantismo francês. Em 1827, ele publicou *Cromwell*, drama de grande sucesso de público e de crítica. O prefácio é considerado o manifesto do movimento romântico na literatura de seu país. Em 1831, compôs uma de suas obras mais famosas, *O corcunda de Notre Dame*. Passados dez anos, ingressou na Academia Francesa.

A radical oposição a Luís Bonaparte levou-o a buscar asilo político em Bruxelas, em seguida ao golpe de 1851. Nesse ano, Victor Hugo lançou *Napoleão, o Pequeno*. Em 1862, terminou *Os miseráveis* e, alguns anos depois, escreveu *Os trabalhadores do mar* (1866). Após a queda do imperador Napoleão III, retornou a Paris em 1870.

No livro dedicado ao poeta argentino Evaristo Carriego (v.), Borges afirma que os poetas têm desejado exprimir "*a convicção de que brigar pode ser uma festa*". Aí cita o "*esplêndido Hugo, em sua evocação da Batalha de Waterloo*" (18 de junho de 1815, marco da derrota napoleônica). Diz que "*os soldados, quando compreenderam que iam morrer naquela festa* [...], *fizeram uma saudação a seu deus, de pé na tempestade*". Em um ensaio-conferência intitulado "O pesadelo" (*Sete noites*), Borges lembra que William Shakespeare (v.) entendeu a palavra "nightmare" como "night mare" [égua da noite]. E que Hugo, grande conhecedor da língua inglesa e da literatura de Shakespeare, não por acaso utilizou a imagem "o cavalo negro da noite", o pesadelo, em um poema de *Les contemplations* (1856). — YF

Hume, David

Filósofo e historiador escocês (1711-76), foi um dos três empiristas britânicos, com George Berkeley (v.) e John Locke. Tendo interrompido os estudos na Universidade de Edimburgo em virtude de um acesso de hipocondria, viajou para a França em busca de tratamento e lá escreveu sua principal obra, *Tratado da natureza humana* (1739-40), com apenas 26 anos. Ciente da originalidade do livro, esperava ataques de toda espécie, mas na verdade poucos ficaram sabendo do lançamento. Sua importância seria conhecida somente mais tarde.

A obra trata de três áreas: teoria do conhecimento, psicologia (as emoções e as paixões) e ética (a moral). Afirma que todo saber surge pelo contato com o sensível. As ideias consistem em imagens pálidas deixadas pelas percepções do mundo no pensamento humano. Quando ganham maior nitidez, as imagens passam ao domínio da memória e da imaginação. Por isso, não há "eu" propriamente, mas um segmento de percepções e estados mentais que se substituem uns aos outros seguindo um fluxo veloz.

Com base nisso, Hume conclui não ser possível uma ciência que antecipe os eventos infalivelmente. Não há decretos eternos que regem o universo inteiro: essas regras não passam de arranjos mentais organizados por uma associação de causa e consequência criada por nós. Tal organização é feita desse modo porque vemos seguidamente acontecimentos isolados e os associamos.

Em razão da precocidade e da fraca recepção do livro, Hume começaria a revisar constantemente suas ideias. Surgiram então, entre outras obras, os *Ensaios* (1741), *Investigação sobre o conhecimento humano* (1748) e *Diálogos sobre a religião natural* (1779). O filósofo terminou sua vida humildemente, trabalhando como bibliotecário.

Em "A postulação da realidade" (*Discussão*), Borges deseja acabar com os argumentos de Benedetto Croce (v.), da mesma maneira "*educada e mortal*" como Hume eliminou os de Berkeley, dizendo que eles não admitiam nenhuma réplica, assim como não causavam convicção alguma. Borges põe lado a lado os argumentos deles em "Nova refutação do tempo" (*Outras inquisições*), afirmando que, a partir do "*instável mundo mental*" do idealismo, Hume chegaria "*a essa quase imperfeita desagregação*", a um "*labirinto inexaurível*". Já em "Tlön, Uqbar, Orbis Tertius" (*Ficções*), o autor mostra que os argumentos de Hume só fazem sentido na Terra. Em Tlön, ao contrário, toda a "*linguagem e as derivações de sua linguagem* [...] *pressupõem o idealismo*". Uma das consequências dessa diferença é que a célula idiomática de Tlön é o adjetivo, negando o filósofo escocês, para quem é impossível dissociar as qualidades de um objeto do próprio objeto.

As ideias de Hume são utilizadas criativamente em outro conto, "A busca de Averróis" (*O Aleph*). Nele, o protagonista prefigura "*as remotas razões de um ainda problemático Hume*", afirmando que é mais fácil acreditar em uma árvore cujos frutos se tornem pássaros do que em rosas cujas pétalas carreguem inscrições louvando Alá. Isso porque, segundo o *Tratado*, um dos três princípios da imaginação é o de semelhança. Assim, as aves e os frutos estariam ligados pela natureza e pela cor em comum. Ou seja: como, para Hume, as qualidades *são* o objeto, as aves e os frutos são, de alguma forma, a mesma coisa. Já as rosas e a escrita são completamente distintas.

A ideia de ser e de tempo de Hume se faz sentir em toda a obra de Borges. Contos como "Pierre Menard, autor do *Quixote*" (*Ficções*) e versos como "*Tu também estás feito de inconstantes/ Ontens e amanhãs. No entanto, antes...*" ("Outra versão de Proteu", *O ouro dos tigres*) podem ser lidos nesse sentido. — TP

Hunain ibn Ishaq

O cristão nestoriano — da doutrina nestoriana, considerada herética pela Igreja católica por distinguir o caráter humano e divino de Cristo, e que se difundiu na Ásia — Hunain ibn Ishaq (809-873), nascido na cidade de Al-Hira, no atual Iraque, foi médico da corte do califado de Bagdá. Em suas viagens para diversos lugares, ele recolheu manuscritos gregos, dentre os quais os de Hipócrates, Platão (v.), Aristóteles (v.), Galeno e de autores neoplatônicos, tendo-os traduzido para o árabe e para o siríaco, e assim colaborado para a divulgação do conhecimento de tais autores pelo islã. Nesse sentido é que Hunain foi citado por Borges em "A busca de Averróis" (*O Aleph*). No conto, o tradutor surge como uma das fontes consultadas por Averróis na busca pelo significado dos termos "tragédia" e "comédia", presentes no terceiro livro da *Retórica*, de Aristóteles.

Apesar de Borges tê-lo mencionado em virtude de suas traduções dos filósofos gregos, considera-se o trabalho mais importante de Hunain a tradução dos textos de Galeno, já que a maior parte dos manuscritos deste se perdeu. Sua técnica foi revolucionária, ao abandonar a tradução feita palavra por palavra em prol de um texto claro e preciso. Dessa forma, Hunain criou um novo vocabulário científico que contribuiu para a apropriação do pensamento grego pelo mundo islâmico, além de ter escrito algo em torno de setenta tratados de ciências. — PFCO

hussardos colombianos

Durante as lutas de independência na América espanhola, a liderança política e militar de Simón Bolívar (v.) ganhou relevância, especialmente na região da Gran Colômbia, constituída pela atual Venezuela, Colômbia, parte do Equador e do Panamá. No processo de formação e consolidação dos Estados nacionais, no entanto, as disputas e as diferenças regionais, políticas e personalistas provocaram choques e embates entre líderes e projetos nacionais e continentais. Em 1822, ocorreu o célebre encontro entre dois dos principais líderes, Bolívar e José de San Martín (v.), na cidade de Guayaquil. Embora não se tenha registro documental da entrevista

(v. Guayaquil), sabe-se que cerca de 1400 soldados pertencentes às tropas de Bolívar foram expedidos para auxiliar San Martín nas contendas militares. Esses soldados, que posteriormente se juntaram às tropas de Mariano Rubio, são os "*hussardos colombianos*" a que Borges se refere em "A velha senhora" (*O informe de Brodie*). — JPP

Huxley, Aldous

A obra mais conhecida do romancista e ensaísta inglês (1894-1963) é *Brave New World* (1932). Borges resenhou seus livros em várias ocasiões para *El Hogar* (v.), revista que publicou, em 1937, um ensaio intitulado "A dinastia dos Huxley" (*Textos cativos*), em que é apresentada uma espécie de história intelectual dessa família. Huxley também foi mencionado pelo escritor argentino em diversos momentos, mas de modo tangencial. Isso talvez se deva ao que ele afirma sobre a artificiosidade na resenha "*Stories, Essays and Poems*, de Aldous Huxley" (*Textos cativos*): "*Há leitores de Huxley que não sentem essa incomodidade: eu a sinto continuamente e só consigo extrair de suas obras um impuro prazer. Parece-me que Huxley sempre está falando com uma voz emprestada*". — LM

Huysmans, Joris-Karl

Marcado fortemente por relações de adesão e repulsa por parte de grupos tanto literários como espirituais, o escritor francês Joris-Karl Huysmans (1848-1907) estabeleceu-se conflituosamente nos meios em que se inseriu — casamentos e amizades revelam as consequências de um comportamento ao mesmo tempo devoto e renovador. A difícil classificação do autor recai sobre o místico católico por vezes pendente ao satanismo, sobre o escritor naturalista que agita, revolucionário, o léxico apático da mediocridade. *À rebours* [Às avessas] (1884) e *Là-bas* (1891) são seus romances mais destacados, parte de uma obra em que um naturalismo espiritualista se esforça por manter a veracidade do tema abordado segundo um ideal realista. Particularmente entre 1879 e 1883, Huysmans dedicou-se também à crítica de arte, com predileção manifesta pelos impressionistas.

Em um ensaio dedicado ao *Vathek*, de William Beckford (v.), incluído em *Outras inquisições*, Borges aponta esse livro como prefiguração de Huysmans, entre outros. — JGS

I

I Ching

Lao-Tsé (v.) e o livro *Tao Te Ching*, ou *Tao Te King*, têm ambos origens obscuras. Não se sabe se Lao-Tsé existiu, nem se o livro teria sido o trabalho de apenas um homem. *Tao Te Ching* é o nome derivado da divisão da obra de Lao-Tsé em duas partes, o *Tao Ching* e o *Te Ching*. Além deles, o *I Ching*, ou *Livro das mutações*, também foi incluído entre os textos canônicos do confucionismo e instigou, desde logo, uma indagação filosófica sobre Tao, termo de amplos significados, reforçando os 64 hexagramas que representam o puro yang, o puro yin e todos os vários estados intermediários entre eles.

Em "Edward Kasner and James Newman" (*Discussão*), Borges diz que Leibniz teria feito uma descoberta nos diagramas do *I Ching*. Em "A metáfora" (*História da eternidade*), ele alude a um dos nomes que, de acordo com o *I Ching*, teria o universo. — PFCO

Ibn Khaldun

Ibn Khaldun (Abu Zayd 'Abd al-Rahman ibn Muhammad ibn Khaldun al-Hadrami) foi um notável filósofo muçulmano nascido em Túnis em 1332. Descendente de família bastante prestigiada em Sevilha durante os anos de dominação islâmica na cidade, Ibn Khaldun teve vida pública intensa e repleta de percalços. A grande instabilidade política do período levou o filósofo a oscilar permanentemente entre o reconhecimento e o desafeto dos poderosos. Por isso, encontrou muita dificuldade para enraizar-se em uma localidade — boa parte de sua biografia é pontuada por sucessivas migrações entre o Norte da África e a Andaluzia.

Desenvolveu importantes reflexões sobre a lógica das transformações sociais dentro do tempo histórico, razão por que foi citado por Borges em "Domingo F. Sarmiento: *Facundo*" (*Prólogos, com um prólogo de prólogos*). O filósofo muçulmano é apresentado pelo escritor argentino como um exemplo daqueles que *"percebem ou declaram que a história encerra um desenho, evidente ou secreto"*. Contrapõe-se, assim, à visão schopenhaueriana, para a qual *"a história não evolui de maneira precisa"*. Ibn Khaldun morreu na cidade do Cairo em 1406. — DF

Ibsen, Henrik

Poeta e dramaturgo norueguês (1828-1906), era o segundo filho de uma família próspera chefiada por um homem de negócios. O reduzido interesse provocado pelo primeiro drama que escreveu, *Catilina* (1849), foi sucedido por uma longa série de fracassos quando de sua ligação com o Teatro Norueguês, onde exerceu o cargo de diretor. O jovem autor aproveitou-se assim de um pequeno prêmio recebido em 1863 e deixou o país rumo à Itália. Tendo escrito três peças: *Hærmændene paa Helgeland* [Os guerreiros de Helgeland], *Kjærlighedens Komedie* [A comédia do amor] e *Kongs-Emnerne* [Os pretendentes da coroa] destoantes de seu teatro inicial, Ibsen alcançou a maturidade com *Brand*, publicada em 1866 com enorme sucesso na Escandinávia; no ano seguinte, somou-se a ela *Peer Gynt*: ambas um ataque à estreiteza da vida norueguesa.

Na tese do ensaio "Vindicação de *Bouvard et Pécuchet*" (*Discussão*), segundo a qual personagens e autores se reconciliam, Borges afirma que Peer Gynt pode ser Ibsen. No ensaio "Sobre Chesterton" (*Outras inquisições*), ele se refere a Chesterton como sendo um detrator do dramaturgo norueguês. O escritor argentino considera *Peer Gynt* uma das obras-primas da literatura, incluindo-a, ao lado de *Hedda Gabler* (1890), na coleção Biblioteca Personal.

Após a publicação de *Digte* [Poemas], Ibsen completou o drama em dez atos *Imperador e Galileu* (1873). *The Pillars of Society* (1877) levou-o a se identificar com problemas sociais cujo tratamento lhe rendeu o título de criador do moderno teatro realista. *Casa de bonecas* (1879) consolidou tal perspectiva com o escândalo que desencadeou: em 1889, quando de uma encenação inglesa da peça, surgiu o termo "ibsenismo" para designar a crítica da moral por meio de uma forma dramática. Borges comenta esse termo e a ocasião de seu aparecimento no prólogo "Henrik Ibsen, *Peer Gynt*, *Hedda Gabler*", de sua *Biblioteca pessoal*. — JGS

Idiarte Borda, Juan

Vinculado ao grande comércio e ao capital proveniente da criação de gado, nasceu na cidade uruguaia de Mercedes, departamento de Soriano, em 1844, e morreu em Montevidéu, no dia 25 de agosto de 1897, vítima de um atentado político, nas mãos do jovem Avelino Arredondo (v.), fato comentado por Borges em "O passado" (*O ouro dos tigres*) e em "Avelino Arredondo" (*O livro de areia*). Foi uma figura de segunda ordem no Partido Colorado, projetado ao primeiro plano pelo setor dirigido por Julio Herrera y Obes, presidente constitucional de 1886 a 1890 e tio do poeta simbolista Julio Herrera y Reissig (v.). Designado, em 1891, como presidente constitucional pela Assembleia Geral — de maioria oficialista —, Idiarte não conseguiu harmonizar as diversas forças políticas e os interesses sociais que despontaram na época. Entretanto, procedem de seu período de governo medidas financeiras importantes como a fundação do Banco de la República Oriental del Uruguay. Quando, em março de 1897, os *blancos*, acaudilhados por Aparicio Saravia (v.), levantaram-se em armas no interior uruguaio, negou-se a qualquer pacto que pusesse fim ao conflito. Somente uma semana depois de sua morte é que foi possível alcançar a paz. — PR e MAGB

iídiche

O iídiche (*yiddish*) é uma língua — muitos dizem tratar-se de um dialeto ou, mais depreciativamente, de um jargão — empregada pelos agrupamentos judaicos espalhados pelas diversas áreas da Europa Ocidental, Central e do Leste — os chamados "judeus asquenazes" (*ashkenazim*) (v.) — desde o século X, tendo se originado nas cidades às margens do médio rio Reno. É a manifestação viva de uma tradição feita de incorporações de experiências sobre uma base de língua hebraica. Escreve-se com caracteres hebraicos, e o hebraico constitui um elemento nuclear desse verdadeiro caldo que mistura alemão, francês e italiano arcaicos, uma boa dose de estruturas provenientes das línguas eslavas e, quando das migrações para o Novo Continente, elementos originários do inglês, espanhol e português. Ou seja, como uma esponja, a língua absorveu toda a experiência histórica do agrupamento judaico em solos europeu e americano. Ao longo dos anos, e principalmente no curto período que vai do início do século XX até a ação genocida nazista posta em marcha no fim dos anos 1930, essa língua produziu um riquíssimo legado cultural tanto no campo literário como no teatro.

Com o extermínio dos milhões de falantes do iídiche da Europa Central e do Leste, a plena assimilação dos judeus asquenazes remanescentes à vida moderna e o ressurgimento do hebraico como língua viva em Israel, o uso do iídiche retraiu-se a uma pequena população de judeus religiosos praticantes e a um campo de estudos em várias universidades do mundo, embora centelhas ainda carregadas da intensa energia expressiva dessa língua continuem a se manifestar, como é o caso do escritor Bashevis Singer (1902-91), ganhador do Prêmio Nobel em 1978.

Borges, em "Nova refutação do tempo" (*Outras inquisições*), traz uma compreensão do iídiche próxima à que Franz Kafka (v.) expressara em 1912, em uma conferência sobre essa língua ("Einleitungsvortrag über Jargon"). Nela, Kafka lembrou, para um público de judeus assimilados falantes do alemão e avessos à língua iídiche, que ela "se origina na época de transição do alto-alemão da Idade Média para o alto-alemão moderno" e, com uma série de exemplos, sugere que "esta língua guarda uma proximidade maior com o núcleo original do que o próprio alemão moderno. O iídiche ficou com as formas do alto-alemão da Idade Média, apesar da evolução deste em direção ao moderno. O que entra no gueto não sai tão facilmente dali". Borges, no texto mencionado, também apresenta o iídiche como outro exemplo derivado do alemão: "*toda vez que ouço um germanófilo vituperar o iídiche, fico pensando que o iídiche é, antes de mais nada, um dialeto do alemão, levemente maculado pelo idioma do Espírito Santo*". — EM

Ílion

Era um dos nomes usados, na época dos antigos gregos e romanos, para designar a cidade de Troia. Discutindo a identidade, Borges cita Ílion no poema "Tu" (*O ouro dos tigres*). E, em "Posse do ontem" (*Os conjurados*), ela é novamente mencionada em meio a reflexões sobre as perdas. — PFCO

Imperador Amarelo

Os chineses têm um sentimento identitário muito forte, que remontaria pelo menos a 3500 a.C., período próximo ao que tradicionalmente a historiografia considera o início da civilização chinesa. No que se refere às pesquisas sobre os governantes dessa época, é necessário atentar para a falta de precisão dos dados históricos, seja porque os relatos que chegaram aos dias atuais são bem posteriores ao período em questão, seja porque os significados dos termos podem diferir demasiadamente dos que hoje lhes atribuímos. Entre os primeiros governantes está o Imperador Amarelo, de quem os chineses afirmam descender. Diz-se que viveu por 117 anos, governou por mais de um século, e que teria desenvolvido a medicina. Os historiadores atuais creem que ele pode ter existido e que poderia ter sido um chefe tribal.

A história do povo chinês é justamente o ponto de partida de "A muralha e os livros", texto inicial de *Outras inquisições*, no qual Borges alude ao Imperador Amarelo para refletir sobre o passado e a memória. Em "Parábola do palácio" (*O fazedor*), o Imperador se transforma em um dos personagens do conto. — PFCO

independência, guerras da

Quando o exército napoleônico ocupou a Espanha, em 1808, e o rei Fernando VII foi deposto, os espanhóis organizaram juntas de governo autônomas em muitas partes do país, resistindo ao controle dos invasores franceses. Nas colônias americanas, essa situação estimulou movimentos de libertação que, articulados em torno de alguns líderes e ideias de emancipação política, fomentaram conflitos armados em toda a América Hispânica.

Desde o início, a luta pela independência envolveu inúmeras batalhas entre os adeptos da independência e os defensores do controle espanhol, e, em cada região do continente, os confrontos provocaram desdobramentos específicos, em função das condições sociais, culturais, políticas e econômicas locais. No Norte da América do Sul, destacou-se Simón Bolívar (v.), que chegou a defender a união de parte das antigas colônias espanholas. No Sul, José de San Martín (v.) foi um dos líderes políticos e militares mais importantes, propondo a criação de monarquias constitucionais independentes.

Ao comentar as origens da literatura *gauchesca* (v.) em "A poesia *gauchesca*" (*Discussão*), Borges cita as guerras da independência como um dos elementos de identificação de homens de cultura com o gênero *gauchesco*. As ações militares de Mariano Rubio nesse período são abordadas em "A velha senhora" (*O informe de Brodie*). — PFCO

India Muerta

Duas batalhas célebres aconteceram nesse local, citado por Borges em "A outra morte" (*O Aleph*), duplicação tão cara à leitura cíclica da história por ele realizada. Relativamente próximo ao Brasil, o cenário dos combates encontra-se ao lado do riacho India Muerta, situado no departamento de Rocha, extremo leste da atual República Oriental do Uruguai. A primeira batalha deu-se em 19 de novembro de 1816 e levou à derrota das forças orientais, cerca de 1500 homens liderados por Fructuoso Rivera (v. Rivera, Uruguai) contra 2 mil portugueses sob o comando do marechal Pinto de Araujo Correa. Morreram por volta de trezentos combatentes das tropas em luta. A segunda batalha ocorreu quase trinta anos depois, em 27 de março de 1845. A circunstância política era outra, embora substancialmente não fosse diferente: o contexto não era a luta pela independência, mas a guerra interna e, ao mesmo tempo, internacional, conhecida como Guerra Grande (v.). Foi um conflito que durou mais de dez anos e confrontou as forças de Juan Manuel de Rosas (v.) — aliadas às de Manuel Oribe (v.) — com as dos unitários (v.) argentinos e dos *colorados* uruguaios. Rivera perdeu novamente. Chefiou um exército de 4500 homens, o qual sofreu mais de mil baixas, contra o então general federalista (v.) Justo José de Urquiza (v.), que o venceu com 4 mil soldados. Após a derrota, Fructuoso Rivera embrenhou-se no Brasil. — PR e MAGB

Ingenieros, Cecilia

Borges manteve uma relação amorosa com Cecilia Ingenieros entre 1947 e 1948. Porém, quando o relacionamento foi rompido, ela deu duas versões diferentes. Em uma delas, teria simplesmente anunciado que iria se casar com outro homem; na segunda, teria dito a Borges que iria para a Europa sem ele.

Segundo o autor argentino, Cecilia, filha do escritor José Ingenieros, teria lhe sugerido o argumento de "Emma Zunz" (*O Aleph*). Borges dedica-lhe "O imortal", primeiro conto de *O Aleph*. A irmã de Cecilia, Delia Ingenieros, também trabalhou com ele no manual *Antiguas literaturas germánicas* (1951). — PFCO

Inicial

Após a Primeira Guerra Mundial, os intelectuais da Argentina estavam divididos entre os que pretendiam mudanças e os que aderiram à continuação da antiga ordem. Por esse motivo, quando a *Inicial*, uma das publicações modernizadoras do período, foi inaugurada em outubro de 1923, sofreu fortes ataques da *Nosotros* (v.), apesar de esta ter sido referência para a criação daquela, conforme atesta o texto fundador. Contudo, a briga não impediu que Borges e seus companheiros colaborassem nas duas revistas. Propondo ação por meio das palavras, o primeiro editorial é bem agressivo e com tons de virulento antissemitismo. Apesar dessa postura beligerante, a publicação contou com alguns colaboradores expressivos, como o próprio Borges, Eduardo González Lanuza (v.) e Alvaro Yunque. *Inicial* perdurou até novembro de 1926.

No artigo "As 'novas gerações' literárias" (1937) (*Textos cativos*), Borges refere-se ao fato de um escritor ter qualificado de heroicas as novas gerações que participaram das revistas *Inicial*, *Prisma* (v.), *Proa* (v.), *Martín Fierro* (v.) e *Valoraciones*. — PFCO

Ipuche, Pedro Leandro

Poeta, narrador e ensaísta uruguaio (1889-1976), citado por Borges em "Funes, o memorioso" (*Ficções*), nasceu na cidade de Treinta y Tres e morreu na capital do país. Participou da guerra civil de 1904 nas fileiras do exército oficial. Após o término do conflito, radicou-se em Montevidéu, onde passou a escrever e realizar conferências. Sua obra em verso integra a chamada poesia "nativista", que tenta renovar a linguagem *gauchesca* (v.) com a incorporação das técnicas vanguardistas, muito apreciada pelo primeiro Borges, que a abordou em duas ocasiões. Entre os livros de Ipuche estão *Alas nuevas* (1922), *Tierra honda* (1924), *La llave de la sombra* (1942) e *La espiga voluntaria* (1949). Ele se dedicou também à prosa de tema campestre e produziu vários ensaios sobre literatura. — PR e MAGB

Isaías

Nome de um dos mais importantes livros dos Profetas. Dada a extensão do tempo abarcado, de 740 a 539 a.C., a crítica bíblica vê nele uma recopilação de dois ou três autores: o primeiro, Isaías, do capítulo 1 ao 39; o segundo, denominado Deutero-Isaías, do capítulo 40 ao 55; e ainda, para alguns, existiria um Tripto-Isaías, responsável pelos capítulos 56 a 66, o que faz desse livro um modelo vivo da tese sustentada por Borges em "A flor de Coleridge" (*Outras inquisições*), um desdobramento de uma concepção de Paul Valéry (v.) segundo a qual "*a quase infinita literatura estava em um homem*". E, de fato, no Livro de Isaías encontra-se, compactado na voz de um único narrador, todo o drama histórico dos reinos de Israel e de Judá, a desaparição do primeiro pela conquista síria, o exílio do segundo na Babilônia e as expectativas de retorno e reconstrução de Jerusalém. Faz parte do assim chamado Deutero-Isaías o "Cântico do Servo Sofredor", que, na exegese rabínica, é atribuído a Israel e, na cristã, é compreendido como uma antecipação do sofrimento de Cristo, em sua tarefa redentora. É desse cântico que Borges cita um versículo (Isaías 53,2-3) para trazer à cena, em "Três versões de Judas" (*Ficções*), a tese de Nils Runeberg (v.), autor criado por ele, de que Deus, ao rebaixar-se a ser homem para redimir o gênero humano, ficou sujeito à possibilidade de pecar, Deus ganhando sua mais completa tradução não em Cristo, mas em Judas, cuja traição, "*o pior delito que a infâmia suporta*", o levou a ser o eterno sofredor, "*a ser hóspede do fogo que não se apaga*". — EM

Iscariotes, Judas

Um dos doze apóstolos de Jesus Cristo, o único nascido no reino de Judá e cujo ato mais significativo foi a traição de Jesus por trinta moedas de prata, ato que, na exegese bíblica, levou a compreender todo o pecado como um mistério, dado o tamanho de sua culpa, sobretudo diante da irrelevância dos motivos para fazer o mal e a grandeza daquele sobre o qual o mal recaiu. Borges, em "Três versões de Judas" (*Ficções*), resenha a obra de um autor fictício, Nils Runeberg (v.), "*membro da União Evangélica Nacional*", e põe na boca deste um desdobramento de concepções gnósticas do século II, principalmente as das seitas conhecidas como "cainitas", tais como nos chegaram pelos textos de Tertuliano e Santo Epifânio. Estes sustentavam que Judas era um fiel seguidor de Cristo e que atuou do modo como o fez apenas para que a humanidade pudesse se redimir com a morte do Salvador. Borges põe na escrita de Nils Runeberg uma ampliação dessa tese e sustenta, em mais uma versão "sobre heróis e traidores", que o Verbo, ao rebaixar-se a mortal, fez isso abrindo-se plenamente à sua condição de pecador, isto é, assumindo o papel de Judas. — EM

Isfarrã

Antiga capital do Império Persa no reinado do xá Abbas. Antes de ser conhecida como Isfarrã, foi Aspadana, cidade supostamente fundada por judeus durante o período em que foram mantidos em cativeiro por Nabucodonosor, no século VI a.C., episódio denominado Cativeiro da Babilônia.

A referência a Isfarrã no conto "Et caetera" (*História universal da infâmia*) como suposto destino da fortuna do personagem Mohamed El Magrebi não parece ser mera casualidade. A cidade foi uma das mais ricas da Ásia Ocidental, e é até hoje reconhecida pela opulência e pelo requinte artístico de sua arquitetura — destacam-se três mesquitas, Emam, Sheik Loftollah e Jafé, e o palácio Chehel Sotun, também identificado pelo epíteto Palácio das Quarenta Colunas. — DF

islã

Religião monoteísta abraâmica fundada na península Arábica pelo profeta Maomé, ou Muhammad (v.), no início do século VII. O livro sagrado do islã, que condensa todas as revelações divinas trazidas à luz por Maomé, é o Alcorão. Ao longo de sua história, o islã dividiu-se em vários ramos (sunitas e xiitas, por exemplo), sofreu transformações nas práticas de acordo com a região em que foi adotado e se converteu em manifestação mística com o advento do sufismo. No entanto, podemos dizer que há no islã duas crenças principais compartilhadas: a primeira é a de que existe apenas um Deus — Alá — e todos devem abandonar a idolatria e se submeter a Ele; a segunda crença invariável é a de que Maomé foi o último profeta enviado por Deus. Além disso, é importante destacar que há no islã cinco pilares fundamentais que sustentam a adoração: 1) a profissão de fé: "Não há Deus senão Alá, e Maomé é Seu profeta"; 2) a oração realizada cinco vezes por dia e a oração comunitária de sexta-feira; 3) a caridade; 4) o jejum no mês do ramadã; e 5) a peregrinação (ou *hajj*) a Meca ao menos uma vez na vida.

O interesse de Borges pelo islã parece advir de seu fascínio mais geral pelos aspectos culturais daquilo que se convencionou chamar "o Oriente". Entre as diversas menções à religião presentes em sua obra, talvez seja no conto "A busca de Averróis" (*O Aleph*) que encontramos uma discussão mais contundente, quando princípios religiosos e modos específicos de conceber a representação artística se chocam com base no que parece ser um mero impasse de tradução. Averróis, empenhado em conhecer e traduzir a obra de Aristóteles (v.), estanca ao deparar com os termos "tragédia" e "comédia" na *Poética*. — DF

Ítaca

Pequena ilha situada no mar Jônico, é considerada o local de nascimento de Ulisses. Borges a menciona em "Nota sobre Walt Whitman" (*Discussão*), quando comenta a diferença entre as obras de Whitman (v.) e sua biografia, na contraposição das personalidades humana e literária do autor. No poema "Arte poética" (*O fazedor*), Ítaca vem a significar certo classicismo na obra de arte: esta não é composta de "*prodígios*", como as metáforas surpreendentes da vanguarda, e sim de "*verde eternidade*". — PFCO

Ituzaingó

Batalha entre as Províncias Unidas do Rio da Prata (atual Argentina) e forças rebeldes do Uruguai, então dominado pelo Brasil, contra o Império desse país, ocorrida em 20 de fevereiro de 1827, no centro-oeste do atual estado do Rio Grande do Sul, perto da cidade de Rosário do Sul. Na historiografia brasileira ficou conhecida como Batalha do Passo do Rosário. O exército republicano (Argentina e Uruguai), sob o comando de Carlos María de Alvear (v.), venceu as forças imperiais lideradas pelo marquês de Barbacena, apesar de sua imensa inferioridade numérica, graças a um uso inteligente da cavalaria. Embora não tenha sido a última, foi a maior batalha da Guerra do Brasil (v.), ou Guerra Cisplatina, e levou as partes a buscar uma solução negociada, que só surgiria em agosto de 1828, quando ambos os governos concordaram em tornar o Uruguai um país independente.

Borges, em "A poesia *gauchesca*" (*Discussão*), acreditava que a Primeira Guerra Mundial havia inaugurado o tratamento literário do medo, ausente na época da Batalha de Ituzaingó. — PMG

J

Jacobs, William Wymark

Escritor inglês (Londres, 1863-1943). Um de seus relatos de terror, "The Monkey's Paw" [A pata do macaco], publicado em 1902, é amplamente conhecido, e foi incluído em muitas antologias do gênero, inclusive na *Antologia da literatura fantástica* (v.), organizada por Borges com Adolfo Bioy Casares (v.) e Silvina Ocampo (v.). A maior parte de suas obras, porém, pertence ao gênero humorístico. — LM

James, Henry

Narrador e ensaísta norte-americano, nasceu em 1843, em Nova York, e morreu em 1916, em Londres, onde se estabelecera definitivamente em 1876. Mais que a elaboração de argumentos complexos, uma das características da escrita de Henry James é a criação de uma trama psicológica. Manteve uma discussão epistolar com Robert Louis Stevenson (v.), na qual defendeu o romance psicológico, e Stevenson, o romance de aventuras. Ainda que Borges haja tomado o partido do autor de *Dr. Jekyll & Mr. Hyde* (1886), ele não descartou a obra de James, tendo, ao contrário, resgatado fervorosamente seus romances e contos, como *The Turn of the Screw* (1898) ou *The Figure in the Carpet* (1896), o que nos permite pensar que o interesse dele não se centra nas obras de arte "*de execução trabalhosa*", como afirma em "Exame da obra de Herbert Quain" (*Ficções*), e sim no James que tece tramas breves mas labirínticas, o que o escritor portenho associa à obra de Franz Kafka (v.). Um dos temas mais reiterados de sua produção é o modo como os personagens norte-americanos agem na Europa, embora também sejam encontrados personagens ingleses instalados nos Estados Unidos ou viajando por esse país. Em 1949, Borges fez uma conferência sobre seu trabalho no Colegio Libre de Estudios Superiores (v.). Em *Introducción a la literatura norteamericana*, afirma que a obra de James "*sofre de um defeito capital: a ausência de vida*". — LM

James, William

Filósofo e pensador norte-americano (1842-1910), irmão do escritor Henry James (v.), fundou, com Charles Sanders Peirce, a escola de Filosofia Pragmática. Uma das obras mais importantes de William James, *The Varieties of Religious Experience*, publicada em 1902, teve prefácio de Borges, que nele resumiu a vida do filósofo e expôs alguns pontos relevantes de seu pensamento. O pai de Borges foi leitor de James, fato realçado pelo escritor argentino. Dentre as várias referências que Borges fez à obra do pensador, deve-se destacar a que consta em "Pierre Menard, autor do *Quixote*" (*Ficções*): Menard (v. Pierre Menard) é apresentado como contemporâneo de William James, que também afirmou, embora com outras palavras, que a história é a mãe da verdade. — LM

Japão

Em um prólogo a certa edição das poesias completas de Evaristo Carriego (v.), e referindo-se ao fato de que o "*subúrbio cria Carriego e é recriado por ele*", Borges comenta que Oscar Wilde (v.) "*afirmava que o Japão — as imagens que essa palavra desperta — tinha sido inventado por Hokusai*", um dos grandes mestres da arte pictórica japonesa. De fato, as gravuras, xilogravuras e pinturas de Hokusai foram divulgadas em todo o mundo, de maneira que ele se tornou celebridade nos circuitos artísticos internacionais, apresentando, necessariamente, sua interpretação do Japão, uma vez que lhe retratava o físico, cenas do cotidiano, a sociedade e seus costumes. Em 1979, acompanhado de María Kodama (v.), o escritor portenho visitou pela primeira vez esse país, percorrendo cidades como Tóquio, Kioto e Nara, ocasião em que se encontrou com tradutores de suas obras, críticos e escritores japoneses. Sabe-se que Borges nutria grande admiração pela tradição cultural do Japão, que lhe parecia uma "civilização superior", como disse ao jornal *La Razón* em 1984. Na mesma ocasião, observou que o país é rico em conteúdo humano e literário, e que sua poesia tradicional, *tanka* e *haiku*, oferece uma condensação incomparável de significado e concisão de imagem, recurso impossível para as línguas neolatinas. — PPM

Jardim Botânico

Em 22 de fevereiro de 1892, surgiu um projeto para a criação de um Jardim Botânico de Aclimatação em Buenos Aires, em um terreno situado na rua Santa Fe, perto do bairro de Palermo (v.) e do Jardim Zoológico, lugares frequentados por Borges quando criança e que muito o marcaram. Em 2 de setembro de 1892 iniciaram-se as obras, e em 7 de setembro de 1898, um ano antes do nascimento do escritor, deu-se a inauguração. Ao longo do século XX, o Jardim Botânico foi agregando diversas instituições de pesquisa e ensino, tornando-se um local de lazer e também de instrução, com o edifício central em estilo inglês, a biblioteca, o herbário, as cinco estufas em art nouveau, as 31 obras de arte e os diferentes estilos paisagísticos.

Em "Palermo de Buenos Aires" (*Evaristo Carriego*), Borges comenta a formação histórica do bairro de Palermo, onde sua família viveu durante muitos anos, e chama o Jardim Botânico de "*estaleiro silencioso de árvores, pátria de todos os passeios da capital*". Entre o fim do século XIX e início do XX, toda essa região fazia parte dos arrabaldes (v.) de Buenos Aires, lugar de "*despreocupada pobreza*", ainda que no Jardim se realizassem os tais "*passeios da capital*". — PFCO

Jazidas do Chubut
[Yacimientos del Chubut]

A lei argentina de colonização de 1876 estabeleceu que seriam oferecidas aos imigrantes facilidades para sua incorporação ao país, sem, contudo, garantir-lhes a posse da terra. Assim, vieram muitos indivíduos de escasso nível técnico, em especial da Espanha e da Itália. Tal fluxo imigratório se instalou preferencialmente no litoral e nas grandes cidades. Apenas pequenos grupos se transferiram para o oeste e para o centro do território. Poucos foram para a Patagônia, onde em 1865 tinham aparecido as primeiras colônias gaulesas de Chubut.

Foi em Jazidas do Chubut (Yacimientos del Chubut) que Borges escreveu, em 1922, o poema "Jardim" (*Fervor de Buenos Aires*), cujo conteúdo demonstra que sua atenção naquele momento não estava voltada para a metrópole, para a urbanização e modernização do país, marcadamente percebidas pelas mudanças ocasionadas por, entre outros, aquele forte influxo populacional que a capital sofria desde fins do século XIX e ainda de forma muito intensa no início do XX. Ao contrário, Borges se voltou para a Buenos Aires da periferia, dos arrabaldes (v.), sem o frenesi moderno. "Jardim" expressa isso na medida em que trata apenas da natureza. — PFCO

Jean Paul

Filho de uma humilde professora, Jean Paul (pseudônimo de Johann Paul Friedrich Richter, 1763-1825) cursou teologia em Leipzig até que dificuldades financeiras o obrigassem a interromper os estudos. Tornou-se então tutor particular (1787-90) e logo professor [*Schoolmaster*] (1790-94), além de escritor. Suas obras ficcionais adéquam, em forma literária, ideias filosóficas clássicas e românticas. A reputação de Jean Paul, cujo nome abreviado era uma homenagem a Jean-Jacques Rousseau, começou com *Auswahl aus des Teufels Papieren: Nebst einem nöthigen Aviso vom Juden Mendel* (1789) e *Die unsichtbare Loge* (1793), consolidando-se com *Hesperus, oder 45 Hundsposttage* (1795). A tentativa de conciliação entre um realismo cômico e um entusiasmo sentimentalista promoveu a abertura de um segundo ciclo na carreira do autor, do qual proviria seu grande trabalho, *Titan*, publicado em quatro volumes entre 1800 e 1803. Mesmo alcançando extrema popularidade nas primeiras décadas do século XIX, a obra de Jean Paul permaneceu esquecida na Alemanha. Nos países anglo-saxões, sobretudo, onde as opiniões dele foram reconhecidas como progressistas, seus escritos conseguiram sobreviver.

Em "A memória de Shakespeare", do livro homônimo, Borges aponta Jean Paul como um mestre de Thomas de Quincey (v.). Em um prólogo a *Sartor Resartus*, de Thomas Carlyle (v.) (*Prólogos, com um prólogo de prólogos*), o escritor argentino comenta certa influência de Jean Paul nas letras inglesas, indicando, em "Thomas Carlyle: *Dos heróis*" (*Prólogos, com um prólogo de prólogos*), uma tradução de Carlyle para *Das Leben des Quintus Fixlein* (1796), do autor alemão. — JGS

Jesus Cristo

Em "Uma vindicação do falso Basilides" (*Discussão*), Borges comenta que, para os gnósticos, a expiação de Cristo na cruz não foi suficiente para lhe garantir o lugar mais alto da hierarquia divina. Assim, acreditavam em transmigrações para outros mundos, cada um com seu grau de evolução espiritual. Ele compara tal crença com a leitura que Simão, o Mago, também filho de um deus, fez da história de Helena de Troia. De acordo com esse teólogo, Helena teria sido condenada pelos anjos a reencarnações dolorosas e, em uma delas, ela seria uma rameira em um porto.

Em "O Evangelho segundo São Marcos" (*O informe de Brodie*), Borges conta a história do estudante Baltasar Espinosa, que, ao ficar preso em uma estância em virtude de uma enchente do rio Salado, passa a ler a vida de Cristo para uma família de rancheiros analfabetos, os quais pouco a pouco vão se interessando pela narrativa. No final, perguntam-lhe se o Messias salvou até mesmo seus detratores. Baltasar responde afirmativamente. Em seguida, pedem-lhe a bênção, para depois o amaldiçoarem e o levarem à força a um galpão onde ele se depara com uma cruz de madeira. O conto guarda diversas referências teológicas, inclusive do texto que lhe dá nome — não por acaso, o Evangelho que mais se detém na crucificação. — TP

Jichlinski, Simón

Citado rapidamente em "O outro" (*O livro de areia*), foi um amigo de juventude de Borges. Eles se conheceram em Genebra, para onde a família do escritor se mudou em busca de um tratamento para a cegueira que acometia o pai. Em um relato autobiográfico, o argentino lembra que Jichlinski e Maurice Abramowicz (v.) eram seus melhores amigos. Durante os passeios que faziam pelas ruas da cidade, Jichlinski e Borges conversavam sobre literatura. — YF

Jiménez, Juan Ramón

Formado no culto ao romanceiro, a Luis de Góngora (v.), Gustavo Adolfo Bécquer (v.) e aos românticos franceses e alemães, o espanhol Juan Ramón Jiménez (Moguer, 1881-San Juan de Puerto Rico, 1958) frequentou ainda os hispano-americanos Rubén Darío (v.) e José Enrique Rodó, e leu também com cuidado os simbolistas franceses. Essas predileções deixaram marcas em sua poesia: depois do início inspirado em Darío, aproximou-se das vanguardas, mas foi se concentrando em uma poesia cada vez mais despojada, praticando uma pureza de dicção e de emoção que o caracterizou, assim como o sentido aristocrático e perfeccionista com que concebia o exercício poético. Transferiu-se para Porto Rico quando eclodiu a Guerra Civil Espanhola (1936-9). Em 1947, visitou as capitais rio-platenses, onde Borges pôde presenciar uma de suas conferências. Dentre as obras de Jiménez, destacam-se: *Arias tristes* (1903), *Platero y yo* (1914), *Diario de un poeta recién casado* (1917), *Sonetos espirituales* (1917), *Poesía* e *Belleza* (1923) e *Animal de fondo* (1949). O autor portenho reconheceu-o como um dos inovadores do modernismo hispânico, o que ele de fato foi, visto que tinha influenciado a Geração de 1927. Juan Ramón Jiménez é um dos principais alvos de zombaria no diário de Bioy Casares (v.), sobretudo pelo fato de este julgar vaidosa sua personalidade, embora Borges admita o próprio gosto por alguns poemas de Jiménez. Ao se inteirarem de que ele havia ganhado Prêmio Nobel de Literatura em 1956, Borges e Bioy qualificaram a escolha de "uma vergonha" para a Academia Sueca. — MAGB

João, o Teólogo, são

Um dos primeiros discípulos a seguir Jesus Cristo e autor de um dos Evangelhos canônicos, bem como de três epístolas e um apocalipse. Irmão de Tiago Maior, são João era também pescador, juntamente com André e Pedro. O mais novo dos apóstolos, foi o único a acompanhar Cristo durante a crucificação. Seria ainda o responsável por cuidar de Maria de Nazaré após a morte de seu filho. Quando Tiago morreu, João teria partido com a missão de pregar na Ásia Menor. Lá, perseguiram-no e prenderam-no diversas vezes, até o exilarem na ilha de Patmos, onde escreveria o Livro do Apocalipse ou das Revelações, comumente interpretado como a visão do fim do mundo e da volta de Cristo. Teria falecido de morte natural no ano de 103, depois de se tornar o mais célebre teólogo dentre os doze discípulos. Conta o bispo Polícrates de Éfeso que o próprio são João se deitou no túmulo antes de morrer.

Borges alude em várias ocasiões ao Livro do Apocalipse. Cita uma passagem do capítulo 22 para exemplificar o modo simples como a Bíblia trata a eternidade: como a soma de todas as frações do tempo ("História da eternidade", *História da eternidade*). Em "O passeio de balão" (*Atlas*), afirma que é inútil tentar partilhar tal experiência com alguém que não a tenha realizado, da mesma forma que a comparação da "*sangrenta lua de São João*" com o vermelho é inútil para aquele que não conhece essa cor. Em um dos *Nove ensaios dantescos*, "O encontro num sonho", o escritor argentino nota o paralelo entre certas figuras do Apocalipse e a cena da procissão no último livro da *Divina comédia*. Apesar de acreditar na intenção de Dante Alighieri (v.) em transformar essa passagem em algo belo, Borges a considera monstruosa. — TP

Johnson, Samuel

Em *Introducción a la literatura inglesa*, Borges apresenta Samuel Johnson (1709-84) da seguinte forma: "*lexicógrafo, ensaísta, crítico, moralista e às vezes poeta*". Essa enumeração nos permite ponderar a importância do autor na literatura de seu tempo. Ou seja, Borges ressalta uma gradação que começa em um dos trabalhos mais significativos de Johnson, *A Dictionary of the English Language*, o qual levou cerca de oito anos para ser concluído, e termina aludindo ao gênero de menor destaque em sua produção: a poesia. Outro livro essencial é *Lives of the Most Eminent English Poets* (1779-81), em que analisa criticamente alguns aspectos da poesia de seu país. O autor portenho esclarece que Johnson não vê de maneira amistosa a obra de John Milton (v.). Também comenta a biografia que James Boswell (v.), amigo e ajudante de Johnson, escreveu, *The Life of Samuel Johnson* (1791), e que é considerada das mais relevantes da literatura inglesa por haver sido preparada ao longo de vinte anos e por conter um testemunho da vida literária e artística da época. — LM

Jonson, Ben

Dramaturgo elisabetano, pertencente ao que se denominou University Wits [Engenhos Universitários], grupo de teatrólogos — entre eles Christopher Marlowe (v.) — que cursaram as universidades de Cambridge e Oxford. William Shakespeare (v.) atuou em uma de suas primeiras peças, *Every Man in His Humour* (1598), encenada no teatro The Globe. Em 1605, Ben começou a escrever mascaradas destinadas a distrair a corte. Compôs também um poema dedicado à memória de Shakespeare que abre a edição in-fólio de suas obras completas, publicada em 1623. Borges, em "O imortal" (*O Aleph*), ao mencionar Ben Jonson, "*que definiu seus contemporâneos com fragmentos de Sêneca*", alude sobretudo a *Timber; or Discoveries Made upon Men and Matter* (1640), livro constituído de ideias e fragmentos tomados de outros autores. — LM

Joyce, James

Nasceu na Irlanda em 1882 e, após uma vida nômade, passando por Trieste, Paris e outras cidades, morreu em Zurique, em 1941. O fato de haver nascido naquele país talvez o tenha levado a perguntar-se acerca da natureza do idioma inglês e a sentir-se estrangeiro nele, ou como diz Borges: "*Os irlandeses sempre foram agitadores famosos da literatura da Inglaterra*" (*Inquisiciones*, 1925). É autor de obras capitais da literatura inglesa moderna. Os romances *A Portrait of the Artist as a Young Man* (1915), *Ulysses* (1922) e *Finnegans Wake* (1939) apresentam uma clara reflexão sobre a natureza das palavras, o que o autor argentino destaca ao afirmar que Joyce é "*um escritor verbal*", "*intrincado e quase infinito irlandês*" ("Flaubert e seu destino exemplar", *Discussão*), ou que o verdadeiro protagonista de

Ulysses é a linguagem. Em 1925, Borges escreveu, para a revista *Proa* (v.), um ensaio a respeito do romance de 1922, depois incluído em *Inquisiciones*, no qual exaltou as múltiplas possibilidades da escrita joyciana e traduziu as últimas páginas do livro. Apesar disso, sempre considerou que o projeto de Joyce era um fracasso como proposta estética. Costumava recomendar o livro de Stuart Gilbert (v.), um dos primeiros intérpretes de Joyce, que era superior ao próprio *Ulysses*.

Borges referiu-se ao irlandês também em dois poemas de *Elogio da sombra* (1969): "James Joyce" e "Invocação a Joyce", dos quais se pode inferir um tom fraternal pelo fato de o autor dispensar-lhe outro tratamento. Publicou, na revista *Sur* (v.), vários artigos sobre a obra e a personalidade de Joyce, e o incluiu em *Introducción a la literatura inglesa*. Ao longo de seus textos, Borges aludiu muitas vezes aos romances dele, especialmente *Ulysses*. — LM

Juan de la Cruz, San

Poeta espanhol, Juan de Yepes nasceu em Ávila em 1542 e morreu em Úbeda em 1591. Filho de um tecelão, estudou no Colegio de la Doctrina, destinado a crianças pobres. Em 1563, entrou para a Ordem dos Carmelitas e estudou arte e teologia em Salamanca. Tornou-se latinista e retórico. Sofreu perseguição eclesiástica em virtude de suas concepções espirituais e foi enviado à prisão, onde escreveu o *Cántico espiritual* — omitido de suas *Obras espirituales*, publicadas em 1618, e editado apenas em 1630. A obra de Juan é repleta de imagens eróticas e sensuais, sendo o elemento erótico parte de seu lirismo. Alguns dos poemas religiosos são versões de antigos poemas de tema profano, populares na época. Foi canonizado no século XVIII. É considerado um dos mais eminentes poetas da língua castelhana e, de algum modo, Borges assim o reconheceu quando mencionou alguns dos versos de San Juan de la Cruz como exemplos de ocasiões nas quais sentiu "*fisicamente a presença da poesia*", conforme escreveu na resenha sobre "*The Oxford Book of Modern Verse*, de W. B. Yeats", presente em "E. M. Forster" (*Textos cativos*). — MAGB

Judá León

Ao criar esse personagem, talvez Borges tenha pensado no rabino de Praga (1525-1609), cujo nome em hebraico era Judá Loew ben Bezalel. O nome León pode ter sido escolhido como uma aliteração de Loew, mas também pelo fato de que a tribo de Judá, no discurso de Jacó antes de sua morte (Gênesis 49), é aparentada ao leão: "Judá é filhote de Leão, te livraste da presa, meu filho. Curva-se e deita-se como leão; e como a um leão, quem o levantará?" (Gênesis 49,9). Quem sabe ainda, com esse nome, Borges não une o rabino de Praga com o rabino Moisés de León (v.), um proeminente cabalista nascido na cidade de León, na região de Castilha, e que é tido como autor do núcleo principal do *Zohar*, uma das principais obras cabalísticas. Contudo, essa não seria a primeira metamorfose feita em torno da vida desse grande líder e estudioso que, de 1573 a 1584, regeu a comunidade judaica de Praga.

Evidentemente, o rabino de Praga conhecia a cabala (v.), mas, em seus estudos, ele a modifica para transformá-la em algo como um suporte para uma formatação peculiar da lei rabínica. Emerge, como resultado, um trabalho sistemático de ética e moral, no qual narrativas lendárias são comentadas para deixar surgir um modo certo de o homem proceder em todas as circunstâncias da vida. Quase toda a sua obra guarda o mesmo estilo: inicia-se apresentando uma citação de alguma das fontes tradicionais, principalmente a Bíblia e o Talmude, para em seguida interpretá-la, sempre sob uma moldura filosófico-moralista. Mais que criar Golems, Judá Loew queria criar um homem que atuasse de acordo com a "vontade divina". Seu tema principal parece ter sido, segundo os estudiosos, mais que a compreensão do pacto de Deus com o povo de Israel, a implicação desse pacto na vida de cada judeu, tendo na Torá a mediação, isto é, os caminhos pelos quais o pacto se realiza plenamente.

Preocupava-o também dar sentido à experiência do exílio judaico, tema sobre o qual tinha uma postura extremamente pragmática, que se opunha a qualquer visão apocalíptica ou especulação messiânica. Sua reputação extrapolou as grossas muralhas do gueto judaico, a ponto de o imperador do Sacro Império Romano-Germânico, Rodolfo II, chamá-lo para conversas e para participar do círculo de estudiosos reunidos em torno do astrônomo Tycho Brahe, que, munido de instrumentos, punha à prova a teoria de Nicolau Copérnico. — EM

judaísmo

O termo "judaísmo" surgiu entre os judeus falantes do grego, no século I da era cristã, fazendo referência àqueles que pertencem à tribo de Judá, mas é raramente utilizado nos textos clássicos da religião judaica até o fim da Idade Média. Palavra de conotação globalizante, serviu muito mais para distinguir, desde o exterior, o coletivo da religião judaica, e paulatinamente foi sendo assumida para abranger todos os elementos dinâmicos e criativos desse coletivo que se manifestaram ao longo das várias civilizações e culturas, nos diferentes períodos da história, com uma amplitude capaz de abraçar desde o período bíblico até os nossos dias.

A partir de meados do século XVIII, com o advento das nações e sob o impacto das ideias iluministas, grande parcela de judeus que viviam isolados nos próprios rituais religiosos se emancipou, suscitando a emergência de um judaísmo cosmopolita que se insere na condição de cidadania dos diversos Estados. Esse processo emancipatório/assimilatório provocou um estado de coisas que ampliou o significado do termo "judaísmo", o qual deixou de se limitar ao campo religioso e passou também a designar um povo, certa herança cultural e até um enigma identitário de difícil explicitação, tal como formulado por Sigmund Freud em 1930, no prólogo à edição hebraica de *Totem e tabu*: "A nenhum dos leitores deste livro resultará fácil situar-se no clima emocional de um autor que não entende a língua sagrada, que se encontra tão distanciado da religião paterna como de qualquer outra, que não pode partilhar dos ideais nacionalistas e que, no entanto, nunca negou pertencer ao seu povo, se sente judeu e não deseja que sua natureza seja distinta. Se alguém lhe perguntasse: 'Mas o que há em você ainda de judeu, se renunciou a todos os elementos comuns a seu povo?', ele responderia: 'Ainda há muitas coisas, talvez o principal'. Mas por enquanto lhe seria impossível expressar isto, o essencial, com palavras claras".

Tentar definir esse núcleo essencial é quase impossível, mas nele devem ecoar princípios advindos da concepção monoteísta da unidade absoluta de Deus; o paradoxal princípio de que todo acontecer é fruto da vontade divina e, por outro lado, cada homem é dotado de livre-arbítrio; a crença na perfectibilidade do homem e na profunda esperança messiânica, isto é, a crença de que chegará um dia em que o estado transtornado da condição humana se redimirá. Para Otto Dietrich zur Linde, personagem de

"Deutsches Requiem" (*O Aleph*), subdiretor do campo de concentração de Tarnowitz e fervoroso leitor de Arthur Schopenhauer (v.), de Friedrich Nietzsche (v.) e de Oswald Spengler, o mundo todo combatido por ele retroagia a judaísmo: "*O mundo morria de judaísmo e dessa doença do judaísmo que é a fé de Jesus; nós lhe ensinamos a violência e a fé da espada*". — EM

judeus sefardis

Em um sentido mais restrito, o termo "judeus sefardis" serve para designar os descendentes de judeus que viviam na Espanha e em Portugal antes de serem expulsos, em 1492. De modo mais genérico, designa-se hoje como "sefardi" todo o judaísmo oriental.

A palavra hebraica "Sfarad" (ou "Sefarad") era utilizada para traduzir o termo latino "Hispania", com o qual se nomeava a atual Espanha. Vale a pena destacar que, quando os árabes conquistaram essa região, no ano de 711, a comunidade judaica lá existente se sentiu outra vez integrada aos importantes centros da vida judaica da Babilônia, atual Iraque, onde, por aqueles tempos, estava em pleno andamento a produção da hoje colossal biblioteca talmúdica. Isso trouxe consigo uma agilização intelectual impressionante para tal comunidade no período que agora conhecemos por Idade de Ouro do judaísmo espanhol. Dentre os frutos mais saborosos desse contexto, devem-se lembrar poetas, filósofos e homens versados na lei judaica como Hasdai ibn Shaprut, Samuel Ha-Naguid, Ibn Ezra (v. Abeneara), Salomão ibn Gabirol (v. Abengabirol), Judá Halevi, Moisés Maimônides (v.).

Todos, além de conhecerem profundamente as fontes tradicionais da herança judaica, eram íntimos leitores das produções da tradição árabe e dos textos essenciais da filosofia grega clássica, esta última vertida ao árabe graças à extraordinária abertura intelectual muçulmana no local, promovida no califado de Córdoba, durante o século X.

Após o edito de expulsão de Granada, assinado pelos Reis Católicos, Fernando de Aragão e Isabel de Castela, no dia 31 de março de 1492, e que deu um prazo de três meses para todos aqueles que não quisessem se converter ao cristianismo saírem da região, houve uma diáspora que começou por Portugal, de onde seriam expulsos mais tarde para espalhar-se por um vasto território que inclui o Norte da África, o Oriente Médio, a península Itálica, os Países Baixos e a França, além do recém-descoberto continente americano.

Borges não apenas reservava um espaço importante em sua biblioteca para a produção do judaísmo sefardi (a obra do filósofo Baruch Spinoza (v.), a parte mais substancial da mística judaica, Ibn Gabirol e, anos depois, os livros e ideias do escritor espanhol Rafael Cansinos-Asséns (v.), seu primeiro guia pela cultura sefardi, entre outros), mas chegou a participar, entre 1930 e 1960, de atividades promovidas em instituições judaicas sefarditas em Buenos Aires, e mesmo de centros de estudos sefarditas dos quais tomava parte o notável escritor e tradutor León Dujovne. Assim, Borges, mais que um divulgador da cultura sefardi, foi um desenvolvedor dessa produção. Os judeus negros, que o autor portenho cita em "O homem no umbral" (*O Aleph*), são possivelmente os judeus etíopes, cujas raízes remontam ao período bíblico. De acordo com uma crônica etíope do século XIV, o filho da rainha de Sabá com o rei Salomão teria levado os costumes e a lei judaica para a Etiópia, e a própria Arca da Aliança, que se encontrava guardada no Santo Santorum do Primeiro Templo, teria sido transportada até lá para ser devolvida a Jerusalém quando Cristo ressurgisse nessa cidade e o cristianismo etíope reinasse triunfante. — EM

Junín, casas da rua

V. prostíbulos (Lorea, Boca, Solís).

Jurado, Alicia

Nasceu em 22 de maio de 1922, em Buenos Aires, e aí faleceu em 2011. Estudou na Universidade de Buenos Aires e colaborou na revista *Sur* (v.), bem como nos jornais *La Nación* (v.) e *La Prensa* (v.). Ganhou vários prêmios literários, tanto nacionais como internacionais. Autora de romances, contos, biografias e memórias, foi membro da Academia Argentina de Letras e da Real Academia Española. Escreveu, em parceria com Borges, *¿Qué es el budismo?* (1976), além de algumas críticas literárias sobre o próprio escritor e da primeira biografia deste, *Genio y figura de Jorge Luis Borges* (1964).

Em 1998, foi nomeada presidente da fundação Por Villa Ocampo, cujo objetivo era reavivar as atividades ocorridas na Villa Ocampo na época em que Victoria era viva. Para isso, contou com a ajuda de outros intelectuais, entre os quais María Esther Vázquez. Alicia Jurado foi também uma das fundadoras da Fundación Victoria Ocampo e da Asociación Amigos de Villa Ocampo, que propunham a restauração e manutenção da memória de Victoria. Teve participação ativa nos ciclos intelectuais argentinos até o momento de sua morte. Borges dedicou-lhe o poema "Quinze moedas" (*A rosa profunda*). — PFCO

Juvenal

As diversas fontes, nem sempre concordantes, sobre a vida do romano Juvenal (Decimus Junius Juvenalis, 55/60?-127) permitem inferir que o poeta, então empregado do exército, tentou iniciar uma carreira administrativa no Império mas não conseguiu. Escreveu, assim, uma sátira a respeito dos favorecimentos na promoção de oficiais. Banido de seu posto, retornou a Roma após o assassinato de Domiciano. Suas dezesseis sátiras versam sobre a vida durante o governo desse imperador e de seus sucessores Nerva, Trajano e Adriano. Publicados em cinco volumes e com dimensões diferenciadas, os poemas atacam, de forma vividamente cruel, em especial a corrupção da sociedade romana e as brutalidades humanas. Na quinta sátira, Juvenal afirma que o vício e o crime atingiram tal grau que se tornou impossível não escrever sátiras.

Em "História do tango" (*Evaristo Carriego*), Borges tece analogia entre os temas abordados por Juvenal nas sátiras e aqueles das letras de tango, observando em outro momento ("A poesia *gauchesca*", *Discussão*) que o poeta romano não explicitava a razão do estilo indignado de seus versos. Um desses versos é evocado pelo personagem Christopher Dewey do conto "O homem no umbral" (*O Aleph*), o mesmo que Borges relembra no ensaio "*As mil e uma noites*" (*Sete noites*). — JGS

K

Kafka, Franz

Sua curta vida não impediu que Franz Kafka (1883-1924) realizasse uma das obras mais insólitas e expressivas da história da literatura universal. O poeta britânico W. H. Auden (v.) já disse a respeito desse escritor que, "se fosse necessário nomear um autor que chegue mais perto de ter a mesma espécie de relação com nossa época que Dante (v. Alighieri, Dante), Shakespeare (v.) e Goethe (v.) tiveram com a deles, Kafka é o primeiro em quem se pensaria". Esse autor de origem judaica que escrevia em alemão nasceu na cidade de Praga, então parte do Império Austro-Húngaro. Estudou advocacia e exerceu o ofício em uma companhia de seguros, escrevendo apenas em esparsas horas livres, sobretudo tarde da noite. Conflitos familiares, em especial com o pai, que envolviam todos os aspectos da sua vida, até mesmo o desejo de ser escritor, abriram uma ferida que só foi se aprofundando até ele morrer. Nunca se casou, apesar de ter se envolvido intensamente com três mulheres.

Em 1917, os médicos diagnosticaram-lhe uma tuberculose, e ele passou grande parte do resto da vida em sanatórios próximos a Praga. Mas essas circunstâncias não devem nos levar a construir o retrato de um homem retraído de seu contexto sociocultural. Kafka era cheio de vida, um insaciável leitor, um observador atento e crítico dos acontecimentos de seu entorno, possuidor de um humor afiado e mordaz. Publicou apenas alguns fragmentos de sua obra e entregou seus manuscritos ao amigo íntimo Max Brod (v.), com instruções para que os queimasse depois que ele morresse. Brod não atendeu ao seu pedido e publicou, entre 1925 e 1937, toda a obra de Kafka, inclusive os diários, cartas e cadernos de anotações.

Ao morrer, em 1924, o autor só era conhecido de um pequeno círculo de amigos. A fama veio bem mais tarde, após o fim da Segunda Guerra Mundial, e para ela Borges desempenhou um papel importante. Em 1938, ou seja, bem antes da fama, o escritor portenho realizou a magistral tradução de *A metamorfose* para o espanhol. E, ao longo de sua produção literária, nunca deixou de alocar referências, em ensaios, ficções e obra poética, ao escritor dos "*sórdidos pesadelos*", que fazia da quase insuperável impossibilidade de ser escritor, dado o estado de coisas de sua situação existencial, a própria matéria de sua escritura. Mais que os conteúdos, Borges acentuava em Kafka a capacidade de suscitar o estranhamento mesmo nas situações mais familiares, isto é, a utilização da "*deformação alemã, conforme a* Unheimlichkeit" [inquietante estranheza], por meio de um jogo de simetrias.

Talvez a maior homenagem de Borges a Kafka seja o texto "Kafka e seus precursores", de 1951 (*Outras inquisições*), no qual faz da literatura do autor um modelo original para romper com uma visão histórico-cronológica da relação entre as obras e apresentar esse campo literário como uma estrutura em que uma obra com forte poder expressivo, como a tradição estabelecida de Kafka, tem a capacidade de modificar a diacronia inteiramente, ao suscitar uma leitura original de autores consagrados. Assim, Kafka, para o argentino, mudou toda a literatura: "*seu trabalho modifica nossa concepção do passado, assim como há de modificar o futuro*". No poema "*Ein traum*" (*A moeda de ferro*), Borges concebe um pesadelo pior do que aqueles sonhados em escrita por Kafka — o pesadelo de Kafka deixar de sonhar-se, isto é, o pesadelo de não termos entre nós sua escritura. — EM

Kafka e Borges

Diz o maior exegeta da Praga mágica e judaica, Angel Ripellino: "Até hoje, todas as noites às cinco, Franz Kafka volta para sua casa na rua Celetná, com seu chapéu redondo e de terno preto". Tal frase somente poderia ter sido escrita em Praga. A Celetná, a Paritzká, a rua Meisel, nervo do intenso gueto que nasce do cemitério e da Velha-Nova Sinagoga. E depois do esplêndido palácio Kinski, onde ficava o negócio das *galanteries* do velho Kafka, esse pai objeto de admiração e ódio, determinantes na patologia do romancista. Ao fundo, na altura do castelo, as torres pontiagudas da catedral, que se desvanecem na névoa como antenas de um enorme inseto desesperado. Se Borges tivesse ido a Praga, teria se plantado ali antes do amanhecer, seguindo Ripellino, até ouvir os passos de Kafka (v.) sobre o granito da praça Velha. Ágil, magro, com seu rosto anguloso e o chapéu-melão de advogado de seguros, regressando sob a luz de gás.

Jorge Luis Borges surpreendeu-se com Kafka em 1938, quando se publicavam os principais livros, com elogios de Thomas Mann, T.S. Eliot (v.), André Gide (v.), Hermann Hesse, Franz Werfel. Leram-no e editaram-no somente catorze anos depois de sua morte. Guillermo de Torre (v.), que dirigia as edições Losada, encomendou a seu cunhado Borges a tradução de *A metamorfose*.

Borges comunicou aos leitores argentinos que Kafka era o autor de uma das obras mais singulares do século. Narrar em um romance uma metáfora do insuperável, do muro, foi sua tarefa ou seu destino. Borges observou que duas obsessões guiavam os escritos de Kafka: a subordinação e o infinito. "*Em quase todas as suas ficções há hierarquias, e essas hierarquias são infinitas*" ("Franz Kafka: *A metamorfose*", *Prólogos, com um prólogo de prólogos*). São infinitas por serem intrinsecamente insuperáveis. A vida como ferida absurda.

No privilégio de seu posto secundário na Biblioteca Municipal Miguel Cané, no bairro de Boedo, traduzindo o estranho tcheco, surgiu uma curiosa mistura de atração e repulsão por esse mestre de aporias existenciais. Kafka tinha um germe niilista do qual Borges, de suas íntimas festas de esteta (eram seus melhores anos de criação), não podia compartilhar. Kafka, que escreveu muito, não quis ser um escritor público. Diz a lenda que pediu ao amigo Max Brod (v.) e à amada dos dias finais que queimassem seus textos, os mais importantes. Morreu quase inédito e desconhecido, como profeta sem leitores de um futuro de horror que culminaria em Auschwitz e Hiroshima. *O processo* de Joseph K. se tornaria realidade duas décadas depois na pele de Rudolf Slánsky (dirigente comunista condenado à morte e executado, em 1952, nos expurgos conhecidos como Processos de Praga) e na defenestração de Thomas Masarik por agentes da KGB. Suas irmãs e grande parte da família seriam mortas nas câmaras de gás em Majdanek. Sua obsessão insuperável pelo absurdo se confirmaria nos piores anos de horror da história: as matanças da Guerra Civil Espanhola (1936-9) (v.), o nazismo, a invasão da China pelo Japão, em 1937, e os milhões de mortos da guerra revolucionária, os anos de penúria da crise de 1929, com bolsões de miséria e crime nos Estados Unidos.

Com infantil imodéstia, os argentinos atribuem a si o protagonismo de uma "década infame" rio-platense. Na verdade, a Argentina era um lago bento, longe do horror, para cujas praias tanto judeus como alemães e espanhóis não viam a hora de escapar. Um *Kindergarten* [jardim de infância] amuralhado, em cujo centro, rodeado de cisnes literários, estava Borges, em diálogo com os grandes criadores, em sua biblioteca. Aí nasceu sua melhor prosa, desde *História universal da infâmia* até *O jardim de veredas que se bifurcam*.

Borges nunca acreditou na literatura de neurose — não adorou Fiódor Dostoiévski (v.), que era usual então, nem se interessou por Jean-Paul Sartre. Como Vladimir Nabokov, acreditou na linguagem e nas revelações pela porta da estética. Porém, seu interesse permanente por Kafka, e certa identificação, poderia ser sondado no íntimo de suas personalidades. Frustrados no fundo, talvez feridos em sua sexualidade, ambos poderiam haver exclamado conjuntamente, se Borges e K. tivessem podido encontrar-se às cinco da manhã na praça Velha: "*A única coisa de que me arrependo é de não haver sabido ser feliz...*".

Demonstraram não ser tão afetados pelas doenças (a tuberculose e a cegueira) quanto pela incapacidade para a vida real e cotidiana, por problemas muito íntimos. Um, pela mãe; o outro, famosamente, pelo pai que afundou sua vida como uma projeção frustradora da natureza de Jeová. Georges Bataille observou que o erotismo na obra de Kafka "carece de amor, de desejo e até de força: é um erotismo de deserto". Kafka não aceitou o destino de ser adulto e pai. Amadureceu até a esterilidade. Segundo Bataille, quis viver e conservar "o menino irresponsável que era".

Kafka escreveu en passant, em seu *Diário*, uma das frases mais terríveis de seu século literário: "Minha vida é um titubeio pré-natal". Borges soube que tinha um único caminho de sublimação dessa imperfeição existencial congênita: a felicidade da arte e dos livros assumida sem culpa, com entrega total. Algo que Kafka não soube fazer. Mais exatamente, é como se houvesse querido separar-se de sua obra como de um filho não reconhecido. O niilismo, aliado ao realismo extremo de K., o levaria a conceber o triunfo final das sonoras trombetas do nada, como escreveu no sossegado escritório de seu trabalho na empresa de seguros.

Nem Borges chegou a Praga, como tanto desejou, nem o espectro de Kafka passou ao amanhecer pela Zeltnergasse. Mas a um passo dali, na Velha-Nova Sinagoga, a mais antiga da Europa, teria alcançado o berço da estranha lenda do Golem (v.), que Borges conheceu pelo livro de Gustav Meyrink (v.) e pelo cabalista Gershom Scholem (v.), tema a que dedicou um importante poema ("O Golem", *O outro, o mesmo*).

Em 1580, o rabino Loew, ou rabino de Praga (v. Judá León), da Alte-Neue Sinagogue (Velha-Nova Sinagoga), depois de infinitas buscas, conseguiu coordenar as letras secretas do Poder de Deus, capazes de criar vida. Com seus acólitos, buscou argila da costa do Vltava, e amassaram um homúnculo que não deve ter sido muito diferente do que vendem em todas as medidas na porta do cemitério judaico como suvenir. Em um pedaço de pergaminho, escreveu as letras irrepetíveis e introduziu na boca do boneco esse objeto, denominado Ha-shem, portador do supremo logos. Provavelmente, o rabino não considerou aquilo uma impostura. Deus havia criado aquele outro Golem, que se chamou Adão, com argila e com o poder divino da vida. Até mesmo o distinguiu entre todos os seres da Criação. Teve a ironia de encarregá-lo de que "senhoreasse sobre os peixes do mar, as aves do céu e os animais da terra", com o que inaugurava a catástrofe ecológica que hoje está perto de culminar.

Para Emil Cioran, o Jeová que teve a ocasião de criar Adão era um demiurgo menor, inábil. O mesmo deve haver sentido o rabino Loew, quando seu humanoide se ergueu e se movimentou grosseiramente pela sinagoga.

Tinha olhar "pior que de um cão", e Borges acrescentou em seu verso que o gato se afastava diante de seu passo desajeitado. Com pesar, o rabino constatou que o Golem não dava mostras de sutileza. Era tão bruto quanto o comum dos homens. Destinou-o para tarefas de limpeza e para carregar peso. Depois de milhares de anos, esse segundo Adão, também sem umbigo, deveria ser expulso, dessa vez não do paraíso, mas da rua Meisel: um sábado, enlouqueceu e saiu matando gatos e galinhas, espantou as pessoas e arrancou árvores. O rabino enfrentou-o e tirou-lhe o nome escrito na testa. O monstro se desfez em pó nos altos da sinagoga, lugar onde desde esse momento é proibido entrar. — AP (Texto publicado em *La Nación*, 31 de maio de 2008, e lido na I Bienal Borges-Kafka, em Buenos Aires, de 19 a 30 de abril de 2010.)

Kantor, Georg

V. Cantor, Georg.

Karamazov, *O assassino*

V. *assassino Karamazov, O* (filme).

Kasner, Edward; Newman, James

Edward Kasner (1878-1955) foi professor de matemática na Universidade Columbia, de Nova York, tendo sido membro da Academia Nacional de Ciências dos Estados Unidos. James Newman (1907-66) lecionou na mesma universidade e foi redator-chefe da revista *Scientific American* e autor de *The World of Mathematics* (1956), obra em quatro volumes na qual reuniu escritos de matemáticos de todos os tempos.

Na nota que dedicou a *Mathematics and Imagination* (1940), de Edward Kasner e James Newman, Borges diz que a obra provavelmente faria parte do catálogo dos livros que ele mais releu e adensou com notas. Conforme suas palavras, ela constitui um conjunto de "*imediatos e acessíveis encantos das matemáticas, que até um mero homem de letras pode entender, ou imaginar que entende*". O livro, que empreende uma ampla exposição de conceitos lógico-matemáticos fundamentais de modo informal mas sem perder o rigor científico, foi identificado por seus autores como um trabalho de *haute vulgarisation*, expressão francesa que utilizaram para apresentar a finalidade da obra de popularizar as ciências matemáticas expondo, contudo, o que há de mais científico e complexo em sua base.

Borges também escreveu um prólogo à obra de Kasner e Newman, em que diz que a imaginação e a matemática não se contrapõem, e sim se complementam, corroborando a ideia presente no famoso volume dos matemáticos (v. matemáticas). — PPM

Keaton, Buster

O célebre artista cômico do cinema mudo nasceu no Arkansas como Joseph Frank Keaton, em 1895, e faleceu em 1966. Seus pais eram artistas de vaudevile, um tipo de espetáculo surgido em Nova York nos anos 1880, e ali ele aprendeu os truques para cair fazendo muito barulho mas sem se machucar. Desde os primeiros curtas-metragens, desenvolveu inesgotável inventividade, um humor absurdo que parece herdado do dadaísmo e um ritmo vertiginoso na estrutura da gag. Nesses filmes iniciais, pôs à prova e aperfeiçoou os recursos cômicos com os quais construiria o estilo maduro de suas obras-primas: *Our Hospitality* (1923), *Three Ages* (1923), *The Naviga-*

tor (1924), *Sherlock Jr.* (1924), *Seven Chances* (1925), *Go West* (1925), *Battling Butler* (1926), *The General* (1927), *College* (1927) e *Steamboat Bill Jr.* (1928). Keaton é, seguramente, o maior criador de gags na história do cinema. Menos sentimental que Charles Chaplin, mais estoico, descobriu que o efeito cômico se ampliaria se ele permanecesse impávido diante das catástrofes. Seus personagens estão sempre em desvantagem ao se depararem com algum problema, mas os filmes são histórias de conquista: quando tudo parece perdido, o personagem consegue vencer a adversidade com engenho e amor-próprio.

Obrigado a adaptar-se ao cinema sonoro, seu talento de pantomimeiro anárquico e intuitivo declinou e, como tantos outros criadores do cinema mudo, Keaton saiu repentinamente de cena. Quando ninguém mais se lembrava dele, Chaplin convocou-o para interpretarem juntos um memorável sketch de *Limelight* (1952), que é um compêndio das rotinas dos primeiros clowns, tal como haviam passado do vaudevile para a tela.

É justamente a propósito de Chaplin que Borges menciona Keaton. Em seu comentário sobre *City Lights* (1931), de Charles Chaplin, Keaton é incluído em uma lista heterogênea de cineastas — ao lado de Harry Langdon, Frank Borzage (v.) e Sergei Eisenstein (v. Soviete, filmes do) — cujos filmes incorrem em uma "*voluntária irrealidade*". O escritor celebra os primitivos filmes de Chaplin que pertenciam a essa estética do irreal porque se apoiavam na velocidade, no exagero e na impostura, sem medo de afastar-se dos modelos da representação realista. Em compensação, *City Lights* afigura-se-lhe uma *comédie larmoyante* insatisfatória, cuja "*falta de realidade só é comparável a sua falta, também desesperadora, de irrealidade*" ("Filmes", *Discussão*). Diante dos traços sentimentais e melodramáticos de Chaplin, parece evidente que o humor austero e elegante de Keaton sintoniza mais ajustadamente com as preferências do escritor. — DO

Keats, John

Sem dúvida, um dos grandes poetas da segunda geração do romantismo inglês, nasceu em Londres, em 1795, e morreu de tuberculose na Itália, em 1821. Borges, ao ler um de seus poemas mais conhecidos, "Ode to a Nightingale", compartilha a ideia de que em um homem se encontram todos os homens, ideia e imagem que haviam sido elaboradas por Keats aludindo ao rouxinol (v.). Além disso, Borges relaciona esse poema romântico a um conceito tratado anos mais tarde por Arthur Schopenhauer (v.), a propósito da viagem migratória de uma andorinha. A mesma ideia se repete nos três: o pertencimento do indivíduo a uma espécie. Outro dos traços que o autor argentino ressaltou foi o caráter simples de sua escrita poética, simplicidade que não desmerece o resultado, pleno de ambiguidades e sentidos. Ele cita, no ensaio "O rouxinol de Keats" (*Outras inquisições*), algumas palavras do poeta inglês que podem funcionar como uma *ars poetica*: "*o poeta deve dar poesias naturalmente, como uma árvore dá folhas*".

No volume *O ouro dos tigres*, Borges dedica a ele um poema, "A John Keats (1795-1821)", no qual faz referência à ode citada anteriormente e ao poema "Ode on a Grecian Urn", que também se apresenta como uma teoria da escrita e da ideia de arte a que Keats queria chegar. Borges resenhou sua vida no capítulo "O movimento romântico" de *Introducción a la literatura inglesa*, e o declarou o "*mais destacado poeta lírico da Inglaterra*". O amigo Percy Bysshe Shelley (v.) escreveu uma elegia, *Adonaïs*, em sua memória. — LM

kenningar

Kenning, palavra definida por Bragi (v.), deus da poesia, em seu diálogo com Ægir, na segunda parte da *Edda prosaica* (v.), intitulada "Skaldskaparmal" (a linguagem da poesia), como uma das categorias da linguagem poética que se caracteriza pela substituição da designação simples de um termo por uma perífrase. Assim, por exemplo, o termo "batalha" é designado por *sverdstorm* (tempestade de espadas) ou por *sverdkampen* (disputa de espadas). Em "Skaldskaparmal" há uma exaustiva lista de *kenningar* e suas origens. Borges dedica um ensaio às *kenningar* em 1933, com o título "As *kenningar*" (*História da eternidade*). Também faz várias referências pontuais a elas em seus textos — como na abertura do ensaio "A metáfora" (*História da eternidade*) e em "História do tango" ("O tango de briga"), de *Evaristo Carriego*, em que apresenta a *kenning* para batalha ("*festa de vikings*") entre os exemplos, na literatura, da identificação da luta com a festa, que ele destaca no tango e nas milongas. Em "O Zahir" (*O Aleph*), o personagem Borges diz compor um relato valendo-se de *kenningar*. Essa volta frequente do autor argentino às *kenningar*, que designa como *menções enigmáticas*, corresponde ao fato de que a metáfora foi, desde muito cedo, uma de suas importantes reflexões literárias. — FT

Kerioth

Localidade da Judeia onde nasceu um dos doze apóstolos de Jesus Cristo, Judas, que, de acordo com os Evangelhos, traiu Cristo em troca de trinta moedas de prata, entregando-o aos sacerdotes e dando início assim ao martírio do Senhor. Borges menciona Kerioth em "A Seita dos Trinta" (*O livro de areia*). — EM

Khayyam, Omar

Omar ben Ibrahim al-Khayyam, ou simplesmente Omar Khayyam para os ocidentais, nasceu em 1048, na Pérsia. Foi reconhecido em sua época pela qualidade de seus estudos nas áreas da astronomia e da matemática. No texto "O enigma de Edward FitzGerald" (*Outras inquisições*), Borges é preciso na enumeração dos feitos de Al-Khayyam: "*Descrê da astrologia judiciária, mas cultiva a astronomia, colabora na reforma do calendário promovida pelo sultão e compõe um famoso tratado de álgebra*". Apesar de sua fama, a verdade é que a maior parte de seus trabalhos científicos desapareceu.

O que mais interessou a Borges, contudo, não foram as observações estelares nem as formulações algébricas de Al-Khayyam, mas a sua pequena produção poética. As quadras do persa permaneceram esquecidas por cerca de sete séculos, quando Edward FitzGerald (v.) as encontrou e as traduziu para o inglês. Surgia o *Rubaiyat*; segundo Borges, o fruto de uma simbiose poética das mais fecundas da história da literatura.

Al-Khayyam morreu na cidade em que nasceu, Nishapur, em 1131. Nos últimos anos de vida dedicou-se a se defender das acusações de ateísmo promovidas por muçulmanos ortodoxos. — DF

Kierkegaard, Sören

Filósofo e teólogo dinamarquês (1813-55), escreveu várias obras que apresentam como tema central "a verdade é a subjetividade". Sua concepção de verdade levou-o a criticar Hegel e a analisar a relação entre a filosofia e Deus. Em vez de ordenar o homem segundo as ideias, Kierkegaard ordenou as ideias em função da existência humana, da qual a religião é a etapa máxima, posterior à etapa estética e à ética. Considera-se seu pensamento como precursor do existencialismo, tendo influenciado Martin Heidegger e Jean-Paul Sartre.

Temor e tremor, livro de 1843, aparece comentado em *Biblioteca pessoal* de Borges, que faz uma síntese da filosofia e da biografia de Kierkegaard. Aproxima seu nome ao de Hamlet, afirmando que ambos frequentaram a dúvida e a angústia. E ressalta que "*rechaçou a dialética, e o dialeto de Hegel*", filósofo pouco querido do escritor portenho. Em outro ensaio, "Kafka e seus precursores" (*Outras inquisições*), ele argumenta que Kierkegaard é um possível precursor da literatura de Franz Kafka (v.). Sustenta que não é controversa a proximidade intelectual entre o dinamarquês e Kafka, e agrega um novo aspecto comum: as parábolas religiosas de tema burguês e contemporâneo. Cita dois exemplos catalogados por Walter Lowrie (v.) em seu *Kierkegaard* (1938). Borges não se utiliza da filosofia mesma de Kierkegaard, e sim, visando a uma análise de literatura comparada, atém-se a aspectos literários da obra do filósofo. — RB

Kipling, Rudyard

Escritor inglês, nasceu na Índia em 1865 e morreu na Inglaterra em 1936. Ganhador do Prêmio Nobel de Literatura em 1907, é um dos autores mais citados por Borges. Foi uma de suas companhias literárias mais próximas desde muito cedo, encontrando-se as primeiras alusões à sua obra em "*Don Segundo Sombra* en inglés", publicado na revista *Crítica*, em 1934, e no ensaio "Kipling e sua autobiografia", divulgado pela revista *El Hogar* (v.), em 26 de março de 1937. Neste último, o escritor portenho descreve a obra de Kipling da seguinte maneira: "*é infinitamente mais complexa que as teses que ilustra*". Por outro lado, acusa sua influência no prefácio ao livro *O informe de Brodie*, no qual resgata sobretudo uma série de relatos por seu laconismo. Da mesma forma, no ensaio "O escritor argentino e a tradição" (*Discussão*), resume de modo magistral a atitude do autor inglês ao comentar que no começo de sua carreira literária afirmara que sua obra estaria destinada à propaganda de certos ideais políticos, para concluir declarando que, "*no final de sua vida, teve que confessar que a verdadeira essência da obra de um escritor costuma ser ignorada por este*". Em relação a isso, Borges defendeu a noção de que, apesar das ideias políticas de Kipling (apologista do Império Britânico), há em seu trabalho algo autêntico (embora não tenha especificado claramente em que isso consiste) que o salva. Também alude ao escritor no conto "O homem no umbral" (*O Aleph*), alegando certo matiz exótico, vindo da Índia. Borges ainda escreveu um prefácio para a antologia *Contos* (*Biblioteca pessoal*) no qual revela ter lido "*uma centena de vezes*" os textos selecionados. Igualmente, esclarece várias vezes que a perspectiva política de sua obra com relação ao Império Britânico produziu estranhas aproximações à sua literatura. Em *Introducción a la literatura inglesa*, faz uma breve resenha biográfica em que, apesar de esclarecer que Kipling é poeta, ressalta sua produção narrativa. — LM

Kircher, Athanasius

Jesuíta alemão (1601?-80), destacou-se por suas pesquisas em ciências naturais. Suas contribuições se fazem sentir nas diversas áreas em que atuou. Ensinou matemática, física e ética, colaborou para a decifração dos hieróglifos egípcios, foi um dos primeiros a estudar verminoses e a peste bubônica, além de ter inventado a lanterna mágica. Também escreveu sobre fósseis e vulcões, por meio de observações do Etna e do Stromboli. Seu gosto pelo conhecimento foi tanto que ele chegou a revisar toda a astrologia e alquimia em busca de graus de verdade nessas antigas ciências.

Em "A máquina de pensar de Raimundo Lúlio" (*Textos cativos*), há uma comparação entre o mecanismo pensante de um inventor catalão e a lanterna mágica de Kircher. Borges afirma que o fato de ambas não serem o que prometiam — nem mágica nem pensante — não diminuía o interesse por elas, já que toda a metafísica e a teologia tampouco funcionam. — TP

Knox, Ronald A.

Escritor, teólogo e dignitário inglês da Igreja Católica Romana, Knox (1888-1957) é mais conhecido por sua tradução da Bíblia. Nascido em uma família anglicana, em 1912 foi nomeado capelão do Trinity College, em Oxford. Tornou-se católico romano em 1917, e durante o resto da vida pregaria com intensidade a religião católica. Relatou sua luta e sua resolução religiosa em *A Spiritual Aeneid* (1918). A expressão culminante da posição dele aparece em *The Belief of Catholics* (1927). Publicaram-se seis volumes dos sermões de Knox, entre eles *Heaven and Charing Cross* (1935) e *Captive Flames* (1940). Sua versão do Novo Testamento surgiu em 1945. A tradução do Antigo Testamento e *On Englishing the Bible*, um exame profundo dos problemas de um tradutor, foram publicados em 1949. Knox também escreveu inventivos e complexos romances policiais. *Still Dead* (1934) é geralmente considerado o melhor deles.

Borges refere-se a sua postura católica, caracterizando-a como uma rígida doutrina, e também o menciona como um dos autores integrantes de uma antologia de contos policiais, à qual dedica nota ("*Tales of Detection. A New Anthology*, de Dorothy L. Sayers", *Textos cativos*). Essa antologia é justificada, de acordo com Borges, pela presença de poucos autores constantes, entre os quais está Knox. — PPM

Kodama, María

Argentina de ascendência japonesa pelo pai e alemã pela mãe, María Kodama foi, aos dezesseis anos de idade, aluna de Borges no curso de literatura anglo-saxã. Tornou-se sua leitora, amiga e assistente, acompanhando-o em numerosas viagens pelo mundo a partir de 1964. Durante a memorável vinda a São Paulo, em 1984 (v. o verbete Brasil), ou seja, Borges com 84 anos de idade e a dois anos de seu falecimento, María Kodama confessou a preocupação com o fato de ele ter assinado, antes dessa viagem, um contrato de cem textos introdutórios para a Biblioteca Personal (coleção da editora Hyspamérica de Buenos Aires), da qual foram publicados 74 textos de escritores com introduções de Borges. No prólogo da coletânea *Biblioteca pessoal*, ele faz uma afirmação, entre epifânica e reveladora, do que significou sua convivência com quem viria a ser oficialmente sua esposa tempos depois em Genebra: "*María Kodama e eu vagamos pelo globo da terra e da água*".

Juntos publicaram dois livros em colaboração: *Breve antología anglosajona* (1978) e *Atlas* (1984), além da tradução conjunta da *Edda menor* (v. *Edda prosaica*), de Snorri Sturluson (v.). Em entrevista à revista argentina *Libre* (1985), Borges afirma que María era a síntese da cortesia oriental, que seu pai japonês assim a havia educado, sendo suas qualidades a inteligência, a intuição e o dom da literatura, como consta em edição especial do jornal *La Razón* (1986). Nas palavras de Sonia Mattalía, "María Kodama deu à vida de Borges a concentração e a leveza de um *haikai*" (*Borges entre la tradición y la vanguardia*).

Na véspera de seu aniversário de 78 anos, Borges dedica-lhe o livro *História da noite* (1977). No último parágrafo da "Inscrição" que abre o volume, ele diz: "*Por todas essas coisas díspares, que talvez sejam, como pressentia Spinoza, meras figurações e facetas de uma única coisa infinita, dedico-lhe este livro, María Kodama*".

Entre outros vários textos a ela dedicados, está o poema "A Lua" (*A moeda de ferro*, 1976). Na dedicatória do livro de poemas *A cifra* (17 de maio de 1981), diz Borges: "*Como todos os atos do universo, a dedicatória de um livro é um ato mágico. Caberia, ainda, defini-la como o modo mais grato e mais sensível de pronunciar um nome. Pronuncio agora seu nome, María Kodama. Quantas manhãs, quantos mares, quantos jardins do Oriente e do Ocidente, quanto Virgílio*".

No terceiro volume da edição crítica das *Obras completas* (1975-85) (p. 81), consta a seguinte observação: "Não temos dúvida de que 'Ulrica' constitui uma homenagem a María Kodama (James Woodall, p. 324) e de que o personagem Ulrica, do único conto de amor de Borges, é María Kodama". Também o biógrafo Williamson reconfirma: "'Ulrica' ocorreu-lhe na Islândia, e disse a María Kodama que lhe dedicaria o conto" (Edwin Williamson, p. 397). Essas informações foram reconfirmadas ao autor do verbete por María Kodama.

Na lápide do túmulo de Borges, há uma inscrição que remete diretamente ao conto mencionado: "De Ulrica a Javier Otálora", os dois protagonistas que substituem os nomes de María Kodama e Borges. No conto, Javier Otárola afirma: "*Sei que já estava apaixonado por Ulrica; não teria desejado nenhuma outra pessoa a meu lado*" ("Ulrica", *O livro de areia*).

María Kodama criou em 1995, em Buenos Aires, a Fundação Internacional Jorge Luis Borges, uma espécie de casa-museu em homenagem a Borges e a sua obra. A Fundação, da qual ela é a atual presidente, dedica-se à preservação e à divulgação da obra, assim como à publicação de edições anotadas. — JS

kosher

Termo hebraico cujo sentido na Bíblia é "apropriado" ou "adequado". Mais tarde, na literatura rabínica, essa palavra adquiriu quase o estatuto de um conceito, para designar objetos ou situações de vida que se encaixam com perfeição, ou que são feitos por procedimentos ritualísticos corretos, de acordo com a exegese rabínica da Lei Divina, tal como apresentada na Bíblia e desdobrada no Talmude. Um capítulo importante do conceito "kosher" diz respeito à dieta alimentar e aos procedimentos que tornam os alimentos kosher, isto é, apropriados para o consumo por um judeu praticante. Edward Ostermann, um dos infames da *História universal da infâmia*, "*aquele bandido tempestuoso*", era filho de um dono de restaurante kosher, "*onde varões de barbas rabínicas podem assimilar sem perigo a carne dessangrada e três vezes limpa de vitelas degoladas com retidão*" ("O provedor de iniquidades Monk Eastman"). — EM

"Kubla Khan"

V. Coleridge, Samuel Taylor.

La Rochelle, Drieu

Vida e obra são quase indissociáveis nesse escritor francês (1893-1945) que, em 1921, abria seu livro com as seguintes frases: "Tenho vontade de contar uma história. Serei capaz um dia de contar alguma coisa diferente da minha história?". Em *Rêveuse bourgeoise* (1937), escrito após a morte do pai, buscava apresentar segredos da sua própria infância e adolescência, durante as quais as dificuldades financeiras, a guerra e os desencontros amorosos avultavam. Interessado desde muito jovem pela psicanálise, Drieu sempre se mostrou intrigado com uma fraqueza que atribuía à educação protecionista recebida do avô. Daí decorre o gosto pelo desafio que surge em, entre outros, *Le Voyage des Dardanelles*. A obra traz também seu fascínio pela força e eficácia, o que o conduz à admiração do consumismo e do fascismo, do qual se declarou adepto com as novelas de *Comédie de Charleroi* publicadas em 1934. Suas relações com as mulheres ocupam grande espaço na sua vida e obra, seja pelos dois casamentos, por incontáveis relações, efêmeras ou duradouras, ou ainda por seu gosto pela prostituição, tendo sido marcado pela figura do conquistador. Autor de inúmeros ensaios políticos e de dois livros de poemas, La Rochelle se suicidou. Postumamente, publicou-se *Récit secret* (1951), seguido de *Journal* (1944-5) e *Exode*.

No conto "Tlön, Uqbar, Orbis Tertius" (*Ficções*), o narrador borgiano supõe que Ezequiel Martínez Estrada (v.) e Drieu La Rochelle recusaram o argumento de um artigo de Néstor Ibarra. — JGS

labirinto

A noção de labirinto entrou no pensamento moderno por meio da mitologia cretense do Minotauro. Entretanto, a ideia é muito mais antiga e corresponde a um esquema topológico que, imitando a forma do intestino dos animais, busca obter a maior extensão circulável dentro do menor espaço possível. Obtém-se, assim, nas vias de entrada e saída uma demora que tende a ser infinita. Ou seja, se psicologicamente o labirinto é entendido como um dispositivo para se perder, quanto à topologia corresponde a uma tentativa de criar um percurso infinito em um espaço limitado. Dentre essas duas perspectivas, Borges adota de preferência a segunda, até mesmo quando aborda de maneira explícita o mito do Minotauro.

Segundo a mitologia grega, Dédalo, arquiteto ateniense refugiado na corte de Minos, em Creta, foi designado para construir um labirinto onde seria preso o Minotauro, misto de homem e touro, nascido dos amores entre Pasífae e o touro de Poseidon. O Minotauro deveria alimentar-se com a carne de sete rapazes e sete donzelas, que lhe seriam sacrificados periodicamente e que o labirinto impedia de escaparem. Teseu era um príncipe ateniense por quem Ariadne, filha do rei Minos, havia se apaixonado. Aconselhada por Dédalo, ela entregou ao amante um novelo de lã, o qual ele deveria ir desenrolando à medida que percorresse o labirinto. Assim, seguindo o fio de Ariadne, Teseu conseguiu matar o Minotauro e escapar do labirinto.

Surpreendentemente, a representação gráfica que se costuma fazer desse labirinto não corresponde, de maneira geral, ao terror transmitido pela narração. Por um lado, o labirinto aparece aí como uma figura de via única, ou seja, como um caminho emaranhado mas sem encruzilhadas, como uma arte de prolongar um percurso que, de todo modo, conduzirá inevitavelmente à outra ponta. O que é representado é o fio de Ariadne; não o problema, e sim a solução do labirinto. Por outro lado, o labirinto é registrado em perspectiva elevada, o que permite perceber o percurso em sua totalidade. Nada mais contrário à percepção espacial que tem de um labirinto a "vítima", que só vê diante de si as paredes de um corredor que se emaranha interminavelmente, e a qual deve a cada passo dar uma resposta estratégica para obter, pela astúcia e pelo cálculo, o que não possui por representação. O sujeito percebe estar em um labirinto quando a experiência de seu espaço imediato se apresenta como um fragmento de uma trama que ele desconhece. Sendo assim, cada movimento que fizer será para construir ou verificar hipóteses sobre o possível plano de conjunto.

Para Borges, o labirinto é fundamentalmente uma aposta literária para criar infinitos (v. matemáticas). Segundo a célebre definição de Aristóteles (v.), o infinito não é aquilo além do qual já não há nada, mas, ao contrário, aquilo além do qual sempre há algo. A aposta consiste em criar um espaço literário determinado e circunscrito (portanto, finito), cujo percurso interno seja potencialmente infinito. O "sujeito" do labirinto borgiano não está do lado de fora, perguntando-se pelo caminho que leva a seu centro, mas dentro, desde sempre, resignado a não poder sair: o labirinto é "a casa" de Astérion (v.).

O espaço borgiano converte-se em labirinto, seja por excesso de determinação (a linha reta que Lönnrot propõe, como único corredor divisível infinitamente), seja por excesso de indeterminação (o deserto, como infinidade de encruzilhadas virtuais). A linha reta e o deserto representam o primeiro princípio da escrita labiríntica de acordo com Borges, que é a *economia*. O segundo é a *imanência*. Graças a uma série de recursos paradoxais (reflexividade, circularidade e reciprocidade da relação de ordem — eu posso ser meu próprio criador, deus é movido por outro deus, eu posso criar meu deus), a estrutura do labirinto se desdobra para dentro e para fora, provocando a vertigem da impossibilidade de sair dela. Em "A casa de Astérion" (*O Aleph*), o Minotauro constata que "*a casa é do tamanho do mundo; ou melhor, é o mundo*". Um labirinto textual — como o de Ts'ui Pên (v.), ou como os de James Joyce (v.) — é um texto do qual nunca se sai porque incorpora em sua textura o que tradicionalmente está no lugar oposto a ele a partir de fora. Um exemplo eminente de labirinto textual, em que se veem aplicados todos os cânones dessa figura, segundo Borges, é, sem dúvida, o conto "Os teólogos" (*O Aleph*). — IAL

Lafinur

V. Melián Lafinur, Luis.

Lalitavistara

É o nome dado a uma biografia de Buda escrita em sânscrito, provavelmente no século II. A obra constitui um dos cânones da literatura búdica. O tema tratado é o darma, ou doutrina, cuja didática é, no livro em questão, elaborada em conexão com contos que narram milagres. No ensaio "Formas de uma lenda" (*Outras inquisições*), Borges discorre sobre o *Lalitavistara* descrevendo certas particularidades da biografia, como, por exemplo, a vertiginosa exageração em torno da origem de Buda, e observa que a obra pertence à escola do Mahayana (forma do budismo predominante na China, Coreia, Japão e Tibete), a qual prega ser o Buda temporal reflexo de um Buda eterno. Borges aponta ainda que *Lalitavistara*, "*compilação de prosa e verso escrita num sânscrito impuro*", segundo o austríaco especialista em sânscrito e em literatura indiana antiga Moritz Winternitz, quer dizer "*minuciosa relação do jogo*", e esse "*jogo ou* [...] *sonho é, para o Mahayana, a vida de Buda sobre a Terra*". — PPM

Lane, E. W.

Orientalista britânico, Edward William Lane nasceu na cidade de Hereford em 1801 e morreu em Worthing, em 1876. Inicialmente, tentou seguir a carreira eclesiástica, mas logo a abandonou para se dedicar ao estudo da cultura e da língua árabes. Realizou algumas viagens para o Egito, que lhe serviram de subsídio para escrever o livro *Account of the Manners and Customs of the Modern Egyptians*, citado por Borges no ensaio-conferência sobre "*As mil e uma noites*" (*Sete noites*). Sua obra mais valorizada é o extenso e inacabado *Arabic English Lexicon*, um dos mais importantes dicionários sobre língua árabe produzidos no Ocidente.

Não foram, contudo, os estudos lexicais, nem as observações sobre os costumes egípcios no século XIX, os elementos que mais atraíram a curiosidade de Borges para o orientalista britânico. Lane publicou em 1840 uma tradução das *Mil e uma noites*. Sobre ela, o escritor argentino deixou alguns comentários no importante texto "Os tradutores d'*As mil e uma noites*" (*História da eternidade*). Na realidade, não poupou críticas ao trabalho de Lane, qualificando-o de excessivamente pudico. — DF

Lang, Andrew

Estudioso escocês (1844-1912), escreveu sobre literatura, história e folclore. Além disso, fez biografias, como a de Joana d'Arc, e as conhecidas traduções de Homero (v.). Borges elogia seu ensaio e sua prosa, mas ressalta o aspecto literal e arcaizante da tradução da *Odisseia*, e explicita preferência pelas traduções de Alexander Pope (v.) e de Thomas Edward Lawrence (v.). Ao escrever sobre *As mil e uma noites*, o autor portenho observa as notas da tradução de Richard Francis Burton (v.) em que este comenta a superficialidade de Andrew Lang. Do escocês, ele também cita *Adventures Among Books*, obra publicada em 1905, que inclui textos sobre Robert Louis Stevenson (v.), Tobias Smollett, Santo Agostinho (v.) e Nathaniel Hawthorne (v.). Tal obra foi originalmente um ensaio, incluído por Lang na *Scribner's Magazine*, em que o autor se propôs a buscar quais ensinamentos os livros vinham lhe trazendo. É indicada por Borges em "Uma vindicação do falso Basilides" (*Discussão*) como uma das versões que apresentam o mito trágico e glorioso da rainha Helena de Troia. Com base em seus estudos homéricos, Lang compôs ainda o poema narrativo *Helen of Troy* (1882). — AF

Lange, Haydée

Amiga muito próxima de Borges, com quem ele queria se casar. Apesar de Haydée (1902-79) não o querer como marido, os dois mantiveram a estreita amizade, com contatos frequentes até a morte dela. Borges dedicou-lhe o poema "Singeleza" (*Fervor de Buenos Aires*), e "Haydée Lange" é o título de um dos poemas de *Os conjurados*. — PFCO

Lange, Norah

Norah Lange (1905-72), autora de diversos livros, entre os quais *La calle de la tarde* (1923), com prefácio de Borges, foi uma das primeiras mulheres a se dedicar à literatura na Argentina. Poeta e romancista, ela participou de várias revistas literárias, como a *Martín Fierro* (v.). Um tema muito importante em sua obra é o da autobiografia, especialmente centrada nos anos de infância, presente em *Cuadernos de infancia* (1932), publicado também em português. Tendo conhecido Oliverio Girondo (v.) desde o período do *martinfierrismo* (1924-27) (v.), casou-se com ele em 1943 — a residência do casal foi o centro de muitas atividades literárias em Buenos Aires. Nesse mesmo ano de sua união, Lange e Girondo se encontraram em São Paulo com Mário de Andrade e Oswald de Andrade. Como resultado desse encontro, Oswald percebeu a necessidade de se estabelecerem diálogos com a literatura argentina, postura já manifestada em termos textuais na década de 1920, quando vinculou a *Martín Fierro* à Semana de Arte Moderna de São Paulo.

A relação entre Norah e as metáforas — estas, um dos elementos essenciais da produção literária da vanguarda ultraísta na Argentina — é comentada por Borges em "As 'novas gerações' literárias" (*Textos cativos*) e em "As *kenningar*" (*História da eternidade*), apesar de este último texto tratar da produção metafórica típica da poesia islandesa. Em "Norah Lange: *A rua da tarde*" (*Prólogos, com um prólogo de prólogos*), Borges alude ao prólogo que escreveu para o livro dela, confirmando a utilização pela autora de pródigas metáforas, por meio das quais podem ser evocadas as de Rafael Cansinos-Asséns (v.). — PFCO

Lao-tsé

Teria vivido no século VI a.C., mas não há indícios históricos de sua existência. Os taoistas o consideram um renomado sábio — *tsé* ou *tzu* significa "mestre que ensina uma doutrina a um grupo de discípulos" — e o autor de *Tao Te King*, ou *Tao Te Ching*, obra que contém os preceitos do taoismo. Por possuir uma vasta e heterogênea área semântica, *Tao Te King* é um livro muito difícil de traduzir. Dele também não se conhece a origem exata: escrito talvez entre 475 e 221 a.C., é provável que tenha sido uma coletânea de ideias de diversos indivíduos que pregavam a vida em harmonia com a natureza. Para Lao-tsé, o Tao é o começo do universo, a lei do mundo e a fonte da vida.

Em "Flaubert e seu destino exemplar" (*Discussão*), Borges supõe um desejo pessoal de Lao-tsé sobre a vontade de ter vivido secretamente. Em "Tlön, Uqbar, Orbis Tertius" (*Ficções*), ele remete ao *Tao Te King* como forma de fazer uma crítica aos críticos literários e abordar a questão da autoria literária, tema essencial em sua obra. Em "A muralha e os livros" (*Outras inquisições*), comenta os atos do imperador chinês Che Huang-ti, que pretendia ignorar tudo o que fora realizado antes dele e até o próprio Lao-tsé. — PFCO

Laplace, marquês de

Pierre Simon Laplace (1749-1827), célebre geômetra, matemático e astrônomo francês, escreveu diversos trabalhos concernentes à mecânica celeste (*Traité de mécanique céleste*, 1799-1825) e um importante tratado sobre o cálculo das probabilidades (*Théorie analytique des probabilités*, 1812). Além de formular as leis do eletromagnetismo que levam seu nome, desenvolveu rigorosa sistematização da física e da cosmologia newtonianas. As atuais teorias da formação do sistema solar inspiram-se ainda em sua célebre hipótese cosmogônica (*Exposition du système du monde*, 1798), segundo a qual o sistema solar seria resultado de uma nebulosa em rotação, hipótese que, abordada e aprofundada por Immanuel Kant, costuma ser citada como "hipótese de Kant-Laplace". Laplace é mencionado várias vezes por Borges, que enfatiza o fato de o filósofo francês ser aquele "*que declarou a possibilidade de cifrar numa única fórmula todos os fatos que serão, que são e que foram*" ("Notas", *Discussão*), referindo-se, portanto, à sua teoria das probabilidades. — PPM

Laprida, 1214

Na rua Laprida, 1214, localizada no bairro de Palermo, vivia o artista Oscar Agustín Alejandro Schulz Solari, mais conhecido como Alejandro Xul Solar (v.), amigo e ilustrador de diversos livros de Borges, além de ter influenciado certos aspectos da obra deste. Atualmente, na rua Laprida, 1212, situa-se o Museo Xul Solar, onde estão expostas a obra, a biblioteca e a residência original. Em "Laprida, 1214" (*Atlas*), Borges comenta seus recorrentes encontros com Xul Solar. — PFCO

Laprida, Francisco

Em 1810, a Argentina iniciou sua luta pela independência da Espanha. Logo em seguida, os líderes do movimento formaram uma Junta Provisória de Governo, de que Francisco Laprida (1786-1829) fez parte. Seis anos depois, como presidente do Congresso de Tucumán, ele participou da votação da declaração de independência. Livre em termos políticos do governo espanhol, o país dividiu-se basicamente entre federalistas (v.) e unitários (v.). Entre estes últimos estava Laprida, massacrado, com outros unitários, por José Félix Aldao (v. Aldao, *montoneros* de), em uma batalha da qual tomou parte Domingo Faustino Sarmiento (v.), que mais de uma vez escreveu elogios rasgados à bravura de Laprida: "San Juan era então suficientemente rica em homens civilizados" — vale lembrar que Sarmiento, assim como Laprida, era de San Juan — "para dar ao célebre Congresso de Tucumán um presidente da capacidade e altura do doutor Laprida, que morreu mais tarde assassinado pelos Aldao" (Sarmiento, *Facundo: Civilização e barbárie*).

Borges dedica o "Poema conjectural" (*O outro, o mesmo*) ao "*doutor Francisco Laprida*", poema narrado pelo próprio Laprida, momentos antes de seu assassinato. — PFCO

Larbaud, Valery

Escritor francês (1881-1957), foi amigo de, entre outros, André Gide (v.) e Leon-Paul Fargue. Excelente tradutor e editor, verteu para o francês obras como a do satirista inglês Samuel Butler (v.). Coordenou, na década de 1920, uma importante versão francesa de *Ulysses* (1904) de James Joyce (v.), realizada por Auguste Morel. Seus principais romances, *Fermina Márquez* (1911) e *A. O. Barnabooth* (1913), têm por tema a sedução de inocentes moças e a vida urbana dos dândis — dândi é um tipo de intelectual diletante que preza a qualidade estética no vestir, no falar e no portar-se; o modelo mais conhecido talvez seja Oscar Wilde (v.). Escreveu em diversas revistas, de crítica literária a artigos sobre moda. Entre as publicações em que colaborou está a *Revue de l'Amérique Latine* e *La Revue Européenne*, nas quais exibiu grande esforço em divulgar a literatura ibérica e latino-americana. Traduziu Alfonso Reyes (v.), Ricardo Güiraldes (v.),

Monteiro Lobato e Olavo Bilac. Foi grande entusiasta das obras de Eça de Queirós (v.), Graça Aranha e Oswald de Andrade, que o chamou de "psicólogo da América Latina". Também conheceu pessoalmente muitos desses escritores. Um dos primeiros divulgadores de Borges na França, já em 1925 dedicou um artigo ao livro *Inquisições*, publicado no mês de dezembro, em *La Revue Européenne*.

Várias são as menções de Larbaud na obra de Borges. No prólogo de *Prólogos, com um prólogo de prólogos* há uma alusão ao livro renegado *El tamaño de mi esperanza* (1926), "*cujo nome não quero lembrar*", dizendo que Larbaud o elogiou por sua variedade, que julgava típica de um sul-americano. Em seguida, o autor portenho discute as causas históricas de tal multiplicidade, apontando as influências norte-americana e francesa na literatura argentina. Essa comparação é novamente lembrada no prólogo a *Bartleby* de Herman Melville (v.) (*Prólogos, com um prólogo de prólogos*), no qual Borges cita Larbaud, que contrasta a riqueza da literatura dos Estados Unidos com a pobreza da produção hispano-americana. Por fim, *Ce vice impuni, la lecture* (1925) [Esse vício impune, a leitura], coleção de ensaios sobre escritores anglófonos, foi resenhado por Borges em texto datado de 19 de fevereiro de 1937 (*Textos cativos*). Nele, o escritor francês é apontado como menor, alguém que apela para pastiches inspirados em Walt Whitman (v.). No livro, entretanto, Larbaud não recorre a tal procedimento, sendo este o seu grande mérito: a honestidade das citações e traduções. — TP

las Casas, Bartolomé de

Frade dominicano espanhol (1484-1556), escreveu várias obras, entre elas *Historia de las Indias* (1504), *A brevíssima relação da destruição das Índias* (1534) e *Do único modo de atrair a todas as gentes à religião de Cristo* (1537). Um dos mais ardorosos defensores dos índios americanos, conheceu Cristóvão Colombo e Hernán Cortés, e chegou a falar aos reis espanhóis Fernando e Isabel, a Católica, e ao imperador Carlos V, também chamado de Carlos I da Espanha (de quem recebeu o título de Protetor dos Índios), sempre com a preocupação de ressaltar as atrocidades e os abusos cometidos pelos espanhóis contra os índios nas terras americanas. A fim de relativizar, ao menos um pouco, essa imagem de humanista muitas vezes relacionada a Las Casas, Borges utiliza-se de uma sutil ironia para demonstrar que a piedade e a bondade do frade para com os índios não se revelaram as mesmas (pelo menos em intensidade) quando ele propôs a substituição do trabalho indígena nas minas pelo dos africanos escravizados: "*Em 1517, o padre Bartolomé de las Casas sentiu muita pena dos índios que se extenuavam nos laboriosos infernos das minas de ouro antilhanas, e propôs ao imperador Carlos V a importação de negros que se extenuassem nos laboriosos infernos das minas de ouro antilhanas*" ("O atroz redentor Lazarus Morell", *História universal da infâmia*). — HNC

Las Heras, rua

A toponímia está muito presente na obra de Borges. Tanto em alguns de seus poemas como nos contos e ensaios, o leitor reiteradamente deparará com diversas citações, em especial de Buenos Aires. Dentre os vários exemplos, um é a rua Las Heras, que por sua vez remete a outros logradouros constantes nos textos borgianos. Essa é a rua ao longo da qual se situam o Jardim Zoológico e o Jardim Botânico (v.), referências importantes na produção do autor.

Em "*La canción del barrio*" (*Evaristo Carriego*), Borges nos mostra que até mesmo o periférico bairro de Palermo e as circunscrições da rua Las Heras se adensavam, em termos populacionais, no começo do século XX. Tanto assim que, em "As inscrições das carretas" (*Evaristo Carriego*), ele escolhe Las Heras para melhor observar as carretas que passam nas ruas, em razão de "*seu tráfego heterogêneo*". — PFCO

Last Reason

Pseudônimo do humorista e jornalista uruguaio Máximo Sáenz, autor do prólogo de uma obra intitulada *Tangos* (Buenos Aires, 1926), coletânea de narrações jornalísticas organizada por Enrique González Tuñón (v.). Esse livro foi criticado de forma severa por Borges, que o considerava um empreendimento unicamente voltado para fins lucrativos, de linguagem pobre e mal-acabada. Máximo Sáenz, assinando Last Reason, em contrapartida, insere em suas reflexões uma discussão com Borges na qual defende que a verdadeira epopeia do arrabalde (v.) está escrita nas letras "deficientes" dos tangos. — GC

Lautréamont, conde de

Pseudônimo de Isidore Ducasse (1846-70), escritor nascido no Uruguai, filho de um cônsul francês. É autor de *Les Chants de Maldoror* [*Os cantos de Maldoror*], poema de sessenta estrofes, de 1868, e *Poésies* (1870), uma compilação de vários textos críticos breves, nos quais ele aparentemente renega seu trabalho anterior. Tanto a obra como a vida de Lautréamont são controversas e enigmáticas, e, pode-se afirmar, constituem um dos temas mais perturbadores da literatura dos últimos dois séculos. Sua produção, de início desconhecida, foi resgatada cerca de vinte anos depois de ele morrer, pelo trabalho de, entre outros, Rubén Darío (v.), sendo revalorizada definitivamente pelos surrealistas a partir de 1920. Obra multívoca, *Les Chants* tem sido lida e interpretada de muitas e diversas maneiras e, embora ainda hoje escape a qualquer classificação, foi até mesmo considerada seminal no campo da literatura fantástica. Borges revela não nutrir apreço por Ducasse e o menciona como um escritor "*insuportável*", em resenha de *Private Opinion*, de Alan Pryce-Jones, argumentando sobre a tese desse crítico de que "*a poesia moderna deve metade de sua forma e de sua contextura à cidade de Montevidéu*" ("*Private Opinion*, de Alan Pryce-Jones", *Textos cativos*). Tal citação remete provavelmente aos outros dois poetas franco-uruguaios, Jules Laforgue e Jules Supervielle. Em *Lautréamont austral*, Emir Rodríguez Monegal (v.) e Leyla Perrone-Moisés comprovam as origens hispânicas da poesia em francês do conde de Lautréamont. — PPM

Lawrence, D. H.

Romancista inglês (1885-1930), David Herbert Lawrence é autor de livros como *Women in Love* (1920) e *Lady Chatterley's Lover* (1928). Na obra de Borges, há uma série de referências biográficas a Lawrence em *Introducción a la literatura inglesa*, e, no ensaio "A poesia gauchesca" (*Discussão*), ele é colocado com Marcel Proust e Virginia Woolf (v.) no grupo de escritores "*de valor inquestionável* [...] *que costumam agradar mais às mulheres do que aos homens*". Há também uma referência a seu volume de ensaios *Studies in Classic American Literature* no final de "Nathaniel Hawthorne" (*Outras inquisições*). — LM

Lawrence, Thomas Edward (Lawrence da Arábia)

Escritor e soldado inglês (1888-1935), cresceu e estudou na cidade de Oxford, onde viria a se especializar em história medieval. Na juventude, percorreu o Reino Unido, fotografando castelos do período das Cruzadas. Tal pesquisa levou-o até a Síria, país onde começou a se dedicar à filologia e arqueologia orientais. Em razão desses conhecimentos, foi escalado como oficial inglês para conter a revolta dos turcos no Egito, durante a Primeira Guerra Mundial. Estendeu sua influência sobre diversos lugares, tornando-se organizador das inúmeras disputas da região, que mais tarde formariam as nações modernas do Oriente Médio. Depois da guerra, fez carreira na Força Aérea e como escritor. O epíteto Lawrence da Arábia foi difundido pelo jornalista norte-americano Lowell Thomas, que o auxiliou na divulgação do seu famoso livro *The Seven Pillars of Wisdom* [*Os sete pilares da sabedoria*], de caráter autobiográfico. O conto "Três versões de Judas" (*Ficções*) traz como epígrafe um trecho dessa obra: "*There seemed a certainty in degradation*" [Parecia haver uma certeza na degradação]. Em "O pudor da história" (*Outras inquisições*), há uma lista de homenagens aos inimigos; numa delas, de autoria de Lawrence, este elogia um destacamento alemão dizendo-se orgulhoso de que seus companheiros tenham sido mortos por ele. Borges ainda comenta que o aventureiro foi um dos escritores que vindicaram Herman Melville (v.), tirando-o do esquecimento ("Herman Melville: *Bartleby*", *Prólogos, com um prólogo de prólogos*). — TP

Lawrence da Arábia

V. Lawrence, Thomas Edward.

Leguizamón, Martiniano

Nascido em Entre Ríos (1858-1935), é autor de, entre outros, *Calandria* (1896) e *Montaraz* (1900), que recriava as lutas entre os *caudillos* e as *montoneras* no início do século XIX. Sua obra está condicionada pelo amor à terra natal e pela condenação do cosmopolitismo, que em fins do mesmo século ameaçava a pureza das tradições *hispano-criollas* (v. *criollo*). Borges tinha grande interesse pela região de Entre Ríos, não só por sua literatura, mas pela evocação que os aspectos geográficos lhe causavam: a *llanura* como espaço inesgotável e infinito, associado à ideia de liberdade. Em "Milonga de Calandria" (*Para as seis cordas*), o protagonista tem o mesmo nome dado por Leguizamón a seu livro.

Colocando o escritor ao lado de outros nascidos em Entre Ríos, como Elías Regules e Fernán Silva Valdés (v.), Borges demonstra seu conhecimento sobre a literatura da outra margem do rio da Prata. Eles representam os rumos tomados pela literatura *criolla* romântica finissecular. Tanto descrevem as paisagens e os tipos, a exaltação da alma nativa e do amor, como narram guerras, lutas civis e *montoneras*. Em "Uma vida de Evaristo Carriego" (*Evaristo Carriego*), Borges diz que Leguizamón era exemplo desta última vertente. — PFCO

Lehmann-Nitsche, Pablo Adolfo Roberto

Lehmann-Nitsche (1872-1938) foi antropólogo, etnógrafo e linguista. Em 1893, doutorou-se em antropologia pela Faculdade de Filosofia da Universidade de Munique. Nessa época, ofereceram-lhe uma bolsa de estudos para realizar trabalhos de campo na América do Sul. Chegou a Buenos Aires em 1897 e integrou-se ao corpo científico do Museo de La Plata. Estudou as características culturais argentinas, focalizando os grupos nativos que ainda viviam no país, em especial os indígenas araucanos (v.), bem como recolheu e compilou um profuso material narrativo e mítico relativo ao folclore literário.

Seu trabalho, intitulado "Nouvelles recherches sur la formation pampéenne et l'homme fossile de la République Argentine, recueil d'observations scientifiques", publicado na *Revista del Museo de La Plata*, em 1907, pretende determinar o valor científico de todos os restos de fósseis humanos encontrados na Argentina. Borges, ao citar a obra de Lehmann-Nitsche em "*La canción del barrio*" (*Evaristo Carriego*), comenta a "*predisposição*" existente no país "*para associar-nos à barbárie*". Tal crítica está presente em suas reflexões acerca da cultura popular e dos arrabaldes (v.). — PFCO

leitor

Borges definia-se mais como leitor do que como escritor. Indicativa da importância dada por ele ao ato de ler é a famosa observação que se encontra no *Ensaio autobiográfico*, publicado em inglês em 1970, na qual afirma que a biblioteca do pai foi o evento principal de sua vida. Em livro editado no ano anterior, *Elogio da sombra*, disse o autor argentino no poema "Um leitor": "*Que outros se vangloriem das páginas que escreveram; / eu me orgulho das que li*". Poderíamos citar diversas frases de teor semelhante presentes em sua obra, mas essa resume perfeitamente a primazia da leitura em Borges.

Suas resenhas críticas, seus prólogos e ensaios e alguns de seus escritos ficcionais são reiterações da ideia de que a leitura, mais que a própria escritura, define a condição literária dos textos. Poderíamos também lembrar do acidente sofrido por Borges em 1938, que o colocou entre a vida e a morte, e do qual emergiu, primeiro, a personalidade de leitor e, só depois, a de escritor.

Se quiséssemos escolher algum dos vários textos que abordam a questão da leitura, teríamos à disposição uma vasta gama de opções, mas, talvez, o mais elucidativo de todos eles sobre sua condição de leitor seja "Pierre Menard, autor do *Quixote*" (*Ficções*). Escrito originalmente para a revista portenha *Sur* (v.), em maio de 1939, foi incorporado, em 1941, ao livro *O jardim de veredas que se bifurcam*, que três anos depois passou por modificações e recebeu o título de *Ficções*. Esse conto, além de ensaios críticos como "La fruición literaria" (*La Nación* (v.), 23 de janeiro de 1927) e "Elementos de preceptiva" (*Sur* (v.), abril de 1933), seria a fundação de uma nova disciplina poética voltada mais para a leitura do que para a produção textual. Essa forma de interpretar o texto borgiano influenciaria a *nouvelle critique* francesa e toda uma fortuna crítica hispano-americana posterior. O crítico uruguaio Emir Rodríguez Monegal (v.) chegou a caracterizar a obra de Borges como uma "poética da leitura".

Acompanhando suas ideias sobre a leitura — Borges acreditava que a leitura e a tradução seriam parte do processo de invenção literária —, ele introduziu conceitos e visões que, somados a elas, configuraram um arcabouço teórico e prático que corroborou a importância do ato de ler. A negação da personalidade, presente em diversos textos, como "La nadería de la personalidad" (*Proa*, 1922), o prólogo "A quem ler" (v.) de *Fervor de Buenos Aires* (1923), "A forma da espada", "Três versões de Judas", "Tema do traidor e do herói", "A morte e a bússola", "O jardim de veredas que se bifurcam", "Tlön, Uqbar, Orbis Tertius", "As ruínas circulares", todos de *Ficções*, e "Os teólogos", "A casa de Astérion", "A espera" e "O imortal", de *O Aleph*; a abolição do tempo diante da negação do eu, como pode ser observado no ensaio "O rouxinol de Keats" (*Outras inquisições*), ou diante das repetições dos atos, como em "Tlön, Uqbar, Orbis Tertius": "*Todos os homens que repetem uma linha de Shakespeare são William Shakespeare*"; o universo como um livro, ideia corporificada em *História universal da infâmia*, obra em que Borges se definiu unicamente como leitor e tradutor, e anotou: "*Ler, antes de tudo, é uma atividade posterior à de escrever: mais resignada, mais civil, mais intelectual*" ("Prólogo à primeira edição"), e também mencionada em "A flor de Coleridge", "Do culto dos livros" e "Kafka e seus precursores", todos de *Outras inquisições*. Neste último ensaio, ele escreveu: "*O fato é que cada escritor* cria *seus precursores*". Tal assertiva conforma um processo de ordenação dos precursores e reordenação das obras lidas como uma maneira, em si mesma, de prolongar a leitura, tendo em vista que um escritor, ao compor suas obras com base em seus precursores, escolheria suas referências literárias e, no limite, suas leituras. Nesse sentido, a literatura borgiana assume-se como discurso sobre a própria literatura, no qual autores se criam e se citam mutuamente.

Ao assumir a negação das evidências concretas da realidade, Borges construiu uma narrativa interior que se opôs a elas. Dessa forma, se todo homem é todos os homens, então a reivindicação da autoria perderia sentido, bem como a primazia do escritor sobre o leitor. Afinal, não poderia ser diferente para alguém que afirmou: "*Poucas coisas me aconteceram e muitas coisas li*" (epílogo a *O fazedor*), ou que confirmou a ideia de Gustave Flaubert (v.) do escritor como copista ("Vindicação de *Bouvard et Pécuchet*", *Discussão*).

Miguel de Cervantes (v.), Mark Twain (v.), H. G. Wells (v.), Robert Louis Stevenson (v.), as traduções de Richard Burton (v.) para *As mil e uma noites*, foram todos influências, para esse Borges, da experiência alheia, do escritor que escreve, poderíamos dizer, para prolongar o ato da leitura. Portanto, os intervalos entre a leitura e a escritura assumiriam, em Borges, um caráter marcante, patente na sua afirmação: "*Compor o* Quixote *em princípios do século XVII era uma empreitada razoável, necessária, quem sabe fatal; em princípios do século XX, é quase impossível. Trezentos anos não transcorreram em vão, carregados como foram de complexíssimos fatos. Entre eles, para apenas mencionar um: o próprio* Quixote" ("Pierre Menard, autor do *Quixote*").

Essa dimensão intervalar encerraria um processo de ressignificação, tanto das obras escritas como das lidas, uma vez que as distintas temporalidades que separam as abordagens anteriores das posteriores oferecem novas manifestações estéticas e experiências que alteram a forma como o escritor/leitor se acerca das obras. Emerge, do espaço "entre a letra e a vida", a figura, inventada por Borges, do leitor herói, leitor que pode amiúde ser chamado de Borges, ou de Pierre Menard (v.), entre outros, um leitor voraz que passa de obra em obra, citação em citação, referência em referência, as quais por vezes se perdem, como o texto perdido do início de "Tlön, Uqbar, Orbis Tertius".

O leitor inventado por ele desfrutaria de liberdade no manejo dos textos, guiado por interesses e necessidades específicas, que levam a más leituras, leituras fora de lugar e relações de séries impossíveis, corroborando o lugar de destaque do leitor na construção da obra ficcional. Vale lembrar que em seu primeiro livro de relatos publicado em 1935, *História universal da infâmia*, Borges mesmo se assume como esse leitor que vai coligindo, inventando, recriando, apropriando-se da letra alheia.

Se, para Borges, tudo está escrito, então só resta reler, ler de maneira distinta. A afirmação, presente no *Ensaio autobiográfico*, sobre seu primeiro livro publicado, *Fervor de Buenos Aires* (1923), parece-nos bastante sintomática dessa postura: "*No entanto, olhando-o em perspectiva, penso que nunca me afastei dele. Tenho a sensação de que todos os meus textos seguintes simplesmente desenvolveram temas apresentados em suas páginas. Sinto que durante toda a minha vida tenho estado reescrevendo esse único livro*".

Nesse jogo de leituras e escrituras, surge a narrativa determinada pelas intertextualidades, pelas articulações oriundas de várias obras, chamando o leitor para uma participação ativa, por meio da decifração desses jogos de citações, da restauração e da reposição da trama, como no caso de "A trama" (*O fazedor*), de "Pierre Menard, autor do *Quixote*" e de "Tlön, Uqbar, Orbis Tertius". A leitura assumiria, então, a função de construir um mundo paralelo em que se entrecruzariam o real e o ficcional.

Até mesmo a análise histórica passaria, em Borges, pela criação de ficções baseadas em outros textos literários, como pode ser entrevisto nos contos "O fim" (*A moeda de ferro*) e "Biografia de Tadeo Isidoro Cruz (1829-74)" (*O Aleph*). Essas obras seriam representações literárias calcadas na leitura borgiana da história argentina, que, por sua vez, dialogariam com obras fundacionais, como o *Facundo* (1847), de Domingo Faustino Sarmiento (v.), e o *Martín Fierro* (1872-9) (v.), de José Hernández (v.). O primeiro, representante de um culto do autor portenho à coragem, o segundo, de um culto aos livros, os quais seriam sintetizados ficcional ou poeticamente em relatos como "O Sul" (*Ficções*), "História do guerreiro e da cativa" (*O Aleph*) e "O cativo" (*O fazedor*). Nem mesmo a história escaparia desse palimpsesto literário tão bem criado e construído por Borges. No limite, talvez nem mesmo a vida poderia deixar de ser vista e, por que não?, vivida por meio dos livros. — PFCO

Lemprière, John

Acadêmico e vicário inglês (1765-1824), conhecido sobretudo por sua *Bibliotheca Classica* ou *Classical Dictionary*. A obra, cujo título original é *A Classical Dictionary; Containing a Copious Account of All the Proper Names Mentioned in Ancient Authors; With the Value of Coins, Weights and Measures, Used Among the Greeks and Romans; and a Chronological Table* (1788), ganhou várias reedições por outros catedráticos. Lemprière publicou ainda *Universal Biography of Eminent Persons in All Ages and Countries* (1808).

Em dois momentos do livro *Discussão*, "A arte narrativa e a magia" e "Flaubert e seu destino exemplar", Borges se vale do dicionário clássico de Lemprière para localizar historicamente, de um lado, como se compreendeu a "índole" das sereias (tal alusão reaparecerá em "Sereias", *O livro dos seres imaginários*) e, de outro, os diversos sentimentos provocados pela poesia homérica, ou seja, o poema épico. — JGS

Lentini, Giacomo da

Giacomo (ou Jacopo) da Lentini, poeta e notário italiano (*c.* 1210-60). Mencionado por Dante (v. Alighieri, Dante) no *Purgatório* (*A divina comédia*), é um dos principais representantes da chamada "escola siciliana", que deu origem à lírica italiana, adaptando temas e recursos da poesia provençal. Atribuem-se a ele várias canções e mais de vinte sonetos, forma poética que tanto êxito teria na história literária e da qual é considerado o inventor. Por essa razão, Borges dedica a Lentini, mas sem nomeá-lo, o soneto "Um poeta do século XIII" (*O outro, o mesmo*). Aí o poeta siciliano, depois de árduos rascunhos e misturas arbitrárias, recebe, talvez sem compreender, a revelação de um arquétipo, o "*primeiro soneto inominado*". É possível pensar que, para Borges, trata-se de outro exemplo do *pudor da história* da literatura, cujas datas essenciais podem ser secretas durante longo tempo. — CF e MG

León, frei Luis de

Poeta espanhol, Luis de León (1527-91) nasceu em Belmonte (Cuenca), em uma família, do lado materno, de judeus convertidos. Estudou em Salamanca e professou na Ordem de Santo Agostinho. Pensador, humanista e tradutor de textos bíblicos, teve problemas com a Inquisição; chegou a ficar cinco anos preso no calabouço do Santo Ofício, em Valladolid, julgado por criticar a *Vulgata* — a tradução de textos bíblicos para o latim feita por São Jerônimo — e a ela preferir a versão da Bíblia em hebraico, bem como por traduzir o Cântico dos Cânticos — um dos livros que compõem a Bíblia — para o castelhano. No cárcere, além de estudar, compôs muitos poemas. Foi libertado em 1576 e dois anos depois recebeu a cátedra vitalícia de Filosofia Moral da Universidade de Salamanca. Em 1583, publicou *La perfecta casada* e *Los nombres de Cristo*; em 1588, *Los libros de la Madre Teresa de Jesús*. As traduções constituem a maior parte de sua obra: traduziu de Horácio (v.) a Petrarca, mas preferia os textos bíblicos (Livro de Jó, Salmos, Cântico dos Cânticos). Ao verter textos do hebraico, procurou explorar o campo semântico do hebraico bíblico a fim de recriar em castelhano a riqueza do texto original.

Na tradução do Livro de Jó, teve especial predileção por identificar-se com os males e infortúnios do personagem bíblico; tentou, na reconstrução castelhana, buscar respostas para suas angústias humanas e ansiedades religiosas. Borges incluiu essa tradução em *Biblioteca pessoal* ("Frei Luis de León. *Cântico dos cânticos. Exposição do Livro de Jó*"). — MAGB

León, Moisés de (rabino castelhano)

Moshé ben Shem Tov de León (*c.* 1240-1305) é o nome em hebraico desse autor tido pela crítica especializada como o responsável pelo corpo principal do que talvez seja o livro mais importante da mística judaica, o *Zohar*, ou *Livro do esplendor*, citado por Borges em vários momentos de sua obra, como em "Magias parciais do *Quixote*" (*Outras inquisições*), "A cabala" (*Sete noites*) e "Alberto Gerchunoff: *Retorno a Dom Quixote*" (*Prólogos, com um prólogo de prólogos*). No *Zohar* se encontra recopilada grande parte do seu *midrash ha Ne'elam*, um conjunto de glosas místicas que são um exercício de exegese de passagens bíblicas, por meio das quais, em um estilo alusivo de poderoso impacto, põe-se em cena o modo de funcionar da Divindade e seu desdobramento na criação dos diversos níveis da existência. Todo o texto é construído sobre uma moldura apócrifa, ambientando boa parcela dos fragmentos exegéticos em diálogos do rabino Shimon Bar Yochai com seus filhos e discípulos próximos. Shimon Bar Yochai viveu na última metade do século II e era discípulo de Rabi Akiva, o principal de uma academia de estudos da Torá, que participou da revolta de cunho messiânico de Bar Kokhba contra o domínio romano, no período do imperador Adriano. Esmagada a revolta, a academia foi fechada, o ensino da Torá, proibido, os sábios mais notáveis e um número enorme de discípulos foram cruelmente martirizados. Sobreviveram apenas cinco discípulos, e a tradição atribui a eles a organização escrita da chamada Lei Oral, que viria a se constituir posteriormente no núcleo a partir do qual se daria o desdobramento talmúdico.

De acordo com a tradição, Shimon Bar Yochai e seu filho Eleazar foram obrigados a se esconder em uma caverna por doze anos, durante os quais Yochai teria se dedicado exclusivamente ao estudo dos textos sagrados. E teria se originado nesse período, ainda de acordo com a tradição, o conjunto de glosas místicas do *Zohar*, que teriam circulado de forma oculta, de boca em boca entre os sábios, até a época de Moisés de León, que revelou o manuscrito. Um texto do Rabi Abraham Zacuto parafraseia um possível documento, infelizmente perdido, de Rabi Itzhak ben Samuel de Acre, que teria sido convidado em Valladolid, em 1305, por Moisés, para ir com ele até sua casa, na cidade de Ávila, a fim de ver um antigo manuscrito original de Shimon Bar Yochai que ele jurou possuir. No entanto, no caminho para casa, Moisés adoeceu e morreu em Arévalo. Conta o texto de Rabi Abraham Zacuto que Rabi Itzhak teria ficado extremamente intrigado com o suceder dos eventos e teria decidido continuar até Ávila. Ali, encontrou um certo David di PanCorbo, que lhe garante enfaticamente que o manuscrito chamado *Zohar*, atribuído a Shimon Bar Yochai, nunca existiu, e que o Rabi Moisés de León tinha conhecimento do Nome Sagrado, pelo qual lhe teria sido outorgada a faculdade de escrever as maravilhas que esse texto encerra.

Ainda segundo David di PanCorbo, Moisés de León teria sido o verdadeiro autor do *Zohar* e o teria atribuído a Shimon Bar Yochai com o intuito de ganhar alguma quantia a mais pela venda do manuscrito. David di PanCorbo teria chegado a essa conclusão depois de falar com a esposa de Moisés, a qual teria jurado que foi seu marido que escreveu: "de sua mente, seu coração, seu conhecimento e intelecto". Pouco se sabe da vida desse rabino. Diz-se que seu interesse pelo misticismo se deve à leitura do *Guia dos perplexos*, de Maimônides (v.), o qual teria sido copiado para ele em 1264. A partir daquele momento, teria viajado pelas comunidades de Castilha, entrando em contato com diversos sábios cabalistas e, logo após, mergulhado nos estudos com os místicos da cidade de Girona, na Catalunha. — EM

Leroux, Gaston

Precedida por estudos de direito, a carreira de Gaston Leroux (1868-1927), jornalista e romancista francês, logo se desenvolveu em periódicos como *L'Echo* e *Matin*, nos quais escreveu crônicas famosas. Entre 1894 e 1906, o repórter temerário se engajou em apaixonantes coberturas pelo mundo movido por uma curiosidade infatigável. Desse período, destacam-se seus artigos sobre a Revolução Russa de 1905, deflagrada após a derrota militar da Rússia para o Japão. Depois de sua saída do *Matin*, a dedicação à literatura se faz de modo fecundo, e Leroux torna-se um escritor ora do gênero policial ora do romance de aventuras. Dotado de uma criatividade completamente livre das regras da época, o autor de *Parfum de la Dame en noir* (1907) e do *Fantasma da ópera* (1910) é também um cético e irônico personagem que se surpreende com a justiça aplicada às avessas. Entusiasta tanto da técnica e do progresso científico como dos mistérios do corpo e da alma, publicou seu primeiro romance, *O mistério do quarto amarelo*, no *Illustration* de 7 de setembro de 1907. Em "O conto policial" (*Borges oral*), Borges aponta esse livro como uma variante de um exemplo legado pelos contos de Edgar Allan Poe (v.). — JGS

Lewes, George Henry

Escritor inglês (1817-78), distinguiu-se como crítico e editor. Influenciado pelo positivismo comtiano, escreveu, entre outros, *Biographical History of Philosophy* (1846), livro muito citado por Borges, por ser um de seus favoritos. A produção de Lewes se caracteriza pela diversidade de temas e áreas abrangidas, e por sua singular excelência em várias dessas áreas.

Em "A perpétua corrida de Aquiles e da tartaruga" (*Discussão*), Borges utiliza esse livro para explicar o famoso paradoxo de Zenão de Eleia (v.). Já no ensaio "Das alegorias aos romances" (*Outras inquisições*), ele aproxima a alegoria do realismo em contraposição ao romance, que teria orientação nominalista. A alegoria, sugere, conforma dois conteúdos, o imediato e o literal; trata-se de uma forma de infinitas abstrações possíveis. Lewes é evocado para afirmar que o único debate medieval válido consiste na disputa entre nominalismo e realismo. — RB

Lille, Alain de

Teólogo francês, Alain de Lille, conhecido ainda como Alain de l'Isle, Alanus de Insulis, ab Insulis e Alain von Ryssel (1128?-1203), alcançou extraordinário reconhecimento eclesiástico, tendo sido chamado de Alain, o Grande, e Doctor Universalis. Sua *Ars Fidei Catholicae* tem o propósito de consolidar a doutrina da unidade do cristianismo contra as heresias e outras religiões, segundo apelos racionais, dedutivos e matemáticos, mas também místicos e de outras tendências intelectuais de seu século. Em *Tractatus contra Haereticus* e *Theologicae Regulae*, a mesma intenção o motivava. Sincrética, a obra de Alain de Lille apresenta além disso dois poemas, *Anticlaudianus* e *De planctu naturae*, nos quais a natureza, tomada alegoricamente como retrato da ordem e harmonia divinas, provê uma interpretação que alia as ciências naturais às ciências de Deus (teologia).

Borges, em "A esfera de Pascal" (*Outras inquisições*) tenta dar a fonte em que Alain de Lille teria descoberto sua famosa fórmula: "*Deus é uma esfera inteligível cujo centro está em toda parte e a circunferência em nenhuma*". Frase que guardará analogia com o *Aleph* borgiano, no conto homônimo do escritor argentino. — JGS

literatura espanhola

A relação de Borges com a literatura espanhola é indissociável do problema da língua castelhana. Embora no poema "México" (*A moeda de ferro*) ele se refira ao castelhano como "*esse latim decaído*" e em muitas ocasiões tenha apontado sua bateria irônica contra a literatura espanhola de todos os tempos, atribuindo-lhe status inferior ao das literaturas em outras línguas ou de outras nações, teve consciência do peso de seu legado inevitável.

Em *El idioma de los argentinos*, buscou expressamente salvar bem poucos nomes: "*Confesso — não de má vontade e até com presteza e ventura no ânimo — que algum exemplo de genialidade espanhola vale por literaturas inteiras: Dom Francisco de Quevedo, Miguel de Cervantes. Quem mais? Dizem que Dom Luis de Góngora, dizem que Gracián, dizem que o Arcipreste. Não os escondo, mas também não quero diminuir o peso da observação de que o comum da literatura espanhola foi sempre enfadonho. Seu caráter prosaico, seu meio-termo, seu povo, sempre viveu das descansadas artes do plágio*".

Entretanto, no poema "Espanha" (*O outro, o mesmo*), reconhece que, "*para além dos símbolos, / para além da pompa e da cinza dos aniversários, / para além da aberração do gramático /*

que vê na história do fidalgo / que sonhava ser Dom Quixote e no fim o foi, / não uma amizade e uma alegria / mas um herbário de arcaísmos e um adagiário, / estás, Espanha silenciosa, em nós. / [...] Espanha [...] incessante e fatal".

Conhecedor exaustivo da tradição literária espanhola, desde sua etapa ultraísta e depois na busca de uma linguagem argentina que marcasse diferenças com a peninsular, entendeu que a verdadeira literatura consistia na perversão do casticismo academicista. Talvez por isso, considerou que a melhor prosa da língua deveria ser buscada nas ousadias do barroco espanhol, especialmente em Francisco de Quevedo (v.). Se, na obra inicial de Borges, a poesia barroca e a vanguarda se aproximavam da valorização especial da metáfora, com o ultraísmo (v.) a distância acentuou suas diferenças com a retórica intelectual e artificiosa de Luis de Góngora (v.), a quem nunca admirou, e de Baltasar Gracián (v.), a quem o uniu uma secreta ambiguidade. Da poesia espanhola dos Séculos de Ouro, valorizou, porém, sem matizes, frei Luis de León (v.), a quem incluiu na coleção Biblioteca Personal, e San Juan de la Cruz (v.).

O fato de, na juventude, Borges haver se radicado na Espanha e ter participado da primeira fase do ultraísmo marcou sua relação com os escritores espanhóis seus contemporâneos. Ele conheceu e frequentou alguns dos mais importantes, como Ramón Gómez de la Serna (v.), Valle-Inclán (v.), Gerardo Diego e Guillermo de Torre (v.), que anos depois se casaria com sua irmã, Norah Borges (v.). Mas foi Cansinos-Asséns (v.) o escritor por quem manteve em maior grau a admiração e o respeito ao longo dos anos, e talvez o segundo lugar em sua consideração corresponda a Miguel de Unamuno (v.). Nenhuma simpatia ou afinidade uniu o autor portenho a outros escritores da chamada Geração de 1898 — salvo, talvez, Pío Baroja (v.) — nem aos poetas da chamada Geração de 1927, à qual pertenceu Federico García Lorca (v.), por quem ele sentiu particular rejeição.

Para decantar as escassas admirações e as influências de peso, é preciso voltar à citação inicial. Por um lado, a identificação nem sempre favorável com Quevedo, que Borges sintetiza em "Ao idioma alemão" (*O ouro dos tigres*), ao assinalar: "*Meu destino é a língua castelhana / O bronze de Francisco de Quevedo*". Por outro lado, a felicidade do *Quixote* como um livro que continha todas as suas aspirações, "*que quase lhe parece o melhor de todos os livros*" — como faz dizer o personagem de "O enigma de Edward FitzGerald" (*Outras inquisições*) —, obra à qual sempre retornou e que lhe permitiu, ao comentá-la, canalizar suas opiniões literárias mais importantes: o encanto do estilo antirretórico, as preocupações metaliterárias, o apagamento do autor com sua invenção de fontes e atribuições duvidosas e, acima de tudo, a criação de dois personagens capazes de existir por si mesmos, superando os limites da letra impressa. — MAGB

literatura francesa

Um lugar-comum da francofobia literária, aparentemente inventado por Anatole France, sustenta que na França sobram talentos e faltam gênios. Em uma resenha de 1937 para *El Hogar* (v.), Borges retomou o tópico, acrescentando argumentos: "*Uma desatinada convenção de origem francesa resolveu que na França não se produzem homens de gênio e que essa laboriosa república limita-se a organizar e a polir as matérias espirituais que importa. Por exemplo: boa metade dos poetas franceses de hoje provém de Walt Whitman; por exemplo:* o surréalisme ou 'super-realismo' francês *é uma mera reedição anacrônica do expressionismo alemão*" ("Duas interpretações, de Arthur Rimbaud",

Textos cativos). O adjetivo "laboriosa" não é o único modalizador que delata a sigilosa anuência do autor argentino: "*uma desatinada convenção*", atribuída a outros, funda-se em um saber que lhe é notoriamente próprio e que se reflete nas menções ao expressionismo alemão — que ele traduziu no começo dos anos 1920 — e a Walt Whitman (v.) — cujo lugar no panteão borgiano não precisa de glosa. Isso não o impediu de declarar com ênfase, no parágrafo subsequente, a "*absoluta falsidade*" do tópico, embora mais uma vez invocando um nome que, a seus olhos, confirma a ideia inicial: Arthur Rimbaud (v.), que "*não foi um visionário*", mas um "*artista em busca de experiências que não alcançou*".

Essas objeções subterrâneas que erodem, pela ironia, o sentido aparente do discurso são frequentes quando Borges se ocupa de literatura francesa. É longo e conhecido o rosário de casos, boutades e frases assassinas às quais o inventor de Pierre Menard (v.) recorreu para descrever a literatura da França, seus modos de produção e sociabilidade, sua autoconsciência: "*antes de redigir uma linha, o escritor francês quer compreender-se, definir-se, classificar-se* [...] *pergunta-se (digamos): Que tipo de sonetos deve emitir um jovem ateu, de tradição católica, nascido e criado no Nivernais mas de ascendência bretã, filiado ao partido comunista desde 1944?*" ("La paradoja de Apollinaire", *Textos recobrados 1931-1955*). A força cômica da evocação não depende apenas do talento do autor portenho como satirista; resulta também de um conhecimento precoce daquele "*mundo de cenáculos e seitas*" que o escritor praticou desde jovem e que descobrira primeiro em francês, como revelam suas cartas ao amigo genebrês, Maurice Abramowicz (v.). "*Demain je monte à Valldemosa*", escreveu, por exemplo, em 1920, "*voir Sureda et concerter avec lui les moyens pour avoir une polémique avec l'anonyme, ce qui serait excellent comme propagande et très amusant, en outre*". O fato de que as cartas estejam em francês, que os primeiros duelos nas "batalhas incruentas" do mundo literário tenham se dado nessa língua, ressignifica as ironias posteriores. No fim das contas, o jovem Borges — assim como o Borges adulto do livro de Adolfo Bioy Casares (v.) — não procedeu de maneira diferente dos "literatos da França", dos quais zomba com tanto engenho.

Uma ambivalência similar ocorre quanto ao idioma. Borges armou o relato de sua falta de empatia com a língua francesa com base em duas ou três histórias que repetiu, seguindo um método que lhe é familiar, em diálogos e entrevistas: a carta dos colegas do Collège Calvin pedindo que o aprovassem na matéria "Français"; o desconhecimento do próprio sobrenome pronunciado /*borsh*/ pelos professores genebreses; Norah (v. Borges, Norah) e as moscas — "*Lembro que uma vez, ao voltar para casa, minha mãe encontrou Norah escondida atrás da cortina de veludo vermelho, e gritando assustada: 'Une mouche, une mouche!'. Parece que tinha adotado a ideia francesa de que as moscas são perigosas. 'Saia já daí', disse-lhe minha mãe, sem demasiado fervor patriótico. 'Você nasceu e foi criada entre moscas!'*" (*Ensaio autobiográfico*).

Essa mitologia em torno dos anos de formação se cristalizou no *Ensaio autobiográfico* (1970), em que o francês da adolescência passa a um segundo plano e interessa menos do que, por exemplo, o latim do Collège, que o vincula ao bisavô Haslam e à tradição humanista, ou o alemão do tradutor autodidata, ou o inglês, voluntariosa e virtuosamente inato. Passar de uma língua para outra, ser poliglota; a leitura retrospectiva, que o *Ensaio autobiográfico* propõe, apresenta o francês como mais uma língua — não a primeira, apesar da temporada em Genebra e do colégio secundário em francês — no leque de idiomas que o Borges *arrivé* domina e julga com estudada desenvoltura: "*o francês tem uma boa literatura, apesar de sua inclinação pelas escolas e pelos movimentos, mas parece-me que a língua em si é bastante feia. As coisas tendem a soar triviais quando ditas em francês*" (*Ensaio autobiográfico*). A condição de poliglota e a valorização equânime do francês tornam-se, assim, a marca do ilustrado, o signo de um saber que transcende a rasa origem argentina sem reduzir-se ao (tão argentino) uso do francês; consequentemente, o texto enumera, com hábil modéstia, o inglês, o alemão, o latim, o italiano, o francês e, naturalmente, o espanhol como línguas de formação. Isso em 1970.

A correspondência com Abramowicz, publicada postumamente, matiza, entretanto, tal processo de equiparação das línguas. Nessas cartas, escritas entre 1919 e 1921, o francês de Borges, com seus erros de ortografia, sua gíria estudantil e sua gramática fantasiosa, é muito mais que uma língua de formação: é língua de pertencimento a um grupo (o Collège Calvin, Genebra), assim como língua de legitimação que habilita o proselitismo literário, a escaramuça polêmica e a intriga de cenáculo. Paralelamente, como em surdina, desenha-se um referente que inquieta o jovem argentino: "*Buenos-Aires*" — "*Le retour à Buenos-Aires m'ennuie — mais comment! Je prends par ci par là de* [sic] *renseignements sur cette étrange contrée*"; "*Mon départ pour Buenos-Aires (cinq ou six mois d'échéance encore!) me trouble vaguement*". *Buenos-Aires*, não Buenos Aires. A forma afrancesada com o uso do hífen contrasta com os erros de ortografia e de sintaxe, com as menções anedóticas ao sotaque francês, com as marcas, no fim das contas, do estrangeirismo. Muito sutilmente, a própria estrutura do francês usado por Borges condensa e revela uma série de tensões que constituem o pertencimento e o desenraizamento. Essas tensões também aparecem nas cartas em espanhol a Jacobo Sureda, escritas na mesma época porém com distância e tom diversos: "*Zarpo amanhã para a terra dos presidentes avariados* [...] *e dos poetas que não acolheram ainda em seus hangares o avião estrambótico do ULTRA...*". Longe de tais ironias, os erros involuntários do francês revelam, em compensação, a natureza problemática da partida da Europa e do primeiro regresso a Buenos Aires.

A posse da língua francesa confere ainda uma legitimidade à qual o jovem Borges não é indiferente, e que o levou até mesmo a vangloriar-se nas cartas de que "*les gallicismes* [sont] *aussi fréquents dans ma prose espagnole que le sont les hispanismes dans mon français*". Nesse sentido, é revelador que a primeira das muitas resenhas escritas por ele tenha sido publicada em francês, em agosto de 1919: "Chronique des lettres espagnoles", corrigida por Abramowicz e enviada ao *journal littéraire La Feuille*, de Genebra, evocada em mais de uma ocasião pela "mãe" como o primeiro sinal de reconhecimento, vem assim marcar a discreta e simbólica entrada do escritor argentino na tradição. O papel ulterior que a França teria na consagração internacional de Borges ratifica simbolicamente o caminho aberto por essa publicação inicial e menor. Em abril de 1939, Néstor Ibarra traduziu "L'Approche du caché" ("A aproximação a Almotásim") para a revista *Mesures*; em 1951, *Fictions* inaugurou a coleção La Croix du Sud, dirigida por Roger Caillois (e com esse gesto, na expressão irônica de Borges, Caillois o "inventa"); um extenso *Cahier de l'Herne* foi dedicado a ele em 1964; e a inclusão, em vida, de sua obra e de seu nome na prestigiosa coleção Bibliothèque de La Pléiade (volume I: 1993; volume II: 1998. Edição corrigida e ampliada: 2010) tem ares de coroação.

Todas essas circunstâncias obrigam a matizar a conhecida e popular definição de Juan

José Saer de um "Borges francófobo". Como bem se sabe, como tanto se disse, a afinidade eletiva declarada é com a literatura inglesa, e não com a francesa: com Genebra e com Londres, e não com Paris; com Chesterton (v.), não com Caillois. Desviar, transformar, deformar a devoção argentina pelo francês torna-se consequentemente uma tarefa que oscila entre o jogo e a gozação, embora o brilhantismo do jogo — que vai dos *vendredis* da baronesa de Bacourt (v.) a Triste-Le-Roy; de Joseph Charles Mardrus (v.) a Marcel Schwob; de Menard a Léon Bloy (v.) — revele uma profundidade nas leituras e uma produtividade nos usos que contradizem as habituais ironias sobre a França e sua literatura. Um pouco à maneira daquele *estrangeiro* que vende chapéus cilíndricos a Teodelina Villar (v.), fazendo-a acreditar que estão na moda em Paris, Borges faz a literatura francesa ceder pela ambiguidade e pela dissimulação. A crítica já demonstrou a forte produtividade de temas e procedimentos que autores como Schwob, Paul Valéry (v.) ou Bloy geraram em sua obra; existe, de fato, uma ampla e brilhante bibliografia borgiana que mostra como esses autores alimentaram, nas décadas de 1930 e 1940, as tramas, os questionamentos de gênero, os paradoxos que desgastam as categorias do pensamento. Borges deixou indícios de tal presença em citações e textos semelhantes: os fragmentos de Bloy na *Antologia da literatura fantástica* (v.), os prefácios de Schwob na coleção Biblioteca Personal de Jorge Luis Borges, as menções a Monsieur Teste (v. Valéry).

Deve-se acrescentar a isso o interesse de colecionador, manifesto nos ensaios, pelas singulares figuras de autor que os literatos da França costumam gerar com base em seus livros. Mais ainda: Borges leu os franceses perguntando-se com frequência pelos homens que escrevem e pela imagem de autor que constroem: "Candide, *escrito para demonstrar que este mundo é o pior, é um dos livros mais felizes da literatura, já que Voltaire está em cada página*"; "*Pascal, dizem-nos, encontrou Deus, mas sua manifestação dessa ventura é menos eloquente que sua manifestação da solidão*"; nos "*varonis volumes*" da *Correspondência* de Gustave Flaubert (v.), e não em sua obra ficcional, encontra-se "*o rosto de seu destino*". Esse comércio de defuntos permitiu a ele refletir sobre os processos necessários para a construção (e a imposição) de determinadas figuras de autor, em particular a sua própria. Os ensaios sobre Flaubert, sacerdote e asceta da literatura, ou sobre Valéry, que "*personifica os labirintos do espírito*" e "*enaltece as virtudes mentais*" ("Valéry como símbolo", *Outras inquisições*), prolongam dessa maneira uma mitologia precoce — "*Vida e morte faltaram à minha vida. Dessa indigência, meu laborioso amor por estas minúcias*" (prólogo a *Discussão*), escrevera já em 1932 — e preparam, em certa medida, textos posteriores como "Borges e eu" (*O fazedor*). — MCA

literatura inglesa

Desde os textos iniciais, Borges afirmou que sua formação havia começado na biblioteca de livros ingleses de seu pai. Como contou no prólogo a *Evaristo Carriego* (1930): "*A verdade é que cresci num jardim, atrás de uma grade com lanças, e numa biblioteca de inumeráveis livros ingleses*". A partir daí, essa literatura teria um peso importante em sua produção. Considere-se, por exemplo, *Outras inquisições*: aí estão mais de dez textos centrados em escritores britânicos. Ao se voltar para a quantidade de textos publicados na revista *Sur* (v.), dirigida por Victoria Ocampo (v.), vê-se que, ao longo dos anos, o autor portenho escreveu numerosas resenhas de obras inglesas, entre elas "*After Many a Summer*, de Aldous Huxley" (no número de dezembro de 1939) ou a da tradução de "El cuento del perdonador, de Chaucer" (no número de junho de 1944). Encontram-se ainda nessa revista literária artigos sobre G. K. Chesterton (v.) ou William Shakespeare (v.). Em *El Hogar* (v.), há um número relevante de artigos e resenhas, como a dedicada a Bernard Shaw (v.), James Joyce (v.) ou H. G. Wells (v.). Entre as resenhas, constam inclusive comentários sobre livros de crítica da literatura inglesa, o que permite pensar que o interesse de Borges também se vincula a outras aproximações a tais livros. Um exemplo disso é a resenha bibliográfica, inserida no número de 5 de maio de 1939, da obra crítica *Introducing Shakespeare* (1939), de George Bagshawe Harrison (*Textos cativos*).

Deve-se destacar o fato de que, em várias ocasiões, Borges utilizou traduções para o inglês, que se tornaram canônicas, de obras de outras literaturas. Nesse sentido, merece menção o ensaio "As versões homéricas", publicado inicialmente no jornal *La Prensa* (v.), em 1932, e que depois, no mesmo ano, foi incluído no volume *Discussão*. Nele, comenta as versões de Alexander Pope (v.), George Chapman (v.) e William Cowper. É importante ressaltar que, em tais casos, a tradução é apresentada como um texto autônomo, como mais uma obra literária.

Ainda merece destaque a grande quantidade de epígrafes que encabeçam alguns de seus textos ou livros: Thomas de Quincey (v.), em *Evaristo Carriego*; Sir Francis Bacon (v.), no conto "O imortal" (*O Aleph*). O uso da epígrafe implica uma relação mais familiar com o texto citado, talvez menos acadêmica, uma aproximação da escrita que envolve um vínculo mais subjetivo, situando-se claramente no lugar de um leitor consciente da influência daquilo que lê. A epígrafe é na verdade uma apropriação do texto, e conservá-lo na língua original, no caso o inglês, significa também inserir-se em uma tradição literária e cultural.

Borges foi professor titular da cátedra de Literatura Inglesa e Norte-Americana da Faculdade de Filosofia e Letras da Universidade de Buenos Aires, de 1956 a 1966. O último curso por ele ministrado se conservou graças à minuciosa transcrição de Martín Arias e Martín Hadis. Nele se pode ver a amplitude de sua abordagem na escolha de autores, que vão dos poetas anglo-saxões da Idade Média até o irlandês Oscar Wilde (v.) — quase esquecido na época em várias histórias da literatura inglesa. É notório que Borges incluísse no curso autores e textos praticamente desconhecidos até mesmo para um leitor inglês médio. É como se formasse seu próprio cânone de autores ingleses e escolhesse — em sua maioria — aqueles com os quais tinha mais afinidade.

Em consonância com tal atividade docente, publicou, em 1965, com María Esther Vázquez (v.), *Introducción a la literatura inglesa*. A concepção que mostra no livro é a da literatura produzida nessa língua nas ilhas britânicas, incluindo a Irlanda. Entretanto, em "O escritor argentino e a tradição" (*Discussão*), ele havia feito algumas distinções entre os escritores ingleses propriamente e os irlandeses, propondo que estes, como Shaw, Berkeley (v. Berkeley, George) ou Swift (v.), ao se sentirem diferentes, tinham inovado nessa cultura. O breve volume sobre a literatura inglesa, organizado cronologicamente, faz referência tanto a nomes decisivos — Geoffrey Chaucer (v.) ou William Wordsworth (v.) — como, em alguns poucos casos, a autores mais marginais, como James MacPherson. Comparando-o aos cursos ministrados na Universidade de Buenos Aires, vê-se claramente que seus interesses são reiterados no volume. No prefácio, datado de 19 de abril de 1965, Borges esclarece um dado que seria importante para a marca do livro: "*Novalis escreveu que cada in-*

glês é uma ilha; esse caráter insular tornou mais difícil nossa tarefa, já que a literatura britânica, diversamente da francesa, consta principalmente de indivíduos, não de escolas". Essas ilhas, esses nomes, constituem um devir contínuo e um processo de articulação na história que o autor portenho apresenta. Diferentemente do curso registrado em 1966, essa história chega até o início do século XX, em cujo capítulo se pode apreciar o Borges leitor de seus contemporâneos: James Joyce, Virginia Woolf (v.) e D. H. Lawrence (v.).

Outra relação de Borges com essa literatura se deveu à grande quantidade de traduções que ele fez. Para começar, a do conto de Oscar Wilde "El príncipe feliz", realizada aos nove anos e publicada em *El País* de 26 de junho de 1910. Mais tarde, traduziu a última página do *Ulysses* (1922), de James Joyce, *Sartor Resartus* (1833-34), de Thomas Carlyle (v.), e *Orlando* (1928), de Virginia Woolf, que é uma das versões mais controversas, já que alguns críticos aventaram a possibilidade de que seja, na verdade, obra de sua mãe. Em 1978, com María Kodama (v.), lançou *Breve antologia anglo-saxônica*, na qual reuniu uma série de versões em prosa de poemas medievais, cada um acompanhado de um comentário.

Como se pode ver, a literatura inglesa está presente ao longo de toda a sua obra, tanto poética como ensaística. Certos nomes que se repetem — Rudyard Kipling (v.), Samuel Taylor Coleridge (v.), William Shakespeare — mostram a inserção em um cânone e uma tradição múltipla que vai se desdobrando a partir de novas perspectivas de composição e de visão estética. Alguns desses nomes foram fundamentais em sua formação, e Borges tomou deles procedimentos de escrita que levou às últimas consequências, como é o caso de Robert Louis Stevenson (v.).

Borges leitor (v.) é em primeiro lugar, como declarou em diversas ocasiões, um leitor de literatura em inglês. Sua biblioteca particular também permite ver esse mapa de nomes ingleses aos quais depois foram se acrescentando autores de outras literaturas. Para finalizar, pode-se mencionar que em 1969 o autor argentino recebeu o título de Doutor Honoris Causa pela Universidade de Oxford. — LM

literatura italiana

Entre as literaturas ocidentais, a italiana foi a menos frequentada integralmente por Borges. O motivo, além de uma indiferença geral, pode talvez ser buscado em seu desconhecimento do idioma. Em maio de 1926, entrevistado pelo jornal *Crítica*, ele confessou uma "*perfeita e não superável ignorância do italiano*". Isso explicaria o fato de que nos anos de formação do escritor quase inexistiram contatos entre ele e a literatura italiana. Durante seu período ultraísta, o jovem Borges, diversamente de outros vanguardistas, não manifestou nenhum apreço por Filippo Marinetti (v.) nem pelo futurismo italiano. Nos anos subsequentes, o autor portenho afirmou que os "*poucos escritores importantes da Itália contemporânea*" eram o narrador e dramaturgo Luigi Pirandello (v.) e o filósofo Benedetto Croce (v.). O primeiro, que visitou Buenos Aires em 1927, foi então considerado por ele como o único escritor capaz de despertar em seus textos "*a perplexidade metafísica*". Borges foi um leitor assíduo de Croce, a quem dedicou uma biografia sintética em *El Hogar* (v.) ("Benedetto Croce", *Textos cativos*). Nessa revista, manteve, entre 1936 e 1939, a seção intitulada "Libros y autores extranjeros", que mostra o âmbito de seus interesses, pois os textos analisados são na maioria de língua inglesa, francesa e, em menor medida, alemã. É revelador que os autores italianos mal recebam sua atenção.

Ao redor desses anos, Borges leu dois ensaístas italianos: o crítico Francesco De Sanctis (v.), autor da *Storia della letteratura italiana*, e o filósofo idealista Giovanni Gentile, máximo expoente intelectual do fascismo e diretor da *Enciclopedia Italiana*. A partir da década de 1930, também se voltou para a obra de Dante Alighieri (v.), que acabou se tornando um de seus autores favoritos. Inicialmente, leu-o em traduções inglesas, mas depois, pouco a pouco, passou à leitura do original. Essa aproximação à língua italiana motivou-o a estudar outros clássicos, como Ludovico Ariosto (v.) e Torquato Tasso, cujo poema épico *Gerusalemme Liberata* (1581) mencionou em várias ocasiões. No *Ensaio autobiográfico*, Borges revela: "*quanto ao italiano, li e reli* A divina comédia *em mais de uma dúzia de edições diferentes. Também li Ariosto, Tasso, Croce e Gentile, mas não sou* capaz *de falar o italiano ou acompanhar um filme ou uma peça de teatro nesse idioma*".

Borges não se ocupou de outros autores canônicos da literatura italiana, como Francesco Petrarca, Carlo Goldoni, Giacomo Leopardi, Alessandro Manzoni, Giovanni Verga, Giovanni Pascoli, Italo Svevo, Giuseppe Ungaretti. Em seus artigos e conferências, fez breves menções, en passant, a Giovanni Boccaccio (v.), Galileo Galilei (v.), Giosuè Carducci. Em épocas tardias, em coleções que dirigiu, ele prefaciou textos de Marco Polo (v.), Giovanni Papini (v.) e Dino Buzzati. (V. Giacomo da Lentini; Giambattista Marino.) — CF e MG

literatura nórdica medieval

Na obra de Jorge Luis Borges há uma frequente inserção da literatura nórdica medieval. Assim, em *Evaristo Carriego*, o autor identifica em um verso de *Martín Fierro* (v.) as palavras de Odin do poema "Hávamál", da *Edda poética* (v. *Edda Islandorum*). No ensaio "Sobre os clássicos" (*Outras inquisições*), afirma que algumas sagas estão entre as obras que, para ele, "*prometem uma longa imortalidade*". "Ragnarök" é título de um texto de *O fazedor* e confere-lhe seu sentido. O conto "Ulrica" (*O livro de areia*) é introduzido por uma epígrafe extraída da *Völsunga Saga* (v.) e, ao longo do texto, conto e saga entrecruzam-se singularmente, forjando, mais além das amarras espaciais e temporais, um universo ímpar que permite expressar um encontro amoroso único. No poema "À Islândia" (*O ouro dos tigres*), a Islândia é a região "*a mais remota e a mais íntima*" que foi "*a memória da Germânia*" e que resgatou "*sua mitologia*".

Além das distintas e dispersas inclusões do universo nórdico ao longo da obra borgiana, a aproximação do escritor argentino com a Escandinávia medieval faz-se por um ensaio, "As *kenningar*", publicado em 1933; por um livro, denominado *Antiguas literaturas germánicas*, em colaboração com Delia Ingenieros, de 1951, que foi posteriormente revisto e lançado, em 1966, com o título *Literaturas germánicas medievales*, no qual Borges contou com a colaboração de María Esther Vázquez (v.); por uma tradução para o espanhol, em colaboração com María Kodama (v.), do prólogo e da primeira parte da *Edda prosaica* (v.) — "Gylfaginning" —, de Snorri Sturluson (v.), com o título *La alucinación de Gylfi*, de 1984; por um prólogo para a *Saga de Egil Skallagrimsson* (v.), que integrou a coleção publicada pela editora Hyspamérica, intitulada Jorge Luis Borges. Biblioteca Personal, composta de obras da literatura universal, escolhidas e prologadas por ele (esse prólogo consta da *Biblioteca pessoal. Prólogos*, de 1988).

O interesse de Borges pelo mundo do Norte do medievo traduz-se ainda pelo estudo dos idiomas nórdicos, como revela em entrevista a Vázquez — "*como a cultura germânica me interessa e como em sua forma mais pura chegou à sua culminação na Islândia, é natural que esse idioma me interesse*" ("Borges igual a sí mismo"). No poema "Um leitor" (*Elogio da sombra*), o "eu poético" trata desse estudo como uma aventura tardia — "*Não acabarei de decifrar as antigas línguas do Norte, / não afundarei as mãos ansiosas no ouro de Sigurd; / a tarefa que empreendo é ilimitada / e há de acompanhar-me até o fim*".

A marcada presença da literatura nórdica medieval na prosa, na poesia e na ensaística borgiana não é estranha ao conjunto de sua obra. Assim, a coragem e o heroísmo, tão caros a Borges, ele os encontra nessa literatura. Em *Evaristo Carriego*, ao referir-se ao que chama "*religião da coragem*", professada por homens como Juan Muraña (v.) e Wenceslao Suárez, afirma que ela é tão antiga como o mundo e exemplifica com um diálogo, extraído de uma saga do século XII. Em "O pudor da história" (*Outras inquisições*), Borges destaca a grandeza de Snorri Sturluson por registrar o episódio em que surpreende "*o sabor elementar do heroico*" nas palavras do rei saxão da Inglaterra, Harold, disposto a perdoar seu irmão Tostig mas manter-se irredutível quanto ao rei norueguês Harald Sigurdarson (v.).

Também seu interesse pela metáfora, que o acompanhou desde a juventude, quando se aproximou de Rafael Cansinos-Asséns (v.), na Espanha, levou-o a encontrar na literatura do Norte mais uma possibilidade de reflexão sobre o tema. No ensaio "As *kenningar*" (*História da eternidade*), Borges critica essas metáforas do ponto de vista literário, mas reconhece que elas exerceram "*sua profissão de assombro e que sua gigantesca inadequação embelezou os rubros varões dos desertos vulcânicos e dos fiordes*". Ao mesmo tempo, confessa que o ultraísta morto, cujo fantasma segue habitando-o, "se diverte com esses jogos". E Borges expressa esse gozo em "O Zahir" (*O Aleph*), ao construir um relato impregnado de *kenningar* (v.).

Sua reiterada defesa da criação de personagens que "*vivem umas poucas linhas, mas vivem para sempre*" ("La belleza no es un hecho extraordinario") tem, entre outros exemplos, as palavras de um personagem da *Saga de Grettir* (v.), no momento em que vai morrer. A mitologia nórdica também lhe fornece elementos para sua definição da função do poeta. Valendo-se da concepção de que Thor significou para os escandinavos, simultaneamente, o trovão e a divindade, Borges preconiza como um dos "*deveres*", como uma das "*ambições*" do poeta fazer com que a palavra volte à sua "*magia primordial, fazer com que a palavra seja um mito*" ("La belleza no es un hecho extraordinario").

Essa harmonia entre o pensamento borgiano e os temas nórdicos torna a literatura escandinava do medievo, tão distante espacial e temporalmente, um elemento fundamental em sua obra, ou seja, ela integra o universo de Borges como se respondesse à coerência, à necessidade desse universo. — FT

literatura norte-americana

Se a literatura inglesa (v.) funcionou, na obra de Borges, como ponto de partida de uma série de influências e como eixo de uma tradição que foi se expandindo, a literatura norte-americana também passou a fazer parte das influências diretas e reconhecidas por ele. Um dos momentos iniciais foi a *Introducción a la literatura norteamericana*, escrita em colaboração com Esther Zemborain e publicada em 1967. Trata-se, como os autores afirmam no prefácio, de uma aproximação a essas letras de uma perspectiva "estética". O interesse que o escritor argentino demonstra por esse aspecto reside, mais uma vez, em caracterizar a literatura em língua inglesa como uma literatura criada por indivíduos. Apesar disso, ele não hesita em oferecer ao leitor uma boa quantidade de referências à história, mas o faz porque tem consciência de que todo indivíduo pertence a um momento determinado, pois, em última instância, essa individualidade se produz na história. Por outro lado, reforçar a noção de "evolução", tal como se manifesta no mesmo prefácio, implica limitar essa produção literária a seu contexto histórico. Borges começa, como não podia deixar de ser, com as origens, as quais remontam à literatura e cultura da Inglaterra por meio dos puritanos que chegaram no navio *Mayflower*. O volume está organizado em duas partes: uma série de capítulos dedicados aos fundadores dessa literatura, outra de capítulos sobre a evolução de cada gênero, incluindo até mesmo aqueles considerados menores na época em que o livro foi publicado, como a ficção científica e o romance policial. Esse amplo interesse por áreas esquecidas da literatura se apresenta igualmente quando o autor dedica o último capítulo à poesia oral dos peles-vermelhas. Com isso, vê-se que Borges se afasta da perspectiva canônica, interessando-se por outros aspectos da escrita e da leitura.

A produção literária de Borges também foi influenciada por muitos escritores norte-americanos. Além de Edgar Allan Poe (v.), há dois nomes que se destacam: Walt Whitman (v.) e Ralph Waldo Emerson (v.). Quanto a Whitman, escreveu diversos artigos sobre ele, referiu-se a ele em vários contos e ainda traduziu *Leaves of Grass* (1855). Tomou desse autor o uso do verso livre e uma ideia que reiterou com frequência: a noção de que em um homem está tanto o máximo como o mínimo, que em um indivíduo está presente a humanidade, um microcosmo que é um macrocosmo, e que de algum modo projetou sobre sua própria noção de criação literária; e também que o personagem literário difere do autor real, às vezes até constituindo opostos.

Quanto a Emerson, contemporâneo de Whitman, Borges traduziu seu volume de ensaios *Representative Men* e lhe dedicou um poema, "Emerson" (*O outro, o mesmo*). Dele tomou também a ideia já comentada com relação a Whitman: "*que todo homem é todos os homens e que não há ninguém que não seja o universo*" ("Thomas Carlyle: *Dos heróis*; Ralf Waldo Emerson: *Homens representativos*", *Prólogos, com um prólogo de prólogos*).

Com relação a esse olhar de caráter universalista, é preciso voltar à *Introducción a la literatura norteamericana*, em que afirma que essa literatura "*influenciou e continua influenciando, no orbe inteiro, para além do vasto âmbito inglês*". Uma das ideias esboçadas por T.S. Eliot (v.) em "Tradition and Individual Talent" é que um texto literário influencia não só os que virão depois, mas toda a tradição que esse novo texto herda. Borges, em "Kafka e seus precursores" (*Outras inquisições*), propõe uma relação intertextual similar. A literatura norte-americana, descendente, no início, da inglesa, permitiu esboçar outra forma de ler tal tradição. Borges, a partir de seu lugar distante no Cone Sul, pôde observar como a influência da literatura norte-americana se expandiu além de suas fronteiras linguísticas, e pôde inclusive modificar sua própria forma de ler outras literaturas. Porém, é evidente que ele também, mesmo com a modéstia habitual, soube que sua obra transcenderia a própria literatura que o influenciou. Talvez, seguindo seu raciocínio, seja possível suspeitar que em cada literatura se encontram todas as outras literaturas, e que na norte-americana isso se torna mais evidente pela multiplicidade de sua tradição e de seu território.

Se o conto breve é uma das características da obra borgiana, não se pode deixar de pensar em Edgar Allan Poe, Nathaniel Hawthorne (v.) ou H. P. Lovecraft (v.). Esses escritores, de diversas maneiras, constituem vários aspectos da obra de Borges, como tema de algum de seus ensaios, ou como motivo de algum poema, ou mesmo como epígrafe de seus contos.

Igualmente, como fez com vários escritores, o uso da referência originária de outras literaturas implicaria uma relação familiar com o texto citado, uma aproximação da escrita que envolve uma relação mais subjetiva, com Borges colocando-se claramente no lugar de um leitor consciente da influência daquilo que lê. Entre os autores que cita, encontram-se Lovecraft, Hawthorne, Emerson, Mark Twain (v.) etc. Entre os poetas, faz referência a Emily Dickinson (v.), a T.S. Eliot e a seu mestre, Ezra Pound (v.), embora com certa reticência, como quando afirma que lhe interessa mais o Eliot ensaísta que o poeta.

São muitas as alusões aos autores dos Estados Unidos, e até há algumas menções à geografia desse país, por exemplo, o poema "Texas" (*O outro, o mesmo*). Em uma conferência proferida em Harvard no fim dos anos 1960, "O credo de um poeta", Borges afirmou que depois de seis meses de estadia nos Estados Unidos se considerava um "*homem visível*", o que ele mesmo traduziu como um poeta lido, dando como certa, assim, sua transcendência nesse âmbito cultural. Também foi um importante tradutor de escritores norte-americanos. Uma das traduções mais curiosas é uma série de poemas de Langston Hughes, e uma das mais singulares, *The Wild Palms*, de William Faulkner (v.). Cabe ainda destacar que foi professor titular da cátedra de Literatura Inglesa e Norte-Americana da Faculdade de Filosofia e Letras da Universidade de Buenos Aires, de 1956 a 1966. — LM

Littmann, Enno

Orientalista e filólogo alemão, nasceu em Oldenburg, no ano de 1875, e morreu em 1958, na cidade de Tübingen. Seus feitos mais notáveis foram sintetizados por Borges em "Os tradutores d'*As mil e uma noites*" (*História da eternidade*): "*decifrador dos monumentos de Axum* [Etiópia], *enumerador dos 283 manuscritos etíopes existentes em Jerusalém, colaborador da* Zeitschrift für Assyriologie" (importante revista científica alemã). Fora isso, Enno Littmann dedicou um bom período da vida a lecionar filologia e línguas orientais em universidades da Europa.

Como grande parcela dos orientalistas citados por Borges, Littmann figura na obra do escritor argentino por estar incluído no seleto rol de tradutores das *Mil e uma noites*. Borges reconhece que a versão do alemão, realizada diretamente do árabe, é uma das mais literais. Contudo, na contramão de boa parte da crítica, não concorda que ela seja a melhor tradução. Sua literalidade não permite um intercâmbio cultural, a interferência da rica tradição literária alemã no texto árabe. — DF

Livro de Jó,
na versão de frei Luis de León

V. León, frei Luis de.

Livros apócrifos

Livro apócrifo é aquele cuja atribuição autoral é desconhecida. Em "Deutsches Requiem" (*O Aleph*), o protagonista do conto, Otto Dietrich zur Linde, faz um pequeno levantamento de seus antepassados mais próximos antes de iniciar a narração dos fatos propriamente importantes. Na nota de rodapé, Borges comenta a omissão de um dos antepassados que, segundo ele, teria sido o mais ilustre. Trata-se de Johannes Forkel, autor de uma versão literal de alguns dos Livros apócrifos. No conto de Borges, os livros apócrifos em questão são os Evangelhos que a Igreja católica não reconhece. O próprio Jesus Cristo não deixou nada em registro escrito. Os Evangelhos versam sobre as palavras e os atos dele, e sobre como e por que ele foi crucificado. Provavelmente, o Evangelho de Marcos é o mais antigo, tendo sido usado por Mateus e Lucas para suas narrativas, e o de João é posterior. Todos esses quatro Evangelhos, que datam do século I, são considerados oficiais. Além de enfatizarem a morte e ressurreição de Jesus, incluem sua mensagem e constituem, em seu conjunto, as bases da fé cristã. — PFCO

Llull, Ramón (Raimundo Lúlio)

Filósofo místico catalão (1235-1315), missionário e profundo conhecedor do árabe, escreveu tratados controversos, entre eles a *Ars Magna Generalis*, livro em que idealiza uma máquina de pensar que funciona pela combinação de círculos giratórios e concêntricos. Borges reconhece a ineficácia da máquina de Llull do ponto de vista filosófico, uma vez que ela não revela ao homem um conceito. No entanto, caracteriza o propósito do catálão "*para esclarecer todos os arcanos*" ("Nota sobre (em busca de) Bernard Shaw", *Outras inquisições*) como secundário, e ressalta seu interesse pela ideia de um mecanismo combinatório que gerava a força da multiplicação e que, da perspectiva literária e poética, se mostrava grandiosa. O escritor argentino atribui a tal máquina um conteúdo simbólico, a partir do qual se poderia vislumbrar o inesgotável desconhecido mediante formas múltiplas. Desse modo, Borges reconhece a máquina de pensar llulliana como um processo de "*fazer da metafísica e das artes uma espécie de jogo combinatório*" ("Nota sobre (em busca de) Bernard Shaw"). — AF

London, Jack

Pseudônimo de John Griffith Chaney (1876-1916), escritor norte-americano que mereceu uma resenha biográfica de Borges em *Introducción a la literatura norteamericana*. Inicialmente, Jack London foi autodidata, mas conseguiu, mais tarde, ingressar na Universidade da Califórnia. De espírito aventureiro, realizou várias expedições. Borges reiterou que "*escreveu também admiráveis contos de aventureiros e alguns relatos fantásticos*" e, mais adiante, que "*seu estilo corresponde à realidade, mas a uma realidade recriada e exaltada por ele. A vitalidade que anima sua vida anima sua obra...*". O autor argentino escreveu também um prefácio para a seleção de contos fantásticos *Las muertes concéntricas* — que faz parte da coleção La Biblioteca de Babel, publicada pelo italiano Franco Maria Ricci —, no qual esboçou um perfil mais completo de London. Aí destaca influências comuns a ambos, as figuras de Rudyard Kipling (v.) e Friedrich Nietzsche (v.). Declara ainda o encontro de duas ideologias opostas em sua obra: "*a doutrina darwiniana*" e "*o infinito amor pela humanidade*". — LM

Longfellow, Henry Wadsworth

Um dos poetas norte-americanos mais importantes e reconhecidos do século XIX. Nasceu no Maine, em 1807, mas passou grande parte da vida em Cambridge, no estado de Massachusetts. Morreu em 24 de março de 1882, tendo sido sepultado na Abadia de Westminster. Foi o primeiro poeta não britânico a ter o busto na chamada "esquina dos poetas", onde estão enterrados vários escritores.

O extenso poema *Hiawatha* (1856), considerado por Borges um livro memorável em "Walt Whitman: *Folhas da relva*" (*Prólogos, com um prólogo de prólogos*), é um dos textos que ajudaram a construir sua fama. O autor portenho cita em várias ocasiões, como em "O último sorriso de Beatriz" (*Nove ensaios dantescos*), sua tradução para o inglês da *Divina comédia* de Dante Alighieri (v.). Na *Breve antologia anglo-saxônica*, organizada com María Kodama (v.) e publicada em 1978, ao comentar "El relato de Ottar", declara que Longfellow "*usou esse relato para escrever o belo poema que se intitula 'The Discoverer of the North Cape'*". — LM

Lope de Vega, século de Lepanto e de

Lope de Vega (Félix Lope de Vega y Carpio, 1562-1635), nascido em Madri, foi o mais famoso, prolífico e popular poeta e dramaturgo do Século de Ouro espanhol. Embora haja composto grande quantidade de poemas, teve maior importância no drama. Escreveu *Arte nuevo de hacer comedias*, que reúne as ideias e preceitos que aplicou à sua abundante produção teatral, pela qual Miguel de Cervantes (v.) o chamou de Monstro da Natureza.

Lepanto é uma cidade da Grécia, situada no norte do estreito de mesmo nome que liga o golfo de Corinto ao mar Jônico. Dom Juan de Áustria, no comando de uma esquadra aliada de espanhóis, venezianos, genoveses e embarcações pontificais, derrotou ali os turcos em 1571. Das trezentas embarcações que compunham a esquadra turca, 250 foram afundadas ou aprisionadas. A vitória pôs fim à expansão otomana na Europa. Nessa célebre batalha é que Miguel de Cervantes perdeu o uso da mão esquerda.

O "*século de Lepanto e Lope*", a que Borges se refere em "Pierre Menard, autor do *Quixote*" (*Ficções*), é, portanto, o século XVI, no qual se destacam o escritor de maior êxito e o maior triunfo simbólico da Espanha. — MAGB

López, Estanislao

Estanislao López (1786-1838), governador da província de Santa Fe e um dos mais poderosos caudilhos da região do Prata, era tão temido quanto o próprio Juan Manuel de Rosas (v.). López aparece na obra de Borges em "Biografia de Tadeo Isidoro Cruz (1829-74)" (*O Aleph*), quando o autor conta que, em 1829, guerrilheiros fugiam de Juan Lavalle, famoso líder unitário (v.).

Em 1831, as províncias do litoral, Buenos Aires, Entre Ríos, Santa Fe e, posteriormente, Corrientes, assinaram o Pacto Federal. Mesmo assim, Buenos Aires manteve sua hegemonia, e Rosas, a partir de 1835, expandiu seu poder no litoral, subjugando Entre Ríos. Somente após a morte de López, em 1838, Santa Fe, a principal província sob o comando dele, submeteu-se a Buenos Aires.

No poema "A tentação" (*O ouro dos tigres*), Borges nos remete ao misterioso assassinato, possivelmente por ordens de Estanislao López, de Juan Facundo Quiroga (v.), caudilho de La Rioja. O episódio serviu para que Domingos Faustino Sarmiento (v.), importante pensador que se tornou presidente da Argentina em 1868, elaborasse sua obra *Facundo* (1845). — PFCO

López Jordán, Ricardo

Militar e político argentino (1822-89), uniu-se ao exército de Entre Ríos, do general Justo

José de Urquiza (v.), em 1841 e fez carreira militar sob as ordens deste. Participou de batalhas interprovinciais e da Guerra Grande (v.), no Uruguai. Foi ministro de Urquiza em 1860. No ano seguinte, o presidente da Confederação, Santiago Derqui, colocou-o à frente do exército que lutou contra Buenos Aires na Batalha de Pavón, da qual Urquiza se negou a participar. López Jordán considerou isso uma traição e se indispôs com o antigo chefe. Nas eleições provinciais de 1864, perdeu para o sobrinho e protegido político de Urquiza, José María Domínguez. Também discordaram sobre a participação argentina na Guerra da Tríplice Aliança, à qual López Jordán se opunha. Em 1870, depois de o general, novamente governador, ter pactuado com o governo nacional, López Jordán se rebelou e uma tropa sua assassinou Urquiza. Derrotado em sucessivas batalhas, alternou degredo e revolta durante a década de 1870, até que em 1879 se exilou em Montevidéu. Regressou a Buenos Aires em 1888, graças a uma anistia. Morreu assassinado na rua por Aurelio Casas, filho de um capitão que fora morto por ordem dele. Borges menciona-o em um relato que pertencia à tradição oral de sua família ("Histórias de cavaleiros", *Evaristo Carriego*) e como aquele que mandou matar Urquiza. — PMG

López Merino, Francisco

Em junho de 1926, Filippo Tommaso Marinetti (v.), criador do movimento vanguardista conhecido como futurismo, visitou Buenos Aires, durante uma excursão que incluiu São Paulo, Montevidéu, Córdoba e Rosário, com o intuito de difundir seus princípios estéticos. Foi um evento cercado por intenso esforço publicitário por parte do jornal *Crítica*, responsável pela divulgação da visita. Pretendendo fornecer aos bonaerenses mais informações sobre Marinetti, o futurismo e suas influências em Buenos Aires, o jornal publicou uma longa série de entrevistas com diversos personagens importantes da cena literária argentina. A de Francisco López Merino (1904-28) saiu no dia 7 de junho de 1926. Ele acreditava que a vinda de Marinetti estimularia as vanguardas do país, opondo-se à opinião de Borges, o qual achava que a influência do italiano seria nula, porque o potencial do futurismo já fora concretizado nos movimentos recentes da vanguarda na Europa e na Argentina. Merino, que lançou dois livros de poesia, *Tono menor* (1923) e *Las tardes* (1925), fazia parte de uma das tendências do pós-modernismo hispano-americano (1905-14) que rejeitava a simplicidade lírica. Após o seu suicídio, Borges dedicou-lhe um poema, "Para Francisco López Merino" (*Caderno San Martín*). — PFCO

Loti, Pierre

Pseudônimo do marinheiro e escritor francês Louis Marie Julien Viaud (1850-1923). Admirador de Marcel Proust, os livros de Loti giram entre o fictício e o testemunho advindo das viagens que realizou, as quais incluíram roteiros como Japão, Turquia e Taiti. Suas obras mais famosas são *Pêcheur d'Islande* [O pescador islandês] (1866), em que tentou transportar para a literatura o estilo impressionista de Claude Monet, e *Madame Chrysanthème*, que exerceria importante influência sobre Giacomo Puccini e sua ópera *Madame Butterfly* (1904). Loti sempre se gabou de não ser um grande leitor e quando, em 1891, entrou para a Academia Francesa, disse: "Loti não sabe ler". Borges o menciona muito brevemente, na resenha "*Stories, Essays and Poems*, de Aldous Huxley" (*Textos cativos*), referindo-se à sua inserção na prestigiosa coleção Everyman's Library. — TP

Lotze, Hermann

Filósofo e médico alemão (1817-81), empregou seus conhecimentos científicos a serviço de um pensamento filosófico simultaneamente sintético e especulativo, sempre procurando um modo de integrar os dados das ciências ao pensamento filosófico. Lógica, ética e metafísica dissolvem-se, para Lotze, em uma teoria dos valores, que é ao mesmo tempo, da perspectiva dele, o fundamento da filosofia da religião e da história. *De futurae Biologiae principiis philosophicis* (1838), tese de medicina, *Metaphysik* (1841) e *Geschichte der Ästhetik in Deutschland* [História da estética na Alemanha] (1868) são algumas de suas obras.

Lotze é citado em "Avatares da tartaruga" (*Discussão*), texto no qual Borges diz que o filósofo alemão interpõe os abismos periódicos de Zenão de Eleia (v.) entre a causa e o efeito, e também no ensaio "Nova refutação do tempo" (*Outras inquisições*). — PPM

Louverture, Toussaint

Pierre François Dominique Toussaint Louverture (1743-1803), líder revolucionário haitiano. Escravo, passou a infância e a juventude nas plantações de seus senhores na mais rica colônia francesa, na parte oeste da ilha de São Domingos, que, após a independência, recebeu o nome de Haiti. Toussaint ainda era jovem quando um inspetor de plantações o transformou em vigilante, pastor e cocheiro, e permitiu que ele utilizasse sua biblioteca, o que fazia no tempo livre. Em 1791, eclodiu a primeira revolta dos negros haitianos; na ocasião, antes de se alistar nos exércitos dos haitianos, Louverture auxiliou seus senhores a fugir para os Estados Unidos. A luta foi muito violenta e envolveu, além da população local, franceses, espanhóis e ingleses.

Durante as seguidas batalhas, Toussaint ascendeu a coronel, depois a general chefe da brigada e, por fim, a general em chefe de todas as forças da ilha. Foi assim que, antes de ser capturado e encarcerado na França por Napoleão Bonaparte, ele declarou em 1800 a independência do Haiti, só confirmada em 1804 por Jean Jacques Dessalines, o qual presidiu a assembleia que proclamou a Constituição, a abolição da escravatura e a liberdade de culto para todos.

Para Borges, as opiniões de Bartolomé de las Casas (v.) em favor dos índios e apoiando a escravidão africana na América trouxeram inúmeras consequências, abarcando os mais diversos locais e pessoas ao longo da história. Louverture foi um dos nomes citados pelo escritor argentino em "O atroz redentor Lazarus Morell" (*História universal da infâmia*). Seu "*napoleonismo preso e encarcerado*" só pôde existir em função da substituição dos escravos indígenas pelos africanos, dos quais descendia Louverture. — HNC

Lovecraft, H. P.

Um dos principais escritores de relatos fantásticos e de terror dos Estados Unidos. Howard Phillips Lovecraft nasceu em Providence, Rhode Island, em 20 de agosto de 1890, e morreu em 1937, com apenas um livro publicado; o restante de sua obra foi reunido postumamente. É autor de muitos contos e romances que refletem um ambiente obscuro, o que nos remete à literatura gótica inglesa do século XVIII. Porém, a influência de Edgar Allan Poe (v.) é claramente visível em seus textos, o que foi reiterado por Borges no epílogo de *O livro de areia*, volume em que lhe dedicou o conto "There Are More Things". Nesse epílogo, explica que sempre julgara Lovecraft "*um parodista involuntário de Poe*" e reconhece a influência dele na escrita do conto mencionado. No capítulo "Romance policial, *science-fiction* e o distante Oeste", de *Introducción a la literatura norteamericana*, Borges escreveu uma breve biografia desse autor na qual comenta as características de sua obra, que define como "*pesadelos cósmicos*". À influência de Poe, nesse texto, acrescenta a do contista Arthur Machen (v.). — LM

Lowell, Amy

Poeta norte-americana (1874-1925) próxima do imagismo, vertente da poesia inglesa criada na década de 1920 a cujo grupo também pertenceu Ezra Pound (v.), um comentador sagaz de seus poemas. Defensora do uso do verso livre, subvencionou as antologias do grupo.

Ao se referir a algumas críticas a um poema de John Keats (v.), em "O rouxinol de Keats" (*Outras inquisições*), Borges escolheu a opinião de Lowell como a menos inconsistente. Em "Richard Aldington" (*Textos cativos*), ele afirma que Lowell, Ezra Pound e o próprio Aldington falavam sobre maneiras de compor poemas fiéis à ideia do imagismo, em que o elemento auditivo se subordinaria ao visual, ou seja, "*as imagens visuais eram o essencialmente poético*". — LM

Lowrie, Walter

Norte-americano (1868-1959), foi padre católico e professor de filosofia. Ganhou renome com seu livro *Kierkegaard*, publicado em 1938 pela editora da Universidade de Oxford. Em 1955, concluiu a tradução para o inglês das obras completas do filósofo. Esteve ligado à Universidade Princeton, onde deu aulas. Na referência feita a ele, Borges cita dois exemplos que demonstram a relação entre religião e burguesia na filosofia de Sören Kierkegaard (v.). Assim, Lowrie, para Borges, exerce apenas a função de um intérprete da obra filosófica do autor dinamarquês. — RB

lua de *barmarrat*

Lua de *barmarrat* (ou *barmahat*) é o nome árabe de um dos meses do calendário egípcio. Borges menciona-o em "Et caetera, O espelho de tinta" (*História universal da infâmia*) apenas para situar a data da morte de Iácub, governante do Sudão. — DF

lua de *muharram*

Muharram, xabã, ramadã e *rejeb* (ou rajabe) são nomes de meses do calendário islâmico. Utilizado pela primeira vez em 638, distingue-se do calendário cristão gregoriano, entre outras razões, por ser um calendário lunar. Seu marco zero é a Hégira, ou seja, a fuga de Maomé de Meca para Medina. O ano islâmico também se compõe de doze meses; porém, como estes são medidos pelo ciclo da lua, possui apenas 354 dias.

Em suas incursões pela cultura árabe, Borges muitas vezes fez uso do calendário islâmico para indicar as coordenadas temporais. Em "Duas notas" (*História da eternidade*), por exemplo, ao traçar o resumo do suposto romance "A aproximação a Almotásim", escrito pelo não menos fictício Mir Bahadur Ali, o autor argentino relata um conflito entre muçulmanos e hindus ocorrido na "*décima noite da lua de* muharram". *Muharram* é o primeiro mês do calendário islâmico. Seu décimo dia é liturgicamente importante, pois nele se celebra a *ashura*, festa de penitência e jejum pelo assassinato de Hussein, neto de Maomé.

Em "O tintureiro mascarado Hákim de Merv" (*História universal da infâmia*), as coordenadas do calendário islâmico são novamente utilizadas. Xabã é o oitavo mês desse calendário; ramadã, o nono, mês de reflexão, disciplina e gratidão a Alá pelo envio do Alcorão a Maomé. Ao longo de todo o ramadã, os muçulmanos jejuam durante o dia, alimentando-se apenas quando chega a noite. — DF

Lucano

Marco Aneu Lucano é considerado um dos poetas mais importantes da Antiguidade clássica. Nasceu em Córdoba no ano de 39. Neto de Sêneca, o Velho, e sobrinho de outro Sêneca, o Moço (v.), o filósofo e poeta autor de tragédias teve uma formação intelectual fortemente marcada pelo estoicismo. Ainda criança, foi viver em Roma e, mais tarde, em Atenas. Regressou a Roma em 58, a pedido do imperador Nero, com quem manteve uma relação de amizade e admiração mútua. Chegou até mesmo a vencer os jogos quinquenais (também conhecidos como Neronia) com um poema laudatório dedicado a ele (*Laudes Neronis*). Por alguma razão que a história não é capaz de explicar satisfatoriamente, sua relação com o imperador se deteriorou e, depois de participar da conjuração de Pisão, Lucano foi condenado à morte. Suicidou-se no ano de 65.

A única obra de Lucano a que se teve acesso foi a *Farsália*, poema épico sobre a guerra civil travada por Júlio César e Pompeu, a qual se estendeu pelos anos de 49 e 48 a.C. Certos críticos identificam nessa obra uma mudança de paradigma diante de algumas convenções que, até então, assinalavam a feição típica da poesia épica. Há quem a leia como uma resposta pouco amigável a concepções presentes na *Eneida* de Virgílio (v.).

Borges não chegou a dedicar nenhum conto, poema ou ensaio a Lucano. Contudo, não são poucas as alusões ao poeta e à *Farsália* na obra do escritor argentino. Ele é citado em ensaios como "Quevedo" (*Outras inquisições*), em poemas como "As causas" (*História da noite*) e em contos como "There Are More Things" (*O livro de areia*). A menção mais honrosa (e provavelmente a mais sombria) talvez esteja no ensaio-conferência "O pesadelo" (*Sete noites*). Borges relembra que na *Divina comédia*, guiado por Virgílio ao inferno, Dante lá encontra, entre as sombras dos grandes poetas da Antiguidade, a figura de Lucano. — DF

Luciano de Samósata

Não é fácil precisar datas e outras informações biográficas acerca de Luciano. Sabe-se que nasceu em Samósata, ao norte da Síria, capital do então reino de Comagena. Estima-se que tenha vivido entre 120 e 180. Estudou retórica na Jônia e hoje é lido e lembrado, sobretudo, por suas narrativas fantásticas e por seus diálogos satíricos.

Seu nome muitas vezes foi associado à Segunda Sofística, movimento marcado pela valorização e imitação da tradição helênica e pelo conhecimento acurado da retórica. Contudo, pode-se fazer uma ressalva e dizer que, mais que imitar, Luciano parodiou os modelos vindos da Grécia. O maior mérito dele talvez tenha sido o de desenvolver um gênero que agregava o diálogo filosófico ao caráter satírico das comédias.

Seus livros serviram de referência para diversos escritores e filósofos, entre eles Thomas More (v.), Erasmo de Rotterdam (v.), Voltaire (v.) e François Rabelais (v.). No Brasil, foi citado por alguns críticos literários como possível fonte de inspiração para o romance *Memórias póstumas de Brás Cubas* (1881), de Machado de Assis.

De sua obra, vale destacar *Diálogo dos mortos* e *História verdadeira*. Esta última, aliás, Borges lembrou no conto "O Aleph" (*O Aleph*). Ávido por recordar-se de algo que na história da humanidade se assemelhasse àquilo que vira no porão de Carlos Argentino, o narrador-personagem (o próprio Borges ficcionalizado) menciona "*o espelho que Luciano de Samósata chegou a examinar na Lua*". De fato, em *História verdadeira* (para muitos, uma paródia da *Odisseia*, de Homero) (v.), Luciano fala de um espelho que encontrara no palácio de Endymion, o rei da Lua. Esse espelho era um ponto no satélite no qual se podia ver, à semelhança do Aleph, tudo o que se passava na Terra. — DF

Lucrécio

Pouco se conhece sobre a vida de Tito Lucrécio Caro. Sabe-se que viveu em Roma no século I a.C.; estima-se que tenha nascido em 99 a.C. (há fontes que apontam o ano 96) e morrido em 55 a.C. Algumas informações biográficas — cuja veracidade é sempre muito questionada — foram divulgadas pelas *Crônicas* de São Jerônimo. Nessa obra, lê-se que Lucrécio cometeu suicídio aos 44 anos de idade.

Lucrécio é hoje célebre por seu poema de seis cantos intitulado *De rerum natura* [*Sobre a natureza das coisas*, ou simplesmente *Da natureza*, conforme a tradução]. Seguindo os ditames da doutrina epicurista, o principal objetivo do poema é libertar os homens de seus dois maiores temores: o medo dos deuses e o medo da morte. O poeta não defendia a inexistência dos deuses, mas dizia que eles viviam em um mundo separado do nosso e que em nada interferiam em nossas vidas, pois não concebiam castigos nem recompensas. O nosso mundo seria formado pelo espaço vazio e infinito e pelos átomos e suas ilimitadas combinações. Sendo tudo matéria ou espaço vazio, não se poderia pensar em um espírito separado de um corpo. Assim, Lucrécio não acreditava na imortalidade — corpo e espírito são indissociáveis e morrem juntos.

Há algumas menções a ele na obra de Borges, a maioria em ensaios: Lucrécio é lembrado em "História da eternidade" (*História da eternidade*), "Nova refutação do tempo", "A esfera de Pascal", "Pascal" e "Quevedo" (todos de *Outras inquisições*). Neste último, depois de concluir que Quevedo (v.) "*não encontrou um símbolo que se apoderasse da imaginação das pessoas*", o escritor argentino enumera os poetas ao longo da história que lograram encontrar esse símbolo. Do romano, diz: "*Lucrécio tem o infinito abismo estelar e a discórdia dos átomos*". — DF

Lugones, Leopoldo

Escritor argentino (1874-1938), nascido em Córdoba, fez sucesso como poeta e intelectual anarcossocialista em Buenos Aires a partir de 1896.

Além de poesia, escreveu grande quantidade de textos jornalísticos, ensaios sobre literatura, história e educação, e algumas narrativas. Durante as primeiras décadas do século XX, foi, com Rubén Darío (v.), figura central do movimento modernista hispano-americano. Nos anos 1920, porém, afastou-se aos poucos dessa estética, passando a compor poemas simbolistas e *sencillistas* (do *sencillismo*, tendência de ruptura com o modernismo anterior). Também aderiu ao fascismo e, nos anos 1930, teve participação menor no golpe de Estado liderado pelo general José Félix

Uriburu, que derrotou o presidente Hipólito Yrigoyen (v.).

Pouco antes de suicidar-se, teria se convertido ao cristianismo. Apesar das guinadas ideológicas e estéticas, o elitismo e a experimentação formal são constantes na obra dele. Seguindo as convenções simbolistas, buscou novas formas rítmicas, rimáticas e estróficas; também explorou temas exóticos e um vocabulário bastante amplo. Essas características foram inicialmente criticadas e depois resgatadas por Borges, cuja avaliação se relaciona com suas próprias opções estéticas e seu lugar no sistema literário argentino. Nos primeiros ensaios da década de 1920 (não recolhidos nas *Obras completas*), ironizou as metáforas extremamente complexas e a rima obrigatória. Alistado nas vanguardas, questionou aquele que então era tido como o poeta mais importante do país. Entretanto, Borges passou gradualmente do enfrentamento à aceitação do papel de Lugones como seu próprio precursor. A partir dos anos 1930, citou dados de ensaios como *El imperio jesuítico* (1904) e *El payador* (1916), embora rejeitasse suas interpretações históricas e literárias. Função semelhante teve *Lunario sentimental* (1909), livro de poemas que, em "O Congresso" (*O livro de areia*), era apenas uma fonte de informação.

Em 1955, quando Borges se tornava um autor cada vez mais central na literatura argentina — cuja identidade se consolidou no conto e no ensaio antes que na poesia —, escreveu (em colaboração) *Leopoldo Lugones*, no qual afirma que a vanguarda nacional se limitou a continuá-lo e o considera o maior poeta do século XX em língua castelhana. Em 1960, na dedicatória onírica de *O fazedor*, supõe que Lugones se deleita com alguns de seus versos, "*desta vez você vira as páginas e lê com aprovação um que outro verso, talvez por reconhecer nele sua própria voz*". No prefácio à reedição de *Fervor de Buenos Aires* (1969), declara que, na juventude, propusera-se a "*descobrir as metáforas que Lugones já havia descoberto*". Depois de tê-lo estabelecido como precursor, em *Sete noites* (1980) cita sem nenhuma ironia *Las horas doradas* (1922) e *Los crepúsculos del jardín* como exemplos de poesia. "*Passemos ao avesso. Apesar de* Las fuerzas extrañas *(1906) de Lugones, a prosa narrativa argentina não ultrapassava, de modo geral, o depoimento, a sátira e a crônica de costumes; Borges, sob a tutela de suas leituras setentrionais, elevou-a ao fantástico*" (v. o verbete Borges, Jorge Francisco Isidoro Luis). — PMG

lunfardo

Argot (v.) do rio da Prata que se desenvolveu a partir do fim do século XIX, com contribuições léxicas de origem imigratória, e mesmo de migrações internas, as quais se incorporaram às falas locais já enriquecidas com vocábulos indígenas. Caracteriza-se também pelo assíduo emprego de figuras de dicção, como a inversão silábica, revés ou *vesre* (*tordo* por *doctor*, *feca* por *café*), a paragoge (*lenteja* por *lento*, *sordelli* por *sordo*) e a combinação de ambas (*sopardo*, por *sope*, revés de *peso* e adição paragógica). Considerado no início um código próprio da delinquência ("lunfardo" significava "ladrão"), não parou de se renovar com gírias marginais, juvenis e de diversas tribos urbanas.

A relação de Borges com o lunfardo foi ambígua. Por um lado, certa etimologia remetia a formas dialetais genovesas, milanesas ou sicilianas, e isso se ligava a uma sensibilidade reativa aos traços linguísticos e culturais italianos de uma parte importante da imigração, que se potencializava em suas colaborações com Adolfo Bioy Casares (v.). O autor de *Nove ensaios dantescos* produziu uma extraordinária leitura minimalista, tributária dos comentaristas ingleses, da *Divina comédia*, mas podia chegar a ser hostil, até mesmo em níveis fóbicos, diante das incrustações italianizantes na fala rio-platense. Em "O Aleph" (*O Aleph*), essa sensibilidade se manifesta em um aspecto da caracterização do patético personagem Carlos Argentino Daneri: "*A duas gerações de distância, o 's' italiano e a exuberante gesticulação italiana sobrevivem nele*". A argentinidade de Daneri, como tantas outras para Borges, aparece filtrada por marcas de estrangeirismo. Por outro lado, incomodava-o que o uso excessivo desse *argot* derivasse em uma ostentação de arrabalde (v.). Em "El idioma de los argentinos", conferência de 1927, publicada em livro homônimo e nunca incluída nas *Obras completas*, celebra, em um fragmento recuperado com variantes em *Evaristo Carriego*, a ausência de lunfardo nos "*antigos tangos venturosos*"; o povo, insiste, "*não precisa acrescentar-se cor local; o simulador pensa que sim, mas passa do ponto na operação*". Isso explica a referência depreciativa, em 1930, a umas décimas de Evaristo Carriego (v.) que abusam do lunfardo e que o próprio autor se negou a assinar. Quarenta anos depois, no prefácio de *O informe de Brodie*, perseverava em idêntica rejeição, a propósito dos dicionários de argentinismos, que "*tendem a acentuar as diferenças e a desintegrar o idioma*"; e, em uma insólita evocação, recordou que, quando Roberto Arlt (v.) foi repreendido por desconhecer o lunfardo, respondeu: "*Fui criado em Villa Luro, entre gente pobre e malfeitores, e realmente não tive tempo de estudar essas coisas*". Borges concluiu: "*O lunfardo, de fato, é uma brincadeira literária inventada por compositores de sainetes e de tangos e os moradores dos subúrbios o ignoram, exceto quando doutrinados pelos discos da vitrola*". Quando fez incursão pela milonga (v.), declarou programaticamente: "*Tratei de evitar* [...] *o uso sistemático do lunfardo, que imprime um ar artificioso às singelas coplas*" (Prólogo a *Para as seis cordas*, 1965).

No entanto, pode-se supor, verossimilmente, que desse modo acertava contas com seus próprios gostos. Durante a chamada "polêmica do meridiano intelectual" que manteve em 1927, com outros escritores da revista vanguardista *Martín Fierro* (v.), contra os espanhóis de *La Gaceta Literaria*, divertiu-se com um artigo exagerado, escrito em colaboração com Carlos Mastronardi (v.) e assinado sob o pseudônimo injuriante de Ortelli y Gasset (v. pseudônimos literários): o texto se enfurecia com os rivais peninsulares que tinham reivindicado a hegemonia cultural hispano-americana, assumindo uma forma intencionalmente hermética, à força de saturação de localismos. Em um dos apêndices de *Evaristo Carriego*, reproduziu as décimas lunfardescas condenadas. Nelas se evidencia outra das vertentes da constituição léxica do lunfardo: seu humor. Um verso, para significar "cabeza", diz "la piojosa": "*Si es p'abrirse la piojosa*" ("Páginas complementares", *Evaristo Carriego*). O autor de "As *kenningar*" não poderia deixar de apreciar o procedimento e a desfaçatez que levam de um significante a outro. — JSV

Luria, Isaac

Isaac ben Salomão Luria (1534-72) é conhecido dentro do campo da tradição judaica como Ha-Ari, acróstico feito com as iniciais de seu nome, que em hebraico quer dizer O Leão. Luria concentrava os estudos no *Zohar* e nos escritos do cabalista Moisés Cordovero, seu contemporâneo. Nos primeiros meses do ano de 1570, mudou-se para Sefad, cidade às margens da Galileia, na qual morava o cabalista, com quem chegou a estudar por um curto período.

Após a morte de Cordovero, Luria reuniu em torno de si cerca de trinta discípulos.

Foi então que passou a ser reconhecido como possuidor de um espírito santo, sabedor dos nomes divinos e suas combinações, bem como das intenções e meditações que devem acompanhar cada reza e cada ato humano, no intuito de promover o conserto do desarranjo da estrutura do mundo — a origem do mal — que sua teoria cabalística põe em cena.

O reduzido tempo de vida — 38 anos — não impediu o impacto poderoso de Luria sobre toda a produção mística rabínica posterior, até os dias de hoje, mesmo tendo ele legado à posteridade apenas uma pequena obra escrita. Seus ensinamentos foram preservados e transmitidos pelo proeminente círculo de discípulos cabalistas de Sefad, e até por discípulos de seus discípulos, os quais trouxeram novos ensinamentos atribuídos ao místico, pondo assim em cena uma extensa literatura que atravessa os tempos e é conhecida dos cabalistas como *Kotvei Ha-Ari* [As escrituras do Leão]. Nelas, como em um jogo de espelhos que se deslocam — subtítulo do livro imaginário *The Conversation with the Man Called Al-Mu'tásim*, que Borges atribui ao advogado de Bombaim, Mir Bahadur Ali —, o nome de Luria e seus ensinamentos circulam. Aí, o personagem descobre uma centelha de ternura em meio às infâmias em que estava enredado. Postula que tal ternura "*refletiu um amigo, ou o amigo de um amigo*" e se lança à procura do "*homem que é a fonte dessa claridade*". O narrador da nota sobre esse livro imaginário, depois de expor o "curso geral da obra", amplia o seu tema para o interjogo de influências autorais — "*entende-se que seja honroso que um livro atual derive de outro, antigo*". Põe, então, em cena o conceito de Ibbûr, "*o nome dessa variedade de metempsicose*", que o narrador atribui ao "*cabalista de Jerusalém, Isaac Luria*" (notar a aliteração do nome Luria no nome do autor fictício, Mir Bahadur Ali) ("A aproximação a Almotásim", *História da eternidade*). E é novamente esse conceito que Borges constitui em um modelo de crítica literária para explicar, em "O enigma de Edward FitzGerald" (*Outras inquisições*), a proximidade entre o poeta Edward FitzGerald (v.) e o escritor persa do século XI Omar ben Ibrahim (v. Khayyam, Omar). A tradução para o inglês que o primeiro fez da obra *Rubaiyat*, do segundo, recebe do autor portenho a explicação de Ibbûr: "*Isaac Luria el León ensinou que a alma de um morto pode entrar numa alma desventurada para sustentá-la ou instruí-la; talvez a alma de Omar tenha se hospedado, por volta de 1857, na de Fitzgerald*". — EM

Lussich, Antonio

Poeta uruguaio (Montevidéu, 1848-1928), participou, aos 22 anos, do levante de Timoteo Aparicio contra o governo do general Lorenzo Batlle, até a derrota e rendição do chefe insurgente (1870-2), episódio conhecido como Revolução das Lanças. Sua experiência na insurreição e os episódios da Paz de Abril, que marcou o fim dos conflitos, foram a matéria de sua obra em verso *Los tres gauchos orientales* (1872), publicada apenas alguns meses antes de *El gaucho Martín Fierro* (1872). Compôs outras obras *gauchescas* (v.), como *El matrero Luciano Santos* (1873) e *Diálogo entre los paisanos Cantalicio Quirós y Miterio Castro en el Club Uruguay* (1883), nas quais tenta forjar um tipo humano destinado a desaparecer. Borges ocupou-se do autor uruguaio em diversos textos sobre o gênero, como na nota de rodapé, não muito elogiosa, de "Histórias de cavaleiros" (*Evaristo Carriego*) e em "A poesia *gauchesca*" (*Discussão*). — PR e MAGB

m

Mabinogion de Gales

Conjunto de narrativas orais pertencentes originalmente aos galeses (descendentes dos celtas), que, depois de passarem pela distorção, pelo improviso e desentendimento de contadores, preservam a primitiva mitologia céltica. O *Mabinogion* permaneceu "esquecido" até 1849, ano em que foi publicada a tradução para o inglês, de Lady Charlotte Guest. É de autoria desta o título *Mabinogion* que suplanta e agrega os "Quatro ramos" — Pwyll, Branwen, Manawydan e Math — do *Mabinogi*, termo que significaria "história infantil" em galês, sendo *Mabinogion* a designação de seu plural. Apesar de incertas, a transcrição e compilação desse conjunto de relatos remontam em fragmentos ao *Peniarth 6*, do século XIV, e a *The White Book of Rhydderch* (1325) — compêndio mais antigo de textos em prosa escritos em galês —, figurando já em sua completude no *Red Book of Hergest* (1400).

No ensaio "A metáfora" (*História da eternidade*), Borges utiliza-se de um exemplo do *Mabinogion* segundo o qual uma mulher é equiparada a uma flor. O conjunto de narrativas surge também em um exemplo dado pelo narrador do conto "Guayaquil" (*O informe de Brodie*) a seu interlocutor, o acadêmico Eduardo Zimmermann (v.), e em "La Edda Mayor", parte do estudo *Literaturas germánicas medievales* (v. literatura nórdica medieval). — JGS

Macaulay, Thomas Babington

Ensaísta inglês (1800-59), de ideologia liberal desde muito jovem, como Borges informa em *Introducción a la literatura inglesa*, Macaulay soube que se tornaria historiador, e isso o levou a ser um leitor excepcional que "*nos deixa a impressão de haver lido todos os livros*". Escreveu ensaios notáveis sobre Joseph Addison (v.), John Milton (v.), Francesco Petrarca e Dante Alighieri (v.). Além do mais, foi poeta e compôs *Lays of Ancient Rome* (1842), concebida com base na ideia da existência de uma poesia de raiz popular e oral entre os povos de língua latina. Borges destaca sua grande memória e faz uma comparação com o crítico Menéndez Pelayo (v.). — LM

Machado, irmãos

Borges refere-se aos irmãos Antonio (Sevilha, 1875-Collioure, 1939) e Manuel Machado (Sevilha, 1874-Madri, 1947), ambos poetas da Geração de 1898 espanhola, que se caracterizou, entre outras coisas, pela recepção e incorporação das inovações poéticas introduzidas pelo modernismo hispano-americano — equivalente ao simbolismo brasileiro —, graças à leitura dos livros de Rubén Darío (v.) e ao contato direto com esse autor.

A obra de Antonio é marcada pela busca da comunicação direta, pelo anti-intelectualismo e pelo cultivo do verso de caráter popular, como o romance. Ele se distinguiu, embora fosse andaluz, pela recriação emotiva de Castela. É nesse sentido que Borges o menciona, como contraponto a Miguel de Cervantes (v.), para quem a paisagem da região da Mancha representa o mais cru prosaísmo. A paisagem castelhana aparece especialmente em seus volumes de poemas mais célebres: *Soledades, galerías y otros poemas* (1907) e

Campos de Castilla (1912). A ausência de outras referências a ele na obra de Borges pode indicar a escassa afinidade do argentino com essa poética, ainda que em uma ocasião o tenha situado ao lado dos maiores expoentes do modernismo hispano-americano. Seu irmão Manuel é mais representativo do modernismo hispânico; entre seus livros, estão *Alma* (1902) e *Los cantares* (1907). — MAGB

Machen, Arthur

É considerado por H. P. Lovecraft (v.), grande autor norte-americano e especialista de literatura fantástica, como um dos mestres modernos desse tipo de composição. Borges, por sua vez, em 1937 não menciona nenhuma obra do jornalista e escritor galês Arthur Machen (1863-1947) entre as melhores do gênero sobrenatural ("*The Haunted Omnibus*, de Alexander Laing", *Textos cativos*). Porém, em "Arthur Machen, *Os três impostores*" (*Biblioteca pessoal*), avalia *Os três impostores* como uma das obras-primas secretas da literatura, um livro em que "*há sonhos dentro de sonhos, formando um jogo de espelhos*", cujos relatos são imposturas, assim como, de acordo com Borges, toda ficção é uma impostura: "*No princípio daquilo que um historiador holandês chamou, indefinidamente, a Idade Moderna, difundiu-se por toda a Europa o nome de um livro,* De Tribus Impostoribus, *cujos protagonistas eram Moisés, Jesus Cristo e Maomé, e que as alarmadas autoridades queriam descobrir e destruir. Nunca o encontraram, pela simples razão de que não existia. Esse livro quimérico exerceu uma influência considerável, já que sua virtude residia no nome e no que esse nome envolvia, não nas ausentes páginas*".

A narrativa mais famosa de Machen foi *The Great God Pan*, de 1894, surpreendentemente ausente das citações de Borges — para o argentino, *A casa das almas* era sua obra "*mais admirável*", com destaque para a história "Gente branca" ("Arthur Machen", *Textos cativos*).

Entre 22 e 23 de agosto de 1914, o exército britânico teve sua primeira grande participação na Primeira Guerra Mundial, na Batalha de Mons (Bélgica), na qual suas tropas foram acuadas pelos alemães. Com a intenção de elevar o moral dos ingleses, Machen escreveu um relato que foi divulgado em 29 de setembro pelo jornal *Evening News*. Intitulado "The Bowmen" [Os arqueiros], o texto dizia que anjos teriam intervindo a favor dos britânicos, lançando flechas sobre os inimigos alemães. Esses anjos seriam os dos arqueiros ingleses que teriam participado das batalhas de Crecy (1346) e de Agincourt (1415) durante a Guerra dos Cem Anos, que opôs os reinos britânico e francês. Com o decorrer do tempo, a história começou a ser divulgada em publicações de caráter esotérico, em especial no interior da Inglaterra, e foi tomada como verdadeira por muitos leitores, originando a lenda dos "anjos de Mons" (episódio lembrado por Borges em "Arthur Machen, *Os três impostores*"), apesar de Machen ter dito que tudo não passava de invenção.

A influência do escritor Arthur Machen, que teve mais de 45 livros publicados, pode ser notada em autores como Stephen King e Neil Gaiman. — PFCO

madrejón

A palavra "madrejón" [leito seco], utilizada no prólogo a *Lua defronte* e também no poema "O general Quiroga vai de coche para a morte", incluído no mesmo livro, foi considerada por Borges um típico exemplo de *criollismo* (v. *criollo*), ou argentinismo. Nesse sentido, o emprego do argentinismo pode remeter à sua filiação ao movimento ultraísta, que propugnava exatamente um distanciamento das normas linguísticas e literárias rígidas impostas pela Espanha, e, de modo mais geral, às preocupações vanguardistas da década de 1920.

A questão de uma língua "argentina" foi tema de grande importância na fase inicial dos escritos de Borges. Assim que retornou da Europa para Buenos Aires, no princípio dos anos 1920, o autor portenho se debruçou atentamente sobre ela. Preconizava, nesse período, a valorização da língua tipicamente falada na Argentina, em contraposição à língua imposta pela Espanha. Como resultado de suas reflexões sobre o assunto, em 1928 publicou *El idioma de los argentinos*, livro posteriormente renegado por ele e excluído das *Obras completas*. A questão da língua, aliás, foi central em alguns movimentos vanguardistas do país, especialmente nas décadas de 1910 e 1920. Na época, fundaram-se revistas como *Prisma* (v.), *Proa* (v.) e *Martín Fierro* (v.), que pautaram seus debates em torno de questões como o engajamento ou a pureza da poesia, o cosmopolitismo ou o nacionalismo e o uso de estrangeirismos na linguagem. — PFCO

Maeterlinck, Maurice

Impedido pela família de se dedicar à poesia, gênero pelo qual nutria interesse na juventude, o belga Maeterlinck (1862-1949) formou-se em direito, mas sem deixar de se dividir entre a literatura e a advocacia. Aos 21 anos estreou, com o poema "The Rushes", e em 1899 publicou seu primeiro volume de poesia, *Les Serres chaudes*, já sob influência do simbolismo francês, de que se tornara próximo. A partir daquele momento, escreveu inúmeras peças teatrais, entre elas *Pelléas et Mélisande* e a obra-prima *L'Oiseau blanc* (1908), em que tematizou a busca pela felicidade. Em 1911, Maeterlinck recebeu o Prêmio Nobel de Literatura. Foi também autor de ensaios, com destaque para *La Vie des abeilles* (1901) e *La Vie des termites* (1926).

Borges incluiu *A inteligência das flores* na Biblioteca Personal, comentando no prólogo a obra do escritor belga. — JGS

Mahabharata

Ao lado do *Ramayana*, é o mais importante poema épico produzido pelos hindus. Narra a guerra decorrente de uma cisão dos Bharata, dinastia que governou os povos da Índia durante muitos anos na Antiguidade. A epopeia serve igualmente como uma espécie de síntese das tradições culturais do país. O *Mahabharata* é admirado não só pela força e beleza da narrativa, mas também por sua extensão inigualável: são ao todo 100 mil dísticos. No prólogo ao *Bhagavad Gîta* (v.) (*Biblioteca pessoal*), Borges, provavelmente desconsiderando a hipótese de versos duplos, fala em "*duzentos e doze mil*" versos.

As informações relativas ao *Mahabharata* são marcadas pela imprecisão. Não se sabe ao certo, por exemplo, quem o escreveu. Ainda no prólogo ao *Bhagavad Gîta*, Borges salienta essa indefinição. Não se sabe também em que momento verdadeiramente ocorreu a batalha narrada no livro. Há quem defenda datas próximas a 3100 a.C., como há quem diga que a guerra se deu por volta de 1400 a.C. Por fim, é incerta a data em que os versos foram compostos — estima-se que isso tenha acontecido entre os séculos IV a.C. e IV d.C. — DF

Mahamut

Mahamut é personagem de "El amante liberal", uma das *Novelas ejemplares* de Miguel de

Cervantes (v.). A edição que Borges comenta em "Miguel de Cervantes: *Novelas exemplares*" (*Prólogos, com um prólogo de prólogos*) é a da coleção Clásicos Castellanos (1946). Nesse breve texto, Mahamut é um turco desejoso de abraçar a fé cristã, que ajuda Ricardo, um branco prisioneiro em Nicosia, a recuperar sua amada Leonisa e a escapar do cativeiro. Para uma apreciação mais pontual do lugar de Cervantes na obra de Borges, ver Cervantes, Miguel de. — MAGB

Maimônides

Moisés Maimônides (1135-1204), conhecido também como Rambam — acróstico a partir das primeiras letras de seu nome em hebraico —, é o principal expoente do pensamento judaico medieval. Sua extensa produção abarca todos os domínios do pensamento rabínico. Ele é responsável pelo monumental trabalho de codificação de toda a obra talmúdica, tendo organizado o novelo intrincado da lei judaica com base em um modelo e um método de estudos que deixam surgir uma sequência lógica, na qual cada capítulo e até cada parágrafo se sucedem de maneira harmoniosa, um procedendo do outro, até que a lei judaica inteira, tanto a prática como a teórica, acaba sendo abraçada pelo empreendimento sistematizador.

Sua obra filosófica mais importante é o *Guia dos perplexos*, escrito originalmente em árabe (*Dalalat al-Hairin*), na forma de um guia dirigido a um discípulo dele que, tendo entrado em contato com a filosofia grega, assume a condição de perplexo, sem saber mais que caminho seguir: se as demandas da vontade divina tal como manifestas no texto bíblico, ou os caminhos da razão, tal como desdobrados nos textos aristotélicos. Nesse sentido, Maimônides, médico por profissão, pretendia que seu livro fosse uma espécie de terapêutica, para mostrar que os escritos da Bíblia, quando interpretados corretamente, não são opostos ao caminho da razão.

Mais que fazer a Bíblia expressar-se com sotaque aristotélico, Maimônides conseguiu realizar uma formidável síntese filosófica, integrando o pensamento de Aristóteles (v.) e de seus comentadores helenísticos ao de filósofos muçulmanos como Alfarabi (v.) e Avicena (v.), entre outros, para, desse modo, outorgar uma forte base argumentativa à hoje universalmente aceita doutrina sobre a incorporalidade de Deus que, na época, não era tão amplamente aceita (parte relevante do *Guia dos perplexos* consiste em um estudo etimológico para dotar de novos sentidos as descrições antropomórficas de Deus que se encontram na Bíblia).

Nascido em Córdoba, teve de fugir com a família em 1148, quando a cidade caiu sob o domínio *almohadi* (dos almôades). Depois de peregrinarem por vários lugares, estabeleceram-se, em 1160, na cidade de Fez, no atual Marrocos. Mudaram-se para a Palestina e em seguida para Fostat, antiga Cidade do Cairo. Em 1177, Maimônides foi reconhecido como o principal líder da comunidade judaica dessa cidade e se tornou uma referência em aspectos que envolvem a lei judaica para todos os judeus, bem além do território egípcio, tal como é ilustrado pela impressionante coleção de cartas que ficaram preservadas, com as quais ele auxiliou, em um estilo sempre racional, lúcido e conciso, a decidir sobre diversas questões da prática da Lei.

Em "O milagre secreto" (*Ficções*), o personagem Jaromir Hladik (v.), o escritor de fé judaica nascido em Praga, tem, na lembrança de uma passagem do aristotélico Maimônides sobre os sonhos como um dos meios pelos quais os profetas podiam ter acesso à verdade divina, a confirmação de que, apesar da iminente morte em mãos dos algozes nazistas, secretamente lhe fora concedido o tempo para concluir seu drama em verso "Os inimigos". — EM

Maipú, rua

Retoma-se o tema da importância da toponímia ao longo da obra de Borges. A partir de 1944, na rua Maipú, 994, o escritor portenho passou a viver com a mãe, cujo auxílio, tomando notas e lendo, foi essencial para ele desde o momento em que sua cegueira se tornou quase total. No caso de "*La canción del barrio*" (*Evaristo Carriego*), Borges se refere à rua Maipú como o local de nascimento de certo *compadrito* (v.), o qual, ao contrário dos demais, nascera em um lugar que, segundo a opinião dele mesmo, seria mais digno, pois os bairros centrais não faziam parte dos locais de sociabilidade comuns a tais indivíduos. As periferias, os arrabaldes (v.), os bairros afastados, como o então distante bairro de Palermo, esses sim eram os lugares em que os *compadritos* se concentravam. Indivíduo de baixo estrato social, o *compadrito* vivia nessa esfera da periferia na qual o tango era dançado entre homens, e a milonga, os bordéis de prostitutas francesas e os *cuchilleros* [bons na faca] proliferavam ao ritmo do incremento do fluxo imigratório. A rua Maipú estava em oposição ao mundo da periferia por se situar justamente nas regiões centrais da cidade de Buenos Aires. — PFCO

Majjhima nikaya

O *Majjhima nikaya*, cuja tradução literal do páli (língua falada no sul da Índia, derivada do sânscrito) seria "Coleção média", é uma compilação de discursos de extensão média — daí o nome — proferidos pelo Buda e por alguns de seus discípulos. São, ao todo, 152 discursos. Não há entre eles, ao menos aparentemente, um encadeamento necessário, o que permite serem lidos de forma aleatória, sem prejuízo dos ensinamentos que pretendem transmitir.

O *Majjhima nikaya* faz parte de uma coleção maior, composta de cinco livros, intitulada *Sutta Pitaka*, que, com o *Vinaya Pitaka*, constitui a reunião de textos budistas conhecida como *Cânone páli*.

Em "Formas de uma lenda" (*Outras inquisições*), Borges evoca o discurso 130 do *Majjhima nikaya* como ponto de partida para uma série de parábolas que versam sobre os ensinamentos depreendidos da observação da velhice, da enfermidade e da morte. O discurso 130, em suma, descreve os terríveis sofrimentos a que é submetida uma alma condenada ao inferno depois de negligenciar tais ensinamentos. A reflexão básica nele proposta é a mesma que pode ser lida no início do texto do autor argentino: "*Repugna às pessoas ver um ancião, um doente ou um morto, e no entanto elas estão sujeitas à morte, às doenças e à velhice*". — DF

Malatesta, Giovanni

Giovanni Malatesta (Itália, ?-1304), filho de Malatesta II da Verucchio — família de nobre linhagem italiana que, do século XII ao XIV, reinou em Rimini —, conquistou a cidade de Pesaro em 1294, governando-a como absoluto até morrer. É conhecido pela tragédia familiar imortalizada por Dante Alighieri (v.) no canto V do *Inferno* da *Divina comédia*, isto é, pelo assassinato de sua esposa Francesca da Polenta e de seu meio-irmão Paolo, que foram amantes. Borges os evoca no poema "*Inferno*, V, 129" (*A cifra*), remetendo ao verso da *Divina comédia* em que, ao se referir a Francesca e Paolo, Dante escreve: "éramos sós e sem qualquer receio". Com base em tal verso, portanto, Borges recria o episódio com o verso "*só existem eles dois no mundo*", estabelecendo assim direta intertextualidade com o texto de Dante. — PPM

Malherbe, François de

Por sua lógica e clareza em uma poesia oratória de forte lirismo, esse poeta francês (1555-1628) reflete sólida formação humanística adquirida nas cidades de Caen, Aix-en-Provence e Paris. Eleito para um cargo oficial após a morte de seu protetor Henrique III, ganhou notoriedade com a *Ode de bienvenue* (1600), dedicada à rainha Maria de Médici, assumindo mais tarde o posto de um poeta da corte; surge, então, uma sucessão de elogios e sátiras em seus poemas posteriores. A doutrina de maestria em estilo e gramática de Malherbe o impele ulteriormente à prosa e à tradução. A invenção cede lugar à disposição e à elocução, tendentes a uma língua não vulgar, mas simples e natural na retórica do autor de *Larmes sur la mort de Geneviève Rouxel*. Sua poesia oficial une-se à religiosa e amorosa sobre a ambição constante da grandeza e de ideais de paz e prosperidade.

Em breve ensaio sobre a metáfora ("A metáfora", *História da eternidade*), Borges menciona, entre outros exemplos, um verso de François de Malherbe na equiparação de mulheres a flores. — JGS

Malón de Chaide, Pedro

Pedro Malón (1530?-89) foi um influente escritor espanhol no século XVI que defendia o uso literário de língua vulgar. Sua principal obra é o *Libro de la conversión de la Magdalena* (1588). Borges o invoca para demonstrar a supremacia da forma sobre a matéria. Apresenta-o como um seguidor de Plotino (v.). Mais precisamente, Malón de Chaide é um leitor de Santo Agostinho (v.), tendo ingressado na Ordem dos Agostinianos em 1567. O autor argentino transcreve, em "História da eternidade" (*História da eternidade*), uma longa passagem de Malón que compara figuras feitas de ouro às de cera. Diz que em Deus as "figuras" são de ouro e em nós são finitas e de pouco valor, tal qual a cera. A matéria pouco ou nada importa, infere Borges. — RB

Mamoulian, Rouben

Diretor de teatro e de cinema russo. De pais armênios, Mamoulian (1897-1987) dividiu a infância e a adolescência entre Paris e os estudos no Teatro de Arte de Moscou, dirigindo em 1922 sua primeira peça na Universidade de Londres, na qual cursou teatro. No ano seguinte, transferiu-se para os Estados Unidos, onde iniciou uma carreira de renome em óperas e operetas na Broadway, com destaque para *Porgy* (1927). De posse dos mecanismos cinematográficos, dirigiu aclamados filmes sonoros quando estes ainda figuravam como inovação em Hollywood. Dentre suas experimentações visuais e sonoras sobressaem *Applause* (1929) e o clássico do horror *Dr. Jekyll and Mr. Hyde* (1932), baseado no romance de Robert Louis Stevenson (v.).

Borges afirma, em uma das notas de "O Dr. Jekyll e Edward Hyde, transformados" (*Discussão*), que Stevenson é difamado tanto nessa versão de Mamoulian como em outra, dirigida por Victor Fleming, intitulada *O médico e o monstro* (1941). O procedimento da adaptação literária foi explorado pelo diretor russo ainda em filmes como *City Streets* (1931) e *Becky Sharp* (1935); neste último, utiliza a cor como meio de caracterização dos personagens. Em 1982, recebeu o Prêmio D. W. Griffith da Directors Guild of America. — JGS

Manantiales, Batalha de

Inserida no contexto da Revolução das Lanças (1870-2), essa batalha, ocorrida em 1871 no Uruguai, foi um dos episódios mais sangrentos do confronto. Opondo as forças governistas (*colorados*) aos revolucionários (*blancos*), a luta terminou com a vitória *colorada*.

Borges inicia o texto "O outro duelo" (*O informe de Brodie*) com uma ressalva ao ato de lembrar, especificamente sobre o caso a ser narrado, o que teria acontecido antes dessa batalha. Permeia sua exposição com alusões às narrativas históricas, à medida que "*o esquecimento e a memória são inventivos*". — PFCO

Maniquí de mimbre [Manequim de vime]

Anatole France, um dos maiores expoentes da literatura europeia do fim do século XIX e início do XX, foi dos primeiros a dar voz ao mundo infantil, explorado de forma autobiográfica em sua obra de 1895 *Le Livre de mon ami*. No mesmo ano, ele editou as crônicas *Nouvelles ecclésiastiques*, as quais inauguraram uma coleção de diversos textos seus, intitulada *Histoire contemporaine*, que terminou com a publicação de *Monsieur Bergeret à Paris*, em 1901. *Manequim de vime* (*Le Mannequin d'osier*), lançado em 1897, é um desses textos. Signatário do "J'accuse", no tão comentado caso Dreyfus (v.), manifesto divulgado no jornal *L'Aurore* por Émile Zola (v.) — outro grande nome da literatura francesa —, Anatole foi o segundo da lista, precedido apenas pelo próprio Zola.

Manequim de vime fez parte do conjunto literário e cultural anterior a uma versão traduzida para o francês das *Mil e uma noites*: "*Nos risonhos parágrafos de Mardrus convivem* Salammbô *e* La Fontaine, *o* Maniquí de mimbre *e o balé russo*", como Borges atestou em "Os tradutores d'*As mil e uma noites*" (*História da eternidade*). Para o escritor argentino, qualquer processo de tradução pressupõe "*um rico processo anterior*", de modo a enriquecer a qualidade da operação de tradução. — PFCO

Manrique, Jorge

Poeta castelhano (1440-79), foi militar ativo nas lutas nobiliárias de sua época, nas quais combateu sempre a favor do infante dom Alonso de Estúñiga. Escreveu poesia "de cancioneiro", de tema amoroso e cortesão, assim como composições satíricas. Porém, sua fama se deve às *Coplas por la muerte de su padre* (1479), em honra do Mestre de Santiago, dom Rodrigo Manrique, pai do poeta. Expressam a dor individual com valor universal, mas, sobretudo, são reflexões gerais acerca do tema da morte.

A metáfora a que Borges alude em "*La jonction*" (*Atlas*) constitui os versos "*Nossas vidas são os rios/ que vão dar no mar/ que é o morrer*", que pertencem à terceira copla do célebre poema. Pode-se explicar o interesse do autor argentino por Manrique pelo fato de este ser considerado um "clássico" nas letras hispânicas em relação ao tópico da fugacidade do tempo e do ser para a morte. É indubitável o conhecimento exaustivo de Borges sobre a literatura clássica espanhola. — MAGB

Manual de zoologia fantástica

Alexandre Eulalio (1932-88), um dos estudiosos mais relevantes da cultura brasileira do século XX, tinha, além de outros, Borges entre suas "áreas de obsessão" (palavras de Antonio Candido). Em 16 de fevereiro de 1958, no *Jornal de Notícias* de Porto Alegre, ele publicou a resenha "O bestiário fabuloso de Jorge Luis Borges". Nela, qualificava o autor portenho de "ecumênico, eruditíssimo, intoxicado mesmo por uma cultura vivida até a exaustão". Esses adjetivos contundentes poderiam definir o perfil intelectual do próprio Alexandre Eulalio. A resenha não apenas se detém naquilo que Borges inclui em sua fantástica listagem de seres imaginários, mas acrescenta ao bestiário uma série matizada pela cor local brasileira por seres imaginários excluídos (até mesmo das *Mil e uma noites*) e por recomendações para adição a uma eventual reedição do *Manual de zoologia fantástica* (1957), escrito com a colaboração de Margarita Guerrero e reeditado dez anos mais tarde sob o título *El libro de los seres imaginarios*. Conhecendo o caráter erudito de Alexandre Eulalio, entendemos perfeitamente sua fascinação pela obra: "uma compilação, uma gentil antologia dessas assombrações e desses fantasmas, sempre amáveis numa heráldica, constitui o *Manual de zoologia fantástica* que o contista de *La muerte y la brújula* (que é também o professor de Antigas Literaturas Germânicas) teve a pachorra de organizar". Este verbete tem um caráter excepcional dentro do corpus do *Borges babilônico*, já que trata, não de um texto sobre o qual o argentino escrevera, mas de algo que poderia ter sido adicionado pela leitura não menos erudita, com exemplos criativos e às vezes hilários, de Alexandre Eulalio: "Como quem não faz livros e se apraz em aumentar o dos outros, não posso deixar de me lembrar, ao arbitrário sabor da memória, uns assombramentos de bestas-feras do nosso folclore e de minha infância, além dessa e de outra engenhoca registrada em livros mais à mão. Mesmo sem me referir ao volume que sobre a matéria possui Affonso Taunay (que recolheu o seu material dos cronistas e viajantes — que nos visitaram nos séculos XVI e XVII), ocorre-me logo a mula sem cabeça botando fogo pelas ventas, que tanto entusiasmava a Marquesa de Rabicó, e pode ser aqui incluída, abstraindo-se a sua condição — penitencial — de comborça de padre (estão excluídos do livro os casos de transformação de homem em outra espécie): afinal uma égua sem cabeça vale pelo menos tanto quanto um asno de três patas. Podia lembrar também a Mãe do Ouro, não a ninfa de porcelana do meu conterrâneo Joaquim Felício dos Santos — que num conto romântico de 1863 imagina-a desnuda, sob o luar, penteando os soltos cabelos louros —, mas a versão recolhida por Câmara Cascudo no *Dicionário do folclore brasileiro* (1954): mulher sem cabeça no Paraná, bola de fogo de ouro em São Paulo, passeando luminosa pelos ares, mas vivendo debaixo d'água. Ou a Boiuna, a Boitatá, o Boiaçu, pertencentes à temível geração descomunal das serpentes fantásticas.

"Não podemos entender também por que razão os compiladores não incluíram no *Manual* o terrível monstro da 570ª das *Mil e uma noites*, do qual Borges acusa Mardrus (v.), num luminoso ensaio sobre os tradutores daquele livro, de ter *sans façons* arrancado as unhas de bronze.

"Lembremos também, para ser juntada à espécie alarmante dos animais de pedra e lata, Hédaly, a *Eva Futura*, do último grande Auguste Villiers de L'Isle-Adam, que tenho aqui à mão em 'obscena edición de lujo' do Club du Meilleur Livre. Com seu mecanismo interior de dentadas rodas de relógio, podia ser anexada à lista que, na página 139, precede ao Talos, o guarda metálico de Creta, umas das invenções de Dédalo, pai de Ícaro. E ainda o ximu de Al Capp, o criador de Li'l Abner das histórias em quadrinhos, esse animal evangélico cujo fim natural é se oferecer em holocausto a quem tem fome, e faz hoje parte integrante da fauna risonha dos Estados Unidos. E também a fauna terrível de outro argentino, Manuel Graña Etcheverry, o eruditíssimo arqueólogo da perdida Hedália: como esquecer as anaxitas, vacas carnívoras, tremendas, e os *popantes*, 'aves pesadas y corpulentas, de patas muy musculosas, que atacaban con gran ferocidad y fuerza a patadas y aletazos'?

"Além disso, uma próxima edição do *Manual* não pode deixar de incluir a estranha piaba de que me falou a poeta Lélia Coelho Frota, meio peixe meio revista, cuja graça líquida é sem dúvida muito mais estranha que o próprio mirmecóleon, metade leão, metade formiga. Um pescador dos arredores da mineira e progressista cidade de Varginha (de onde é originária a família da informante) conseguiu fisgá-la num domingo glorioso, mas entre atônito e espavorido devolveu-a ao riacho. Embora não tivesse podido, na sua inenarrável surpresa, folhear a 'parte revista' da piaba, como seria desejável, declarou ele, em notícia glosada pela imprensa local, que o texto impresso é muito legível e está num papel encorpado. Preso pelo anzol, debatendo-se ansiosamente, o peixe impresso produzia o rumor característico das folhas de um livro continuamente aberto e fechado com violência; conservava-se muito bem dentro d'água a tinta das páginas. Não é a primeira vez que aparece, e conserva a tradição, informada pelo poeta Múcio Teixeira, antigo pensionista de São Cristóvão, que o imperador Pedro II cuidava com acendrado zelo de um desses *pisces incunabulus* (Linn.), oferecido à Sua Majestade, em 1879, por uma sociedade literária da Província do Maranhão. Desse exemplar não se teve mais notícia desde a proclamação da República e o progressivo abandono em que caiu a Quinta Imperial. Quer outra versão, infelizmente não confirmada, aliás, que algum adesista do novo regime, por pura paixão política, tenha dado fim à raridade zoológica, pensando assim demonstrar zelo às instituições recém-inauguradas. Mas fiquemos por aqui. Naturalmente, essas 'contribuições', conforme já se declarou, não atendem senão impertinentemente à fantasia e à memória de um leitor afoito [...]."

Este verbete acaba se convertendo em uma homenagem aos grandes divulgadores do nome e da obra de Borges no Brasil (v. *Antologia da literatura fantástica*). — AE e JS

Manuel, dom Juan

Nasceu em Escalona (Toledo), em 1282, e morreu em Córdoba, em 1348. Sobrinho de Afonso X, o Sábio, estreou muito jovem como militar e sempre atuou na política. Quanto ao mais, dedicou a vida ao estudo. Deixou várias obras importantes, entre elas: *Libro del caballero y el escudero* (1327), um doutrinal de cavaleiros e uma enciclopédia do saber da época, o *Libro de los estados* e *Conde Lucanor* ou *Libro de Patronio* (1335), coleção de apólogos ou contos de fontes orientais ou clássicas, bastante divulgados desde a Idade Média. O último, o mais conhecido de todos, não foi impresso até 1575.

Pela temática que a obra de dom Juan Manuel, especialmente o *Libro de Patronio*, abrange, evidente que poderia despertar interesse em Borges, aficionado a fábulas exóticas. De fato, ele reescreveu uma das histórias como "O bruxo adiado" ("Et caetera", *História universal da infâmia*). — MAGB

Maomé

O grande fundador do islamismo. Estima-se que tenha nascido em 570, na cidade de

Meca. Seus biógrafos ressaltam um começo de vida muito humilde e a surpreendente opção pela monogamia — Maomé só teve um harém após a morte de Khadija, sua primeira mulher. Aos quarenta anos a vida mudou radicalmente para ele, que passou a vivenciar revelações divinas. Afirma ter se encontrado com o anjo Gabriel no monte Hira (local que, a princípio, frequentava para orar e meditar), onde o arcanjo lhe mostrou os versos que consolidariam o Alcorão, o livro sagrado dos muçulmanos. Maomé esforçou-se, depois desse encontro, para propagar a fé revelada. Foi perseguido e migrou para Yathrib em 622. Essa fuga de Meca, também conhecida como Hégira, marcou o início da era islâmica, e Yathrib veio a ser chamada de Medina [cidade do profeta]. Em 630, Maomé comandou o exército muçulmano que invadiu Meca. Mais que um líder religioso, o Profeta (assim Maomé é reconhecido no islã) firmou-se como líder político dos povos árabes unificados. Morreu em Medina no ano 632.

Borges, em suas inúmeras incursões literárias pela cultura árabe ou muçulmana, citou de modo recorrente Maomé. Contudo, as referências mais interessantes ao Profeta não estão nos textos de cunho estritamente orientalista. Em "O escritor argentino e a tradição" (*Discussão*), por exemplo, ao rechaçar a necessidade de elementos que compõem a cor local como índice da identificação de um texto literário a seu povo, Borges menciona uma suposta observação de Gibbon (v.) sobre a ausência da descrição de camelos no Alcorão. — DF

mapa portenho

É tarefa difícil imaginar um mapa de Buenos Aires com base nas referências feitas por Borges em sua produção literária, que abrange mais de sessenta anos durante os quais não só as perspectivas e conhecimentos do autor sobre a cidade mudaram, mas a própria cidade mudou. A isso se somam as opções deliberadamente anacrônicas para nomear certos espaços — cujo nome fora alterado, e em geral também as características — e o afeto arbitrário, como todo afeto, por dois espaços em particular: Palermo e o Sul.

Palermo, bairro onde Borges nasceu, aparece em sua obra idealizado e congelado no passado, povoado por *compadritos* (v.) que não conheceu mas que supõe contemporâneos à sua primeira infância. O Sul, em compensação, é o lugar da aventura e da exploração, onde cidade e campo começam a confundir-se. Outras partes da cidade cumprem funções específicas. O "Barrio del Alto" — parte dos atuais San Telmo e Monserrat, na zona antiga de Buenos Aires — é onde está uma das possíveis origens do tango e se contrapõe, por topografia e rivalidade, ao "Bajo" — parte dos mesmos bairros atuais e Barracas, porém mais a leste. Embora a denominação "El Bajo" tenha permanecido vigente durante muito tempo e seja empregada até hoje, "El Alto" era um termo já em desuso. Do mesmo modo, Borges utiliza o nome Plaza de la Victoria para a praça central de Buenos Aires, cenário das execuções públicas. Chamada Mayor até 1808, foi rebatizada "de la Victoria" depois das invasões inglesas. Em 1884, uniu-se à antiga Plaza de la Recova e passou a formar a atual Plaza de Mayo.

No imaginário borgiano, Flores, Barracas e Villa Crespo são bairros afastados, de classe baixa e média de origem imigrante, de vida aprazível, e onde estão "*as belezas involuntárias de Buenos Aires, que são também as únicas*" (*Evaristo Carriego*). Villa Crespo caracteriza-se por haver sido escolhida por muitos judeus e árabes para moradia. Chacarita e Boedo, bairros com características similares, têm, entretanto, uma conotação de "*má vida*", em parte pelo nível econômico mais baixo, em parte por terem sido incorporados à mitologia do tango; Chacarita, além disso, abriga um cemitério, inaugurado em 1871, quando a epidemia de febre amarela (v.) excedeu a capacidade dos já existentes. Aí também está o crematório público. O outro cemitério é La Recoleta, nome que igualmente se aplica ao bairro que o rodeia mas que Borges usa somente para o cemitério, e escolhe "o Norte" ou Palermo para referir-se à região, em outro deliberado anacronismo. Limitando com esse bairro, está Retiro, "porta" da cidade ao norte: em razão da grande circulação de pessoas por ali — ponto inicial de três linhas férreas e próximo ao porto —, o local serviu de refúgio para larápios de incautos recém-chegados e para delinquentes de todo tipo. Em tempos coloniais, foi sede do mercado de escravos. Lá se encontra a Plaza San Martín, diante das estações ferroviárias.

No atual centro-oeste da cidade (antigo limite ocidental), situa-se outra grande estação ferroviária, Once de Septiembre; o bairro que a rodeia se denomina Once, uma região de comércios vinculados à intensa circulação de passageiros. A "porta" sul é a estação Constitución, que também dá nome ao bairro e está ligada à delinquência e, sobretudo, à ausência de autoridade estatal. (V. prostíbulos [Lorea, Boca, Solís]; arrabalde; *orillas*; fronteira.) — PMG

Marchand, missão

Assim ficou conhecida a missão Congo-Nil, com que a França buscava recuperar, em seu principal território de expansão colonial do século XIX, as posses na região do Alto Nilo, então em mãos da Inglaterra. Lideradas pelo capitão Jean Baptiste Marchand (1863-1934), as forças francesas, em número incomparavelmente menor, encontraram o exército inglês na cidade de Loango, no Sudão, em 1896, a caminho de Fashoda (atual Kodok, Sudão do Sul). Nessa cidade, em novembro de 1898, Marchand recebeu a ordem do governo francês para a retirada das tropas. Isso permitiu a aproximação entre os dois países, tradicionalmente inimigos, e a formação da Entente Cordiale, assinada em 1904, após a qual a Inglaterra passou a apoiar a França na conquista do Marrocos.

Borges relembra, em "Os tradutores d'*As mil e uma noites*" (*História da eternidade*), a retirada da missão Marchand como um exemplo de interpolação possível na tradução anacrônica das *Mil e uma noites* pelo francês J. C. Mardrus (v.). — JGS

Mardrus, Joseph-Charles

Orientalista, formado em medicina, filosofia e letras, nasceu no Cairo em 1868 e morreu em Paris no ano de 1949. A despeito de sua vasta formação, o doutor Mardrus foi reconhecido, e o é até hoje, pela atividade de tradutor. A pedido do governo francês, por exemplo, traduziu o Alcorão. O que lhe conferiu maior notoriedade, porém, foi a tradução em dezesseis volumes das *Mil e uma noites*.

Borges, em "*As mil e uma noites*" (*Sete noites*), ao fazer um apanhado das principais traduções do livro, diz que a versão do doutor Mardrus é "*licenciosa, nos dois sentidos da palavra*". Essa afirmação é mais bem compreendida na leitura de outro ensaio crítico dele, "Os tradutores d'*As mil e uma noites*" (*História da eternidade*). Aí, ele critica Mardrus tanto por haver seguido os passos de Richard Francis Burton (v.) e ter dado excessivo destaque aos episódios eróticos como pela liberdade exagerada com que reconstruiu o texto árabe, descaracterizando-o substancialmente. Borges, contudo, deixa claro que o problema maior não está na recriação do texto, mas no fato de muitos considerarem a tradução de Mardrus a mais fiel de todas. "*Elogiar a fidelidade de Mardrus é omitir a alma de Mardrus, é não fazer a menor alusão a Mardrus. Só devemos nos importar com sua infidelidade, sua infidelidade criadora e feliz*". — DF

Marechal, Leopoldo

Escritor argentino (1900-70), hoje reconhecido fundamentalmente por seus romances e poemas, embora tenha escrito também teatro, ensaio e alguns contos. Amigo de Borges durante a juventude, ambos publicaram várias vezes nas mesmas revistas (*Proa* [v.], *Martín Fierro* [v.], *Sol y Luna*). Compartilharam então o afã vanguardista de reduzir a poesia a metáfora e ritmo, e de combater o metro e a rima. Distanciaram-se nos anos 1930, quando Marechal se aproximou do nacionalismo católico, e de modo mais taxativo quando abraçou o peronismo (1945). Por isso, a menção elogiosa no livro de ensaios *El tamaño de mi esperanza* (1926, não incluído nas *Obras completas*) transforma-se em crítica em "As 'novas gerações' literárias" (1937, *Textos cativos*), a qual ainda engloba o próprio Borges. A crítica é maliciosa em 1960, no prefácio à *Obra crítica* de Pedro Henríquez Ureña (v.): recordam-se as críticas exageradas sobre a rima e o metro do "*poeta de cujo nome não quero lembrar-me, Leopoldo Marechal*", apesar de este, assim como Borges, ter abandonado essa postura muito tempo antes. Marechal, por sua vez, o havia satirizado — com o nome de Luis Pereda — e a todo o grupo *martinfierrista* (v. *martinfierrismo*) em *Adán Buenosayres* (1948), e voltaria a mencioná-lo — como "*o grande George*" — em *Megafón, o la guerra* (1970). — PMG

Marinetti, Filippo Tommaso

Poeta, ensaísta e dramaturgo italiano (1876-1944), Marinetti passou à história como o fundador de um dos primeiros movimentos de vanguarda, o futurismo, cujo manifesto publicou no jornal francês *Le Figaro* em 1909. Nele exalta a guerra como "higiene do mundo", bem como o militarismo, o patriotismo, a velocidade, o desprezo pela mulher; propõe a destruição dos museus, das bibliotecas e das academias. Em 1919, aderiu ao fascismo de Benito Mussolini e, dez anos depois, tornou-se membro da Academia Real da Itália. É autor de *Tuons le clair de lune!* (1909), do romance *Mafarka le futuriste* (1910), de peças de teatro breves e de textos como *Zang Tumb Tumb* (1912), em que aplica sua concepção experimental das "palavras em liberdade".

Borges, desde a juventude, considerava a atitude de Marinetti a mais extrovertida, embusteira e infantil da vanguarda. De fato, em "Ultraísmo", importante texto programático divulgado pela revista *Nosotros* (v.) em dezembro de 1921, critica "*a exasperada retórica e o horror dinamista dos poetas de Milão*". Quando o italiano visitou a Argentina pela primeira vez, ele declarou ao jornal *Crítica* (20 de maio de 1926) que Marinetti, "*com sua veemência de garrafa de água com gás em ação, exerceu uma atividade saudabilíssima*", uma "*medida profilática contra a cafonice ambiente*", mas que "*seus livros valem muito pouco*". O escritor portenho compareceu também ao "*almoço de fraternidade intelectual*" com o chefe dos futuristas, organizado pelo periódico *Martín Fierro* (v.), segundo se depreende da foto publicada em seu número 30-31 (8 de julho de 1926). Passados dez anos, quando já era uma das figuras centrais da intelectualidade fascista, Marinetti visitou novamente Buenos Aires por ocasião do XIV Congresso Internacional do PEN Club (v.). Dessa vez, Borges não compareceu a nenhuma das reuniões em sua honra. Depois, em um breve texto de *El Hogar* (v.), atacou o "*antigo empresário do futurismo*", "*talvez o exemplo mais célebre dessa categoria de escritores que vivem de achados e que raras vezes acham algo*" ("Da vida literária", 4 de março de 1938, em *Textos cativos*). Borges ainda o cita brevemente em "*L'Homme blanc*, de Jules Romains" (*Textos cativos*). — CF e MG

Marino, Giambattista

Poeta italiano (1569-1625). Dentre os numerosos poemas de sua autoria, destaca-se o mitológico *Adone* [Adônis] (1623), de 45 mil versos. Figura análoga à de Luis de Góngora (v.), Marino é considerado o maior representante do maneirismo na Itália, por sua deliberada artificiosidade e preciosismo, pelo intenso uso de recursos como antítese, hipérbole, jogos de palavras, conceptismo, e pelas metáforas excêntricas.

No breve texto em prosa "Uma rosa amarela" (*O fazedor*), Borges imagina-o, como Baltasar Gracián (v.), literato sem "*música na alma*", apenas "*herbário de metáforas e argúcia*", "*labirintos, antíteses, emblemas*" ("Baltasar Gracián", *O outro, o mesmo*). Seu barroquismo, a rigor, é um caso extremo da incapacidade da linguagem para penetrar nessa realidade última que "*podemos mencionar ou aludir mas não expressar*" ("Uma rosa amarela"). — CF e MG

Markus

Markus Skeggiason (?-1107), poeta islandês. Fragmentos de seus poemas encontram-se reproduzidos em "Skaldsparmal", na *Edda* (v. *Edda prosaica*), de Snorri Sturluson (v.), entre eles o do poema escrito em memória do rei Eirik Eigod, da Dinamarca, e o do poema dirigido a Cristo. Borges cita seis versos de Markus como exemplo de *kenningar* (v.) no ensaio "As *kenningar*" (*História da eternidade*). — FT

Marlowe, Christopher

Dramaturgo e poeta inglês de vida atribulada (1564-93), era conhecido por participar de brigas de bar, tendo perecido em uma delas antes que a polícia pudesse prendê-lo por libertinagem e ateísmo — escreveu panfletos heréticos. Especula-se também que o assassinato tenha sido encomendado, já que Marlowe atuou durante muitos anos como espião do governo.

Como artista, sua importância centra-se na utilização dos versos livres no teatro inglês e na peça *The Tragical History of Dr. Faustus*, publicada apenas postumamente, em 1604. Trata-se da primeira versão dramática da lenda que, anos depois, inspiraria Goethe (v.) a compor a dele. Marlowe também é lembrado como um dos grandes precursores de William Shakespeare (v.): a peça *Eduardo II*, sua última criação, foi influência direta para *Ricardo II*.

No ensaio sobre "Nathaniel Hawthorne" (*Outras inquisições*), Borges afirma que o conto "Wakefield", de Hawthorne (v.), prefigura Franz Kafka (v.), mas a leitura deste melhora o conto do autor inglês. "*Assim*", pergunta, "*o que seria de Marlowe sem Shakespeare?*" Em uma nota ao poema "Tamerlão (1336-1405)" (*O ouro dos tigres*), diz-se que o conquistador asiático, ao menos nessa versão, teria lido a tragédia de Marlowe (*Tamburlaine*, escrita entre 1587 e 1588) e algum manual de história.

Em "A memória de Shakespeare", do livro homônimo, ele é citado como um dos escritores que Shakespeare frequentou. No prólogo a *Macbeth* (*Prólogos, com um prólogo de prólogos*) menciona-se a teoria de Calvin Hoffman de que Shakespeare seria apenas um pseudônimo de Marlowe (o "amado pelas musas"), que teria vivido em retiro depois de sobreviver à famosa briga de bar. — TP

Mármol, José

Autor argentino (1817-71), é conhecido principalmente pelo romance do gênero folhetinesco *Amalia*, o primeiro escrito no país, que começou a ser publicado em 1851. Mármol dedicou boa parte de sua obra à crítica acirrada contra o governo opressor de Juan Manuel de Rosas (v.). Compôs também poemas (o mais célebre, em razão da grande repercussão, foi "A Rosas", de 1843) e textos dramáticos (*El poeta* e *El cruzado*, de 1842). Em decorrência da repressão na Argentina, exilou-se no Brasil, no Chile e no Paraguai. Alternadamente qualificada de romance histórico, autobiográfico, sentimental ou romântico, *Amalia* retrata, mediante consistente registro da época, os anos 1840, quando a ditadura estava em pleno vigor. Ao lado de *Facundo* (1845), de Domingo Faustino Sarmiento (v.), o romance, conforme apontou Borges, foi uma das expressões máximas do "*tempo de Rosas*". O escritor portenho comenta que Mármol, além da cegueira, tinha em comum com ele o fato de haver dirigido a Biblioteca Nacional. — PPM

Martín Fierro

O título único *Martín Fierro* foi o que a história das edições, das leituras e das canonizações literárias deu a dois humildes folhetos de José Hernández (v.), lançados em 1872 e 1879: *El gaucho Martín Fierro* e *La vuelta de Martín Fierro*, que o autor sempre publicou separadamente. Em conjunto, constituem a obra maior, mais poderosa e consistente da literatura *gauchesca* (v.). Trata-se da autobiografia ficcional do personagem-título, que condensa uma miríade de vidas *gauchas* (v.) devastadas pela injustiça do sistema e pelo recrutamento obrigatório dos pobres do campo para as tropas que defendiam a fronteira contra os índios. Fierro, *gaucho* cantor, conta e canta suas peripécias, desde a vida feliz como pequeno produtor (tinha família e propriedade) dependente de uma fazenda até a incorporação compulsiva ao exército em um fortim. Ali vive severas situações de privação, perigo, falta de pagamento e castigos injustos que o impulsionam a desertar e transformar-se em um "*gaucho* matreiro". Depois de ofender e matar cruelmente um negro em uma milonga (v.), e em seguida um *gaucho* briguento que o provoca em uma taverna, é procurado pela Justiça, mas o sargento Cruz, da tropa que o persegue e a quem Fierro enfrenta com coragem, une-se a sua causa e foge com ele. Ao relatarem a vida um ao outro, Fierro descobre que eles são "*astillas del mismo palo*" [farinha do mesmo saco]; o protagonista quebra seu violão e decide refugiar-se, com o novo amigo, em terras de índios. Na segunda parte (*La vuelta...*), o *gaucho* cantor já regressou do "deserto" e conta seu sofrimento entre os índios, os quais retrata com traços muito duros que justificam, por meio de uma alusão transparente, a campanha de extermínio então iniciada pelo general Julio Argentino Roca (logo após presidente do país) contra as tribos mais resistentes. Haviam transcorrido cinco anos (no total, dez anos de padecimento, contados desde a incorporação de Fierro ao fortim da fronteira). Depois de contratempos e desgraças sofridas terra adentro, incluindo a morte de Cruz por uma varíola que assolou as aldeias, Fierro mata em um duelo um índio que assassinara uma criança e castigara brutalmente a mãe desta; por isso, tem de fugir e voltar, em companhia da mulher, à terra "*onde cresce o umbuzeiro*". Seus delitos, aparentemente, foram esquecidos, e ele quer ver se o deixam trabalhar. Reencontra-se, na taverna em que está narrando esses fatos, com dois de seus filhos e com Picardía, que é o filho de Cruz, cujo cuidado este lhe encomendara antes de morrer. Cada um conta, alternadamente, sua vida. Chega Moreno, que chama Fierro a travar uma *payada de contrapunto* [um desafio] (v. desafio poético), porém, ao ser derrotado após brilhantes intervenções de ambos, revela ser o irmão daquele outro morto por Fierro anos antes. Os presentes evitam a briga, e Fierro se retira com seus filhos e o filho de Cruz, aos quais dá conselhos morais que pretendem encaminhá-los a uma vida pacífica e à integração ao trabalho produtivo. As duas partes são encerradas por um narrador externo à ação, que, em versos também *gauchescos*, orienta a leitura do texto, projetando-o a um programa reformista que permita melhorar as condições de vida dos *gauchos* e ligando o destino deles à leitura do poema, já não concebido como canto (oral) mas como livro (escrito e impresso).

A atitude de Borges com relação a *Martín Fierro* (quase sempre a obra mas muitas vezes o próprio personagem) foi matizada, complexa e mutante, ainda que não se deva esquecer que o escritor integrou uma formação cultural que escolheu denominar-se *martinfierrista* (v. *martinfierrismo*), considerando que *Martín Fierro* foi, primeiro em 1919 e depois entre 1924 e 1927, o nome da publicação de vanguarda que tomou a obra de Hernández como emblema. Em *Inquisiciones* (1925), Borges chega a postular que *Santos Vega* (1851), de Hilario Ascasubi (1807-75) (v.) — seu trabalho mais desigual e menos bem-sucedido —, "*parece estar em vantagem sobre* Martín Fierro *pela espontaneidade de seu trovar e por sua ausência de protesto ou queixas*". Em *El tamaño de mi esperanza* (1926), obra, como a anterior *Inquisiciones*, banida das *Obras completas*, considerou *Fausto* (1866), de Estanislao del Campo (v.), "*a melhor poesia*", não só *gauchesca* mas das que "*disse nossa América*".

Embora algumas das ressalvas de Borges a *Martín Fierro* tenham fundamento estético (ele repudiava, no protesto ou na queixa, como acabamos de ver, mais o tom que o objeto), outras se amparavam em reparos morais e políticos que se inscreviam em algumas tradições de sua própria família, mas também na necessidade dele de subtrair o texto de sua utilização estatal como "obra nacional". Algumas das maiores investidas de Borges contra o livro de Hernández se relacionam, precisamente, a seu gosto por contradizer as canonizações impulsionadas por Leopoldo Lugones (v.) em *El payador* (1913-6) e por Ricardo Rojas (v.) em *Historia de la literatura argentina* (1917-22). Entretanto, quando se deixava levar por suas escolhas eminentemente poéticas, punha *Martín Fierro* em um lugar de centralidade quase exclusiva na literatura argentina, que desbancava seu admiradíssimo Domingo Faustino Sarmiento (v.). E a tal ponto que essa obra de José Hernández lhe inspirou dois contos: "O fim" (*Ficções*), em que acrescenta um novo final ao poema, no qual Moreno mata Fierro em duelo e com isso assume o destino do homem que acabou de matar, e "Biografia de Tadeo Isidoro Cruz (1829-74)" (*O Aleph*), em que inventa um nome de batismo e uma vida não relatada por Hernández para o personagem do melhor amigo do protagonista (v. Cruz, Tadeo Isidoro). — JSV

Martín Fierro, revista

Considerada a mais importante das revistas vanguardistas produzidas na Argentina na década de 1920, introduziu a nova poesia ultraísta e consolidou o movimento vanguardista no país, inspirando-se no cosmopolitismo de alguns vanguardistas europeus, como Guillaume Apollinaire (v.), Filippo T. Marinetti (v.) e Ramón Gómez de la Serna (v.).

O oxigênio mental que se respirava em Buenos Aires estava impregnado do desejo da modernidade, da europeização da cultura e da valorização do novo, bem evidente no *Manifesto Martín Fierro* escrito por Oliverio Girondo (v.) e divulgado na referida revista em 15 de maio de 1924: "*Martín Fierro* sente-se, por isso, mais à vontade num transatlântico moderno do que num palácio renascentista, e sustenta que um bom [automóvel] HISPANO-SUIZA é uma *obra de arte* muitíssimo mais perfeita do que uma liteira da época de Luís XV". Naquele período, Buenos Aires sofria alterações sociais relevantes, como a profissionalização do escritor e a transformação e ampliação do mercado editorial, o que corroborava a mudança do quadro cultural do país.

Nesse contexto, foram publicados, em 1919, três números da revista sob a direção de Alberto Ghiraldo. Em 1924, iniciou-se a segunda e mais marcante fase da *Martín Fierro*, sob a direção de Evar Méndez (v.). O perfil vanguardista da revista concretizou-se com a publicação do já citado manifesto de Girondo. *Martín Fierro*, porém, não tratava apenas de literatura, apesar de os fundadores terem sido poetas, como lembra o próprio Méndez em seu "Papel de *Martín Fierro* na renovação poética atual", de 1927. Abordava também pintura, arquitetura, música, cinema e escultura.

De qualquer forma, o objetivo de Evar Méndez era criar um ambiente propício à renovação poética ao encorajar a publicação de novos poetas, entre os quais se incluía Borges, cujas primeiras obras saíram pela Editorial Martín Fierro e pela Editorial Proa: *Luna de enfrente*, *Fervor de Buenos Aires*, *Inquisiciones* e *El tamaño de mi esperanza*.

Borges participou da revista até o episódio envolvendo a candidatura presidencial de Hipólito Yrigoyen (v.), quando houve uma tensão entre os que defendiam o distanciamento da *Martín Fierro* da política e os que defendiam o apoio àquele candidato. Após essa discussão, Borges, que apoiava Yrigoyen, abandonou o periódico e o grupo. Vale lembrar que Evar Méndez fazia parte do governo do então presidente da República, Marcelo T. de Alvear.

Em "As 'novas gerações' literárias" (*Textos cativos*), Borges alude à qualificação de "heroicas" dada por um escritor às novas gerações que participam das revistas *Inicial*, *Prisma* (v.), *Proa* (v.), *Martín Fierro* e *Valoraciones*. — PFCO

Martínez Estrada, Ezequiel

Intelectual argentino (1895-1964), destacou-se na juventude como poeta — com forte influência de Rubén Darío (v.) e Leopoldo Lugones (v.) — e contista, mas sua consagração foi como ensaísta dedicado a explicar as particularidades argentinas, sobretudo com dois livros: *Radiografía de la pampa* (1933) e *Muerte y transfiguración de Martín Fierro* (1948). Escreveu também vários ensaios de crítica literária. Liberal de esquerda e acérrimo antiperonista, um respeito mútuo mas distante marcou sua relação com Borges até 1955. Porém, após a derrocada, nesse ano, de Juan Domingo Perón (v.), surgiram diferenças entre eles, pois Martínez Estrada criticou tanto Perón como os antiperonistas, enquanto Borges apoiou de modo implícito o novo governo da chamada Revolução Libertadora, que pôs fim ao mandato de Perón e instalou uma ditadura militar. No prefácio à *Obra poética* de Martínez Estrada (*Biblioteca pessoal*), Borges elogia sua poesia, ofuscada pela "*vasta obra em prosa*". Ambos concordavam quanto à interpretação de *Martín Fierro* (v.) como um romance, embora o justificassem de maneira distinta (v. Revolução Libertadora; *Martín Fierro*; *gauchesca*). — PMG

martinfierrismo

Alusão à geração que gravitou em torno da revista *Martín Fierro* (1924-7) (v.). Seus antecedentes se iniciaram com a revista mural *Prisma* (v.), liderada por um jovem Borges que regressara à Argentina depois de passar quatro anos na Suíça e na Espanha. Esse gesto tem continuidade com *Proa* (1922) (v.). O núcleo responsável por sua publicação constituiria posteriormente a antológica geração *martinfierrista*: Borges, Eduardo González Lanuza (v.), Norah Lange (v.), Macedonio Fernández (v.), entre outros. Quando Borges começou a recuar do ultraísmo, nasceu em 1924, e em Buenos Aires, a corrente vanguardista mais revolucionária do país: *Martín Fierro*, que iria durar até 1927. Dirigida por Evar Méndez (v.), a revista teve como mentor intelectual Oliverio Girondo (v.), que no quarto número divulgou o famoso *Manifesto Martín Fierro*, com a arrogância, a irreverência, o humor e o tom contundente do mais puro dos manifestos futuristas. O impacto das informações a respeito das novas tendências e o caráter polêmico das questões apresentadas fazem de *Martín Fierro* um divisor de águas na cultura argentina.

Ao cosmopolitismo de *Martín Fierro*, também conhecido como "o grupo da rua Florida", localizada no centro de Buenos Aires, opôs-se o grupo da rua Boedo, do bairro e identificada com tendências mais esquerdizantes. Borges foi injustamente acusado de cosmopolitismo e de participar do grupo de Florida, embora tenha sido ele quem, nos anos 1920, retomou as tradições do subúrbio, a imagem do *compadrito* (v.), e tentou definir uma linguagem argentina. Sobre a sua inclusão no grupo de Florida, ou seja, dos *martinfierristas*, observou, com humor, em entrevista a Fernando Sorrentino (*Siete conversaciones con Jorge Luis Borges*): "*Esse grupo do ultraísmo, fundou-o Rafael Cansinos-Asséns e eu já percebia que ele o havia feito um pouco ironicamente. Foi um pouco de brincadeira como a polêmica de Florida e Boedo, por exemplo, que vejo que agora se leva a sério, mas — sem dúvida* [Leopoldo Marechal (v.)] *já o terá dito — não houve tal polêmica nem tais grupos nem nada. Pensaram que em Paris havia cenáculos literários, e que poderia servir para a publicidade o fato de haver dois grupos inimigos hostis. Então se constituíram os dois grupos. Naquele tempo eu escrevia poesia sobre os arredores de Buenos Aires, os subúrbios. Então perguntei: 'Quais são os dois grupos?'. 'Florida e Boedo', me disseram. Eu nunca tinha ouvido falar da rua Boedo, ainda que vivesse em Bulnes, que é continuação de Boedo. 'Bom', disse eu, 'e que representam?' 'Florida, o centro, e Boedo, os arredores.' 'Bem', disse a eles, 'inscrevam-me no grupo de Boedo.' 'Agora é tarde: você já está no de Florida.' 'Bem', disse eu, 'afinal que importância tem a topografia?' A prova disso está em que um escritor como Roberto Arlt pertenceu aos dois grupos; um escritor como Olivari também. Nós nunca levamos isso a sério, e hoje até se fazem exames sobre isso*" (v. Boedo, grupo de). — JS

Marx, Karl

Filósofo alemão (1818-83), dedicou-se intensamente ao estudo da teoria econômica e social, desenvolvendo o chamado "socialismo científico". Em 1844, Marx conheceu, em Paris, Friedrich Engels, com quem manteve amizade por toda a vida. Em 1847 fundou, com Engels, a Liga dos Comunistas, cujo programa político e filosófico foi fixado no famoso *Manifesto comunista* (1848). Entre suas obras estão: *A miséria da filosofia* (1847), *Para a crítica da economia política* (1867), *A ideologia alemã* (1845-6), *O 18 Brumário de Luís Bonaparte* (1851-2) e *Guerra civil na França* (1871). Publicou inúmeros artigos e ensaios no *New York Tribune*, nos *Deutsch-französische Jahrbücher*, no semanário *Vorwärts*, entre outros. Consta uma vastíssima bibliografia sobre sua vida, obra e pensamento, razão pela qual Borges possivelmente se refira à *Vida* e à *Correspondência* do filósofo de forma generalizada, não mencionando um trabalho ou edição em especial.

A falta de referências específicas a obras de Marx é sintomática do desinteresse, ou melhor, de certa repulsa que Borges sentia pelas ideias marxistas, percebida em sua avaliação do que ele chamou de "arte comunista", feita em 1938 em "*Guide to the Philosophy of Morals and Politics*, de C. E. M. Joad" (*Textos cativos*): "*O comunismo é intrinsecamente intelectual; o fascismo, sentimental. O bom marxista deve professar o movimento dialético da história, a influência soberana do meio ambiente, a fatalidade da luta de classes, a origem econômica dessa luta, a violenta passagem do capitalismo ao comunismo, a insignificância dos homens individuais e o significado das massas.* (*De passagem, cabe suspeitar que não se produziu até agora uma arte comunista: para os filmes soviéticos, a revolução não é uma fatalidade, mas um conflito miltoniano de maltratados anjos proletários contra obesos demônios capitalistas...*)". No mesmo ano, o escritor argentino rebateu enfaticamente a ideia de que a política seria o único impulso para a arte e a cultura: "*Que conclusão podemos tirar disso? Entendo que esta, e somente esta: O marxismo (como o luteranismo, como a lua, como um cavalo, como um verso de Shakespeare) pode ser um estímulo para a arte, mas é absurdo decretar que seja o único. É absurdo que a arte seja um departamento da política*" ("Um caudaloso manifesto de Breton", *Textos cativos*). — PPM e PFCO

Mas y Pi, Juan

Escritor, crítico literário e jornalista, nasceu em Villanueva y Geltrú (Barcelona, Espanha), em 1878, e faleceu no naufrágio do navio *Príncipe de Astúrias*, em 1916, ocorrido em Ilhabela, no estado de São Paulo. Iniciou sua atividade jornalística no Brasil, mudando-se para a Argentina nos primeiros anos do século XX. Integrou o grupo da revista *Nosotros* (v.) (Buenos Aires, primeira época, 1907-34), na qual foram divulgados os trabalhos dele sobre crítica literária, ocupando-se da literatura brasileira e espanhola. Entre 1907 e 1915, atuou como chefe de redação de *El Diario Español*, em que publicou seu extenso artigo "Una tendencia de vida: el futurismo" (21 de março de 1909). Nesse texto, traduziu os onze itens do manifesto fundador do futurismo, algumas semanas antes de o jornal *La Nación* (v.) veicular a tradução de Rubén Darío (v.). Foi um dos primeiros a reconhecer o valor da obra poética de Evaristo Carriego (v.), de quem era amigo, como Borges afirma em "Uma vida de Evaristo Carriego" (*Evaristo Carriego*). Entre os amigos de Mas y Pi, estavam ainda Jorge Guillermo Borges (v.), Florencio Sánchez (v.) e Rafael Alberto Arrieta. Elaborou as biografias de Alberto Ghiraldo e Leopoldo Lugones (v.), reuniu sua obra de ficção em dois volumes — *Cuentos extraños* (1907) e *Tragedias de la vida vulgar* (1910) — e escreveu também *Ideaciones* e *Letras españolas* (1911). — PA

Interpretado por Peter Lorre, Sidney Hughes Greenstreet, Zachary Scott e Faye Margaret Emerson, *The Mask of Dimitrios* (1944), dirigido por Jean Negulesco, baseia-se em romance homônimo, originalmente publicado com o título *A Coffin for Dimitrios* (1939), de Eric Clifford Ambler. Trata-se de um filme policial sobre um escritor de romances de mistério que se vê envolvido em uma intriga real de espionagem e crime.

Em "Sobre a dublagem" (*Discussão*), Borges o menciona como uma "*exceção solitária*" em meio ao que considera uma decadência generalizada do cinematógrafo em meados do século XX. Diante de outros filmes decepcionantes, segundo o autor portenho, a obra de Negulesco conserva ainda o encanto da arte cinematográfica. — DO

Masoller, local de uma batalha

Região situada no noroeste do departamento de Rivera (República Oriental do Uruguai), na intersecção das elevações chamadas Coxilha Negra e Coxilha de Haedo, a poucos quilômetros da fronteira entre o Uruguai e o Brasil. Em Masoller aconteceu, em 10 de setembro de 1904, uma batalha decisiva da guerra civil que travavam *blancos* e *colorados* desde o mês de março. Ali foi ferido o general *blanco* Aparicio Saravia (v.), chefe das forças insurgentes contra o governo de José Batlle y Ordóñez. Nove dias depois desse episódio, Saravia morreria do outro lado da linha divisória, no Rio Grande do Sul. Por isso, vários textos de Borges evocam esse local — ou melhor, a batalha —, principalmente o conto "A outra morte" (*O Aleph*). — PR e MAGB

Masters, Edgar Lee

Poeta norte-americano (1868-1950) cujo volume de poemas *Spoon River Anthology*, publicado em 1915, constitui a principal e mais lembrada obra que nasceu da leitura da *Greek Anthology*. Também foi advogado e autor de livros quase desconhecidos.

Borges traduziu alguns de seus epitáfios para a revista *Sur* (v.), em 1931, e dedicou-lhe duas breves biografias, uma na revista *El Hogar* (v.), em 1936 (*Textos cativos*), outra na *Introducción a la literatura norteamericana*. — LM

Mastronardi, Carlos

Considerado um autor clandestino, esse jornalista entrerriano (1901-76) também é visto como um mito no movimento vanguardista da Argentina. Aos dezenove anos foi para Buenos Aires, logo conhecendo e se tornando amigo dos poetas e escritores que criariam a revista *Martín Fierro* (v.). Porém, não adotou as normas de composição típicas da vanguarda ultraísta, atitude que lhe causou a exclusão, tanto do núcleo essencial do movimento como do processo de renovação literária no país. De fato, ele estava mais sintonizado com autores como Leopoldo Lugones (v.), a quem a vanguarda pretendia superar. Em 1937, publicou seu terceiro livro, *Conocimiento de la noche*, que se converteu, a partir de 1940, em referência para a crítica ao *martinfierrismo*. O volume contém "Luz de província", um dos poemas mais famosos de Mastronardi.

Em "História do tango" (*Evaristo Carriego*), Borges diz não achar que esse poema represente a verdadeira poesia de seu tempo. Em "Tlön, Uqbar, Orbis Tertius" (*Ficções*), relata que o autor também havia participado, com ele e com Adolfo Bioy Casares (v.), da pesquisa sobre Uqbar. Em "As 'novas gerações' literárias" (*Textos cativos*), comenta as metáforas de Mastronardi. — PFCO

matemáticas

Borges nasceu com o século XX. Também nasceram com esse século, e cresceram com ele, a Teoria da Relatividade, a mecânica quântica, a aviação, o cinema e o jazz. As novas ideias que revolucionaram a física a partir de 1905 refutaram as noções de um tempo e um espaço absolutos, separados e autônomos; exigiram planos curvos e geometrias não euclidianas; instalaram a incerteza e admitiram o papel do acaso no coração do rigor científico. Tais ideias alteraram a lógica formal, questionaram os próprios fundamentos das matemáticas, inspiraram a revisão crítica dos objetos e dos métodos da filosofia, e ainda ecoaram nos movimentos de vanguarda que estremeceram as bases da música, das artes plásticas e da literatura. O interesse de Borges pelas matemáticas tem como contexto essa efervescência de novas concepções e objetos do saber, de novas formas artísticas e novas perplexidades.

As questões que os cientistas e matemáticos da época debatiam interessaram vivamente ao escritor argentino. Mas elas nunca entram na obra dele como pura formulação abstrata: Borges detém-se em seus paradoxos, transforma-os em tropos, encarna-os ou revela-os em histórias, personagens, destinos. As matemáticas são, para ele, uma espécie de linguagem poética que se entretece em seus textos com a vastidão de suas leituras, com o conhecimento minucioso que tem das literaturas clássicas e modernas, da tradição filosófica ocidental e das culturas do Oriente, de mitologias de todas as origens e de doutrinas como o gnosticismo, a tradição hermética ou a cabala, cada uma com sua particular fusão "poética" de ciência e cosmogonias, de religiões e metafísica.

Os textos de Borges em que aparecem noções de matemáticas são muitos e de todos os gêneros: ensaios, relatos, prólogos, resenhas, comentários breves, poemas. As próprias noções também são muitas, mas pertencem conceitualmente a um punhado de grandes temas recorrentes. Três deles interessam em particular: a esfera infinita "de Pascal", cujo centro está em toda parte e a circunferência em nenhuma (cf. *Borges y la matemática*, de Guillermo Martínez); os conjuntos infinitos de Cantor (v.), que não são maiores que algumas de suas partes e que podem conter a si mesmos (cf. idem, ibidem); e a infinita fita de Moebius, que cabe na palma da mão e, nas palavras do próprio escritor, é "*uma inacreditável superfície com um único lado*" (prefácio de "Edward Kasner & James Newman, *Matemática e imaginação*", *Biblioteca pessoal*). Esses três grandes grupos temáticos são ostensíveis modulações de um único tema: o infinito, conceito que, segundo Borges, corrompe e desatina os outros. Como veremos, nos desatinos da lógica e das matemáticas, ele encontrou tesouros de poesia e de imaginação.

Em "A esfera de Pascal" (*Outras inquisições*), Borges traça a história dessa esfera ubíqua e sem limites, que começa com Xenófanes de Cólofon (v.), no século VI a.C. Somente no fim do ensaio ele fala de Pascal (v.), e apenas para ressaltar suas diferenças com relação à tradição. Para Xenófanes, a esfera representa a desejável infinitude de um só Deus; para Giordano Bruno (v.), a forma aberta e livre do universo postulado por Copérnico. Para Pascal, a esfera infinita do universo copernicano transforma-se em um objeto "aterrorizador". E a Borges interessa, acima de tudo, registrar tal terror. Em um segundo ensaio ("Pascal", *Outras inquisições*), explica que Pascal viveu como um desterro inconsolável a desaparição dos limites que tornavam humanamente habitável o universo ptolomaico. No fim do segundo ensaio, atribui a Pascal a ideia de um todo infinito que está incluído na mais infinitesimal de suas partes: "*não há átomo no espaço que não encerre o universo, nem universo que não seja também um átomo*". Essa ideia de inclusão recíproca da parte e do todo é uma insuspeitada prefiguração dos infinitos de Cantor e da fita de Moebius, em que desaparecem as fronteiras entre dentro e fora, entre conteúdo e continente.

Em "A doutrina dos ciclos" (*História da eternidade*), Borges expõe algumas das estremecedoras propriedades dos infinitos numéricos de Cantor. Com certo humor zombeteiro, mostra como o conjunto dos múltiplos de 3018, que são apenas uma parte infinitesimal dos números naturais, não é menor que o conjunto de todos os números naturais que o contém: "*Ao 1 corresponde o 3018/ Ao 2 corresponde o 6036/ Ao 3 corresponde o 9054*", e assim infinitamente. Como Borges explica, a lógica que governa o mundo do finito é inaplicável à infinitude: "*A parte, nessas elevadas latitudes da numeração, não é menos copiosa que o todo*".

Um caso particular dos infinitos de Cantor são os números fracionários, dos quais Borges também fala em "A doutrina dos ciclos": "*A série dos números naturais está bem-ordenada:* [...] *os termos que a compõem são consecutivos; o 28 vem antes do 29 e depois do 27*". Mas, com relação aos quebrados: "*Que fração enumeraremos depois de* $^{1}/_{2}$*? Não será* $^{51}/_{100}$*, porque* $^{101}/_{200}$ *está mais próximo; não será* $^{101}/_{200}$ *porque* $^{201}/_{400}$ *está mais próximo; não será* $^{201}/_{400}$ *porque...*". Há um número infinito de frações entre uma fração e qualquer outra ou, de fato, entre dois números quaisquer. A distância infinitamente divisível — isto é, fracionável — entre uma fração e outra está na base do segundo paradoxo de Zenão (v.) contra o movimento que Borges explora com prazer e minúcia em dois ensaios de *Discussão*: "A perpétua corrida de Aquiles e da tartaruga" e "Avatares da tartaruga". A aparente desordem dos números reais, cuja sequência consecutiva é inencontrável, transmuta-se, por sua parte, nas prateleiras e nos livros inencontráveis de "A Biblioteca de Babel" (*Ficções*) e nas páginas de numeração caótica, também inencontráveis, de "O livro de areia" (*O livro de areia*).

A fita de Moebius é um objeto topológico que, como diz o próprio Borges, "*qualquer pessoa pode confeccionar com uma folha de papel e uma tesoura*" (prefácio de Edward Kasner & James Newman, *Matemática e imaginação*). Se cortarmos um retângulo de papel cerca de dez vezes mais longo que largo, virarmos uma das extremidades e depois a colarmos na extremidade oposta, teremos construído uma fita de Moebius, uma superfície fechada e contínua de uma só face sem avesso (embora visivelmente o tenha), sem dentro nem fora, e com apenas uma borda (embora visivelmente tenha duas). Diversamente dos conjuntos abstratos de Cantor e da esfera conjectural de Pascal, a fita é um objeto material e concreto, algo que podemos ver e tocar. Podemos, por exemplo, tocar, entre o indicador e o polegar, as duas faces da fita. E, ao mesmo tempo, se percorrermos uma das duas faces, poderemos ver que, na metade do percurso, a frente se torna seu próprio verso, que por sua vez se torna frente para terminar exatamente onde havíamos começado. A característica mais rica e surpreendente dessa fita é precisamente a de voltar-se sobre si mesma e abrir-se à repetição sem fim. Fitas de Moebius são as arquiteturas impossíveis de Escher, com seus espaços curvos em que os tetos se tornam chão, sem deixarem de ser teto, e as escadas sobem sem cessar, para cima, e também para baixo.

A pura superfície sem avesso da fita de Moebius se transforma em talismã mágico em "O disco" (*O livro de areia*): "*É o disco de Odin*", diz o desconhecido que o possui. "*Tem um único lado.* [...] *Enquanto estiver em minha mão, serei rei.*" Em "As ruínas circulares" (*Ficções*), essa superfície sem avesso se transmuta em rio corrente e também em vilarejos, templos circulares, ritos, incêndios, sonhadores e sonhados que se repetem incessantemente. A fita de Moebius dá forma ao eterno retorno, que transforma o passado em futuro e a história em projeto ou profecia, a que Borges dedica dois ensaios de *História da eternidade*: "A doutrina dos ciclos" e "O tempo circular". Em "A noite cíclica" (*O outro, o mesmo*), coincidem com total perfeição a forma recorrente do tempo e a do poema: com o último verso, que é a citação textual do primeiro, o poema volta a seu próprio começo e inicia uma reiteração sem fim.

Uma simples linha que se bifurca, se desdobra ou se ramifica pode representar um infinito ilimitado como os conjuntos de Cantor, ou crescente como a esfera de Pascal, ou periódico como a fita de Moebius. Em "O jardim de veredas que se bifurcam" (*Ficções*), o desdobramento é a estrutura finita do jardim de Albert (v. Albert, Stephen), que é um labirinto decifrável, e também a do infinito labirinto de futuros alternativos e simultâneos do romance de Ts'ui Pên (v.), que Albert consegue decifrar. Ramificado e regressivo é o romance *April March*, de Herbert Quain (v.) ("Exame da obra de Herbert Quain", *Ficções*), em que os possíveis passados alternativos de um acontecimento retrocedem à medida que os capítulos avançam, com o movimento de uma fita de Moebius cada vez mais abrangente.

Uma perfeita convergência de infinitos dá forma à relação entre o universo e sua representação na pequena esfera que dá título a "O Aleph" (*O Aleph*), e entre esse objeto e a tarefa impossível de representá-lo em palavras. A esfera infinita do universo contém o diminuto Aleph e está contida nele, como o universo e os átomos de Pascal ou os conjuntos de Cantor que podem estar contidos em uma de suas partes. A aparente desordem dos números reais governa a enumeração, vertiginosa, com a qual o Borges do conto consegue articular a vertigem do "inefável" Aleph. A conclusão dessa descrição põe em movimento a circulação infinita da fita de Moebius, que é a estrutura do conto e do universo dentro do conto, e que termina por incluir o Borges do relato e cada um de nós, leitores: "*vi o Aleph, de todos os pontos, vi no Aleph a Terra, e na Terra outra vez o Aleph e no Aleph a Terra, vi meu rosto e minhas vísceras, vi teu rosto, e senti vertigem e chorei, porque meus olhos tinham visto* [...] *o inconcebível universo*".

Em "A Biblioteca de Babel", conflagram-se mais uma vez as várias formas de infinito. Como universo físico, a Biblioteca de galerias hexagonais "*é uma esfera cujo verdadeiro centro é qualquer hexágono e cuja circunferência é inacessível*". Como coleção de livros, o universo de Babel tem as propriedades dos números reais que, como já vimos, não podem ser organizados em uma série consecutiva previsível. Ninguém pode saber, por exemplo, em que hexágono, em que prateleira, em que estante se encontra um livro específico: a possibilidade de encontrá-lo "*é computável em zero*". Em suas dimensões sem medida, a Biblioteca é também uma vasta fita de Moebius, infinita e periódica: "*se um viajante eterno a atravessasse em qualquer direção, comprovaria ao cabo de séculos que os mesmos volumes se repetem na mesma desordem*". O narrador insiste em dar números exatos (de galerias por andar, de livros por prateleira, de páginas por livro, de linhas por página, de caracteres por linha) e em fazer um cálculo minucioso da arte combinatória que assegura o conteúdo exaustivo, "total" da coleção. Precisão e minúcia sustentam a ironia central do relato: de toda essa matemática regularidade é feito precisamente o labirinto da Biblioteca e sua desordem implacável. A vastidão arbitrária desse mundo, a realidade fantasmática daqueles que o habitam, o comedimento e resignação do narrador encarnam, com uma beleza que eludiu Pascal, a infinita desolação de um universo que pode prescindir de nós: "*suspeito que a espécie humana — a única — está em vias de extinção e que a Biblioteca perdurará: iluminada, solitária, infinita, perfeitamente imóvel, armada de volumes preciosos, inútil, incorruptível, secreta*".

Mesmo a mais rudimentar operação de contar objetos pode tornar-se, nos textos de Borges, uma inquietante intimação da desordem, como ocorre com os discos de pedra de "Tigres azuis" (*A memória de Shakespeare*): "*Quarenta discos podiam, divididos, dar nove; os nove divididos, por sua vez, podiam ser trezentos*". Nosso senso de realidade depende de regularidades como a identidade permanente de cada número consigo mesmo (9 = 9). E por isso os tigres — que são as pedras — são a prova material e tangível do acaso, que transmuta identidades, institui impermanências, desorganiza a realidade. O caos de um acaso absoluto governa o mundo de "A loteria na Babilônia" (*Ficções*). No conto, os sorteios de uma loteria comum se transformam em objeto de pesadelo à medida que as loterias se multiplicam e os sorteios terminam por controlar tudo, incluídos os castigos sem motivo e a morte arbitrária como prêmio.

Os infinitos de Borges são objetos ou mundos inquietantes, às vezes monstruosos como a Biblioteca de Babel ou a loteria de Babilônia, às vezes surpreendentes como o Aleph. Todos revelam, mais cedo ou mais tarde, os labirintos do incerto em meio à certeza, supostamente dura e calculável, dos números. Todos sugerem que a obscura operação do tempo penetra ainda no coração das "atemporais" matemáticas, como penetra na trama do viver. Nas mãos de Borges, o conceito de "infinito" dá prova de que é o tempo, irreversível, que a tudo corrompe e desatina. — IAZ

Maupassant, Guy de

A abundante e diversificada obra do francês Henri René Albert Guy de Maupassant (1850-93), composta de trezentos contos, cinco romances e uma plêiade de novelas, constitui-se em apenas dez anos de atividade. O escritor, que encontraria o reconhecimento imediato com a novela *Boule de suif* (1880), obedeceu às interdições e conselhos de seu grande mestre Gustave Flaubert (v.). Em um ensaio dedicado ao último livro desse autor ("Vindicação de *Bouvard et Pécuchet*", *Discussão*), Borges refere uma passagem em que Maupassant comenta os personagens do romance inacabado.

Marcada pela cena e diálogos do teatro, gênero em que Maupassant se aventuraria em algumas peças, sua obra preocupou-se com o desvelamento das aparências sociais, baseando-se em um microcosmo anedótico. Em um prólogo para *A morte e seu traje* (*Prólogos, com um prólogo de prólogos*) (1961), de Santiago Dabove (v.), Borges narra um episódio provinciano do autor, completando com a assertiva de que Maupassant o teria adorado. Da obra deste destacam-se ainda os romances *Une vie* e *Bel-Ami* (publicados originalmente em folhetim pelo jornal *Gil Blas* em 1883 e 1885), além de sua imensidão multifacetada, em temas e tonalidades, no gênero do conto.

Borges, afirmando que a fantasia é uma característica adequada às letras norte-americanas, infere que o escritor realista, como

Maupassant, tende a ser venerado em detrimento de outros. — JGS

Mauthner, Fritz

Filósofo, poeta, romancista e crítico alemão (1849-1923), dedicou-se sobretudo à filosofia da linguagem, ótica pela qual esclarece alguns conceitos filosóficos centrais contidos em *Wörterbuch der Philosophie* [Dicionário de filosofia], 1910. É de 1902 o livro *Beiträge zu einer Kritik der Sprache* [Contribuições para uma crítica da linguagem], uma de suas principais obras. Foi provavelmente o primeiro a dispensar especial atenção à linguagem corrente e às questões filosóficas por ela engendradas, tendo desenvolvido uma teoria do valor metafórico da linguagem.

Borges o menciona em diversos momentos, fazendo referências a seu pensamento em ensaios filosóficos, e ainda lhe atribui especial destaque, admitindo ser Mauthner um dos autores que mais releu. O *Wörterbuch der Philosophie* está entre as obras que o argentino declara mais ter lido e adensado com notas manuscritas. Borges reivindica a importância dele também em texto sobre uma breve história da literatura alemã que peca por não incluí-lo na sua seleção, e aponta como lamentavelmente comum essa ausência nos compêndios literários germânicos. — PPM

Mazorca

Grupo "paraoficial" de *gauchos* (v.) que constituiu o "braço armado" da Sociedad Popular Restauradora, associação que apoiava fortemente o governo de Juan Manuel de Rosas (v.). Criado em 1833, durante o período de governos federais não rosistas, encarregou-se de amedrontar e eliminar de forma truculenta os opositores políticos de Rosas, com métodos violentos que incluíam a tortura e a degola. A origem de seu nome, ainda incerta, foi atribuída à locução "mais forca" (*más horca* e *mazorca* são homófonos), ao fato de que seus membros eram unidos como os grãos de milho e à não totalmente aceita acusação do uso de um sabugo para sodomizar as vítimas (um dos significados de *mazorca* é "espiga"). Teve papel ativo na década de 1830 até 1842, quando o poder de Rosas já estava consolidado. Em 1846, dissolveu-se oficialmente a Sociedad Popular Restauradora, embora muitos de seus integrantes continuassem ativos no Estado, entre eles a polícia ou o exército. Borges, ao narrar a vida de Pedro Salvadores ("Pedro Salvadores", *Elogio da sombra*), citou esse grupo. — PMG

Meinong, Alexius

Filósofo, nasceu em 1853 em Lemberg (cidade ucraniana que na época pertencia ao Império Austríaco) e faleceu em Graz, na atual Áustria, em 1920. Discípulo de Franz Brentano, sua formação filosófica pautou-se sobretudo pelo estudo dos empiristas ingleses. Lecionou por toda a vida na Universidade de Graz e, nessa cidade, fundou um importante laboratório de psicologia experimental. Tornou-se personagem fundamental dentro da história da filosofia em razão de sua "teoria dos objetos", muito utilizada pela fenomenologia no século XX. Bertrand Russell (v.), mais especificamente, dedicou grande atenção crítica às teorias filosóficas de Meinong.

Para negar a matéria, a subjetividade e, principalmente, o tempo como entidades existentes por trás de cada percepção ou estado mental, algumas ideias de Meinong foram aproveitadas por Borges em "Nova refutação do tempo" (*Outras inquisições*). — DF

Melián Lafinur, Luis

Poeta, ensaísta, historiador e jornalista uruguaio (Montevidéu, 1850-1939), foi advogado, deputado, senador e ministro. Em diferentes ocasiões, entre 1875 e 1889, opôs-se aos governos militares de seu país, tendo até mesmo participado de uma revolução contra a ditadura do general Máximo Santos. Escreveu vários livros sobre temas históricos e políticos, e reuniu sua obra poética no volume *Ecos del pasado* (1909). Compôs um poema paródico da elegia *Tabaré* (1888), do poeta católico Juan Zorrilla de San Martín (v.). Lafinur atuou como advogado de defesa de Avelino Arredondo (v.), o magnicida do presidente Juan Idiarte Borda (v.), em 1897. Borges, seu sobrinho político, inspirou-se no episódio desse assassinato para escrever o conto "Avelino Arredondo" (*O livro de areia*). Morreu cego, assim como o parente, que em diversos textos alude a ele com afeto e admiração. — PR e MAGB

Melisso de Samos

O que se sabe de Melisso de Samos (século V a.C.) é incerto. De sua obra, chegaram a nós dez fragmentos. Simplício nos informa que o livro de Melisso, o qual é tido como eleata, discípulo de Parmênides (v.), intitulava-se *Sobre a natureza e a realidade*. Sua doutrina difere em alguns aspectos do "uno" de Parmênides. Nega a sua finitude e postula a sua incorporalidade. Porém, continua crendo em sua forma esférica, aspecto que interessa a Borges.

O escritor argentino o cita em uma nota ("Pascal", *Outras inquisições*), ao comentar a filosofia de Blaise Pascal (v.), em especial quando este afirma que "*a natureza é uma esfera infinita cujo centro está em toda parte e a circunferência em nenhuma*" ("A esfera de Pascal", *Outras inquisições*). A função de Melisso é meramente retórica e reforça o argumento borgiano de que os deuses, quando assumem disposições geométricas, sempre tomam a forma de uma esfera. — RB

Melo

Capital do departamento de Cerro Largo, situada a noroeste, a 421 quilômetros de Montevidéu e sessenta de Aceguá, fronteira do Uruguai com o Brasil. Fundada em 27 de junho de 1795 pelo vice-rei Pedro de Melo e Portugal, de quem toma o nome, foi — e continua sendo — um bastião do Partido Blanco ou Nacional desde o fim do século XIX. De fato, nas revoluções encabeçadas por Aparicio Saravia (v.) em 1897 e 1904 — e no período intermediário —, tornou-se uma espécie de capital informal da tropa adversária do Partido Colorado, que gozou de maior acolhida no sul do país. Aí nasceram os poetas Juana de Ibarbourou e Emilio Oribe (v.), os narradores Justino Zavala Muniz e José Monegal, que participaram de uma ativa vida cultural provinciana nos anos 1920. Melo é também o local de origem de Emir Rodríguez Monegal (v.), um dos maiores críticos de Borges e autor da sua conhecida biografia literária. Em "A espera" (*O Aleph*), o autor argentino cita um hotel situado nessa cidade. — PR e MAGB

Melville, Herman

Escritor norte-americano (1819-91), é autor de um dos romances mais emblemáticos do século XIX, *Moby Dick* (1851), considerado uma "*esplêndida alucinação*" por Borges, que apresentou um seminário sobre o livro no Colegio Libre de Estudios Superiores (v.), em 1951. Borges também compôs, em 1976, o poema "Herman Melville" (*A moeda de ferro*), no qual insiste na relação desse prosador com o ambiente do mar. Sua tradução de *Bartleby, the Scrivener* (*Bartleby, el escribiente*) é tida como a mais difundida. O autor argentino ainda redigiu o prefácio dessa obra e o do volume da coleção Biblioteca Personal dedicado a Melville. No primeiro, confirma que o relato de *Moby Dick* "*se engrandece até usurpar o tamanho do cosmos*" ("Herman Melville: *Bartleby*", *Prólogos, com um prólogo de prólogos*); no segundo, comenta que a obra "*é, de fato, um pesadelo*" e "*é povoada de frases misteriosamente felizes*" ("Herman Melville, *Benito Cereno*, *Billy Budd*, *Bartleby, o escrevente*", *Biblioteca pessoal*). Finalmente, estabelece uma genealogia que terminaria na aproximação entre *Bartleby* e a obra de Franz Kafka (v.). Um aspecto interessante da leitura que Borges faz é a analogia entre o relato do escrevente e o de seu grande romance de tema marítimo. Encontramos mais alusões à produção literária de Melville em, entre outros textos, "O Zahir" (*O Aleph*) e "A arte narrativa e a magia" (*Discussão*). — LM

memória

O último conto de Borges, o que imaginamos (surpresos com a perfeição desse fim) como o último conto de Borges, surgiu de um sonho. O escritor, aos oitenta anos, viu um homem sem rosto que, em um quarto de hotel, lhe oferecia a memória de Shakespeare (v.). "*Essa felicidade me foi dada em Michigan*", ele conta. "*Não era a memória de Shakespeare no sentido da fama de Shakespeare, isso teria sido muito trivial; também não era a glória de Shakespeare, mas a memória pessoal de Shakespeare. E daí saiu o conto*" ("O último conto de Borges", *Formas breves*, Ricardo Piglia).

No relato, um obscuro escritor, que dedicou a vida à leitura e à solidão, por meio de um artifício bastante direto e simples (como os que Borges sempre preferiu para construir um efeito fantástico) é invadido pelas recordações pessoais de Shakespeare. Então volta à sua memória a tarde em que escreveu o segundo ato de *Hamlet*, e ele vê a centelha de uma luz perdida no ângulo da janela, e uma melodia muito simples que nunca tinha ouvido o desvela e alegra.

"*À medida que transcorrem os anos, todo homem é obrigado a desonerar a carga crescente de sua memória. Duas me torturavam, confundindo-se, às vezes: a minha e a do outro, incomunicável.*" "*No início as duas memórias não misturavam suas águas. Com o tempo, o grande rio de Shakespeare ameaçou, e quase submergiu, meu modesto caudal. Percebi com temor que estava esquecendo a língua de meus pais. Já que a identidade pessoal se apoia na memória, temi por minha razão*" ("Memória de Shakespeare", em *Memória de Shakespeare*).

A metáfora borgiana da memória alheia, com sua insistência na clareza das recordações artificiais, está no centro da narrativa contemporânea. Nas obras de William S. Burroughs, Thomas R. Pynchon, William F. Gibson, Philip Dick, assistimos à destruição da recordação pessoal. Ou melhor, à substituição da memória própria por uma cadeia de sequências e de recordações estranhas. Narrativamente, poderíamos falar da morte de Marcel Proust, no sentido da morte da memória como condição da temporalidade pessoal e da identidade verdadeira. Os narradores contemporâneos passeiam pelo mundo de Proust, como Fabrício em Waterloo [em Stendhal, *A cartuxa de Parma*]: uma paisagem em ruínas, o campo depois de uma batalha. Não há memória própria nem recordação verdadeira, todo passado é incerto e impessoal. Basta pensar no Joseph K. de Franz Kafka (v.), que evidentemente é o que não pode recordar, o que parece não poder recordar qual é seu crime. Um sujeito cujo passado e cuja identidade são investigados. A tragédia de K. (o propriamente kafkiano, diria) é que tenta recordar quem é. *O processo* é um processo da memória.

Os grandes relatos de Borges giram em torno da incerteza da recordação pessoal, da vida perdida e da experiência artificial. A chave desse universo paranoico não é a amnésia e o esquecimento, mas a manipulação da memória e da identidade. Temos a sensação de havermos nos perdido em uma rede que remete a um centro cuja única arquitetura é cruel. Nesse ponto se define a política na ficção de Borges. Basta ler "A loteria na Babilônia" (*Ficções*) para perceber que a função do Estado como aparelho de vigilância, a função do que se costuma chamar "inteligência do Estado", é inventar e construir uma memória incerta e uma experiência impessoal. ("*Como todos os homens da Babilônia, fui procônsul; como todos, escravo; também conheci a onipotência, o opróbrio, os cárceres.*" — *Ficções*.)

A figura vaidosa e vingativa de Scharlach, o Dândi, em "A morte e a bússola" (*Ficções*) — que parece o espelho em que se vai refletir o Coringa de Jack Nicholson no *Batman*, de Tim Burton — é um modelo barroco desse novo tipo de consciência. O herói vive na pura representação, sem nada pessoal, sem identidade. Herói é o que se dobra ao estereótipo, o que inventa para si uma memória artificial e uma vida falsa. Essa dissolução da subjetividade é o tema de "Deutsches Requiem" (*O Aleph*), seu extraordinário relato sobre o nazismo. A confissão do admirável (do repugnante) Otto Dietrich zur Linde é na realidade uma profecia, quero dizer, uma descrição antecipada do mundo em que vivemos. "*Os que souberem ouvir-me, compreenderão a história da Alemanha e a futura história do mundo. Eu sei que casos como o meu, excepcionais e assombrosos agora, serão muito em breve triviais. Amanhã morrerei, mas sou um símbolo das gerações futuras.*"

A cultura de massas (ou seria melhor dizer a política de massas) foi vista com toda a clareza por Borges como uma máquina de produzir recordações falsas e experiências impessoais. Todos sentem a mesma coisa e recordam a mesma coisa e o que sentem e recordam não é o que viveram.

A prática arcaica e solitária da literatura é a réplica (seria melhor dizer o universo paralelo) que Borges erige para esquecer o horror do real. A literatura reproduz as formas e os dilemas desse mundo estereotipado, mas em outro registro, em outra dimensão, como em um sonho. No mesmo sentido, a figura da memória alheia é a chave que permite a Borges definir a tradição poética e a herança cultural. Recordar com uma memória estranha é uma variante do tema do duplo, mas é também uma metáfora perfeita da experiência literária.

A leitura é a arte de construir uma memória pessoal com base em experiências e recordações alheias. As cenas dos livros lidos voltam como recordações particulares. (Robinson Crusoé recua diante de uma pegada na areia; a caçula dos Compson escorrega ao amanhecer pela janela do andar de cima; Remo Erdosain abre a porta da gerência espelhada com vidros japoneses e compreende que já está perdido.) São acontecimentos entreverados no fluir da vida, experiências inesquecíveis que voltam à memória, como uma música.

A tradição literária tem a estrutura de um sonho no qual são recebidas recordações de um poeta morto. Podemos imaginar alguém que no futuro (em um quarto de hotel, em Londres) começa de modo imprevisto a ser visitado pelas recordações de um obscuro escritor sul-americano a quem mal conhece. Então vê a imagem de um pátio de mosaicos e um poço em uma casa de dois andares na esquina das ruas Guatemala e Serrano; vê a figura frágil de Macedonio Fernández (v.) na penumbra de um quarto vazio; vê uma tropa de cavalos de crina remoinhada que galopa solitária na planície sob a profundidade do poente; vê, em um hotel abandonado, um globo terrestre entre dois espelhos que o multiplicam infinitamente; vê um bonde que cruza as ruas tranquilas da cidade de Buenos Aires e nele vê um homem que, com o livro aproximado aos olhos míopes, lê pela primeira vez a *Divina comédia* de Dante (v. Alighieri, Dante); vê uma garota índia de mechas louras e olhos azuis, vestida com duas mantas coloridas, que atravessa lentamente a praça de um povoado na fronteira norte da província de Buenos Aires; vê a chave enferrujada que abre a porta de uma vasta biblioteca na rua México; vê um peso de bronze e um *hrön* e um relógio de areia e vê o manuscrito perdido em um livro de Joseph Conrad (v.) e vê o belo rosto inacessível de Matilde Urbach (v.), que sorri na luminosa claridade de um entardecer de verão.

Talvez, no futuro, alguém, uma mulher que ainda não tenha nascido, sonhe que recebe a memória de Borges, como Borges sonhou que recebia a memória de Shakespeare. — RP

Mena, Juan de

Poeta espanhol, nasceu em Córdoba, em 1411, e morreu em Torrelaguna, em 1456. Estudou em Salamanca e completou sua formação em Roma. Cronista e secretário de Juan II, rei de Castela, alguns contemporâneos dele acreditavam que fosse de origem judaica. Foi um intelectual puro, aplicado ao estudo, e um dos primeiros em seu país a se dedicar à obra de Dante Alighieri. Deixou um poema alegórico, *Laberinto de fortuna* (1444), seu livro mais importante, conhecido também como *Las trescientas*, em razão do número de estrofes que possui. O argumento consiste em uma viagem do poeta, durante a qual ele contempla a máquina do mundo: três rodas simbolizam, respectivamente, o passado, o futuro e o presente — esta última em movimento contínuo. Cada roda contém sete círculos, influenciados pelos sete planetas, e em cada uma delas foram colocados personagens da Antiguidade clássica e alguns contemporâneos de Juan de Mena. Além de seu sentido alegórico, o poema tem relevância quanto à criação de uma língua nacional. Mena escreveu ainda poemas amorosos, morais e políticos — recolhidos em *El cancionero* —, assim como obras em prosa, e realizou traduções memoráveis. Sua preocupação com o tema do tempo e a necessidade de explicar a simultaneidade de presente, passado e futuro encaixam-se em uma das obsessões máximas de Borges, como a que se encontra em "O tempo e J. W. Dunne" (*Outras inquisições*). — MAGB

Menard

V. Pierre Menard.

Méndez, Evar

Evar Méndez (1888-1955), ou Evaristo González, seu verdadeiro nome, dirigiu a revista *Martín Fierro* (v.) durante 45 edições. Foi secretário da presidência, amigo de Marcelo T. de Alvear e opositor de Hipólito Yrigoyen (v.), fato que ocasionou atritos com os defensores da candidatura deste último, entre os quais estava Borges, que em consequência desses desentendimentos abandonou a *Martín Fierro*. Articulador das divergências dos jovens participantes da revista, Méndez sacrificou sua obra e até bens materiais pessoais para dar continuidade à publicação.

Borges afirma, em "Uma vida de Evaristo Carriego" (*Evaristo Carriego*), que Evar Méndez teria sido um dos amigos de Carriego (v.). — PFCO

Menéndez Pelayo, Marcelino

Crítico e ensaísta espanhol (Santander, 1856-1912). Aos 22 anos ganhou a cátedra de Literatura do doutorado da Universidade de Madri. Foi também acadêmico de Ciências Morais e Políticas, deputado, senador, diretor da Biblioteca Nacional e da Academia de História, entre outros cargos e distinções. Conservador, católico e tradicionalista, participou com agressividade juvenil de polêmicas. Deu início, em seu país, a modernas práticas de pesquisa filológica e historiográfica. Em 1892, para comemorar o quarto centenário da chegada de Colombo ao Novo Mundo, publicou *Historia de la poesía hispanoamericana*, feita por encomenda da Real Academia Española, que se tornou o primeiro volume global com essas características. No âmbito da literatura espanhola, abordou todos os temas, razão por que é referência obrigatória. Compilou a *Antología de poetas líricos castellanos* (1890-1908) e *Las cien mejores poesías castellanas*, uma antologia mais seleta que teve grande circulação e foi muito bem recebida na época, tanto na Espanha como na América Hispânica. Como historiador e crítico literário, destaca-se seu vasto estudo *Orígenes de la novela española* (quatro volumes, 1905-14). Incursionou também pela história das ideias com a monumental *Historia de las ideas estéticas en España* (cinco volumes, 1883-91) e com *Ensayos de crítica filosófica* (1892). Sua poesia não foi especialmente elogiada pela crítica, embora sejam reconhecidos seu rigor formal e correção. Borges, grande contestador, discorda em mais de uma ocasião do antologista, quanto às inclusões e quanto às exclusões, e considera, talvez com ironia, Menéndez Pelayo como poeta. — MAGB

Mercado do Once, antigo

Na década de 1860, existiam vários mercados dispostos em locais estratégicos ao longo das periferias de Buenos Aires. Eles serviam de entrepostos para o recebimento de produtos oriundos do interior que abasteciam a capital. O Mercado 11 de Setiembre, também conhecido como Mercado do Once, era um deles, e situava-se no atual bairro Balvanera. De acordo com a lei provincial decretada em 13 de outubro de 1866, cada mercado de frutos estabelecido na capital teria um juiz de mercado e dois suplentes, que arbitrariam qualquer questão relativa às transações ali realizadas. Em seguida, durante o governo de Adolfo Alsina (v.), que se deu entre 1866 e 1868, decretou-se que o 11 de Setiembre e o Constitución teriam tribunais de mercado, aos quais caberia a fiscalização sobre os outros mercados da capital.

Em meio a essa estrutura de fiscalização dos mercados, encontra-se Isidoro Acevedo, avô de Borges e que, segundo o próprio autor, era fiscal de frutos no antigo Mercado do Once. O último dia de vida do avô é resgatado pelo autor portenho no poema "Isidoro Acevedo" (*Caderno San Martín*). — PFCO

Mercedes (cidade no Uruguai)

Capital do departamento de Soriano, que Borges cita de passagem em "Avelino Arredondo" (*O livro de areia*), situada na Cuchilla del Bizcocho, no sudoeste do Uruguai, diante do rio Negro, a uma distância de trezentos quilômetros de Montevidéu. Fundada em 6 de junho de 1857, substituiu, no mesmo ano, Villa

Soriano — um povoado surgido durante o período colonial — como capital do departamento. Aí nasceu a avó materna de Borges, Leonor Suárez de Acevedo ("*La jonction*", *Atlas*). — PR e MAGB

Metrópolis

Metrópolis (Fritz Lang, 1927), obra clássica do cinema de ficção científica, citada por Borges em "*Last and First Men*, de Olaf Stapledon", que integra "Romain Rolland" (*Textos cativos*), foi uma influência inevitável para os filmes do gênero. O escritor utiliza o pressuposto futurista do filme de Lang somente para confrontá-lo com o romance profético *Last and First Men* (1930), de Olaf Stapledon (v.). Interessa a ele demonstrar que este último é infinitamente superior porque, mesmo quando poderia partir de um imaginário similar de ficção científica (com autômatos, cyborgs, transumanismo e tecnologia genética), o resultado é uma tragédia naturalista isenta da "*mera incontinência ou extravagância, feita de surpresas grosseiras, à maneira daquele intolerável* Metrópolis *de Fritz Lang*".

O expressionismo alemão, de fato, revela-se a Borges um estilo demasiado simbólico, demasiado carregado, demasiado obscuro. — DO

México, rua

Rua de Buenos Aires, situada no eixo leste-oeste, onde esteve localizada, no número 564, dos anos 1880 — na administração de Paul Groussac (v.) — até 1993, a Biblioteca Nacional (v.). Borges, que também foi seu diretor, de 1955 a 1973, recorda tal fato no prefácio a *O fazedor*, dedicado a Leopoldo Lugones (v.). O prédio de linhas neoclássicas em que funcionou essa instituição atualmente é sede do Centro Nacional de Música. — PMG

Meyer, *Enciclopédia* alemã de

V. *Brockhaus*, *Enciclopédia* alemã de, e *Enciclopédia Meyer.*

Meyrink, Gustav

Autor de vários romances, contos e poemas, o austríaco Gustav Meyrink (1868-1932) era adepto de práticas ocultistas, dedicando-se aos estudos da cabala, alquimia, maçonaria, ioga, das chamadas "ciências ocultas" e da parapsicologia, inclusive a telepatia, temas muito em voga na Europa antes da guerra. Meyrink, admirado por seu contemporâneo Franz Kafka (v.), também escreveu *O Golem*, "*livro único*", na opinião de Borges ("Gustav Meyrink", *Textos cativos*), obra-prima da literatura fantástica e referência para o expressionismo, sobretudo no cinema alemão, em particular por sua visão assombrada dos guetos de Praga, cidade onde chegou a viver por um tempo. Tanto a cidade como "*esse livro de sonhos que se perdem em outros sonhos*" são mencionados pelo protagonista de "Guayaquil" (*O informe de Brodie*).

O Golem, mesmo título de um poema composto por Borges em 1958 (*O outro, o mesmo*), foi inicialmente publicado como série pelo jornal *Die Weissen Blatter* entre 1913 e 1914, e depois, em 1915, editado em livro por Karl Wolff, em Leipzig. Foram vendidos muito rapidamente 200 mil exemplares dessa narrativa inspirada nos diversos mitos do Golem, alguns dos quais são citados em "A cabala" (*Sete noites*). Naquele começo de século mergulhado no horror das guerras, os alemães receberam essa criação, "*símbolo in-*

corpóreo das gerações da secular judiaria", como uma maneira de olvidar as mazelas da época ("Gustav Meyrink, *O Golem*", *Biblioteca pessoal*). O livro de Meyrink também nos remete a um mundo aniquilado pelo Terceiro Reich, um universo repleto de misticismo e ocultismo que a ascensão nazista dispersou. Em 1917, o austríaco publicou *A noite de Walpurgis*, romance, segundo Borges, inferior a *O Golem* ("Gustav Meyrink").

Em 1938, o autor argentino aproveita a análise sobre Meyrink para, uma vez mais, remeter à questão do regionalismo na literatura, de modo a rejeitar a tal da profusão da cor local. Assim, em um de seus ataques, o escritor vienense afirmou: "*Arte em que está ausente o artístico e em que o regional é falsificado*" ("Gustav Meyrink"). É a preocupação de Borges negar os primeiros movimentos vanguardistas, em particular ultraístas, dos anos 1920. — PFCO

Micenas

Uma das mais importantes cidades da cultura creto-micênica, resultado do encontro de tribos arianas de pastores guerreiros (os aqueus) com cretenses em expansão desde as ilhas do oeste do Mediterrâneo até as costas do continente europeu, na península do Peloponeso, por volta de 2000 a.C. Enquanto os cretenses não tinham o hábito de construir muralhas, uma vez que suas cidades se situavam em ilhas, sendo defendidas por uma vistosa e eficiente armada, os aqueus costumavam cercar suas cidades com paredes de pedras grandes e irregulares que, até hoje, não foi possível definir com precisão como foram feitas. Podemos destacar que, na época, os gregos explicavam a origem dessas muralhas com uma lenda, dizendo que os próprios ciclopes — os gigantes de um olho só — as haviam erguido. Localizada a quinze quilômetros do litoral, Micenas era a mais esplendorosa cidade creto-micênica da Grécia e tinha uma única entrada: um portão encimado pela escultura na pedra de dois leões com as patas dianteiras apoiadas sobre uma coluna, por isso conhecido como Porta dos Leões, a qual pode ser vista com frequência nos livros que tratam de tal cultura. Borges cita a famosa porta no poema "Leões" (*História da noite*). — HNC

midrashim

Plural de *midrash*, derivado da raiz *drash*, que na linguagem bíblica significa "examinar, procurar, investigar". Com essa palavra se designa uma forma específica da literatura rabínica, que consiste em uma compilação e antologia de homilias cuja característica principal é o fato de serem exegeses de passagens bíblicas. O termo, no entanto, tem uso bem amplo, podendo ser empregado para todo comentário de passagens dos livros da Bíblia, ou para situar e fixar um desdobramento de prática legal, ou quando uma narrativa bíblica é desdobrada em novas narrativas que ampliam, recompõem e até ressignificam a original.

Grande parte da coleção dos *midrashim* que não estão inseridos no texto talmúdico foi editada nos séculos V e VI. Já essas primeiras coleções, como, por exemplo, o *Midrash Rabá*, comentam todo o texto bíblico, isto é, cada capítulo, cada verso e, em não raros casos, até mesmo cada palavra de um verso. Pela exegese *midráshica*, o texto bíblico foi ganhando a possibilidade de desdobrar-se em um sem-fim de sentidos, transformando as limitadas páginas da Bíblia em um espaço ilimitado capaz de conter e justificar a criação e o suceder do universo e dos homens ao longo dos tempos.

Em "Três versões de Judas" (*Ficções*), o narrador finaliza seu ensaio sobre a obra de

Nils Runeberg (v.), um autor herético criado por Borges, fazendo menção a um conjunto de *midrashim* específicos para justificar o sentimento de maldição que o teria acometido. E, de fato, todo o texto pode ser compreendido como um *midrash*, isto é, como um exercício exegético que desdobra sentidos do texto bíblico. Runeberg menciona, até mesmo, o que seria o princípio hermenêutico do exercício *midráshico*: "*supor um erro na Escritura é intolerável*". Por suas leituras, ergue-se um espantoso *midrash* sobre Judas em três tempos. No primeiro, a traição de Judas constitui-se em um sacrifício cuja queda — tornar-se um delator — é essencial na economia da salvação e redenção dos homens por meio do sofrimento de Cristo. No segundo, Judas é apresentado como um asceta que, com "*gigantesca humildade, acreditou que era indigno de ser bom* [...]. *Pensou que a felicidade, como o bem, é um atributo divino e que os homens não devem usurpá-lo*". No terceiro, o exercício *midráshico* de Runeberg alcança o abismo. "*Deus se fez homem totalmente, mas homem até a infâmia, homem até a reprovação e o abismo*": Deus se fez Judas. — EM

Mil e uma noites, Livro das

Juntamente com o Alcorão, o livro hoje conhecido como *As mil e uma noites* é considerado, ao menos no Ocidente, a mais importante obra escrita produzida pela cultura árabe. Anônimo, estima-se que tenha sido concebido ao largo de quase dez séculos por vários escritores — mais precisamente entre os séculos IX e XVIII. No entanto, foi entre os séculos XIII e XIV que ele atingiu as configurações com as quais o reconhecemos hoje. Sua origem é também fonte de controvérsias entre os estudiosos. A hipótese mais aceita é a de que sua primeira gestação tenha se dado na Pérsia — alguns documentos antigos atestam a existência de um livro intitulado *Mil fábulas* que muitos acreditam constituir o protótipo do que posteriormente veio a ser *As mil e uma noites*. Da Pérsia, o volume teria viajado pela Ásia Ocidental e pelo Norte da África, e teria sofrido interpolações e duas reelaborações mais substanciais na Síria e no Egito.

De maneira bem sintética, poderíamos dizer que a obra *As mil e uma noites* consiste em uma reunião de fábulas, histórias fantásticas e narrativas moralizantes. Contudo, essa reunião não se fez aleatoriamente. Há uma história maior, também chamada "prólogo-moldura", espécie de espinha dorsal narrativa da qual derivam as demais. Trata-se da história do rei que, traído pela esposa, decide se vingar de todas as mulheres casando-se a cada dia com uma, a quem mata após a consumação do matrimônio. O ciclo é rompido por Xerazade (v.), jovem perspicaz que, para evitar a própria morte, distrai o rei contando-lhe histórias durante a noite.

O livro árabe chegou ao Ocidente no início do século XVIII com a primeira tradução elaborada pelo francês Jean Antoine Galland (v.). Em *História da eternidade* é possível ler um ensaio em que Borges refaz a história e traça importantes reflexões sobre as principais traduções produzidas no Ocidente — "Os tradutores d'*As mil e uma noites*". Além de ser um ensaio valorativo sobre as diferentes versões da obra, o texto nos apresenta o modo peculiar como Borges compreendia o ato mesmo de traduzir. No fim, ele manifesta seu descontentamento com a tradução feita pelo alemão Enno Littmann (v.), que, publicada em seis volumes entre 1921 e 1928, é marcada por uma "*franqueza total*", por "*não omitir uma palavra*" do original. A "*probidade*" insípida de Littmann faz o autor portenho lamentar e imaginar "*o que não faria um homem, um Kafka* [...] *que os refizesse* [os jogos presentes nas *Mil e uma noites*] *conforme a deformação alemã, conforme a* Unheimlichkeit [inquietante estranheza] *da Alemanha?*". Para ele, as boas traduções das *Mil e uma noites* foram aquelas que permitiram revelar — consciente ou inconscientemente — a tradição literária a que se vinculava o tradutor. Nesse sentido, o melhor de uma tradução não estaria em sua fidelidade, mas, ao contrário, nas distorções criativas engendradas pelo choque inevitável entre modos distintos de conceber uma obra literária.

Não seria exagero dizer que o interesse de Borges pelo que se convencionou chamar "o Oriente" tem sua origem e seu fim nas *Mil e uma noites*. O escritor argentino dedicou não poucas linhas à reflexão e à reinvenção desse livro ("*As mil e uma noites*", *Sete noites*) (v. Burton, Richard Francis). — DF

Millay, Edna St. Vincent

Poeta e dramaturga norte-americana (1892-1950). Nascida em Rockland, no estado do Maine, foi assídua frequentadora da vida boêmia de Nova York, onde passou a residir em 1917. Teve diversos relacionamentos, alguns deles famosos: com o crítico Edmund Wilson e com a escultora Thelma Ellen Wood. Um de seus poemas mais célebres é "Euclid Alone Has Looked on Beauty Bare" [Somente Euclides viu a beleza nua], homenagem ao geômetra composta segundo padrões matemáticos de beleza. Foi uma das primeiras escritoras a receber destaque nos Estados Unidos, ao ganhar o Pulitzer em 1923.

Em um ensaio de 10 de outubro de 1937 sobre "Countée Cullen" (*Textos cativos*), Edna St. Vincent Millay é citada por Borges como uma das leituras importantes de Cullen. — TP

milonga

Canção e dança, esta executada por casais enlaçados, independentes uns dos outros, trata-se de um gênero musical rio-platense em compasso binário de dois por quatro que começa a se consolidar nos anos 1870. Formada por elementos *criollos* (v.), europeus e afros, é uma das vertentes que confluíram para a origem do tango, embora, inicialmente rural e pausada, e depois urbana e mais vivaz — graças ao viés que lhe imprimiu, na década de 1930, o grande compositor Sebastián Piana —, continuasse tendo um aspecto geral próprio. Na década de 1880, tendia a substituir a cifra no canto dos *payadores* (v. desafio).

As formas estróficas das letras de milonga são variadas, incluindo a copla, a sextilha, a oitava e a décima. Desde antes de ela surgir como gênero, denominavam-se milongas as reuniões populares em que se dançava, as casas ou estabelecimentos onde se realizavam essas reuniões e as mulheres que neles trabalhavam. Em linhas gerais, pode-se dizer que, nas letras de milonga urbana, os tons desafiantes, jocosos ou burlescos predominam sobre as lamentações. Há quem tenha sugerido ser a relação da milonga com o tango semelhante à do blues com o jazz.

Borges foi muito reticente quanto ao tango cantado (v. tango), preferindo a tessitura mais alegre e desafiante da milonga, a qual reivindica em *El idioma de los argentinos* (1927, não incluído nas *Obras completas*) e em *Evaristo Carriego* (segunda edição, 1955). Nesta última obra, chega a negar a representatividade de bairro ao tango, para atribuí-la à milonga como "*uma das grandes conversas de Buenos Aires*". Em 1965, publicou *Para as seis cordas*, poemas concebidos como milongas (salvo "Alguien le dice al tango", suprimido na segunda edição de 1970, em que acrescentou três composições). Nessas peças retornam, sob nova forma, algumas preferências do autor: o culto à coragem, uma nostalgia dos arrabaldes (v.) e dos costumes passados, um humor leve e cético, o gosto pelo detalhe e pela expressão tranquila e despojada — como nesta copla da "Milonga de don Nicanor Paredes": "*O bigode já grisalho, / mas nos olhos um clarão / e o voluminho da faca / ao lado do coração*". Pouco depois, o escritor portenho reuniu-se com Astor Piazzolla, que musicou alguns temas, interpretados por Edmundo Rivero, para o disco *El tango*, no qual Luis Medina Castro recita "Homem da esquina rosada" (*História universal da infâmia*). Sebastián Piana musicou outros dois textos de Borges: "Milonga do infiel" e "Milonga do morto", publicados em 1985, em *Os conjurados*. — JSV

Milton, John

Escritor inglês (1608-74), incursionou pelo drama, pelo ensaio e pela poesia, tendo sido uma das figuras mais destacadas da literatura de seu país. Compôs versos também em latim e em italiano. Sua vida cruzou a monarquia e a república, mas, na política, esteve a favor desta última, e trabalhou a serviço de Oliver Cromwell (v.). A obra mais conhecida de Milton, *Paradise Lost*, foi publicada em 1667. Em 1671, ele lançou *Samson Agonistes*, em que talvez se possa entender a cegueira do herói como a própria cegueira do autor. Esse é um dos tópicos a que Borges se refere no poema "Uma rosa e Milton" (*O outro, o mesmo*). No ensaio-conferência "A cegueira" (*Sete noites*), remete ao poeta fazendo uma analogia com a experiência da falta de visão.

Há várias outras referências a Milton na obra borgiana, sendo uma das primeiras, em 1926, no ensaio "Milton y su condenación de la rima" (*El tamaño de mi esperanza*). Aí o escritor argentino esboça uma teoria da rima com base em três argumentos que o inglês havia ressaltado: o histórico, o hedonista e o intelectual, os quais são relacionados também com a obra de Arthur Schopenhauer (v.). Apesar de certa sedução que lhe professa, Borges afirma que *Paradise Regained* é "*uma das mais famosas formas do tédio*". — LM

Mishnah

O nome *Mishnah* designa a redação da assim chamada Lei Oral, arranjada em seis grandes ordens no início do século III por Rabi Yehudá Ha-Nasi: *Zeraim* [Sementes], *Moed* [Festividades], *Nashim* [Mulheres], *Nezikim* [Danos], *Kodashim* [Coisas sagradas] e *Tahorot* [Purezas]. Por sua vez, cada uma dessas ordens se desdobra em diversos tratados — 63 no total —, e cada tratado se subdivide em uma quantidade variada de capítulos, que somam 523. A *Mishnah* pretende, como Borges sintetiza em "O Zahir" (*O Aleph*), codificar "*todas as circunstâncias humanas*".

Mais que codificar, o propósito de Rabi Yehudá parece ter sido recolher de forma sistemática todo o acúmulo da tradição até a sua época, não apenas para conservá-la, mas essencialmente a fim de que ela servisse de base às gerações subsequentes para que pudessem encontrar uma decisão legal correta nos diversos aspectos da existência humana, do nascer das estrelas ao anoitecer do dia seguinte, do nascimento do homem até a sua morte, e do nascer do ano até o seu fim.

Desse modo, a *Mishnah* constitui-se no núcleo do texto talmúdico, tendo o seu trabalho de comentário se desenvolvido nas academias rabínicas da Babilônia e da Palestina desde o século III até o IX. É importante frisar que, de acordo com a tradição rabínica, a Lei Oral remonta a Moisés, que iniciou uma cadeia ininterrupta de transmissão que teria comunicado de geração em geração o conteúdo dessa Lei, a qual seria, por sua vez, a explicação ou a interpretação da Lei Escrita, o Pentateuco, também revelado a Moisés. Este é o dogma fundamental do judaísmo rabínico: a Torá, isto é, a Lei, a revelação da vontade divina, tem duas vertentes, uma escrita (*Torá she-bektav*) e a outra oral (*Torá she-be-Alpé*). — EM

Mitre, Bartolomé

Político, militar, historiador e escritor argentino (1821-1906), foi membro do grupo de intelectuais românticos que organizaram o país após a queda de Juan Manuel de Rosas (v.), em 1852. Primeiro presidente da Argentina depois da incorporação de Buenos Aires, de 1862 a 1868, continuou sendo uma figura importante até a morte. Como presidente, impulsionou o desenvolvimento econômico, consolidando o lugar relevante de Buenos Aires. Como historiador, escreveu o relato básico das guerras da independência (v.), no qual a emancipação hispano-americana é obtida graças ao heroísmo argentino e, mais especificamente, portenho.

Em "O escritor argentino e a tradição" (*Discussão*) e em outros textos, Borges retoma um comentário seu que põe em destaque o caráter letrado e convencional da poesia *gauchesca* (v.), diversamente de outros críticos, que a concebiam como uma continuação da poesia popular. Em "A Recoleta" (*Atlas*), recorda uma lenda familiar segundo a qual seu avô Francisco Borges (v.) se deixou matar ao ver que as tropas comandadas por Bartolomé Mitre perdiam a Batalha de La Verde. Mitre insurgira-se depois de não ter vencido as eleições de 1874, argumentando fraude eleitoral. O outro avô de Borges, Isidoro Acevedo (v.), também integrou essas tropas. (V. Cepeda.) — PMG

monismo

O termo agrupa as doutrinas filosóficas ou teológicas que defendem a realidade como sendo una, opondo-se a divisões como mente e corpo ou mundo mundano e mundo espiritual. Em outras palavras, defendem uma única substância como componente do real. Entre os filósofos que podem ser classificados como monistas estão Pitágoras, um dos possíveis fundadores desse tipo de pensamento; Baruch Espinosa (v.), cujo panteísmo sobrepunha Deus e o universo; e Hegel, filósofo que tentou abarcar a Totalidade.

Borges faz uma suma dos argumentos de diversos filósofos — Platão (v.), Aristóteles (v.), Zenão (v.), Chuang Tzu (v.), Bertrand Russell (v.) — contra a ideia de unidade dos indivíduos ("Avatares da tartaruga", *Discussão*). No prefácio de um livro que reúne "Thomas Carlyle: *Dos heróis*" e "Ralph Waldo Emerson: *Homens representativos*" (*Prólogos, com um prólogo de prólogos*), ele aponta a crença de Emerson (v.) na doutrina monista: este acreditava que, como todos os homens sofrem, cada qual pode ser considerado toda a humanidade. Sobre isso, Borges escreve que as pessoas que pensam dessa forma costumam ser infelizes, ainda que Emerson seja uma exceção. — TP

Monserrat, bairro de

V. mapa portenho.

Montaigne, Michel de

Autor francês (1533-92) conhecido principalmente pelo livro *Ensaios* (1580). Nessa obra, de amplo universo temático, manifestou-se sobre tudo o que lhe passava pelo espírito. Para ele não servia nenhum dos gêneros literários vigentes na época, e nunca foi sua intenção escrever literatura. De estilo vivo e penetrante ironia, o pensador não chegou a constituir nenhuma filosofia sistemática. Antidogmático por excelência, não tomava partido; era cético, apesar de ter confiança na natureza. À maneira de Sócrates (v.), defendia o conhecimento de si mesmo. Montaigne estabeleceu um vínculo preciso entre sua condição humana, suas mais íntimas confissões (o que leva Borges a designá-lo como "*inventor da intimidade*", no epílogo de *História da noite*) e o conceito universal do homem.

O autor portenho refere-se a ele em "História do tango" (*Evaristo Carriego*), recordando o que diz o escritor sobre a "*antiga maneira de combater com capa e espada*". Borges, que considera *Ensaios* um livro "*admirável*", cita-o diversas vezes, embora sem fazer muitos comentários. Contudo, em "A supersticiosa ética do leitor" (*Discussão*), elogia a prosa de Montaigne, levando-nos a entendê-la como fluida e natural, sem artifícios. — PPM

Montevidéu

Capital da República Oriental do Uruguai, fundada por Bruno Mauricio de Zabala na baía austral que se destaca diante do rio da Prata, em 1726, com o nome de São Felipe e Santiago de Montevidéu. Seus primeiros povoadores foram trazidos das ilhas Canárias. A praça-forte, provida de um privilegiado porto natural, tornou-se, em meados do século XIX, uma cidade-chave no Sul da América, na qual foi se concentrando cada vez mais população, sobretudo imigrantes europeus (franceses, depois italianos, sempre espanhóis) e gente vinda do interior do país. Em 2015, Montevidéu abrigava quase a metade dos habitantes do Uruguai (1,7 milhão de pessoas, aproximadamente), com um raio de influência decisivo em todo o sul e com o maior movimento cultural e educativo da nação.

A elevação denominada Cerro de Montevidéu, facilmente avistada da baía, converteu-se em ícone do centro povoado — mas está distante dele (cerca de vinte quilômetros) —, a ponto de sua imagem figurar no escudo nacional e no daquela cidade. No início do século XX, aí se instalou uma fortaleza militar, hoje transformada em museu.

Em "A poesia *gauchesca*" (*Discussão*), Borges faz referência à praça sitiada e às trincheiras de Montevidéu, vinculadas às diversas guerras que dominaram o panorama político da região do rio da Prata ao longo do século XIX e em especial durante as guerras da independência (v.). — PR e MAGB

montonera

A *montonera* consistia em um exército improvisado composto de *gauchos* (v.) das guerrilhas que, nas guerras civis subsequentes à independência da Argentina (1816), fortaleceram seu caudilho local, como Facundo Quiroga (v.), contra a política centralizadora do exército portenho. Os *montoneros*, como os chamavam, prestavam lealdade pessoal e direta ao seu líder e eram indiferentes a suas inclinações políticas. No fim da década de 1960, o termo foi adotado por um segmento da esquerda peronista, que defendeu o retorno de Juan Domingo Perón (v.) ao país e apoiou seu governo dos anos 1970. Após o golpe militar de 1976, os *montoneros* recorreram à luta armada urbana e foram ferozmente reprimidos pelo regime militar.

Todas as vezes em que menciona a *montonera*, Borges refere-se à sua acepção original. Ele a define como "*o organismo típico da guerra* gaucha" ("Sobre *The Purple Land*",

Outras inquisições) e diz que esta só aparece em Buenos Aires de forma esporádica, visto que o poder estava assegurado à cidade e seus caudilhos. Ao aludir à "*lança* montonera *de Quiroga*" ("Domingo F. Sarmiento: *Lembranças de província*", *Prólogos, com um prólogo de prólogos*), Borges faz referência à política desse caudilho que convocou sobremaneira as *montoneras*. — PPM

Morand, Paul

Diplomata e escritor francês (1888-1976), membro da Academia Francesa de Letras e amigo de Marcel Proust. Ficou conhecido por suas observações dos países que percorreu, marcadas mais pelo sentimento de novidade que por esforços de descrição exaustiva de hábitos culturais. Grande opositor do existencialismo de Jean-Paul Sartre, foi um dos criadores do grupo chamado Hussards, defensor da reinstauração da monarquia na França. Mais tarde, durante a Segunda Guerra Mundial, aliou-se ao Regime de Vichy, apoiando o nazismo e o antissemitismo.

Em "Os tradutores d'*As mil e uma noites*" (*História da eternidade*), Borges se recusa a comparar Burton (v.) a Morand, porque este "*cavalheiro bilíngue e sedentário*" prefere deter-se nas descrições de um hotel internacional ou do "*espetáculo de um baú*", não sendo de fato um aventureiro explorador de culturas diversas, tal como foi Sir Richard Francis Burton. — TP

More, Thomas (Morus)

Teólogo inglês, advogado de formação humanista e estudioso do grego, More (1478-1535) buscou conciliar uma vida ascética de cristão medieval e uma ativa carreira política. Em 1518, nomeado por Henrique VIII membro do conselho secreto, acompanhou as investidas do soberano nos embates da Igreja católica contra a Reforma. Rompeu, porém, com o rei, abandonando o cargo por discordar do seu divórcio com a rainha Catarina de Aragão. Tendo recusado o préstimo de juramento ao rei como líder supremo da Igreja na Inglaterra, foi preso e executado. Em 1935, a Igreja católica o canonizou. Foi cultuado pelos líderes da Revolução Russa de 1917, que lhe ergueram uma estátua em homenagem às ideias de sua principal obra, *Utopia* (1516). Nesta, More descreve o Estado imaginário da ilha de Utopia, local onde não havia a propriedade privada e por isso a preocupação social centrava-se, com forte respaldo religioso, na felicidade coletiva e na organização da produção. É a uma passagem descritiva de Thomas More sobre a ilha de Utopia que Borges se refere no ensaio intitulado "A postulação da realidade" (*Discussão*). — JGS

Moreira, Juan

Personagem do livro homônimo de Eduardo Gutiérrez (v.), baseado na vida de um *gaucho* morto em 1874. Esse romance, que foi publicado como folhetim no jornal *La Patria Argentina* entre 1879 e 1880 e alcançou sucesso imediato, põe em cena um *gaucho* que, depois de muitas injustiças, torna-se bandido e enfrenta heroicamente os grupos policiais, ganhando a simpatia do povo. Após várias peripécias, nas quais exibe seu valor e se vangloria às vezes de certa ideia de honra, morre assassinado pelas costas. O romance, primeiro adaptado como pantomima e em seguida como obra teatral, com diálogos de grande êxito, foi lido por grupos de alfabetização recente, tanto imigrantes como *criollos* (v.), que viam na figura do "bandido" mais um herói que um vilão.

Para Borges, teria sido o personagem *gaucho* mais popular, até mais que Martín Fierro. Em comparação com a poesia *gauchesca* (v.) e a literatura que tomava como tema o tango, os arrabaldes (v.) e os *compadritos* (v.), Borges enfatiza o caráter convencional da representação do *gaucho* nos folhetins de Gutiérrez, distantes de toda pretensão realista, em resposta às tácitas regras do gênero. (V. Hormiga Negra.) — PMG

Moreno, Mariano

Revolucionário portenho, publicista e político (1778-1811), estudou direito no Alto Peru (atual Bolívia), defendeu o liberalismo econômico no fim do período colonial e foi um dos líderes mais radicais da Revolução de Maio (1810) ocorrida em Buenos Aires, tornando-se secretário da Primeira Junta do novo governo revolucionário. Morreu em viagem à Inglaterra, aonde ia em busca de apoio para a revolução. Do grupo original de revolucionários portenhos, foi, com Manuel Belgrano e Juan Hipólito Vieytes, o que tinha melhor preparo intelectual e seu mais eloquente publicista.

Além disso, Moreno impulsionou a criação da Biblioteca Nacional como parte de um conjunto de medidas — a edição, a tradução, o jornalismo — destinadas a forjar uma opinião pública atenta à vida política e cívica. Na obra de Borges, ele é citado em "Domingo F. Sarmiento: *Facundo*" (*Prólogos, com um prólogo de prólogos*). — PMG

Morris, William

Tradutor, poeta, artista e designer (1834-96), foi um dos personagens mais interessantes da cultura e literatura inglesas do século XIX. Com Dante Gabriel Rossetti (v.), participou da irmandade dos pré-rafaelitas, grupo de artistas que criticou as tendências da arte posterior a Rafael e, por isso, defendeu o retorno aos artistas que o antecederam. Seu interesse pelo mundo clássico levou-o a escrever obras como *The Life and Death of Jason* (1867), e ele chegou a realizar uma tradução da *Odisseia*, de Homero (v.). Foi um dos primeiros tradutores da literatura escandinava medieval, o que pode ter influenciado o interesse de Borges por essa literatura. Em 1871, fez uma viagem à Islândia, a qual o argentino repetiria um século depois.

Borges incluiu-o entre os pais do socialismo inglês, em resenha biográfica no volume *Introducción a la literatura inglesa*, e a ele se referiu no pós-escrito de "As *kenningar*" (*História da eternidade*). Em "A arte narrativa e a magia" (*Discussão*), compara os escritos de *The Life and Death of Jason* com *Gordon Pym* (1838), de Edgar Allan Poe (v.), para abordar o tema das causalidades na escrita do romance. Como afirmara em *Introducción a la literatura inglesa*, considera *The Earthly Paradise* (1868) "*sua obra máxima*". Trata-se de um conjunto de relatos marcados, como *Decameron* (1348-53), de Giovanni Boccaccio (v.), ou *The Canterbury Tales*, de Geoffrey Chaucer (v.). Borges parece ter se interessado apenas pela atividade poética e literária de Morris, deixando de lado seu trabalho como designer. — LM

Mujica Láinez, Manuel

Descendente de uma das famílias mais tradicionais e ricas da Argentina, Manuel Mujica Láinez (1910-84) recebeu educação nos ambientes de maior prestígio da Europa e de seu país. O cuidado e a elegância marcaram a prosa imaginativa desse escritor, cujo estilo é fundamentado pela linhagem espanhola do idioma; são exemplos *Glosas castellanas* (1936) e *Don Galaz de Buenos Aires* (1938). A esses livros, seguem-se a biografia de seu tio-bisavô, *Miguel Cané* (1942), e o conjunto de poemas *Canto a Buenos Aires* (1943). Láinez escreveu ainda sobre autores da tradição literária argentina, como Hilario Ascasubi (v.) (*Vida de Aniceto "El Gallo"*), e a obra que Borges considera a melhor biografia de Estanislao del Campo (v.), *Vida de Anastasio "El Pollo"* ("Estanislao del Campo: *Fausto*", *Prólogos, com um prólogo de prólogos*).

O interesse histórico e local reaparece em *Aquí vivieron* (1949), série de 23 relatos que anunciam o rigor de textos posteriores, como é o caso de *Misteriosa Buenos Aires* (1950), um de seus principais livros. Ainda assim, foi com *Los ídolos* (1952), obra que Borges inclui em *Biblioteca pessoal*, prefaciando-a, que Láinez iniciou seu ciclo romanesco — conhecido como "saga da sociedade portenha" —, reunindo romances como *La casa* (1954), *Los viajeros* (1954) e *Invitados en El Paraíso* (1957). Incansável, Mujica Láinez (apelidado Manucho) publicou incontáveis estudos sobre literatura e arte, além de ter traduzido William Shakespeare (v.) e de ter escrito para o cinema. Em 1962, *Bomarzo* cristaliza a técnica do autor nos meandros do imaginativo e do histórico. Borges intitula "A Manuel Mujica Láinez" um dos poemas de *A moeda de ferro*. — JGS

Muraña, Juan

De origem desconhecida, antigo marginal portenho da região da Parroquia del Pilar que inspirou vários contos e poemas de Borges: "Hombres pelearon" (*El idioma de los argentinos*), "Homem da esquina rosada" (*História universal da infâmia*), "Milonga de Juan Muraña" (*A cifra*) e "Juan Muraña" (*O informe de Brodie*), fato que não surpreende se conhecemos a admiração de Borges pelos homens de ação e coragem. — FGB

Norah Borges

n

Nación, *La*

Em 1870, Bartolomé Mitre (v.) fundou, com a colaboração de dez amigos que juntaram a quantia necessária para o início dos trabalhos, o jornal *La Nación Argentina*. Contou também com o apoio de Juan María Gutiérrez, Rufino e Francisco de Elizalde, Juan Agustín García, Delfín Bonifacio Huergo, Cándido Galván, Anacarsis Lanús, Adriano E. Rossi e Ambrosio P. Lezica. Assim, a primeira edição saiu com mil exemplares, no dia 4 de janeiro. A prensa situava-se, então, na casa de Juan María Gutiérrez, de onde a transferiram, em abril, para a casa de Mitre. Ele ainda escreveu o primeiro editorial do jornal, intitulado "Nuevos Horizontes". Até o fim do século XIX, a composição do periódico era feita manualmente, pois o mecanismo de linotipo só foi introduzido em 1901. Sua direção permanece, até os dias de hoje, em poder da família de Mitre. O *La Nación*, reconhecido internacionalmente, é considerado um dos jornais mais importantes do mundo.

Borges teve vários artigos, contos e poemas divulgados por esse jornal, sobretudo entre as décadas de 1940 e 1950. Um deles foi "O desafio", que faz parte do capítulo "História do tango" (*Evaristo Carriego*), publicado em 28 de dezembro de 1952. Em "Duas cartas" (*Evaristo Carriego*), Borges apresenta duas cartas escritas por leitores de "O desafio". *La Nación* publicou ainda "Funes, o memorioso" e "O Sul" (*Ficções*), "O homem no umbral" (*O Aleph*), "O pudor da história" e "Formas de uma lenda" (*Outras inquisições*) e "A metáfora" (*História da eternidade*), entre outras obras do autor. — PFCO

Nava, mulato

Personagem do sainete *El arroyo Maldonado*, de Alberto Vaccarezza e Carlos M. Pacheco. Seguindo as convenções do gênero, uma trama de conflitos se desenvolve no quintal de um cortiço (v.): o mulato Nava e outro personagem, Bonorino, disputam os amores de Adelma, a mulher do Títere, um bonitão que, fugitivo da polícia, mal tem contato com ela.

Borges revela, em *Evaristo Carriego*, grande conhecimento da obra (embora não mencione seu título): quando fala dos calabreses, "*uma gente com quem ninguém queria conversa, considerando a perigosa boa memória de seu rancor e suas punhaladas traiçoeiras a longo prazo*" ("Palermo de Buenos Aires"), repete a opinião do próprio Títere, o qual pensa que Bonorino o havia delatado à polícia — na verdade, fora Nava. A china Dominga é uma cafetina portenha que pressiona Adelma para que aceite Bonorino. No fim, Nava foge, e Adelma e o Títere permanecem juntos. O comentário de Borges sobre o caráter de "personagem" do riacho Maldonado deve-se ao fato de que vários personagens atribuem a ele intenções e ações. Afeito aos jogos intertextuais, e a continuar e desviar textos clássicos, o autor argentino escreve, em 1965, a milonga "O Títere" (*Para as seis cordas*), em que imagina a morte desse personagem. — PMG

nazrani

É uma das palavras utilizadas pelos muçulmanos para se referirem aos cristãos. A tradução literal do vocábulo seria "nazareno", ou seja, aquele que é natural ou habitante de Nazaré. A associação, assim, fica mais clara, tendo em vista que Jesus Cristo foi criado e passou grande parte da vida nessa cidade.

Borges empregou o termo em "Os tradutores d'*As mil e uma noites*" (*História da eternidade*). Ao traçar uma breve biografia de Richard Francis Burton (v.), o escritor argentino relembra um dos episódios pitorescos que pontuaram a vida do orientalista. Trata-se de sua passagem pelas "*cidades santas da Arábia*". Em Meca, "*sua boca, ressecada pelo simum, deixara um beijo no aerólito que se adora na Caaba. Essa aventura é famosa: o possível boato de que um incircunciso, um* nazrani, *estava profanando o santuário, teria determinado sua morte*". — DF

Nelson, almirante

No fim do século XVIII, a Espanha e a Inglaterra entraram em conflito. Em abril de 1797, o almirante Nelson (1758-1805) bloqueou totalmente a cidade espanhola de Cádiz, enquanto na América a Armada Real inglesa bloqueava os portos hispano-americanos. Em consequência, o comércio espanhol com o continente americano foi severamente afetado, obrigando a Espanha a afrouxar o monopólio que exercia em suas colônias, o que permitiu que países neutros comercializassem com elas. Assim, os ingleses, por intermédio desses países, iniciaram seu domínio nesse ramo de atividade. Em 1798, Nelson destruiu a armada da França na Batalha de Nile, que acabou com a presença naval do país no Oriente Próximo. O almirante também comandou a vitória inglesa na Batalha de Trafalgar, em 1805, contra uma armada franco-espanhola.

Para Borges, Nelson teria sido uma das decorrências da invasão de Hengist ao que viria a ser a atual Inglaterra, conforme anota em "Hengist quer homens (449 a.D.)" (*O ouro dos tigres*). Em "Palermo de Buenos Aires" (*Evaristo Carriego*), mesclando história, uma referência à literatura inglesa e o tema dos arrabaldes (v.) da cidade, assuntos pelos quais sentia forte atração, ele faz uma alusão à morte de Nelson. — PFCO

Nibelungenlied

Composto por volta do ano de 1200, e de autor desconhecido, o poema trágico *Das Nibelungenlied* [*Canção dos nibelungos*], uma das mais importantes obras da literatura alemã, tem como base histórica a migração e invasão dos hunos sob o comando de Átila, em 436. Apesar de ser um produto da época da cavalaria, remonta à antiguidade alemã e abarca não só o esplendor de uma cavalaria palaciana, mas também traços do remoto folclore germânico e da mitologia teutônica. Mesmo com sua imensa popularidade ao longo da Idade Média, ele logo começou a ser esquecido, em razão da decadência da cavalaria cortesã e da ascensão das classes urbanas, tendo sido relegado aos mosteiros e bibliotecas ducais. Só foi redescoberto no século XIX. Sua influência pode ser percebida em obras como a ópera *Der Ring des Nibelungen*, de Richard Wagner, o filme *Die Nibelungen*, de Fritz Lang, e o livro *O senhor dos anéis*, de J. R. R. Tolkien.

Borges, em "A metáfora" (*História da eternidade*), cita *Das Nibelungenlied* para demonstrar uma maneira de comparar mulheres e flores. No caso, Siegfried compara Cremilda, ambos personagens principais do poema, a uma rosa. O tema da metáfora é central nas construções poéticas dos ultraístas, grupo a que o autor argentino pertenceu na juventude. — PFCO

Nietzsche, Friedrich

Filho e neto de pastores protestantes, Nietzsche (1844-1900) perdeu o pai ainda criança, em 1849. Crítico agudo da moral e da tradição filosófica do Ocidente, dentre suas obras destacam-se *Crepúsculo dos ídolos* (1888), *Assim falou Zaratustra* (1888) e *Ecce homo*, esta última uma das duas partes do livro anterior, que foram publicadas postumamente pela irmã do escritor. Com opinião bastante crítica em relação à obra de Nietzsche, chegando mesmo a parecer irônico, em especial quando aborda sua ideia de tempo circular, Borges a discutirá e refutará em "A doutrina dos ciclos" (*História da eternidade*). Uma das explicações que o autor argentino deu para isso foi que Nietzsche usou a primeira pessoa como recurso gramatical para conferir mais força à ideia dentro de seu estilo profético que, segundo Borges, "*não permite o uso das aspas nem a citação erudita de livros e autores...*".

A discussão de Borges sobre o plágio e sobre a noção de que as ideias se originam de experiências vitais e não de leituras, em "Nota sobre Walt Whitman" (*Discussão*), baseia-se no fato de que Nietzsche teria zombado da teoria de que a história se repete ciclicamente e depois propôs essa teoria. Borges diz: "*O grosseiro, o ordinariamente policial, é falar de plágio; Nietzsche, questionado, replicaria que o importante é a transformação que uma ideia pode operar em nós, não o mero fato de expô-la*". — HNC

Nishapur (ou Nixapur)

Após a vitória na guerra contra o imperador romano Valeriano, Shahpur fundou várias cidades onde hoje é o Irã. Nishapur, que recebe seu nome, é uma delas. Alguns pesquisadores afirmam que a cidade fora construída antes por Tahamurs, destruída por Alexandre (v. Alexandre Bicorne) e reconstruída por Shahpur. Em "Alguém" (*História da noite*), Borges menciona um local chamado Balkh Nishapur, em Alexandria. Porém, não parece que esse lugar tenha existido, pois Nishapur é uma cidade do atual Irã, berço de uma forma de arte específica daquela região, e Balkh é uma cidade do atual Afeganistão.

Dois dos temas centrais presentes nas obras de Borges são o do herói e do traidor, e as reflexões sobre influências literárias. Em "O enigma de Edward FitzGerald" (*Outras inquisições*), ele insere este último tema no universo oriental, que igualmente o fascinava e que é retomado em "O tintureiro mascarado Hákim de Merv" (*História universal da infâmia*). Em "A forma da espada" (*Ficções*), volta ao tema do herói e do traidor, mas sem relações com o universo oriental, apesar da citação das cimitarras de Nishapur. — PFCO

Njal, Saga de

Saga islandesa, escrita em 1280, representa, da perspectiva de um autor do século XIII, a organização social da Islândia do século X e início do XI, com seus valores, instituições e leis. Há uma abundância de personagens apresentados com suas genealogias, mas dois deles desempenham papel de protagonistas: Gunnar Hamundarson e Njal Thorgeirsson. O primeiro é um típico herói de uma saga — louro, olhos azuis, extremamente hábil no manejo das armas; o segundo, ao contrário, é um homem mais velho, sábio, prudente, conhecedor das leis e capaz de prever o futuro. Njal possui um detalhe físico: não tem barba. As mortes de ambos constituem pontos culminantes da *Saga*: Gunnar morre no ataque que sofre em casa, depois de resistir heroicamente, e Njal morre quando sua casa é incendiada, crime considerado moralmente condenável, o que determina uma vingança implacável de seu genro Kari. Fontes documentais fazem referência à morte dos personagens principais, Gunnar em 992 e Njal em 1010.

A *Saga de Njal* inclui os eventos históricos da cristianização da Islândia (1000) e a Batalha de Clontarf (1014). Borges menciona dois personagens da *Saga*, Brodir (v.) e Steinvora (v.), no ensaio "As *kenningar*" (*História da eternidade*). — FT

Noite do Poder
ou Noite das Noites

Entre os muçulmanos, a Noite do Poder (*Laylat al-qadr*) é a noite em que o Alcorão desceu do céu e se revelou a Maomé. Contam que, enquanto o Profeta do islã dormia em uma caverna no monte Hira, o anjo Gabriel o visitou e lhe disse que ele, Maomé, era o escolhido para receber e difundir pelo mundo a palavra de Alá. Em seguida, como em um transe místico, o Profeta começou a recitar as palavras que atualmente podemos ver impressas nas páginas do Alcorão. Dentro do calendário islâmico, a Noite do Poder é tradicionalmente celebrada no 27º dia do ramadã.

Em "Os tradutores d'*As mil e uma noites*" (*História da eternidade*), ao enumerar algumas das excêntricas notas produzidas por Richard Francis Burton (v.) para sua peculiar tradução das *Noites*, Borges lembra que uma delas traçava "*um resumo da mitologia da secreta Noite do Poder ou Noite das Noites*".

Também o narrador de "Tlön, Uqbar, Orbis Tertius" (*Ficções*) invoca esse momento quando encontra o volume da enciclopédia de Tlön que fora enviado a Herbert Ashe (v.): "*Numa noite do Islã que se chama a Noite das Noites se abrem de par em par as portas secretas do céu e se torna mais doce a água nos cântaros; se essas portas se abrissem, não sentiria o que naquela tarde senti*". — DF

Noites árabes

V. *Mil e uma noites, Livro das.*

nominalismo

Postura filosófica surgida na Idade Média que se opõe ao platonismo. Dentro do nominalismo, afirma-se que os universais (coisas, ideias e conceitos que designamos por um mesmo nome) não passam de uma abstração da mente humana, ou seja, não fazem parte da natureza dos objetos. A origem dessa corrente está nos estudos lógico-gramaticais empregados nas leituras exegéticas da Bíblia, gerando, até mesmo, análises posteriormente julgadas heréticas. Um dos acusados foi o escolástico inglês William de Ockham, cuja defesa da singularidade de cada ser e evento, centrando a base do conhecimento na experiência individual, levou-o a ser considerado um dos precursores do empirismo.

Borges mostra que a ideia nominalista de eternidade, assim como a de Platão (v.) e a de Santo Irineu, não "*é uma adição mecânica de passado, presente e futuro*", mas "*a simultaneidade desses tempos*" ("História da eternidade", *História da eternidade*). Em outra ocasião, afirma que no mundo moderno não há ninguém que não seja nominalista — tanto que tal categoria se tornou inútil. Faz questão de lembrar que, na Idade Média, o substantivo central era a humanidade, a espécie, ou Deus, e não o indivíduo. Essa mudança de perspectiva é um dos traços que marcam a passagem histórica "Das alegorias aos romances" (*Outras inquisições*). — TP

Nosotros

Em 1907, Alfredo Bianchi e Roberto Giusti (v.) fundaram, na cidade de Buenos Aires, o periódico *Nosotros*, que, no começo da década de 1920, atingiria certa hegemonia na cena intelectual. Seus diretores eram jovens escritores, e alguns se tornaram líderes ou membros da vanguarda ultraísta ou *martinfierrista* (v. *martinfierrismo*). Em 1921, Bianchi, ao ler um texto de Borges na revista mural *Prisma* (v.), que teve apenas dois números, solicitou-lhe um artigo explicando o que seria o ultraísmo. Em dezembro do mesmo ano, *Nosotros* publicou o "Programa ultraísta", elaborado pelo autor portenho, no qual ele manifestou sua adesão ao ultraísmo e à sua versão *criolla* (v. *criollo*), o *martinfierrismo*. Em consonância com tal tendência, em setembro de 1922 *Nosotros* divulgou a primeira antologia do ultraísmo argentino, com poemas de Borges, Norah Lange (v.) e Eduardo González Lanuza (v.). Iniciava-se, assim, a participação de Borges nessa revista de vanguarda literária.

Ao comentar, em "Palermo de Buenos Aires" (*Evaristo Carriego*), um texto de Paul Groussac (v.) sobre a antiguidade do bairro de Palermo, Borges afirma que as provas ou documentos desse trabalho foram publicados na revista *Nosotros*. — PFCO

Novalis

Novalis, pseudônimo do poeta alemão Georg Philipp Friedrich von Hardenberg (1772-1801), participou do início do movimento do romantismo em seu país. Foi engenheiro de minas, místico religioso, eficaz homem de negócios e o maior visionário dos poetas românticos. Foi também o criador da Flor Azul, símbolo do desejo romântico. Em consequência da morte prematura de sua noiva, aos quinze anos de idade, emergiram da sua profunda dor e do desejo de morte os *Hymnen an die Nacht* (1800), que exaltam a trindade de amor, morte e noite. Para Novalis, a morte seria a libertação dos desejos não correspondidos dos mortais, a reunião com o infinito, com Deus. Em *Heinrich von Ofterdingen* (1802), ele narra de modo irreal o desenvolvimento de Heinrich, suposto autor de *Nibelungenlied* (v.). Nos *Fragmente* (1802), aborda religião, arte, poesia, sociedade, entre outros temas, consolidando o cerne da filosofia romântica.

Borges cita uma frase de Novalis em "Uma vindicação do falso Basilides" (*Discussão*). Em "Avatares da tartaruga" (*Discussão*), outra frase do poeta alemão é mencionada para ilustrar o caráter irrealista do mundo. Em "Pierre Menard, autor do *Quixote*" (*Ficções*), ao discorrer sobre o tema da autoria da obra literária, inspira-se em dois textos, um dos quais é de autoria de Novalis. — PFCO

N.R.F.
(La Nouvelle Revue Française)

Revista criada por André Gide (1869-1951) (v.), Jacques Copeau e Jean Schlumberger, em 1909, com a ajuda da recém-fundada editora Gallimard. De início, colaboraram escritores já estabelecidos no meio literário francês, como Anatole France e Paul Bourget (v.). Ao longo dos anos, vários nomes de expressão passaram por suas páginas: Marcel Proust, Paul Valéry (v.), Guillaume Apollinaire (v.), Romain Rolland, entre outros. Os primeiros textos de Jean-Paul Sartre e André Malraux surgiram nessa revista. Durante o entreguerras, ela foi o principal palco de debates de intelectuais, contribuindo para seu renome. No entanto, no fim da Segunda Guerra Mundial, a *N.R.F.* foi proibida de circular, acusada de ter servido como veículo colaboracionista, reaparecendo apenas em 1953. Por muito tempo, manteve-se como publicação mensal, mas atualmente são lançados quatro números por ano. Teve enorme influência no mundo todo, sendo modelo para diversas revistas literárias, inclusive a argentina *Sur* (v.).

Borges se refere à *N.R.F.* no conto "Tlön, Uqbar, Orbis Tertius" (*Ficções*), quando especula sobre a existência de outros tomos de *A First Encyclopaedia of Tlön*, visto que o 11º volume faz alusões a eles. Contudo, escreve o autor argentino, Néstor Ibarra já havia negado tal possibilidade em um artigo célebre publicado na *N.R.F.* Na pesquisa deste verbete, não se encontrou essa referência de Néstor Ibarra na *N.R.F.* Acreditamos que seja apócrifa, como tantas citações de Borges. Em outro momento, no prólogo a "André Gide, *Os moedeiros falsos*" (*Biblioteca pessoal*), ele lembra que Gide foi um dos três fundadores da revista. — TP

O

Obligado, Rafael

Escritor argentino (1851-1920), foi professor e vice-decano da Faculdade de Filosofia e Letras da Universidade de Buenos Aires, de cuja fundação participou. Pertencente a uma família tradicional, de classe alta, passou a infância e a adolescência em uma fazenda. Nos poemas com temática rural que compôs, os protagonistas eram *gauchos* (v.) cheios de virtudes, dotados de extraordinária habilidade para a poesia e a música. Em "O Congresso" (*O livro de areia*) Borges faz ironia sobre esses personagens idealizados. O estilo literário de Obligado evita concessões a localismos ou ao vocabulário *gauchesco* (v.) (diversamente da poesia *gauchesca*). Sua obra mais famosa é *Santos Vega* (1885), personagem real anteriormente ficcionalizado por autores como Bartolomé Mitre (v.), Hilario Ascasubi (v.) e Eduardo Gutiérrez (v.). No livro de Obligado, um mítico *payador* (v. desafio) com esse nome se enfrenta com Juan Sin Ropa, personagem que foi visto como representação da modernização, da imigração ou como o próprio diabo. — PMG

Ocampo, Angélica

De Angélica Ocampo (1891-1980), irmã de Silvina (v.) e de Victoria (v.) e menos atuante no universo literário, consta que Borges lhe tinha grande amizade e, por conta disso, dedicou a ela o conto "O tintureiro mascarado Hákim de Merv" (*História universal da infâmia*). — PPM

Ocampo, Silvina

Escritora argentina (1903-93). Após *Viaje olvidado* (1937), primeiro volume de contos de sensibilidade exacerbada e imaginação impetuosa, Silvina Ocampo deixaria passar onze anos — durante os quais publicou somente poesia — para lançar o segundo, *Autobiografía de Irene*. Neste, a exuberância anterior aparece domada, como se a autora tivesse buscado submetê-la às pautas da fantasia racional praticada por Bioy Casares (v.) e Borges, com os quais havia organizado a *Antologia da literatura fantástica*, em 1940 (v.). Iriam se passar outros onze anos até que reaparecesse, em *La furia* (1959) e logo depois em *Las invitadas* (1961), aquele temperamento desafiador do primeiro livro, agora enriquecido em matizes, polido na escrita, fortalecido. Os livros de ficção subsequentes exploram esse registro alheio ao gosto de Bioy, seu marido, e do amigo. Embora *Los días de la noche* (1970), *Y así sucesivamente* (1987) e *Cornelia frente al espejo* (1988) reúnam contos escritos em datas muito variadas, ocasionalmente bastante anteriores à publicação, corrigidos ou reescritos, em todos se percebe a crescente liberdade com que a autora se anima a misturar prosa e verso, a organizar a prosa em forma de estrofes, a explorar uma veia de humor perverso com frequência associada a um tom de enganosa ingenuidade. Em 2003, portanto uma década após sua morte, foi descoberto um verdadeiro tesouro de inéditos — contos, romances, uma autobiografia em versos —, cuja publicação organizada se iniciou em 2006.

Em *Borges*, de Bioy Casares (2006), diário que registra as conversas, geralmente depois das refeições, de ambos os escritores, a menção muito ocasional a Silvina, ainda que esta estivesse presente em todos esses momentos, permite entrever a mistura de cumplicidade e distância que cultivava com seus prestigiosos interlocutores. Com o passar dos anos, começou-se aos poucos a ler sua obra ímpar sem associá-la a eles, como ocorria até então, do mesmo modo que não a associam a sua tão distante irmã mais velha.

Em "Los grifos", conto incluído em *Los días de la noche*, Borges aparece em uma dessas refeições, sensível no início ao som quase inaudível que Ocampo percebe, desconfiado no final diante de uma hipótese que lhe parece absurda. — EC

Ocampo, Victoria

Não era fácil, na Argentina dos anos 1930, ser mulher, rica e ao mesmo tempo querer realizar aspirações culturais fora dos salões da chamada "boa sociedade". Victoria Ocampo (1890-1979) conseguiu isso com uma jogada genial: sua indiscutível obra-prima foi, continua sendo e será a coleção da revista *Sur* (v.), que ela fundou e dirigiu por mais de quarenta anos.

Durante os primeiros trinta anos de existência, a revista foi uma extensão da personalidade de sua criadora: exigente como ela, discutida como ela, segura de ter uma missão e insegura da capacidade de realizá-la. Victoria Ocampo soube rodear-se rapidamente de colaboradores perspicazes, que correspondiam a seu gosto sem privá-la às vezes da contradição que buscava, talvez para comprovar que não se rodeara de cortesãos.

Conheci Victoria Ocampo no fim dos anos 1960, e me impressionou sua curiosidade pelos jovens vindos de horizontes sociais distantes do seu, mas possuídos pela paixão das letras. Porque Victoria pertencia àquela geração, que, espero, não seja a última, para quem a literatura foi o centro indiscutível da vida do espírito, além do cultural.

Como toda personalidade forte, Victoria preferia seus próprios erros às certezas sem riscos dos demais. As relações pessoais estavam na base de suas escolhas culturais ou políticas, mais que nas ideias gerais. Em 1936, quando eclodiu a Guerra Civil Espanhola (v.), a posição de Jacques Maritain reforçou a hostilidade de Victoria a Franco. Em 1961, quando Adolf Eichmann foi raptado em Buenos Aires, ela desafiou a indignação de nacionalistas irados pela violação do território nacional por agentes israelenses e manifestou publicamente sua satisfação de ver um criminoso de guerra levado a um tribunal. E o fez evocando a memória de Benjamin Fondane, poeta francês e judeu romeno, que em 1939 havia lhe confiado os arquivos dele, para resguardá-los da guerra que se anunciava... O mesmo Fondane que nos últimos dias da ocupação foi deportado para Auschwitz, onde morreu nas câmaras de gás, ironia trágica, vários meses depois da libertação de Paris.

Diante dessa mulher bela, apaixonada, generosa, sempre senti uma admiração mais forte que qualquer desacordo pontual sobre gostos ou opiniões. Victoria Ocampo inventou um destino para si e realizou uma obra, lutando sozinha até o final. Borges dedicou a ela o conto "O jardim de veredas que se bifurcam" (*Ficções*). — EC

Oliver, María Rosa

Escritora, crítica e filóloga argentina (1898-1977). Nascida em uma família tradicional de classe alta, fez parte do grupo fundador da revista *Sur* (v.) e militou a favor do voto feminino e contra o fascismo, auxiliando exilados da Guerra Civil Espanhola (1936-9) (v.). No fim dos anos 1940, aderiu ao comunismo soviético. Seus livros de memórias *Mundo, mi casa* (1965), *La vida cotidiana* (1969) e *Mi fe es el hombre* (1981) são fontes para o estudo da história cultural da Argentina. Embora participasse dos mesmos grupos sociais que Borges, os dois não tinham uma boa relação; ele a considerava orgulhosa e criticava suas convicções políticas. Em "*Ce vice impuni, la lecture*, de Valery Larbaud", que faz parte de "Langston Hughes" (*Textos cativos*), comenta que María Rosa é uma das poucas leitoras argentinas de Samuel Butler (v.). (V. Ocampo, Victoria.) — PMG

Once, bairro do

V. mapa portenho.

O'Neill, Eugene G.

Dramaturgo e marinheiro mercante (1888-1953), é considerado o fundador do teatro norte-americano. Herdeiro de certos elementos expressionistas, as tramas de suas obras desenvolvem-se em espaços escuros, e os personagens, sobretudo os de sua última produção, são demasiado sombrios. As peças mais conhecidas de O'Neill são *Emperor Jones* (1920), *The Great God Brown* (1926), *The Iceman Cometh* (1946) e *Long Day's Journey into Night* (1956). Ganhou quatro vezes o Prêmio Pulitzer. Entre as muitas viagens que realizou, esteve em Buenos Aires em 1910.

Borges escreveu um prefácio para a *Biblioteca pessoal* ("Eugene O'Neill, *O grande Deus Brown. Estranho interlúdio. Electra enlutada*"), no qual faz uma breve resenha da vida do autor, dados que repete no capítulo dedicado ao teatro em *Introducción a la literatura norteamericana*. Quando O'Neill recebeu o Prêmio Nobel de Literatura, em 1936, o escritor argentino publicou um ensaio na revista *El Hogar* (v.) de 27 de novembro desse ano, em que cita Saint John Ervine: "*Aristóteles se reviraria no túmulo se lhe contassem as diabruras que o senhor O'Neill faz com a técnica, mas talvez as perdoasse pela felicidade do resultado*" ("Eugene G. O'Neill, Prêmio Nobel de Literatura", *Textos cativos*). Sente uma recatada admiração por O'Neill e afirma que cada novo experimento dele se justifica. Traços de sua experiência e de sua vida "*tormentosa*" — nas palavras de Borges — revelam-se em sua obra. — LM

Oribe, Emilio

Poeta e filósofo uruguaio (1893-1975), nasceu em Melo (v.) e morreu em Montevidéu (v.). Embora fosse médico de profissão, dedicou-se ao ensino de filosofia no curso secundário e superior, chegando a ser decano da Faculdade de Humanidades e Ciências da Universidade da República. Cultivador, no início, de um modernismo hispano-americano de epígonos, com grande influência do poeta simbolista Julio Herrera y Reissig (v.), encontrou sua própria voz ao incorporar, à poesia que compunha, o tom e os temas de suas preocupações filosóficas. O tempo, a morte, o ser, a ideia, comparecem em uma poesia simbólica e depurada. Algumas obras poéticas de Oribe são *El nunca usado mar* (1922), *El nardo del ánfora* (1926), *La lámpara que anda* (1944), *La esfera del canto* (1948), *Rapsodia bárbara* (1953) e *Ars Magna* (1960). Dentre os escritos filosóficos, destaca-se *Teoría del Nous* (1935). Borges transcreve dois versos do poeta em "Utopia de um homem que está cansado" (*O livro de areia*). — PR e MAGB

Oribe, Manuel

Em 19 de setembro de 1836, as forças do general Manuel Oribe (Montevidéu, 1792-1857), segundo presidente constitucional da República Oriental do Uruguai, enfrentaram-se com as de Fructuoso Rivera (v. Rivera, Uruguai). Na falta de uniformes oficiais, os homens de Oribe se identificaram com o símbolo *blanco* [branco] e os de Rivera com o símbolo *colorado* [vermelho], cada qual com uma fita de tecido rústico à maneira de faixa na testa. Pouco depois, essas cores passaram a denominar as tropas: Partido Blanco e Partido Colorado. O primeiro, nos anos 1870, chamado Partido Nacional, considera Manuel Oribe seu fundador. Referindo-se ao pai de María Justina Rubio de Jáuregui, personagem do conto "A velha senhora" (*O informe de Brodie*), Borges afirma que o coronel Mariano Rubio, após a derrota dos unitários (v.), "*emigrou para o Uruguai, onde se casou. No decorrer da Guerra Grande, morreu em Montevidéu, praça sitiada pelos* blancos *de Oribe*". — PR e MAGB

orientais, os (uruguaios)

Gentílico que designava os habitantes da Banda Oriental (v.) e, depois, uma das denominações oficiais para aqueles que nascem na República Oriental do Uruguai. A outra é "uruguaios", termo imposto nas últimas décadas, com exceção do período da ditadura — entre 1973 e 1984.

A insistência de Borges em usar "Banda Oriental" mostra que, como a antiquada María Justina Rubio de Jáuregui — do conto "A velha senhora" (*O informe de Brodie*) —, ele "*imitava*" arcaísmos e dizia: "orientais *e não* uruguaios". Essa noção de "outra Banda" lhe permitia estabelecer um sutil paralelo entre afastamento e assimilação cultural, já que apenas um rio, definido nesses termos, e somente alguns "acidentes" políticos distanciam o próximo: a mesma língua, os mesmos tipos humanos autóctones, os mitos comuns (ou quase) construídos em poucos séculos, a mesma "*pânica planície interminável*", como a denomina Emilio Oribe (v.) em um poema que o autor argentino citou com prazer em muitas ocasiões, "*E perto do Brasil*" ("Utopia de um homem que está cansado", *O livro de areia*), ou seja, próxima porém diversa, como se a planície terminasse nos limites políticos com o país de língua portuguesa. Isso explica a semelhança e a dessemelhança das imagens de Borges sobre o lado oriental do Prata, sua profunda simpatia quando se refere a essas terras, a sua gente e sua cultura. Tudo isso tem, para ele, "*o gosto do que parece / Quase igual, mas não de todo*"; dois territórios que, em um impulso de vago anarquismo, considera artificialmente separados e confia em "*que o tempo / vá desfazendo as fronteiras; / afinal vemos as mesmas / cores nas duas bandeiras*" ("Milonga para os orientais", *Para as seis cordas*). — PR

orientalismos

No *Ensaio autobiográfico*, Borges afirma: "*Se tivesse de indicar o evento principal de minha vida, diria que é a biblioteca de meu pai. Na realidade, creio nunca ter saído dessa biblioteca*". A passagem é bem conhecida, e já se tornou lugar-comum nos textos críticos que versam sobre a sua obra. Contudo, uma vez mais é necessário invocá-la para delinear brevemente a feição orientalista do autor argentino, seu fascínio pela produção cultural, pela história e pelos personagens lendários que habitaram a Ásia Ocidental, o Norte da África e a península Ibérica antes da Reconquista. O fato é que poderíamos traçar uma genealogia desse interesse do escritor por aquilo que se convencionou chamar o Oriente e dizer que o seu ponto de partida é o contato com a tradução das *Mil e uma noites* elaborada por Richard Francis Burton (v.), a qual integrava a biblioteca paterna e Borges leu ainda menino.

O convívio com *As mil e uma noites* foi permanente durante a vida literária de Borges. Passeando por sua produção, podemos constatar a presença da referida obra árabe formulada em uma variedade significativa de elaborações discursivas: em ensaios, como "Os tradutores d'*As mil e uma noites*" (*História da eternidade*); em conferências, como "*As mil e uma noites*" (depois publicada em *Sete noites*); e em contos, como "Et caetera" (*História universal da infâmia*). A ideia de um livro infinito — concebida de modo mais contundente em "O livro de areia" (*O livro de areia*) — pode ser vista como a consagração dessa relação. Não por acaso, no fim do conto o narrador diz: "*Pensei guardar* O livro de areia *no lugar que tinha deixado o Wiclif, mas optei afinal por escondê-lo atrás de uns volumes avulsos d'*As mil e uma noites". De fato, poucas obras literárias se acercam tanto da ideia de infinito, seja por sua estrutura vertiginosa de narrativas interpoladas, seja pelo título que ela carrega no frontispício: "*Se tivessem posto novecentas e noventa e nove noites, sentiríamos que está faltando uma noite; assim, porém, sentimos que nos dão uma coisa infinita e que para completar ainda nos dão uma noite de vantagem*" ("*As mil e uma noites*").

A obsessão de Borges por essa obra levou-o a garimpar em busca das melhores versões e a conhecer suas mais diversas traduções. Foi o que lhe permitiu entrar em contato com as produções de orientalistas como o já citado Richard Francis Burton e outros como Jean Antoine Galland (v.), Joseph Charles Mardrus (v.), Enno Littmann (v.), Gustav Weil (v.) e Edward William Lane (v.). São todos autores aos quais ele alude em "Os tradutores d'*As mil e uma noites*", ensaio importante não só pela apresentação sumária dos orientalistas mencionados, mas por revelar a ideia singular que o escritor argentino tinha do ato mesmo de traduzir.

Foi em torno dos dilemas da tradução que surgiram contos como "A busca de Averróis" (*O Aleph*). Nesse caso, distanciamo-nos finalmente do espectro das *Mil e uma noites* para contemplar outras feições desse Borges orientalista — mais especificamente, um Borges leitor de filósofos e escritores árabes e persas e um Borges interessado nas idiossincrasias do mundo islâmico. No que se refere aos filósofos, além da alusão a Averróis (v.), podemos ler na obra do autor portenho menções a Avicena (v.), Al-Ghazali ou Algazel (v.), Abentofail (v.) e Ibn Khaldun (v.). Quanto aos escritores, há menções a Chahiz de Basra (v.), ou Al-Chahiz, Omar Khayyam (v.), Farid al-Din Attar (v.), Almotanabi (v.) e Abulbeca de Ronda (v.).

O mundo islâmico, por sua vez, surge na obra de Borges em contextos, no mínimo, curiosos. Em "A busca de Averróis", por exemplo, o escritor projeta um impasse: o personagem Averróis interrompe seu ofício de tradutor de Aristóteles (v.) por não conseguir compreender o significado das palavras "tragédia" e "comédia" — "*ninguém, no âmbito do Islã, atinava com o que queriam dizer*". Maomé e o Alcorão, por seu turno, são utilizados como argumento infalível em "O escritor argentino e a tradição" (*Discussão*): "*no Alcorão, livro árabe por excelência, não há camelos.* [...] *Maomé, como árabe, estava tranquilo: sabia que podia ser árabe sem camelos*" (v. Gibbon).

Para finalizar, é bom salientar que esse Borges orientalista, que começou a conhecer a Ásia Ocidental e o Norte da África dentro da biblioteca paterna e que continuou a investigar, por meio dos livros, aquilo que muitos resolveram chamar de Oriente, não foi um mero deslumbrado ou cultuador de aspectos exóticos de regiões insondáveis do planeta. Em alguns momentos ele não se absteve da autocrítica, que, em última análise, pode servir de alerta a todos os demais orientalistas. Novamente em "A busca de Averróis", no último parágrafo do conto, lemos a seguinte reflexão: "*Relatei o caso; à medida que progredia, senti o que deve ter sentido aquele deus mencionado por Burton que se propôs criar um touro e criou um búfalo. Senti que a obra zombava de mim. Senti que Averróis, querendo imaginar o que é um drama sem ter ideia do que é um teatro, não era mais absurdo que eu, querendo imaginar Averróis, sem outro material além de algumas migalhas de Renan, de Lane e de Asín Palacios*". — DF

Orígenes

Orígenes de Alexandria (185-253), além de ter sido um teólogo cristão, foi um filósofo do neoplatonismo, rejeitando tanto as especulações mitológicas das diversas seitas gnósticas como a filosofia pagã. Dirigiu a famosa escola de Alexandria, que, sob seu comando, atingiu o auge em que se manteve pelos dois séculos seguintes. Nem mesmo com a perseguição romana aos cristãos ele desistiu de defender seus princípios religiosos. Em razão dos estudos profundos que fez sobre a Bíblia, um dos quais, relativo aos sentidos das palavras da Escritura, mereceu comentário de Borges em "Uma vindicação da cabala" (*Discussão*), Orígenes se tornou o exegeta bíblico mais proeminente do mundo grego, tendo influenciado o pensamento cristão em todo o Oriente. Preso em 250 a mando do imperador Trajano Décio, foi torturado com brutalidade e, em consequência, veio a falecer poucos anos depois, em Tiro.

A maior parte de sua vasta obra era composta de estudos bíblicos. Poucos, porém, foram preservados, provavelmente em decorrência de uma invasão árabe que os teria destruído. O que restou de seu trabalho, incluindo o livro *De principiis*, comentado por Borges em "Os teólogos" (*O Aleph*), deve-se à tradução para o latim realizada por dois monges ocidentais que viviam na Palestina.

O ponto central do pensamento de Orígenes era a ideia de que Deus é incorporável e que Cristo desempenharia uma função de mediação entre Deus e o mundo. Sua interpretação da Bíblia fundamentava-se nas doutrinas platônicas e estoicas. Em *De principiis*, ele estabeleceu suas teorias acerca da Sagrada Trindade, assim como da preexistência, queda e transmigração das almas, além de insistir na liberdade absoluta de cada alma, negando, dessa forma, o fatalismo, ideia muito presente na época. Em "Notas" (*Discussão*), Borges refere-se à ideia de Orígenes sobre a reconciliação do Criador com todas as criaturas. — PFCO

orillas [arredores, margens]

O termo era usado no início do século XX em referência aos bairros pobres e afastados do centro de Buenos Aires. Borges escolhe-o para situar a região fronteiriça entre a cidade e o campo, espaço de indecisão e ambiguidade caro à sua escrita, o lugar indefinido onde a planície invade as casas mais distantes. A busca paradoxal do inexistente e exato ponto onde a cidade termina e o campo começa é o motor poético de várias produções de Borges, sobretudo nos primeiros anos. Contrapostas ao centro, as margens borgianas não deixam de ser uma paisagem urbana, determinada por um olhar da cidade. Nessas regiões, o habitante prototípico, o *orillero* [que vive nos arredores], é um *criollo* (v.) de origem anterior à imigração. A construção mais idealizada de tal paisagem se dá em *Evaristo Carriego*. Em *Jorge Luis Borges, um escritor na periferia*, a crítica Beatriz Sarlo destaca a importância da noção de *orillas* no trabalho do escritor e a toma como metáfora dos muitos encontros de que os textos dele são palco: do nacional com o universal; da ficção com a história e a memória; da ensaística com a ficção; do vanguardismo e da inovação com o clássico. A obra de Borges seria, nesse sentido, marcada pela porosidade entre formas, temas e narrativas: uma obra de mescla e de diálogos contínuos. — PMG

orilleros, Los

Roteiro cinematográfico escrito por Borges e Adolfo Bioy Casares (v.) em 1948. Na época, não se realizou o filme, porém o texto, que teve várias versões, foi publicado em livro em 1955, juntamente com outro roteiro, *El paraíso de los creyentes*. Em 1975, Ricardo Luna dirigiu uma versão do primeiro. A história ocorre no fim do século XIX e se concentra em um homem do subúrbio, um arrabaldeiro, Julio Morales, que duvida de sua própria coragem e decide desafiar um famoso malfeitor mas termina envolvido em uma trama criminosa muito mais complexa, na qual as dívidas de honra e a fama e a coragem dos personagens são as principais motivações.

Segundo antecipam os autores no prefácio à edição de 1955, "*os dois filmes* [...] *aceitam, ou gostariam de aceitar, as diversas convenções do cinematógrafo*". A manifesta convencionalidade da trama se associa a personagens e situações típicas do tema, no entanto os diálogos, em seu conteúdo e estilo, correspondem a alguns tópicos frequentes de Borges e Bioy Casares: o destino, o desafio, a coragem, a morte, os duplos, as repetições de uma vida em outra e a representação dos socioletos mais na sintaxe que no léxico. — PMG

Osuna, duque de

Pedro Téllez Girón (Valladolid, 1579-1624), duque de Osuna, foi um general e político espanhol. Chegou a vice-rei da Sicília e de Nápoles, mas em 1620 perdeu a proteção real e quatro anos depois morreu na prisão. Arrojado, valente e enérgico, mereceu a amizade e admiração do poeta Francisco de Quevedo (v.), que lhe serviu de confidente para assuntos políticos.

Borges refere-se a um soneto dedicado por Quevedo ao poderoso duque. Os versos "*Sua Tumba são de Flandres as Campanhas, / Seu Epitáfio a ensanguentada Lua*" ("As *kenningar*", *História da eternidade*) aludem às façanhas do duque de Osuna na Guerra de Flandres, que opôs os Países Baixos ao Império Espanhol por quase um século (1568-1648), e a suas vitórias sobre os turcos no Mediterrâneo. — MAGB

Ouspenski

V. Uspenski.

Ovídio

Poeta romano, nasceu em Sulmona, em 43 a.C., e faleceu no ano 18 d.C. Estudou direito, tendo atuado no exercício da prática das leis em cortes de Justiça. Após três casamentos e muitos anos de vida em Roma, gozando de respeito perto de Augusto, foi subitamente banido da cidade, em virtude do poema licencioso *Ars amatoria* [A arte de amar]. Porém, o que se infere atualmente é que Ovídio fora acusado de intrigas com a neta do imperador. É desse período, o do exílio, que data a maior parte de seus poemas latinos. *Metamorfoses* pode ser considerada a sua obra mais importante. Ela fez parte, segundo Borges afirma em "Edward Gibbon: *Páginas de história e de autobiografia*" (*Prólogos, com um prólogo de prólogos*), das leituras preferidas do famoso historiador inglês.

Ovídio também está entre os muitos que escreveram sobre as sereias (como consta em "A arte narrativa e a magia", *Discussão*), personagens descritas das mais variadas maneiras na literatura. Para Borges, ele foi um dos quatro grandes poetas da Antiguidade: Homero, Ovídio, Lucano e Horácio, conforme anotou em "O pesadelo" (*Sete noites*). — PFCO

Oyuela, Calixto

Adversário do modernismo hispano-americano, Calixto Oyuela (1857-1935) era um defensor das glórias da literatura espanhola, inspirando-se em Deus, na natureza, na humanidade, na Espanha, na pátria, no amor e na família. Primeiro presidente da Academia Argentina de Letras, em 1931, foi crítico de letras e de teatro, combatendo o exotismo, o rebuscamento e a extravagância do modernismo. Apesar de celebrar a arte clássica, também apoiava algumas formas do romantismo e soube valorizar, em sua *Antología poética hispanoamericana* (1919), a arte dos poetas modernistas, assim como a poesia *gauchesca* (v.).

Nessa obra, o autor rompeu com a tendência de fazer de *Martín Fierro* (1872) (v.) um épico, ressaltando-lhe a especificidade histórica e negando seu suposto caráter de representação nacional, como afirma Borges em "A poesia *gauchesca*" (*Discussão*). Os dois, porém, conforme se lê no mesmo texto, discordavam na análise da obra de Hilário Ascasubi (v.). A discussão sobre o caráter épico de *Martín Fierro* é novamente abordada em "José Hernández" (*Prólogos, com um prólogo de prólogos*), em que Oyuela mais uma vez é citado. Na "Declaração", do livro *Evaristo Carriego*, Borges diz que Calixto Oyuela, entre outros, foi fonte de pesquisa para seus estudos. — PFCO

P

Palermo, quartos de Palermo, Palermo de San Benito

Antiga região de Buenos Aires cuja extensão correspondia a um quinto dos terrenos onde Juan de Garay fundou a cidade pela segunda vez, em 1580. O nome se deve a um de seus primeiros habitantes, proveniente da cidade siciliana homônima. No início do século XIX, organizou-se administrativamente como distrito. Ali ficava a magnífica residência de Juan Manuel de Rosas (v.), rodeada por grandes jardins, chamada Palermo de San Benito. Nas propriedades desse distrito, confiscadas pelo governo de Domingo Faustino Sarmiento (v.), criou-se, em 1875, o Parque 3 de Febrero (data da Batalha de Caseros [v.], em que Rosas foi derrotado, no ano de 1852), isto é, os célebres "bosques de Palermo", incluindo o Rosedal. Em Palermo funcionaram velhos quartéis ou quartos do exército, uma antiga penitenciária que se manteve até meados do século XX, e lá se instalaram os jardins Zoológico (1890) e Botânico (1892) (v.).

O livro que Borges dedicou a Evaristo Carriego (v.) (1930) está consagrado, em boa parte, a evocar, e um pouco também a inventar, esse que era então um subúrbio onde o biografado viveu e onde nasceu o biógrafo, na casa do avô materno Isidoro Acevedo (v.). A extraordinária imaginação poética de "Fundação mítica de Buenos Aires" (*Caderno San Martín*) consiste em alucinar, em tom anacrônico, que o estabelecimento da cidade ocorreu no quarteirão de Palermo (um quarteirão "*em meio ao campo*") no qual estava situada aquela casa da infância. No mesmo poema, Borges evoca com humor o momento em que os índios charruas comeram Juan Díaz de Solís (v.); o texto foi publicado pouco depois de Oswald de Andrade escrever "Só a antropofagia nos une", no *Manifesto Antropófago*, datado "*em Piratininga. Anno 374 da Deglutição do Bispo Sardinha*" (1928). O crítico uruguaio Emir Rodríguez Monegal (v.) ressaltou tal sincronia. — JSV

pampa (língua)

V. araucano ou pampa.

Panônia, João de

Personagem do conto "Os teólogos" (*O Aleph*) que aparece constantemente em confronto com seu opositor, Aureliano. Este consegue que João seja condenado à fogueira como herege, depois de haver sido venerado como voz oficial da Igreja. Embora se trate de um personagem fictício dentro de uma história que acontece por volta do século VI, convém assinalar que existe um personagem histórico de mesmo nome, do qual Borges pode ter tomado conhecimento. Foi tão famoso na Hungria do século XV que até a atualidade a Universidade de Pécs leva seu nome. Janus Pannonius (assim se latinizou seu nome húngaro) é considerado o mais significativo, se não o único, grande poeta do Renascimento naquele país. Mesmo sendo bispo, em seus célebres epigramas latinos criticou duramente o papado. Morreu aos 38 anos, quando fugia para a Itália. — IAL

Papini, Giovanni

Escritor italiano nascido em Florença (1881--1956), foi professor e bibliotecário de formação autodidata. Sua trajetória intelectual apresenta momentos contraditórios. Na juventude, escrevendo sob o pseudônimo Gian Falco, foi anarquista, iconoclasta, ateu e anticlerical. Considerava-se "*o homem do não e da contracorrente*". Em *Il crepuscolo dei filosofi* (1905), decreta a morte da filosofia. No mesmo ano, publica os relatos de *Il tragico quotidiano*, que, com os de *Il pilota cieco* (1907), constituem sua incursão pela literatura fantástica. Depois de abraçar fugazmente a teosofia e com apenas trinta anos escrever suas memórias, Papini funda, em 1913, a revista *Lacerba*, que no início apoia e em seguida combate o futurismo. Nas páginas do periódico, com inflamados manifestos nacionalistas e militaristas, solicita a intervenção da Itália na Primeira Guerra Mundial, declarando que aqueles que odeiam a humanidade estão felizes com o advento da contenda, "*operação malthusiana*". Passados dois anos arrepende-se dessa exortação. Em 1921, converte-se ao cristianismo. Publica *Storia di Cristo* (1921) e *Dizionario dell'omo salvatico* (1923), no qual ataca as mulheres, a democracia e os judeus. Adere ao fascismo, chegando a ser um dos seus escritores oficiais. É autor ainda de *Gog* (1931) e *Dante vivo* (1933). Nomeado acadêmico em 1937, no ano seguinte apoiou as leis raciais antissemitas. Após a queda de Mussolini, recolheu-se em um convento franciscano, onde se tornou frei Bonaventura. Morreu cego em 1956.

De sua vasta obra, Borges aprecia os relatos fantásticos, que leu em traduções ruins quando criança: "*nessa idade, se desfruta da leitura, se desfruta e não se julga*". Resgata-os na *Antologia da literatura fantástica* (1940) (v.) e em duas coleções que prefaciou: La Biblioteca de Babel e Biblioteca Personal. Desse modo, salva do esquecimento um personagem polêmico e versátil ("*não sabemos qual é seu rosto, pois foram muitas suas máscaras*").

Borges afirma haver compreendido que um dos contos que escreveu na maturidade, "O outro" (*O livro de areia*), provém da remota leitura infantil de "Due immagini in una vasca" ("Dos imágenes en un estanque"), de Papini. — CF e MG

Pardos e Morenos, Regimento de

Criado pela Primeira Junta de Governo em junho de 1810, em consequência das lutas de maio do mesmo ano, em Buenos Aires, início do processo da independência argentina, sobre a base do Regimento (antes Batalhão de Milícias) de Castas. O novo regimento formou-se ao se separarem dele os índios e mestiços, e era composto de homens livres (diversamente de outros, que tinham escravos em suas fileiras), fossem mulatos ("pardos") ou negros libertos ("morenos"). Sob a liderança de Miguel Estanislao Soler, participou de várias expedições ao Alto Peru, à Banda Oriental e ao Paraguai. Foi dissolvido por Manuel Belgrano em 1816.

As menções de Borges a ele fazem referência à Batalha de El Cerrito (1812), nas proximidades de Montevidéu, na qual teve atuação destacada sob o comando de Soler, quando atacou no litoral, em direção ao norte, forças muito superiores e conseguiu impor-se. — PMG

Parmênides

Filósofo grego (*c.* 530-*c.* 460 a.C.), nasceu em Eleia, atual Itália, e fundou a escola de Eleia (v.) de filosofia, na qual foi sucedido por Zenão (v.), como o próprio Borges deixa claro em "A perpétua corrida de Aquiles e da tartaruga" (*Discussão*). Citado inúmeras vezes pelo autor argentino, sobretudo na sua produção mais inicial, desde as "Notas" em *Fervor de Buenos Aires*, passando pelo prólogo a *História da eternidade*, em que se refere aos hexâmetros do filósofo, até o imóvel Ser de Parmênides, em "O milagre secreto" (*Ficções*). Já em "A esfera de Pascal" (*Outras inquisições*), Borges comenta a ideia que tinha Parmênides sobre a semelhança da divindade com a esfera, símbolo da perfeição. — PFCO

Pascal, Blaise

Filósofo, físico e matemático francês (1623-62), foi o grande pensador das relações entre razão, emoção e religião. Mostrando, desde muito jovem, imenso talento para as ciências exatas, fez a família se mudar para Paris a fim de que ele pudesse iniciar estudos em geometria, jurisprudência e música. Aos dezesseis anos, já publicava *Ensaio sobre as cônicas*, em que expunha um teorema que ainda leva o seu nome. Desenvolveu importantes progressos dentro da teoria das probabilidades e da análise combinatória, além de inventar a bomba hidráulica e a seringa.

Quando chegou aos 31 anos, contudo, sua vida sofreu uma profunda mudança: a conversão ao cristianismo, em virtude de uma visão divina que teria tido. Recolhe-se à abadia de Port-Royal, que, inspirada por Santo Agostinho (v.), acredita na salvação não pela conversão, mas pela predestinação da alma. Retorna aos estudos após um "novo milagre" (1658), porém dedicando-se a obras de cunho meditativo. A principal delas é *Pensamentos*, que foi publicada postumamente, em 1670. Nela desenvolve, por meio de fragmentos aforísticos, o sentimento angustiante diante da incapacidade de entendimento dos desígnios divinos.

Borges dedica dois ensaios a Pascal no livro *Outras inquisições*, cada um voltado para um trecho dessa obra. Em "A esfera de Pascal", traça uma longa história da associação entre as figuras de Deus e do universo e a figura geométrica da esfera. Se para Xenófanes (v.), Platão (v.) e outros essa ligação se dá pela "perfeição", para Pascal ela se dá pelo indecifrável e pelo labiríntico. O escritor argentino cita a conhecida passagem que diz: "*a natureza é uma esfera infinita cujo centro está em toda parte e a circunferência em nenhuma*", e remete à edição de Tourneur (1941), para lembrar que no manuscrito original "esfera" era precedida pela palavra "terrível". Em "Pascal", afirma que os pensamentos não dão as soluções dos problemas que o autor aborda, mas permitem conhecer o único homem por trás desses problemas. Entre outras coisas, menciona o Pari [Aposta] de Pascal: um famoso trecho no qual o filósofo discute a vantagem de acreditar em Deus, já que só há benefícios em fazê-lo, mesmo se as Escrituras estiverem erradas.

Pensamentos foi uma grande influência para correntes como o irracionalismo, e também para a Igreja metodista. Depois dessa obra, Pascal não mais escreveu, tendo padecido em seus últimos anos de uma dolorosa doença que se prolongou até sua morte. — TP

Paseo Colón

Extensa avenida que atravessa o bairro de San Telmo e cobre a distância entre o parque Lezama e a Casa Rosada, sede do governo federal. Ao longo de seu percurso, encontram-se diversos locais de interesse turístico.

Ao se referir ao Paseo Colón em "O escritor argentino e a tradição" (*Discussão*), Borges apenas está afirmando que pensara na avenida ao criar a Rue de Toulon no conto "A morte e a bússola" (*Ficções*). Assim como chamara de Triste-le-Roy as chácaras de Adrogué, caracterizando, desse modo, um movimento de transmutação da realidade, em que "*figuram elementos de Buenos Aires deformados pelo horror do pesadelo*", o que dá lugar a essas inventividades típicas de Borges, em que a distinção entre ficção e realidade nem sempre é tão nítida. — PFCO

Paseo de Julio

O Paseo de Julio é a atual avenida Leandro N. Alem, que parte da Casa Rosada, sede do governo federal, em sentido oposto ao Paseo Colón, em direção à Plaza Libertador General San Martín, atravessando o bairro do Retiro.

No prólogo ao livro *Artifícios* (*Ficções*), Borges acaba por se contradizer ou se confundir (ou nos confundir), já que em "O escritor argentino e a tradição" (*Discussão*), ele afirma que a inspiração para ter criado a Rue de Toulon, do conto "A morte e a bússola" (*Ficções*), fora o Paseo Colón, e não o Paseo de Julio, como declara no citado prólogo. O Paseo de Julio é retomado em "Emma Zunz" (*O Aleph*) como cenário das andanças do personagem. (V. prostíbulos: Lorea, Boca, Solís.) — PFCO

Paso del Molino

Distrito de Montevidéu, às margens do rio Miguelete, que até começos do século XX era sobretudo um local de lazer e descanso nas férias da classe alta que morava no centro antigo. O crescimento incorporou Paso del Molino (ou Paso Molino) à estrutura urbana da cidade. Borges e a família costumavam passar os verões em uma casa de campo situada nesse lugar, a qual pertencia ao fazendeiro Francisco Haedo, primo de Leonor Acevedo de Borges (v.), mãe do escritor. As férias em Paso del Molino estão presentes nas recordações de Borges como momentos de diversão e alegria ao lado de suas primas, em especial Esther Haedo, que mais tarde se casou com o escritor Enrique Amorim (v.). — PR e MPS

Pavón

V. Cepeda.

payada e *payada de contrapunto*

V. desafio poético.

Paysandú

Departamento do litoral uruguaio, citado por Borges em "Sobre *The Purple Land*" (*Outras inquisições*) e em "Milonga para os orientais" (*Para as seis cordas*), em ambos referindo-se ao contexto das invasões britânicas no rio da Prata. Situa-se junto do rio Uruguai, na fronteira com a Argentina. Sua capital, de mesmo nome, localizada a 480 quilômetros de Montevidéu, começou a formar-se como tal em 1802. Um dos personagens de "A seita da Fênix" (*Ficções*) era de Paysandú. Em "A outra morte" (*O Aleph*) Borges também menciona a cidade, hoje uma das mais importantes do litoral uruguaio. — PR e MAGB

pedra bezoar

A pedra bezoar (do persa *padzahr*, que significa "eliminar veneno") é encontrada na forma de cálculo, ou concreção, no estômago ou no intestino de várias espécies de ruminantes, como antílopes, camelos, cabras, sendo composta sobretudo da aglutinação de fosfato de cálcio com pelos. Utilizada desde a Idade Média como antídoto para certos envenenamentos e como remédio no tratamento de diversas doenças, sua eficácia é considerada, de modo polêmico, ou produto da imaginação popular ou milagre. A pedra é aplicada não apenas na alquimia, mas também, ocasionalmente, em alguns âmbitos da medicina.

Borges, referindo-se à imaginação e ao misticismo dos homens, menciona a pedra bezoar em "Notas" (*Discussão*), identificando-a, contudo, conforme sugere o texto, como menos imaginativa do que a teoria da harmonia preestabelecida do filósofo e matemático alemão Gottfried Leibniz. — PPM

PEN Clubes, Congresso Anual dos

PEN Clube é uma organização internacional de escritores. Foi fundado em Londres, em 1921, pela dramaturga Amy Dawson-Scott. O objetivo inicial era apenas proporcionar um espaço de socialização a escritores em meio ao caos em que se encontrava parte da Europa após a Primeira Guerra. A proposta pouco a pouco se difundiu em outros países europeus, assumindo um viés político. Na década de 1930, com H. G. Wells (v.) como presidente, o PEN Clube se opôs ao nazismo e encampou definitivamente a luta pela defesa dos direitos humanos e pela liberdade de expressão. Hoje, possui sedes em várias nações do mundo e divide seu foco de atuação política em quatro grandes comitês: o de Escritores na Prisão, o de Mulheres Escritoras, o de Escritores para a Paz, e o de Tradução e Direitos Linguísticos.

A sigla PEN significa "Poetas, Ensaístas e Novelistas". Ao longo do século XX, a organização contou com a participação de nomes ilustres da literatura universal, como Paul Valéry (v.), Thomas Mann, Benedetto Croce (v.) e Mario Vargas Llosa. Adolfo Bioy Casares (v.), amigo e parceiro de Borges, chegou a participar, nos anos 1950, da direção da seção argentina, e menciona, nos *Diários*, muitas conversas durante os jantares, com o parceiro, sobre assuntos do PEN. A participação de Bioy no evento do PEN no Rio de Janeiro, em 1960, gerou um livro interessante, *Unos días en el Brasil* (*diário de viaje*) (2010). Anualmente, o PEN Clube promove um congresso, cada vez em um país diferente. Em 1936, este se realizou em Buenos Aires e ficou na memória por, entre outras coisas, um incidente envolvendo o poeta francês Jules Romains (v.) e Filippo Tommaso Marinetti (v.), um dos principais idealizadores do movimento futurista. O episódio é lembrado por Borges em resenha de 1937, na qual comenta "*L'Homme blanc*, de Jules Romains" (*Textos cativos*). O argentino se refere ao francês como o "*demolidor de Filippo Tommaso Marinetti no Congresso Anual dos PEN Clubes*" (*Textos cativos*). De fato, Marinetti foi duramente criticado por Romains em 1936. O francês acusou o italiano de se aproveitar do congresso para divulgar ideias fascistas e contrárias à paz. — DF

Pentateuco, o (a Torá)

"Pentateuco" é uma palavra latina, derivada do grego *Pentáteukhos*, termo composto de duas palavras, "*penta*" [cinco] e "*teukhos*" [realização], que significa "a realização dos cinco livros". É o nome utilizado para designar a assim chamada Lei de Moisés, a Torá, em hebraico. Os cinco livros que compõem a obra foram redigidos ao longo de milhares de anos, e tudo indica que isso tenha ocorrido bem antes da destruição do Segundo Templo de Jerusalém (ano 70). O nome grego de cada um é *Génesis*, *Éksodos*, *Leuitikón*, *Aríthmoi* e *Deuteronómion*, isto é, Gênesis, Êxodo, Levítico,

Números e Deuteronômio. Esses nomes outorgam a cada livro uma autonomia em relação ao todo bem maior do que a que encontramos no original em hebraico. Neste caso, o título dos livros é extraído de sua palavra de abertura (*Bereshit* [v.], *Shemot*, *Va-Yikrá*, *Ba-Midbar* e *Devarim*), apontando assim para um todo do qual cada um deles é parte. Foi durante a reforma do rei Josias (622 a.C.), no reino de Judá, que surgiu a noção da Torá como um livro sagrado.

O Pentateuco conta a história de Israel desde os primórdios até a morte de Moisés, que Borges, em "História dos ecos de um nome" (*Outras inquisições*), diz ser o "*autor e protagonista do livro*". E o principal propósito do Pentateuco é descrever a história da salvação de Israel. Deus teria se revelado aos Patriarcas e estabelecido um pacto com eles. Enviando Moisés e seu irmão Aron, Deus resgata os filhos de Israel da escravidão no Egito e lhes revela a Lei, isto é, o livro da Torá, no deserto, no monte Sinai, guiando-os depois até a Terra Prometida. Ou seja, todo o livro seria o relato da formação do povo de Israel. Certamente, os cinco livros, tal como os conhecemos hoje, já estavam reunidos no século III a.C., quando se deu sua primeira tradução para o grego, intitulada *Septuaginta*. — EM

Pérez Galdós, Benito

Escritor (1843-1920), nasceu em Las Palmas (Canárias) e morreu em Madri. Iniciou a carreira no jornalismo, mas logo passou a se dedicar ao romance, gênero em que se destacaria como um dos maiores autores espanhóis do século XIX. A partir de 1872, começou a escrever o longo ciclo de romances que reuniu como *Episodios nacionales* (1879). Entretanto, publicou outros de tema contemporâneo, como *Doña Perfecta*, *Gloria* (1876) e *La familia de León Roch* (1878), de inspiração naturalista na linha de Émile Zola (v.). Incursionou também pelo teatro, com *Realidad*, *La loca de la casa* (teatralização de um romance de sua autoria), *Electra* e *Los condenados*. Criador de tipos humanos e ambientes de grande realismo, o relato de Pérez Galdós é vigoroso e organizado, embora tenha sido apontada falta de brilho e de poesia na obra dele. *Marianela* (1878) é um de seus romances mais divulgados, e *Misericordia* (1897), o mais reconhecido pela crítica, sem menosprezar a importância de *Episodios nacionales*, que Marcelino Menéndez Pelayo (v.) considerou uma das criações mais afortunadas da história da literatura espanhola. Na referência borgiana em "Um trágico romance inglês", texto de "Dois romances fantásticos" (*Textos cativos*), Galdós representa a forma mais cabal do realismo do século XIX. — MAGB

Perón, Juan Domingo

Político e militar argentino (1895-1974), foi um funcionário-chave do governo *de fato*, chamado, pelos próprios participantes do movimento, de Revolução Nacional, entre 1943 e 1946. Presidente eleito democraticamente três vezes, os mandatos de Perón se deram nos seguintes períodos: 1946-52, 1952-5 (deposto por um golpe de Estado, também denominado "revolução" por seus executores) e 1973-4 (morto em exercício). Os dois primeiros governos caracterizaram-se por uma retórica nacionalista e por políticas sociais de inclusão que lhe garantiram vasto apoio popular e dos sindicatos. Apesar do exílio e da proscrição de seu movimento político a partir de 1955, manteve grande popularidade, que lhe permitiu regressar ao país e ao poder dezessete anos depois. O Partido Justicialista, expressão institucional do movimento, continua sendo, nas primeiras décadas do século XXI, o partido majoritário na Argentina.

Borges, acérrimo antiperonista, identificou Perón com os totalitarismos europeus, sobretudo nos anos 1940. Sua oposição levou-o a perder o emprego municipal, ao rejeitar a "promoção" que o governo lhe concedeu (na realidade, um castigo), de funcionário de biblioteca a inspetor de aves nos mercados. Em vários textos, como, por exemplo, "O simulacro" (*O fazedor*), Borges fez uma interpretação do período 1945-55 como marcado pela irrealidade e ilusão. Em contos escritos com Adolfo Bioy Casares (v.) — "A festa do monstro", "O filho de seu amigo" —, criticou com maior mordacidade o peronismo. (V. Duarte, Eva.) — PMG

Petrônio

Um dos companheiros do imperador Nero, Petrônio (27-66) era considerado o responsável pelos prazeres imperiais. Tendo sido acusado de traição, matou-se cortando as veias. Não se sabe se ele foi, de fato, o autor de *Satíricon*, cujo título completo é *Petronii Arbitri Satyricon*, um tipo de romance cômico repleto de licenciosidades. Para Borges, a estrutura em que se baseia o *Satíricon* deriva de uma fórmula tão antiga quanto a *Odisseia*, ou seja, a de que, ao começar sua caminhada, o herói depara com aventuras que lhe vêm ao encontro. Petrônio é brevemente citado em "O pesadelo" (*Sete noites*). — PFCO

Peuser, Jacob

O mercado editorial argentino vinha se desenvolvendo de modo consistente desde meados do século XIX. Em decorrência da imigração em massa, do intenso processo de urbanização e do desenvolvimento da alfabetização, formou-se um amplo público leitor. Nesse contexto, surgiu em Buenos Aires, no fim do século XIX, a editora Casa Jacob Peuser. Após uma inusitada experiência de Oliverio Girondo (v.), realizada com o intuito de divulgar a publicação de seu livro *Espantapájaros* (1932), o mercado editorial da cidade percebeu a importância de investir na publicidade como uma maneira de incrementar a venda de livros. A partir desse momento, apareceram inúmeras editoras no país e constituiu-se um novo público leitor.

Em "As *Misas herejes*" (*Evaristo Carriego*), Borges alude justamente a alguns comentários sobre a arte de publicar um livro, que seria como arte em estado físico: literalmente, um volume. "Todo escritor", segundo ele, "parte de um conceito ingenuamente físico do que seja arte", pois o livro, para o escritor, é algo além de uma "expressão ou uma concatenação de expressões"; é também esse artefato físico, com todas as características inerentes à sua confecção. — PFCO

Pezzoni, Enrique

Crítico literário, editor e tradutor argentino (1926-89), foi membro do grupo de intelectuais ligados à revista *Sur* (v.) e professor da Universidade de Buenos Aires. Segundo o prólogo de *Atlas*, deve-se à insistência dele e de Alberto Girri (v.) a decisão de Borges de compilar e publicar esse livro.

Em *El texto y sus voces* (1986), volume com que renovou significativamente a crítica literária acadêmica do país, estudou a obra de Borges e de outros autores. As anotações e aulas de Pezzoni sobre o trabalho do escritor portenho, que acrescentaram várias perspectivas novas e reforçaram sua importância como objeto de estudo central da literatura na universidade argentina, foram publicadas postumamente com o título *Enrique Pezzoni, lector de Borges* (1999). — PMG

Phillpotts, Eden

Escritor inglês (1862-1960) de origem indiana, foi um prolífico romancista e escreveu livros de poemas e de comédias. Borges redigiu em 1937 uma resenha biográfica sobre ele, publicada em *El Hogar* (v.) ("Eden Phillpotts", *Textos cativos*). O interesse do autor argentino centrou-se nos romances policiais do inglês, e ele escolheu vários de seus textos para antologias do gênero. Com Adolfo Bioy Casares (v.), publicou *They Were Seven* e *The Red Redmaynes*, na coleção El Séptimo Círculo. O último, incluído também na coleção Biblioteca Personal, contou com um prefácio de Borges ("Eden Phillpotts, *Os vermelhos Redmaynes*", *Biblioteca pessoal*), que nele esboçou uma breve biografia e classificou a produção de Phillpotts em três categorias: romances de Dartmoor (região britânica de que o autor gostava muito e onde viveu por mais de sessenta anos), romances históricos e policiais. A respeito de *The Red Redmaynes*, afirma que "*mergulhará o leitor na mais grata das perplexidades*", embora ressalve que o relato policial, tal como é em sua origem na escrita de Edgar Allan Poe (v.), deve ser um conto. O comentário negativo sobre o gênero romance não impediu o elogio dessa obra de Phillpotts. — LM

Picasso, Pablo

Borges cita Picasso (1881-1973) referindo-se à ousadia do pintor Xul Solar (v.) de não admirar o artista espanhol: "*tinha, em mil novecentos e vinte e tantos, a ousadia de não admirar Picasso*" ("Laprida, 1214", *Atlas*). Igualmente, aludindo a Henri Michaux, diz que esse escritor e pintor francês afirmava na década de 1930, entre outras coisas, que "*não acreditava em Paris, nos conciliábulos literários, no culto, então de praxe, a Pablo Picasso*" ("Henri Michaux, *Um bárbaro na Ásia*", *Biblioteca pessoal*). Borges, particularmente, apreciava a obra do pintor espanhol. Embora fosse contra todos os ismos, tal como o cubismo, admitia que toda linha traçada por Picasso tinha vida e era isso que ele valorizava em uma obra pictórica: que suas linhas manifestassem um princípio de vida. — PPM

Pico della Mirandola, Giovanni

Filósofo, teólogo e conde de Concórdia, é considerado um dos precursores e mais notáveis representantes do humanismo renascentista. Nasceu em 1463, em Mirandola, e morreu em 1494, em Florença. A morte prematura (aos 31 anos de idade), a precocidade e a profundidade de suas formulações filosóficas, e a riqueza de que era dotado contribuíram para fazer dele um mito, uma figura lendária já em sua época. Durante os anos de formação, viveu nas cidades de Bolonha, Ferrara e Pádua, até chegar a Florença. Foram seus mestres Battista Guarino, Ermolao Barbaro e Elia del Medigo; amigo de Marsilio Ficino, recebeu a proteção do mecenas Lourenço de Médici. Estudou os filósofos gregos e latinos — sobretudo Platão (v.) e Aristóteles (v.) —, leu com afinco Tomás de Aquino (v.), João Escoto Erígena (v.) e Averróis (v.) e interessou-se muito por magia e pela filosofia da cabala. Finalmente, quando tinha 23 anos, publicou *Oratio de hominis dignitate* [Discurso sobre a dignidade do homem], tida como a sua obra mais importante e, sem dúvida, origem de um dos fatos mais curiosos da biografia de Pico della Mirandola: ele pretendia que as novecentas teses (ou conclusões) em que consistia o conteúdo do livro fossem debatidas publicamente em Roma por filósofos. Desejava com isso chegar à verdade e à conciliação de todas as vertentes do pensamento com base em um esforço coletivo. Conseguiu apenas, tanto pela excentricidade de sua proposta como pelo teor das teses, uma condenação por heresia e a necessidade de se refugiar na França. Em 1493, o papa Alexandre VI o absolveu, mas a versão completa de *Oratio* só foi publicada postumamente por seu sobrinho Gian Francesco della Mirandola.

No comentário ao livro *The Library of Pico della Mirandola*, de Pearl Kibbe (*Textos cativos*), Borges relembra essa passagem da vida do filósofo: "*Que livros continha a biblioteca daquele extraordinário rapaz louro, que aos vinte e três anos apresentou novecentas proposições e desafiou todos os homens sábios da Europa a discuti-las com ele?*". Apesar de demonstrar admiração pela ousadia do jovem Pico della Mirandola, o que verdadeiramente deve ter assombrado e instigado a imaginação do argentino foi a biblioteca do conde de Concórdia. Ainda no comentário citado, Borges faz questão de revelar alguns dados dessa biblioteca: "*A cifra dos livros — enorme para a época — alcançava os mil cento e noventa e um. [...] Homero, Platão, Aristóteles, Filão de Alexandria, Averróis, Raimundo Lúlio* [Ramón Llull], *Abengabirol e Abeneara estavam aí representados*". — DF

Pierre Menard

Em circunstâncias famosas, que hoje fazem parte do mito do escritor, Borges, ansioso para pôr à prova sua capacidade intelectual depois do acidente sofrido na noite de 24 de dezembro de 1938 e da gravíssima deterioração de sua saúde que se seguiu, escreveu "Pierre Menard, autor do *Quixote*" (*Ficções*), dedicado a Silvina Ocampo (v.) e publicado no número 56, de maio de 1939, da revista *Sur* (v.).

Menard é um "*simbolista de Nîmes*" — segundo a definição do autor —, cuja "obra visível" se caracteriza por certa vaidade finissecular, com a qual Borges joga, sem dúvida para zombar do mundinho literário parisiense com seus salões, polêmicas e bizantinismos. Mas o que importa é a obra "subterrânea" de Menard, "a ímpar", que consiste em "produzir" três capítulos da primeira parte do *Quixote*, à força de rascunhos, renúncias e ascese. O narrador, que inicialmente parece distinguir-se por uma mistura de estupidez e credulidade, termina tirando lições gigantescas do evento: "*Menard (talvez sem querer) enriqueceu mediante uma técnica nova a arte detida e rudimentar da leitura: a técnica do anacronismo deliberado e das atribuições errôneas*". In fine, ele chega assim às alturas de Menard, as quais são como o anúncio de boa parcela da teoria literária que ainda estava por vir: as orientações futuras da poética (para o intertexto, a citação, a reescritura e o papel criador do leitor) estão como que programadas nessas doze páginas inspiradas, que abrem a época das *ficções* borgianas e são, talvez, as mais sublimes, fascinantes e divertidas jamais escritas por Borges.

O que sabemos, enfim, de Menard? Sua morte recente (o narrador afirma ter estado no enterro), o catálogo de sua "obra visível", algumas paixões (o xadrez, o alexandrino, o paradoxo de Aquiles [v.] e a tartaruga — este último desenvolvido em seu livro *Les Problèmes d'un problème*, de 1921), a relação ambígua com Paul Valéry (v.), a queda pelos ambientes aristocráticos mesmo decadentes, sua provável solidão, as frustrações e ambições, o gosto minucioso pela revisão, reescritura, intercâmbio intelectual, tradução...

Daniel Balderston (*Out of Context. Historical Reference and the Representation of Reality in Borges*) contextualiza de forma brilhante o personagem e sua obra, insistindo no significado paradoxal dos três capítulos do *Quixote* produzidos por Menard nos anos 1920-30, particularmente as páginas por ele dedicadas ao discurso acerca das armas e letras, em meio ao grande debate francês e europeu sobre pacifismo, surgido pouco antes da Primeira Guerra Mundial. Balderston evoca também seu surpreendente desinteresse pela questão palpitante do nacionalismo; a notável e abrangente formação humanística (filosofia, literatura, idiomas, história, lógica...); a tendência ao retraimento, amenizada, talvez, por Valéry, que o ajuda a sair do isolamento provinciano. Destaca, finalmente, um livro não mencionado por Borges, sobre grafologia e psicanálise, revelando-nos um inesperado Menard, "discípulo menor" de Freud.

O autor deste verbete relata mais extensamente, em um romance recente (*Une Vie de Pierre Ménard*), a vida de Menard (nascido em Nîmes, em 1862, e falecido em Montpellier, em 1937), seus passeios pelo Jardim Botânico de Montpellier, a influência secreta sobre os amigos Jorge Luis Borges, Paul Valéry e André Gide (v.), seu papel central na modernidade literária, assim como a heroica resignação à invisibilidade literária. — ML

Piñero, Francisco

Escritor argentino, foi amigo de Borges e fundou, com ele e com Eduardo González Lanuza (v.), a revista mural ultraísta *Prisma* (v.). O ultraísmo propunha um distanciamento das normas rígidas da gramática espanhola e uma aproximação da linguagem oral. Francisco Piñero (1901-23), na companhia de Borges e outros poetas, saíam à noite com baldes cheios de cola e com escadas, e iam colando as folhas da revista por Buenos Aires. Piñero colaborou no segundo número de *Prisma* e na primeira época da revista *Proa* (1922-3) (v.). Anarquista, fez parte do Insurrexit, grupo de universitários de esquerda surgido com a Reforma Universitária de 1918. Aos 22 anos, após acidente de trânsito em Río Negro, negou-se a ser levado ao hospital de Viedma, pertencente a uma congregação religiosa, e faleceu em uma pobre casa de saúde na cidade de Patagones.

Piñero é lembrado por Borges em "As 'novas gerações' literárias" (*Textos cativos*), com outros literatos, para referenciar os movimentos do começo do século XX que buscavam inovar a prosa literária da Argentina contra a tradição simbolista. De sua pena saíram imagens que "*combinavam fatos eternos e fatos atuais*", articulando textos tipicamente vanguardistas. — PFCO

Piñero, Norberto

Político, diplomata e historiador argentino (1858-1938), participou de várias missões diplomáticas e foi ministro da Fazenda. Ocupou cargos em diversas instituições culturais e escreveu livros de história e direito. Em 1896, publicou uma compilação de escritos de Mariano Moreno (v.), pela editora Imprenta Coni. A citação de Paul Groussac (v.), que Borges incluiu em "Paul Groussac" e em "Arte de injuriar", faz parte de sua crítica mordaz à edição de Piñero. Entretanto, aquilo que postula, em "Paul Groussac" (*Discussão*), como exemplo de "*um prazer desinteressado no desdém*", uma "*boa ira*", é visto como um insulto mecânico em "Arte de injuriar" ("Duas notas", *História da eternidade*). Neste, explora o procedimento de Groussac com base na ambiguidade. Segundo Borges, Piñero recorre ao "*contrabando insistente de argumentos necessariamente confusos*", à "*diabrura da sintaxe*": o "*vagar diplomático*" refere-se tanto à profissão de Piñero como à sua pobre crítica documental, a chamada "ciência diplomática"; a "impressão" aplica-se tanto à tiragem material de exemplares como à recepção pública do escrito. — PMG

Pirandello, Luigi

Escritor siciliano (1867-1936), é considerado um dos fundadores do teatro moderno. Seu vínculo com o teatro, segundo os biógrafos, manifestou-se já aos doze anos, quando escreveu a primeira tragédia para ser encenada com os amigos. Mais tarde, começou a estudar letras em Palermo, transferiu-se para Roma e, logo, para Bonn, na Alemanha, onde conseguiu, em 1891, o título de doutor em filologia românica.

Sua produção dramatúrgica resultou em peças como *Henrique IV* e *Seis personagens à procura de um autor* (1921). Esta talvez seja a mais conhecida e aclamada pela crítica. É uma peça essencialmente metalinguística, que insere o teatro dentro do teatro e problematiza até as últimas consequências a possibilidade do jogo ficcional. Dentre os romances, vale destacar *O falecido Mattia Pascal* (1904) e *Um, nenhum e cem mil* (1912-25). As narrativas breves, por sua vez, além da excelente qualidade literária, serviram muitas vezes de base para a composição dos textos dramáticos. Em 1934, Pirandello foi agraciado com o Prêmio Nobel de Literatura.

O gosto por jogos literários que problematizam os limites entre a realidade e a ficção levou muitos a buscar vínculos ou parentescos entre Pirandello e Borges. O fato é que o italiano foi poucas vezes citado na obra do argentino — podemos encontrar seu nome mencionado sem grandes desdobramentos, por exemplo, nos ensaios-conferências "Nathaniel Hawthorne" (*Outras inquisições*) e "A *Divina comédia*" (*Sete noites*). Em *Jorge Luis Borges: Conversation*, livro que reúne suas entrevistas, editadas pelo escritor norte-americano Richard Burgin, Borges confirma gostar da obra do dramaturgo e comenta a relação (jogo, em seus dizeres) que Pirandello criou entre atores e espectadores. — DF

Pitágoras e Jâmblico, dogma de

A pesquisa dos mitos na obra de Borges pode justificar-se pelo interesse na estética e no caráter singular deles, pela ligação que têm com o tempo circular, a eternidade, e, por fim, pelo fato de fazerem parte do amplo conhecimento enciclopédico do autor argentino. Eles foram utilizados como ponto de partida para conjecturar e especular sobre diversos assuntos.

No caso específico de Pitágoras, filósofo aludido em "*Men of Mathematics*, de E. T. Bell" (*Textos cativos*), seus mitos cientificistas serviram para Borges refletir sobre a formação do universo. Assim, tem-se o dogma de Pitágoras e de Jâmblico, que trata do uso dos números como instrumento ou elementos da Criação. Tal dogma é mencionado em "Do culto dos livros" (*Outras inquisições*). Pitágoras também pretendia explicar a transmigração das almas relacionando-a diretamente com a ideia da circularidade do tempo. De acordo com o filósofo grego, a alma seria transposta para outro ser enquanto não fosse possível torná-la pura; desse modo, estaria condenada à circularidade dos nascimentos, como se estivesse em uma roda, a roda das transmigrações, citada em "Formas de uma lenda" (*Outras inquisições*). A ideia das transmigrações da alma é retomada em "Nota sobre Walt Whitman" (*Discussão*). — PFCO

Platão

Para Borges, as ideias de Platão (428-348 a.C.), assim como as de Aristóteles (v.), possuem caráter eterno, pois, não importam o local ou o tempo, todas as discussões posteriores seriam derivações desses dois pensadores. Contudo, em sua obra há mais referências a Platão que a Aristóteles.

A ideia platônica mais recorrente na prosa borgiana é o arquétipo, citado em *A república*. As considerações platônicas sobre o tempo e o espaço são igualmente marcantes em Borges, que assim definiu o platonismo: "*Os indivíduos e as coisas existem enquanto participam da espécie que os inclui, que é sua realidade permanente*" ("História da eternidade", *História da eternidade*). Em *Timeu*, Platão afirma que, quando os planetas atingirem uma velocidade constante, eles começarão o retorno ao ponto de partida: o tempo cíclico, tema tão caro ao autor argentino. — PFCO

Platero Haedo, Julio

Borges menciona-o, humoristicamente, como um "*obscuro escritor uruguaio*", autor do poema "Limites" (*O fazedor*). Trata-se de outra identidade inventada, na qual o argentino talvez combine o uso frequente desse nome de batismo entre os homens uruguaios de diferentes classes sociais durante a primeira metade do século XX com o primeiro sobrenome, que poderia evocar sua amiga, a também escritora Emma Risso Platero. E, por último, o segundo sobrenome, que corresponde a seus parentes uruguaios. Borges teria sido gerado na vasta fazenda destes, no litoral, e durante a infância teria passado, na casa de campo de Paso del Molino que pertencia a eles, algumas férias de verão, ao lado dos pais, antes de partir para a Europa. (V. pseudônimos literários.) — PR

Plaza de Mayo
[praça de Maio]

Em 1580, quando da segunda fundação de Buenos Aires, Juan de Garay decidiu criar a Plaza Mayor, atualmente Plaza de Mayo. Em 1810, ela foi palco da Revolução de Maio (v. Vinte e Cinco de Maio, Pátria verdadeira do), início da independência argentina. De fato, no poema "Buenos Aires" (*Elogio da sombra*), a Plaza de Mayo é lembrada por Borges como ponto de encontro de guerreiros da independência ao retornarem dos combates na América Hispânica. Ao longo do século XX, ela abrigou as mais destacadas celebrações cívicas, em especial no governo de Juan Domingo Perón (v.). Também é o lugar de reunião das Mães da Praça de Maio, que, desde 1977, reclamam seus filhos desaparecidos no período da ditadura militar. Até hoje a praça segue sendo o principal local para diversas manifestações, incluindo-se aquelas que ocorreram durante a grave crise econômica no começo do século XXI. Em volta dela, situam-se algumas das mais importantes edificações da capital, como a Casa Rosada, o Cabildo e a Catedral Metropolitana.

Em "*La canción del barrio*" (*Evaristo Carriego*), Borges recorda que, em 1912, o júbilo das comemorações do Centenário da Independência "*estava tão morto e enterrado quanto* [...] *suas luminárias municipais no enferrujado céu da praça de Maio*". — PFCO

Plínio, o Velho

Plínio (23-79) nasceu no norte da península Itálica. Quando jovem, defendeu o Império Romano na região da atual Alemanha. Após esse período, passou a maior parte da vida estudando. Faleceu na erupção do vulcão Vesúvio, de 79 (que soterrou as cidades de

Herculano e Pompeia), em decorrência de sua curiosidade em observar mais de perto o fenômeno espetacular.

A *História natural*, citada brevemente por Borges em "Os tradutores d'*As mil e uma noites*" (*História da eternidade*) e em "Funes, o memorioso" (*Ficções*), foi a única obra de Plínio que chegou até nós, dividida em 37 livros. O autor argentino o mencionou várias vezes, por exemplo, em "Aben Hakam, o Bokari, morto em seu labirinto" e em "O Aleph" (*O Aleph*).

A alusão a Plínio em "O alarmismo do dr. Américo Castro" (*Outras inquisições*) serve de ponto de partida para Borges criticar as opiniões de Castro (v.) sobre o idioma falado em Buenos Aires: "*Outro demérito dos falsos problemas é promover soluções que também são falsas. Para Plínio* (História natural, *livro VIII*), *não é suficiente observar que os dragões atacam os elefantes no verão: ele aventa a hipótese de que o fazem para beber todo o sangue deles, o qual, como ninguém ignora, é muito frio. Para o dr. Castro* (A peculiaridade linguística *etc.*), *não é suficiente observar uma 'desordem linguística em Buenos Aires': ele aventa a hipótese do 'lunfardismo' e da 'mística gauchofilia'*". Portanto, para Américo Castro, o espanhol falado na capital argentina seria um problema — um falso problema, segundo Borges — e arriscaria uma explicação — também falsa, também na opinião de Borges. — PFCO

Plotino

Fundador do neoplatonismo, nasceu no Egito, em 203, e faleceu em 270. Professor em Roma, teve como aluno, entre outros, Porfírio, que organizou seus trabalhos no formato em que os conhecemos hoje. Comentando o caráter ambíguo e contraditório de certas formas de panteísmo, Borges se refere às *Enneadas*, v, 8, 4, em "Nota sobre Walt Whitman" (*Discussão*), e as cita novamente em "História da eternidade" (*História da eternidade*), dessa vez para refletir sobre o tempo e a eternidade, assuntos recorrentes na obra borgiana. Menciona Plotino em "Nathaniel Hawthorne" (*Outras inquisições*) para tratar da relação entre a ética e a estética. No poema sobre o gato "Beppo" (*A cifra*), a discussão passa pela questão da identidade, tanto do ser como de suas representações, que são concessões do arquétipo eterno, como já afirmava Plotino nas *Enéadas*. — PFCO

Plutarco

Biógrafo e filósofo, nasceu na região da Beócia (*c.* 46-*c.* 120) e viveu em Roma. Sua principal obra foi *Vidas paralelas*; os outros escritos foram reunidos sob o título geral de *Moralia*. Citado algumas vezes nos textos borgianos, em "Os teólogos" (*O Aleph*) o autor argentino lembra da posição de Plutarco contra determinadas proposições estoicas a respeito dos mundos infinitos. Em "O nosso pobre individualismo" (*Outras inquisições*) são apresentadas as ideias do filósofo contra as ilusões do patriotismo. As palavras de Plutarco mencionadas por Borges em "Nova refutação do tempo" (*Outras inquisições*) servem para ampará-lo na discussão sobre a circularidade do tempo. — PFCO

Poe, Edgar Allan

Escritor norte-americano (1809-49), autor de contos fantásticos, de terror e de mistério. De modo geral, é considerado o iniciador do relato policial. Ele próprio designava os contos de detetive como "*textos de raciocínio*". Escreveu também ensaios e poemas, com destaque para "The Philosophy of Composition" e "The Raven" ["O corvo"].

Trata-se de um dos autores mais visitados e mais citados na obra de Borges, que via nele o surgimento da "*ideia da literatura como fato intelectual*". Em 1935, o escritor argentino publicou "La génesis de 'El cuervo' de Poe", no jornal *La Prensa* (v.), comentando o processo criativo do poeta. A respeito desse tema, diz: "*Em* 'The Philosophy of Composition', *o grande romântico declara que a execução de um poema é uma operação intelectual, não uma dádiva da musa*" ("Edgar Allan Poe, *Contos*", *Biblioteca pessoal*), o que antecipa Stéphane Mallarmé. No início do mesmo artigo, afirma: "*A literatura atual é inconcebível sem Whitman e sem Poe*". Citou-o muitas vezes ao se referir à origem do conto policial. Segundo ele, mais que um gênero, Poe criou um novo tipo de leitor, desconfiado e preocupado em decifrar os jogos e armadilhas presentes nos textos. Borges também incluiu os relatos do escritor em compilações de contos policiais e de relatos fantásticos. Em um texto divulgado pelo jornal *La Nación* (v.) em 2 de outubro de 1949, diz que Poe se achava poeta "*mas as circunstâncias o levaram a escrever contos*", e depois faz uma breve descrição das diferentes maneiras como os encarou ao escrever. Fala ainda, claramente, da escrita de Poe como consequência de sua neurose, a qual lhe "*haveria servido para renovar o conto fantástico, para multiplicar as formas literárias do horror*". Em "A arte narrativa e a magia" (*Discussão*), traça um paralelismo com relação aos processos causais na escrita do romance entre *Gordon Pym* (1838), cujo título completo é *The Narrative of Arthur Gordon Pym of Nantucket*, de Poe, e *The Life and Death of Jason* (1867), de William Morris (v.). Além disso, escreveu uma resenha biográfica de Poe em *Introducción a la literatura norteamericana*. — LM

Poema de Gilgamesh

Escrito por volta de 1900 a.C., é um texto híbrido das culturas suméria e babilônia. Gilgamesh, figura histórica real, foi um rei sumério que governou Uruk, na Babilônia, às margens do rio Eufrates, em torno de 2600 a.C. Suas façanhas estimularam a imaginação do povo e foram contadas e recontadas ao longo dos tempos até chegar ao estágio final, justamente o poema *Gilgamesh*, citado em "*Bhagavad Gîta. Poema de Gilgamesh*" (*Biblioteca pessoal*) por Borges, que o considerou, provavelmente, a primeira epopeia do mundo.

Esse poema épico foi composto por um poeta semita em tábuas de argila com escrita cuneiforme (criada pelos sumérios, consiste em caracteres em forma de cunha gravados nas tábuas com um junco de ponta quebrada). Sua versão mais completa deriva de doze tábuas de pedra em linguagem acadiana, encontradas nas ruínas da biblioteca de Nínive (hoje Kuyunjik, Iraque) no século XIX. Os persas destruíram essa biblioteca e, das 3 mil linhas do poema, apenas 2 mil foram conservadas e decifradas. — LMRB

poesia

A vertente poética de Jorge Luis Borges, iniciada no fim dos anos 1910 em revistas espanholas de tendência ultraísta, concretizou-se na década seguinte com seus três primeiros livros de poesia: *Fervor de Buenos Aires* (1923), *Lua defronte* (1925) e *Caderno San Martín* (1929). Já a partir do próprio título, *Fervor* desmentiu os postulados do ultraísmo, descritos pelo autor em um ensaio de 1921. A princípio, em vez de adotar uma postura cosmopolita, Borges centrou-se em uma urbe concreta, Buenos Aires, pela qual expressou um sentimento de "fervor"; além disso, a metáfora não foi o eixo da construção de seus poemas. No prefácio original a *Fervor de Buenos Aires* (v. "A quem ler"), o autor distanciou-se do modernismo novecentista de Rubén Darío (v.) e rejeitou a rima e a métrica, opôs-se às formas clássicas regulares e adotou o versilibrismo.

Ainda que em graus e tons diferentes, Borges tentou, em seus três primeiros livros de poemas, uma "imortalização poética" de Buenos Aires, semelhante à que o pampa argentino tinha, segundo ele; para isso, construiu uma imagem nostálgica da cidade, mais próxima da antiga Buenos Aires do fim do século XIX que da moderna urbe de 1920. Também já aparecem aí dois elementos que serão recorrentes em toda a poesia borgiana: a tendência filosófica e a elaboração de retratos heroicos de vários de seus antepassados militares, próceres menores nas lutas patrióticas argentinas novecentistas.

Talvez a década de 1920 corresponda à etapa de maior experimentação poética de Borges, que, depois da rejeição inicial da rima e da métrica, aceitou, em *Lua defronte*, as formas regulares da tradição espanhola. Nesse mesmo livro, influenciado por sua etapa *criollista* (v. *criollo*), renovou a poesia culta argentina mediante dois traços: a introdução do *voseo* portenho na voz poética dos textos e a escrita de algumas palavras de acordo com a pronúncia coloquial (embora ele próprio tenha eliminado tais traços nas edições posteriores).

A produção poética de Borges diminuiu na década de 1930, quando ele começou a se interessar mais pela narrativa. Assim, nos anos seguintes já não publicaria novos volumes individuais de poesia, mas apenas compilações, nas quais reuniu os três primeiros livros, com diversas modificações, bem como alguns poemas inéditos. Em 1960, apareceu um novo livro de poesia, *O fazedor*, combinação de poemas em prosa e textos de estrutura mais clássica (por exemplo, sonetos que, no estilo anglo-saxão, concluem com um dístico); o uso das formas tradicionais acentuou-se por causa da perda quase total da visão que o autor sofreu nos anos 1950 e que o obrigou a recorrer à memória para redigir seus textos "mentalmente". Na década seguinte, *O fazedor* (1960), com *O outro, o mesmo* (1964) e *Elogio da sombra* (1969), representa sua etapa de plena maturidade poética, quando escreveu vários de seus mais memoráveis poemas, como "Borges e eu", "Poema dos dons", "Limites". Em 1965, dedicou um pequeno livro a uma singular prática de entoação popular: *Para as seis cordas*, com poemas que simulam ser milongas e que, à semelhança de textos como "Poema conjectural", de tradição *gauchesca* (v.), estabelecem um vínculo entre sua etapa *criollista* inicial e o interesse permanente pela literatura *gauchesca*.

Borges escreveu poesia até o fim de sua vida física e criativa. Nos livros de poemas dos anos 1970 — *O ouro dos tigres* (1972), *A rosa profunda* (1975), *A moeda de ferro* (1976), *História da noite* (1977) —, encontra-se uma intertextualidade mais nítida, tanto pelas alusões incluídas nos próprios textos como pelas referências presentes nos prólogos e epílogos dessas obras. Seus últimos livros de poesia foram *A cifra* (1981), *Atlas* (1984) e *Os conjurados* (1985), nos quais combinou de novo, de modo amplo, textos em verso com outros em prosa poética; caracterizam-se ainda por um eu lírico que expressa certa intimidade, assim como diversos sentimentos de serena felicidade.

Sob a influência de Browning (v.), Borges praticou com sucesso uma forma pouco comum na tradição hispânica: o monólogo dramático, em que o sujeito da enunciação assume a voz poética não identificável com o autor, mas com uma espécie de personagem, seja ele de origem histórica (Browning, Poe (v.), Cervantes (v.), Góngora) (v.), fictício (Macbeth, dom Quixote), bíblico (João, Mateus) ou até mesmo anônimo (o conquistador, o inquisidor, o suicida); esses monólogos incluem, às vezes, o nome do personagem que fala em primeira pessoa (ou um dado explícito para reconhecê-lo), porém, em outros casos, o leitor deve deduzi-lo com base na referência intertextual proposta pelo autor.

Talvez se possa encontrar uma síntese da poética de Borges no prefácio de *A cifra*, quando declarou que procurava uma via intermediária entre a poesia intelectual e a puramente verbal. Também se poderia recorrer, para defini-lo, a uma imagem de sua "Parábola do palácio", em que o poeta, estimulado pelo imperador, escreve um breve poema no qual "*estava inteiro e minucioso o palácio enorme*"; em última instância, foi isso que Borges almejou em toda a sua literatura (poesia, narrativa e ensaio): construir um universo alternado, criado pela imaginação e expresso pelas palavras. — ROF

política

No prefácio de *A moeda de ferro*, de 1976, Borges escreveu: "*Sei que sou totalmente indigno de opinar em matéria política*". Apesar dessa afirmação, porém, fez muitos comentários sobre o assunto.

Quando entrou na vida literária portenha, em meados da década de 1920, aliou-se ao nacionalismo de Hipólito Yrigoyen (v.) e do *criollismo* (v. *criollo*). Em seus primeiros livros de ensaios — *Inquisiciones*, *El tamaño de mi esperanza* e *El idioma de los argentinos* —, abundam as referências à argentinidade, ao ser nacional, e eles estão repletos de argentinismos, por exemplo, o uso de *vos* no lugar de *tú*. Esse nacionalismo continuou até pelo menos 1934, quando Borges prefaciou "El paso de los libres", um poema narrativo em estilo *gauchesco* (v.), escrito por Arturo Jauretche, que viria a ser um acérrimo apologista do peronismo. Em meados da década de 1930, quando o nacionalismo argentino se aproximava cada vez mais do fascismo, Borges, talvez envergonhado por seu entusiasmo nacionalista de juventude, dá uma guinada de 180 graus a favor de um ceticismo agnóstico que lhe caracterizaria o pensamento político pelo resto da vida.

Esse ceticismo, contudo, não impediu que escrevesse duros comentários contra toda doutrina coletivista, fosse o fascismo, o nazismo, o comunismo ou o peronismo. Borges denunciou o nazismo como uma "*pedagogia do ódio*" e o nacionalismo como "*um mal de época*". Foi partidário da causa dos Aliados durante a Segunda Guerra, postura corajosa, já que, na Argentina, não faltavam simpatizantes do Eixo, entre eles o próprio Juan Domingo Perón (v.). Diante da vitória de Perón em 1946, escreveu: "*As ditaduras fomentam a opressão, as ditaduras fomentam o servilismo, as ditaduras fomentam a crueldade; mais admirável é o fato de que fomentem a idiotice. Distintivos que balbuciam imperativos, efígies de caudilhos, vivas e morras prefixados* [...], *a mera disciplina usurpando o lugar da lucidez*" ("Dele-Dele", revista *Argentina Libre*, 1946). Seus ataques ao peronismo tiveram consequências, e o governo o "*promoveu*" de funcionário de biblioteca a "*inspetor de aves de galinheiro*". Borges renunciou ao novo cargo e continuou atacando o nacionalismo; um de seus textos mais lúcidos sobre o tema é o ensaio seminal "O escritor argentino e a tradição" (*Discussão*), de 1953 (v. Gibbon).

Em vista de seu desdém pelas ditaduras, é difícil entender a postura de Borges diante dos golpes militares — de Eduardo Lonardi Doucet e Pedro Eugenio Aramburu, que destituiu Perón em 1955, e o da Junta Militar encabeçada por Jorge Rafael Videla, que derrubou o governo de Isabelita Perón em 1976. Foi desse ano a inusitada declaração da descrença na democracia, por considerá-la um abuso da estatística. Os motivos de tal descrença são em parte circunstanciais, pois Perón sempre chegou ao poder por vias democráticas. Também em 1976 Borges aceitou convites sociais de Videla e Augusto Pinochet e anunciou que o governo do primeiro era "*de cavalheiros*". Quando os abusos da Junta Militar se tornaram de conhecimento público, ele tomou distância da ditadura. Em 1980, assinou, com Ernesto Sabato (v.), Adolfo Bioy Casares (v.) e outros intelectuais, uma "Solicitação sobre os desaparecidos", pedindo às autoridades que publicassem "*listas dos desaparecidos e informassem sobre o paradeiro deles*". Em 1982, condenou a Guerra das Malvinas, com uma afirmação que ficaria famosa, comparando-a com uma briga de dois calvos por um pente (v. "Juan López e John Ward", *Os conjurados*). Em 1984, comentando seu apoio às ditaduras militares, disse: "*confesso que me enganei; não me dei conta de que não se tratava de uma razão política e sim que se tratava de uma razão ética*". Nessa afirmação encontra-se uma tendência que subjaz em todo o seu pensamento político: a de ver os pormenores da vida pública de uma perspectiva olímpica que prefere falar de princípios universais (embora os questione) a falar do caótico mundo da pólis.

Ninguém gostaria de ser julgado por seus piores momentos. Assim, seria injusto recordar apenas o apoio que em certa ocasião Borges deu a juntas militares que hoje figuram entre as mais brutais da história latino-americana. Indubitavelmente, o espaço de que ele mais gostava era o mundo das ideias, do intelecto puro. A política costumava invadir esse espaço e Borges reagia. Mas, no fundo, ninguém duvida que teria preferido falar de outra coisa. Ele sempre defendeu a separação entre a produção literária e as ideias políticas dos escritores, argumentando que estas não deveriam influenciar aquela. Suas opiniões políticas, muitas das quais ele retificou, polarizaram a crítica sobre seu trabalho e levaram à proposta de uma divisão rígida entre a pessoa e a obra. — NS

Polo, Marco

No prefácio ao livro *A descrição do mundo* (compilado em *Biblioteca pessoal*), Borges de algum modo bendiz os anos em que Marco Polo esteve aprisionado em cárceres genoveses. Foi supostamente nesse período que ele narrou suas aventuras ao companheiro de cela Rustichello de Pisa, o qual as transcreveu. Essa obra decerto ajudou a construir o imaginário europeu daquilo que se convencionou chamar Oriente.

Marco Polo nasceu e morreu em Veneza (1254-1324). Em 1271, acompanhando os mercadores Nicolau Polo e Matteo Polo, seu pai e seu tio, respectivamente, realizou sua primeira viagem ao Oriente. Foi quando conheceu o imperador mongol Kublai Khan, governante de um vasto império que abarcava o que hoje é a China, a Mongólia, a Rússia e a Índia. Durante aproximadamente vinte anos, Marco Polo serviu o imperador e gozou de largo prestígio na corte. Segundo Borges no referido prefácio, Kublai Khan "*lhe confiou intrincadas missões e o nomeou governador de Sung*".

Em *A descrição do mundo* — também conhecida como *O livro das maravilhas*, *O milhão* ou, simplesmente, *As viagens de Marco Polo* —, o veneziano relata os sucessos de sua travessia para o Oriente e conta como foram os anos de convivência com Kublai Khan. Apesar de Borges dizer que o livro foi ditado em latim, o fato é que o texto original se perdeu e os especialistas não chegaram a um consenso sobre a língua em que se redigiu a primeira versão.

Como se disse, a obra é considerada uma das referências da intrincada relação entre o Ocidente e o Oriente. Dentro desse contexto, o autor argentino a equipara a outras, como a Bíblia e *As mil e uma noites*, e equipara Marco Polo a personagens históricos, como Alexandre da Macedônia (v. Alexandre Bicorne) e Vasco da Gama. Mais que as aventuras e peripécias, o que encantou os leitores de *A descrição do mundo* foi a maneira como Marco Polo procurou mostrar os costumes de povos distantes, contribuindo substancialmente para enformar a peculiaridade da visão europeia sobre o assim denominado Oriente. Citando mais uma vez o prefácio de Borges, "*Marco Polo sabia que aquilo que os homens imaginam não é menos real que aquilo a que chamam realidade. Seu livro é rico em maravilhas*". — DF

Ponson du Terrail, Pierre Alexis, visconde

Escritor francês (1829-71), criou o personagem Rocambole, protagonista de uma série de folhetins de aventura e mistério. Foi um autor prolífico, tendo escrito 73 volumes em pouco mais de vinte anos. Seus principais romances são: *Les Coulisses du monde* (1853), *L'Héritage mystérieux* (1857) e *Les Misères de Londres* (1868).

Aparece no ensaio de Borges "Eduardo Gutiérrez, escritor realista" (*Textos cativos*), em uma comparação atribuída a Leopoldo Lugones (v.), que diz ser Eduardo Gutiérrez (v.) o equivalente argentino de Ponson du Terrail. — TP

Pope, Alexander

Poeta, tradutor e pensador inglês (1688-1744), publicou traduções dos poemas homéricos entre 1715 e 1726 e, no mesmo período, uma edição crítica das obras de Shakespeare (v.). Entre seus textos mais importantes estão: *The Dunciad* (1728), *An Essay on Criticism* (1711) e *An Essay on Man* (1733). As traduções que fez dos poemas de Homero (v.) foram frequentadas por Borges em numerosas ocasiões. O manuscrito de Joseph Cartaphilus (v.), protagonista de "O imortal" (*O Aleph*), encontra-se em um exemplar da *Ilíada* de Pope. — LM

Portones, Los; Plaza de los Portones

Antigo nome da atual Plaza Italia, no bairro de Palermo (v.), em Buenos Aires. Tal denominação se devia aos grandes portões, na avenida Sarmiento, que davam acesso ao Parque 3 de Febrero, fundado em 1875. Em 1904, os residentes italianos doaram à cidade uma estátua equestre de Giuseppe Garibaldi, um duplo emblema das jornadas da unidade e da república italianas e das expedições sul-americanas (entre 1836 e 1848) do piemontês que havia combatido no Rio Grande do Sul a favor da secessão da República Farrapa e no Uruguai em defesa de Montevidéu, sitiada por Manuel Oribe (v.) e Juan Manuel de Rosas (v.).

A referência de Borges a esse monumento, "*O cavalo escorrido de limo verdoso e seu Garibaldi não deprimiam os antigos Portões. (É um mal disseminado: não há praça que não se ressinta de seu tormento de bronze.)*", em *Evaristo Carriego*, pode estar vinculada a seu gosto antiestatuário, mas também a seus conflitos com a italianidade imigratória. Os velhos portões foram retirados em 1917, mas, como ocorre com as alterações toponímicas, as duas designações coexistiram por algum tempo. A utilização do nome antigo por Borges no livro mencionado, em *Caderno San Martín* e em outros textos tem muito de nostalgia, com um anacronismo que depois ele projetaria sobre a centenária senhora de Jáuregui, em "A velha senhora" (*O informe de Brodie*), pois a nomenclatura que usava "*continuou sendo antiquada; falava da rua das Artes, da rua do Temple, da rua Buen Orden, da rua de La Piedad, das duas Ruas Largas, da praça do Parque e dos Portones*". Isto é, falava das ruas que, já bem avançado o século XX, se chamavam, respectivamente, Carlos Pellegrini, Viamonte, Bernardo de Irigoyen, Bartolomé Mitre, avenidas Montes de Oca e Presidente Manuel Quintana, Plaza Lavalle e Plaza Italia. — JSV

Pound, Ezra

Figura-chave do modernismo norte-americano (1885-1972), começou seus estudos de literatura na Universidade da Pensilvânia, onde se formou em filologia germânica. Foi correspondente na Europa da revista *Poetry*, de Chicago, reunindo em torno dela muitos escritores, entre eles Robert Lee Frost, William Carlos Williams e William Butler Yeats (v.). Teve papel relevante como editor, promovendo a publicação dos livros de James Joyce (v.), além de agir como mentor de T.S. Eliot (v.), cujo poema *The Waste Land* revisou. Traduziu ainda vários clássicos chineses, inclusive o mais importante do confucionismo, *Os analectos*, de autoria do próprio Confúcio (v.).

Como poeta, fundou a escola imagista (v. Lowell, Amy). A principal obra de Ezra Pound, *The Cantos*, é uma mistura impressionante de diversas tradições culturais — encontrando-se em sua longa extensão símbolos e figuras, desde ideogramas até partituras. Sobre ela, Borges faz dois comentários. O primeiro é que o recurso de utilizar anacronismos para forjar uma aparência de eternidade já era de conhecimento de Walt Whitman (v.) ("Nota sobre Walt Whitman", *Discussão*). Além disso, na nota "Da vida literária" ("*Autobiography*, de G. K. Chesterton", presente em "Countée Cullen", *Textos cativos*), publicada em 1º de outubro de 1937, ele escreve que a estranha tradição da construção de obras caóticas, iniciada por Stéphane Mallarmé e Joyce, chega a sua quinta década com Pound.

Sua carreira, no entanto, é marcada pela atuação como locutor de uma rádio fascista na Itália, país em que foi preso como traidor durante a ocupação norte-americana, entre 1946 e 1958. Ficou confinado no hospital St. Elizabeth, em Washington, onde o internaram como mentalmente incapaz de responder ao processo. Depois de libertado, voltou a viver na Itália, falecendo em Veneza. — TP

praia dos Corrales

V. Cepeda.

Prata, Mercado do

Primeiro mercado de mantimentos de Buenos Aires, coberto e projetado para tanto, localizado em uma região hoje central da cidade. Funcionou entre 1856 e 1947, quando foi demolido para a construção de um novo edifício com a mesma finalidade, o qual só se concluiu em 1962. Nessa ocasião, porém, já fora substituído por outras instituições, e o prédio do Nuevo Mercado del Plata destinou-se a repartições públicas municipais. A menção de Borges ao lugar, em "Martín Fierro" (*O fazedor*), é confusa: a primeira tirania refere-se ao regime de Juan Manuel de Rosas (v.), que governou Buenos Aires até 1852. O episódio da oferta de pêssegos, além de existir na tradição oral, está documentado; mas, considerando-se que a inauguração do mercado se deu em 1856, é um anacronismo situá-lo ali. Ainda que se trate, provavelmente, de um simples erro de Borges, que deve ter citado de memória um caso transmitido oralmente, a confusão contribui para unir ambas as "tiranias" — a de Rosas e a de Juan Domingo Perón (v.), sob cujo governo o mercado foi fechado — e para o clima geral de irrealidade sugerido pela repetida frase: "*Essas coisas, agora, são como se não tivessem sido*". — PMG

Prensa, La

Em 18 de outubro de 1869, saiu o primeiro número do diário *La Prensa*, dirigido por José Clemente Paz. Em 1871, ano em que uma terrível epidemia de febre amarela (v.) assolou Buenos Aires, o jornal, um dos mais populares da Argentina, colaborou no auxílio às vítimas e suas famílias. *La Prensa* possuía correspondentes em todas as províncias do país e capitais americanas, na capital dos Estados Unidos e nas principais capitais europeias.

No conto "O Congresso" (*O livro de areia*), um dos personagens propõe a compra indiscriminada de coleções de *La Prensa*. O jornal é novamente citado por Borges em "Emma Zunz" (*O Aleph*), quando a protagonista lê uma notícia sobre o embarque do navio *Nordstjärnan* ("Estrela do Norte", em sueco).

Vale ressaltar que não se encontram referências no *La Prensa* a nenhum embarque de um navio com esse nome ocorrido em janeiro de 1922. — PFCO

Priestley, John Boynton

Dramaturgo, romancista e ensaísta norte-americano (1894-1984). Borges escreveu sobre Priestley, em 1937 e 1938, três resenhas para a revista *El Hogar* (v.), nas quais enfatiza a novidade do uso dos jogos temporais em sua obra, em detrimento de seus argumentos, já que considera previsíveis as estranhezas que apresentam ("*Time and the Conways*, de J. B. Priestley"; "*I Have Been Here Before*, de J. B. Priestley"; "*The Doomsday Men*, de J. B. Priestley", em *Textos cativos*). — LM

Pringles, Pascual

Militar argentino (1795-1831), atuou na guerra da independência e em conflitos interprovinciais. Originário de San Luis, juntou-se ao Exército dos Andes, sob o comando de José de San Martín (v.), e fez parte da expedição ao Peru. Depois, participou da guerra com o Brasil em 1826 e se uniu às tropas do general José María Paz y Haedo, ou simplesmente general Paz, para enfrentar Facundo Quiroga (v.). Morreu pelas mãos de um soldado deste, após sucessivas derrotas. Uma cidade do sul da província de Buenos Aires, fundada em 1882, leva o nome Coronel Pringles. Situada em uma região de colonização tardia (sob controle indígena até 1879), teve um crescimento muito rápido na primeira metade do século XX, graças à produção agropecuária.

Em "Domingo F. Sarmiento: *Lembranças de província*" (*Prólogos, com um prólogo de prólogos*), Borges o cita em seu espanhol original, afirmando que "*Sarmiento descobre-nos os homens que agora são bronze ou mármore: 'aquela juventude arjentina que fora representada na guerra por Necochea, Lavalle, Suárez, Pringles i tantos calaveiras brilhantes, os primeiros nas batalhas* [...]'". — PMG

Prisma

Em razão da doença oftalmológica do pai, Jorge Guillermo (v.), em 1914 os Borges (os pais, o escritor e a irmã Norah) (v. Borges,

Norah) viajaram para a Suíça. Foi então que o jovem Borges descobriu a poesia de Walt Whitman (v.) e a poesia expressionista alemã, que ele divulgaria em revistas espanholas de vanguarda (*Cervantes*, *Grecia* e *Ultra*). Antes do retorno a Buenos Aires em 1921, a família passou um ano na Espanha: Maiorca, Sevilha e Madri. Aí o autor portenho, com pouco mais de vinte anos de idade, entrou em contato com representantes da nova geração vanguardista espanhola, como Guillermo de Torre (v.) (que posteriormente se casaria com Norah), Ramón Gómez de la Serna (v.) e Rafael Cansinos-Asséns (v.), fundador do ultraísmo (v.) e sempre respeitado por Borges como sendo o seu primeiro mestre.

Contra a retórica simbolista de Rubén Darío (v.) e de Leopoldo Lugones (v.), Borges importou para a sua cidade natal as palavras de ordem da nova lírica, o ultraísmo, movimento literário definido de forma sintética nos seguintes princípios: "*1. Redução da lírica ao seu elemento primordial: a metáfora; 2. Supressão das frases de recheio, dos nexos e dos adjetivos inúteis; 3. Abolição dos trabalhos ornamentais, do confessionalismo, da circunstanciação, das prédicas e da nebulosidade rebuscada; 4. Síntese de duas ou mais imagens em uma, ampliando desse modo a sua faculdade de sugestão*" (Borges, "Ultraísmo", 1921).

A primeira publicação da "nova sensibilidade" (cf. terminologia de Ortega y Gasset) são os dois números da revista mural *Prisma*, sob a liderança de Borges: um em dezembro de 1921, o outro em março de 1922. Foram dois pôsteres (58 × 80 cm), colados à noite nos muros de Buenos Aires. No *Ensaio autobiográfico*, Borges relembraria: "*Saíamos à noite — González Lanuza, Piñero, meu primo* [Guillermo Juan Borges] *e eu — armados com baldes de cola e pincéis fornecidos por minha mãe, e caminhávamos quilômetros e quilômetros colando as folhas pelas ruas Santa Fe, Callao, Entre Ríos e México. Leitores perplexos destruíam nosso trabalho quase à medida que o íamos fazendo*".

As duas publicações murais trazem como ilustração gravuras de Norah Borges, "Proclamas", e poemas de autores argentinos e espanhóis de vanguarda. A marca do futurismo (v.) é inegável: não apenas pelo caráter fundacional de um movimento (ultraísmo) como na tipografia diferenciada do proclama inaugural e no inusitado gesto grupal de intervenção urbana, colando nas ruas de Buenos Aires quinhentas cópias desse primeiro manifesto literário da vanguarda argentina.

Surpreendentemente, em seu livro de poesia de estreia, *Fervor de Buenos Aires* (1923), Borges virou as costas para toda e qualquer retórica de ruptura. Porém, o movimento de vanguarda argentino por ele fundado seguiu seu rumo e deu continuidade a novidades, polêmicas e publicações, culminando com a antológica *Martín Fierro* (1924-7) (v.), registro histórico de uma geração aglutinada em torno dessa revista.

Nas palavras de Víctor Aizenman, conhecido livreiro-antiquário argentino, "a fragilidade do suporte [de *Prisma*] e sua condição de cartaz, que os detratores contemporâneos se ocuparam de destruir minuciosamente, explicam sua proverbial raridade, tendo subsistido apenas um número mínimo de coleções completas. *Prisma* perdura como um mito artístico-literário que situa os escritores e artistas argentinos no centro da crítica mundial, cuja transcendência cultural é uma referência que perdura até a atualidade" (Víctor Aizenman, série "Fuera de catálogo", 15, Buenos Aires, 2014). — JS

Proa

Existem duas publicações com esse mesmo título, ambas sob a liderança intelectual de

Borges. A coincidência de nome não causa estranheza em uma cidade portuária como Buenos Aires (para onde o escritor voltou depois de passar sete anos na Europa) e com altíssimo índice de imigrantes. Trata-se de uma proa que indica o sul como rumo: não é por acaso que poucos anos mais tarde, em janeiro de 1931, surgiria a antológica *Sur* (v.), dirigida por Victoria Ocampo (v.), tendo Borges como um dos principais colaboradores. Assim, "proa" e "sul" são índices, metonímias, símbolos e metáforas de Buenos Aires ou da própria Argentina.

Proa, primeira época (33 × 25 cm), três números no total, foi lançada em agosto de 1922, alguns meses após a revista mural *Prisma* (v.). Essas duas publicações de vanguarda constituem, atualmente, verdadeiras raridades bibliográficas. O formato de *Proa* (primeira época) é de três folhas desdobráveis, em que frente e verso somam seis páginas.

No prólogo a *La calle de la tarde* (1924), livro de poesia de estreia de Norah Lange (v.), Borges relembra: "*Suas três folhas eram desdobráveis como esse espelho tríplice que torna movediça e variada a graça imóvel da mulher que reflete*". Norah Borges (v.), que já ilustrara *Prisma*, tem agora forte presença visual nas belíssimas gravuras em grande formato que abrem as três capas e fecham as últimas páginas de dois números. Fiéis ao espírito do movimento grupal de vanguarda, aparecem textos e poemas dos ultraístas espanhóis e argentinos: entre outros, Guillermo de Torre (v.), Jacobo Sureda (v.), Eduardo González Lanuza (v.), Rafael Cansinos-Asséns (v.), Norah Lange, o uruguaio Ildefonso Pereda Valdés e, curiosamente, Manuel Maples Arce, fundador do estridentismo mexicano. O primeiro número abre com palavras de ordem do movimento ultraísta, "Ao oportuno leitor", exaltando a metáfora na nova e na velha poesia ("essa imortal artimanha de todas as literaturas que hoje, continuando a tendência de Shakespeare [v.] e de Quevedo [v.], queremos rejuvenescer").

Dois elementos chamam atenção nessa publicação: a presença de Macedonio Fernández (v.), cuja personalidade teria grande liderança sobre o grupo e, sem dúvida, certa ascendência no pensamento e na literatura borgianos; e o artigo "La nadería de la personalidad", ensaio de Borges de caráter filosófico, integrado posteriormente ao volume *Inquisiciones*, de 1925. Nele, o autor reitera, na abertura de quase todos os parágrafos, que "o eu não existe", uma espécie de "nadificação do eu" inspirada em Arthur Schopenhauer (v.). Tal conjectura reaparece um ano mais tarde na epígrafe de *Fervor de Buenos Aires* ("A quem ler") (v.) e em vários momentos de sua literatura. Surpreende um Borges de 23 anos apenas anunciando conceitos próprios à modernidade literária, como a desaparição do "eu" em sua forma de dar voz à palavra ou ao poema (cf. "Crise de vers", de Stéphane Mallarmé). O escritor portenho enriquece esse conceito ao apagar também os limites entre a escritura e o ato da leitura (v. leitor). Pouco menos que uma revolução na teoria da literatura.

Proa, segunda época (19,5 × 14 cm), foi publicada em quinze números, de agosto de 1924 a janeiro de 1926. Os diretores, que constituíam uma Frente Única, eram inicialmente Borges, Alfredo Brandán Caraffa, Ricardo Güiraldes (v.) e Pablo Rojas Paz. Embora com perfil editorial menos arrojado, mais tradicional e menos voltado para a poesia, os escritores da geração vanguardista estão presentes, entre eles os irmãos Raúl e Enrique González Tuñón (v.), Norah Lange, Macedonio Fernández, Leopoldo Marechal (v.), Evar Méndez (v.), Roberto Arlt (v.) e o pintor uruguaio Pedro Figari (v.), além das ilustrações de Norah Borges.

Vemos como a aludida polêmica dos grupos Boedo (v.) e Florida (v. *martinfierrismo*) se dilui nessa publicação, contemporânea a

Martín Fierro (v.). Dentre os ensaios mais interessantes, destaca-se no primeiro número de *Proa* o artigo seminal de Luis Emilio Soto, "El sentido poético de la ciudad moderna", no qual ele analisa três livros sobre o tema da modernidade urbana: *Fervor de Buenos Aires* (1923), de Borges, *Ciudad* (1917), de Baldomero Fernández Moreno, e *Versos de la calle* (1924), de Álvaro Yunque.

No último número de *Proa*, Borges despediu-se de forma eloquente. Reivindicando curiosamente o direito ao fracasso, ele mencionou a deserção de outros companheiros, tudo isso em um tom oralizante que reforça o destino *criollo* (v.) do escritor: "*Há um santíssimo direito no mundo: nosso direito de fracassar e de andar sozinhos e de poder sofrer. Não sem mistério, apareceu o santíssimo, já que até Deus nos invejou a debilidade e, tornando-se homem, adicionou o sofrimento e brilhou como um cartaz na cruz. Eu também quero descer. Quero anunciar que me descarto de* Proa, *que deixo no cabide a minha coroa de papel. Mais de cem ruas nas margens me aguardam, com a sua lua e a solidão e uma pinga doce. Sei que Ricardo* [Güiraldes] *está sendo chamado a gritos por este pampeiro, e Brandán* [Caraffa] *pelas serras de Córdoba. Adeus Frente Única, tchau Soler, adeus todos. E você Adelina* [del Carril, esposa de Güiraldes], *com essa graça tutelar que é bem sua, dê-me o chapéu e a bengala que me vou embora*". — JS

prostíbulos (Lorea, Boca, Solís)

Em parte devido ao grande desequilíbrio demográfico provocado pela imigração em massa a partir de 1860, em Buenos Aires existiu uma quantidade enorme de prostíbulos, combatidos às vezes com argumentos relativos à higiene e ao exibicionismo, porém legalizados de 1875 a 1936. A cuidadosa regulamentação sobre sua localização e características (distância mínima de templos e escolas, edifícios de um só andar, proibição de diferenciar-se de outras casas por sinais externos e áreas de exclusão rigorosa) levou à concentração em certas regiões da cidade. As ruas Junín e Solís e a Plaza Lorea, de fato, eram muito próximas do limite do espaço central que deveria estar livre desse tipo de estabelecimentos. Na Boca del Riachuelo, assim como em Barracas, Flores ou Belgrano, também se concentravam prostíbulos em razão de aí haver predomínio de população masculina.

Emma Zunz, no conto homônimo (*O Aleph*), escolhe o Paseo de Julio, perto do porto e frequentado por marinheiros, para posar como prostituta. A menção explícita, em "As *Misas herejes*" (*Evaristo Carriego*), em nota de rodapé, citando Laurentino Mejías, contrasta com as pudicas referências de Borges, por meio de metonímias dos locais, na maioria de seus textos. — PMG

Protágoras de Abdera

Nasceu na Trácia, por volta de 480 a.C., e faleceu em 411 a.C. Foi o primeiro a chamar-se de sofista. Dava aulas em troca de pagamento e, segundo Platão (v.), acumulou mais riquezas do que Fídias, o grande escultor. Teve sérios problemas depois que escreveu: "Com relação aos deuses, não sou capaz de saber se eles existem ou não". Por essa frase, Cícero (v.) o acusou de ser ateu.

Protágoras de Abdera serve de suporte para Borges comentar, em "Quevedo" (*Outras inquisições*), a atração que algumas ideias religiosas originadas nas matrizes filosóficas platônica e pitagórica exerceram na mente humana. Ao tratar do escritor espanhol, Borges apontou o fato de este passar despercebido na história da literatura, pois Francisco de

Quevedo (v.) não se fiou em concepções filosóficas que tivessem o mesmo apelo das ideias platônica e pitagórica. Desse modo, o escritor argentino tentou, por meio da obra de Quevedo, enaltecer a literatura feita em língua espanhola. — PFCO

Protesta, *La*

Jornal que começou a circular em 1897 com o título *La Protesta Humana*, o qual foi alterado para *La Protesta* em 1904. Passou por fechamentos, perseguições a seus editores e redatores, períodos de clandestinidade etc. ao longo de sua história, estreitamente ligada ao desenvolvimento do movimento anarquista argentino. Entre os nomes a ele associados estão Pietro Gori, Alberto Ghiraldo, Eduardo G. Gilimón e Diego Abad de Santillán. Em suas páginas, além de notícias referentes ao movimento operário, destacaram-se os textos doutrinários. Teve dois suplementos (1908-9 e 1922-8) e sua própria editora, que lançou obras de Max Nettlau, Luigi Fabbri, Rudolf Rocker entre outros. Trata-se de uma das publicações mais importantes da imprensa anarquista da Argentina, e sua redação era frequentada por Evaristo Carriego (v.), como relata Borges em "Uma vida de Evaristo Carriego" (*Evaristo Carriego*). — PA

pseudônimos literários

Nunca saberemos a razão que leva alguém a modificar o nome original. Tampouco a multiplicar suas denominações. Talvez, em se tratando de Borges, possamos conjecturar que essas transfigurações na nomenclatura obedecem ao efeito de desagregação do eu — ou a uma rendição perante a evidência desta —, tantas vezes sugerida em suas meditações, ou bem a um nominalismo desbocado e proliferante. Será tarefa do leitor, do editor, do crítico e do pesquisador, registrar a série de um Borges cujas assinaturas e apodos configuram o corpo de um estilo literário tão incômodo quanto imprescindível.

Seu nome e sobrenome: Jorge Francisco Isidoro Borges; assim inscrito em 26 de agosto de 1899, na 2ª seção do Registro Civil; nome de batismo: Jorge Francisco Isidoro Luis (v. Borges, Jorge Francisco Isidoro Luis), registrado em 20 de junho de 1900 no livro de batismos da paróquia San Nicolás de Bari.

Os autônimos (nomes e sobrenomes reais) com que Borges assinou foram: *Jorge Borges hijo*, *Jorge-Luis Borjes*, *Jorje Luis Borges*, *Luis Borges*, *Georg Ludwig Borges* e, o mais conhecido de todos, *Jorge Luis Borges*.

Em sua página de resenhas em *El Hogar* (v.), em uma ocasião em que Borges não conseguiu entregar o trabalho, um redator da revista o substituiu e colocou no fim do texto *Jorge Luis Borges*, usando seu autônimo como alônimo (o nome de outra pessoa real que um autor põe a seu serviço). No caso do conto de Borges "La última bala", publicado na *Revista Multicolor de los Sábados*, parcialmente modificado e assinado pelo ilustrador *Pascual Güida*, estaríamos diante de outro exemplo de alônimo, e não de pseudônimo.

Embora esteja demonstrada sua não autoria de alguns artigos assinados como *José Tuntar*, há quem insista em atribuí-los a ele: um caso de pseudoepigrafia.

O apelido Georgie, forma de expressão familiar carinhosa, é nome hipocorístico. Houve também alguns termos ofensivos de muito menor transcendência.

De preferência no fim de resenhas e em um ou outro texto, Borges se acostumou a assinar com suas iniciais, *J. L. B.* Por ter utilizado o autônimo Luis Borges, as iniciais *L. B.* também devem ser consideradas pseudônimos.

Tem quatro iniciais compartilhadas com Leopoldo Marechal (v.), Vicente Vallejo e Oliverio Girondo (v.): *M. B. V. G.*; em *B. M.*, o *B.* corresponde ao sobrenome Borges, e quanto ao *M.* se trataria de Leopoldo Marechal ou de Evar Méndez (v.) (Evaristo González); em *J. L.* e *G. J. B.*, as iniciais *J. L.* correspondem a dois dos nomes de Borges, e *G. J. B.* são as iniciais de Guillermo Juan Borges; *C. D. J. L. B. S. D.* correspondem a Julio César Dabove, Jorges Luis Borges e Santiago Dabove (v.).

Suas iniciais também foram usadas conjuntamente com o prenome (nome próprio sem o sobrenome) de Guillermo Juan Borges: *J. L. B., Guillermo Juan.*

O pseudônimo *Mar-Bor-Vall-Men* formou-se com a primeira sílaba dos sobrenomes dos autores que o compartilharam: Leopoldo Marechal, Borges, Vicente Vallejo e Evar Méndez (Evaristo González). Algo parecido ocorreu com *Ber-Bor-Guillj-Mar-Per-Vall*, empregado por Francisco Luis Bernárdez (v.), Borges, Leopoldo Marechal, Ildefonso Pereda Valdés e Vicente Vallejo; a exceção foi Guillermo Juan Borges (*Guillj*), que preferiu usar seu nome de batismo.

Borges lançou mão ainda de alguns pseudônimos que apresentam forma de nome e sobrenome: *Daniel Haslam*, *Alex Ander*, *Bernardo Haedo*, *Benjamín Beltrán*, *Manuel Pinedo*, *Jorge Llinás Borges.*

F. Bustos, outro de seus pseudônimos, também aparece como *Francisco Bustos.*

Os pseudônimos que compartilhou foram: *Dagesmar* (com Jacobo Sureda e Juan Alomar); *Ortelli y Gasset* (com Carlos Mastronardi [v.] e não com Leopoldo Marechal); *B. Lynch Davis*, *B. Suárez Lynch* e *H. Bustos Domecq* (ambos com Adolfo Bioy Casares) (v.).

Um romance assinado por *Sauli Lostal* gerou uma polêmica ainda inconclusa, motivo pelo qual não está definido se *Sauli Lostal* pertence ou não a Borges.

Tem um único pseudônimo com inicial atribuído, que é *B*; os outros pseudônimos atribuídos são: *Nemo*, *Suárez Miranda*, *Carlos Moritán*, *Herbert Ashe*, *Julio Platero Haedo*, *Andrés Corthis*, *Gaspar Camerarius*, *Victoria Precana*, *Isidoro Trejo* e *Fra Diavolo.* (Para mais informações sobre cada um dos nomes relacionados, ver *La Biblioteca 13. Cuestión Borges*, pp. 314-28. Disponível em: <http://trapalanda.bn.gov.ar/jspui/handle/123456789/6550>. Acesso em nov. 2016.)

PSEUDÔNIMOS CONHECIDOS DE JORGE LUIS BORGES:

Alex Ander
Andrés Corthis
B
B. M.
B. Lynch Davis
B. Suárez Lynch
Benjamín Beltrán
Ber-Bor-Guillj-Mar-Per-Vall
Bernardo Haedo
C. D. J. L. B. S. D.
Carlos Moritán
Dagesmar
Daniel Haslam
F. Bustos
Fra Diavolo
Francisco Bustos
Gaspar Camerarius
Georg Ludwig Borges
Georgie
H. Bustos Domecq
Herbert Ashe
Isidoro Trejo
J. L. e G. J. B.
J. L. B.
J. L. B., Guillermo Juan
Jorge Borges, hijo
Jorge Llinás Borges
Jorge Luis Biorges
Jorge Luis Borges

Jorge-Luis Borjes
Jorje Luis Borges
José Luis Borges
José Tuntar [?]
Julio Platero Haedo
L. B.
Luis Borges
M. B. V. G.
Manuel Pinedo
Mar-Bor-Vall-Men
Nemo
Ortelli y Gasset
Pascual Güida
Sauli Lostal
Suárez Miranda
Victoria Precana
— MT

q

Qaphqa

Fonetização irônica feita por Borges em "A loteria na Babilônia" (*Ficções*), aludindo ao nome de Franz Kafka (v.). No conto, o nome refere-se a uma latrina sagrada. — PFCO

Quain, Herbert

Em Borges, a mescla de realidade com ficção, a equivalência entre biblioteca e universo, a identificação entre vida e ficção, todos esses fatores culminam na vasta lista de autores imaginários e apócrifos. Assim como Pierre Menard (v.), Herbert Quain é um autor fictício cuja obra é submetida ao exame crítico de Borges. Menos caricato que a figura do crítico francês Pierre Menard, ele é definido como um escritor experimental. Borges, que é extremamente crítico com respeito a Quain, comenta que seus livros desejavam o assombro. *The God of Labyrinth* é um romance policial, e *April March*, um romance em que as histórias se desenvolvem de modo regressivo. *The Secret Mirror*, por sua vez, é uma comédia heroica em dois atos. Borges, assim, confere vitalidade ao autor fictício e chega mesmo a dizer que de uma narrativa de *Statements* (1939), "The Rose of Yesterday", "*eu cometi a ingenuidade de extrair 'As ruínas circulares', que é uma das narrativas do livro* O jardim de veredas que se bifurcam" ("Exame da obra de Herbert Quain", *Ficções*). — PPM

Queen, Ellery

Pseudônimo utilizado por dois primos norte-americanos, Frederic Dannay (1905-82) e Lee Manfred (1905-71), para assinar grande quantidade de romances policiais escritos a quatro mãos. É também o nome do detetive protagonista dessas obras. A revista *Ellery Queen's Mystery Magazine*, da qual Dannay era chefe de redação, foi a primeira a publicar um texto de Borges em inglês, em 1948: "O jardim de veredas que se bifurcam". O escritor argentino dedicou-lhes uma nota biográfica em *Introducción a la literatura norteamericana*, fez diversas resenhas de seus livros para a revista *El Hogar* (v.) (reproduzidas em *Textos cativos*) e publicou vários de seus relatos em antologias de contos policiais. Inicialmente, elogiou Ellery Queen por proporcionar ao gênero policial um jogo de três soluções para o mistério: a primeira, fácil demais; a segunda, tão maravilhosa que leva o leitor a se apaixonar por ela; a terceira, menos espetacular, mas racional e satisfatória. Em suas últimas resenhas, o interesse pela obra dos primos declinou. — LM

Queirós, Eça de

Em 1972, Borges concedeu uma entrevista a Fernando Sorrentino na qual afirmava que, depois de ler Eça de Queirós (1845-1900) no texto original, chegara à conclusão de que ele "*foi um dos melhores romancistas do século XIX.* [...] *Provavelmente, há romancistas tão bons quanto ele no século XIX, mas nenhum superior*". O autor argentino conheceu a obra de Eça por meio da leitura que sua mãe havia feito, como ele rememora no prefácio às *Obras completas*, "A Leonor Acevedo de Borges".

Na mesma entrevista, Borges expressou a opinião de que o escritor português teve influência evidente sobre Gustave Flaubert (v.), e declarou que *O primo Basílio* (1878) era superior a *Madame Bovary* (1857). Considerava *O mandarim* (1880) um texto esplêndido, pertencente ao fantástico mas também humorístico, destoando do conjunto da obra de Eça. Ademais, lembra que este escrevera seus livros menos sob a influência da literatura portuguesa que sob a de alguns autores franceses, como o próprio Flaubert e Alphonse Daudet. — PFCO

Quevedo, Francisco de

Francisco de Quevedo (1580-1645) foi um dos escritores mais importantes do barroco espanhol. O ascetismo dos estoicos estava de acordo com seu caráter misantropo e com a desconfiança das coisas mundanas que o caracterizaram, embora estivesse ligado às altas esferas da sociedade e envolvido em assuntos de Estado, passando por períodos de glória e por infortúnios. De sua produção em prosa destaca-se *El buscón*, brilhante obra que admite intenções didáticas e moralizantes. Trata-se de um romance picaresco engenhoso e cruel, que retrata a vida e a linguagem de pícaros e vagabundos em suas pretensões de ascensão social, de uma perspectiva aristocratizante e conservadora, que reflete bem o rancor pelas pressões sociais dos plebeus. A poesia de Quevedo, inscrita na corrente do conceptismo, a qual o autor liderou, divide-se entre o tom grave e filosófico, a temática amorosa e uma vasta produção de viés satírico, burlesco e até mesmo francamente obsceno.

Para ele, os conceitos não eram, em princípio, tentativas de expressar imagens sensoriais, mas um modo de multiplicar as conotações intelectuais dos elementos referidos. Interessado no problema da linguagem, a resistência ao adorno leva-o às vezes ao coloquialismo e à atração pela *germanía* (v.) — linguajar dos ladrões e rufiões —, que adotou em *romances* (na Idade Média, poemas em língua românica, de tema lírico ou satírico) e *jácaras* (romances alegres). Em oposição ao culteranismo (v.), e em especial a Luis de Góngora (v.) — de quem foi rival e a quem combateu duramente (como exemplo, basta o poema "Aguja de navegar cultos") —, desenvolveu um estilo epigramático e conciso, severo e elíptico. Além de intensa percepção do tempo e horror pela caducidade de tudo, Quevedo tinha fascínio pela feiura, e mostrou o desengano, ora com gravidade, ora com humor sardônico.

Borges referiu-se muitas vezes a Quevedo, prodigalizando-lhe os maiores elogios: "*Todas as vozes do castelhano são dele, e ele, ao olhá-las, soube senti-las e escrevê-las já para sempre*" ("Menoscabo y grandeza de Quevedo", *Inquisiciones*, 1925). Definiu o conceptismo quevediano como "*uma série de pulsações curtas e intensas marcando o ritmo do pensar*". Mais que como homem, o escritor interessou a Borges como "*uma complexa e vasta literatura*" e, com o objetivo de utilizar o mito para seus próprios fins poéticos, "*a significação parcial que com ela forjemos*", destacando dessa significação "*a vasta erudição que requereu de tanto livro já distante*", os "*destacados verbalismos do fazer*", a perfeição das metáforas, antíteses e adjetivações, "*isto é, naquelas disciplinas da literatura cuja felicidade ou infortúnio é discernível pela inteligência*" ("Menoscabo y grandeza de Quevedo").

A dualidade que Borges encontra em Quevedo, a ambivalência com que o tratou — aviltamento e grandeza —, corresponde à admiração pela perfeição formal nascida de um "*intelectualismo veemente*", que é igualmente sua fraqueza, já que a escrita desse autor e a de Chesterton (v.) e a de Virgílio (v.) são "*inteiramente suscetíveis de análise*". Não há nele "*nenhum procedimento, nenhuma felicidade* [...] *que não possa justificar o retórico*", nem páginas cujo brilho ou eficácia não se possa explicar de modo racional, diversamente do que ocorre com Miguel de Cervantes (v.) (como expõe em "Novelas exemplares", *Prólogos, com um prólogo de prólogos*). Também diversamente deste, Quevedo "*não acrescentou ao mundo uma só alma*" ("Menoscabo y grandeza de Quevedo"). Entretanto, o poema que Borges dedica a ele ("A um velho poeta", *O fazedor*) revela uma empatia profunda, espelho de suas preocupações relativas ao esquecimento, ao destino da própria obra, ao confronto entre erudição e vida. — MAGB

Quicherat, Louis-Marie

Filólogo francês (1799-1884), foi um importante estudioso do latim, colaborou em dicionários e publicou inúmeros trabalhos de referência. Anotou ainda diversos livros de autores clássicos. Borges, que estudou muito latim, sobretudo em sua primeira estada na Europa, certamente fez bastante uso de obras de Quicherat. Em uma definição de sereia, em "Arte narrativa e a magia" (*Discussão*), entre vários dicionários, glosa a concepção desse filósofo.

A principal citação de Quicherat aparece em "Funes, o memorioso" (*Ficções*). O conto retrata um homem, Funes, capaz de lembrar tudo o que vivera. Borges, que ainda jovem se havia tornado bom latinista, vale-se de sua biografia e diz ter enviado a Funes a *Naturalis historia*, de Plínio, o Velho (v.), poeta latino, e o *Gradus ad Parnassum*, de Quicherat. Este seria um auxílio à leitura daquele. O autor portenho afirma que Funes pôde lê-lo e até memorizá-lo. Os fatos biográficos são recorrentes no universo de Borges. Além de sempre citar os livros que o acompanham, ele faz referência ao autodidatismo literário. Também foi um autodidata de muitos idiomas, entre os quais o italiano, que aprendeu lendo Dante Alighieri (v.), e "*por minha conta, fora do colégio, comecei a estudar alemão. Fui empurrado para essa aventura pelo* Sartor Resartus (*O alfaiate remendado*), *de Carlyle, que ao mesmo tempo me deslumbrava e me desconcertava*" (*Ensaio autobiográfico*). — RB

Quijano, Alonso

Nome do protagonista de *Dom Quixote de la Mancha*, célebre romance de Miguel de Cervantes (v.). Já no primeiro capítulo da Parte I (1605), quando, levado pela loucura, o personagem decide tornar-se cavaleiro andante, emulando os romances de cavalaria, que lia dia e noite e muda o nome para Dom Quixote. Recupera sua condição e estado no capítulo 74 da Parte II do livro (1615), quando conclui a aventura de Dom Quixote com a recuperação da razão, pórtico de sua morte. A referência de Borges em "Vindicação de *Bouvard et Pécuchet*" (*Discussão*) é totalmente secundária, mas é preciso dizer que Cervantes e *Dom Quixote* ocupam lugar de destaque na obra do escritor argentino. — MAGB

Quintiliano

Quintiliano (35-95) nasceu em Calagurris, hoje Calahorra, na Espanha. Sua grande obra foi um completo sistema de retórica, arte da qual foi o primeiro instrutor público, em doze livros, intitulado *De Institutione Oratoria Libri XII*, conhecida como *Institutiones Oratoriae*. Discutindo em "A flor de Coleridge" (*Outras inquisições*) a questão da identidade literária, Borges diz que certo autor havia combinado fragmentos de Quintiliano (35-95), entre outros, como se fosse seu testamento literário. — PFCO

Quiroga, Horacio

Escritor uruguaio, nasceu em 1878 e suicidou-se em 1937. Tocado na juventude pelo ciclismo, pela química e pela fotografia (a cuja prática se dedicou por toda a vida), iniciou-se na literatura em 1896 com a Comunidad de los Tres Mosqueteros, que integrava com mais três amigos, Alberto J. Brignole, Julio J. Jaureche e José Hasda. Juntos, os quatro costumavam passear pelos arredores da cidade de Salto e depois ocupavam uma casa em ruínas, onde declamavam seus textos. Pertence a essa época o primeiro documento literário de Quiroga, composto de um caderno em que ele, Brignole e Jaureche trocavam prosas e poemas. Passou, posteriormente, a colaborar em publicações periódicas uruguaias e argentinas, como *La Revista Social*, *La Reforma*, *Gil Blas*, *La Alborada*, *El Gladiador* e *Caras y Caretas* (v.), entre outras, além de ter fundado a *Revista Del Salto*, em 1899. *Los arrecifes de coral* (1901) define-se como seu livro de estreia. Marcado desde cedo por incidentes de morte, como a do pai, do padrasto e da esposa, afora outros em que esteve diretamente envolvido, o autor imprimiu em suas narrativas os temas de amor e morte; exemplo disso é o aclamado *Cuentos de amor, de locura y de muerte* (1917), que o alça à categoria de mestre da narrativa breve.

Borges, em "A poesia" (*Sete noites*), comenta um conceito sobre a prosa atribuído a Quiroga, aludindo, no prólogo à *Obra poética* de Ezequiel Martínez Estrada (v.) (*Biblioteca pessoal*), à amizade deste com o contista, que assina ainda, entre outros, *Anaconda* (1921), *El desierto* (1924) e *Los desterrados* (1926). A opinião de Borges sobre a obra de Quiroga é em geral negativa. Em uma das conversas com Bioy, por exemplo, observa: "*Quiroga escreve mal demais: como diria Arnold Bennett; third rate grandiose*" (*Borges*). — JGS

Quiroga, Juan Facundo

Personagem reiteradamente comentado por Borges ao longo de sua obra, Quiroga (1788-1835), militar, natural de La Rioja e alcunhado de "*tigre de los llanos*", lutou contra os unitários (v.) nas guerras que sucederam às lutas de independência e que convulsionaram a região por várias décadas, atrasando a consolidação do Estado nacional argentino. Sua posição dentro da guerra civil levou Domingo Faustino Sarmiento (v.) a escolhê-lo como personagem principal de *Facundo: Civilização e barbárie* (1845), uma das obras mais influentes do pensamento político argentino e latino-americano do século XIX. Nesse livro, Quiroga representa o atraso, a selvageria e a barbárie, traços que o futuro presidente da Argentina (entre 1868 e 1874) gostaria de ver eliminados. No poema "O general Quiroga vai de coche para a morte" (*Lua defronte*), por sua vez, Borges transformou Facundo em uma representação heroica, ou seja, do homem valoroso diante de sua própria morte. — PFCO

Quitab alif laila ua laila

V. *Mil e uma noites, Livro das*

Quitah-ul-ain

Quitah-ul-ain, ou *Kitab al-Ayn*, é considerado um dos mais importantes dicionários árabes. Foi produzido entre os derradeiros anos do século VIII e os iniciais do IX pelo filólogo Khalil ibn Ahmad al-Farhid. Surgiu, com outros estudos filológicos do período, para reagir ao que os intelectuais viam como degeneração e empobrecimento da língua árabe, verificados sobretudo na literatura em prosa da época.

Borges menciona o dicionário no conto "A busca de Averróis" (*O Aleph*), no momento em que o filósofo muçulmano, intrigado com a incapacidade de compreender os reais significados das palavras "tragédia" e "comédia", escuta de sua janela uma conversa entre garotos que brincam na rua: "*ouviu sua disputa em dialeto* grosseiro, *ou seja, no incipiente espanhol da plebe muçulmana da península*". A menção ao *Kitab al-Ayn* nesse contexto é extremamente significativa, pois esse é um símbolo da pureza da língua árabe. — DF

r

Rabelais, François

Escritor e erudito francês (*c.* 1494-1553). Autor de uma das mais complexas obras da literatura de seu país, seja pela variedade inclassificável, seja pelas conflitantes interpretações de ordem histórica ou estilística que originou, Rabelais é antes de tudo um desconhecido, revelado apenas por seu trabalho. Poucos, pois, são os dados biográficos: filho de um advogado; padre em 1521, período em que foi introduzido ao cenáculo humanista do célebre jurisconsulto André Tiraqueau; estudioso do grego, recebido em um convento beneditino de onde, renunciando ao estado monástico, inscreveu-se em 1530 na Faculdade de Medicina de Montpellier, carreira que veio a seguir. A inclinação humanista dessa formação se refletiu em sua produção, por exemplo, na tradução (perdida) do primeiro livro de Heródoto e de Luciano de Samósata (v.), assim como nas *Cartas medicinais* de Jean Manardi e na tradução dos *Aforismos* de Hipócrates e do *Testamento de Cuspídio*.

Sua produção literária, iniciada com *Pantagruel*, conferiu-lhe sucesso em 1532, quando já se aproximava dos cinquenta anos; aproveitando-se disso e de prognósticos da astrologia divinatória, de larga difusão na época, Rabelais publicou *Prognósticos pantagruélicos para o ano de 1533*, e escreveu almanaques de astrologia medicinal para os anos de 1535, 1541 e 1543.

Gargantua (1534) propõe-se a narrar a história do gigante, pai de Pantagruel, em um trabalho que, respaldado pelas concepções humanistas, remete, parodicamente, tanto à tradição medieval dos mistérios como à da crônica e dos milagres. O livro de 1534, que costuma anteceder o de 1532 nas edições conjuntas, não se abstém de incorporar uma liberdade narrativa já experimentada, com propósitos equivalentes em sua condução e invariável apoio ao riso "próprio ao homem". Rabelais publicou ainda o *Terceiro* (1546), *Quarto livro* (1548), sendo o *Quinto* editado postumamente em 1564.

Em dois ensaios que versam sobre Pascal (v.) ("A esfera de Pascal" e "Pascal", ambos de *Outras inquisições*), Borges atribui uma sentença deste ao *Pantagruel* de Rabelais. O autor medieval serve-lhe de referência também em "Sobre os clássicos" (*Outras inquisições*). — JGS

Raça Eleita, a doutrina de uma

Borges utiliza essa expressão nas resenhas que faz de *Guide to the New World. A Handbook of Constructive World Revolution*, de autoria de H. G. Wells (v.), e de *Let the People Think*, de Bertrand Russell (v.), como prova da sustentação da ideia por ele desenvolvida de que quase todos os seus contemporâneos são nazistas, "*embora o neguem ou o ignorem. Desde 1925, não há publicista que não opine que o fato inevitável e trivial de ter nascido num determinado país e de pertencer a uma determinada raça (ou a uma boa mistura de raças) não seja um privilégio singular e um talismã suficiente*". Para demonstrar essa tese geral — "*defensores da democracia, que se julgam muito diferentes de Goebbels, instam seus leitores, no próprio jargão do inimigo, a escutar as palpitações de um coração que recolhe os íntimos mandados do sangue e da terra*" —, Borges traz à cena "*certas discussões indecifráveis, durante a Guerra Civil Espanhola*" em que "*até os homens da foice e do martelo se mostravam racistas...*". Recorda, então, "*com certo estupor de uma assembleia convocada apenas para confundir o antissemitismo*". Lembra que tem várias razões para não ser antissemita, "*a principal é esta: a diferença entre judeus e não judeus me parece, em geral, insignificante; às vezes, ilusória ou imperceptível*". Em seguida, narra que naquele dia (o da assembleia) ninguém "*quis compartilhar minha opinião; todos juraram que um judeu alemão difere enormemente de um alemão* [...]*; em vão insinuei que uma assembleia contra o racismo não deve tolerar a doutrina de uma Raça Eleita; em vão invoquei a sábia declaração de Mark Twain: 'Eu não pergunto de que raça é um homem; basta que seja um ser humano; ninguém pode ser nada pior'* (*The Man that Corrupted Hadleyburg, p. 204*)" ("Dois livros", *Outras inquisições*).

No judaísmo, não existe nenhuma "doutrina da Raça Eleita". O que existe é um conceito central do Povo Eleito, que recebeu muitas significações ao longo da história, tanto por parte de comentadores do interior do campo judaico como de intérpretes externos (é importante salientar que a noção de povo, no texto bíblico, não guarda nenhuma conotação de raça). O conceito expressa a ideia de que o povo de Israel mantém uma relação singular e especial com o Criador de todo o universo. Pensadores judeus contemporâneos, entre eles Martin Buber (v.), Hermann Cohen, Franz Rosenzweig e Emmanuel Levinas, releram de um ponto de vista humanista e universalizante o conceito de "eleição": os judeus seriam homens entre homens e Israel uma nação entre as outras, destacando que o termo "eleito" outorgaria uma característica singular ou de diferença, mas nunca de superioridade, e leram esse conceito de modo a, por um lado, ressaltar os valores universais do judaísmo e, por outro, a não apagar o caráter específico da história e da experiência espiritual judaica. — EM

Ragnarök

Ragnarök [crepúsculo ou morte dos deuses], mito nórdico que narra os inúmeros desastres que culminarão na predeterminada morte dos deuses e na destruição do mundo. A batalha final será travada entre os deuses liderados por Odin e as forças do mal lideradas por Loki (deus do fogo, filho dos gigantes Farbauti e Laufey). "Ragnarök" é o título de um conto de *O fazedor*. — FT

Ramírez, Francisco

Militar e político argentino (1786-1821), participou da formação de milícias para apoiar a Revolução de Maio (1810), ocorrida em Buenos Aires. Juntou-se às fileiras de José Gervasio Artigas (v.) e foi fiel a ele quando este enfrentou Buenos Aires. Em 1817, ficou com o comando de Entre Ríos, incluída na coalizão de Artigas que se denominava Liga dos Povos Livres. Lutou na Batalha de Cepeda (1820) (v.), na qual venceu as forças portenhas e se dissolveu, de fato, o governo central das províncias argentinas. Nesse mesmo ano, enfrentou Artigas com êxito, e assim Entre Ríos se tornou uma entidade política totalmente independente, que se uniu a Corrientes e a parte das atuais Missões para formar a República de Entre Ríos. Sua morte toca a lenda: em 1821, foi deposto e derrotado em sucessivos confrontos pelas forças portenhas e de Santa Fe; embora tenha conseguido sair ileso, voltou para resgatar a concubina, La Delfina, que fora feita prisioneira, e morreu. Pouco se sabe de La Delfina — nem mesmo o nome completo —, sua companheira em campanhas militares. Segundo essa versão, Ramírez levou um tiro, foi atingido por uma lança ou, como Borges relata em "Uma vida de Evaristo Carriego" (*Evaristo Carriego*), foi decapitado. — PMG

Ramos Mejía, José María

José María Ramos Mejía (1849-1914) revelou, em seu livro *Rosas y su tiempo* (1907), as origens sociológicas da personalidade do ditador Juan Manuel de Rosas (v.), atribuindo ao lado materno os traços da linhagem de grande proprietário dos pampas, dono de terras e gado, e ao lado paterno a mentalidade da tradição burocrática espanhola. Fundador da psicopatologia na Argentina, Ramos Mejía foi um proeminente membro da geração de intelectuais positivistas que emergiram na década de 1880. Considerava que a criminologia e a psiquiatria eram parte do aparato de higiene social, e estabeleceu vínculos entre saúde pública e administração penal. Foi também membro do Congresso, diretor do primeiro sanatório particular para desordens mentais e do Departamento Nacional de Higiene, chefe da Asistencia Pública, historiador e sociólogo e um dos primeiros a perceber, na obra já mencionada, o problema do *caudillo* na política latino-americana.

Ramos Mejía havia enumerado os sobrenomes argentinos e concluíra que seriam bascos ou de origem judaico-portuguesa. Em "Carlos M. Grünberg: *Mester de judiaria*" (*Prólogos, com um prólogo de prólogos*), Borges cita tais conclusões para criticar as ideias antissemitas presentes na Argentina na época do nazismo. — PFCO

Recoleta, La

Trata-se do cemitério nobre de Buenos Aires, situado ao norte da cidade, no bairro homônimo, perto da igreja Nuestra Señora del Pilar. O nome, derivado do latim *recollectus*, vincula-se ao recolhimento dos religiosos. Desde um decreto real assinado por Felipe V, datado de 18 de junho de 1732, a igreja era mantida por um convento de freiras reclusas, que serviu de hospital, prisão, leprosário e hospedaria de imigrantes. A partir de 1822, seus terrenos foram transformados em cemitério público. Além de compor um poema intitulado "La Recoleta" (*Fervor de Buenos Aires*), Borges evocou esse nome no *Caderno San Martín*, de 1929, em "Mortes de Buenos Aires", poema que dividiu em duas partes: a primeira, "La Chacarita", um cemitério popular, em oposição à segunda, "La Recoleta", o cemitério das famílias mais tradicionais e de próceres argentinos. La Recoleta se tornou importante ponto do roteiro turístico de Buenos Aires por abrigar, entre outros mausoléus, aquele que guarda os restos de Eva Duarte (v.). (V. mapa portenho.) — CC

refalosa, *La*

Poema escrito e publicado pela primeira vez em 1843, no jornal *El Gaucho Jacinto Cielo*, por Hilario Ascasubi (v.). Inicialmente, *refalosa* era uma dança de casais soltos e independentes, e com intenção picaresca, originária da região andina — segundo caracterização do musicólogo Carlos Vega (v.). O nome, que corresponde à pronúncia popular e rural sul-americana de *resbalosa* (de *resbalar*; em português, "resvalar"), refere-se ao deslizamento dos pés do sapateado, também conhecido como "rasteira", "escovada", "vassourinha" ou "graxa"; o resvalar, além disso, aludiria ao gingado da mulher. Nas coplas que os bailarinos eventualmente recitavam, deslizavam insinuações de requebro ou sedução. Em 1840, sempre de acordo com a fonte citada, os salões do Chile e do Peru teriam erradicado a dança por seu caráter "indecoroso". Pouco antes, a *refalosa* se propagara pela região rio-platense com esse nome ou o de "meia-canha *refalosa*"; mas, por singular transferência, começou a emblematizar uma das formas mais brutais de exercício da violência política: submetido à degola (chamada "violino e violão"), o prisioneiro era posto de pé para que resvalasse no próprio sangue. Inspirado nessa tradição, Ascasubi, que assim como outros "gauchipolíticos" fazia poesia de guerra, produziu uma peça de horror grotesco, que mais tarde recolheu no livro *Paulino Lucero* (1846). No poema, um *gaucho* (v.) partidário de Manuel Oribe (v.), apresentado como *mazorquero* (v. Mazorca), isto é, integrante de um corpo repressivo paraestatal a serviço de Juan Manuel de Rosas (v.), enviou uma carta-ameaça ao *gaucho* Jacinto Cielo, descrevendo com minúcia divertida e obscena todo o processo de tortura e morte a que, eventualmente, iria submetê-lo. A mediação da escrita, combinada com a rotina do carrasco, torna pouco comum o clima da obra. Borges menciona várias vezes "La refalosa" de Ascasubi, e com Adolfo Bioy Casares (v.), ambos sob o pseudônimo compartilhado de Honorio Bustos Domecq, escreveu o conto "A festa do monstro", publicado em 1955 e compilado em livro em 1977. O relato traz como epígrafe um verso do poema de Ascasubi — *"Aqui começa sua aflição"* — e transpõe uma cena de tortura e assassinato, no contexto de uma concentração peronista; a vítima é um judeu; a linguagem é grosseira, baixa e com elementos do lunfardo. No coração do século XX, a *refalosa* continuava dançando seu horror. — JSV

Reinafé

No conto "Diálogo de mortos" (*O fazedor*), em que Borges recupera o passado histórico argentino por meio de personagens célebres e fundamentais do contexto político do país no século XIX, como Juan Manuel de Rosas (v.) e Juan Facundo Quiroga (v.), são citados os irmãos Reinafé, que, envolvidos no governo de províncias, foram acusados do assassinato do caudilho Quiroga. Francisco Isidoro Reinafé, militar, foi comandante-geral das milícias de Córdoba; ao saber que o governo de Rosas queria prendê-lo, viveu exilado no Brasil e no Uruguai. Guillermo Reinafé, político, foi fuzilado em 1837. José Antonio Reinafé, comerciante, atuou igualmente no campo da política, sendo delegado do governo de Córdoba, regido por seu irmão José Vicente Reinafé desde 1831. Este último, militar nascido nessa província, também foi fuzilado, ao lado do irmão Guillermo, na praça da Vitória, ocasião a que Borges alude no conto mencionado. — PPM

Renan, Ernest

Filósofo francês (1823-92). Seminarista em Saint-Nicolas-du-Chardonnet (1838), em Issy (1841) e em Saint-Sulpice (1843), para quem o percurso de familiarização com a Bíblia foi também, sob influência de estudos de línguas semitas e cultura alemã, a razão do afastamento. Em 1845, Ernest Renan rompeu com a fé ao introduzir considerações racionais e filológicas à leitura bíblica, submetendo o sagrado à aplicação da crítica histórica que recusa o dogma. Estudos de filosofia política e traduções antecedem o monumental projeto da *História das origens do cristianismo* (1863-81). Nomeado para a cátedra de Hebraico do Collège de France em 1862, tratou Jesus, na aula inaugural, de "homem incomparável", o que lhe custou o cargo. Entretanto, a publicação, no ano seguinte, do primeiro dos sete tomos da *História*, intitulado *Vida de Jesus*, e seu sucesso editorial (treze edições em quatro anos) serviram para cobrir o escândalo. Uma "religião da Razão", esboçada em *O futuro da Ciência*, livro de 1848, é reforçada com sua reedição quarenta anos depois, quando Renan já ocupava uma posição de figura oficial — fora eleito para a Academia Francesa em 1878 e para a administração do Collège de France em 1883.

Borges se refere a essa glória de Renan em um ensaio dedicado a Groussac (v.) ("Paul Groussac", *Discussão*). A substituição da categoria do devir pela do ser, prestando-se esta a um deciframento racional, possibilita em *Recordações de infância e de juventude* (1883) um idealismo do possível, permitido pelo abandono da fé e do dogmatismo em favor do culto à verdade. O interesse pessoal já constituía, para o Renan de *A reforma intelectual e moral da França* (1871), o declínio do racionalismo, de que era grande defensor.

No conto "A busca de Averróis" (*O Aleph*), Borges usa uma frase do *Averroès* de Renan como epígrafe, e seu narrador revela tentar imaginar o filósofo muçulmano baseando-se no filósofo francês. — JGS

"Resgate da cabeça"

Poema encomiástico, composto por Egil Skallagrimsson (v.) para seu feroz inimigo, o rei Eirik, filho de Harald Hårfagre, que o condenara à morte em York. Segundo a *Saga de Egil Skallagrimsson*, este, aconselhado pelo amigo Arinbjørn, escreveu o poema na noite que antecederia sua morte e o recitou, no dia seguinte, para o rei, o qual, como recompensa, poupou-lhe a vida. Borges menciona o "Resgate da cabeça" no prólogo a "Snorri Sturluson, *Saga de Egil Skallagrimsson*", incluído em *Biblioteca pessoal*. — FT

Retiro, bairro do

V. mapa portenho.

Revolução de 1904

O governo de Luis Sáenz Peña (1892-5) foi muito conturbado, com diversas convulsões nas províncias, especialmente em Santa Fe, Buenos Aires, San Luis e Tucumán, e sucessivas crises institucionais. Decretou-se estado de sítio, houve intervenção militar e subsequente pacificação, mas o estado de sítio foi mantido. Sáenz Peña negou anistia aos revoltosos e, sendo pressionado a ceder, renunciou ao cargo no começo de 1895. Durante o governo de Manuel Quintana (1904-6), fomentou-se uma revolução promovida pelo Partido Radical, cujo líder, Hipólito Yrigoyen (v.), viria a ser presidente da República. O partido, que se abstivera desde a época de Sáenz Peña de concorrer às eleições, afirmava que os novos dirigentes eram os mesmos responsáveis pela submissão daquelas quatro províncias e pelo encarceramento e desterro dos revoltosos. O movimento se ramificou no exército, triunfando em Mendoza, Córdoba e Santa Fe. Contudo, foi rapidamente dissolvido na capital e, logo em seguida, nas demais províncias.

Dessa revolução teria participado dom Pedro Damián, protagonista de "A outra morte" (*O Aleph*). O narrador de "O Congresso" (*O livro de areia*), que provém de Santa Fe, guarda um segredo sobre 1904. — PFCO

Revolução de 74

Os anos entre 1862 e 1880 podem ser considerados essenciais para a história da Argentina. Nesse período, a crescente estabilidade política contrastava com um aumento da instabilidade social, e a questão mais delicada foi a das relações entre o governo nacional e o da província de Buenos Aires, pois esta tentava defender sua posição de independência do resto do país. Porém, o presidente Bartolomé Mitre (v.), que governou a nação entre 1862 e 1868, mesmo sendo portenho sustentava uma política nacionalista e se opôs ao movimento, pretendendo ainda nacionalizar a província. Mais tarde, na eleição de 1874, Nicolás Avellaneda, que venceria o pleito e presidiria a Argentina até 1880, surgiu como o candidato das oligarquias provinciais contra Mitre, que, diante do rápido crescimento do poder destas, rebelou-se contra o governo e desencadeou a Revolução de 1874, cuja derrota fortaleceu o poder de Avellaneda. Este, contrário às aspirações autonomistas de Buenos Aires, defendeu as ideias federalistas (v.). Contudo, só na Revolução de 1880 Buenos Aires foi definitivamente convertida em capital federal da república.

Borges, em "A poesia *gauchesca*" (*Discussão*), diz que dessa revolução participou o escritor Estanislao del Campo (v.), autor de *Fausto* (1866). — PFCO

Revolução Libertadora

Golpe cívico-militar argentino (1955-8), chamado de Revolução Libertadora pelos próprios participantes, que destituiu Juan Domingo Perón (v.) do segundo mandato no dia 16 de setembro de 1955, prendendo-o e depois exilando-o, e estabeleceu governo provisório sob a gestão dos generais Eduardo Lonardi e Pedro Eugenio Aramburu e do almirante Isaac Francisco del Ángel Rojas. Após a sua reeleição em 1952, Perón, no início apoiado pelas associações trabalhistas e militares e pela Igreja católica, passou a ser criticado em razão da postura ditatorial que assumira. A finalidade desse golpe era essencialmente derrubá-lo e restabelecer a Constituição de 1853-60 e o sistema republicano, revigorando posteriormente o sufrágio universal. Em "A cegueira" (*Sete noites*), texto em que discorre sobre sua própria vida, dado "*que se prefere o pessoal ao geral*", Borges menciona o fato de ter sido nomeado, menos por motivos literários que políticos, pelo governo da denominada Revolução Libertadora em 1955, como diretor da Biblioteca Nacional (v.) (até 1973), instituição que para ele tinha grande significado pessoal, pois a frequentava com o pai desde a infância. Especificamente sobre a Revolução, diz em 1972 que se orgulhara de sua vitória mas não que admirasse os governos que se seguiram. — PPM

revolução uruguaia

V. Saravia, Aparicio.

Reyes, Alfonso

Poucos intelectuais hispano-americanos despertaram em Borges a mesma admiração que o escritor teve pelo humanista mexicano Alfonso Reyes (Monterrey, 1889-México DF, 1959). Talvez quanto aos elogios tenha rivalizado com ele o dominicano Pedro Henríquez Ureña (v.), ambos por motivos idênticos: a capacidade de conhecer a cultura do universo e a da América Hispânica, a devoção e o conhecimento seguro do mundo clássico e das alternativas da cultura moderna. O autor argentino deve a Reyes — quando este, na segunda metade da década de 1920, ocupava o posto de embaixador do México em Buenos Aires — o respaldo obtido na leitura de seus primeiros poemas, como faz constar em um prefácio a posteriori de *Fervor de Buenos Aires*. Da leitura de muitos dos livros dele, em geral de coleções e miscelâneas (*Capítulos de literatura española* e *Reloj de sol*), Borges adota sugestões e ideias que satisfazem sua curiosidade intelectual e sua concepção das coisas, como a opinião sobre os escritos políticos de Francisco de Quevedo (v.), que cita sem correção alguma. Uma epígrafe tirada de um texto sobre Góngora (v.), publicado por Reyes em 1927, encabeça *Discussão* (1932), homenagem singular e quase única a um hispano-americano contemporâneo, reforçada, cerca de três décadas mais tarde, pelo poema "*In memoriam* A. R." (*O fazedor*). — PR

Reyles, Carlos

Narrador e ensaísta uruguaio (Montevidéu, 1868-1938), Carlos Claudio Reyles era filho de Carlos Genaro Reyles Lorenzo, fazendeiro dono de uma das maiores fortunas do país, de quem foi o único herdeiro. Casou-se com uma artista lírica espanhola, Antonia Hierro, e se pôs a dirigir a fazenda do pai, ao mesmo tempo que se dedicava à literatura e, de forma um tanto marginal, à política, no setor mais conservador do Partido Colorado. Em seu segundo romance, *Beba* (1894), explorou o mundo rural uruguaio: a estância, o *gaucho* (v.), o uso da técnica no campo. Em *La raza de Caín* (1900), abordou o mesmo tema, mas com uma prosa modernista, de acordo com a sensibilidade de fim de século. Os ensaios que produziu versam sobre assuntos políticos, econômicos e filosóficos, partindo de um vitalismo materialista. Ambos os aspectos se vislumbram em obras posteriores como *El terruño* (1916), romance da estância-empresa. Por sua vez, *El embrujo de Sevilla* (1922) está ambientado nessa cidade espanhola. Reyles viveu um prolongado período na Europa, retornando a seu país em 1932, pobre e protegido pelo regime de Gabriel Terra, que o nomeou presidente do Servicio Oficial de Difusión Radio Eléctrica (Sodre).

Em "O outro duelo" (*O informe de Brodie*), Borges informa que Carlos Reyles é que lhe havia contado a história ali narrada. Porém, Borges afirma que Reyles era o filho do romancista, ou por engano, ou por deliberado prazer de alterar os fatos e pessoas. — PR e MAGB

ribeirinho [*orillero*]

V. *orillas*.

Rimbaud, Arthur

Jean Arthur Rimbaud (1854-91), poeta, autor de *Illuminations* (poemas em prosa), *Une Saison en enfer* (prosa e poesia), *Le Bateau ivre* e uma centena de poemas avulsos. Como é sabido, a obra de Rimbaud compete com o mito Rimbaud: o dispositivo posto precocemente em funcionamento por Paul Verlaine (v.) ("Arthur Rimbaud", *Les Poètes maudits*, 1883), Stéphane Mallarmé ("Carta a Harrison Rhodes", 1896) e pelo próprio Rimbaud ("Cartas do vidente", de 1871) foi prolongado do primeiro pelos surrealistas e depois pela Geração Beat. O mito consta de núcleos narrativos identificáveis: precocidade na escrita, vidência, experimentação com o corpo, projeção profética dos textos sobre a própria vida, abandono voluntário da escrita (Mallarmé: Rimbaud "se opera, em vida, da poesia"), evaporação na África e silêncio. Contra cada um desses núcleos narrativos, Borges escreveu em "Enrique Banchs completou este ano suas bodas de prata com o silêncio" (*Textos cativos*): "*os prazeres peculiares da sintaxe foram nele anulados por aqueles que a política e o comércio proporcionam*"; Rimbaud foi "*aquele homem que, de posse ilimitada de mestria, desdenha seu exercício e prefere a inação, o silêncio*"; e em "Duas interpretações de Arthur Rimbaud" (*Textos cativos*): "*não foi um visionário (à maneira de William Blake ou de Swedenborg), e sim um artista em busca de ex-*

periências que não alcançou". O pano de fundo dessas considerações, muito mais complexo visto que participa da construção da própria figura do autor, é a negação de uma obrigatória relação causal entre vida e obra. Não é necessário, para *ver* e ser vidente, o desarranjo racional de todos os sentidos, "*divaga*[r] *arriscadas aventuras na Alemanha, em Chipre, em Java, em Sumatra, na Abissínia e no Sudão*" ("Enrique Banchs completou este ano suas bodas de prata com o silêncio", *Textos cativos*): o Borges de "O Aleph", o protagonista de "A escritura de deus", Ireneo Funes, Jaromir Hladík ou Carlos Argentino *veem* na mais fechada imobilidade. A própria experiência autobiográfica de conhecimento-limite, tal como se registra, por exemplo, em "A morte vivida" ("Sentirse en muerte"), é estática: "*Desejo registrar aqui uma experiência que tive noites atrás: insignificância demasiado evanescente e extática para que a chame aventura; demasiado irracional e emotiva para pensamento*" ("Nova refutação do tempo", *Outras inquisições*). Assim, pois, nem os mitos biográficos nem "*a mais pontual e minuciosa das muitas biografias de Rimbaud*" (*Borges en* El Hogar) importam; o homem revelado na escrita é o que vale, independentemente do que a vida diga ou mostre. Nem mesmo nos aventureiros cuja heroicidade Borges reconhece — o modelo perfeito é T. E. Lawrence (v.) — o "*caudal de vivências*" garante o êxito literário, o que explica que a tradução homérica [*The Odyssey of Homer Rendered into English Prose* (1879), tradutor com Samuel Henry Butcher] de Andrew Lang (v.), "*sedentário helenista de Oxford*", seja superior à de Lawrence, "*herói que guerreou no deserto*". Ainda mais: há casos em que o *éthos* do aventureiro se dá na escrita e não na vida: "*há dois Whitman: 'o amistoso e eloquente selvagem' de* Leaves of Grass *e o pobre literato que o inventou*" ("Nota sobre Walt Whitman", *Discussão*).

Cabe destacar, por último, que as ressalvas quanto a Rimbaud nem sempre foram expressas tão abertamente por Borges, e que na etapa ultraísta houve certo acatamento tácito à genealogia imposta pelos *popes* da vanguarda: Rimbaud é influência primeira do movimento, escreve ele em um texto programático de 1921, embora "*prismatizada por Apollinaire e Huidobro*" (*Textos recobrados 1919-1929*). Mais adiante, ironiza o lugar de Rimbaud na história da literatura, lugar imposto pelos "*literatos da França* (*e os sul-americanos e espanhóis que os arremedam*)" ("*The Georgian Literary Scene*, de Frank Swinnerton", *Textos cativos*): por exemplo, Pierre Menard (v.), que não pode imaginar o universo sem *Le Bateau ivre*. Outra é a experiência do jovem Borges, que chega a Rimbaud por intermédio de seu amigo do Collège Calvin, Maurice Abramowicz (v.), e que em carta de 1920 lhe confessa haver se entediado com *Une Saison en enfer*: "*J'ai aussi lu — malheureusement dans une version anglaise —* Une Saison en enfer *de Rimbaud. Franchement cela était très ennuyeux*" (*Cartas del Fervor*). Cerca de sessenta anos mais tarde, quando Osvaldo Ferrari compara as vivências de Juan Dahlmann com as do narrador de *Une Saison en enfer*, o escritor argentino responde com o mesmo desânimo: "*Ah, pode ser...*" (*Diálogos últimos*). Como costuma ocorrer com Borges, leitor hedonista, a experiência inicial de leitura modela os comentários críticos posteriores. — MCA

Rivadavia, avenida

Avenida que segue na direção leste-oeste a partir da Plaza de Mayo e se torna a principal da capital argentina na Plaza del Congreso, continuando nas cidades limítrofes. Foi criada como Camino Real del Oeste (desembocando na Calle de las Torres), que unia diferentes vilarejos a Buenos Aires, porém, à medida que a cidade crescia, esses povoados foram se incorporando a ela. O nome atual de avenida data de 1857. Constitui a divisão tradicional entre o norte e o sul portenhos, como Borges escreveu no conto "O Sul" (*Ficções*), embora desde meados do século XX "o Sul", com sua conotação de região pobre, menos urbanizada e com menor presença estatal, tenha se deslocado cada vez mais para o sul. A Rivadavia mede mais de 27 quilômetros, e muitos argentinos acreditam que é a avenida mais longa do mundo; mas o dado é inexato. — PMG

Rivera (Uruguai)

Capital do departamento homônimo da República Oriental do Uruguai, situada ao norte do país, na fronteira com o Brasil, limítrofe com a cidade de Santana do Livramento (Rio Grande do Sul). Seu nome homenageia o general Fructuoso Rivera: primeiro presidente constitucional da República (1830-4), fundador do Partido Colorado (v. Oribe, Manuel), antigo tenente do general José Gervasio Artigas (v.) — que fora o chefe máximo da emancipação contra os espanhóis e portugueses — e depois servidor da dominação lusitana, contra a qual se levantou em 1825, dobrando-se às forças de Lavalleja (v. Trinta e Três, os). A cidade de Rivera, de onde vinha o personagem Azevedo Bandeira, do conto "O morto" (*O Aleph*), segundo Borges escreveu no epílogo do referido livro, foi fundada em 1862 com o nome de Villa Ceballos e situa-se a 563 quilômetros de Montevidéu. — PR e MAGB

Rivera Indarte, José

Escritor, poeta e jornalista argentino, opositor do ditador Juan Manuel de Rosas (v.), nasceu em Córdoba em 1814 e morreu na ilha de Santa Catarina (atual Florianópolis), em 1845. Estudou em Buenos Aires e, em 1832, uniu-se aos exilados antirrosistas na capital do Uruguai. Passados dois anos, foi enviado de volta para seu país e preso. Quando o libertaram, viajou para a Europa e para os Estados Unidos. Depois de regressar ao rio da Prata, em 1839, atacou Rosas com artigos no *El Nacional*, jornal montevideano. Seus contemporâneos o consideravam um dos mais talentosos escritores antirrosistas. A obra mais conhecida de Indarte é *Tablas de sangre*, publicada em Montevidéu em 1843. Nela se registraram os nomes, datas e circunstâncias pormenorizadas em que foram assassinados mais de 20 mil adversários políticos do regime rosista.

Rivera Indarte aparece no conto "O outro", que abre *O livro de areia*, no qual Borges parece encontrar-se consigo mesmo. Os dois personagens afirmam ser Jorge Luis Borges. Um deles, para provar que não está mentindo, diz coisas "*que um desconhecido não pode saber*", como "*Em casa há uma bombilha* [...] *de prata* [...] *as* Tablas de sangre, *de Rivera Indarte, com a dedicatória do autor*". — YF

Rodríguez Larreta, Enrique

Romancista, poeta, dramaturgo e ensaísta argentino (1875-1961), viveu durante muitos anos na Espanha e na França. Autor de *Artemis* (1896), sua obra mais conhecida é *La gloria de Don Ramiro* (1908), romance histórico dedicado à vida do rei Felipe II. *Zogoibi* (1926) e *En la pampa* (1955) constituem narrativas dedicadas à figura do *gaucho* (v.) e do pampa, temática que as relaciona à literatura que se convencionou chamar *gauchesca* (v.). Entre as obras de Rodríguez Larreta estão ainda *Las orillas del Ebro* (1949) e o livro de poemas *La calle de la vida y de la muerte* (1941), que traz sonetos cujos temas variam do sentimento amoroso a questões vinculadas à colonização ibérica. Em "Pierre Menard, autor do *Quixote*" (*Ficções*), pode-se ler implicitamente uma crítica de Borges a livros como *La gloria de Don Ramiro*, no qual o autor se propõe a recriar a atmosfera histórica do século XVI. Nos demais momentos em que menciona Larreta, Borges igualmente deixa subentendida sua crítica a ele, como se nota em "Os escritores argentinos e Buenos Aires" (*Textos cativos*) e no texto dedicado a Macedonio Fernández (v.) (*Prólogos, com um prólogo de prólogos*). — PPM

Rodríguez Monegal, Emir

Crítico uruguaio (1921-85), nasceu em Melo e morreu em New Haven, nos Estados Unidos. Pouco depois de ele nascer, sua família radicou-se em Montevidéu. Em 1943, Monegal começou a colaborar no semanário *Marcha* e, apenas um ano mais tarde, resenhou a antologia *Poemas* (1943), de Borges, apontando-a como um acontecimento literário na América Hispânica. De 1945 a 1958, dirigiu a prestigiosa seção literária desse jornal, na qual publicou, em 1955, o conto "A festa do monstro", assinado por H. Bustos Domecq — pseudônimo de Borges e Adolfo Bioy Casares (v.).

Escreveu dezenas de ensaios e artigos sobre literatura de todos os lugares, em particular sobre autores latino-americanos, com destaque para Horacio Quiroga (v.), Andrés Bello e Pablo Neruda. Em Paris, dirigiu a revista *Mundo Nuevo* (1966-8) e, depois, obteve a cátedra de Literatura Latino-Americana na Universidade Yale.

Foi codiretor da revista *Número* (primeira época, 1949-55; segunda época, 1962-4), para a qual escreveu o primeiro extenso ensaio panorâmico sobre o trabalho de seu admirado mestre, "Borges, teoría y práctica" (n. 27, 1955). Fruto de sua precoce aproximação e até amizade, o crítico publicou vários livros sobre o autor portenho: *Borgès par lui-même*; *Borges: Hacia una lectura poética*; *Mário de Andrade-Borges: Um diálogo dos anos 20*; *Ficcionario* e *Jorge Luis Borges: A Literary Biography*, sua obra maior, de 1978. No conto "A outra morte" (*O Aleph*), Monegal torna-se um personagem borgiano. — PR e MAGB

Rojas, Ricardo

A obra fundamental de Rojas (1882-1957), escritor e crítico literário argentino, *Historia de la literatura argentina*, foi a primeira dedicada ao levantamento dos principais autores e obras literárias do país. Dividida em quatro partes, *Los Gauchescos* (1917), *Los Coloniales* (1918), *Los Proscriptos* (1919) e *Los Modernos* (1922), consiste em um amplo panorama da cultura nacional desde suas origens. Inserido na discussão do nacional, permeada pelo crescimento das classes médias e dos setores urbanos de origem imigrante, Rojas apoiava a fusão da população nativa (espanhóis, *criollos* [v.] ou indígenas) com os imigrantes e seus descendentes, em oposição aos que julgavam que as pressões dos novos contingentes ameaçavam a cultura da Argentina.

Apesar dessa posição modernizadora, Rojas considerava o poema *gauchesco* (v.) *Martín Fierro* (1872) [v.] o ápice e a síntese dos valores nacionais, opinião contestada por Borges em "O escritor argentino e a tradição" (*Discussão*). Para Borges essa *Historia* era "*mais extensa que a literatura argentina*", pois Rojas levou em conta quase tudo o que se escreveu no espaço geográfico argentino mesmo antes da independência, incluindo obras e autores estrangeiros. — PFCO

Romains, Jules

O unanimismo consiste na grande esperança desse escritor francês (1885-1972), bem como no fator principal de seu isolamento. Tal visão de mundo postula laços místicos entre os indivíduos, entre o homem e a natureza, até a intuição de uma universalidade espiritual de essência divina, de acordo com seu *Manual de deificação* (1910). Poeta, romancista, dramaturgo, ensaísta, moralista, jornalista político e literário, Jules Romains apela com obstinação aos contemporâneos para fazer do caos urbano em que se entrechocam um cosmos harmonioso. Assim, ergue-se um modelo orgânico no qual os conglomerados humanos seriam, "cada um, um todo real, vivo, dotado de uma existência global e de sentimentos unânimes". Como já atesta o primeiro livro de poesia do autor, *Alma dos homens* (1904), uma alma comum se desprenderia da confusa multiplicidade urbana graças à mediação do poeta. Presente em sua poesia e em sua dramaturgia (da qual as peças *Exército na cidade*, 1911, e *Cromedeyre-le-Vieil*, 1920, são exemplos), o unanimismo denota uma verve realista que comporá, com respaldo na polifonia e na justaposição de diferentes discursos sobre o mesmo fato, os 27 volumes dos *Homens de boa vontade* (1932-46). O recurso ao tipo ideal se torna inevitável para a submissão dos traços de singularidade próprios a um tempo determinado. O unanimismo de Romains destaca o uso do tipo, como se pode notar na trilogia dedicada a um só personagem, o geógrafo Le Trouhadec.

Borges escreveu resenha para dois livros de Jules Romains, *L'Homme blanc* e *Verdun* (*Textos cativos*), destacando os traços de uma epopeia impessoal no primeiro e, no segundo, um original tratamento da complexidade da guerra. — JGS

Roman de la rose

Guillaume de Lorris (*c.* 1200-*c.* 1240) e Jean de Meung (*c.* 1240-*c.* 1305) (pseudônimo de Jean Clopinel), poetas franceses do século XIII, são os autores do famoso *Roman de la rose*, vasto poema alegórico em que o poeta amante relata um sonho premonitório antecipando a sedução do ente amado. A primeira parte foi escrita em torno de 1230, por Lorris, e constitui uma sátira contra as ordens monásticas, o celibato, a nobreza, o pontificado, a realeza, as mulheres e o matrimônio. A segunda, composta por Meung a partir de 1269, mantém o contexto onírico proposto por Lorris, mas é considerada a primeira manifestação em língua francesa de uma poesia filosófica e científica, além de demonstrar claramente ambição enciclopédica. Em dois ensaios filosóficos dedicados a Pascal (v.), Borges comenta a imagem da circunferência no *Roman de la rose*, dizendo que sua presença no poema é atribuída a Platão (v.). Em "Das alegorias aos romances" (*Outras inquisições*), ele menciona o "*labiríntico* Roman de la rose, *que perdura em duzentos manuscritos* [e] *consta de 24 mil versos*". — PPM

Rosas, Juan Manuel de

Juan Manuel de Rosas (1793-1877) tornou-se governador da província de Buenos Aires em 1829, depois de chefiar um golpe. Governou até 1832, quando liderou uma primeira Campanha do Deserto (a chamada Campanha de Rosas ao Deserto), esforço militar de conquista de terras e submissão de indígenas nos pampas e ao norte da Patagônia. Em 1835, retomou o comando de Buenos Aires, o qual manteria por dezessete anos.

Rosas governou a província de forma ditatorial, com o apoio do grupo paramilitar Mazorca (v.). Ele recebia endosso de parte da população local e, controverso, era rejeitado pelos defensores da unidade nacional. Perseguiu adversários políticos, sobretudo membros do Partido Unitário, enviando-os à prisão ou ao exílio — entre eles, Domingo Faustino Sarmiento (v.). Também propôs que as diversas províncias se associassem em uma confederação e se empenhou para que Buenos Aires assumisse a hegemonia sobre parcela significativa do território argentino. Para tanto, entrou em guerra contra outros líderes regionais ("caudilhos"), como Facundo Quiroga (v.) e Estanislao López (v.). Foi exatamente em um desses embates (a Batalha de Caseros, em 1852) (v.) que as forças de Justo José de Urquiza (v.), de Entre Ríos, o qual contava com o apoio de tropas brasileiras, o derrotaram. Exilado na Inglaterra, viria a morrer nesse país 25 anos mais tarde.

Borges referiu-se em mais de uma ocasião a um suposto parentesco com Rosas, mas, no geral, associava-o à tirania e ao localismo, e o rejeitava. Suas críticas a ele aumentaram quando o peronismo passou a celebrar a figura do caudilho, considerando-o uma referência de argentinidade.

Na obra individual e em colaboração, Borges cita Rosas dezenas de vezes. Ele aparece, por exemplo, na dedicatória do primeiro volume das *Obras completas* (1974), que o relaciona à desonra; no poema "Mortes de Buenos Aires" (*Caderno San Martín*), que relembra o "*paredão das execuções de Rosas*"; e em algumas passagens de *Evaristo Carriego*. Além disso, seu nome é o título do poema que lhe é consagrado em *Fervor de Buenos Aires* e que resume as ambiguidades do personagem: "*Não sei se Rosas/ foi apenas um ávido punhal como os avós contavam;/ creio que foi como você e eu/ um fato entre os fatos/ que viveu na tormenta cotidiana/ e dirigiu para exaltações e pesares/ a incerteza de outros*". — JPP

Rossetti, Dante Gabriel

Poeta e pintor, nasceu em Londres, em 1828, e faleceu em Birchington-on-Sea, no condado de Kent, em 1882. Era filho de imigrantes italianos. Seu pai, Gabrielle Rossetti, grande admirador de Dante Alighieri (v.), chegou a publicar uma edição comentada da *Divina comédia*, que Borges, em aula ministrada na Universidade de Buenos Aires em 1966 (*Curso de literatura inglesa*, aula n. 20), lamentou não possuir em sua estante.

Mais que por seus quadros e poemas, Dante Rossetti é quase sempre lembrado por ter fundado, em 1848, ao lado de William Hunt e Burne-Jones, a Irmandade Pré-Rafaelita. O pré-rafaelismo foi um movimento artístico que questionou os pressupostos estéticos do Renascimento, e propôs um resgate dos temas, símbolos e soluções formais anteriores ao aparecimento do pintor Rafael. Muitas das pinturas de Rossetti, respeitando os propósitos da Irmandade, fazem alusão à produção artística da Idade Média; entre elas estão *Ecce Ancilla Domini* (ou *A anunciação*), de 1850, *Beata Beatrix* (1864-70) e *O sonho de Dante*. Na aula supracitada, Borges diz, acerca dos quadros do artista: "*Confesso que como pintor fiz todo o possível* [...] *para admirar* [...] *os quadros de Rossetti, e realmente sempre fracassei*".

A admiração do argentino provinha, sobretudo, da produção literária do britânico. Dentre seus poemas, *The Blessed Damozel* [A donzela abençoada] é um dos mais conhecidos. Conta a história de uma donzela (ou da alma de uma donzela) que espera impacientemente no céu pelo amado. Este, porém, acaba sucumbindo ao inferno. No pequeno ensaio "O último sorriso de Beatriz" (*Nove ensaios dantescos*), Borges afirma em nota de rodapé que, assim como o personagem de Dante, apartado de Beatriz no paraíso na *Divina co-*

média: "*A* Blessed Damozel *de Rossetti* [...] *também está infeliz no Paraíso*". Novamente no *Curso de literatura inglesa*, aula n. 21, também dedicada a Rossetti, podemos ler: "*Há uma espécie de sugestão de pesadelo em todo o poema, e já nas últimas estrofes sentimos que, embora o paraíso seja belíssimo, para ela é horrível porque lhe falta o amante, que não chegará nunca e que não será perdoado como ela*". — DF

Rossi, Vicente

Escritor uruguaio (1871-1945), nasceu em Santa Lucía (departamento de Canelones). Desde muito jovem, escreveu artigos e crônicas *costumbristas* para a imprensa de Montevidéu, em publicações como *El Fogón*, *El Día* e *El Siglo*.

Em 1912, já radicado definitivamente em Córdoba (Argentina), publicou um volume que reunia crônicas policiais e, em 1921, redigiu um estudo sobre o *gaucho* (v.). Seu trabalho foi importante para que Borges concebesse *Evaristo Carriego*. Considerada por ele uma obra clássica — em "As *Misas herejes*" (*Evaristo Carriego*) —, *Cosas de negros* (1926) é o primeiro livro inteiramente dedicado à cultura negra no rio da Prata e combina pesquisa, baseada em entrevistas, relatos populares e depoimentos, com opiniões pessoais e até com dados ficcionais.

Nesse e em outros textos se interessa, na teoria e na prática, pela criação de uma língua *neocriolla* (v. *criollo*), fonetizando a ortografia, especialmente em *Folletos lenguaraces* (1917-45). Por esse empreendimento linguístico e pela natureza híbrida de *Cosas de negros*, Borges prestou atenção na obra de Rossi imediatamente e com admiração, tendo feito duas resenhas elogiosas sobre ela. — PR e MAGB

Rothe, Julius

Personagem do conto "O milagre secreto" (*Ficções*), é o chefe militar em cujas mãos está o destino de Jaromir Hladik (v.). Rothe, avaliando os trabalhos deste, decide condená-lo à morte, "*pour encourager les autres*". Representa claramente um nazista, encarregado de investigar marcas judaizantes em todas as formas de expressão. No conto, ambientado em 1939, está a cargo da invasão nazista a Praga, e sua frieza é delineada pelas poucas palavras do narrador sobre ele. Rothe, além disso, povoa os pesadelos de Hladik, aparecendo como o absurdo do nazismo personalizado. Roth(e) é um sobrenome tipicamente judaico (*rot* significa "vermelho" em alemão), o que denota uma ironia proposital por parte de Borges. — PPM

rouxinol (de Keats)

No diário de viagem de Robert Louis Stevenson (v.), *Across the Plains* (1883), no capítulo VII, "The Lantern-Bearers", o autor poeticamente anota que "*of the note of that time-devouring nightingale we hear no news*" [do canto daquele rouxinol devorador do tempo, não se ouvem notícias]. O mais famoso dos rouxinóis na literatura universal pertence ao poema de John Keats (v.), "Ode a um rouxinol" (1819). A admiração de Borges por Keats e por esse poema em particular fica registrada no artigo "O rouxinol de Keats" (*Outras inquisições*, 1952) e no poema "A John Keats (1795-1821)" (*O ouro dos tigres*, 1972). — JS

Roxlo, Carlos

Entre o repertório de escritores e críticos menosprezados, em muitos escritos de Borges consegue um lugar, um pouco en passant, o ensaísta — mas também poeta, dramaturgo e político — Carlos Roxlo (Montevidéu, 1861-1926). Profundamente marcado pelo romantismo, nacionalista em arte e em política, é citado de forma negativa por Borges em razão de suas opiniões entusiastas sobre a poesia *gauchesca* (v.) rio-platense, em especial a do lado oriental do rio da Prata. Assim, trata-se de uma presença por meio da qual o autor argentino procura, desde os escritos de juventude, afirmar sua posição com relação ao problema da poesia popular e da nacionalidade, desmontando as leituras puramente consagradoras do *gaucho* (v.), sua hipotética língua e sua cultura. — PR

Ruiz, Juan

Juan Ruiz ou Arcipreste de Hita (1284-1351) é autor de uma única obra, *Libro del buen amor* (1330), que Borges comenta em *Biblioteca pessoal*. Como ele mesmo diz, pouco se sabe sobre a vida do escritor; apenas que nasceu em Alcalá, estudou em Toledo e, em 1351, já não era arcipreste. Acredita-se que o livro tenha sido escrito na prisão, onde Juan Ruiz esteve durante treze anos (1337 a 1350), por imposição do cardeal arcebispo de Toledo, dom Gil de Albornoz. *Libro del buen amor*, composto em versos, é um conjunto de peças de temas variados — relatos e poemas piedosos e profanos — e diversas formas métricas, embora predomine o jogralesco e popular. Um dos maiores méritos atribuídos a Juan Ruiz é a criação do personagem Trotaconventos, uma alcoviteira que prefigura a personagem Celestina, da obra *La Celestina* de Fernando de Rojas, datada de 1499. Em suma, é uma expressão total da arte medieval, mistura de realismo cru e idealização piedosa. A leitura alegórica e suas possíveis interpretações psicológicas interessam a Borges, que se mostra grande conhecedor dos autores clássicos espanhóis. — MAGB

Rulfo, Juan

Escritor mexicano (1917-86). Nascido em Sayula, Jalisco, e órfão de pais ainda jovem, em 1930 passou a viver em um orfanato de freiras. Em 1933, quando tentou ingressar na Universidade de Guadalajara, ali teve início uma greve que duraria vários anos, o que o obrigou a mudar-se para a Cidade do México, onde estudou como ouvinte no colégio San Ildefonso. A partir de 1938, começou a escrever e a colaborar na *América*, revista em que apareceram seus contos posteriormente reunidos no volume *El llano en llamas* (1953). Anunciando-os como parte de um romance (*Una estrella junto a la luna*), divulgou em 1954 dois capítulos de *Pedro Páramo*, também em revistas. No ano seguinte, publicou-se o romance integralmente, com enorme sucesso, e ele ganhou traduções para diversas línguas. A grande responsável pela difusão do trabalho de Rulfo, iniciada na Europa, foi a filóloga alemã Marianna Frenk-Westheim, radicada no México. Nos Estados Unidos, a tradução lançada pelo editor Barney Rosset (Grove Press), com prólogo de Susan Sontag, representou o momento seminal para a reputação do mexicano. No mundo hispânico, a fama surgiu com o passar do tempo. Todavia, no Brasil, Juan Rulfo, apesar de sua inquestionável importância para a literatura latino-americana, não é um dos autores mais estudados.

Em um prólogo à edição de *Pedro Páramo* ("Juan Rulfo. *Pedro Páramo*", *Biblioteca pessoal*), Borges afirma que se trata de um dos melhores romances da literatura. Esse romance foi adaptado para o cinema (a primeira vez, em 1967, sob a direção de Carlos Velo Cobelas), meio para o qual Rulfo forneceu argumentos, como *El gallo de oro*, filme de 1964. Ele atuou ativamente na Comunidad Latinoamericana de Escritores, até mesmo viajando por outros países a fim de convidar autores para participar de tal associação. Em 1983, recebeu o Prêmio Príncipe de Astúrias. Em 1991, portanto após sua morte, criou-se o Premio de Literatura Latinoamericana y del Caribe Juan Rulfo. — JGS e PFCO

Runeberg, Nils

A ficção de Borges faz referências a enciclopédias que não existem, a livros imaginários de autores inventados e a citações elaboradas por ele próprio. Em "Três versões de Judas" (*Ficções*), seu ponto de vista é exposto por meio do personagem Nils Runeberg, engenhosamente criado: *nil*, em inglês, significa "nada", "zero"; *rune*, "indecifrável", porém com margem a muitas interpretações; e *berg* é variação de *burg*, "cidade".

Den hemlige Frälsaren significa o mesmo que *Der heimliche Heiland*, o primeiro em sueco e o segundo em alemão — "O milagre ou o salvador secreto" —, e é a obra-prima de Runeberg; uma nova versão das noções divulgadas em *Kristus och Judas*, livro herético que desenvolve a ideia de que Judas é o verdadeiro filho de Deus e no qual se discutem suas relações com Jesus Cristo.

O conto propõe a redenção de Judas sob várias interpretações que justificam seus atos e o transformam em mártir. É mais uma narrativa de Borges que aborda o tema do traidor e do herói, passando pelas versões das Sagradas Escrituras. — LMRB

Ruskin, John

Grande prosador inglês, crítico de arte e sociólogo (1819-1900), foi ainda, com Walter Horatio Pater, um dos mestres de Oscar Wilde (v.). Borges esboça uma resenha biobibliográfica de John Ruskin em *Introducción a la literatura inglesa*, na qual o menciona como "*homem muito complexo*". — LM

Russell, Bertrand

Filósofo e escritor inglês (1872-1970), ao longo da vida aliou a intervenção social com a reflexão filosófica, fato que interessou a Borges. Prêmio Nobel de Literatura em 1950, contribuiu de maneira notável no domínio da lógica, filosofia da matemática e filosofia da linguagem. Em seus textos, o autor argentino aponta algumas das teorias construídas por Bertrand Russell, baseadas na discussão de uma filosofia analítica; ressalta a preocupação dele, com a qual simpatiza, de ensinar ao povo a arte de ler; reforça a ideia do filósofo de que "nosso tempo", ao contrário do século XVIII, é efetivamente antirracional; e compartilha com ele uma posição pacifista e antibélica a favor do desarmamento nuclear.

Em "As versões homéricas" (*Discussão*), analisa algumas das ideias de Russell, como a de construir uma descrição adequada do mundo exterior. Aqui, Borges associa o próprio texto ao objeto externo. Também observa a suposição do inglês de que "*o planeta foi criado há poucos minutos, provido de uma humanidade que 'recorda' um passado ilusório*", conforme anotou em "A criação e P. H. Gosse" (*Outras inquisições*) e em uma nota de rodapé de "Tlön, Uqbar, Orbis Tertius" (*Ficções*).

Russell, que pensa por meio de abstrações, segundo Borges, oferece em seus estudos material para a discussão de temas caros a este, como o da eternidade e o da circularidade dos fatos. — AF e LM

S

Sabato, Ernesto

Após infância atormentada, na adolescência o argentino Ernesto Sabato (1911-2011) se mostra dividido pelo dualismo entre a ordem racional das matemáticas e a das alucinações próprias ao literário. Leitor dos românticos franceses e alemães, bem como de escritos revolucionários, filiou-se com fervor, desde 1926, a grupos anarquistas e comunistas. Ingressou na Faculdade de Ciências Físico-Matemáticas em 1928 e, dois anos depois, quando do golpe militar na Argentina, entrou na clandestinidade. Participante ativo do grupo comunista Insurrexit (1933), Sabato foi por ele enviado à Escola Leninista de Moscou, mas refugiou-se em Paris. Logo voltou à Argentina, onde se dedicou entusiasticamente à física, área em que obteve doutorado. Retornou a Paris, aí dividindo o tempo entre o laboratório Curie e os encontros com surrealistas. Novamente em seu país natal, lecionou física na Universidade de Buenos Aires e passou a colaborar na revista *Sur* (v.).

Abandonando em 1943 a ordem científica, Sabato entregou-se ao "continente repleto de perigos" da literatura. Em 1948, publicou o romance *El túnel*. Após o ensaio *Hombres y engranajes*, decidiu lançar, em 1961, *Sobre héroes y tumbas*, seu romance mais aclamado, seguido de *Abaddón el exterminador*. Presidiu, entre 1983 e 1984, a comissão sobre desaparecidos durante a ditadura (1976-83), divulgando o famoso relatório *Nunca más*, que possibilitou o julgamento dos militares. Nos últimos anos, em razão de problemas de visão, que lhe dificultavam a leitura e a escrita, voltou-se para a pintura, atividade iniciada na infância.

Borges e Sabato tiveram divergências, declaradas publicamente, em muitos âmbitos, sendo o principal o político. Talvez o debate mais amplo tenha acontecido por ocasião de sete colóquios entre dezembro de 1974 e março de 1975, durante os quais os dois escritores trocaram opiniões em um clima cordial — mas não isento de momentos ríspidos — acerca dos mais diversos assuntos, passando, sobretudo, pela literatura e pela filosofia. Embora o tema "política" tivesse sido de antemão descartado pelo organizador do evento, o jornalista Orlando Barone, as conversas não raro caíam nesse campo, que os opunha mais que qualquer outro. O livro que compila tais debates foi publicado em 1976, pouco antes do golpe militar argentino, sob o título *Diálogos*.

Borges menciona em nota de rodapé ao conto "O imortal" (*O Aleph*) uma tese de Sabato sobre Giambattista Vico (v.), porém não dá referências que a legitimem fora do âmbito ficcional. — JGS

Sáenz Peña, Lei

Em razão do conturbado histórico de fraudes eleitorais, sobretudo depois de 1852, quando a Confederação Argentina se estabeleceu, a União Cívica e o Partido Radical reivindicaram a mudança do regime eleitoral vigente no país, de forma que se minimizasse a pressão do governo, que manipulava as eleições por meio de fraude e negociação de votos, intimidação de eleitores e concessão da cidadania aos estrangeiros exclusivamente para fins eleitorais. Assim, Roque Sáenz Peña, cujo governo durou de 1910 a 1914, promulgou a lei eleitoral de 1912, que transformou a política da Argentina, pois significava a tentativa da eliminação de uma oligarquia pela aplicação do voto secreto, do sistema da lista incompleta, a qual dá representação à maioria e à minoria mais importante, e do sufrágio universal masculino. Apesar de ter ampliado a cidadania e assegurado o respeito às minorias, seus resultados não foram satisfatórios. A massa de imigrantes continuou sem nacionalizar-se, de modo que o número de homens que não votavam permaneceu maior que o daqueles que votavam, além de não ter ocorrido a participação massiva da população votante.

Borges citou tais desmandos anteriores à lei em "Uma vida de Evaristo Carriego" (*Evaristo Carriego*). — PFCO

sagas da Islândia

V. literatura nórdica medieval.

Saint-Pierre, Bernardin de

Escritor francês (1737-1814), precursor do romantismo em seu país, chegou a Paris em 1774, após uma infância marcada pela simpatia para com a natureza e os animais, como fica evidente em sua principal obra, *Paul et Virginie* (1787). No conto "O Sul" (*Ficções*), o narrador borgiano afirma que uma gravura em aço de um armazém antigo poderia lembrar uma velha edição do livro de Saint-Pierre. Movido por um ideário utópico e aventureiro, esse autor transformou-se ainda jovem em uma espécie de "engenheiro não oficial", cargo que lhe permitiu viajar por regiões como a Rússia, antes de se fixar na capital francesa, de onde teceu seu elogio à natureza. Da obra de Saint-Pierre destacam-se também *Études de la nature* (1784), *La Chaumière indienne* (1790) e *Harmonies de la nature* (1815). — JGS

Sainte-Beuve, Charles-Augustin

Importante crítico francês (1804-69), começou sua carreira no jornal *Globe*, em 1827, com uma resenha sobre *Odes et ballades* (1826), de Victor Hugo (v.). Logo se tornou amigo pessoal do escritor. O relacionamento entre os dois terminaria em escândalo, por causa da paixão de Sainte-Beuve por Adèle Foucher, esposa de Hugo. Mais tarde, o crítico foi professor de latim no Collège de France, cátedra concedida por Napoleão Bonaparte. Não permaneceu muito tempo no cargo, devido à pressão dos alunos anti-imperialistas. Exerceu ainda a função de senador, a partir de 1865.

Seu método de análise literária baseava-se em relacionar a obra com a vida do autor, buscando a intenção na biografia deste. Além disso, prezava muito o sentimento de nacionalidade, herdado dos românticos. Ficou conhecido pela linguagem ácida, que atingiu escritores como Honoré de Balzac (v.), Charles Baudelaire (v.) e Edward Gibbon (v.). É à incompreensão deste último por Sainte-Beuve que Borges se refere no prólogo a *Páginas de história e autobiografia* (*Prólogos, com um prólogo de prólogos*). Seu nome também aparece em "Sobre os clássicos" (*Outras inquisições*). Para responder à pergunta "*o que é, agora, um livro clássico?*", Borges diz que tem à mão os livros de Sainte-Beuve, T.S. Eliot (v.) e Matthew Arnold (v.) mas que não pretende consultá-los. — TP

Salão dos Aquarelistas

A celebração do centenário da Revolução de Maio de 1810, na Argentina, gerou uma imensa gama de atividades artísticas na capital do país, dando continuidade ao já intenso movimento cultural do início do século XX. No outono de 1914, em Buenos Aires, a Sociedad de Acuarelistas, Pastelistas, y Aguafuertistas promoveu o Salão de Aquarelistas da Comissão Nacional de Belas-Artes. E até 1959 diversos artistas foram premiados nas exposições anuais.

Em "Os tradutores d'*As mil e uma noites*" (*História da eternidade*), refletindo justamente sobre as traduções, tema bastante presente em sua obra, Borges cita o Salão dos Aquarelistas como uma forma de questionar a fidelidade de uma tradução ao seu original. — PFCO

San Carlos, Batalha de

As populações indígenas que habitavam os territórios argentinos sofreram com as sucessivas políticas de extermínio dos governos do novo país. Ao longo do século XIX, principalmente após a década de 1830, quando as perseguições a esses povos se intensificaram, em especial com Juan Manuel de Rosas (v.), os governantes dedicaram-se à expansão das fronteiras nacionais. Para isso, foi preciso enfrentar populações inteiras de indígenas das diversas etnias e desalojá-las.

Avaliando tal processo, que durou décadas, Borges cita a Batalha de San Carlos em "Domingo F. Sarmiento: *Facundo*" (*Prólogos, com um prólogo de prólogos*), para afirmar que a vitória decisiva sobre os índios aconteceria apenas em 1872, nessa batalha. — PFCO

San Martín, Juan José de

Juan José de San Martín (1778-1850) participou ativamente das lutas pela independência no Chile, no Peru e em especial na região do rio da Prata. Liderou tropas, venceu batalhas, governou terras e tornou-se, na memória argentina, herói nacional, o "grande libertador", o "pai da nação".

A imensa figura que parte da historiografia e da literatura argentinas construiu não encontra, porém, correlato na pouca atenção que, em sua obra, Borges dá ao personagem. Ele aparece em apenas sete textos e sempre de forma passageira ou crítica. Em "Kipling e sua autobiografia" (*Textos cativos*) surge como mero exemplo para que o autor afirme a limitação das autobiografias. Em "Nota ao 23 de agosto de 1944" (*Outras inquisições*), o nome de San Martín é rapidamente associado a um paradoxal culto professado por defensores argentinos do nazismo.

A questão da heroicização de San Martín é brevemente abordada ainda em "O indigno" (*O informe de Brodie*), quando o personagem que o cita revela decepção com sua figura: "*Carlyle escreveu que os homens precisam de heróis. A história de Grosso me propôs o culto de San Martín, mas nele não encontrei nada além de um militar que guerreara no Chile e que agora era uma estátua de bronze e o nome de uma praça*". Também em "A velha senhora" (*O informe de Brodie*), o narrador lamenta o excesso de menções a San Martín no discurso de um ministro — personagem tão oficial quanto burocrático — que deveria enaltecer outro militar.

Finalmente, em "Guayaquil" (também de *O informe de Brodie*, livro que contém o maior número de referências ao líder militar da independência) Borges cita três vezes o nome de San Martín e se refere a ele outras vezes, recorrendo ao epíteto Libertador. O conto relembra seu famoso e enigmático encontro com Simón Bolívar (v.), em 1822, e narra o embate entre dois historiadores para explorar uma suposta documentação inédita sobre a conversação: cartas de Bolívar "*exumadas*" de um arquivo pessoal. A múltipla menção a San Martín não o retira da condição a que Borges pretendeu relegá-lo: um personagem fortuito, calado, passivo — nem mesmo os documentos encontrados traziam sua voz, mas a do outro participante do colóquio.

A lembrança do encontro de Guayaquil (v.) e a precariedade do heroísmo do general já haviam aparecido, aliás, em dois ensaios dos anos 1920, presentes em livros que Borges, em vida, quis descartar: "Queja de todo criollo" (*Inquisiciones*) alude a seu "*desaparecimento*" em Guayaquil como prenúncio da "*fraqueza*" argentina; em "El tamaño de mi esperanza" (*El tamaño de mi esperanza*), o comentário é ainda mais ácido, sendo San Martín apresentado como um "*general de neblina*".

Para tão engrandecido personagem, o silêncio parcial e a desconfiança de Borges são eloquentes e operam, sobretudo, como estratégia de desmistificação (v. hussardos colombianos). — JPP

San Martín, praça

V. mapa portenho.

Sánchez, Florencio

Dramaturgo e jornalista uruguaio (1875-1910), morou na Argentina, onde escreveu sua obra. Suas peças de teatro realistas, que retratam e denunciam situações de exploração e pobreza na Buenos Aires do início do século XX, foram bem recebidas pelo público e pela crítica. Sánchez militou com Aparicio Saravia (v.) na Guerra Civil Uruguaia e depois foi anarquista, opção ideológica perceptível em alguns dos escritos dele. Entre os livros de sua autoria estão *M'hijo el dotor* (1903), *Canillita* (1903), *La gringa* (1904), *Barranca abajo* (1905) e *Los derechos de la salud* (1907). Borges cita Florencio em "Uma vida de Evaristo Carriego" (*Evaristo Carriego*), como um dos amigos do biografado. — PMG

Sandburg, Carl

Além de ser um dos poetas mais importantes e, nas palavras de Borges, "*sem dúvida o mais norte-americano*", Sandburg (1878-1967) foi historiador e romancista. Em 1940, recebeu o Prêmio Pulitzer pela biografia *Abraham Lincoln: The War Years* (1939).

Borges escreveu uma biografia do poeta para a revista *El Hogar* (v.), de 16 de outubro de 1936, na qual relata a vida dele como a de um viajante, tanto antes de ser reconhecido como após a publicação do poema "Chicago". Destaca o caráter oral de sua poesia, "*com palavras que não estão nos dicionários e que estão nas ruas americanas, um inglês* criollo *em suma*" ("Carl Sandburg", *Textos cativos*). Situa-o na tradição de Walt Whitman (v.), estabelecendo vários paralelos entre os dois. O texto termina com a tradução de um poema de Sandburg, "Streets Too Old". Em 1939, publica-se, também em *El Hogar*, uma série de traduções de seus poemas. — LM

Santa Federação

Alusão ao governo de Juan Manuel de Rosas (v.), em Buenos Aires, entre 1835 e 1852, o qual impôs a denominação de Santa Federação, também chamada "regime *criollo*" (v.). Durante o período do peronismo, valorizou-se Rosas, mas, para a historiografia tradicional, seu governo foi uma ditadura cruel, caracterização à qual Borges aderiu. Em "A penúltima versão da realidade" (*Discussão*), as duas expressões aparecem como antonomásia do poder exercido violentamente. — PMG

Saravia, Aparicio

Nascido em 1856, no departamento de Cerro Largo, região fronteiriça com o Brasil, era filho de um brasileiro, Chico Saraiva, que chegou a fazer grande fortuna acumulando terras. Um de seus muitos irmãos, Gumercindo, tornou-se, em 1893, um dos líderes da Revolução Federalista, que reagiu ao autoritarismo de Julio de Castilhos, presidente do estado do Rio Grande do Sul, e defendeu maior autonomia das províncias em relação ao governo central do Brasil. Os Saraiva/Saravia — ao se mudarem para o Uruguai, o sobrenome da família foi hispanizado — eram gente da fronteira, isto é, meio uruguaios, meio brasileiros. Assim, não deve surpreender que Gumercindo e Aparicio, criados no lado uruguaio, tenham lutado em uma insurreição gaúcha com proporções ainda maiores, e que o segundo, após a derrota da insurreição, tenha voltado para o Uruguai e se convertido, a partir de 1897, em chefe militar do Partido Blanco ou Nacional. No início desse ano, encabeçou uma guerra contra o governo *colorado*, levantando a bandeira da limpeza eleitoral e da coparticipação na questão pública. Concluída a luta em uma espécie de impasse, Aparicio consolidou seu poder no norte e se transformou em uma figura de referência não só para o partido dele, mas também para o governo que sobreveio ao assassinato do presidente Juan Idiarte Borda (v.), em 25 de agosto de 1897. Porém, na primeira presidência do *colorado* José Batlle y Ordóñez, que durou de 1903 a 1907, Saravia voltou a tomar armas em 1904, sob o argumento da violação de acordos. No dia 1º de setembro desse ano, foi ferido na Batalha de Masoller (v.), a poucos quilômetros da fronteira brasileira, e nove dias depois morreu no país onde havia lutado pela "federalista", mas na casa de seu antigo inimigo João Francisco Pereira de Souza.

Nos textos narrativos e poéticos de Borges, a figura de Aparicio Saravia e de suas revoluções, tanto a de 1897 como a de 1904, é uma recorrência histórica que se pode encontrar na presença decisiva da segunda delas no conto "A outra morte" (*O Aleph*) ou, ainda mais marcada pela força do referente, na narração derradeira "Avelino Arredondo" (*O livro de areia*). — PR

Sarmiento, Domingo Faustino

Na matriz do pensamento liberal conservador de Borges, claramente filiado à visão unitária (isto é, antifederalista, adversária de toda aceitação do caudilhismo rural ou do tipo que fosse), encontra-se a admiração por Domingo Faustino Sarmiento (San Juan, Argentina, 1811-Asunción del Paraguay, 1888).

As opiniões do autor portenho variaram, e muitas vezes foram expressas com ambiguidade. Recorde-se a frase no final do prefácio a *Martín Fierro* (v.) da edição de 1968 (*Prólogos, com um prólogo de prólogos*): "*O* Martín Fierro *é um livro muito bem escrito e muito mal lido* [...] *Lugones elevou esse desventurado a paladino e o propôs como arquétipo. Agora sofremos as consequências*". Ou outra frase, no fim do prefácio a *Facundo* (*Prólogos, com um prólogo de prólogos*): "*Não direi que* Facundo *é o primeiro livro argentino; as afirmações categóricas não são caminhos de convicção, mas de polêmica. Direi que, se o tivéssemos canonizado como nosso livro exemplar, outra seria nossa história, e melhor*".

O pai de Borges, Jorge Guillermo Borges (v.), já havia adotado em seu único romance, *El caudillo* (1921), a perspectiva de Sarmiento. A obra decisiva, *Civilización y barbarie. Vida de Juan Facundo Quiroga* (1845), deslumbrou a intelligentsia da América do Sul, e logo o prestígio dele se estendeu por outras latitudes, alcançando Euclides da Cunha (v.), que, em *Os sertões* (1902), o menciona com respeito.

Coube a Sarmiento nesse livro a fixação de um esquema que se apoia em um jogo de pares de opostos: civilização versus barbárie, letrado versus *gaucho* (v.), cidade-porto-cultura versus campo-deserto-ignorância. Em *Facundo*, o *gaucho* é estudado pela primeira vez com pretensões sociológicas, descrito como folgado, brutal, supersticioso, hábil no uso da faca, experiente cavaleiro e cantor. O caudilho, que o autor personifica em Facundo Quiroga (v.) e, sobretudo, em Juan Manuel de Rosas (v.), não é mais que um produto da fatalidade do meio. A essência desses "males" reside na natureza bárbara do mestiço, traço selvagem que se agrava ainda mais no índio e no negro. Para Sarmiento, chegou até a ser um passo inevitável a destruição física do *gaucho*, que mal considerou como parte da espécie humana, como disse em uma célebre carta a Bartolomé Mitre (v.), durante a Guerra do Paraguai (1864-70), quando ocupava a presidência da República Argentina (1868-74), depois de uma longa trajetória jornalística e política.

Assim como a ideologia de Sarmiento fornece a base do olhar borgiano sobre os males e problemas da Argentina — fazendo de seu odiado Juan Domingo Perón (v.) uma espécie de novo Rosas —, os relatos de *Recuerdos de provincia* (1850) seduziram Borges por sua capacidade narrativa e versatilidade evocativa. — PR

Saxo Grammaticus

Saxo Grammaticus viveu entre os séculos XII e XIII da era cristã. As informações biográficas são muito escassas. Sabe-se que nasceu na Dinamarca, era clérigo e que, por encomenda de um arcebispo chamado Absalon de Lund, escreveu uma crônica da história do seu país, intitulada *Gesta Danorum*. O livro chegou até nós graças ao humanista (e também dinamarquês) Christiern Pedersen, que publicou uma edição no século XVI. Dos manuscritos originais pouco restou.

Em *Gesta Danorum* encontra-se, basicamente, uma narrativa que reconstrói, não sem a presença do fantástico e do mítico, a história das dinastias dinamarquesas. A crônica foi escrita em latim, e é possível observar, em sua estrutura, tanto as características das sagas islandesas como a influência dos clássicos latinos. Dentre os incontáveis reis que circulam por suas páginas, um em especial é recorrentemente mencionado: Amlethus, a quem Borges chama Amiothi ("Domingo F. Sarmiento: *Facundo*", *Prólogos, com um prólogo de prólogos*). Nas linhas que Saxo dedicou a esse rei estaria o argumento usado, séculos mais tarde, por William Shakespeare (v.) para produzir o seu *Hamlet*. Uma reafirmação de tal genealogia hamletiana pode ser lida no poema "Os ecos" (*A moeda de ferro*). — DF

Sayers, Dorothy L.

Escritora inglesa (1893-1957), autora de romances e relatos policiais. Borges classificou-os como "*os piores romances policiais que se conhecem*" ("*How to Write Detective Novels*, de Nigel Morland", *Textos cativos*) e escreveu três resenhas sobre a obra de Sayers para a revista *El Hogar* (v.). — LM

Scarface Al

Alphonse Capone (1899-1947) foi um dos mais célebres gângsteres de Chicago. Adotou o pseudônimo Scarface Al depois de uma briga que resultou em uma cicatriz em sua bochecha esquerda. Em 1932, Howard Hawks dirigiu um notável filme intitulado *Scarface*, que retratava o mundo violento da máfia. Borges não o menciona, e não podemos saber se o viu. Entretanto, é possível conjecturar que a "*cicatriz rancorosa*" que marca o rosto de Vincent Moon no conto "A forma da espada" (*Ficções*) deriva de Capone. Na realidade, não interessa tanto a Borges o personagem histórico quanto a figura lendária que o cinema construiu ao redor dos gângsteres como heróis trágicos. Nesse sentido, os mafiosos de Chicago constituem, para ele, uma mitologia definitiva da crueldade e da coragem. E, de fato, quando alude a Scarface Al, o faz sempre como parte de um sintagma indivisível: "*as ardentes metralhadoras de Scarface Al*" ("Filmes", *Discussão*) ou "*as pontuais metralhadoras de Scarface Al*" ("Theodore Dreiser", *Textos cativos*), como se a arma fosse um prolongamento do corpo do personagem, ou até mesmo como se fosse sinônimo de sua natureza e de seu caráter. Não parece exagero supor que os *compadritos* (v.) dos relatos borgianos foram moldados em torno desses matadores arquetípicos que o escritor admirou nos filmes de Josef von Sternberg (v.). — DO

Scherazade

V. Xerazade.

Schiaffino, Eduardo

Pintor, crítico de arte e primeiro historiador da arte argentino (1858-1935), foi um dos fundadores da Sociedad Estímulo de Bellas Artes (1876), atuou como correspondente de *El Diario*, em Paris (1885-6), e como colaborador de *La Biblioteca* (v. *Anais da Biblioteca*), revista dirigida por Paul Groussac (v.), em que se divulgou seu texto *El arte en Buenos Aires: La evolución del gusto*. Fundou o Museu Nacional de Belas-Artes (1895) e o dirigiu até 1910. A partir daí, foi cônsul em Liorna, Sevilha, Madri, Turim, Pau e Atenas. Quando estava em Sevilha, conheceu a família Borges e iniciou amizade com Jorge Guillermo Borges (v.), a qual continuaria com o filho dele nos anos 1920, durante suas viagens a Buenos Aires. Dedicou o livro *Urbanización de Buenos Aires* (1927) a Borges, que por sua vez o cita em "Palermo de Buenos Aires" (*Evaristo Carriego*). Schiaffino é autor ainda de *Recodos en el sendero* (1926) e *La pintura y la escultura en la Argentina (1783-1894)*. — PA

Scholem, Gershom

Gershom Scholem (1897-1982) nasceu em Berlim. Iniciou seus estudos em matemática e filosofia e depois passou a estudar línguas orientais. Bastante jovem, em 1922, fez um revolucionário trabalho de tradução e comentário de um dos mais antigos textos místicos judaicos, o *Sefer Ha-Bahir*. Seguiram-se outras publicações que aos poucos foram mapeando os elementos necessários para a construção de uma história da cabala. Em 1923, migrou para a Palestina, onde se tornou bibliotecário-chefe da recém-fundada Universidade Hebraica de Jerusalém. Duas vezes Borges cita o nome desse autor, e nas duas como homenagem. A primeira, no poema "O Golem" (*O outro, o mesmo*), em que faz rimar Scholem com Golem: "(*O cabalista que agiu como nume/ à vasta criatura chamou Golem;/ dessas verdades dá notícia Scholem/ em um douto lugar de seu volume.*)". A segunda, em sua conferência sobre a cabala, proferida no Teatro Coliseo de Buenos Aires, em 1977, na qual diz: "*As lendas do Golem foram lindamente aproveitadas por Gershom Scholem em seu livro* O simbolismo da cabala, *que acabo de ler. Creio que esse é o livro mais claro sobre a questão, pois verifiquei que é quase inútil ir atrás das fontes originais*". A seguir, conta ter lido "*a bela e acho que correta tradução* [...] *do* Sefer Yetsirah (v.), *ou* Livro da criação, *elaborada por León Dujovne. Li uma versão do* Zohar, *ou* Livro do esplendor. *Mas esses livros não foram escritos para ensinar a cabala, e sim para insinuá-la; para que um estudante da cabala possa lê-los e sentir-se fortalecido por eles*" ("A cabala", incluída em *Sete noites*).

De fato, a obra de Gershom Scholem constitui uma janela para o entendimento das complexas, infinitas, quase incompreensíveis e, por isso mesmo, quase inacessíveis aventuras na mística judaica ao longo dos anos. Com uma incrível devoção, ele conseguiu, com seus escritos, criar um novo campo de estudos e alguns modelos capazes de, ao mesmo tempo, promover um registro histórico e conceitual de concepções religiosas. Nesses escritos, todo o infindável e enredado novelo de sonhos místicos ganha um lugar no interior do acontecer histórico que, por sua vez, emerge em tradução dramática no sonho místico. Na teia dos fios das desgraças advindas do exílio e dos fios das expectativas de redenção messiânica é que Scholem mostra que os sonhos místicos são urdidos em um terreno perigoso, no qual o próprio núcleo do pensamento rabínico, ou seja, a religião institucionalizada, é ao mesmo tempo reafirmado e esticado até o limite da heresia. Sua operação de leitura e resgate de incalculáveis manuscritos místicos caracteriza-se por uma minuciosa visada filológica, sempre em busca da irradiação de significados específicos de cada momento histórico.

Amigo íntimo de Walter Benjamin, muitas das concepções deste último sobre linguagem e história estão também manifestas nos seus trabalhos. Borges manteve contato próximo com Scholem quando da sua primeira viagem a Israel, em 1969, e na segunda ida ao país, em 1971, para receber o prestigioso Prêmio de Jerusalém, oferecido a cada dois anos a intelectuais de destaque no mundo. Os trabalhos mais conhecidos de Scholem começaram a surgir a partir dos anos 1940. Dentre eles, podemos citar *As grandes correntes da mística judaica* (1941), *Shabbatai Tzvi* (1957), *Gnosticismo judaico, mística da Merkabá e tradição talmúdica* (1960) e *A ideia messiânica no judaísmo* (1971). — EM

Schopenhauer, Arthur

Schopenhauer (1788-1860) nasceu na Cidade Livre de Danzig (atualmente na Polônia), em uma família de comerciantes cultos. Seu pai era leitor assíduo de Voltaire (v.), e a mãe, que possuía altas aspirações intelectuais, fundou um salão literário em Weimar, ao qual acudiram notáveis escritores da época. O filho superdotado formou-se em Paris e na Inglaterra. Poliglota desde a infância, alimentou-se da leitura dos clássicos, da música (considerada uma metafísica que se ignora), dos poetas franceses e ingleses, dos românticos alemães e das religiões orientais. Patético, misógino, irascível, decidiu, por fanfarrice, dar seus cursos em Berlim no mesmo horário que Hegel, a quem odiava, e assim ficou sem nenhum aluno, tendo de renunciar à cátedra. Ao completar trinta anos, já havia publicado sua principal obra, *O mundo como vontade e representação*, que se propõe como uma reformulação da filosofia da "representação" de Kant, com base em uma ideia original da "vontade". Caracterizou-se pelo pessimismo, pela importância dada à musicalidade do pensamento (assimilável à ideia de "entoação" em Borges), por uma filosofia não tradicional, em diálogo com a literatura e as artes, por uma subversão sistemática da forma comum e acadêmica de pensar, e por uma noção "textual" e não demonstrativa da filosofia.

As conivências de Borges com Schopenhauer, muito mais que nas alusões diretas e na expressa admiração do escritor pelo filósofo, situam-se em um ar de família que habita a maioria dos textos borgianos. O autor argentino constrói mundos, estilos e temas que põem em jogo poético as intuições e as subversões do filósofo de Danzig. Talvez a maneira mais idônea de descobrir o Schopenhauer de Borges seja partir do posto matricial da música na ideia de representação.

Quando Schopenhauer diz que "*o mundo é representação*", não se baseia na tradicional metáfora do teatro, mas, paradoxalmente, na música, uma arte que não representa nada. A música seria um representante puro, sem representado. Dizer que o mundo é representação pura é, pois, afirmar que tudo no mundo se desenvolve em um só plano, fictício como uma melodia; é negar de antemão a dualidade do signo, é pôr todos os seres no mesmo nível de ficção, sem substância. Por trás da representação, não há nada. Borges disse "*moeda de uma só face, as coisas*" ("Cambridge", *Elogio da sombra*), e apresentou essa visão no conto "O disco" (*O livro de areia*) e no ensaio "Quando a ficção vive na ficção" (*Textos cativos*).

A segunda parte da obra de Schopenhauer corrige e desenvolve as afirmações da primeira. De fato, há algo por trás da representação, algo que, paradoxalmente, é irrepresentável: uma *vontade* única e cega. O mundo é *vontade*. Esse paradoxo de uma vontade ao mesmo tempo irrepresentável e única representada abre caminho para uma série de outros paradoxos, que se revelam na experiência cotidiana. Por exemplo, o de uma vontade involuntária. Schopenhauer observa que, na vida cotidiana, apesar das aparências, a vontade decide sem motivo. Além disso, essa falta de motivação é a essência da liberdade, porque, se a vontade obedecesse aos ditames da razão, todas as suas reações seriam previsíveis e ela deixaria de ser livre. Uma das ilusões da razão consiste em disfarçar de motivos a inexorabilidade da decisão. É, ele disse, como se de um mastro agitado pelo vento se pensasse que tem a opção de inclinar-se para a direita ou para a esquerda, quando na verdade o mastro obedece a uma força sem opções, que é uma vontade única, cega e universal. O que Schopenhauer exemplifica com o caso do mastro, Borges propõe com o tema das peças do xadrez ("Xadrez", *O fazedor*), que acreditam tomar as decisões dos movimentos e "*Não sabem que um rigor adamantino / Sujeita seu arbítrio e sua jornada*". Nossos atos não são livres, uma vez que os move uma cega vontade única e transcendente, mas são livres à medida que não obedecem aos ditames da razão.

A dupla presunção de uma representação sem representado e uma vontade sem possibilidade de escolha gera uma série de corolários dos quais Borges se serviu para inventar seus mundos:

1) *A evanescência da ideia de representação.* Se tudo é representação (sem representado e sem espectador), a própria ideia de representação se dilui. Isso está ilustrado no conto "O Congresso" (*O livro de areia*), no qual Borges explora o projeto de reunir o menor grupo de representantes de todo o mundo. A conclusão é que qualquer coisa pode representar qualquer outra e que, portanto, a representação não existe. 2) *A face única da realidade* desfaz as fronteiras habituais que o pensamento fixa: não há distinção entre ficção e realidade, entre sonho e vigília ("O Sul", *Ficções*; "Quando a ficção vive na ficção", *Textos cativos*). 3) *O grande teatro do mundo.* Na vida, como nos sonhos, "*somos o teatro, o auditório, os atores, o argumento, as palavras que ouvimos*" ("O pesadelo", *Sete noites*). Não há realidade pessoal, e sim papéis, todos podemos ser William Shakespeare (v.), todos somos, ao mesmo tempo ou sucessivamente, o traidor e o herói ("Tema do traidor e do herói", *Ficções*; "Aben Hakam, o Bokari, morto em seu labirinto", *O Aleph*; "As ruínas circulares", *Ficções* etc.).

4) *A insignificância da personalidade*. O princípio de individuação desaparece: "*sou deus, sou herói, sou filósofo, sou demônio e sou mundo, o que é uma cansativa maneira de dizer que não sou*" ("O imortal", *O Aleph*); "*Homero compôs a* Odisseia*; postulado um prazo infinito, com infinitas circunstâncias e mudanças, o impossível é não compor, nem uma única vez, a* Odisseia*. Ninguém é alguém, um único homem imortal é todos os homens*" (também em "O imortal"). "*Nossos nadas pouco diferem; é trivial e fortuita a circunstância de que sejas tu o leitor destes exercícios, e eu seu redator*", como Borges escreve no prólogo "A quem ler" (v.), de *Fervor de Buenos Aires*. 5) *A paradoxal responsabilidade ética*. Dado que nada do que fazemos nos pertence como decisão, é possível redimir o mundo mediante o beijo traiçoeiro de Judas; o santo e o herege podem ser, *sub specie aeternitatis*, apelativos de um mesmo homem, e as bem-aventuranças são tão válidas quanto as máximas que as contradizem. Mas também, ao contrário, "*nenhum ato é involuntário*", nem sequer os atos casuais ("Guayaquil", *O informe de Brodie*). 6) *A paradoxal trama da história*. Na superficialidade de seu "ser representação", cada uma de nossas ações contribui fatalmente para o "desenho invisível" da única e involuntária Vontade. ("*Matei meu rei para que Shakespeare / urdisse sua tragédia*", "Quinze moedas", *A rosa profunda*). Por outro lado, conceber uma "história" unificada é uma ilusão da representação; só existem fatos individuais, conforme "O pudor da história" e "A esfera de Pascal" (*Outras inquisições*). 7) *A questionável estabilidade do ser*. Dizer que somos pura representação é dizer que somos instáveis papéis teatrais sem ontem e sem amanhã, como diz Borges com as moedas de "Tlön, Uqbar, Orbis Tertius" (*Ficções*). Mas aceitar que por debaixo dessa pura representação pulsa uma única, cega Vontade permite imaginar que, apesar das aparências, nada muda: "*Um só homem nasceu, um só homem morreu na terra. / Afirmar o contrário é mera estatística, é uma adição impossível. / Não menos impossível que somar o cheiro da chuva e o sonho que anteontem à noite sonhaste*" ("Tu", *O ouro dos tigres*). — IAL

Schultz, Wolfgang

Wolfgang Schultz (1881-1936) é o autor de *Dokumente der Gnosis* (1910). Em "Uma vindicação do falso Basilides" (*Discussão*), Borges o teria lido para estudar a cosmogonia de Basilides (v.). — PFCO

século de Lepanto e de Lope

V. Lope de Vega.

Sefer Yetsirah

Livro da criação. Trata-se de um dos volumes mais antigos em língua hebraica a desenvolver de forma sistemática um pensamento especulativo. A maioria dos críticos situa sua origem entre os séculos VI e X. Gershom Scholem (v.), estudioso da cabala, conseguiu reunir fortes argumentos para retroagir a origem do livro a algum momento entre os séculos III e IV. O fato é que, com os olhos nesse pequeno volume — a brevidade (não mais que 1600 palavras) é parte de seu estilo enigmático —, os homens foram intercambiando letras na tentativa de construir mundos à imagem e semelhança de Deus, cuja força criadora, de acordo com o texto, concentra-se, por emanação, em cada uma das 22 letras do alfabeto hebraico e nos dez números primordiais. Com esses 32 tijolos sígnicos tudo foi criado, e cada objeto, cada coisa, cada parte da coisa existe porque nela atua a ressonância da letra.

Todos os seres vivos, nos três níveis do cosmos, isto é, no mundo, no tempo e no corpo humano (na linguagem do texto, no mundo, no ano e na alma), vieram a existir pela interconexão das 22 letras e dez números. Em "A morte e a bússola" (*Ficções*), o detetive Erik Lönnrot faz do estudo desse livro, pertencente à biblioteca do assassinado Marcelo Yarmolinsky, uma das pistas para reconstruir o nome do assassino, ao mesmo tempo que, em outro lugar, Red Scharlach está trabalhando com as coisas para no fim ter diante de si o nome que quer exterminar, Erik Lönnrot. Talvez a tradução literal do *Sefer Yetsirah* que fazia parte da biblioteca de viagem de Marcelo Yarmolinsky tenha sido obra do autor tcheco Jaromir Hladik (v.), para a editora Hermann Barsdorf ("O milagre secreto", *Ficções*). — EM

sefiroth

Um dos principais sentidos dos termos da cabala, *sefiroth* (*sephirot*) aparece pela primeira vez no *Sefer Yetsirah* [Livro da criação] (v.) para designar os dez números primordiais. A raiz da palavra em hebraico quer dizer "numerar", "contar". Sua apropriação por autores posteriores ao *Sefer Yetsirah* conferiu-lhe um sentido bem mais amplo, e *sefiroth* passou a denotar os dez estágios da emanação que emerge do *En Soph* (v.), o Nada Primordial, a Fonte de Luz original que forma o reino da manifestação de Deus em Seus vários atributos. As *sefiroth* seriam como filtros que outorgariam uma qualidade específica e a possibilidade de dar presença, isto é, visibilidade à simples luz impossível de ser vista do *En Soph*, sendo essa qualidade de luz a manifestação de um de Seus atributos. No interjogo dessas emanações — as quais Borges lembra em "Emanuel Swedenborg: *Mystical Works*" (*Prólogos, com um prólogo de prólogos*) que "*podem ser concebidas sob a espécie de uma Árvore ou de um Homem, o Homem Primordial, o Adam Kadmon*" (ele se refere ao diagrama da árvore sefirótica) —, o mundo é criado e recriado, isto é, eternamente desdobrado a cada instante, como efeito da ação dos homens no cumprimento ou não da vontade divina. — EM

Sem Tob (Shem Tov)

O rabino Shem Tov ben Isaac Ardutiel nasceu na última década do século XIII. Nada se sabe sobre ele, a não ser que viveu na Aljama de Carrión de los Condes. Na época, muitos poetas hebreus escreviam em espanhol, mas apenas os versos de Tov sobreviveram nessa língua. São dele os *Proverbios morales*, conhecidos também como *Consejos y documentos al rey Don Pedro*. Trata-se de uma obra poética didático-moral que, em um manuscrito do século XV, subsiste em aljamiado, isto é, escrito em espanhol mas com caracteres hebraicos. Expresso em forma precisa, o poema expõe o que seriam regras de ouro da conduta humana e a relatividade da existência neste mundo. As edições modernas o apresentam precedido de um prólogo em prosa que defende a difusão da sabedoria. Seguem-se mais de setecentas coplas de quatro versos heptassílabos, em rimas ab/ab. Todo o seu elogio do saber, do bom silenciar, da escritura, das desvantagens das companhias inoportunas, é feito por meio de jogos de palavras e alusões à arte de *escribir con tijeras* [escrever com tesouras]. É dele ainda um poema litúrgico escrito em hebraico que foi incorporado ao livro de orações de *Yom Kippur* [Dia do Perdão] como uma oração de penitência (*Vidui*, em hebraico).

Borges destaca, no prólogo ao livro de Carlos M. Grünberg (v.), *Mester de judiaria* (*Prólogos, com um prólogo de prólogos*), que "*a limpidez é hábito de Israel: recordemos Heinrich Heine; recordemos, no palavroso século XIV, as coplas do rabi Dom Sem Tob, 'judeu de Carrión'"*. — EM

Sendebar

Livro-chave para compreendermos a visão pouco honrosa que se tinha da mulher na Idade Média, o *Sendebar* chegou ao Ocidente no século XIII. Mais precisamente em 1253, quando foi traduzido do árabe para o espanhol a pedido do infante Fradique de Castela, irmão do rei Afonso X. A origem da obra serve ainda hoje de pauta para a discussão histórica: os argumentos mais convincentes são daqueles que defendem a origem indiana, embora haja quem acredite ser persa a primeira versão.

Como bem define Borges em "Os tradutores d'*As mil e uma noites*" (*História da eternidade*), o livro é composto de contos exemplares. Seu principal objetivo é a instrução do bom governante, o aperfeiçoamento ético deste. Os contos exemplares giram em torno de uma história central: depois de dar ouvidos às calúnias arquitetadas por sua esposa, o rei Alcos manda matar o próprio filho. Sete sábios, conselheiros do rei, tentam dissuadi-lo, narrando algumas histórias que mostrarão, cada uma a seu modo, a natureza pérfida das mulheres, sempre dispostas a ludibriar os homens, levando-os à perdição. Trata-se, portanto, de um texto claramente misógino, que serviu de modelo a muitos outros escritos medievais sobre o mesmo assunto.

Alguns contos do *Sendebar* foram interpolados nas *Mil e uma noites*, daí o interesse de Borges pela obra. O escritor argentino lembra, contra os recatados, que, "*fora os contos exemplares do* Sendebar, *os despudores d'*As mil e uma noites *nada têm a ver com a liberdade do estado paradisíaco*". — DF

Sêneca

Desafiando a tradição, o estoico Lucius Annaeus Sêneca (4 a.C.-65 d.C.) escreveu seus textos em latim, em vez de usar o grego, idioma dominante na filosofia romana na época. Ele assim decidiu porque visava alcançar um público leitor mais diverso do que o formado por especialistas. Bem-sucedido política e literariamente, considerava-se um grande escritor, em particular no fim da vida, quando compôs *Epístolas a Lucílio* (62 d.C.), sugerindo a esse discípulo que imprimisse sua marca pessoal em seus trabalhos assim como ele havia feito: "Tenho minha marca pessoal: tudo que eu escrevo é marcado com minha identidade". Mesmo que naquele período se preconizasse seguir os modelos antigos, como o próprio Sêneca anotou no livro citado: "O quê? Assim ninguém saberá de quem são os estilos que estou imitando, de quem são os argumentos que eu tomei emprestados, de quem são as ideias que estou reproduzindo!".

Seu trabalho possui, essencialmente, um fundo ético, mas nele os aspectos físicos da natureza também são cruciais. Antes de publicar as *Epístolas a Lucílio*, Sêneca já escrevera *Naturales quaestiones* (62 d.C.), cujo prefácio consiste em uma dedicatória ao mesmo Lucílio. Esse livro, com base filosófica na física estoica, é um tratado dedicado à natureza, em especial aos vulcões, os quais fascinavam o estoico. O conjunto de seus escritos forma uma estrutura filosófica coerente que procurava integrar preocupações científicas a observações em torno da consciência e da moral humanas.

Borges o cita repetidas vezes em seus escritos. Em "A penúltima versão da realidade" (*Discussão*), ele é mencionado entre diversos filósofos com relação à percepção do espaço e sobretudo da sucessão temporal — traço típico da consciência humana —, tema recorrente em "Gerald Heard: *Pain, Sex and Time*", de "Notas" (*Discussão*), texto no qual o autor argentino faz uma referência às *Epístolas a Lucílio*. Já em "M. Davidson, *The Free Will Controversy*" ("Notas"), ele comenta a passagem de *Naturales quaestiones* que diz que as partes do universo prefigurariam, de modo secreto, a história das outras: "*Tudo o que ocorre é um signo de algo que ocorrerá*". E, em "O livro" (*Borges oral*), aproveita uma observação de Sêneca para discorrer sobre o fascínio exercido pelas grandes bibliotecas nos tempos modernos. — PFCO

Sexto Empírico

Médico e filósofo grego que viveu no século II, Sexto Empírico era um cético. Durante a Idade Média, esqueceram-se suas ideias em função da oposição de Santo Agostinho (v.) à filosofia cética, a qual só foi recuperada no Renascimento. O pensamento de Sexto Empírico influenciou o filósofo francês Michel de Montaigne (v.), em especial pela obra *Hipotiposes pirrônicas*. Nesse livro, prevalece a noção de que o juízo deveria ser suspenso, pois os diferentes pontos de vista teriam o mesmo valor, a chamada "equipolência". Além disso, os céticos defendiam que nada poderia ser provado, "*pois toda prova requer uma prova anterior*", como lembra Borges em "Avatares da tartaruga" (*Discussão*), ideia de Agripa, o Cético (v.), filósofo que viveu em fins do século I, respaldada por Sexto Empírico.

Mas a suspensão do juízo gerou um dilema, visto que os céticos não teriam capacidade para escolher qual teoria analisada seria a verdadeira. Dessa forma, eles deveriam calar-se em lugar de emitir seus juízos, o que lhes garantiria a tranquilidade da alma. Pode-se afirmar, assim, que as doutrinas céticas antigas constituem uma filosofia da dúvida. Em relação a tais dilemas, Borges cita Sexto Empírico, entre outros filósofos, ao discutir o tempo em "Nova refutação do tempo" (*Outras inquisições*).

A fama adquirida pelo ceticismo como movimento de dúvida a respeito de tudo se originou já na filosofia moderna, com René Descartes. Para os céticos antigos, porém, a dúvida era uma atitude como outra qualquer, demonstrativa de uma postura investigativa, coerente com a observação científica que nega a verdade absoluta. Em "Gustav Meyrink" (*Textos cativos*), Borges comenta *Die Vorsokratiker*, livro de Wilhelm Capelle, que trata dos primórdios do pensamento helênico, tanto das obras como das notas biográficas, segundo alguns autores gregos, entre os quais Sexto Empírico. — PFCO

Shakespeare, William

Ator, dramaturgo e poeta inglês (1564-1616), escreveu 37 obras dramáticas, um ciclo de sonetos e poemas narrativos. Seu trabalho, que começou no período elisabetano e terminou no início do governo de Jaime I, rei da Inglaterra, espelha as modificações estéticas disso decorrentes. Shakespeare não soube, ou não quis saber, dos limites entre tragédia e comédia, e uniu o sublime ao grotesco, o que interessou e fascinou os românticos alemães e ingleses. Após temporada em Londres, ele abandonou a escrita e se instalou novamente em sua cidade natal, Stratford-upon-Avon, onde faleceu.

Borges citou com frequência algumas de suas tragédias, a peça-romance *The Tempest* e igualmente os sonetos. Em "Shakespeare e as unidades" (em *Cuadernos del Congreso por la Libertad de la Cultura*, n. 87, ago. 1964), afirma: "*Shakespeare sentia que o fato estético é momentâneo e não está nas letras de um livro, e sim no comércio do livro com o leitor ou do espectador com a cena*". Nesse caso, o interesse está centrado em um tópico que percorre os textos borgianos: a figura do leitor, do receptor da obra, e focaliza o instante em que esta entra em contato com o sentido imediato da percepção. Borges também repete que Shakespeare tem consciência de que sua obra e a arte em geral entram sempre no campo da ficção, e é aí que o espectador passa a fazer parte da representação. Pode-se pensar na legenda inscrita na entrada do teatro The Globe, em Londres: *Totus mundus agit histrionem* [O mundo todo é um palco].

No prefácio à tradução de *Macbeth* ("William Shakespeare: *Macbeth*", *Prólogos, com um prólogo de prólogos*), Borges percorre as diversas circunstâncias que envolveram o nome de Shakespeare quanto à autoria de suas obras e quanto ao fato de não as haver publicado (ou não haver tido a intenção de publicá-las). Diante disso, esboça a teoria do imediatismo e da urgência que levava o poeta a escrever seus dramas, sempre pensando na cena, no espectador.

Em "A memória de Shakespeare", do livro homônimo, publicado originalmente em 1980, Hermann Soergel, homem de letras de origem alemã, é o receptáculo da memória do poeta elisabetano. Essa situação possibilita ao personagem, narrador e protagonista, descobrir aspectos da relação entre biografia e obra, o que, em consonância com as ideias de Borges, não é transparente: possuir a memória de Shakespeare não implica conhecer seu trabalho melhor que qualquer outro crítico. Para uma biografia mais detalhada, é preciso remeter a *Introducción a la literatura inglesa* (1965), em que Borges também esboça um breve comentário sobre as obras que considera centrais na produção dramática do autor inglês. — LM

Shaw, Bernard

George Bernard Shaw (1856-1950), dramaturgo e crítico irlandês, herdeiro do teatro de ideias de Henrik Ibsen (v.) e um dos mais prolíficos dramaturgos em língua inglesa, entre os séculos XIX e XX. Foi seguidor incansável das ideias socialistas da Sociedade Fabiana, fundada por ele e por diversos intelectuais em 1884, a qual editou em 1889 a obra *Fabian Essays in Socialism*, em que são formuladas as concepções políticas da sociedade, entre elas a que propõe o intervencionismo estatal como meio para consolidar o bem-estar da maioria. Suas obras se caracterizam, de modo geral, pela apresentação de problemas sociais e por certa finalidade doutrinária, o que é enfatizado nos extensos prefácios que escreveu para elas. Destacam-se, no conjunto de sua produção, *Back to Methuselah* (1921), *Candida* (1894), *Pygmalion* (1912) e *Man and Superman* (1903). Recebeu o Prêmio Nobel de Literatura em 1925.

Borges resgatou, entre outras coisas, seu interesse pelo comportamento ético dos personagens. Um dos primeiros textos que escreveu sobre Shaw, "Saint Joan; A Chronical Play", data de 1925 e foi publicado em *El tamaño de mi esperanza*. Aí ele aborda uma das últimas peças do autor irlandês, mas, conhecendo a totalidade de seu trabalho, afirma: "*Não tropecei com o menor autoplágio: coisa com a qual minha pobreza se maravilha*". Em 1951, divulgou, na revista *Sur* (v.), "Nota sobre (em busca de) Bernard Shaw", depois incluído em *Outras inquisições*. Nesse ensaio, Borges situa os temas fundamentais da obra de Shaw na filosofia e na ética, relacionando-os com a sua idiossincrasia. — LM

Shelley, Percy Bysshe

Poeta romântico inglês (1792-1822), seguiu as ideias de William Godwin, centradas em uma visão radical do livre pensamento. Em 1811, Shelley escreveu *The Necessity of Atheism*, o que o levou a ser expulso de Oxford. Dentre suas obras mais conhecidas, cabe destacar a versão de *Prometheus Unbound* (1820), *Adonaïs* (1821), *Alastor, or The Spirit of Solitude* (1816). Foi casado, em segundas núpcias, com Mary Wollstonecraft Godwin, que passou a se chamar Mary Shelley, a autora de *Frankenstein* (1818). Morreu afogado quando navegava durante uma forte tempestade.

Uma das referências de Borges a esse poeta está no texto "A flor de Coleridge" (*Outras inquisições*), em que alude à possibilidade de existência de um poema infinito, do qual fazem parte todos os poemas. Tal ideia, tomada de *A Defence of Poetry*, publicada somente em 1840, de alguma maneira converge para a noção de literatura ou biblioteca infinita que Borges construiu ao longo de sua produção. — LM

Shylock

Shylock é um judeu de Veneza, personagem de *O mercador de Veneza*, peça escrita por William Shakespeare (v.) entre 1596 e 1597. Tendo enriquecido emprestando dinheiro a juros, ele vive em um ambiente antissemita, que o obriga a se confinar em um gueto, e é constantemente humilhado por Antônio, um mercador cristão que chega a cuspir-lhe no rosto. Um dia, o mesmo Antônio o procura para pedir dinheiro emprestado. Enfurecido, o usurário aceita o negócio, mas avisa que, se o mercador não lhe pagar em dia, exigirá um pedaço da sua carne. Quando chega a Veneza a notícia de que os navios de Antônio naufragaram no mar e ele perdeu toda a fortuna, Shylock exige o cumprimento do contrato à risca. O personagem aparece na obra de Borges não como protagonista, mas sempre contribuindo para a criação de uma atmosfera shakespeariana. — YF

Siegfried

Nome pelo qual Sigurd (v.) é conhecido na Alemanha. — FT

Siger de Brabante

Filósofo e mestre de artes na Universidade de Paris, Siger nasceu em Brabante (atualmente localizada na Holanda) por volta de 1240. Averroísta, foi considerado herege pela Igreja católica por defender ideias que divergiam das de Tomás de Aquino (v.). Enquanto este buscava uma conciliação entre os conhecimentos obtidos pela razão e pela fé, Siger alegava que a reflexão filosófica muitas vezes levava a conclusões opostas às verdades sustentadas pela teologia.

Foi justamente por essa suposta heresia que Borges lembrou seu nome em "A última viagem de Ulisses" (*Nove ensaios dantescos*). Na verdade, o escritor argentino de certa forma enaltece a ousadia de Dante Alighieri (v.), que, na *Divina comédia*, entre outras afrontas aos dogmas da Igreja, "*julgara e condenara as almas de papas simoníacos e salvara a do averroísta Siger, que pregara o tempo circular*". Em 1284, Siger foi assassinado por seu secretário em Orvieto, na Itália. — DF

Sigurd

Herói nórdico, filho de Sigmund (filho de Völsung). Foi educado por Regin, ferreiro da corte do rei Hialprek. A história de Sigurd é contada na *Edda prosaica* (v.) e na *Edda poé-*

tica (v. *Edda Islandorum*), bem como na saga denominada *Völsunga Saga* (v.). — FT

Sigurdarson, Harald

Harald Sigurdarson, ou Harald III (1015-66), rei norueguês, denominado Hardråde [O Implacável]. Filho do rei Sigurd Syr Halfdansson e meio-irmão do rei Olaf II, o Santo, participou da Batalha de Stiklestad (1030), na qual morreu Olaf. Em Constantinopla, de onde saiu em 1042, serviu na guarda imperial em campanhas na península Itálica e na África. Na Suécia, aliou-se a Sven, rei da Dinamarca e da Inglaterra, contra o próprio sobrinho Magnus, então rei da Noruega. Logo rompeu com Sven e aceitou a oferta de Magnus, de metade de seu reino. Em 1066, Harald invadiu a Inglaterra, unindo-se à causa de Tostig, o conde banido da Northumbria, após uma revolta no ano anterior. Desembarcou em Yorkshire com grande exército, reforçado pela Escócia, Irlanda e ilhas Orkney, e entrou em York em 24 de setembro. No dia seguinte, no entanto, o rei inglês Harold II, irmão de Tostig, surpreendeu os invasores na ponte Stamford. Na batalha, vencida por Harold, foram mortos ambos, Tostig e o rei Harald.

Borges reproduz em "O pudor da história" (*Outras inquisições*) um diálogo, preservado por Snorri Sturluson (v.), entre Tostig e Harold, ocorrido na Batalha de Stamford Bridge, no qual o rei inglês Harold se dispõe a perdoar o irmão e impedir sua morte, mas não a de seu aliado norueguês, a quem oferece "*seis pés de terra inglesa e, já que ele é tão alto, mais um*". O autor argentino destaca como admirável o fato de ter sido Sturluson, pertencente à estirpe do vencido, a perpetuar tais palavras. Também em "Mutações" (*O fazedor*) Borges se refere a esse diálogo. — FT

Silva Valdés, Fernán

Poeta, narrador e dramaturgo uruguaio (Montevidéu, 1887-1975), passou a infância em Sarandí del Yi, pequeno povoado do interior do país, no limite dos departamentos de Durazno e Florida. Seus dois primeiros livros de poemas correspondem à estética modernista hispano-americana, mas em *Agua del tiempo* (1921) volta-se para um novo rumo, chamado "nativismo", estilo que combina o interesse pelo autóctone na temática, nos tipos e na linguagem, com um uso metafórico e uma inquietude estética que incorporam as contribuições das vanguardas.

Borges afirmou que *Agua del tiempo* o tornou o mais importante poeta jovem da "*inteira hispanidade*". Destacam-se, entre seus livros de poemas posteriores, *Los romances chúcaros* (1933) e *Romancero del Sur* (1938). Escreveu também obras em prosa, como *Leyendas (tradiciones y costumbres uruguayas)* (1936) ou *Lenguaraz* (1955), e incursionou pelo teatro e pelo ensaio de tema *criollo* (v.). — PR e MAGB

Simeão ben Azaí

No fim de "Três versões de Judas" (*Ficções*), Borges enumera algumas teofanias, isto é, manifestações de Deus, insuportáveis, capazes de levar à cegueira, ao enlouquecimento e até à morte. Como exemplo deste último caso, ele cita "*o rabino Simeão ben Azaí, que viu o Paraíso e morreu*". Refere-se à narrativa que se encontra na página 14b do último capítulo, *Haguigá* [Sacrifício festivo], do segundo tratado talmúdico, *Sefer Moed* [Festas]. Essa narrativa, que é uma ilustração sobre a ameaça que ronda todo aquele que se ocupa dos mistérios da criação e do criador, envolve quatro grandes sábios tanaítas (os sábios responsáveis pela elaboração da *Mishnah* [v.], no século I). Assim diz o texto: "Quatro entraram no paraíso [no original, *Pardes*, palavra de origem persa que quer dizer "jardim"]: ben Azaí, ben Zomá, Akher e Rabi Akiva. Rabi Akiva disse a eles: 'Quando vocês chegarem às pedras de puro mármore, não digam "água, água", porque está dito: Aquele que mente não permanecerá firme diante dos Meus olhos' (Salmos 107,7). Ben Azaí espreitou a Divina Presença e morreu; sobre ele, a Escritura disse (Salmos 116,15): 'Difícil aos olhos de Deus é a morte dos Seus devotos'. Ben Zomá espreitou e danou-se. Sobre ele, a Escritura disse: 'Encontraste mel. Come o que te é suficiente para que não fiques enjoado e vomites' (Provérbios 25,16). Akher cortou os frutos; Rabi Akiva entrou e saiu em paz". Diante da manifestação do inominável, quatro destinos, três terríveis — o da heresia, o do enlouquecimento e o da morte. Este último, o destino do rabino Simeão ben Azaí, que não viu o paraíso, como disse Borges, mas entrou nele. — EM

sionismo

O sionismo (de Sion, nome judaico de Jerusalém) consiste em uma doutrina e movimento nacionalista judeus que visavam ao restabelecimento do Estado de Israel e à concentração máxima de judeus em uma comunidade autônoma, situada na Palestina. A criação do Estado de Israel (1948) significou uma vitória do sionismo. Antigo, esse movimento data da expulsão dos judeus da Judeia pelos romanos em 135. No século XIX, ganhou força com o despertar do sentimento de nacionalidade e, por meio da voz do escritor húngaro-austríaco judeu Theodor Herzl, seu maior representante, adquiriu impulso, de forma que, após a publicação de *O Estado judeu* (1896), entre outros escritos do pensador sionista, organizou-se na Basileia (1897) a primeira reunião do Congresso Sionista Mundial.

Na visão de Borges, a cultura judaica influenciou decisivamente as culturas ocidentais e orientais, e para ele o direito do povo judeu à sua terra nativa era indiscutível. O sionismo é mencionado no conto "O indigno" (*O informe de Brodie*), por meio da voz do protagonista, Santiago Fischbein, um entre outros personagens judeus de Borges, cujo interesse pelos temas do judaísmo e de Israel é grande desde a juventude, tendo estes sido abordados em numerosas oportunidades em seus textos. — PPM

Skáldaspillir, Eyvindr

Eyvindr Finnsson Skáldaspillir, norueguês dos anos 900, bisneto de Harald Hårfarger, foi poeta do rei Håkon den gode. Em seu mais famoso poema, "Håkonarmål", escrito depois da morte do monarca, após a batalha, em Stord, no ano 961, ele descreve com força e emoção o combate, a derrota e o modo como o rei foi recebido, com honra, por Odin, em Valhala (v.). Um grande número de fragmentos de outra extensa composição, "Håleygjatal", também se conservou. O apodo *skåldaspillir* atribuído ao poeta quer dizer "plagiador". Entretanto, "Håkonarmål" é uma demonstração da importância de Eyvindr como artista. Borges reproduz quatro versos dele, como exemplo de *kenningar* (v.), no ensaio "As *kenningar*" (*História da eternidade*). — FT

Skallagrimsson, Egil

Poeta islandês (910?-990?) de Borg, em Borgarfjord. Sua vida foi narrada na *Saga de Egil Skallagrimsson* (1250) (v.), em que é descrito como um personagem violento, pertinaz, e que tem a paixão viking por lutas e riquezas. Em contraste, um Egil mais humano está presente nos poemas "Sonatorrek", composto em memória de seus filhos mortos, e "Arinbjarnarkviða", em honra ao amigo Arinbjørn, que o salvara em York. Em "Sonatorrek", ele encontra uma forte expressão de sua perda; no final, agradece a Odin pelo dom da poesia, que o conforta. "Höfuðlausn" ["Resgate da cabeça"] (v.), poema em honra a seu inimigo, o rei Eirik I, da Northumbria, lhe valeu a preservação da própria vida. "Höfuðlausn" apresenta, formalmente, um tipo de rima não usual no fim do verso. Egil também escreveu poemas em honra do rei inglês Aethelstan, mas apenas fragmentos deles se conservaram. Borges reproduz seis versos de Egil Skallagrimsson, como exemplo de *kenningar* (v.), no ensaio "As *kenningar*" (*História da eternidade*). — FT

Skallagrimsson, Saga de Egil

Saga de Egil Skallagrimsson, composta provavelmente na primeira metade do século XIII, cuja autoria é muitas vezes atribuída ao poeta, historiador e político islandês Snorri Sturluson (v.). Ambientada entre os séculos IX e XI, fundamentalmente na Noruega, Islândia e Inglaterra, a *Saga* representa, por contrastes e paralelismos — seja pela descrição da compleição física e características de conduta, seja por lealdades, ou mesmo por conflitos na relação com uma dinastia de reis noruegueses —, a vida de quatro gerações da família do impetuoso poeta e viking Egil Skallagrimsson (v.). Inicia-se com Kveldulf — pai de Thorolf e Skallagrim — no fim do século IX, quando o rei Harald Hårfarger estava em campanha para tornar-se o único soberano da Noruega; segue-se, então, a narração da vida de seus filhos e, principalmente, de seu neto Egil, e encerra-se com uma enumeração da descendência de Skallagrim, conhecida como pertencente ao clã de Myrar, já no período de cristianização da Islândia, pelo rei Olaf Tryggvason. Em sua obra *Biblioteca pessoal*, Borges dedica um prólogo à *Saga de Egil Skallagrimsson*, de Snorri Sturluson. — FT

Smithers, Leonard C.

Leonard Smithers (1861-1907) foi um editor inglês. Muito lembrado por sua amizade com o orientalista Richard Burton (v.), após a morte deste ele publicou algumas edições comemorativas da famosa e polêmica tradução das *Mil e uma noites* realizada pelo amigo. Publicou também livros de Oscar Wilde (v.) e de um rol de outros escritores britânicos classificados de decadentistas, tais como o próprio Wilde, Joris-Karl Huysmans (v.) e Aubrey Beardsley.

Na obra de Borges, Smithers é citado em "Os tradutores d'*As mil e uma noites*" (*História da eternidade*), em um breve parêntese. Apenas para dizer que, quando ele reeditou a tradução de Burton, omitiu "*determinadas passagens de péssimo gosto, cuja eliminação não será lamentada por ninguém*". — DF

Soca, Susana

Poeta (1907-59), nasceu em Montevidéu e morreu em um acidente aéreo, perto da baía de Guanabara, no Rio de Janeiro. Filha de um médico renomado, o doutor Francisco Soca, de família abastada e culta, pôde viajar com frequência à Europa, onde se aproximou de escritores e artistas de destaque. Manteve uma frustrada relação amorosa com o poeta francês Henri Michaux. Dominava diversos idiomas e aprendeu russo para conhecer Boris Pasternak, a quem ajudou a tirar da União Soviética o manuscrito do célebre e explosivo romance *Doutor Jivago* (1957). Em Paris, fundou uma revista literária, *La Licorne* (três números, 1947-8), que renasceu em Montevidéu sob o título *Entregas de La Licorne*, em 1953, preservando o estilo refinado e seleto mas privilegiando as colaborações em castelhano. A morte prematura a impediu de acompanhar os dez números que se seguiram e de ver editados seus livros de poemas *En un país de la memoria* (1959) e *Noche cerrada* (1962). Teve contato com o grupo de escritores reunidos em torno da revista argentina *Sur* (v.), e em particular com Borges, que compôs um poema por ocasião de seu falecimento ("Susana Soca", *Entregas de La Licorne*, n. 16, 1961, publicado em *O fazedor*). — PR e MAGB

Sócrates

Filósofo ateniense (469?-399 a.C.), nada escreveu. Suas ideias são conhecidas por meio dos relatos de um discípulo dele, Platão (v.). Contudo, vale lembrar que o primeiro escrito com base nos ensinamentos socráticos data de apenas 423 a.C., na obra *As nuvens*, de Aristófanes. Justamente por isso Sócrates é um enigma, tendo sido lido e interpretado conforme os humores do momento. A época histórica em que ele viveu foi de muita exaltação. Política, arquitetura, literatura e teatro sofreram grandes transformações; Atenas venceu a Batalha de Salamina (480 a.C.); e surgia a democracia. No entanto, o filósofo não partilhava dessas mudanças, tendo, ainda por cima, manifestado preferência por Esparta, pólis adversária de Atenas.

Os diálogos socráticos, mencionados por Borges em "Pedro Henríquez Ureña: *Obra crítica*" (*Prólogos, com um prólogo de prólogos*), foram criados por Platão. Neles, o filósofo narra encontros e conversas de seu mestre Sócrates com outros pensadores. A veracidade de tais diálogos é hoje questionada, em função da quantidade de anacronismos. Platão os teria criado juntamente com Parmênides (v.) e Zenão de Eleia (v.) como forma de estabelecer uma conexão entre a escola de Eleia (v.) e Sócrates.

É essa relação estreita entre Sócrates e Platão que Borges cita rapidamente em "Vindicação de *Bouvard et Pécuchet*" (*Discussão*). — PFCO

Sófocles

A fonte mais confiável sobre Sófocles (495-405 a.C.) é a peça *As rãs*, que Aristófanes compôs logo após a morte do escritor, transformando-o em personagem. Sófocles ocupou importantes cargos políticos e influenciou certos cultos religiosos em Atenas. Depois do término da Guerra do Peloponeso, ocorrida na segunda metade do século v a.C., ele escreveu *Édipo rei*, considerada por Aristóteles (v.) a melhor tragédia já concebida. Também é de sua autoria *Antígona*. Foi o primeiro a usar um terceiro ator em cena, e aumentou de doze para quinze os participantes do coro, além de atentar para o valor dos cenários. Representava o homem não como ele é, tal qual fazia Eurípides (v.), mas como ele deveria ser. Seus personagens foram profundamente marcantes, influenciando a imaginação das pessoas, conforme atesta Borges em "Quevedo" (*Outras inquisições*). — PFCO

Soiza Reilly, Juan José de

Juan José de Soiza Reilly (1879-1959), jornalista, dramaturgo e escritor nascido provavelmente no Uruguai. Sua obra sofreu constantes modificações com o passar dos anos, tendo sido editada, corrigida e revista em termos de datas de publicação e de editor, bem como de conteúdo, com textos, títulos, capítulos e até mesmo histórias inteiras mudando, surgindo e desaparecendo. Ao longo da vida, ele teve vários empregos, entre os quais o de correspondente na Europa, durante a Primeira Guerra Mundial, da revista *Caras y Caretas* (v.). Também foi correspondente de guerra do diário *La Nación* (v.), e contribuiu para os jornais *La Razón* e *Crítica*.

Apesar de não ter participado das vanguardas da década de 1920, Soiza Reilly foi bastante influente nos círculos literários bonaerenses, por ter vivido na boemia e conhecido muitos intelectuais. Ele pode ser considerado o precursor de Roberto Arlt (v.), o que se explica pelo fato de ter sido um dos grandes responsáveis pela aproximação entre literatura e crônica jornalística. Ao criar suas histórias de detetive, não enfatizava o mistério em si, mas as circunstâncias sociais do crime, tendo sido influenciado pela obra de Leopoldo Lugones (v.) na maneira como introduzia o elemento de mistério na narrativa.

Soiza Reilly escreveu, entre outros livros, *Crónicas de amor, de belleza y de sangre* (1911) e *El alma de los perros* (1909), com o qual ganhou uma medalha de ouro, no ano seguinte, na Feira Mundial da Califórnia, em San Francisco (Estados Unidos). Assim como faz com outros nomes importantes da literatura argentina do começo do século XX, Borges o cita em "Uma vida de Evaristo Carriego" (*Evaristo Carriego*) como um dos amigos do próprio Carriego (v.). — PFCO

Solano López, Francisco

Ditador paraguaio (1827-70), herdeiro de uma linha de ditadores que começa com José Gaspar Rodríguez de Francia, o qual governou de 1814 a 1840, tendo servido de base para o personagem da célebre obra de Augusto Roa Bastos, *Eu, o Supremo* (1974), e passa por seu pai, Carlos Antonio López. Admirador das tecnologias inglesas e dos projetos expansionistas de Napoleão III, Solano exacerbou as práticas intervencionistas do Estado, bem como o controle da economia. Enfrentou a Tríplice Aliança, formada por Brasil, Argentina e Uruguai, na Guerra do Paraguai (1864-70). Foi morto em 1870, na Batalha de Cerro Corá, e a guerra terminou com enormes prejuízos para seu país, que acabou ficando para trás na tão sonhada corrida para a modernização que ele almejara concretizar.

Borges cita no conto "*La jonction*" (*Atlas*) os "*três grandes tiranos do rio da Prata*", Solano López, Juan Manuel de Rosas (v.) e José Artigas (v.). — PFCO

Soviete, filmes do

Borges menciona os "*filmes do Soviete*" para confrontá-los com as produções de Hollywood. Durante a década de 1920, a chamada "escola soviética" — Sergei Eisenstein, Vsevolod Pudovkin, Dziga Vertov, Lev Kulechov — propôs um modelo diverso do cinema norte-americano, com base em uma concepção radicalmente oposta da montagem e da composição visual. Diante do realismo narrativo de um cineasta como David Griffith, os filmes de Eisenstein se apoiam em um tipo de montagem poética e conceitual que não tenta encobrir o corte, mas, precisamente, evidenciá-lo para causar um choque entre as duas imagens postas em contato. *O encouraçado Potemkin* (1925) é o exemplo mais célebre dessa estética de montagem.

Borges cita o filme de Eisenstein para mostrar que as convenções do cinema norte-americano podem ser substituídas por outras "*não menos admiráveis*" ("Filmes", *Discussão*). Também resgata nos cineastas soviéticos a capacidade de utilizar a composição visual dos planos com um valor expressivo e não meramente ilustrativo. De todo modo, segundo o escritor, o cinema soviético sempre corre o risco da afetação e da alegoria. Em última instância, para ele o cinema continua sendo o norte-americano. — DO

Spencer, Herbert

Filósofo, psicólogo e sociólogo britânico (Derby, 1820-Brighton, 1903), é considerado o fundador do darwinismo social na Grã-Bretanha e um dos mais importantes positivistas de seu país. Trabalhou como engenheiro civil e, como autodidata, dedicou-se tanto ao conhecimento científico quanto às letras. A partir de 1848, foi subeditor da revista *The Economist*, de caráter liberal.

Dentre suas leituras, podemos ressaltar a que ele fez da teoria da evolução do naturalista francês Jean-Baptiste de Lamarck, o qual sustentava que os organismos biológicos evoluem adquirindo novos traços por sua adaptação ao meio ambiente e que esses traços se tornam hereditários. Tal teoria influenciou profundamente o pensamento de Spencer.

Em uma entrevista depois publicada no volume *Diálogos últimos*, Borges afirma: "*Fui sucessivamente anarquista, socialista e radical. Sou, agora, um inofensivo discípulo de Herbert Spencer, um partidário do indivíduo contra o Estado*". O que ele resgata é a oposição que Spencer propõe entre ação individual e Estado, destacando assim o livre-pensador que se gera mediante sua individualidade, tal como ocorre no ato de ler. Isto é, passamos do plano político para o estético, e vice-versa. Essa posição diante do Estado é similar à que Henrik Ibsen (v.) estabeleceu em suas obras.

Borges citou Spencer em várias ocasiões, entre elas no conto "O Evangelho segundo São Marcos" (*O informe de Brodie*), em que diz: "*Seu pai, que era livre-pensador, como todos os senhores de sua época, instruíra-o na doutrina de Herbert Spencer*". Isso pode também ser pensado como uma referência autobiográfica, que o situa em uma tradição paterna próxima ao liberalismo do século XIX. — LM

Spender, Stephen

Escritor inglês (1909-95), conhecido por seus poemas de cunho social e revolucionário. Sua maior influência, W. H. Auden (v.), é fruto do período em que estudou em Oxford. Nos anos 1930, integrou-se à Brigada Internacional para reportar os eventos da Guerra Civil Espanhola (1936-9) (v.) ao Partido Comunista da Grã-Bretanha, que valorizou a atuação dele como poeta. Data dessa época a obra *Vienna* (1934), que aborda o levantamento comunista vienense. Contudo, Spender se desiludiria com o socialismo, principalmente após o pacto Ribbentrop-Molotov, assinado em 1939, segundo o qual a Alemanha nazista e a União Soviética, então dirigida por Josef Stálin, comprometiam-se à não agressão recíproca. Durante a Segunda Guerra Mundial, ele atuou como bombeiro em Londres. A turbulência do período inspiraria a peça *Trial of a Judge* (1938), uma tragédia antifascista em versos, além da autobiografia *World within World* (1951). Fundou a revista *Horizon*, que marcaria o início de uma longa carreira como editor. Assim, trabalhou na revista *Encounter* (que recebia secretamente financiamento da CIA) e na *Index of Censorship* (1972), nas quais vários intelectuais — como Doris Lessing, Noam Chomsky e Salman Rushdie — debatiam sobre o direito de expressão. Tornou-se ainda professor de inglês no University College de Oxford e serviu como agente da Unesco.

Em uma nota inserida em "A flor de Coleridge" (*Outras inquisições*), Borges confessa não ter lido *The Sense of the Past* (1917) de Henry James (v.), mas afirma conhecer bem a análise de Spender em *The Destructive Element* (1935). Esse livro é citado novamente em "Henry James: *A humilhação dos Northmore*" (*Prólogos, com um prólogo de prólogos*). Há também uma notícia sobre o lançamento da antologia *Poems for Spain*, organizada por Spender e John Frederick Lehmann, na seção "Da vida literária", datada de 21 de abril de 1939 (*Textos cativos*). — TP

Spenser, Edmund

Poeta inglês (*c.* 1552-99), viveu durante o reinado de Elizabeth I da Inglaterra (de 1558 a 1603). Suas obras mais importantes são o ciclo de sonetos *The Shepheardes Calender* e o poema alegórico *The Faerie Queene*. Seguindo a tradição da alegoria, Spenser cria uma analogia entre a rainha das fadas e Elizabeth I. Borges afirma, em "Nathaniel Hawthorne" (*Outras inquisições*), que Spenser é um dos poetas que o jovem Hawthorne (v.) leu e que influenciou sua tendência à alegoria. Esse procedimento estético volta a aparecer no fim do relato "A aproximação a Almotásim", de "Duas notas" (*História da eternidade*). Em *O livro dos seres imaginários*, quando comenta a figura do unicórnio e seu adversário, o leão, Borges faz a seguinte referência: "*uma oitava real do livro II da inextricável epopeia* The Faerie Queene *preserva a forma como se daria um combate entre os dois*". Surpreende que o autor não seja mencionado em *Introducción a la literatura inglesa*. — LM

Spinoza, Baruch
(Espinosa, Baruch)

A família de Baruch Spinoza (1632-77), que nasceu em Amsterdam, era originária de Portugal, mas teve de deixar o reino por causa da Inquisição. Desde cedo, ele faz de si um pensador. Em 1656, é excomungado por um tribunal rabínico, nas palavras de Borges "*porque afirma que Deus tem um corpo e que esse corpo é o universo*". O autor argentino gostava de citar a frase de Bertrand Russell (v.): "*de todos os filósofos, o mais louvável é Spinoza*". Além de mencionar diversas vezes, direta e indiretamente, o pensador, Borges lhe dedica dois poemas (um é "Baruch Espinosa", *A moeda de ferro*), nos quais expõe o que o atrai nele: uma ética que o torna imune às paixões suscitadas pelas opiniões e, sobretudo, a capacidade de engendrar Deus, de erigir Deus com a palavra, de ter lavrado "*um árduo cristal: o infinito*" ("Espinosa", *O outro, o mesmo*). Nessas composições, parece dar expressão à ideia que Novalis (v.) tinha de Spinoza: a de que este era um homem embriagado de Deus. É seu pensamento de que Deus ou a Natureza é a única substância e que tudo mais é compreendido em função de Deus e é dedutível de Sua essência que Borges aparentemente mais admira. Em uma leitura perturbadora tipicamente borgiana, o que ele costumava criticar era o modelo e o método geométrico com que Spinoza construiu sua principal obra, a *Ética* (1674), querendo talvez desse modo ressaltar que o melhor do filósofo está em ter conseguido conceber o infinito. Apesar de ser um importante porta-voz de ideias políticas e religiosas, logo depois que seu amigo e líder político Jan de Witt e o irmão deste morreram, em 1672, durante a invasão francesa à Holanda, Spinoza passou a viver cada vez mais isolado. Voltou-se para a escrita e para a discussão filosófica com Gottfried Leibniz, entre outros, sem se empenhar muito para que suas concepções políticas e religiosas fossem divulgadas para um público maior. A *Ética*, o volume não finalizado *Sobre o aperfeiçoamento da compreensão*, o *Tratado político*, uma gramática hebraica e demais trabalhos foram publicados após sua morte. — EM

Staël, Madame de

Anne-Louise Germaine Necker Staël, baronesa de Staël-Holstein, conhecida como Madame de Staël, filósofa e escritora francesa (1766-1817). Duas vocações, uma literária e outra política, ambas de forte ancoragem em sua época, marcam-lhe o trajeto intelectual desde a juventude. Filha de Jacques Necker, diretor do Tesouro Real (1776) e logo das Finanças (1777), ela leu criticamente os grandes nomes das letras francesas do século XVIII, dedicando, com vinte anos de idade e após precoces escritos teatrais, o estudo *Lettres sur le caractère et les écrits de Jean-Jacques Rousseau* (1778) a esse filósofo. Casada com um monarquista constitucional, Staël emigrou quando a Revolução Francesa eclodiu. A recordação dos derradeiros anos do Antigo Regime foi retraçada em *De l'Influence des passions sur le bonheur des individus et des nations* (1796). As inquietações a respeito do tema da felicidade (*bonheur*) apareceram como nucleares nos célebres romances *Delphine* (1802) e *Corinne ou l'Italie* (1807).

Delphine trata, como *De la Littérature considerée dans ses rapports avec les institutions sociales* (1800), de temas políticos e sociais encarados como perigosos por Napoleão Bonaparte, então imperador, que considerava a autora "demasiado influente". Novamente exilada, Staël manteve suas ideias opostas às de Napoleão, no que concerne à liberdade do escritor no plano político. Uma rica documentação provirá do período de contato com a Itália e, sobretudo, com a Alemanha, país onde, pela abertura a novas correntes intelectuais que superavam fronteiras nacionais, ela deu origem ao chamado Grupo de Coppet, para o qual a tradução foi tomada como instrumento de comunicação. Homenageada por toda a Europa, mas proibida na França, Staël viu seu grande livro nascer do exílio: *De l'Allemagne* (1813), publicado em Londres, atinge o auge formal de sua concepção da literatura dirigida a um cosmopolitismo cultural e a uma ação moral, mas também política, sobre o público.

Borges registra no prólogo a *Páginas de história e de autobiografia* (*Prólogos, com um prólogo de prólogos*), de Edward Gibbon (v.), o amor deste por Mademoiselle Curchod (1737-94), mãe da escritora. Ao discutir uma hipótese sobre a *Divina comédia* em "O carrasco piedoso" (*Nove ensaios dantescos*), ele faz uso de uma sentença de Staël — "*Compreender tudo é perdoar tudo*" — como argumento. — JGS

Stapledon, Olaf

Stapledon (1886-1950) é autor britânico de romances de ficção científica, dentre os quais cabe ressaltar *Last and First Men* (1930) e *Star Maker* (1937), ambos resenhados por Borges na revista *El Hogar* (v.), em 1937. Para a *Antologia da literatura fantástica* (v.), o escritor argentino selecionou um fragmento de *Star Maker*, que tem semelhanças surpreendentes com a ideia das alternativas infinitas de "O jardim de veredas que se bifurcam" (*Ficções*). Embora faça comentários favoráveis sobre Stapledon, Borges também alude a ele como um escritor menor no tocante à forma. Resgata da obra de caráter utópico a complexidade de suas invenções, ou, como afirma na biografia sintética publicada em *El Hogar*, de 19 de novembro de 1937, fazendo referência a um texto autobiográfico do autor: "*A metáfora banal da última linha é um bom exemplo da inépcia (ou indiferença) literária de Stapledon, já que não de sua quase ilimitada imaginação*" ("Olaf Stapledon", *Textos cativos*). — LM

Stein, Gertrude

Escritora norte-americana (1874-1946), foi uma das primeiras pessoas a colecionar os trabalhos dos fauvistas, cubistas e outros pintores experimentais, alguns dos quais viriam a ser seus amigos. O estúdio de Stein em Paris tornou-se um salão para artistas jovens e escritores rebeldes ao longo das décadas de 1920 e 1930, como Pablo Picasso (v.), Henri Matisse, Georges Braque, Guillaume Apollinaire e Ernest Hemingway. Vista como a musa das vanguardas do modernismo e crítica respeitada, elaborou teorias que libertaram das nuances românticas, naturalistas e simbólicas a linguagem do século XIX. Suas obras iniciais lidam com um conceito-chave para a arte moderna: o da representação.

Stein considerava as realidades dos séculos XIX e XX muito diferentes entre si. *Three Lives* (1909), seu livro de estreia, foi o que iniciou a abordagem da questão da representação derivada do século XIX. Em outra obra, *Tender Buttons* (1914), ela ordenou os princípios da fragmentação e da diferença ao celebrar a escrita como um jogo combinatório limitado apenas pelas leis sistêmicas da linguagem. Em "Exame da obra de Herbert Quain" (*Ficções*), Borges comenta uma comparação feita entre os livros desse autor e os de Gertrude Stein. — PFCO

Steiner, Rudolf

O austríaco Rudolf Steiner (1861-1925) acreditava que o mundo espiritual influenciaria o mundo físico. Depois de ter estudado profundamente filosofia, em especial as obras de Immanuel Kant (v.), ele se concentrou nas ideias de Johann Wolfgang von Goethe (v.) sobre a natureza. Refletindo acerca do caráter espiritual do pensamento, formou ideias que se baseavam no mundo espiritual do mesmo modo que os conceitos da ciência natural se fundamentam no mundo físico. Assim, sua filosofia pode ser descrita como o resultado de uma observação introspectiva que segue os métodos da ciência natural. Entretanto, quando publicou a tese, em 1894, seu pensamento não foi bem compreendido. De qualquer forma, Steiner continuou a perseguir uma ciência completa do espírito, dando a ela o nome de antroposofia.

Segundo Borges, em "A cegueira" (*Sete noites*), antroposofia era o nome que Steiner havia dado à teosofia. Em "A penúltima versão da realidade" (*Discussão*), ele retoma um tema recorrente em sua obra, o tempo, e, ao fazê-lo, cita algumas concepções do austríaco, tal como se lê em "Notas" (*Discussão*). — PFCO

Steinvora

Steinvor(a): três personagens com esse nome aparecem na *Saga de Njal* (v.). A irmã de Starkad e esposa de Egil, pela primeira vez no capítulo 58; a filha de Hall de Sida e esposa de Flosi, no 95; e a irmã de Thrain Sigfusson e esposa de Lyting, no 98. A mãe de Ref, o Poeta, citado por Borges em "As *kenningar*" (*História da eternidade*), que dialoga com Thangbrand, enviado do rei Olaf Tryggvason à Islândia para pregar a fé cristã, é Steinvora. — FT

Stephen, Leslie

Biógrafo e alpinista inglês (1832-1904), pai da escritora Virginia Woolf (v.) e da pintora Vanessa Bell. Mestre em artes plásticas, estudou em Eton e em Cambridge. Antes mesmo de graduar-se, tornou-se sacerdote anglicano, mas não por muito tempo: refutou suas crenças, optando pelo agnosticismo liberal. Defendeu tais valores enquanto praticava o jornalismo, trabalhando com Robert Louis Stevenson (v.), Thomas Hardy e Henry James (v.) no *Cornhill Magazine*, periódico em que começaria a carreira de editor. Ganhou sólida reputação na área, suficiente para convencer George Murray Smith, diretor da prestigiosa editora Smith, Elder & Co., a lançar um dicionário que contivesse as biografias de todos os nomes importantes da história inglesa. Assim foi criado o *Dictionary of National Biography*, que, anos mais tarde, passaria ao controle da Universidade de Oxford, dando renome ainda maior à obra. Publicou outros trabalhos de cunho enciclopédico, entre eles *The History of English Thought in the Eighteenth Century* (1876). Escreveu também biografias exclusivas, como as de Samuel Johnson (v.), Alexander Pope (v.), Thomas Hobbes (v.), George Eliot, pseudônimo de Mary Anne Evans, e Jonathan Swift (v.).

No volume dedicado a Swift, Borges vê um mero "*sonho antropométrico*" na leitura de *As viagens de Gulliver*, feita por Stephen ("Duas Notas", *História da eternidade*). Apesar de elogiar a clareza dessas biografias, o escritor argentino aponta-lhes limitações interpretativas e mesmo criativas ("Virginia Woolf", escrito em 30 de outubro de 1936, *Textos cativos*). Também vê entraves em sua atividade jornalística ao compará-lo com Oscar Wilde (v.) ("Sobre Oscar Wilde", *Outras inquisições*). — TP

Sternberg, Josef von

Josef von Sternberg (1894-1969) nasceu em Viena como Jonas Sternberg, embora viesse a desenvolver a maior parte de sua obra nos Estados Unidos. O precoce filme *Underworld* (1927) revelou-se chave na constituição do gênero dos gângsteres e, poucos anos depois, *Der blaue Engel* [*O anjo azul*] (1930) o tornaria famoso, além de marcar a estreia de sua estrela preferida: Marlene Dietrich. Ele parecia conhecer o segredo para retratar com refinamento e ironia a violência ou as paixões. Seus "*romances cinematográficos*" — segundo a denominação de Borges — costumam narrar histórias de personagens atormentados e dominados por impulsos sádicos ou autodestrutivos. Entre os mais conhecidos estão *The Docks of New York* (1928), *Morocco* (1930), *Dishonored* (1931), *Shanghai Express* (1932) e *Blonde Venus* (1932).

Sternberg é, provavelmente, o diretor mais citado por Borges. No prefácio a *História universal da infâmia*, este destaca que seus exercícios de prosa narrativa derivam não só das releituras de Robert Louis Stevenson (v.) e de G. K. Chesterton (v.), mas também "*dos primeiros filmes de Von Sternberg*". De fato, poder-se-ia dizer que são *textos de montagem*: diante da vasta continuidade do relato romanesco, o modelo que Borges crê perceber em certo cinema procede por "*imagens descontínuas*". Isto é o mais admirável em Sternberg: concisão da história obtida mediante momentos significativos e saltos na continuidade do relato, ausência de psicologia, estilização. Assim entendida, a magia da arte narrativa reside na capacidade para estabelecer uma teleologia entre elementos aparentemente distantes que se organizam — de maneira premonitória ou profética — seguindo uma relação de causalidade laboriosamente construída. Esses são, pelo menos, os traços que o autor argentino valoriza nos primeiros filmes do cineasta. *Morocco*, em compensação, parece-lhe um filme arruinado por "*pinceladas de excessiva cor local*", e *Crime and Punishment* (1935), uma "*obra totalmente nula*". Já não é possível encontrar aí o clima alucinatório ou de pesadelo ("*a asfixia e a loucura*") do início, porém as imagens permanecem aferradas ao mais superficial, à vulgaridade, ao lugar-comum. — DO

Stevenson, Robert Louis

Robert Louis Stevenson (Edimburgo, 1850-Samoa, 1894). Escritor escocês preferido de Borges, autor de obras narrativas, poemas, ensaios, livros de viagem, memórias, de um livro político e de vasta correspondência. Nas sucessivas reedições da *Obra poética*, a partir de 1964, Borges reproduz em epígrafe texto de Stevenson em que este se define como um simples homem de letras. O autor argentino gostava da variedade de seus escritos, do engenho da trama de seus romances, da prosa lírica, da intensidade dos ensaios: em diversos textos, define o prazer de ler Stevenson como um dos prazeres máximos que a literatura lhe proporcionou; já "*a prosa de Stevenson*" é uma das poucas coisas fundamentais na lista de "Borges e eu" (*O fazedor*). Agradava-lhe também o fato de que o autor escocês nunca tenha se levado a sério demais: transitava confortavelmente entre gêneros populares e ensaios eruditos; escrevia em colaboração com escritores bastante inferiores a ele, pelo simples prazer de compartilhar a aventura narrativa; pensava que os que o levavam muito a sério zombavam dele. Ao mesmo tempo, Borges percebe em Stevenson um espírito com o qual tinha afinidade quanto ao modo de encarar a literatura como uma aventura em que prevalecem a grande curiosidade, um senso de risco e liberdade absolutos, e rapidez e concisão na forma.

Os ensaios literários de Stevenson, especialmente "A Gossip on Romance" (1882) e "A Humble Remonstrance" (1884) — o segundo uma resposta a críticas ao primeiro feitas por Henry James (v.) —, são fundamentais para a teoria narrativa elaborada por Borges em "A postulação da realidade" (1931) e "A arte narrativa e a magia" (1932) (*Discussão*). Nesses textos, Stevenson desenvolve uma estratégia narrativa baseada em "detalhes", "gestos" e "cenas visuais", e se opõe ao realismo da época. Proclama sua falta de interesse na psicologia ou na interioridade do personagem, declarando em outro ensaio que um personagem é uma mera "sucessão de palavras", e afirma que o encanto do mundo narrado está relacionado ao modo como capta a imaginação do leitor para preencher dados que faltam, para participar ativamente da aventura narrada, e para deter-se no fato de que são os detalhes aparentemente anômalos que importam. Tudo isso, e a crítica implícita ao realismo e a ênfase na vida cotidiana, é o que Borges retoma nos ensaios centrais da primeira edição de *Discussão* (1932), os quais em seu conjunto propõem um novo tipo de narrativa que apresente desafios a quem lê — "*imaginar uma realidade mais complexa que a declarada ao leitor*" ("A postulação da realidade") —, com destaque do "*leitor hedonista*" ("Paul Groussac"), e aquilo que Borges havia chamado de "*a fruição literária*", em um ensaio de 1928. Tal esboço de uma teoria narrativa é feito depois da composição dos relatos de *História universal da infâmia*, cujo conto mais significativo, "Homem da esquina rosada", desenvolve-se justamente em torno da informação não dita, imaginada pelo leitor. Stevenson, G. K. Chesterton (v.) e Josef von Sternberg (v.) são mencionados como modelos no prefácio de 1935 a esse livro, e a presença do primeiro é muito forte — como discuti em *El precursor velado: R. L. Stevenson en la obra de Borges* (1985) — em "O impostor inverossímil Tom Castro". Há pouco tempo, tive oportunidade de ver um caderno de composição de Borges dos anos 1950-1, em que há referências precisas a "A Gossip on Romance" e "A Humble Remonstrance", demonstrando que, mesmo passados trinta anos dos ensaios de *Discussão*, as ideias do escritor escocês sobre a narração continuavam sendo importantes para ele.

Um dos textos de Stevenson citado com insistência na obra do argentino é *The Strange Case of Dr. Jekyll and Mr. Hyde* (1886), no qual o tema do duplo é desenvolvido na trama, mas, ao mesmo tempo, é pensado como problema narrativo. A influência desse escrito em relatos como "Aben Hakam, o Bokari, morto em seu labirinto", "Os teólogos", "História do guerreiro e da cativa" (*O Aleph*) e "Tema do traidor e do herói" (*Ficções*) é forte, já que neles Borges desenvolve estratégias para abordar duplos que põem em questão a identidade pessoal. Outro texto de Stevenson a que Borges se refere muitas vezes é *The Wrecker* (1896), um romance policial publicado postumamente, escrito em colaboração com seu filho adotivo Lloyd Osbourne; para o autor portenho, trata-se de um dos romances policiais mais bem-sucedidos pela maneira como o suspense se mantém, levando o leitor a participar do processo de construção da trama. Ele costumava dizer que o conto policial era comumente mais eficaz que o romance policial; *The Wrecker* é um dos poucos que Borges resgata, com *The Moonstone* (1868), de Wilkie Collins (v.), e *The Mystery of Edwin Drood*, de Charles Dickens (v.).

Em diversas ocasiões, Borges referiu-se a Stevenson como um amigo que a literatura lhe deu, embora não fosse seu contemporâneo. Sem dúvida, escolhe-o como modelo, ou como "precursor" — para usar o termo-chave em "Kafka e seus precursores" (*Outras inquisições*). Um escritor aparentemente menor, que Borges transformou em figura central no decorrer de seu projeto literário. — DB

Sturluson, Snorri

Celebrado historiador, político e poeta islandês (1178/9-1241) a quem se deve a preservação de grande parte da mitologia nórdica. Pertencente a uma das famílias mais importantes da Islândia no século XIII, Snorri Sturluson foi educado por um poderoso líder, chamado Jón Loptsson, em Oddi. Durante a vida envolveu-se não apenas com a política islandesa mas também com a norueguesa. O comprometimento com o rei norueguês Haakon Haakonsson e seu sogro, o duque Skule, com quem Snorri parece ter buscado mais proveito para si do que para o rei, o fez objeto da desconfiança de Haakon, que foi responsável por sua morte violenta, na noite de 22 para 23 de setembro de 1241, no próprio porão, em Skalholt. Suas obras incluem: *Heimskringla*, que, tendo como primeiro plano os reis noruegueses, apresenta a história escandinava desde os tempos mais remotos até o fim do século XII, e *Edda*, chamada *menor* ou *prosaica* (v.) ou *Edda* de Snorri. Também lhe é atribuída a autoria da *Saga de Egil Skallagrimsson* (v.).

Borges faz várias referências a Snorri. Em "O pudor da História" (*Outras inquisições*), destaca nele o elevado gesto do vencido que perpetua as palavras do vencedor, e no poema "Snorri Sturluson (1179-1241)" (*O outro, o mesmo*) estabelece o contraste entre a índole indômita da linhagem de Snorri, preservada por ele próprio em seus textos, e a humana fragilidade, desvelada na hora de sua morte. Uma das apropriações mais importantes da figura de Sturluson aparece em uma nota no ensaio "As *kenningar*" (*História da eternidade*): ali Borges o caracteriza como um "*homem tresmalhado até o escândalo por lealdades sucessivas e opostas*", e adiciona que do ponto de vista intelectual só conhece dois casos: o de Francisco Luis Bernárdez (v.) e o dele mesmo. — FT

Suárez, Isidoro

Manuel Isidoro Suárez, coronel do exército argentino (1799-1846), avô materno de Leonor Acevedo de Borges (v.), mãe de Jorge Luis Borges. Viajou para o Chile e para o Peru com José de San Martín (v.) e depois ficou sob as ordens de Simón Bolívar (v.); teve uma atuação destacada na Batalha de Junín, no comando dos hussardos colombianos (v.). Participou da guerra contra o Brasil, liderada pelo general Juan Lavalle, e também dos enfrentamentos interprovinciais, sob a mesma chefia, no Partido Unitário. Em sua honra, o Forte Federación recebeu o nome de Junín, núcleo de população na fronteira com os índios e cenário de alguns contos de Borges. A cidade de Coronel Suárez, ao sul de Buenos Aires, foi fundada em 1883. Ele é o mais importante de seus antepassados para a história argentina.

No soneto de 1976 intitulado "Coronel Suárez" (*A moeda de ferro*), a partir de uma vaga eternidade, Suárez contempla a cidade que leva seu nome. Com essas menções, como em relação a outras referências ao passado da família, Borges unia história nacional e história familiar, em particular para preencher lacunas nos grandes relatos ou fornecer versões diferentes, às vezes irônicas. Em "Página para recordar o coronel Suárez, vencedor em Junín", publicado em *Sur* (v.), em 1953, data que Borges esclarece ao incorporar o texto em *O outro, o mesmo*, repete sua visão cíclica da história e identifica Juan Domingo Perón (v.) com a dominação espanhola e com Juan Manuel de Rosas (v.), ao dizer "*uma tácita voz lhe chega vinda do antigo de seu sangue*"; "*Junín são dois civis que numa esquina amaldiçoam um tirano, / ou um homem obscuro que morre no cárcere*". (V. Acevedo Laprida, Isidoro.) — PMG

subúrbios, gente dos

V. *orillas*.

Sue, Eugène

Romancista francês (1804-57), Joseph-Marie Sue, conhecido como Eugène Sue, pertencente à grande burguesia, retirava da própria experiência a consciência fundamental de sua carreira literária. A trajetória pessoal do escritor, que por si só poderia ser o enredo de um romance, parece constituir a base para o mais popular romancista francês no século XIX, reconhecido como tal tanto pelo público como pelos colegas de profissão. Inaugurador e senhor da técnica do romance-folhetim, Sue, que chegou à literatura depois de abandonar a medicina, tendo perdido o pai em 1830, começou lançando *Plik et Plok*, livro que reúne "Kernok le pirate" e "El gitano", publicados originalmente no periódico *Mode*. Com *Atar-Gull* (1831) e *La Salamandre* (1832), ele alcançou um sucesso estrondoso. Consumida sua herança, conheceu em 1837, ano em que saiu *Lautréamont*, a ruína e o exílio. Desse período são os romances nos quais se aguça o ceticismo do autor, bem como seu talento de análise psicológica e de costumes. Também foi nesse momento que ele se voltou para uma carreira brilhante como folhetinista em *Presse*.

O testemunho da condição feminina e as análises das paixões do século (amor, dinheiro, poder) foram revistos pela pena de Sue, que, consciente das fontes do novo modo de publicação e da decorrente relação com o público, teve seu nome muito citado no mundo. Reconhecidamente marcado pelas teorias socialistas nascentes, ele vendeu, apesar dos inigualáveis sucessos anteriores, um romance que seria divulgado pelo *Journal des Débats*, veículo da aristocracia financeira. *Les Mystères de Paris* esforçava-se para conduzir à filantropia os leitores mais imprevisíveis. O romance foi um evento literário e social sem precedentes, tendo recebido uma acolhida e uma adesão que superavam as contradições sociais da época. A nova relação com o público e com a realidade revela, ao lado de dezoito traduções na Europa, a preocupação de certas classes, manifesta nas palavras de seu compatriota Champfleury: "Esse homem pode acreditar que governa a Europa".

A obra literária como meio de ação política caracteriza-se, em Eugène Sue, no propósito de "popularizar ideias fecundas e úteis". Investindo-se da missão de "advogado do povo", o autor publicou em seguida *Martin l'enfant trouvé* ou *Mémoires d'un valet de chambre* (1846-7), mas o livro foi um fracasso segundo todas as críticas.

Borges alude ao sucesso e alcance de público obtidos por Eugène Sue em seu tempo para comentar a ideia do escritor Theodore Dreiser de que o cinema, por ser uma arte para o grande público, aboliria o romance ("Da vida literária", *Textos cativos*). Na biografia sintética sobre "Julien Green" (*Textos cativos*), aponta esse autor como um leitor de Eugène Sue. — JGS

Sul

No léxico de Borges — em seu imaginário —, o Sul pertence menos a uma dimensão espacial que a uma metafísica. A terceira composição de *Fervor de Buenos Aires* (1923) é dedicada a ele, mas nenhuma palavra, exceto no próprio título, o nomeia; o texto fala de pátios e estrelas, e de coisas tão pouco localizáveis como o silêncio de um pássaro, a superfície da água de um poço e o arco do saguão, para concluir que "*essas coisas, talvez, são o poema*". O conto "O Sul" (*Ficções*), que costuma ser lido em perspectiva autobiográfica, narra o destino fatal (vivido ou alucinado na febre da septicemia) que o bibliotecário Juan Dahlmann encontra na planície; o momento que indica a transição para o cumprimento desse destino se verifica quando o protagonista cruza a avenida Rivadavia, que percorre Buenos Aires de leste a oeste, rumo à estação ferroviária Constitución: "*Ninguém ignora que o Sul começa do outro lado da Rivadavia. Dahlmann costumava repetir que isso não é uma convenção e que, se alguém atravessa essa rua, entra num mundo mais antigo e mais firme*". É a firmeza do arcaico, da oralidade e do corpo, mas convém reparar que a expressão "*do outro lado*" informa sobre o lado a partir do qual Dahlmann fala e, com ele, o próprio relato.

Não parece casual a ambientação na região sul da cidade em dois contos de *O Aleph* (1949) que abordam estranhamente a relação entre um objeto mágico e o luto pela morte de uma mulher impossivelmente amada em "O Aleph" e em "O Zahir"; em ambos, o sofrido narrador se chama Borges. Em outra de suas grandes *Ficções*, "A morte e a bússola", o Sul funciona como solução do enigma e ao mesmo tempo da armadilha feita para Erik Lönnrot, o investigador; a armadilha — e isso seguramente diz muito do universo de Borges — é um jogo profano com o nome de Deus. — JSV

Sur, revista

Fundada por Victoria Ocampo (v.) em 1931, após uma viagem à Europa, onde ela conheceu José Ortega y Gasset (v.), seu conselheiro editorial. Contribuíram também para a idealização da revista o escritor norte-americano Waldo Frank e o argentino Eduardo Mallea.

Sur dispunha-se a servir de ponte entre a cultura europeia e a argentina, razão pela qual sofreu diversas críticas, tendo sido acusada de estrangeirizante, cosmopolita e elitista. Aliás, esta seria uma característica que a perpassaria: a tensão entre o regionalismo (defendido por Alfonso Reyes) (v.) e o abandono do exclusivamente local (posição de Borges). Com tais controvérsias, conseguiu se impor como a revista mais influente de sua geração. Em seu manifesto — uma carta de Victoria a Waldo Frank —, diz-se que os leitores da revista são "os que vieram para a América, os que pensam a América e os que são da América". Ainda que propagasse uma heterogeneidade editorial, tinha uma linha liberal, por influência da própria família Ocampo. Por isso, a *Sur* divulgou sempre fortes críticas ao fascismo e aos movimentos populistas, notadamente o peronismo.

A lista de colaboradores incluía Adolfo Bioy Casares (v.), Ernesto Sabato (v.), José Bianco (literatura); Julio Payró, Hugo Parpagnoli (artes plásticas); Alberto Evaristo Ginastera, Juan Carlos Paz (música); Guillermo de Torre (v.) (crítico literário); Norah Borges (v.) (ilustrações). Ainda contribuíram Aldous Huxley (v.), André Malraux e Rabindranath Tagore.

Foi em *Sur* que Borges publicou inicialmente textos que mais tarde comporiam livros como *Ficções*, *O Aleph* e *Outras inquisições*. Fez também traduções de Virginia Woolf (v.), André Gide (v.), Francis Ponge, e. e. cummings, Hart Crane e Wallace Stevens; além de crítica de cinema.

Sua contribuição se deu desde a primeira edição, com "El Coronel Ascasubi" (que depois se tornaria "A poesia *gauchesca*", *Discussão*). O último texto é de 1980 (n. 347): uma carta endereçada a Victoria Ocampo, falecida no ano anterior.

No prólogo de *O jardim de veredas que se bifurcam* (*Ficções*), Borges indica a gênese de "A Biblioteca de Babel": um texto publicado no número 59 de *Sur*, intitulado "La biblioteca total", de 1939. Nele, trabalha o tema da biblioteca perfeita, tal como descrita por Aristóteles (v.) e Lewis Carroll (v.).

Em "Sobre *The Purple Land*" (*Outras inquisições*), cita um artigo de Ezequiel Martínez Estrada (v.), que saiu no número 31, em 1937. Também de *Outras inquisições*, o ensaio "O tempo e J. W. Dunne" faz referência a "Avatares da tartaruga", publicado originalmente em *Sur*, n. 63 (1939) e, depois, incluído em *Discussão*. Na nota preliminar de "Nova refutação do tempo" (*Outras inquisições*), o autor explica que a parte "A" do texto foi divulgada em 1944, no número 115 de *Sur*. O título era então "Una de las posibles metafísicas".

Com uma periodicidade flutuante — começou trimestral, passou para mensal entre 1935 e 1950, bimestral na década de 1970, e, nos últimos anos, semestral —, *Sur* se extinguiu em 1992, no número 371. — TP

surréalisme

V. Breton, André.

Swedenborg, Emanuel

Cientista, filósofo, teólogo, místico sueco (Estocolmo, 1688-Londres, 1772) cuja biografia, tantas vezes contada por Borges, inclui uma variedade assombrosa de atividades, desde a assessoria ao rei Carlos XII (v.) da Suécia para assuntos de mineração e engenharia militar até pesquisas astronômicas e físicas, reflexões filosóficas sobre a relação entre a matéria e o espírito, e conversas com anjos sobre o além. A 11ª edição da *Encyclopaedia Britannica*, evidentemente utilizada pelo argentino como fonte, menciona sua dieta, o fato de que seus serviçais não se atreviam a interromper as conversas que tinha com os espíritos, sua carreira científica e invenções, sua filosofia e teologia. Borges caracteriza-o como "*um homem eminentemente prático*" ("Emanuel Swedenborg", *Borges oral*), até mesmo em seus discursos místicos.

As principais referências a Swedenborg na obra de Borges são mais para tardias: o soneto "Emanuel Swedenborg" (*O outro, o mesmo*), um prefácio para *Mystical Works* (*Prólogos, com um prólogo de prólogos*), uma conferência de 1978, publicada no ano seguinte, em *Borges oral*, e uma entrevista com Christian Wildner, divulgada apenas postumamente, no livro do sueco *El cielo y sus maravillas y el infierno* (1991). Entretanto, há múltiplas referências a Swedenborg, sobretudo a suas ideias teológicas, em *Outras inquisições*, *História universal da infâmia* e *O livro dos seres imaginários*. Borges também recorda suas conversas sobre ele com Xul Solar (v.), o criador de "Místicos", a respeito de quem escreveu em "Laprida, 1214" (*Atlas*): "*vivia, como Blake ou como Swedenborg, no mundo dos espíritos*". Além disso, a compilação *Borges, libros y lecturas* inclui algumas anotações manuscritas ditadas à mãe, Leonor Acevedo de Borges (v.), no livro *The Gist of Swedenborg* (1920), de Julian Kennedy Smyth, que demonstram o interesse do escritor portenho pelas obras teológicas e místicas.

Ainda que ele muitas vezes conte a vida de Swedenborg anterior a suas conversas com Deus e com os anjos, dá mais ênfase às ideias teológicas que às científicas e filosóficas, mas, ao mesmo tempo, ressalta que nessas obras teológicas e místicas estão presentes o rigor e o pensamento metódico de quem fora engenheiro de minas e militar. Seu misticismo metódico, segundo Borges, inclui descrições do céu e do inferno que se assemelham a relatos de um viajante: "*descreve*[-os] *tranquila e minuciosamente*" como se fossem viagens à China ou à Índia (*Borges oral*). O autor argentino insiste que Swedenborg descreve o além como uma "*realidade*": o mundo espiritual é mais tangível e mais concreto que este, e há prazer, gozo e sexualidade no além (*Borges oral*). Até as cores e as sensações são mais intensas no mundo espiritual que no material, e há uma correspondência fluida entre os dois âmbitos: "*A ninguém está proibido o Paraíso, a ninguém está imposto o Inferno. As portas, por assim dizer, estão abertas*" (*Prólogos, com um prólogo de prólogos*).

De acordo com Borges, a inovação mais importante de Swedenborg é o modo como critica o platonismo a partir de dentro: se, para Platão (v.), o mundo espiritual é mais real que o material, há uma contradição no fato de que o grego descrevesse o mundo espiritual como uma sombra pálida. Em compensação, o sueco representa-o como uma "*ardente geometria*" (como diz o soneto "Emanuel Swedenborg"), vívido, intenso, carnal (*Borges oral*).

Outra inovação de Swedenborg como teólogo é seu argumento de que a salvação é intelectual e que o pensamento redime. Borges sustenta que não interessava a Swedenborg a disputa filosófica, pois este estava convencido de que a verdade persuade de modo direto. Os anjos conversam tranquilamente, e Deus revela a ele um sistema abstrato mas, ao mesmo tempo, muito concreto. O argentino nota que, para o sueco — e para seu discípulo heterodoxo William Blake (v.) —, a salvação é múltipla: "*temos de nos salvar pela bondade, pela justiça, pela inteligência abstrata, e em seguida pelo exercício da arte*" (*Borges oral*), e recorda numerosas vezes que o pensamento de Swedenborg foi produtivo para artistas e pensadores como Blake, Ralph Waldo Emerson (v.), Henry James Senior, o pai de William (v.) e de Henry James (v.), Bernard Shaw (v.), James Joyce (v.), Xul Solar e seguramente para ele mesmo. O interessante é que o prefácio das obras místicas tenha sido escrito a pedido da New Jerusalem Church de Nova York (embora aparentemente essa edição nunca tenha sido publicada, e o prefácio tenha sido editado em *Prólogos, com um prólogo de prólogos*), que Borges tenha confessado na entrevista a Christian Wildner seus contatos com figuras-chave da igreja swedenborguiana e incluído uma descrição de um livro em projeto (jamais realizado) sobre as três salvações: Jesus Cristo, Swedenborg e Blake.

Quanto ao estilo ou à retórica de Swedenborg, Borges afirma que o mais notável de sua escrita é a falta de metáforas, analogias e hipérboles: a linguagem é descritiva, metódica, direta e reiterativa, diversamente da linguagem exaltada e figurada de místicos como San Juan de la Cruz (v.) ("Emanuel Swedenborg", *Borges oral*). Nesse sentido, é significativo o final do soneto "Emanuel Swedenborg": "*Em* árido *latim foi* registrando/ *últimas coisas sem porquê nem quando*" (grifo nosso), que insiste no discurso quase científico do místico sueco. Em outro poema, "Doomsday" (*Os conjurados*), Borges anota que a revelação ocorreu para Swedenborg em 1757, e às vezes especifica que ocorreu em Londres: a revelação ocorre em um tempo e um espaço concretos, como também ocorre em seu próprio relato místico "A morte vivida" ("Sentirse en muerte") (publicado inicialmente em 1928 e incluído em meio ao ensaio "Nova refutação do tempo", *Outras inquisições*). Vale recordar que esse ensaio termina dizendo: "*Nosso destino* (*à diferença do inferno de Swedenborg e do inferno da mitologia tibetana*) *não é terrível por ser irreal; é terrível porque é irreversível e de ferro*", e que disso deriva a conclusão famosa: "*O mundo, infelizmente, é real; eu, infelizmente, sou Borges*".

Swedenborg é importante na escrita de Borges como exemplo do que este chama, em "A postulação da realidade", de escrita "*clássica*": registra uma realidade estranha e desconcertante, a do além, e a descreve minuciosa e metodicamente; nada a ver com a hipótese de um Swedenborg exaltado ou louco. Borges celebra, com seu ceticismo, o rigor de um pensamento teológico e místico. — DB e HMM

Sweet, Henry

Autor de *An Anglo-Saxon Reader* (1876), Henry Sweet (1845-1912) foi um estudioso da língua inglesa, tendo publicado diversos livros sobre o assunto. Linguista, especialista em fonética e no inglês medieval, apoiou a reforma do ensino do idioma, baseando-se não apenas nas normas gramaticais mas também na linguagem falada e na intertextualidade, preconizadas por pesquisadores do continente europeu. A referida obra faz parte de um esforço de Sweet em revolucionar com bases científicas o estudo do inglês, de forma a conferir prestígio científico a seu trabalho. Ele considerava que o melhor método de ensino era o que possibilitava ao aluno a associação instantânea entre o pensamento e o som. Seus textos foram úteis no apoio ao estudo da língua inglesa para os estrangeiros. Por sua vez, a *Crônica anglo-saxã*, composta de sete manuscritos principais, foi originalmente compilada no século IX, recebendo até meados do século XII adições de escritores anônimos.

Quando Borges perdeu a visão, decidiu estudar a literatura anglo-saxã. Para tanto, resolveu começar pelo *Anglo-Saxon Reader* e pela *Crônica anglo-saxã*, pois ambos possuíam glossários, conforme narra no ensaio-conferência "A cegueira" (*Sete noites*). — PFCO

Swift, Jonathan

Irlandês (1667-1743), chegou a ser considerado o escritor satírico mais importante em língua inglesa. No prefácio a *Viagens de Gulliver* para a coleção Biblioteca Personal, Borges esboça um comentário biográfico que alude à opinião de outros autores de língua inglesa, como John Dryden ou William M. Thackeray, para situar Jonathan Swift em um lugar à parte, diferente, nessa literatura. Há várias referências à obra do escritor na narrativa borgiana, como em "O informe de Brodie" (*O informe de Brodie*), no qual o autor se reporta ao quarto livro de Gulliver, em que se encontram personagens chamados Yahoos, nome igual ao que o argentino usa em seu relato para que os leitores "*não esqueçam a natureza bestial deles*". Tanto em "O escritor argentino e a tradição" (*Discussão*) como no prefácio mencionado, assegura que "*Swift propusera-se levar o gênero humano a julgamento e deixou um livro de leitura infantil*". O escritor irlandês foi explicitamente excluído de *Introducción a la literatura inglesa*; para comentar a literatura do século XVIII, Borges optou pela figura do historiador Edward Gibbon (v.). — LM

Swinburne, Algernon Charles

Poeta e crítico inglês (1837-1909) ligado aos pré-rafaelitas, considerado o sucessor de Lord Alfred Tennyson e de Robert Browning (v.). Foi amigo deste último, assim como de Christina Rossetti (1830-94), poeta inglesa, irmã de Dante Gabriel Rossetti, à qual dedicou poemas. Sua vida foi abalada pelo alcoolismo, agravado por uma fragilidade física e psicológica que várias vezes o levou a sérios colapsos. Por isso, passou seus últimos trinta anos em extremo isolamento.

A obra poética de Swinburne é conhecida pelos temas controversos, como o lesbianismo, o sadomasoquismo (que ele praticou) e um forte sentimento antirreligioso. Seu estilo é misto, conservando traços da poesia medieval ao mesmo tempo que incorporava as características da era vitoriana. Suas principais obras são a coletânea *Songs Before Sunrise* (1871) e a tragédia lírica *Atalanta in Calydon* (1865).

No prólogo a *Discussão*, Borges julga que as composições de Walt Whitman (v.) são muito mais belas e influentes que as de Swinburne ou as de Stéphane Mallarmé. No ensaio "A metáfora" (*História da eternidade*) cita um dos versos de Swinburne para lembrar um exemplo entre os milhares que comparam uma mulher a uma flor. Por fim, em "Wilkie Collins: *A pedra lunar*" (*Prólogos, com um prólogo de prólogos*), aconselha a leitura de um ensaio dele sobre esse livro. — TP

Tácito

Cornélio Tácito (Cornelius Tacitus) (55-117), historiador e político latino, autor de *Anais* e *Histórias*, que juntos cobrem o período de 14 a 96 da história de Roma. Escreveu também a biografia (*Agricola*) de seu sogro, Gnaeus Julius Agricola. O historiador ficou conhecido pelo inigualável estilo conciso, epigramático e irônico, com base na transformação sensível da oratória antiga, da qual foi estudioso devoto, visando à obtenção de uma escrita singular, que já transparecia em *Diálogo dos oradores*, reconhecida por Borges como o "*atormentado e duro latim da idade de prata*" ("Quevedo", *Outras inquisições*). Em "O tempo circular" (*História da eternidade*), o autor argentino, para ilustrar o eterno retorno, cita o regresso dos sete planetas ao seu ponto inicial, referidos por Platão (v.) em *Timeu*, e confere a Cícero (v.), por meio do *Diálogo dos oradores* de Tácito, a atribuição de um número exato de anos para definir o tempo: "*doze mil novecentos e cinquenta e quatro 'disso que chamamos anos'*". Tratando do tempo a que a historiografia remete iniludivelmente, Borges alude ao registro da crucificação de Cristo feito por Tácito, ainda que este não tenha reparado nela ("O pudor da história", *Outras inquisições*). No relato "O outro" (*O livro de areia*), ele declara a presença do livro *Germânia* de Tácito na biblioteca de que se valeu na infância em Buenos Aires; e em "O jardim de veredas que se bifurcam" (*Ficções*) surge da narração do doutor Yu Tsun a imagem de "*um jovem que lia com fervor os* Anais *de Tácito*".

Germânia, obra proporcionada pela estada do político fora da cidade de Roma, como cônsul, e cujo título completo é *Sobre a origem, geografia, instituições e tribos da Germânia*, embasa forte e primariamente os escritos de Borges acerca dos povos germânicos ou, na atualidade, alemães, sendo considerado, sobre "*os germanos primitivos, a mais antiga e famosa de nossas fontes*" (*Literaturas germánicas medievales*). As definições de Tácito a respeito da estirpe ilustram os prólogos de Borges a *Breve antología anglosajona* e a *Literaturas germánicas medievales* e outros escritos de mesmo tema, ou as ocasiões em que os costumes e mitologias são tratados de forma mais detida. — JGS

Tacuarembó

Departamento com maior dimensão territorial da República Oriental do Uruguai, cuja capital, homônima — embora fundada com o nome de San Fructuoso, em 1832, pelo militar Bernabé Rivera, sobrinho de Fructuoso Rivera —, localiza-se ao norte, mais perto do Brasil (cerca de oitenta quilômetros) que da capital do país, Montevidéu (uma distância de 445 quilômetros). Trata-se de um encrave pecuário que, durante o século XIX e no início do XX, foi terra de caudilhos e cenário de insurgências *criollas* (v. *criollo*) e de contrabando, como toda a região próxima à fronteira com o Brasil. Essas histórias seduziram Borges, que situou na pradaria de Tacuarembó grande parte do conto "O morto" (*O Aleph*). — PR e MAGB

tango

Nascido no último terço do século XIX como dança popular das margens rio-platenses (sobretudo em Buenos Aires e Montevidéu), o tango, tanto o instrumental como o cantado, avançou lentamente até tornar-se, pelo menos até meados do século XX, a principal e mais representativa música popular urbana da região. Em sua primeira etapa, da qual não se conservam registros, foi marginal e cultivado de maneira predominantemente intuitiva, com modelos simples, repetidos e memorizados por meio de trios de composição diversa (flauta, violão, harpa, às vezes piano). Mais tarde, incorporou-se o *bandoneón*, que lhe deu sonoridade peculiar. Nos primeiros anos do século XX, espalhou-se e se impôs como dança na França e na Europa em geral, tendo atingido um auge extraordinário em sua região de origem, onde passou de interpretações mais ligadas aos estilos *criollos* (v.) campestres para formações como a orquestra típica e estilos vocais eminentemente urbanos, tal como os modelou Carlos Gardel, com um fraseado emblemático, caracterizado pelo rubato. Assim, passou da marginalidade às agremiações, circos e teatros, confeitarias, cafés-concerto, salões de baile e clubes de bairro, e a discografia, a radiofonia e o cinematógrafo potencializaram sua difusão. Durante décadas, antes de culminar na chamada Época de Ouro (1940-5), o tango definiu a sociabilidade e a cultura rio-platenses, desde a forma de dançar até o modo de se vestir e de falar, incluindo a utilização sui generis do léxico lunfardo (v.). Dentre as diversas vertentes que confluíram para sua conformação (tema que continua sendo debatido), há que mencionar, do rítmico ao coreográfico, a habanera, a milonga (v.), certos gêneros de música *criolla* pampiana, o candombe (v.). Sua marcação passou de um acelerado ritmo dois por quatro para um mais lento quatro por quatro. Desde sua fase inicial como canção — com "Mi noche triste", de Pascual Contursi (v.), sobre um tema musical preexistente, "Lita", de Samuel Castriota, até 1916, e a versão consagradora de Gardel; e com "Milonguita", de Samuel Linnig, com música de Enrique Delfino, considerado o primeiro composto e escrito para ser cantado —, o tango narrou uma história em cerca de três minutos, usualmente caracterizada pela melancolia, queixa pelo abandono, denúncia do desencaminhamento da mulher que passou da pobreza digna do subúrbio à ascensão aparente, fugaz e degradante no centro. Com o tempo, esse aspecto também foi mudando, e as letras alcançaram enorme diversidade e, seguindo a complexa evolução musical, grande refinamento formal.

O descobrimento poético do subúrbio, em Borges, coincide com o fim da chamada Velha Guarda do Tango e o início, nos anos 1920, da Jovem Guarda. É um período de muito questionamento e criatividade no tango. Entretanto, o autor sempre manifesta certo mal-estar com o gênero. Em "Ascendências do tango", ensaio que integra *El idioma de los argentinos* (1928), não incluído nas *Obras completas*, sustenta — contra seu admirado Vicente Rossi (v.), que via na milonga montevideana a origem do tango — a primazia de Buenos Aires em sua adoção: "*O tango é portenho. O povo portenho se reconhece nele, plenamente; o montevideano não, sempre nostálgico de* gauchos". Dito isso, produz um corte irrecuperável na história do gênero: o tango velho acrescentaria, à motivação "*erótica, ou meretrícia*", "*uma motivação belicosa, de luta feliz*"; corresponderia, assim, aos "*bons tempos* (*malíssimos*) *do corte, das punhaladas eleitorais, dos espíritos belicosamente partidários de bandos*". O oximoro "*bons tempos* (*malíssimos*)" ilustra a desenvoltura com que Borges contraria o senso comum e recupera esteticamente as vidas desgarradas e os hábitos briguentos. Em compensação, o tango dos tempos nos quais ele escreve, o dos anos 1920 (mas terá a mesma opinião sobre o tango posterior), é um "*lamentável episódio* [...] *de elegias malevas, de estudioso acento lunfardo, de* bandoneones".

Na caprichosa "História do tango" (incluída na segunda edição, 1955, de *Evaristo Carriego*), Borges afirma provocativamente: "*Foram necessários muitos anos para que o Barrio Norte* [um emblema da classe alta] *impusesse o tango — é verdade que já domesticado por Paris — aos* conventillos, *e não sei se o conseguiu de fato. Antes, era uma diabrura orgiástica; hoje é um modo de andar*". Dessa condenação salva-se a milonga: "*A milonga e o tango das origens podiam ser tolos ou, pelo menos, sonsos, mas eram briosos e alegres; o tango posterior é um ressentido que deplora, com exagero sentimental, as desgraças próprias e festeja desavergonhadamente as alheias*". No poema "O tango" (*O outro, o mesmo*, 1964), ele incorre na visível contradição de lamentar a perda daqueles tangos valorosos e alegres que, diversamente do tango posterior, não lamentavam perdas, não incorriam em elegia: desenvolve ali uma espécie de *ubi sunt* daqueles tempos e celebra "*a festa e a inocência da coragem*". Tal resgate é coerente com a forma como o escritor portenho lê a poesia *gauchesca* (v.) do século XIX, admirando os que cultivam uma "*combativa felicidade*" (v. Ascasubi).

Em quatro conferências de 1965, amplia seus pontos de vista e volta à carga contra o tango que denomina "*chorão*". Nas conversas com Adolfo Bioy Casares (v.), publicadas em 2006 como um extensíssimo diário, segundo anotações de Bioy e depois da morte deste, há indícios para suspeitar que, por trás dessas condenações, vibrava uma inconfessada emoção, a mesma que alenta em um verso de "Fundação mitológica de Buenos Aires" (*Caderno San Martín*, 1929; embora na reedição de 1969 substitua "*mitológica*" por "*mítica*"): aí, para recuperar, de maneira utópica e ucrônica, a atmosfera do quarteirão fabuloso onde alucina a fundação de sua cidade — quarteirão em que, na realidade, estivera a casa materna e que se situa magicamente no meio do campo, à margem do traçado urbano —, escreve: "*um piano mandava tangos de Saborido*".

Suas opiniões sobre o gênero estão muitas vezes condicionadas por sua grande distância em relação ao que percebe como artifício ou afetação, em benefício das interpretações mais rasteiras e simples: isso explica também a preferência dele pelo violão, contra o *bandoneón* e a orquestra típica em geral, e pelos estilos vocais associados à milonga tradicional.

Aproximações e afastamentos, os posicionamentos de Borges diante desse campo fundamental para a identidade cultural de seu país permitem compreender os traços essenciais da literatura do autor. Sua poética o afastava, pelo menos quanto ao explícito, do gesto queixoso e elegíaco, talvez precisamente porque ele próprio esteve tentado, mais de uma vez, a esboçá-lo. Combatendo tal tendência nos outros, a reprimia em si. Mesmo nos textos em que se manifesta a maior rejeição a esse gênero da música popular, filtram-se poderosas intuições sobre sua produtividade. Assim, em *Evaristo Carriego*, Borges arrisca que as letras de tango "*formam uma vasta e desconexa* comédie humaine *da vida de Buenos Aires*", e que, com o tempo, quem sabe "*venham a formar um longo poema civil, ou sugiram a algum ambicioso a composição desse poema*". — JSV

Tárik, filho de Zaid

Também conhecido como Tariq ibn Ziyad, foi o general berbere muçulmano que iniciou a conquista da península Ibérica no século VIII. No ano de 711, aproveitando-se da momentânea fragilidade do reino visigodo na península, Musa ibn Nusayr, governador de Ifriqiya e de Magrib — territórios que, juntos, correspondiam à quase totalidade do Norte africano —, designou a Tárik a missão de invadir, acompanhado de um exército de cerca de 7 mil soldados berberes, a região hoje conhecida como Andaluzia. O primeiro passo dessa conquista, logo na travessia do mar Mediterrâneo, foi Gibraltar, nome que, inclusive, é uma derivação de Yebel Tariq [montanha de Tárik].

Mas Tárik não figurou apenas nas páginas dos livros de história medieval. Em "Et caetera" (*História universal da infâmia*), Borges expõe um relato, supostamente extraído do *Livro das mil e uma noites* (v.), no qual o general muçulmano aparece como uma espécie de castigo à *hybris* [soberba] de um rei andaluz ("*um homem malvado, que não era da casa real, assenhoreou-se do poder*") que ousou abrir as portas invioláveis dos antecessores.

Se estabelecêssemos uma relação entre ficção e história, concluiríamos que o rei da fábula é, na verdade, o rei Rodrigo, o último dos visigodos. — DF

Tebas

Há duas Tebas. Pelas referências de Borges ao longo do texto "Os teólogos" (*O Aleph*), é bastante provável que ele estivesse aludindo não à Tebas egípcia, mas à cidade grega, pois Eurípides (v.) escreveu em *As bacantes* que um dos protagonistas dessa história, Penteu, rei de Tebas, levado pelo próprio deus Dioniso ao alto de Citéron para ver as bacantes, fez o seguinte comentário: "*Tenho a impressão de ver dois sóis e duas Tebas*". Portanto, está muito claro a qual Tebas o autor argentino se referiu. Em "As versões homéricas" (*Discussão*), ele também remete à Tebas grega, pois cita uma passagem de Homero (v.) relativa a essa cidade. — PFCO

Tebas Hecatômpilos

Apesar de o narrador referir-se a Tebas Hecatômpilos em "O imortal" (*O Aleph*), história que se passa nos tempos do imperador romano Diocleciano, no fim do século III, esse é um topônimo homérico. O próprio narrador comenta a menção feita por Homero (v.) na *Ilíada* a tal cidade. No conto de Borges, Tebas situava-se nos limites dos territórios do Império Romano e era uma cidade já em ruínas. — PFCO

tempo

Em uma conferência proferida em 1978, na Universidade de Belgrano (Buenos Aires), Borges afirmou: "*Henri Bergson disse que o tempo era o problema central da metafísica. Se esse problema tivesse sido resolvido, tudo teria sido resolvido. Felizmente, acho que não existe nenhum risco de que ele se resolva; ou seja, continuaremos sempre ansiosos*" ("O tempo", depois incluída em *Borges oral*). Em outro trecho da mesma exposição, asseverou: "*Por isso o problema do tempo nos afeta mais que os outros problemas metafísicos. Porque os outros são abstratos. O do tempo é nosso problema*". Jorge Luis Borges toca, em suas obras, em diferentes problemas teológicos e filosóficos. Dentre eles, o do tempo é um dos mais abordados, em poemas, ensaios e contos. Entretanto, como o próprio autor esclarece, os leitores não deveriam esperar uma solução para o assunto. O escritor argentino não se aproxima das questões filosóficas com ânimo de resolvê-las ou de acrescentar um ponto de vista pessoal ao debate sobre elas. No epílogo de *Outras inquisições*, não hesita em reconhecer que estima as ideias religiosas ou filosóficas "*por seu valor estético e mesmo pelo que encerram de singular e maravilhoso*", e não por sua aproximação à verdade ou por sua coerência interna. Esse gosto pelo singular e maravilhoso explica que toda a obra dele relacione grandes teorias metafísicas a concepções as mais extravagantes, pensadores célebres a outros marginais ou diretamente criados por sua imaginação, religiões milenares a seitas inexistentes, cosmovisões de enorme peso histórico a ficções pessoais atribuídas a filósofos apócrifos. Tudo isso posto em um mesmo nível, sem nunca mostrar a linha divisória entre o histórico e o exclusivamente ficcional, como maneira de acentuar que o único valor real de todas essas teorias está dado por sua originalidade, por seu senso estético, por sua beleza. Nunca por sua aproximação ou afastamento da "verdade".

Como no que diz respeito a outros assuntos metafísicos, Borges insere em sua obra explicações, alusões mais ou menos diretas, ecos, resumos ou citações relacionados a diversas concepções do tempo. A presença dessas referências teológicas ou filosóficas constitui um dos traços mais originais de seus textos, sobretudo levando-se em conta que tais menções aparecem não só nos ensaios, mas também nos poemas e relatos.

É importante deter-se nos contos de Borges. Muitas vezes, a crítica destacou a sutil e inteligente inclusão de reflexões sobre o tempo em relatos da mais variada índole: fantásticos, policiais, míticos ou apoiados em fatos históricos ou em obras literárias de outros autores. Contudo, o maior achado borgiano não consiste em mencionar em meio a seus textos posturas distintas referentes ao tempo, mas em construir relatos cuja trama se desenvolve respondendo a diferentes concepções temporais. Isto é, em alguns contos, a ação se inscreve em um tempo linear, enquanto em outros este é circular ou subjetivo, ou coexistem tempos simultâneos. Isso demonstra ser errado sustentar que o Borges autor adere a uma concepção circular do tempo, relacionada ao eterno retorno. Em alguns contos, ele adere a essa concepção, mas, em outros, a desmente de forma taxativa, e opta por outras. Nesse sentido, sua posição diante do conhecimento vai ao encontro das ideias do filósofo alemão Friedrich Nietzsche (v.), o qual vê toda concepção do mundo como uma ficção útil para explicar em caráter momentâneo a falta de sentido da existência mas que nem por isso deixa de ser uma ficção transitória, sem um valor de verdade em si e que necessariamente deverá dar lugar a outras novas ficções que de modo progressivo ajudem a dar conta da realidade.

Se forem analisados dois dos livros de contos mais importantes do escritor portenho — *Ficções* (1944) e *O Aleph* (1949) —, será possível observar como ele apresenta diferentes esquemas temporais, dentro dos quais a ação se desenvolve.

Em "Os teólogos" (*O Aleph*), conta-se o confronto intelectual entre Aureliano e João de Panônia (v.), dois teólogos a serviço de Roma que devem refutar a doutrina de Euforbo, um herege que sustenta a circularidade do tempo. O tema do conto parece ser a contenda entre os dois intelectuais. No plano do pensamento se dá quase como certo que o tempo é linear, e se mostra a teoria de Euforbo como um desvio inconsistente nascido de uma interpretação errônea de um fragmento de *A Cidade de Deus* (413-426), de Santo Agostinho (v.). Quando Euforbo é lançado na fogueira, chega a gritar: "Isto aconteceu e voltará a acontecer". Efetivamente, embora o eterno retorno parecesse uma postura inconsistente no plano das ideias, a ação do conto termina inscrevendo-se em uma concepção circular: mais tarde, João de Panônia é também condenado, pela mesma Igreja, à fogueira, e Aureliano morre quando um raio incendeia as árvores que rodeavam sua choupana. A lógica interna do relato corresponde à concepção de Euforbo: o tempo é uma roda e o já ocorrido volta a ocorrer.

Em "A outra morte" (*O Aleph*), Borges postula a existência de tempos simultâneos. O narrador inteira-se da morte de Pedro Damián, um *gaucho* (v.) entrerriano a quem conheceu pessoalmente. O conflito surge das versões sucessivas sobre a atuação do falecido na Batalha de Masoller (v.): no início, afirma-se que Pedro se mostrou covarde; depois, não se recorda de ter participado da contenda; e por fim o *gaucho* aparece como um valente. O narrador termina resolvendo as contradições com a postulação da existência de duas histórias universais: em uma, Pedro Damián é um covarde; na outra, um mártir admirável pela valentia. Esta última versão acaba eliminando a primeira.

"O milagre secreto" (*Ficções*) postula concepção diferente: o tempo como expressão da subjetividade de cada pessoa (isto é, um tempo pessoal, subjetivo, que não se mede pelos relógios, e sim pelos sentimentos íntimos de cada ser humano). O protagonista é um escritor judeu que está a ponto de ser fuzilado pelos nazistas. Momentos antes, pede a Deus mais um ano de vida para finalizar uma obra teatral que o justificará como literato. Quando os fuzis nazistas estão prestes a disparar, milagrosamente o universo físico se detém. Diz o texto: "*Deus praticava para ele um milagre secreto: o chumbo alemão iria matá-lo, na hora determinada, mas em sua mente um ano transcorria entre a ordem e a execução da ordem*". A lógica do relato se estrutura em torno de um tempo subjetivo: durante um ano, o condenado consegue escrever mentalmente sua obra e, apenas quando a conclui, morre atravessado pelas balas dos algozes.

"O jardim de veredas que se bifurcam" (*Ficções*) é, talvez, o conto que propõe de forma mais complexa o problema do tempo. Assim como em "Os teólogos", são defendidas concepções temporais que depois a ação do relato se encarrega de desmentir. O protagonista é um espião chinês perseguido por um capitão inglês chamado Richard Madden. Em sua fuga, o espião chega à casa de um tal Albert (v. Albert, Stephen), que revela ser o único homem a ter conseguido desvendar o mistério de um estranho romance escrito pelo bisavô do protagonista. O espião sabe que o perseguem, mas não pode evitar deleitar-se ouvindo Albert, que desenvolve para ele a teoria dos tempos simultâneos, contida no romance de seu antepassado. No plano do pensamento, argumenta-se a favor da existência de infinitas séries simultâneas de tempo. Por outro lado, o protagonista parece detido em seu tempo subjetivo: um tempo de escuta, quietude e serena compreensão que o abstrai da perseguição que sofre. Entretanto, surpreendentemente, o relato se inscreve em um tempo linear, histórico. A ação parece desmentir as teorias desenvolvidas de modo tão lúcido. Os minutos perdidos ouvindo Albert permitem a Madden chegar até o espião chinês e capturá-lo. O tempo cronológico, linear, impõe sua lógica, e o fugitivo é condenado à forca.

Ao longo de toda a produção de Borges, coexistem concepções diferentes e antagônicas sobre o tempo: linear, circular, subjetivo ou simultâneo. Seu maior êxito não foi incluir tais conceituações nos contos, à maneira de comentários ou digressões, mas haver conseguido que seus textos narrativos se estruturassem de acordo com cada uma dessas noções temporais. Nesse sentido, a obra de Borges demonstra a relatividade de toda concepção do mundo. — HN

Tempo da Ignorância,
antes do islã

Também chamado Jahiliyah, o Tempo ou Idade da Ignorância é para os muçulmanos o período que antecede o aparecimento do profeta

Maomé (v.). Trata-se de uma época vista com grande negatividade pelos devotos; um tempo de corrupção, paganismo e incerteza. A Arábia encontrava-se, até o início do século VII da era cristã, acossada por dois impérios: o Persa e o Bizantino. Internamente, o que predominava era a vida tribal, marcada pela violência e ausência de uma unidade política que congregasse todos os povos árabes. Os beduínos se ressentiam da falta de uma religião que efetivamente desse sentido à existência e garantisse uma base moral sólida para normalizar um código de conduta social e promover a paz.

No conto "A busca de Averróis" (*O Aleph*), a Idade da Ignorância é lembrada pelo que nela se produziu de poesia — na verdade, um dos poucos elementos do período a ser valorizado pelos muçulmanos. O personagem Averróis, em uma discussão sobre o valor e o desgaste das imagens poéticas ao longo do tempo, "*falou dos primeiros poetas, daqueles que no Tempo da Ignorância, antes do Islã, já tinham dito todas as coisas, na infinita linguagem dos desertos*". — DF

Tennyson, Alfred

Poeta inglês (1809-92) do período vitoriano. Encontramos várias alusões a sua obra na produção de Borges, como, por exemplo, em "O Zahir" (*O Aleph*), em que o autor faz um comentário sobre as possibilidades do conhecimento tanto do mundo como de nós mesmos. Daí ele toma a ideia da concatenação infinita de acontecimentos. Em "A postulação da realidade" (*Discussão*), cita, mais exatamente traduz, um fragmento de *Mort d'Arthur* e o comenta enfaticamente quanto ao "*interesse de sua técnica*". Em *Introducción a la literatura inglesa*, faz uma resenha biográfica de Tennyson. — LM

Teste, Edmond (alter ego de Paul Valéry)

V. Valéry, Paul.

Tetragrámaton (ou Tetragrama)

Trata-se do nome pessoal do Deus de Israel. Na Bíblia hebraica, escreve-se com quatro consoantes — YHWH — e, por isso, é conhecido como Tetragrámaton. Foram encontrados dados que permitem supor que, ao menos até a destruição do Primeiro Templo (586 a.C.), esse nome era pronunciado com suas vogais próprias, de forma completa. (Vale lembrar que o hebraico é uma língua consonantal, que a escrita da Torá se faz apenas com consoantes e que no ato da leitura são incluídas as vogais. Até os dias de hoje, o rolo da Torá, o qual é escrito à mão por escribas e guardado na arca da sinagoga, preserva tal característica.) Depois do século III a.C., a pronúncia do Tetragrama passou a ser evitada. O fato pode ser detectado na tradução da Bíblia para o grego, a chamada *Septuaginta*, feita nesse período e na qual a palavra grega *Kyrios* [Senhor] é utilizada no lugar do Tetragrama. No começo da Idade Média, ao texto consonantal da Torá foram agregadas as pontuações para sinalizar as vogais, de modo a facilitar a leitura correta. Porém, no caso do Tetragrama, usou-se uma sinalização alternativa que acabou por produzir o termo YEHOWAH, que na sua forma híbrida foi absorvido pelos sábios cristãos da época. A fim de evitar a pronúncia desse nome, tornou-se costume referir-se ao Tetragrama empregando simplesmente a palavra hebraica *Ha-Shem*, que quer dizer "O Nome". O Tetragrama assume a posição do Nome impronunciável, de um significante incapaz de ser absorvido em sua plenitude pela voz humana. A explicação do Nome tal como dada em Êxodo 3,14, *eheyeh asher eheyeh* [Eu Sou o que Sou], oferece uma etimologia não propriamente gramatical, mas popular, como é comum nas explicações bíblicas dos nomes. Na conferência pronunciada no Teatro Coliseo de Buenos Aires, em 1977, sobre a cabala, Borges lembra a ampliação do Tetragrama a todo o corpo textual da Torá e diz: "*Como na cabala se diz que o nome de Deus é todo o Pentateuco, com a ressalva de que as letras estão embaralhadas, assim, se alguém possuísse o nome de Deus ou se alguém chegasse ao* Tetragrámaton *— o nome de Deus com quatro letras — e soubesse pronunciá-lo corretamente, poderia criar um mundo e também poderia criar um Golem, um homem*". Em "A morte e a bússola" (*Ficções*), o nome de Deus (ou Tetragrámaton) é o que provoca o início da investigação equivocada do protagonista, Erik Lönnrot. — EM

Tetrarca da Galileia

O nome "tetrarca", de origem grega, significa "senhor dos vassalos" e era dado a senhores de hierarquia menor nas províncias da Judeia e da Síria, no período romano. O sentido original da palavra era "cabeça dos quatro". O imperador romano indicava os tetrarcas, que estavam sujeitos a ele. Na história judaica, destacam-se os tetrarcas Fasael, seu irmão Herodes — que mais tarde se tornou rei — e o filho mais novo deste, Herodes Antipas, o tetrarca da Galileia e da Transjordânia. Em "A morte e a bússola" (*Ficções*), Borges transforma o Tetrarca da Galileia em personagem. — EM

Thor

Na mitologia nórdica, filho de Odin e de Fjorgyn (deusa da Terra). É o mais forte entre os deuses e os homens, e o implacável inimigo dos gigantes. Dois bodes, chamados Tanngnjosti e Tanngrisnir, puxam a carruagem dele através do céu. As armas mágicas de Thor são: um par de luvas de metal, que usa para segurar o cabo de seu martelo *mjolnir*, e um cinto que lhe dobra a força. Muitas de suas aventuras, nas quais tem como companheiro frequente Loki, estão narradas na *Edda* (v. *Edda prosaica*) de Snorri Sturluson (v.) e na *Edda poética* (v. *Edda Islandorum*). No Ragnarök (v.), Thor está destinado a matar Iormungand (a serpente de *Midgard*) — serpente marinha que circunda a Terra, filha de Loki e da gigante Angrboda — e morrer pelo seu veneno.

Borges cita o deus nórdico, curiosamente, em dois prólogos. No prólogo de *O ouro dos tigres*, ele se refere a Thor para dizer que, no começo dos tempos, as coisas deveriam ter sido mágicas. E, no de *O outro, o mesmo*, Thor é utilizado pelo autor para ilustrar suas colocações sobre a relação entre poesia e música. — FT

Tichborne, Roger Charles

Em "O impostor inverossímil Tom Castro" (*História universal da infâmia*), Borges nos conta a história de Tom Castro (seu verdadeiro nome era Arthur Orton), que, em 1867, usurpou a identidade de Roger Charles Tichborne, que havia naufragado. Depois do acidente, e durante catorze anos, sua mãe o procurou. Assim, Lady Tichborne aceitou Tom Castro como filho, seguramente levada pelo desejo de recuperá-lo. Quando ela faleceu, os herdeiros o acusaram e o delataram como impostor. Tom Castro morreu em 1898. Borges afirma nesse relato que sua fonte principal foi *The History of Piracy* (1932), de Philip Gosse (v.); entretanto, a fonte a que recorreu foi a 11ª edição da *Encyclopaedia Britannica*, criando uma espécie de biografia ficcional, tal como esclareceu certa vez, inspirada em *Vies imaginaires* (1896), de Marcel Schwob ("Marcel Schwob, *Vidas imaginárias*", *Biblioteca pessoal*). — LM

Tierra Adentro

Expressão utilizada para descrever as regiões afastadas das populações estáveis, que estão fora de seu controle. No século XIX argentino, alude especificamente ao território habitado ou dominado por indígenas. Tierra Adentro apresenta vários significados: baseia-se em uma economia extrativa em que as cidades (sobretudo as portuárias) são a passagem entre um dentro e um fora (a metrópole); implica que esse território é um todo homogêneo (independentemente de quais povos ou quais características o terreno tivesse); e é também uma metonímia da violência exercida sobre os índios, violência que podia incluir estupro de mulheres.

As duas ocorrências na obra de Borges exploram este último aspecto: de Tierra Adentro vêm as cativas de "História do guerreiro e da cativa" (*O Aleph*) e "A noite dos dons" (*O livro de areia*). A primeira escolhe a vida entre os índios e não a civilização, e a segunda acaba como prostituta em um povoado; raptadas pelos índios na infância, uma pode ser vista como o reverso da invasão branca, do "adentrar-se" na terra indígena, enquanto a outra seria sua inesperada consequência (v. fronteira). — PMG

tigre

Na obra de Borges, pouco pode ser acrescentado sobre o valor literário e simbólico do tigre ao depoimento dado a María Esther Vázquez (v.), em entrevista de abril de 1973: "*Expliquei esse tema em um poema intitulado 'O ouro dos tigres'. Nós morávamos perto do Jardim Zoológico; eu o visitava com frequência, mas os animais que na verdade me impressionavam na infância, além do bisão, eram os tigres. Em especial o grande tigre-de-bengala. Eu passava horas olhando-o. Impressionava-me a pelagem de ouro e as listras. Também me impressionavam os leopardos, os jaguares, as panteras e animais afins. Nesse poema afirmo que, de fato, a primeira cor que vi, não fisicamente mas emocionalmente, foi o amarelo do tigre, e agora que estou quase cego, a única cor que enxergo, sem dúvida, é o amarelo. Assim, o amarelo corresponde ao princípio e ao fim de minha vida. Por isso, e não por motivos decorativos do tipo simbolista, intitulei o livro* O ouro dos tigres. *Além disso, há no tigre a ideia de poderio e de beleza. Uma vez minha irmã* [Norah, v. Borges, Norah] *me fez esta observação curiosa: 'Os tigres estão feitos para o amor'. Isso me lembra um verso de Cansinos-Asséns* [v.] *em que diz a uma mulher uma frase: 'Eu serei um tigre de ternura'. Encontrei uma frase semelhante em Chesterton* [v.], *referindo-se ao tigre do poema de William Blake, que é um poema sobre a origem do mal (já que Deus fez o cordeiro, criou também o tigre para devorá-lo), e diz: 'O tigre é um símbolo de terrível elegância'. Estão aí unidas a ideia de beleza e de crueldade que se atribui aos tigres. Provavelmente não sejam mais cruéis que outros animais. Da mesma forma, atribui-se astúcia à raposa, majestade ao leão; são convenções das fábulas, possivelmente convenções esópicas*" ("Borges igual a sí mismo").

A imagem do tigre foi apreendida por Borges durante a infância, por meio das gravuras das enciclopédias na biblioteca do pai. Ainda criança, ele plasma a beleza plástica do felino, incorporando-a, quando adulto, definitivamente ao seu sistema literário. E a primeira percepção de um tigre verdadeiro, ocorrida no Zoológico (v.) de Palermo, em Buenos Aires, transfigura-se no texto borgiano em experiência mística: "*Desde criança, as manchas dos tigres me sugeriram o mistério da escrita de um deus* [...] *onde devia estar contido o segredo da criação*", nos revela aos setenta anos de idade.

Embora agnóstico, a perfeição da forma do tigre aproxima-o do divino; daí a necessidade de transfigurá-lo em experiência artística. Com William Blake (v.) — "*Tiger tiger burning bright in the forests of the night*" —, Borges foi o escritor que deu ao extraordinário felino estatuto de metáfora universal.

Do bestiário de sua obra (bisões, cavalos, leões, tartarugas, serpentes, jaguares e até mesmo o seu gato Beppo), o tigre é quem alcança valor universal e emblemático. O tigre, em Borges, serve como metáfora do tempo e do espaço. É assim que o "*tigre infinito*" se apresenta no conto "O Zahir" (*O Aleph*): "*uma cela em cujo chão, em cujos muros e em cuja abóbada um faquir muçulmano desenhara (em cores bárbaras que o tempo, em vez de apagar, refinava) uma espécie de tigre infinito. Esse tigre era feito de muitos tigres, de maneira vertiginosa; era atravessado por tigres, estava rajado de tigres, incluía mares e Himalaias e exércitos que pareciam outros tigres. O pintor morrera havia muitos anos, naquela mesma cela; vinha de Sind ou talvez de Guzerate e seu propósito inicial tinha sido traçar um mapa-múndi*".

Semelhante ao Aleph, ao labirinto, ao espelho, ao livro, ao jogo do truco (v.) e à rosa, o tigre-de-bengala transfigura-se em Borges em arquétipo mental: "*Cosa mentale*". A cor amarela, o ouro do tigre, incide também sobre uma das últimas cores vislumbradas na penumbra da cegueira de Borges ("*a hora do ocaso amarelo*", do poema "O ouro dos tigres"). As listras, as barras negras que contrastam com a superfície do corpo aveludado, convertem-se em abstração da geometria do infinito. Um ideograma, um hexagrama. Uma concepção do infinito que Borges infere com base na duplicação perfeita da espécie, aliás, do mais belo e elegante dos felinos. Uma réplica que se gera em caráter permanente, abolindo assim a ideia do tempo em que a repetição elimina a diferença.

O tigre adquire então o status de uma forma também eterna, um arquétipo, à semelhança das ideias de Platão (v.). É tão forte a associação de Borges à imagem do tigre que na edição norte-americana o livro *O fazedor* tem como título *Dreamtigers* (por que não *The Maker*?). E os tigres de carne e osso? Não são os que interessam a Borges. Incrível que a experiência do encontro com um tigre real ocorreu com um Borges octogenário, conforme fica registrado e fotografado com humor no texto "Meu último tigre", do livro *Atlas* (1984, com fotos de María Kodama, v.). Um Borges surpreendido pela presença corporal do gigantesco felino, cujo hálito pouco divino vem sobrecarregado de realidade. Assim lembra Borges seu primeiro (e último) encontro com um verdadeiro tigre-de-bengala: "*Esse último tigre é de carne e osso. Com evidente e aterrada felicidade me aproximei desse tigre, cuja língua lambeu meu rosto, cuja garra indiferente ou carinhosa se demorou em minha cabeça e que, ao contrário de seus predecessores, tinha cheiro e peso. Não direi que esse tigre que me assombrou é mais real do que os outros, já que um carvalho não é mais real do que as formas de um sonho, mas quero agradecer aqui a nosso amigo, aquele tigre de carne e osso que meus sentidos perceberam naquela manhã e cuja imagem volta como voltam os tigres dos livros*". — JS (Texto publicado no jornal *Folha de S.Paulo*, São Paulo, 1º de agosto de 1999, caderno mais!.)

Tirso de Molina

Pseudônimo do dramaturgo espanhol frei Gabriel Téllez (Madri, 1571-Soria, 1648). Poucos dados de sua vida são conhecidos. Durante muito tempo, acreditou-se que ele era filho do duque de Osuna (v.), mas atualmente se sabe que não descende da nobreza. Viajou por três anos a Santo Domingo, capitania espanhola, onde ensinou teologia. Tomou partido nas polêmicas literárias da época, em especial contra o culteranismo, estilo esotérico de escrita, com construções gramaticais complexas e obscuras alusões à mitologia, cujo maior expoente foi Luis de Góngora (v.). Depois de Lope de Vega (v.), Molina foi o mais prolífico criador de obras dramáticas do Século de Ouro espanhol, embora muitas das que se destacaram como suas sejam hoje de atribuição duvidosa. Decerto, a mais importante pelo alcance universal que o personagem principal adquiriu foi *El burlador de Sevilla y convidado de piedra*, na qual fixa a figura lendária de Dom Juan. Podem ser mencionadas, dentre muitas outras, *Lo fingido verdadero* (1620), *Quien calla otorga* (1617), *La elección por la virtud* (1622), *La fingida Arcadia* (1622), *Mari-Hernández la gallega* (1627), *El condenado por desconfiado* e *Los amantes de Teruel* (1634).

Em uma longa nota de "A arte narrativa e a magia" (*Discussão*), Borges cita uma descrição, entre tantas outras realizadas por outros autores, feita por Molina a respeito da forma física das sereias. — MAGB

Títere

V. Nava, mulato.

Torre, Guillermo de

Escritor e crítico (Madri, 1900-Buenos Aires, 1971), foi uma figura central da vanguarda espanhola; participou ativamente do ultraísmo peninsular. Redigiu o *Manifiesto vertical ultraísta* (1920), publicou *Hélices. Poemas* (1923) e, em 1925, lançou *Literaturas europeas de vanguardia*. Seu cosmopolitismo levou-o a entrar em contato com os integrantes da renovação literária e artística da Europa e da América Latina, entre eles os do modernismo brasileiro, por intermédio do grupo de *Klaxon*, e os da vanguarda argentina, graças à sua amizade inicial com os irmãos Norah (v. Borges, Norah) e Jorge Luis Borges, por ocasião do período de residência espanhola destes. Foi secretário de *La Gaceta Literaria*, publicação na qual lançou sua proposta "Madrid: Meridiano Intelectual de Hispanoamérica", que desencadeou uma polêmica com os vanguardistas hispano-americanos; no fim de 1927, radicou-se na Argentina e, no ano seguinte, casou-se com Norah Borges. Em 1932, o casal mudou-se para Madri, onde residiu até 1936, quando a eclosão da Guerra Civil Espanhola (que durou até 1939) (v.) o levou a Paris e depois a estabelecer-se definitivamente na Argentina, em 1937. Guillermo foi um dos fundadores da editora Losada (em 1938) e assíduo colaborador da revista *Sur* (1931-71) (v.), bem como de outras revistas culturais ligadas ao exílio espanhol na Argentina. É autor de, entre outras obras, *La aventura y el orden* (1943), *Historia de las literaturas de vanguardia* (1965) e *Ultraísmo, existencialismo y objetivismo en literatura* (1968).

Em um comentário de caráter comparativo sobre a primeira poesia de Borges e De Torre, Daniel Balderston faz o seguinte registro: "De Torre é barulhento em sua literatura, enquanto Borges está mais próximo de uma justaposição de imagens visuais. (Isso acaba sendo irônico porque anos depois, quando Borges já está cego e De Torre surdo, alguém pergunta ao primeiro como vai a relação com o cunhado, tendo por resposta: 'Ah, muito bem, ele não pode me ouvir e eu não posso vê-lo'.)". — PA

Torre de Londres, arquivos da

Conjunto de edifícios e fortificações que serviram de palácio, cidadela e prisão (1078), a Torre de Londres começou a ser construída por Guilherme, o Conquistador, e foi ampliada por Guilherme Rufus, Ricardo I e Henrique III. Localiza-se na margem esquerda do rio Tâmisa, entre a ponte de Londres e a ponte da Torre, assim denominada por sua proximidade com ela. Atualmente, guardam-se na Torre as joias e as armas pertencentes à família real britânica do século XIII até fins do XVII. Os *Beefeaters* [comedores de carne bovina], conhecidos simplesmente como "guardas da Torre", que se vestem com um uniforme do tempo de Eduardo VI, são responsáveis por sua guarda.

Borges refere-se à Torre em "Nathaniel Hawthorne" (*Outras inquisições*) quando, exemplificando as tentativas já realizadas de apagar o passado e recomeçar a história, lembra-se da proposta feita por Oliver Cromwell (v.) de queimar os arquivos da Torre de Londres e acabar com as demais coisas passadas. O escritor argentino advoga a tese de que o passado não pode ser apagado, e, dentre outros exemplos selecionados, este não deixa de ser interessante, pois o próprio Cromwell foi executado na Torre de Londres algum tempo depois de ter afirmado querer abolir o passado, o que parece demonstrar que, por mais que tentemos apagar o passado, sua presença é inexorável. — HNC

Torres Villarroel, Diego de

Figura importante na Espanha do século XVIII, Torres Villarroel (Salamanca, 1693-1770), além de escritor, foi matemático e astrólogo. Sua obra intitulada *Vida* (*Vida, ascendencia, nacimiento, crianza y aventuras del doctor Don Diego de Torres y Villarroel*), escrita com grande cinismo, pode ser tomada como exemplo de literatura picaresca, embora esteja baseada na sua própria biografia. Teve formação e trajetória desordenadas e anárquicas, ganhando a vida como falso médico em Portugal, bailarino, violonista, titereiro, exorcista de espíritos e de bruxas, militar e toureiro. Estudioso de física e matemática, elaborou um almanaque que publicava sob o pseudônimo El Gran Piscator Salmantino. Finalmente conseguiu uma cátedra de Matemática em Salamanca, onde durante algum tempo foi vice-reitor. A citação de Borges (em "A duração do inferno", *Discussão*) sobre a recriação que Torres Villarroel faz do inferno se refere ao seu livro *Sueños morales*, em que traça um cínico quadro da época, imagina visões dantescas do inferno, transforma o trágico em grotesco. Para isso, tem como antecedente literário os famosos *Sueños* de Quevedo (v.), que Borges também menciona. — MAGB

tradução

No ensaio "As versões homéricas" (*Discussão*), Borges afirma que "*a tradução* [...] *parece destinada a ilustrar a discussão estética*", fato que embasa radicalmente sua crítica literária, ficção e traduções. Segundo ele, enquanto os textos "originais" provêm de um labirinto de influências de textos e leituras anteriores, quase impossível de rastrear, as traduções candidamente revelam os textos que as inspiram. Dessa maneira, a única coisa que as distingue dos originais é a proximidade de seus textos precursores. Os textos originais são, para o escritor argentino, produto de uma miríade de influências e imitações, capazes de sugerir uma imensa quantidade de interpretações. Ele não os considera obras definitivas, mas rascunhos. As traduções, por conseguinte, não podem ser inferiores aos originais, já que ambos não passam de rascunhos, inspirados em incontáveis outros textos e inspiradores deles.

Um dos temas mais frequentes na crítica literária borgiana e que prevalece em suas ficções é o que o personagem Jaromir Hladik (v.), do conto "O milagre secreto" (*Ficções*), chama de "*irrealidade, que é a condição da arte*". A literatura, que para Borges não é mais que "artifício verbal", não deve aspirar a uma transcrição mimética da realidade — visto que sua representação total é impossível —, mas à criação assombrosa de realidades possíveis. Como indica no ensaio "A postulação da realidade" (*Discussão*), a literatura deve moldar-se por uma série de detalhes cuidadosamente escolhidos para sugerir realidades que vão além das escritas. Da mesma forma, a tradução literária não deve realizar a transcrição mimética do texto original, que, por afastar-se de língua, cultura, Estado e época, jamais pode transferir-se de modo completo a outro contexto. Ao contrário, como ele explica em seus comentários sobre a arte de traduzir, o tradutor deve empenhar-se em selecionar os aspectos do original que quer destacar e deve renunciar a toda presunção de literalidade.

São três os ensaios principais em que Borges se ocupa explicitamente da tradução. Em "As duas maneiras de traduzir" (1926), ele critica as aproximações tanto dos tradutores e leitores "clássicos" como dos "românticos". Os primeiros, apaixonados pela obra e suas possibilidades estéticas na tradução, e desinteressados das vicissitudes do autor, tendem a domesticar a tradução, deixando de fora as idiossincrasias do texto original. Os segundos, que veneram o autor e buscam preservar literalmente cada palavra, ignoram que a literalidade é uma impossibilidade, já que o passado e a significação que a obra tinha em seu contexto original são irrecuperáveis. Em "As versões homéricas", Borges expande este último ponto, afirmando que, como já é impossível saber quais elementos do texto provêm das habilidades do autor e quais da língua em si, só resta ao tradutor traduzir de forma criativa a obra. Assim, o tradutor considera toda a trajetória da obra e suas ressonâncias no contexto atual, em vez de falsificá-la mediante "cor local". Com "Os tradutores d'*As mil e uma noites*" (*História da eternidade*), no qual compara várias traduções em inglês, francês e alemão da famosa obra, Borges leva o argumento que vinha formulando nos dois ensaios anteriores às conclusões de que o que se deve celebrar em uma tradução não é sua fidelidade e sim a "*infidelidade criadora*"; e que todas as versões, mesmo as que censuram o texto, são válidas, cumprindo necessidades culturais e pessoais do tradutor, e deixando o texto sempre aberto a futuras interpretações.

Nas ficções de Borges, a tradução e os tradutores constituem parte fundamental tanto da estrutura quanto da trama dos contos; como ferramentas para destacar a irrealidade da ficção, servem para desestabilizar a confiabilidade do narrador ou da narrativa. "A forma da espada" (*Ficções*), por exemplo, consiste no discurso relatado do Inglês, que, segundo o autor portenho, alterna o inglês com o espanhol e com o português. Entretanto, o texto entre aspas está em um espanhol tradicional — ocorreu uma tradução sub-reptícia, o que expõe o ato da mediação do narrador Borges nas supostas palavras originais do Inglês. As epístolas de Otto Dietrich zur Linde em "Deutsches Requiem" (*O Aleph*) e de Ts'ui Pên (v.) em "O jardim de veredas que se bifurcam" (*Ficções*) estão escritas em espanhol, embora logicamente devessem ter sido redigidas em alemão, ou, no caso de Ts'ui Pên, em alemão, inglês ou chinês. Somando a presença de um editor exterior que apresenta ou comenta os necrológios dos personagens, a tradução sem assinatura faz duvidar da integridade do escrito. "Pierre Menard, autor do *Quixote*" (*Ficções*) e "A busca de Averróis" (*O Aleph*) têm como tema central a tradução e sua negociação com o contexto atual. Outros textos que aproveitam a tradução para ressaltar a mediação e a consequente irrealidade da ficção são "A loteria na Babilônia", "O milagre secreto" (*Ficções*), "O homem no umbral" e "A escrita do deus" (*O Aleph*).

Dentre as muitas façanhas intelectuais de Borges, talvez a menos reconhecida seja a de ele haver publicado sua primeira tradução, "El príncipe feliz", de Oscar Wilde (v.), com a tenra idade de nove anos. Ávido tradutor de poesia e prosa do alemão, inglês, francês e até do nórdico antigo, publicou sua última tradução, as "Fábulas" de R. L. Stevenson (v.), em colaboração com Roberto Alifano, aos 84 anos. Na função de tradutor, ele jamais foi mero emissor das ideias recebidas da metrópole cultural. Como crítico astuto, suas traduções tomaram forma de intervenção crítica no original, notavelmente em mudanças de estilo, omissão de texto "irrelevante" e em sutis confrontações ideológicas. Mais que uma transposição linguística, trata-se de comentários críticos sobre os autores, textos e contextos europeus e norte-americanos.

Muitas das traduções de Borges foram de alta vanguarda; as do expressionismo alemão, que ele realizou entre 1919 e 1921, representam uma contribuição importante na formação do movimento literário ultraísta na Espanha. Apresentou ao público leitor argentino poetas norte-americanos destacados, como Langston Hughes e Edgar Lee Masters (v.). Em 1926, publicou "A última folha do *Ulysses*", proporcionando o primeiro encontro em língua castelhana com o romance de James Joyce (v.), até sua tradução integral por Salas Subirat em 1945. Em virtude do grande reconhecimento do autor argentino, várias de suas traduções foram apreciadas tanto pelo trabalho dele como pela fama dos textos originais — os quais em alguns casos até superou. *The Wild Palms* (1940) [*Las palmeras salvajes*, 1944] de William Faulkner (v.), por exemplo, lê-se com muito mais entusiasmo em espanhol do que em inglês, sendo esse um dos romances menos conhecidos do escritor em sua língua original. Além disso, suas traduções de Virginia Woolf (v.), que alteram radicalmente a posição da autora com relação às mulheres, à escrita e à sexualidade, seguem sendo as mais renomadas dentre as versões disponíveis. Das quatro traduções de *A Room of One's Own* (1929) [*Un cuarto propio*, 1936], a de Borges é a mais afamada e acessível mundialmente, assim como a que ele fez de *Orlando: A Biography* (1928) [*Orlando: Una biografía*, 1937]. Como se demonstra com sua célebre tradução de "The Purloined Letter" (1844) ["La carta robada", 1943] de Edgar Allan Poe (v.), que, como é sabido, elimina passagens descritivas do conto para enfatizar a trama, as traduções de Borges estão de acordo com o próprio critério estético. Seu status como um dos ilustres intelectuais do século XX resultou na popularidade de suas traduções, embora estas estejam entre as menos fiéis. — LL

Tribuna, gráfica da

O diário *La Tribuna Nacional* publicou, em 1870, em forma de cartas, *Una excursión a los indios ranqueles*, de Lucio V. Mansilla, sobrinho de Juan Manuel de Rosas (v.). Da mesma prensa, em 14 de junho de 1872, saiu o livro de Antonio Lussich (v.) intitulado *Los tres gauchos orientales: Coloquio entre los paisanos Julián Giménez, Mauricio Baliente y José Centurión sobre la Revolución Oriental en circunstancias del desarme y pago del ejército*, ao qual Borges alude em "A poesia *gauchesca*" (*Discussão*). A obra de Lussich foi lançada um pouco antes do famoso

Martín Fierro (v.), de José Hernandez (v.), publicado no fim daquele ano.

Segundo Borges, esse livro de Lussich é o mais individual por ser o que menos responde a uma tradição. E a tradição, para o escritor argentino, é um tema muito discutível. Ao longo de "A poesia *gauchesca*", ele tece comentários sobre a literatura *gauchesca* (v.) e compara as duas obras para afirmar o ineditismo do poeta uruguaio, uma vez que "*os diálogos de Lussich são um rascunho do livro definitivo de Hernández*". — PFCO

Trindade

Borges, comentando a *Antologia da literatura fantástica* (v.), que organizou com Adolfo Bioy Casares (v.) e Silvina Ocampo (v.), aponta a ausência de nomes importantes, ainda que inusitados, do gênero, o que torna incompleto o compêndio. Entre eles estariam vários filósofos e teólogos, como Platão (v.), Spinoza (v.), Zenão (v.), além da própria Bíblia. Segundo o autor argentino, em "Notas" (*Discussão*), esse Javé, que "*é três e que solitariamente perdura* fora do tempo", é uma das maiores criações da literatura fantástica e está acima das invenções de Edgar Allan Poe (v.) e de H. G. Wells (v.).

Um dos dogmas fundamentais das principais igrejas cristãs preconiza que Deus, apesar de ser um só, possui natureza tríplice. As pessoas que compõem a Santíssima Trindade são: o Pai, responsável pela Criação; o Filho, encarnado em Jesus Cristo, a quem se atribui a Redenção; e o Espírito Santo, que é inspirado pelos dois primeiros e que se caracteriza pelo puro amor divino. A fundamentação dessa doutrina está em diversas passagens do Novo Testamento. Em especial, há a cena do Batismo de Jesus Cristo, que se encontra nos Evangelhos de Lucas e Mateus, na qual são convocadas "as três pessoas da Trindade" para se fazerem presentes. — TP

Trinta e Três, os

Assim se denominou o grupo de patriotas liderados por Juan Antonio Lavalleja na Cruzada Libertadora de abril de 1825. Após uma década de dominação portuguesa do território da Banda Oriental — que passou a se chamar Província Cisplatina —, os ocupantes entregaram o poder aos brasileiros em fevereiro de 1824, uma vez que já fora proclamada a independência do Brasil. De Buenos Aires, um grupo de orientais (uruguaios) organizou a campanha militar para reconquistar a independência do território que daria lugar, depois de muitas lutas e intrincadas negociações diplomáticas, ao Estado uruguaio. Em 19 de abril de 1825, esse núcleo, que a lenda fixou no número de 33 homens, mencionados por Borges em "Avelino Arredondo" (*O livro de areia*), desembarcou na costa de Colonia, praia de La Agraciada, para dar início a uma série de combates que terminariam em agosto, com a proclamação da independência da província e sua união às demais Províncias Unidas do Rio da Prata. Somente em 1828 se constituiria o novo Estado Oriental do Uruguai. Um quadro de Juan Manuel Blanes, hoje no Museu Municipal de Montevidéu, que leva o nome do pintor, recorda o episódio. Um departamento e sua capital, no noroeste do país, foram denominados Treinta y Tres, em homenagem a esses homens. — PR e MAGB

truco

Jogo de naipes espanhóis muito popular na Argentina e no Uruguai, similar a outros, com algumas variantes regionais. Pode ser jogado em dupla ou entre três e oito pessoas, que formam equipes e incorporam códigos para a comunicação entre si. Consiste em diversos desafios verbais ("flor", "envido" e "truco"), os quais podem ser aceitos ("quero") ou não ("não quero"); é fundamental pronunciar as palavras exatas em cada caso, para que o jogo seja válido. O objetivo é chegar a quinze ou a trinta pontos antes do adversário. Os desafios e suas respostas deram lugar a um repertório de coplas populares que Borges considera parte da cultura portenha. Alude a elas em "Fundação mítica de Buenos Aires" e "Isidoro Acevedo" (*Caderno San Martín*), e em "*La canción del barrio*" (*Evaristo Carriego*), em que diz serem "*uma das grandes conversas de Buenos Aires*".

As cartas mais valiosas são o ás de espadas e o de paus e o sete de espadas e o de ouro, nessa ordem. A tática de fingir não ter boas cartas ou a de fingir tê-las são básicas no truco, e Borges as resenha em *Evaristo Carriego*; assim como no pôquer e em outros jogos, o engano é fundamental para a vitória. A referência a dois mascates, Moshe e Daniel, em um jogo paradoxal típico, relaciona o elemento local a uma astúcia universal.

Do mesmo modo que o mais intelectualizado xadrez, o truco aparece, na obra de Borges, como ritualização de um confronto e como realização de um destino ou uma oportunidade para conhecê-lo. Além disso, sua repetição é uma imagem da circularidade do tempo, o que fica explícito no poema "O truco" (*Fervor de Buenos Aires*). Ainda sob esse aspecto temporal da escrita borgiana, o jogo surge como um dos traços dos típicos arrabaldes (v.) bonaerenses que, já naquele momento, começavam a virar algo do passado: "*aquele flanco quase infinito de solidão que havia pouco se encavernava, logo depois da confeitaria e casa de truco La Paloma*" ("Palermo de Buenos Aires", *Evaristo Carriego*). — PMG e PFCO

Ts'ui Pên

Personagem do conto "O jardim de veredas que se bifurcam" (*Ficções*), é bisavô de Yu Tsun, o narrador. Douto em diversas ciências, como a astronomia e a interpretação dos livros canônicos, além de famoso poeta e calígrafo, Ts'ui Pên foi um homem de letras e, na interpretação do personagem Stephen Albert (v.), idealizou seu romance como um labirinto. Foi governador de Yunnan, na China, tendo renunciado ao poder para escrever um romance que superasse o *Hung Lu Meng* e para edificar um labirinto onde todos os homens se perdessem. Dedicou treze anos a tais projetos, porém um forasteiro o assassinou. O jardim do título do conto é a representação do labirinto desse personagem. A obra literária de Ts'ui Pên contém o labirinto e a simultaneidade do tempo, o que o torna um personagem emblemático da ficção borgiana. — PPM

Tucumán e Ituzaingó, batalhas de

A Batalha de Tucumán ocorreu em 24 e 25 de setembro de 1812, nas cercanias da cidade de San Miguel de Tucumán, no âmbito das lutas de independência da Argentina. As tropas lideradas pelo general Manuel Belgrano venceram os exércitos realistas, impedindo seu avanço no noroeste do país.

A Batalha de Ituzaingó, na qual, como afirma Borges, lutaram o poeta *gauchesco* (v.) Hilario Ascasubi (v.) ("A poesia *gauchesca*", *Discussão*) e Mariano Rubio, pai de María Justina Rubio de Jáuregui, personagem principal de "A velha senhora" (*O informe de Brodie*), aconteceu em 20 de fevereiro de 1827, nos territórios do Rio Grande do Sul. De um lado estavam as tropas aliadas dos uruguaios e o exército argentino, e do outro as tropas do Império do Brasil, disputando o controle da

Banda Oriental, hoje Uruguai, sob o domínio brasileiro desde 1824. Os aliados venceram o conflito e criaram a Convención Preliminar de Paz que, em 1828, reconheceu o Uruguai como Estado livre, independente e soberano. Na historiografia brasileira, esse episódio ficou conhecido como a Batalha do Passo do Rosário.

Ambas as batalhas são rememoradas por Borges em "A poesia *gauchesca*", como forma de se opor ao que ele considera uma "*extravagante e inocente necessidade*" de tornar o *Martín Fierro* (1872) (v.) um épico. Se assim fosse feito, toda a história secular da pátria seria reduzida "*às andanças de um homem da faca de 1870*". — PFCO

tugúrios fundos do Sul

V. cortiço.

Tupambaé

Batalha que ocorreu perto do riacho Tupambaé ("Terra de Deus", em guarani), no Uruguai, no dia 22 de junho de 1904, em plena guerra civil entre *blancos* e *colorados*. Foi a mais sangrenta de todo esse conflito, e nela morreram cerca de trezentos homens. As forças oficiais, comandadas pelo general *criollo* (v.) Pablo Galarza, contavam com 3600 homens e perderam cento e onze; as do grupo insurgente, sob a liderança de Aparicio Saravia (v.), alinharam por volta de 15 mil soldados com qualidade inferior de armamento e preparação, dos quais 178 sucumbiram. Poucos anos depois, ergueu-se, próximo ao cenário da luta, uma estação de trem em torno da qual se formou um pequeno povoado que leva esse nome. Foi uma das batalhas mencionadas pelo coronel Dionisio Tabares durante uma conversa com o personagem Borges, em "A outra morte" (*O Aleph*). — PR e MAGB

Twain, Mark

Pseudônimo de Samuel Langhorne Clemens (1835-1910), escritor norte-americano. Em novembro de 1935, publicou-se, na revista *Sur* (v.), o ensaio "Uma vindicação de Mark Twain", como homenagem aos cem anos de seu nascimento. Aí Borges apresenta a correspondência entre os Estados Unidos e Twain, uma espécie de colaboração subterrânea entre o escritor e sua comarca, seu espaço, entre os romances e o Mississippi. A obra com mais citações e menções é *The Adventures of Huckleberry Finn* (1884), primeiro romance lido até o fim pelo autor argentino durante a infância e por ele considerado a origem de *Don Segundo Sombra* (1926), de Ricardo Güiraldes (v.). Em *Introducción a la literatura norteamericana*, no capítulo intitulado "O Oeste", Borges faz um esboço biográfico de Mark Twain e destaca o modo como ele é lido por seus contemporâneos: pelo viés do humor. Entretanto, ratifica a importância da obra dele para a literatura norte-americana e retoma as palavras de Ernest Hemingway: de Twain nasceu todo o romance norte-americano. — LM

U

Ul-Mulk, Nizam

Escritor e político persa, Nizam ul-Mulk (também al-Mulk) nasceu em Khorasan, em 1018 ou 1019. Depois de anos servindo o sultão Masud, como reconhecimento pelo tempo de dedicação chegou "*à dignidade de vizir*" em 1064, como Borges informa no conto "O enigma de Edward FitzGerald" (*Outras inquisições*). Dentre as obras que escreveu, a mais conhecida é o tratado político *Siasset-Namèh*.

Nizam ul-Mulk foi assassinado em 1092. A razão do homicídio é até hoje incerta: alguns documentos o relacionam a um desentendimento com a princesa Turkhan-Khatun; outros — e aí se inclui o conto de Borges —, a uma desavença ideológica com Hassan ben Sabbah, o "*futuro fundador da seita dos Hashishin ou Assassinos*". — DF

ultraísmo

"[...] primeiro movimento de vanguarda espanhol, e consequentemente hispânico, articulado como tal. Entre 1918 e 1925, Madri, Sevilha, Bilbao, La Coruña, Lugo e outras cidades espanholas foram os cenários onde, primeiramente no âmbito literário, no qual o chileno Vicente Huidobro — cujo papel nesse sentido é comparável ao de Rubén Darío (v.) vários anos antes — lançou uma fagulha, e, logo depois, no das artes plásticas, os ultraístas propuseram uma nova estética, construída à base de retalhos de cubismo literário, futurismo, criacionismo, expressionismo e dadaísmo mas que acabou tendo certo grau de originalidade, condensável no papel concedido à metáfora. O '*irônico pai do ultraísmo*', para utilizar a definitiva fórmula borgiana, foi Rafael Cansinos-Asséns (v.). Este vinha do modernismo espanhol, o qual se reunia no madrilenho Café Colonial, e também não se estabeleceu definitivamente no território de uma vanguarda que encontrou sua Torre Eiffel particular no Viaduto, próximo da residência do escritor. [...]" — *Las cosas se han roto*.

"Na América outrora espanhola, e de um modo muito especial em suas duas grandes metrópoles, Buenos Aires e Cidade do México, a boa-nova ultraísta foi ouvida por alguns dos escritores jovens mais inquietos. A revista mural *Prisma* (v.) e os periódicos *Proa* (primeira época) (v.) e *Martín Fierro* (segunda época) (v.) foram as principais plataformas do ultraísmo argentino, importado de Madri por Borges e sua irmã, a pintora e gravadora Norah Borges (v.), o qual contou com Francisco Luis Bernárdez (v.), Eduardo González Lanuza (v.), Oliverio Girondo (v.) e o pintor Xul Solar (v.), entre outros, em suas fileiras. No México, Manuel Maples Arce fundou o estridentismo, de maiores consequências plásticas, e aí estão para prová-lo Arqueles Vela e seu romance *Café de nadie* (1926), Ramón Alva de la Canal ou Fermín Revueltas. Outros países, Equador, Peru, Colômbia, Uruguai, Chile, foram também receptivos, muito rapidamente, à mensagem da vanguarda." — *El ultraísmo y las artes plásticas*.

"Entre 1918 e 1921, Borges residiu na Espanha com os pais e a irmã. Seu primeiro poema publicado apareceu na revista *Grecia*, por iniciativa de Adriano del Valle. Encontramos ainda sua assinatura em *Alfar*, de La Coruña, *Cervantes*, *Cosmópolis*, *Gran Guiñol*, *Reflector*, *Tableros* e *Ultra*, de Madri. A ele se devem as primeiras traduções espanholas, divulgadas por algumas dessas revistas, dos poetas expressionistas alemães, os quais havia descoberto na Genebra neutra dos anos da Primeira Guerra Mundial, onde Norah recebia influências similares nas artes gráficas. Em Madri, frequentou Rafael Cansinos-Asséns, a quem se manteria fiel ao longo de toda a vida; em 1921, foi coautor, com Evaristo Correa Calderón, Pedro Garfias, Tomás Luque, Eugenio Montes e o britânico L. Walton, de um poema automático coletivo que enviaram a Tristan Tzara. Borges difundiu a boa-nova ultraísta em Palma de Maiorca, onde foi amigo de Juan Alomar, Miguel Ángel Colomar, Josep Lluis Moll (o futuro ator Fortunio Bonanova) e, particularmente, de Jacobo Sureda. Nesses anos, Borges compunha um livro, *Ritmos rojos*, que jamais viria à luz. Transplantou o ultraísmo para Buenos Aires mediante sua revista mural *Prisma* (1921). Também foi ultraísta seu primeiro livro de poemas, *Fervor de Buenos Aires* (1923), com capa de Norah, autora ainda da capa do segundo, *Lua defronte* (1925), do qual um dos poemas é uma homenagem a Cansinos sobre a paisagem do Viaduto madrilenho. Em *Inquisições* (1925), reuniu ensaios sobre Cansinos, sobre Ramón Gómez de la Serna (v.) — a quem admirou sempre com ressalvas, e que fora um dos primeiros a resenhar *Fervor de Buenos Aires*, na *Revista de Occidente* — e sobre seu futuro cunhado Guillermo de Torre (v.), com quem nunca teria relações muito boas. Figurou, com Alberto Hidalgo (v.) e Vicente Huidobro, como coautor do fundamental *Índice de la nueva poesía americana* (1926), para cujo estabelecimento contribuiu sobretudo o primeiro. Mas, já naquela época, constituído na principal figura da geração que teve suas duas tribunas sucessivas em *Martín Fierro* e em *Sur* (v.), havia deixado para trás o credo ultraísta, e começava a se tornar Borges." — *Antología de la poesía ultraísta* — JMB

Unamuno, Miguel de

Nasceu em Bilbao, em 1864, e morreu em Salamanca, em 1936. A partir de 1901, foi reitor da Universidade de Salamanca, cargo do qual foi destituído, pouco depois do começo da Primeira Guerra Mundial, por suas opiniões sobre política internacional e suas críticas à monarquia. Em 1924, quando ocorreu o golpe de Estado do general Miguel Primo de Rivera, contrapôs-se ao regime e foi desterrado para a ilha de Fuerteventura, de onde foi para Paris e, em seguida, para Hendaya, cidade fronteiriça. De volta à Espanha em 1930, foi restituído ao cargo de reitor. Seus romances existenciais — que ele chama "*nivolas*" — se afastam das normas admitidas para o gênero: são dramas íntimos em que se exerce o simulacro de conferir categoria real aos personagens. Cultivou também o gênero dramático. A produção poética de Unamuno, iniciada após os quarenta anos, leva ao extremo sua tendência irracionalista, é alusiva e evita a referência direta, tentando provocar um efeito de contágio espiritual: *Poesía* (1907), *Rosario de sonetos líricos* (1911), *El Cristo de Velázquez* (1920), *De Fuerteventura a París* (1923), entre outros títulos. No ensaio, gênero que mais se acomoda ao temperamento dele, destacam-se *En torno al casticismo* (1895), *Vida de Don Quijote y Sancho* (1905) — em que recria e interpreta livremente o romance de Cervantes (v.), dando a Dom Quixote o caráter de símbolo nacional —, *Del sentimiento trágico de la vida* (1913) e *La agonía del cristianismo* (1924). Unamuno não foi um cultivador do senso da forma artística, o que poderia explicar as feiuras de estilo que Borges lhe atribui. Em meados da década de 1920, mantiveram uma breve correspondência, da qual o autor argentino divulgou na revista *Proa* (v.), de Buenos Aires, uma carta escrita pelo espanhol. — MAGB

unitários

A Argentina, ao longo de boa parte do século XIX, conviveu com conflitos internos muito intensos. Após a obtenção da independência, em 1816, iniciou-se um demorado processo de formação e consolidação do Estado nacional. De um lado, estavam os que defendiam a autonomia das províncias (federalistas) (v.). Do outro, alinhavam-se os que lutavam pela unificação de todas as províncias e sua decorrente submissão à autoridade de Buenos Aires (unitários). Esse embate militar e político traduziu-se em uma guerra civil marcada por longas e sangrentas lutas, que prosseguiram até os anos 1860, quando finalmente o projeto unitário conseguiu se impor às iniciativas federalistas.

Como Borges se interessasse profundamente pela história de seu país, e de todo o continente, é natural que fizesse referências a esses conflitos, como em "Palermo de Buenos Aires" (*Evaristo Carriego*), ao falar sobre Juan Manuel de Rosas (v.), o caudilho e federalista mais famoso, inimigo dos unitários. O conflito é revivido, de forma individualizada e pessoal, em "Os espelhos velados" (*O fazedor*). — PFCO

Urbach, Matilde

Personagem do poema "Le regret d'Héraclite" (*O fazedor*). O nome Matilde remete, na tradição literária, à Matelda de Dante (v. Alighieri, Dante), personagem do *Purgatório*, que no paraíso terrestre imerge Dante no rio Letes para que ele esqueça, por já expiados, os pecados cometidos, e, a pedido de Beatriz, banha-o no rio Eunoé, que lhe conservará sempre presente a memória das boas ações cumpridas. Dante, ao banhar-se nessas águas e bebê-las, torna-se puro e disposto a subir às estrelas. Trata-se de uma espécie de batismo, que nada mais é, na tradição cristã, que o sepultamento do velho ser e o início do nascimento de um novo homem, agora santo e próximo a Deus. Já o sobrenome Urbach etimologicamente remete a "riacho" (germânico: *Bach*), em concordância simbólica com o citado episódio da *Divina comédia*. Assim como Beatriz Viterbo (v.) em "O Aleph" (*O Aleph*) é uma alusão à Beatriz Portinari dantesca para simbolizar o feminino, Matilde Urbach é uma alusão indireta à obra de Dante. — PPM

Urquiza, Justo José de

General e político argentino (1801-70), chegou à presidência de seu país (1854-60) nos momentos finais da guerra civil de consolidação nacional. Caudilho federalista (v.), contribuiu de forma decisiva para o estabelecimento dos fundamentos constitucionais da Argentina moderna. Nomeado governador de Entre Ríos em 1841, ganhou prestígio pelas reformas econômicas e educacionais que efetuou e, dois anos depois, comandou as forças que salvaram o exército de Juan Manuel de Rosas (v.) na guerra contra o Uruguai. Promovido a general, Urquiza recebeu apoio do Partido Federalista, além de subsídios e armas dos governos brasileiro e uruguaio, rebelando-se contra Rosas, a quem venceria em Monte Caseros (v.), em 1852. No ano seguinte, convocou uma Assembleia Constituinte, que promulgaria a nova Constituição, e foi nomeado presidente.

Borges, em "Uma vida de Evaristo Carriego" (*Evaristo Carriego*), conta que o avô de Evaristo teria se rebelado contra a colocação de uma estátua de Urquiza na capital da província de Entre Ríos, com o general ainda vivo. Em outro momento, em um dos textos que compõem "História do tango", também de *Evaristo Carriego*, o autor comenta que após a Independência, entre outros eventos, ocorreram as campanhas contra Rosas e Urquiza. General Urquiza é ainda o nome de uma rua de Buenos Aires que aparece no conto "O Zahir" (*O Aleph*), cujo protagonista é o próprio Borges. — PPM

Uruguai

"*Tal como os tentos de um laço / se embaralha nossa história*", afirma Borges em "Milonga para os orientais" (*Para as seis cordas*). Talvez nada melhor que a imagem do entrevero, do dinâmico cruzamento das duas margens do Prata, para exemplificar o olhar do autor argentino sobre os dois Estados divididos por esse largo "*rio de modorra e de barro*" ("Fundação mítica de Buenos Aires", *Caderno San Martín*). Quando criança, antes de partir rumo à Europa em 1914, Borges passava, com a família, as férias de verão na grande estância do parente materno Francisco Haedo Suárez, situada no litoral uruguaio, ou mais assiduamente na quinta da mesma família no bairro montevideano de Paso Molino (v. Paso del Molino). De janeiro a março, no casarão da rua Lucas Obes, então uma distinta região semirrural, estreitou a amizade com suas primas, sobretudo Esther Haedo, que havia nascido no mesmo ano que ele e viveria quase uma década mais, e que muito tempo depois se casaria com Enrique Amorim (v.). Ao regressar da Europa, em 1921, ele começou a reler a tradição cultural dessa parte da América nas revistas portenhas *Proa* (v.), *Martín Fierro* (v.), *Inicial* (v.), *Síntesis*, entre outras. Tanto em seus ensaios publicados em tais periódicos quanto nos poemas (como "Montevidéu", *Lua defronte*, 1925), o Uruguai estava bem mais integrado a uma visão geral rio-platense que a uma concepção unívoca da argentinidade.

O referente Uruguai aparece, primeiro, como paisagem, como citação oculta, como menção histórica cuidadosa a pessoas e lugares — assim em "Avelino Arredondo" (*O livro de areia*, 1975), um episódio que lhe fora contado por seu admirado parente uruguaio Luis Melián Lafinur (v.), escritor e político destacado —, até a escolha de um sujeito real elevado à categoria de personagem, como Enrique Amorim em "Tlön, Uqbar, Orbis Tertius" (*Ficções*), ou Emir Rodríguez Monegal (v.) em "A outra morte" (*O Aleph*). Tornou-se mais visível, a partir dos textos críticos e ficcionais de Borges, a integração entre os sistemas literários uruguaio, argentino e das regiões próximas. Essa proposição é válida também ao contrário e em um grau nada desprezível. Basta pensar na forte experiência de contínuo intercâmbio, de ida e volta, de transposição forçosa no século XIX e até, pelo menos, o primeiro peronismo (1945-55), para apreciar a interdependência, por mais que o peso do mercado argentino sempre tenha conquistado a atenção de escritores (e editores) uruguaios, a fim de transcender suas reduzidas margens de público. Basta reparar na *gauchesca* (v.) e em seu herdeiro passado pelo funil da vanguarda, o nativismo de Fernán Silva Valdés (v.), Pedro L. Ipuche (v.) e outros, bem como suas notas sobre a poesia de tons futuristas de Alfredo Mario Ferreiro ou os relatos *criollos* (v.) passados pelo crivo da renovação vanguardista de Francisco Espínola.

A própria insistência do escritor portenho em chamar de Banda Oriental o Estado uruguaio, território que perdera essa denominação na década de 1830, revela a preferência por um sintagma de ressonâncias épicas e, talvez, mais definido e belo que o excessivamente topográfico e confuso "República Oriental do Uruguai" ou o mais sintético e imposto "Uruguai". Como a antiquada María Justina

Rubio de Jáuregui, do conto "A velha senhora" (*O informe de Brodie*), Borges também "imitava" arcaísmos e dizia: "orientais *e não* uruguaios". A noção de "outra Banda" lhe permite, sobretudo, estabelecer um sutil paralelo entre afastamento e assimilação cultural, já que apenas um rio, definido nesses termos, e somente alguns "acidentes" políticos distanciam o próximo: a mesma língua, os mesmos tipos humanos autóctones, os mesmos mitos construídos em poucos séculos, a mesma "assustada planície interminável", como a designa Emilio Oribe (v.) em um poema que Borges citou com prazer em muitas ocasiões. Bem observado, isso explica a semelhança e a dessemelhança das imagens do autor sobre o Uruguai, sua profunda simpatia, sua notável comodidade quando se refere a essas terras, a sua gente, a sua cultura. Tudo isso tem, para ele, o sabor do próprio e não tão alheio: "*É o sabor daquilo que é/ Igual e um pouco distinto*" ("Milonga para os orientais"); dois territórios que, em um impulso de vago anarquismo, considera artificialmente separados e confia em "*que o tempo/ Vá desfazendo as fronteiras;/ Afinal vemos as mesmas/ Cores nas duas bandeiras*" ("Milonga para os orientais"). Percebe-se que a unidade de tal passagem explica as apropriações resultantes e, em contraposição, ressalta a inexistência do norte argentino ou da região andina no discurso borgiano. Sua literatura, quando menciona algum tópos reconhecível, é a do "pampa" *criollo* de origem hispânica. Por isso, não entra nesse registro o Rio Grande do Sul, que é apenas o cenário da violência, a ignota margem da barbárie intocada pela "civilização" — no sentido proposto por Sarmiento (v.) —, como se pode ler nos contos "Emma Zunz" e "O morto" (*O Aleph*).

A situação de contato e diálogo intelectual com o Uruguai se intensifica na década de 1940. Em 1950, as relações pessoais com Enrique Amorim (v.) se ressentem por motivos estéticos e políticos, já que o uruguaio se inclina para o comunismo, enquanto Borges defende princípios liberais. Dois "acontecimentos", ou melhor, três, reorientam os vínculos com aquele país. Primeiro, a publicação de *O jardim de veredas que se bifurcam* (1942), com a consecutiva afirmação de seu autor como narrador de histórias fantásticas, aspecto que Giselda Zani percebeu com fineza, em uma nota da revista uruguaia *Alfar*. Segundo, uma aplaudida visita semioficial em 1945, por conta e cargo da prestigiosa instituição Arte y Cultura Popular, guiada por sua diretora, María V. de Muller. Nela Borges fez uma palestra sobre literatura *gauchesca*, que o semanário *Marcha* divulgou em três números. Terceiro, a aparição de múltiplas publicações periódicas montevideanas de uma nova geração e, nelas, de alguns críticos que o estimavam como a um grande mestre, especialmente Emir Rodríguez Monegal, que se tornaria um de seus principais e mais constantes estudiosos e primeiro polêmico e importante biógrafo.

Nem todos celebraram Borges — Ángel Rama, por exemplo, não o fez nas décadas de 1950 ou 1960 — nem Borges deixou de ter os melhores vínculos possíveis no Uruguai a partir daí até o fim de sua vida, quando costumava visitar Montevidéu ou mesmo Punta del Este, fazendo conferências em instituições particulares sob os auspícios de anfitriões já não tão qualificados, e em tempos políticos como os que se precipitaram de 1973 a 1985, quando a maioria dos intelectuais enfrentava veto a qualquer atuação pública, se é que não estava no exílio ou na prisão. — PR

Uspenski

Petr Deianovich Uspenski (1878-1947) foi um místico russo que, em sua obra *Tertium organum* (1920), defendia a ideia de uma "razão intuitiva", além de ter tratado do tema da consciência do ser que é, ao mesmo tempo, inconsciente do todo. A mudança do sentido temporal, de acordo com Uspenski, expressa-se no começo da transição para a consciência desse todo.

Quando Borges se refere, em "O tempo circular" (*História da eternidade*), ao tema da circularidade do tempo, um dos autores citados é Uspenski. O tempo é assunto igualmente abordado em "Notas" (*Discussão*), em que o livro *Tertium organum* é mencionado como uma das fontes do escritor argentino para reflexão sobre essa questão, outra vez comentada em "O tempo e J. W. Dunne" (*Outras inquisições*). — PFCO

V

valentia

Borges chorava assistindo a filmes de faroeste. Poemas seus celebram certo coronel Suárez (v.), vitorioso na Batalha de Junín, elogiam o exército israelense na Guerra dos Seis Dias (1967) (v.) e lastimam a morte dos americanos sitiados pelos mexicanos em El Álamo (v.) (há um filme de John Wayne a respeito). Borges chama El Álamo de "*essas outras Termópilas*" ("Texas", *O outro, o mesmo*).

Considerar ridícula essa última comparação seria desentender toda a sua obra. O anacronismo, a desproporção, o sem propósito e uma espécie de metempsicose material (a mesma bala que matou Kennedy encontrou o coração de Lincoln, o punhal que matou César ainda é o que vitima um chefete de arrabalde, v.) são para Borges a condição necessária da literatura. Nesse autor aparentemente tão cético, intelectual e frio, há um gosto pelo exagero; pelo menos uma aspiração, uma nostalgia do exagero.

A propensão à virilidade e à jactância são, para nós, brasileiros, características nacionais dos argentinos. Mais do que um pós-moderno criador de labirintos, mais do que um resignado precursor de Italo Calvino, Borges é um verdadeiro poeta nacional: soube tematizar essa necessidade austral de heroísmo, de gesta, de altivez.

Escolheu como heróis os baderneiros de Palermo, os caudilhos que pululavam, "*lá pelos tempos bravos de*" 1890, às margens do córrego Maldonado. Assim, incluiu no "Epílogo" de suas *Obras completas* (edição da Emecé de 1974) uma nota biográfica, atribuída a uma enciclopédia de 2074: "*Borges* [...] *Era de estirpe militar e sentiu saudade do destino épico de seus antepassados. Pensava que o valor é uma das poucas virtudes de que os homens são capazes, mas seu culto levou-o, como a tantos outros, à veneração irrefletida dos marginais*".

Juan Muraña (v.), don Nicolás Paredes — esmaecidos valentões de Atrio, de Corrales — foram temas de milongas elegíacas (*Para as seis cordas*, 1965), com letra de Borges musicada por Astor Piazzolla. O duelo, o desafio, a mesura varonil, são para Borges um fato estético: no seu poema "O tango", comemora aqueles que "*sem ódio, / lucro ou paixão de amor se esfaquearam*" (*O outro, o mesmo*) e um tal de Iberra, que matou o próprio irmão: como este tinha matado mais gente do que ele, cumpria igualar as contas.

No fundo, Borges está igualando as contas com Homero (v.). Gostava de citar a passagem da *Odisseia* em que o poeta diz que tantas mortes, tanta guerra servirão afinal como assunto de canto para os poetas do futuro. A poesia seria como que uma memória fictícia. Borges sabe que a América do Sul é pobre em heroísmos; mais exatamente, sabe que o homem do povo não se reconhece no Estado (*Evaristo Carriego*). Temos aqui, sem dúvida, um subcapítulo do grande tema borgiano, que é o da impossibilidade da representação. Assim como nenhum mapa pode ser inteiramente fiel ao território, nenhum Estado representa a sua população; com mais motivos ainda, nenhum mito nacional pode ser encarado como algo além de um mero artifício. Ao inventar-se como bardo de uma história alternativa, Borges tem a astúcia de, ao mesmo tempo, denunciá-la como insignificante e marginal.

É assim que seus heróis populares — que equivalem imaginariamente aos de Homero e aos de Ludovico Ariosto (v.) — valem pouco. Encarou o épico como ficção e a memória como artifício. Fez de um país dependente e subdesenvolvido o foco de uma mitologia autoconsciente; acreditou-se, talvez, um mitólogo argentino, sobranceiro, favorecido pela cegueira; o hábito da literatura fantástica e do que há de periférico em suas leituras — Robert Louis Stevenson (v.), G. K. Chesterton (v.), Soren Kierkegaard (v.) — alimentou seu poder de ilusionista, do qual era plenamente, ironicamente, consciente. — MCO (Texto publicado no jornal *Folha de S.Paulo*, São Paulo, 1º de agosto de 1999, caderno mais!.)

valentões

Eduardo Gutiérrez (v.) escreveu sobre elites decadentes e degeneradas e, de maneira geral, sobre pessoas deixadas à margem no fim do século XIX, tais como os *gauchos* (v.). Foi um dos primeiros autores na Argentina a estabelecer um vínculo entre ficção e realidade, à medida que, para compor suas narrativas, fez levantamentos nos arquivos policiais, entrevistou moradores rurais e conversou com prisioneiros. Tudo isso lhe possibilitou articular de forma convincente seus personagens, em especial os famosos valentões.

Um dos personagens mais conhecidos de Gutiérrez é o *gaucho* Juan Moreira (v.), da obra homônima publicada em folhetim entre 1879 e 1880. Nela, o escritor narra a transformação de um *gaucho* bom em um indivíduo mau, como resultado de um sistema de Justiça corrupto. Entretanto, seus *gauchos*, sobretudo Juan Moreira, tornados ícones nacionais em sua época, foram esquecidos.

Em "Uma vida de Evaristo Carriego" (*Evaristo Carriego*), Borges conta que Carriego (v.) teria sido influenciado pela leitura das obras de Gutiérrez, *Juan Moreira* e *Hormiga Negra* (1881) (v.), e seus valentões. — PFCO

Valéry, Paul

Escritor, poeta e crítico francês (1871-1945) que põe por terra o mito da inspiração poética e recupera o papel da inteligência e da razão na criação artística. Além de poemas como *Le Cimetière marin* (1922) e *La Jeune Parque* (1917), Valéry escreveu ensaios, primeiro por intermédio de seu alter ego Edmond Teste; depois, nas cinco séries de *Variété*. Para o teatro, compôs os balés *Amphion* (1931) e *Sémiramis* (1934), com música de Arthur Honegger, e *Cantate du Narcisse* (1942), musicada por Germaine Tailleferre.

Ao prefaciar *El cementerio marino* ("Paul Valéry: *O cemitério marinho*", *Prólogos, com um prólogo de prólogos*), versão espanhola de Néstor Ibarra, Borges elogia em primeiro lugar a tradução e até inverte os papéis, destacando que o original não recupera "*todo o sabor latino*" que a forma castelhana esmiúça. Desse "*vasto diamante*" que é o poema, lamenta "*a intromissão romanesca*" que tende a uma verossimilhança por ele considerada desnecessária. Quanto à abordagem da morte, seu afastamento de Valéry se deve ao fato de que incorre em uma tradição espanhola, não privativa dessa literatura mas que ela cultivou de modo excludente.

Na biografia sintética (*Textos cativos*), Borges ressalta a inutilidade de recorrer aos fatos da vida de Valéry, já que para o francês são apenas "*estímulos do pensamento*". Detém-se somente em uma conversa com Pierre Louÿs, que depois o levaria a Mallarmé, e o faz porque "*Nos hábitos tipográficos de Valéry restam ainda alguns rastros desse comércio juvenil com os simbolistas*". De seu livro *Introduction à la méthode de Léonard de Vinci*,

Borges suspeita que Leonardo é *"um pretexto eminente para a descrição exemplar de um tipo de criador"*; de *Monsieur Teste*, proclama que *"é talvez a invenção mais extraordinária das letras atuais"*; de sua poesia, julga que *"talvez — é menos organizada para a imortalidade que sua prosa"*; de suas versões espanholas, consagra a de 1931 como *"a mais hábil de todas"* ("Paul Valéry", *Textos cativos*).

Apoiando-se em Valéry, Borges voltará ao tópico da ausência de uma história da literatura diante da abundância de histórias dos literatos. Mas não manterá muito mais de suas lições: aproveitando a contradição entre a definição materialista da literatura como uma arte da linguagem e a reivindicação de um leitor ou espectador para as obras do espírito, o escritor argentino antecipa alguns elementos das modernas teorias literárias. A primeira definição ressalta a combinatória variável do autor; a segunda faz a combinatória depender da habilidade de percepção do leitor. Embora as apreciações de Borges não comportassem até então uma defesa de Valéry, ao se ocupar de uma obra crítica sobre o autor, ele a alfineta por *"um incansável pulular de gracejos inúteis e de malevolências minúsculas"* ("Um livro sobre Paul Valéry", *Textos cativos*). Igualmente, deplora o fato de que o suposto exegeta Hubert Fabureau ignore as alegorias e reduza as metáforas a *"metódica assimilação de duas coisas"*, esquivando *"o contato momentâneo de duas imagens"*.

O resgate de Valéry sobrevém no momento de sua morte, que coincide com o fim da Segunda Guerra Mundial: *"Propor aos homens a lucidez numa era baixamente romântica, na era melancólica do nazismo e do materialismo dialético, dos áugures da seita de Freud e dos comerciantes do* surréalisme, *tal é a benemérita missão que Valéry desempenhou (e continua desempenhando)"* ("Valéry como símbolo", *Outras inquisições*). Entretanto, em um discurso de 1975, reconhece que nunca pôde admirá-lo *"como, sem dúvida, esse grande poeta merece"*.

Em "A flor de Coleridge" (*Outras inquisições*), cita Valéry, o qual diz que se poderia levar a cabo a escrita de uma história da literatura sem mencionar um único escritor. Essa ideia interessou a Borges — no ensaio, oferece um par de variantes de Emerson (v.) e Shelley (v.) — a ponto de o argentino consubstanciar-se com ela, pois, em diálogos da velhice, a recorda quase como um projeto próprio.

O livro póstumo de Carlos Mastronardi (v.), *Borges*, apresenta outra faceta do pensamento de seu amigo ao citar um diálogo sobre Valéry: *"Não sabemos se é inteligente: sabemos que sempre fala da inteligência. Dedica muitas palavras à vida mental, mas resta por indagar se sua vida mental é complexa. Essas contaminações são frequentes. Valéry já é o filho de seu importante tema invariável"*. — GG e MCR

Valhala

Na mitologia nórdica, é um imenso salão na fortaleza divina de Asgard (lugar onde vive o ramo Aesir da família dos deuses) destinado por Odin aos Einheriar, guerreiros mortos nos campos de batalha, recolhidos pelas valquírias, enviadas de Odin. Uma vez em Valhala, os Einheriar são magicamente curados de seus ferimentos e passam a desfrutar dos prazeres das lutas e da mesa até o dia em que perecerão novamente ao lado de Odin, na predeterminada batalha final entre os deuses e os gigantes.

Borges cita uma passagem de Snorri Sturluson (v.), na qual este comenta, baseando-se em uma história que envolve o Valhala, a origem da metáfora para a palavra "ouro" ("As *kenningar*", *História da eternidade*). — FT

Valle-Inclán, Ramón del

Escritor espanhol (1866-1936) de expressão múltipla, realizou trabalhos como novelista, contista, autor dramático, poeta, ensaísta e jornalista. Foi um dos primeiros expoentes do modernismo de seu país, tendo mantido contato com o poeta Rubén Darío (v.), com quem concordou sobre a necessidade de renovar a literatura hispânica. Em um primeiro momento, praticou uma escrita artística voltada para o esteticismo, passando posteriormente a modos distorcidos de representar a realidade. É autor de uma tetralogia de novelas líricas publicadas entre 1902 e 1905, *Sonata de otoño*, *Sonata de primavera*, *Sonata de estío* e *Sonata de invierno*, cujos temas centrais são o erotismo, a religião e a morte. Em sua obra poética consta, entre outros, *Aromas de leyenda* (1907), que se inscreve no final do romantismo. Considerado seu melhor romance, *Tirano Banderas* (1926) é visto como a mais completa realização artística; nele apresenta temas e estilo que lhe caracterizariam a obra a partir daí, isto é, o tema da degradação do homem, sua coisificação e animalização, mediante intensa dramatização. Trata-se do primeiro romance a ter como tema central um ditador latino-americano.

Em crítica a uma "alarmante" e superficial *História da literatura* (*Textos cativos*), em que aponta diversas falhas e equívocos, Borges comenta que tal publicação dedicou apenas uma página a Valle-Inclán, bem como a Ortega y Gasset. — PPM

Vázquez, María Esther

Escritora e jornalista argentina, estudou letras e filosofia. Desenvolveu amizade próxima com Borges, tendo-o acompanhado em diversas viagens. É autora de dois livros, ambos de 1965, em colaboração com ele: *Introducción a la literatura inglesa* e *Literaturas germánicas medievales*. Escreveu a biografia *Borges: Esplendor y derrota* (1995), fruto dos vários anos de trabalho com o escritor. No diário de Bioy Casares (v.) (*Borges*), são descritos em detalhe alguns dos vaivéns da relação amorosa entre Borges e Esther Vázquez, durante os anos de 1963 e 1964. Parece que houve até planos de casamento.

Borges assinou o prólogo ao livro *Los nombres de la muerte* (compilação de contos de 1964), em que, além de elogiar a forma de narrar articulada pela autora, observa o caráter poético de seus textos. Ainda nesse prólogo, ele menciona sua amizade com María Esther Vázquez e comenta o abrangente interesse literário da escritora. Sobre Borges, ela escreveu também *Borges: Imágenes, memorias, diálogos* (1977). — PPM

Vega, Carlos

Carlos Vega (1898-1966) foi músico e também cursou etnografia no Museu de Ciências Naturais em Buenos Aires, voltando-se mais para os estudos de musicologia e folclore. Ele divulgou, nas revistas *Nosotros* (v.), *El Hogar* (v.) e *Síntesis*, diversos artigos sobre música. Sua mais importante contribuição nessa área foi *La música de un códice colonial del siglo XVII* (1931), livro publicado pela Universidade de Buenos Aires. Nele, decifrou uma música encontrada em um códice peruano pertencente a Ricardo Rojas (v.). Destacando-se no estudo da música folclórica argentina, Vega se tornou catedrático do Departamento de Musicologia Indígena e assistente de Rojas na Faculdade de Filosofia e Letras da Universidade de Buenos Aires.

Em 1928, Borges fez uma resenha crítica, na revista *Síntesis*, da obra de Vega intitulada *Campo*. Em "História do tango" (*Evaristo Carriego*), ele aponta Carlos Vega como um pesquisador do tango. — PFCO

Verlaine, Paul

Na dedicatória "A Leonor Acevedo de Borges", que abre as *Obras completas* da edição de 1974, Borges refere-se a Paul Verlaine (1844-96) como escritor de excelente literatura. Ainda menciona seu nome em outros textos, como, por exemplo, em "Limites" (*O fazedor*), em "Outro poema dos dons" (*O outro, o mesmo*) e também no prólogo ao *Caderno San Martín*: "*vi em Verlaine o exemplo de puro poeta lírico*". — LMRB

Vico, Giambattista

Filósofo, nasceu em Nápoles no ano de 1668. No período em que viveu, a península Itálica, outrora em alta por conta do Renascimento, já não ocupava posição de centralidade dentro da cultura europeia. Entre 1686 e 1695, morou em Vatolla, ao sul de Salerno, em terras hoje pertencentes à Itália, onde estudou a filosofia de Platão (v.) e teve os contatos iniciais com o cartesianismo. De volta a Nápoles, lecionou retórica na universidade, exercendo essa atividade até o ano em que morreu, 1744.

Sua principal obra é *Ciência nova*, publicada pela primeira vez em 1725. Nela, Vico se opôs abertamente à teoria cartesiana do conhecimento, e elaborou uma teoria da história que não ganhou notoriedade na época em que o livro apareceu mas que, nos séculos posteriores, chamou a atenção de pensadores como Karl Marx (v.) e Benedetto Croce (v.). Para o filósofo, o desenvolvimento da humanidade no curso do tempo cumpria três etapas bem definidas: a idade dos deuses, a idade dos heróis e, por fim, a idade dos homens. Ao chegar a esta última etapa, marcada pelo predomínio do pensamento racional, as "nações" degenerariam e regressariam à barbárie que caracteriza a idade dos deuses. Por isso, no ensaio "O tempo circular" (*História da eternidade*), Borges refere-se ao napolitano como uma das autoridades filosóficas que concebiam a passagem do tempo como uma sucessão de "*ciclos similares*".

A menção mais interessante a Vico na obra do argentino, porém, talvez esteja no conto "O imortal" (*O Aleph*). Em determinado momento, o narrador Joseph Cartaphilus (v.) afirma ter discutido a origem da *Ilíada* em 1729 com "*um professor de retórica, chamado, creio, Giambattista*". Mais adiante, Borges nos oferece a seguinte nota de rodapé: "*Ernesto Sabato sugere que o 'Giambattista' que discutiu a formação da* Ilíada *com o antiquário Cartaphilus seja Giambattista Vico; esse italiano afirmava que Homero é um personagem simbólico, à maneira de Plutão ou de Aquiles*". De fato, no livro terceiro de *Ciência nova*, Vico dedicou-se a refutar a existência de Homero (v.). A *Ilíada* e a *Odisseia* seriam, assim, dois poemas cuja autoria deveria ser atribuída ao povo grego. Homero, no caso, não seria um indivíduo de carne e osso, mas, antes, um símbolo do caráter poético desse povo. — DF

Victoria, praça da

V. mapa portenho.

Vidor, King

King Wallis Vidor (1894-1982) realizou, ao longo de várias décadas, uma longuíssima filmografia que reflete, de maneira precisa, os cânones narrativos de Hollywood: *The Big*

Parade (1925), *The Crowd* (1928), *Show People* (1928), *Stella Dallas* (1937), *Duel in the Sun* (1946), *War and Peace* (1956), são apenas alguns de seus filmes mais representativos.

Em sua obra, os esforços individuais de homens comuns contra um meio hostil permitem que eles superem a adversidade e ressurjam fortalecidos. Seja a guerra, a doença, a rotina burguesa, o amor: sempre há algo que opõe resistência a um desejo de realização pessoal.

Para Borges, Vidor parece ser um diretor desigual. Admira *Hallelujah* (1929), mas despreza *Billy the Kid* (1930). Em *Street Scene* (1931), vê certa tensão entre momentos bem-sucedidos e outros desperdiçados. Diz: "*Não é, substancialmente, uma obra realista; é a frustração ou a repressão de uma obra romântica*" ("Filmes", *Discussão*). O que aprecia, em todo caso, é a capacidade do cineasta para condensar, para mostrar obliquamente, para narrar de maneira indireta. — DO

Villa Crespo, esquinas de

V. mapa portenho.

Villar, Teodelina

Personagem de "O Zahir" (*O Aleph*), é uma modelo profissional cuja morte marca o início da narrativa. Famosa, as revistas populares e anúncios de cosméticos e de automóveis estampavam seus retratos. Como observa Emir Rodríguez Monegal (v.), Teodelina pertence, do mesmo modo que Beatriz Viterbo (v.), à categoria da mulher tentadora, a *femme fatale*, e é menos mulher que um protótipo. Para o crítico, ela se enquadra de alguma maneira na categoria da Beatriz de Dante Alighieri (v.) na *Divina comédia*, caracterizada, sobretudo, por ser inalcançável e adorada pelo narrador em primeira pessoa. Dessa forma, a moeda mística o Zahir não deixa de ser uma espécie de alegoria de Teodelina: aparece em todos os lugares na fixação do narrador, correspondendo à modelo em todos os anúncios e revistas. — PPM

Vinte e Cinco de Maio, Pátria verdadeira do

O dia 25 de maio de 1810 é a data da revolução que iniciou o processo de emancipação rio-platense. Por isso, na historiografia tradicional, considera-se a Revolução de Maio a origem da nacionalidade argentina. Borges cita Hilario Ascasubi (v.), que, ao recomeçar sua *Gaceta joco-tristona y gauchi-patriótica*, em 1858, apresenta Aniceto el Gallo (enunciador ficcional e alter ego do autor) como um *gaucho* (v.) que segura "*a bandeira / dessa Pátria verdadeira*" ("A poesia *gauchesca*", *Discussão*). Ascasubi situava seu personagem/enunciador no campo dos portenhos em confronto com Justo José de Urquiza (v.), os quais, como era de esperar, sustentavam a Pátria verdadeira, ligando o projeto portenho de Bartolomé Mitre (v.) à herança da Revolução de Maio. (V. literatura *gauchesca*.) — PMG

Virasoro, gavetinhas de

Alejandro Virasoro, arquiteto portenho, renomado expoente do art déco, impulsionador das casas pré-fabricadas e de plantas de casas para operários. Foi responsável pela construção de vários edifícios particulares importantes em regiões centrais de Buenos Aires na década de 1920. Nos anos 1950, mudou-se para Mar del Plata, onde também deixou diversas obras hoje admiradas. Muito criticado no início da carreira por colegas academicistas em razão do estilo "excessivamente moderno", criou uma empresa própria de planejamento, edificação e decoração de prédios, que unificava tarefas em geral levadas adiante de maneira independente.

Suas "*reticentes gavetinhas*" ("*La canción del barrio*", *Evaristo Carriego*) aludem às sóbrias e geométricas fachadas de edifícios como o do Banco El Hogar Argentino e da Casa del Teatro, cujos interiores igualmente geométricos porém mais sobrecarregados seriam o "*íntimo mau gosto*". — PMG

Virgílio

Poeta romano (70-19 a.C.), autor de *Eneida* — obra à qual Borges dedicou um texto, presente em sua *Biblioteca pessoal*, "Públio Virgílio Maro. A *Eneida*" — e, conforme disse o escritor argentino em entrevista concedida em 1980 a uma revista brasileira, criador de um "*mundo mágico*". Na *Divina comédia*, Dante Alighieri (v.) elege Virgílio como seu guia na viagem pelo inferno e pelo purgatório. Na interpretação de Emir Rodríguez Monegal (v.), Virgílio e Dante teriam sido a matriz para o personagem Carlos Argentino Daneri, do conto "O Aleph" (*O Aleph*) (v. Viterbo, Beatriz). O poeta latino também se tornou conhecido por sua previsão sobre a chegada do Messias, expressa na Quarta Écloga, que Borges menciona em "O milagre secreto" (*Ficções*).

Virgílio usou as éclogas — composições em verso em forma de diálogos com temática pastoril — em algumas de suas criações, como as *Geórgicas*, obra rapidamente comentada em "O Aleph" e mencionada no poema "O Oriente" (*A rosa profunda*). Já a *Eneida* seguiu a estrutura formal e estilística homérica, filiação lembrada por Borges em "Flaubert e seu destino exemplar" (*Discussão*). Essa mesma filiação é abordada de outro ponto de vista em "Pierre Menard, autor do *Quixote*" (*Ficções*). Um dos hexâmetros da *Eneida* foi citado no prólogo de *O fazedor*. — PFCO

Viterbo, Beatriz

Em princípio, é o nome da amada morta de Borges no conto "O Aleph". O autor publicou-o pela primeira vez na revista *Sur* (v.), em 1945, e o recolheu no livro de mesmo título, em 1949. No final, dedica o texto a Estela Canto (v.), um dos seus amores frustrados. Estela comenta, em *Borges à contraluz* (1999), de sua autoria, que o próprio Borges lhe ditou a versão da narrativa e que ela a datilografou. Ele então levou o conto à *Sur*, deixando-lhe como presente o manuscrito e a versão da primeira revisão. Anos depois, e antes da morte de Borges, Estela vendeu o manuscrito, o qual foi comprado pela Biblioteca Nacional de Madri em um leilão da Sotheby's.

Para Estela Canto, não há dúvida: ela inspirou a personagem de Beatriz Viterbo. Escritora, leitora fervorosa de literatura inglesa, desafiadora, descreveu sua relação com Borges no livro mencionado, publicado treze anos após a morte dele. As páginas da biografia *Borges, esplendor y derrota*, de María Esther Vázquez (v.), e de *Borges*, de Bioy Casares (v.), mostram-na sem piedade à espreita de um Borges agora mais poderoso, na porta da Biblioteca Nacional, ou em estações de trem, alcoolizada e gritando: "Agora você não quer me cumprimentar". A favor de sua ambição de encarnar a personagem, pode-se dizer que em uma das cartas que enviara a ela, reproduzida em *Borges à contraluz*, o escritor diz estar terminando "*o conto que lhe prometi*" e a invoca como "*Estela, Estela Canto...*", do mesmo modo que faz com Beatriz em um dos momentos de graça suprema da narrativa: "*num desespero de ternura me aproximei do retrato e lhe disse: — Beatriz,*

Beatriz Elena, Beatriz Elena Viterbo, Beatriz querida, Beatriz perdida para sempre, sou eu, sou eu, Borges".

Também, em outras cartas de 1945, Borges fala reiteradas vezes do conto: "*Nesta semana concluirei o rascunho da história que gostaria de dedicar-lhe: a de um lugar (na Calle Brasil) onde estão todos os lugares do mundo*". Segundo María Esther Vázquez, Borges confessou-lhe que a personagem Beatriz Viterbo era inspirada em Estela Canto, Elvira de Alvear Cambaceres (v.) e uma terceira mulher, talvez Ulrica von Kühlmann ou uma das irmãs Lange, Haydée (v.). Na versão de Emir Rodríguez Monegal (v.) — *Jorge Luis Borges: A Literary Biography* —, Beatriz Viterbo esconde Beatrice Portinari, por quem Dante (v. Alighieri, Dante) se apaixonara. Carlos Argentino Daneri, seu primo, condensa o nome de Dante Alighieri no sobrenome, e a Estela Canto da dedicatória está no final porque corresponde à palavra "Stella" com que Dante conclui cada "Canto" de seu poema.

Em 1982, Beatriz Viterbo funde-se com outras mulheres para dar lugar, anagramaticamente, a Vera Ortiz Beti, personagem de *Help a él* (também anagrama de "El Aleph"), primeiro texto do autor argentino Rodolfo Enrique Fogwill, conhecido mais tarde simplesmente como Fogwill. Após a morte de Borges, a personagem de Beatriz Viterbo sofreu pelo menos mais dois avatares: em 1991, talvez para transformar em profissão o costume de não abrir os livros que os escritores faziam chegar a ela, torna-se editora com um selo que leva seu nome. E, em 2009, reaparece em um experimento de outro jovem autor: *El Aleph engordado*, de Pablo Katchadjian.

Mas quem é Beatriz Viterbo no conto? "*Alta, frágil, levemente curvada; havia em seu andar desajeitado (se o oximoro for tolerável) uma graça, um princípio de êxtase.*" Beatriz é a amada desdenhosa, a que o obrigava a pretextar módicas ofertas de livros para justificar suas visitas, "*livros cujas páginas, por fim, aprendi a cortar, para não constatar, meses depois, que estavam intactos*", morta em uma candente manhã do mês de fevereiro de 1929, fato que é imprescindível para que o relato ocorra. Desde esse momento, o narrador, Borges, visita sua casa todo dia 30 de abril para o aniversário de Beatriz e, nesses "*aniversários melancólicos e inutilmente eróticos*", recebe as graduais confidências de seu primo, o poetastro Carlos Argentino Daneri, que o conduzem à revelação do Aleph (v.), o ponto onde todos os pontos convivem e no qual Borges vê, não sem tremor, "*a relíquia atroz do que deliciosamente havia sido Beatriz*" e a letra dela nas cartas "*obscenas, incríveis, precisas, que Beatriz enviara a Carlos Argentino*". — AA

Völsunga Saga

Saga heroica da literatura nórdica, escrita em prosa no século XIII, mais precisamente entre 1260 e 1270. Uma atmosfera de maldição, votos, enganos, traição, vingança e morte envolve a narrativa. Os primeiros capítulos tratam de feitos dos ancestrais de Sigurd, filho de Sigmund (filho de Volsung) e de Hjordis (filha de Eylimi). O trágico destino de Sigurd é traçado pela posse do tesouro amaldiçoado do anão Andvari. Os votos de amor solenemente feitos por Sigurd a Brynhild, quando ele, com seu cavalo Grani, transpôs as chamas que cercavam o palácio da valquíria e a despertou do sono que, por desobediência, Odin lhe impusera, são esquecidos por obra de magia da rainha Grimhild, no momento em que ele chega ao reino do rei Gjuki. Sigurd, então, casa-se com Gudrun, filha do rei. Gunnar, irmão da moça, instado pela mãe e encorajado pelos irmãos e por Sigurd, decide casar-se com Brynhild.

Como Brynhild jurara casar-se somente com aquele que não conhecesse o medo e vencesse o fogo que rodeava seu castelo, e como o cavalo de Gunnar não ousou galopar através das chamas, Sigurd, sob o poder mágico da rainha, assume a aparência de Gunnar e, montado em Grani, cruza o anel de fogo. Fiel a seu juramento, Brynhild aceita Gunnar e, naquela noite, ambos se deitam juntos no leito, mas Sigurd coloca sua espada Gram entre eles. Assim, passam três noites sem tocar um no outro, já que Sigurd não era quem devia ser o marido. Brynhild e Gunnar casam-se. Ao saber, por Gudrun, que fora enganada, ela cai em uma profunda tristeza por muitos dias. Depois, exige que o marido mate Sigurd, sob ameaça de deixá-lo, expondo-o à vergonha pública. Morto Sigurd por um dos irmãos de Gunnar, Brynhild pede a Gunnar que seja queimada ao lado dele e que a espada seja colocada entre os dois, como no passado. Assim terminam suas vidas. A *Saga* continua com fatos que envolvem a vida de Gudrun, a qual se casa com o rei Atli e, após a morte deste, com o rei Jonakr, o trágico destino de seus irmãos e filhos, e de Svanhild, filha dela com Sigurd. Borges recupera singularmente, no conto "Ulrica" (*O livro de areia*), a passagem da *Saga* em que Sigurd, sob a aparência de Gunnar, deita-se ao lado de Brynhild, com a espada entre eles. — FT

Voltaire

Pseudônimo de François-Marie Arouet (1694--1778). Escritor, filósofo, satírico francês, figura central do Século das Luzes, cujo ideário e vitalidade encarna arquetipicamente: uso polêmico da escrita; luta exaltada contra a intolerância religiosa e política; fé na razão, em sua capacidade de mudar o mundo e de melhorar a vida do homem.

Leitor precoce de Voltaire, a quem chegou por afinidade eletiva e por circunstâncias da vida — a temporada em Genebra entre 1914 e 1918, a educação no Collège Calvin —, Borges recorre inicialmente ao autor de *Dictionnaire philosophique* (1764) para sua prática pessoal da polêmica e da arte de injuriar. A primeira menção é de 1919 e aparece em uma resenha escrita, em maiorquino e em francês, para *La Feuille*, publicação literária genebresa. "*Ce pauvre Arouet continue à être l'épouvantail, la bête noire des pieuses gens*" [Este pobre Arouet continua sendo o espantalho, a besta-fera das pessoas piedosas], aponta o escritor argentino, constatando, três séculos mais tarde, um poder de escândalo ainda intacto e uma recepção que sempre implica excesso, polêmica, má-fé, simplificação na defesa e simplificação nos ataques. Borges, que não é alheio a essa dinâmica, entende muito rápido que Voltaire, nome e figura, permitir-lhe-á posicionar-se ideologicamente contra aqueles compatriotas cujas doutrinas, a partir dos anos 1930, rejeita de forma explícita. Na Argentina, que sediou o Congresso Eucarístico Internacional (1934), a figura de Voltaire possibilita de fato posicionamentos ideológicos taxativos, como se pode ver, por exemplo, no esboço biográfico que o nacionalista católico Ignacio Braulio Anzoátegui lhe dedica em um livro eloquentemente intitulado *Vidas de payasos ilustres* (1948). Escrito nos anos 1940, publicado em Madri e depois em Buenos Aires, o livro contém doze corrosivos retratos de personagens históricos; três deles atacam devoções borgianas: Voltaire, Daniel Defoe (v.), Rudyard Kipling (v.) — já em seu célebre *Vidas de muertos*, de 1934, a afiada pena de Anzoátegui arremetia, não sem brio, contra Evaristo Carriego (v.). Se, no verbete "Voltaire" do *Dictionnaire des idées reçues*, Gustave Flaubert (v.) define: "Voltaire: célebre por su rictus espantoso", Anzoátegui, por sua vez, entre outras amabilidades, fala de um "sorriso voltairiano que lhe cruzava o rosto e que lhe amordaçava o cérebro: [um] inesquecível sorriso de velho filho da puta". Entretanto, escreve, "ainda existem alguns seres humanos que creem em sua inteligência". Entre eles, Borges.

Dessa perspectiva, é interessante a menção conjunta que Borges faz a Voltaire e Anzoátegui, em *Borges*, de Adolfo Bioy Casares (v.): "*Anzoátegui chamou-o* esse velho imbecil. *Se há algo que Voltaire não é, é imbecil. Quanto a velho, ele mesmo talvez já o seja*". O verbete ratifica, a trinta anos de distância, um confronto ideológico que se deslocou para o terreno das filiações intelectuais. Não por acaso, nesse sentido, Voltaire é citado diretamente em "O milagre secreto" (*Ficções*), um dos poucos contos dos anos 1940 cujo contexto histórico e político (a Segunda Guerra Mundial) coincide com a data de produção do texto (1944). A citação remete ao episódio do almirante inglês absurdamente executado "*pour encourager les autres*" (*Candide ou l'Optimisme*, cap. XXIII): "*dois ou três adjetivos em letra gótica bastaram para que Julius Rothe admitisse a preeminência de Hladik e dispusesse que o condenassem à morte*, 'pour encourager les autres'". Essas quatro palavras, inseridas como de passagem no texto, inscrevem o conto de Borges na admirada tradição satírica de Jonathan Swift (v.), de Francisco de Quevedo (v.), de Voltaire: representação crua do Estado criminoso, denúncia irônica de suas pompas formalistas.

O uso político do nome evoluirá depois, nos tempos da oralidade e da cegueira, para um uso retórico: "Voltaire" passa a integrar uma constelação de autores que ilustram, em seu conjunto, argumentos tópicos retomados sistematicamente por Borges em artigos, entrevistas e outras conversas. "*Pensar em Gibbon é pensar em Voltaire*", escreve ele em "Edward Gibbon: *Páginas de história e de autobiografia*" (*Prólogos, com um prólogo de prólogos*), e esse *pensar em X é pensar em Y* é um costume que rege com frequência o desenvolvimento dialético de seu pensamento: o nome de Gottfried Leibniz evoca Voltaire, que por sua vez evoca, errônea, indefectivelmente, a etimologia da palavra "otimismo"; o nome Voltaire arrasta, com o de Gibbon (v.), os nomes de Swift, Samuel Johnson (v.) e Quevedo, para definir o clássico ou a sátira; Voltaire, unido a Carlos XII (v.) da Suécia, justifica de modo indireto temáticas exóticas escolhidas por autores excêntricos (por exemplo, Borges em Buenos Aires, estudando literatura escandinava); Voltaire "descobre" William Shakespeare (v.) e não o entende, o que permite ao escritor portenho opor duas literaturas: comparado a Shakespeare, o autor de *Sémiramis* e do *Triunvirato*, cujas opiniões Borges simplifica em excesso, volta ao estado larvar de literato francês.

Atribui-se assim determinado valor a um nome próprio, combina-se esse nome com outros, constitui-se ao redor deles um argumento fixo, explora-se tal economia toda vez que é necessário: o nome próprio torna-se regra mnemotécnica e procedimento de composição. Dessa maneira, a descontinuidade aparente das menções culturais — que une Virgílio (v.) a Voltaire e Voltaire a Bernard Shaw (v.) — se organiza na continuidade secreta das associações tópicas. Esse uso pessoal das figuras de autor traduz a vontade de reorganizar o material literário ao gosto e à medida de quem o trabalha, pois, no fim das contas, todas as séries são arbitrárias e o que justifica sua forma é o prazer retórico que proporcionam. Nisso Borges procede como aquele personagem de Voltaire que, diante de um Cândido sempre atônito, proclama: "*Je ne lis que pour moi; je n'aime que ce qui est à mon usage*" [Eu só leio para mim mesmo; e só me interessa o que pode me servir]. A ideia da fruição é, de fato, a marca primeira e constante do Voltaire de Borges: "*aqueles que em todas as partes do mundo se referem ao otimismo não sabem que estão citando Voltaire*"; "Cândido ou o otimismo *é 'um dos livros mais felizes da literatura'*" (*Textos recobrados 1956-1986*). Voltaire, que viveu 84 anos, dois a menos que Borges, não perdeu nunca "*a felicidade de escrever*" ("Voltaire, *Contos*", *Biblioteca pessoal*). — MCA

W

Walpole, Hugh

Em 1937, Borges escreveu uma resenha biográfica de Hugh Walpole (1884-1941), autor neozelandês, para a revista *El Hogar* (v.). Quase cinquenta anos depois, elaborou um prefácio para *En la plaza oscura* ("Hugh Walpole, *Na praça escura*", *Biblioteca pessoal*). Nele, destaca a habilidade de Walpole para a escrita de contos e enfatiza a ação dos personagens sobre a descrição. Borges e Bioy Casares (v.) publicaram uma seleção desse livro na coleção de romances policiais El Séptimo Círculo. — LM

Weil, Gustav

Orientalista alemão, nasceu em Salzburgo em 1808 e faleceu na cidade de Freiburg im Breisgau em 1889. De origem judaica, surpreendeu a muitos por seu interesse pela história e literatura dos povos muçulmanos e por escrever uma biografia de Maomé — *Mohammed, der Prophet* (1843). Na juventude, realizou importantes viagens pelo Norte da África e pela Ásia Ocidental, valendo destacar sua passagem pelo Egito, onde lecionou francês. Segundo Borges, Weil foi "*desterrado da África e da Ásia pela disenteria*" ("Os tradutores d'*As mil e uma noites*", *História da eternidade*). Embora as fontes biográficas indiquem uma existência atribulada, em geral ele é lembrado pelos longos anos de trabalho como bibliotecário na Universidade de Heidelberg.

Gustav Weil também foi tradutor. Como boa parte dos orientalistas citados por Borges, ele aparece na obra do escritor argentino por sua tradução em quatro volumes das *Mil e uma noites*. Apesar da ênfase dada ao trabalho de Enno Littmann (v.), dentre as quatro versões alemãs mencionadas em "Os tradutores d'*As mil e uma noites*" a de Weil é a mais elogiada. — DF

Wells, H. G.

Borges começou a ler a obra de H. G. Wells (1866-1946) desde bastante jovem, já que na biblioteca inglesa de sua casa havia muitos livros desse autor, como afirma em "O primeiro Wells" (*Outras inquisições*): "*são os primeiros livros que li; serão talvez os últimos...*". Alude a Wells em relação a duas etapas de sua escrita: a primeira, a que ele prefere, registra as obras de tema fantástico ou de ficção científica, tal como Borges denomina a *science fiction*. A segunda etapa, à qual se reporta no texto "Dois livros" (*Outras inquisições*), caracteriza-se pela aparição de livros de caráter mais realista, com romances, textos políticos etc.

Com Robert Louis Stevenson (v.), Wells é um dos escritores mais citados por Borges ao longo de sua obra. O autor argentino escreveu, na revista *El Hogar* (v.), várias resenhas bibliográficas e prefaciou livros como *The Time Machine* (1895) e *The Invisible Man* (1897) ("Herbert George Wells, *A máquina do tempo*; *O homem invisível*", em *Biblioteca pessoal. Prólogos*); aí confronta as invenções de Julio Verne com as de Wells; as do primeiro são possíveis e de algum modo proféticas, enquanto as do segundo "*eram de execução impossível*". No conto "A postulação da realidade" (*Discussão*), trata alguns aspectos da construção narrativa do relato no que se refere a *O homem invisível*, e, no epílogo de *O*

Aleph, afirma: "*Em 'O Zahir' e 'O Aleph' creio notar alguma influência do conto 'The Cristal Egg' (1899), de Wells*". Também escreve uma resenha biográfica em *Introducción a la literatura inglesa*, na qual cita o elogio de Anatole France: era "*a maior força intelectual do mundo de língua inglesa*". — LM

Whitman, Walt

Walt Whitman (Long Island, 1819-Camden, 1892) é, dentre os poetas, um dos mais citados por Borges, que traduziu fragmentos de *Leaves of Grass*/ *Hojas de hierba*. Um dos aspectos mais interessantes que resgata de sua poética é o desdobramento que se produz entre escritor e obra. É em um Whitman literário que o autor argentino põe ênfase. Em "Nota sobre Walt Whitman" (*Discussão*), podemos ler: "*Quase tudo o que se escreveu sobre Whitman está falseado por dois erros intermináveis. Um é a sumária identificação de Whitman, homem de letras, com Whitman, herói semidivino de* Leaves of Grass". Essa afirmação nos dá uma chave para entender a estrutura de contos como "O outro" (*O livro de areia*), em que o personagem Borges é outro, não é o homem de letras. Por outro lado, vemos que a ideia de que um indivíduo é a soma de todos os indivíduos também está presente na obra de Whitman, como Borges cita: "*é o canto de um grande indivíduo coletivo, popular, homem ou mulher*", mencionando depois, no mesmo ensaio, alguns versos que confirmam essa relação múltipla. Com tal conceito, Borges inicia uma resenha de janeiro de 1942 na revista *Sur* (v.) sobre a versão — "*calúnia*", ele afirma e acerta —, feita pelo poeta espanhol León Felipe, do poema "Song of Myself" (publicado pela primeira vez por Whitman em *Leaves of Grass*, 1855), intitulada "Canto a mí mismo" (1941).

No capítulo dedicado a Whitman, em *Introducción a la literatura norteamericana*, Borges afirma que o poeta decidira que o herói de seu poema seriam todos os homens. Assim, Whitman elude a dicotomia e entra na simultaneidade, o que o vincularia a certas teorias do transcendentalismo. Como conta no *Ensaio autobiográfico*, Borges conheceu a poesia de Whitman quando estudava em Genebra. Aí relata que o leu primeiro em alemão, até que pediu em Londres um exemplar em inglês. Nesse momento de sua vida, comentava: "*Durante certo tempo, pensei em Whitman não apenas como um grande poeta, senão como o único poeta*". Em "O conto policial" (*Borges oral*), situa-o como um dos fundadores da literatura do século XX: "*Poderíamos afirmar que há dois homens sem os quais a literatura atual não seria o que é; esses dois homens são americanos e do século passado: Walt Whitman — dele deriva o que denominamos poesia civil, deriva Neruda, derivam tantas coisas, boas ou ruins; e Edgar Allan Poe*". — LM

Wilde, Oscar

Escritor irlandês (1854-1900), entrou para a história da literatura não só por seus livros, mas também pela personalidade marcante, dândi (termo surgido em torno de 1780 na região fronteiriça entre a Inglaterra e a Escócia para designar os homens que se vestiam de maneira considerada excêntrica. Em Londres, na década de 1810, passou a ser utilizado para descrever os homens que se vestiam com requinte, excessivamente preocupados com a aparência e que se comportavam de modo afetado e elegante). E encantou a sociedade londrina, ao mesmo tempo que a fazia alvo de suas peças. Essa simpatia atingiria Borges, o qual lhe dedicou vários textos. Em "Nota ditada num hotel do Quartier Latin" (*Atlas*), diz que pensa nele como um amigo íntimo, cuja falta sente todos os dias. Wilde teria outra participação importante na vida do autor argentino: o primeiro trabalho literário de Borges foi uma tradução do conto "El príncipe feliz", publicado no jornal *El País*, quando o escritor tinha apenas nove anos de idade.

Wilde estudou em Oxford, onde formou um grupo, com Matthew Arnold (v.), John Ruskin (v.) e outros, defensor de uma arte pura, de hedonismo extremo. Esses ideais reapareceriam parcialmente em *The Soul of Man under Socialism*, ensaio publicado em *The Fortnightly Review*, em 1890, no qual descreve uma utopia estética. A respeito deste, Borges afirma que suas reivindicações são eloquentes e justas ("Sobre Oscar Wilde", *Outras inquisições*).

A obra de Wilde é plural, indo de contos de fadas até miscelâneas publicadas em revistas femininas. Ele escreveu um único romance, *O retrato de Dorian Gray* (1891), muito conhecido, mas pouco apreciado por Borges, que via nele uma versão de *O estranho caso de Dr. Jekyll e Mr. Hyde* (1886), de Robert Louis Stevenson (v.). O escritor portenho preferia os ensaios, como *A decadência da mentira* — "*que fingem defender coisas indefensáveis*" ("Estanislao del Campo: *Fausto*", *Prólogos, com um prólogo de prólogos*) —, e as peças, como *The Importance of Being Earnest*, de 1895, "*a única comédia do mundo com sabor de champanhe*", segundo afirmou em "Oscar Wilde, *Ensaios e diálogos*" (*Biblioteca pessoal*). No primeiro, Wilde expõe a teoria de que a vida imita a arte. No segundo, surge a história de um homem que finge chamar-se Ernest para incutir na amada a moralidade de sua figura (há, em inglês, um jogo de palavras entre o nome Ernest e a palavra "earnest", que significa "sério em suas intenções"). Tudo é extremamente satírico e espirituoso. Tanto que a blague aforística fica sendo a marca desse autor. Em "Exame da obra de Herbert Quain" (*Ficções*), Borges aludirá a isso, dizendo que o fictício *The Secret Mirror* possui diálogos que se aproximam dos epigramas de Wilde.

O trágico fim de Wilde também é notório. O escritor era amante de Lord Alfred Bruce Douglas. Descoberto, foi julgado e condenado por homossexualismo. Permaneceu dois anos preso, o que bastou para destruí-lo. Nesse tempo, escreveu uma carta furiosa para Alfred Douglas, que depois seria publicada sob o título *De profundis*, e "Ballad of Reading Gaol". Este último, W. B. Yeats (v.) incluiu em uma antologia de poesia que organizou. Borges discutiria essa escolha em uma resenha (28 de maio de 1937, *Textos cativos*), dizendo que preferiria o poema "The Sphinx", já que o "*duro realismo*" é um elemento que o autor irlandês parece incapaz de oferecer. Wilde morreu na pobreza e abandonado. — TP

Wilkins, John

John Wilkins (1614-72) viveu na Inglaterra, foi bispo de Chester e um dos fundadores da Royal Society. Homem de múltiplos interesses, dedicou-se a disciplinas distintas, entre elas a teologia, a criptografia e a música. Voltou-se ainda para a fabricação de colmeias transparentes, com o fim de estudar o comportamento das abelhas. Vislumbrou uma eventual viagem à Lua em seu tratado *The Discovery of a World in the Moone*, de 1638, assim como a possibilidade de organizar uma linguagem artificial e filosófica, denominada "língua artificial filosófica de uso universal". Essa criação linguística se estrutura em duas línguas: a primeira delas é escrita e se constitui pela relação entre diferentes ideogramas também chamados "caracteres reais", similares a signos taquigráficos que são impronunciáveis; a segunda é de caráter fonético e se destina à pronúncia. Wilkins desenvolve a teoria em

An Essay Towards a Real Character and a Philosophical Language, livro lançado em 1668.

Em um dos textos que escreveu sobre o pensador, "John Wilkins, previsor" (*Textos cativos*), divulgado pela revista *El Hogar* (v.), em 1939, Borges comenta a citada teoria da linguagem: "*propõe um catálogo racional do universo e deriva desse catálogo uma rigorosa língua internacional*". É essa relação nominalista com as palavras, isto é, a capacidade que elas possuem para refletir o mundo, que interessará ao autor portenho. Há, entretanto, uma referência já em 1928, no ensaio "El idioma de los argentinos", no qual ele apresenta tal "*sistema de escrita internacional*". Também há outra, um pouco mais oblíqua, em "Pierre Menard, autor do *Quixote*" (*Ficções*), de 1939. O texto mais importante sobre o escritor é "O idioma analítico de John Wilkins", publicado em 1948 e depois incluído em *Outras inquisições*. Borges levou essa preocupação para ficções posteriores, como, por exemplo, o conto "O Congresso" (*O livro de areia*), em que o personagem Alejandro Ferri é autor de um comentário sobre a obra de Wilkins. Borges obviamente não considera viável a existência de uma linguagem com tais características, mas isso lhe serve para pensar sua própria literatura. — LM

Wolf, Friedrich August

Friedrich August Wolf (1759-1824), filólogo, crítico alemão e autor de, entre outros, *Prolegomena ad Homerum* (1795) e *Darstellung der Altertumswissenschaft* (1833). A obra *Prolegomena* insere-se na discussão acerca da autoria dos poemas homéricos, sustentando a tese de que sob o nome de Homero (v.) se escondem vários autores e que tais poemas seriam uma complexa compilação de diversos cantos de poetas populares.

Borges aceita a teoria de Wolf, fato que não contradiz sua crença na validez literária de reformulações de textos e argumentos clássicos. Em "História do tango" (*Evaristo Carriego*), ele afirma que as letras de tango carecem, em sua maioria, de valor poético e supõe que talvez algum dia venham a formar um "*longo poema civil*" ou, ainda, que "*sugiram a algum ambicioso a composição desse poema*"; argumenta a possibilidade desse feito mencionando a teoria defendida por Wolf. — RB

Woolf, Virginia

Romancista e ensaísta inglesa (1882-1941) cuja obra narrativa se caracteriza pelo uso do recurso do fluxo de consciência, como no caso dos romances *To the Lighthouse* (1927) ou *The Waves* (1931). Dentre seus ensaios, destacam-se *The Common Reader* (1925) e *A Room of One's Own* (1929), que Borges traduziu. Para a revista *El Hogar* (v.), em 1936, ele escreveu uma biografia sintética da autora ("Virginia Woolf", *Textos cativos*), na qual, depois de sublinhar alguns traços de vida e personalidade, ressalta que sua narrativa se distingue por não possuir um argumento no sentido mais usual do termo. De *Orlando* (1928), romance que também traduziu, realça a musicalidade, tanto pelas "*virtudes eufônicas de sua prosa*" como por "*um número limitado de temas que voltam e se combinam*". Considera a obra de Virginia Woolf menos tediosa que a de James Joyce (v.), que assim como ela utilizou o recurso do fluxo de consciência. — LM

Wordsworth, William

Um dos poetas românticos mais importantes da Inglaterra (1770-1850). Publicou, com Samuel Taylor Coleridge (v.), um volume de poemas fundador do romantismo: *Lyrical Ballads* (1798). Borges compartilhava a noção que Wordsworth desenvolve sobre a criação poética. O poeta não escreve no momento em que experimenta uma sensação, uma paixão ou uma experiência, mas posteriormente, a sós, quando revive essa experiência e se sente, ao mesmo tempo, parte dela e observador.

Borges dedicou-lhe uma breve resenha biográfica em *Introducción a la literatura inglesa* e se referiu a um fragmento do livro segundo de *The Prelude* na conferência "O pesadelo" (incluída em *Sete noites*). Nessa palestra ele comenta um sonho narrado pelo poeta inglês, em que sentiu o temor da destruição das artes e das ciências por um cataclismo cósmico; depois Borges continua com a descrição do sonho, que afirma ser um dos mais belos pesadelos da literatura, reiterando um tema recorrente em sua obra: o sonho como um fato estético, talvez o mais antigo. — LM

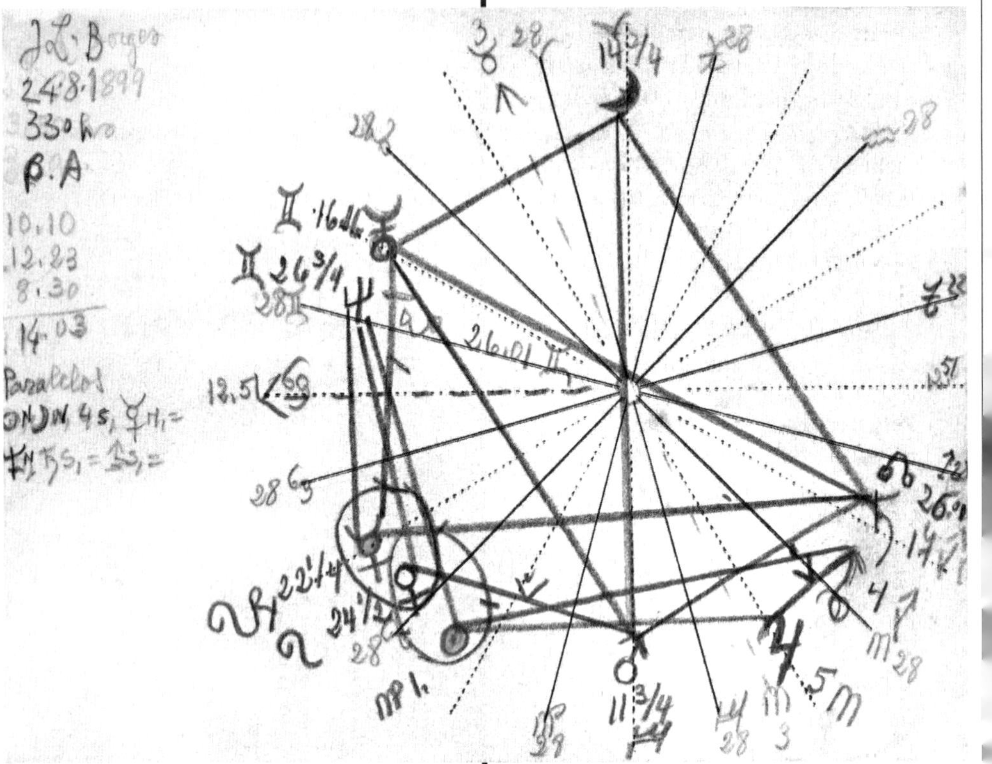
J.L. Borges
24.8.1899
330 hs
B.A
10.10
12.23
8.30
14.03
Paralelos

X

Xavier Acevedo, Francisco

V. Acevedo Laprida, Isidoro.

Xenófanes de Cólofon

Pouco se sabe da vida de Xenófanes (*c.* 570-*c.* 475 a.C.). A principal fonte sobre ele é uma biografia feita por Diógenes Laércio (v.). Com base em Aristóteles (v.), que no livro *Metafísica* diz ter sido Xenófanes anterior a Parmênides (v.), alguns estudiosos o consideram o primeiro filósofo da escola de Eleia (v.). Contudo, não se pode afirmar isso com total segurança. Igualmente, pouco se sabe de sua obra, pois apenas fragmentos dela, encontrados em citações de outros escritores, são conhecidos.

Algumas de suas principais ideias eram a unidade do ser; o caráter subjetivo e relativo do conhecimento; a negação dos conceitos antropomórficos da divindade, esta citada por Borges em "A esfera de Pascal" (*Outras inquisições*); a simultaneidade da presença de um deus supremo e único com a de deuses secundários e anjos; a evolução universal dos entes, dentro de uma ideia cíclica de desenvolvimento, baseada na observação de fósseis encontrados na Sicília; e a natureza vista como um sistema de leis, com ausência dos mitos.

O autor argentino ainda menciona, no prólogo a *Nove ensaios dantescos*, o dogma da perfeição do movimento de rotação e da esfera partilhado por Xenófanes. No entanto, Borges considera as ideias dele "*peças de museu*", como se lê em "*Die Vorsokratiker*, de Wilhelm Capelle" (*Textos cativos*). — PFCO

Xerazade

Talvez um dos personagens literários mais conhecidos no mundo, Xerazade, Scherazade ou Sahrazad é a narradora das histórias que compõem *As mil e uma noites*. Além disso, é personagem — suas narrativas constituem uma perspicaz estratégia para escapar da morte, dada como certa depois de ela se casar com o rei Shariar (ou Sahriyar). Este, profundamente decepcionado com o mundo feminino e tomado por um forte sentimento misógino, desposava uma mulher por dia para matá-la após a consumação do matrimônio. Xerazade, "*que o distrai com histórias maravilhosas até o momento em que os dois já passaram mil noites juntos e ela lhe mostra seu filho*", rompe o ciclo ("Os tradutores d'*As mil e uma noites*", *História da eternidade*).

A importância de Xerazade para a obra de Jorge Luis Borges decorre, evidentemente, de seu interesse mais geral pelas *Mil e uma noites*. Por ser ele indisfarçadamente um aficionado do livro árabe, não são poucas as vezes em que cita o nome da heroína em sua produção literária. No mencionado "Os tradutores d'*As mil e uma noites*", por exemplo, Xerazade é lembrada logo no segundo parágrafo como referência de "*memória* [...] *inspirada*".

Contudo, o que mais encantou Borges talvez tenha sido o papel fundamental que Xerazade desempenha, o de elo ficcional entre várias ficções. Não é raro observarmos nos contos do escritor argentino personagens que exercem a mesma função, isto é, que assumem o papel de narradores para interpolar contos dentro do conto. — DF

Xul Solar

Pintor e criador, seu nome verdadeiro era Oscar Agustín Alejandro Schulz Solari (San Fernando, Província de Buenos Aires, 1887-Tigre, Província de Buenos Aires, 1963). Em 1912, partiu rumo à Europa, onde permaneceu até 1924. Residiu na Itália e na Alemanha, realizou viagens frequentes a Londres e Paris e, com Emilio Pettoruti, foi um dos poucos artistas argentinos que optaram por um caminho não tradicional durante o périplo europeu, afastando-se das academias e ateliês de artistas mais ou menos oficiais.

Criador dos mais singulares, dedicou-se à elaboração de duas línguas artificiais — o *neocriollo* e a panlíngua — e do panxadrez, à modificação da notação musical e do teclado de piano, e ainda concebeu um teatro de marionetes para adultos. Com vastíssima cultura, seus interesses o levaram ao estudo da astrologia entendida como ciência; da cabala; da filosofia; das religiões e crenças do Antigo Oriente, da Índia e pré-colombianas; da teosofia; e de muitas outras áreas do conhecimento.

Amigo de Borges desde meados da década de 1920, suas vinhetas ilustraram vários livros do escritor — *El tamaño de mi esperanza*, 1926; *El idioma de los argentinos*, 1928; *Um modelo para a morte*, escrito em 1946, com Bioy Casares (v.); *Manual de zoologia fantástica* (v.), com Margarita Guerrero, de 1957 — e também revistas como *Destiempo* (1936-7) e *Los Anales de Buenos Aires* (1946-8) (v.). Os dois compartilharam interesse por autores como Emanuel Swedenborg (v.), William Blake (v.), Gustav Meyrink (v.), Arthur Schopenhauer (v.) e pelos expressionistas alemães (v. expressionismo) — em particular a obra de Johannes R. Becher (v.). Xul colaborou ainda em outros dos empreendimentos borgianos, como a *Revista Multicolor de los Sábados* (1933-4) do jornal *Crítica*, com traduções de alguns contos de Rudyard Kipling (v.), o que revela mais um tema compartilhado por eles: a problemática da tradução.

A primeira menção de Borges a Xul Solar apareceu em "O idioma infinito" (1925, incluído no ano seguinte em *El tamaño de mi esperanza*). Desde esse momento, o artista seria reiteradamente mencionado de diferentes maneiras, em artigos, ensaios, resenhas — por exemplo, em "Georges S. Terry. *Duodecimal Arithmetic*" (*Sur*, 1939) e em "Arthur Waley: *Three Ways of Thought in Ancient China*" (*Sur*, 1940) — e contos, como "Tlön, Uqbar, Orbis Tertius" (*Ficções*) (1940). Entretanto, foi a partir do seu falecimento, em 1963, que Borges passou a se referir ao amigo, escolhendo para tanto o formato conferência. Nesse sentido, mostrou-se crucial o estabelecimento de uma aliança com Micaela (Lita) Cadenas, a viúva de Xul. Ambos sabiam o quão difícil era, para muitos, assimilá-lo, pois ele podia ser tachado de louco, embromador ou charlatão, e o perigo que isso significava, já que podia levá-lo a ser esquecido. Foi assim que, entre 1965 e 1980, Borges proferiu quatro conferências sobre Xul Solar, nas quais abordou os aspectos que considerava fundamentais e que explicam a origem de seu interesse pelo criador: desde sua biblioteca, com uma importante coleção de livros de contos de fadas, às discussões em torno de autores como Friedrich Hölderlin e Algernon C. Swinburne (v.), Blake e Swedenborg, H. G. Wells (v.), Andrew Lang (v.), G. K. Chesterton (v.) ou Chuang Tzu (v.). Mas, nessas conferências, destacou sobretudo o fato de que Xul fora um "reformador do universo", capaz de modificar a realidade e tudo aquilo que os homens aceitam de modo submisso como parte dela.

Borges foi, além disso, um dos poucos contemporâneos de Xul Solar a entender a panlíngua e dar pistas de leitura para ela — comparando-a com a língua artificial analítica criada por John Wilkins (v.) — e para a compreensão do panxadrez, relacionando-o com *Das Glasperlenspiel* (1943), de Hermann Hesse. Em 1949, prefaciou o catálogo de sua exposição na Galeria Samos, e aí afirmou que as pinturas dele eram "*documentos do mundo ultraterreno, do mundo metafísico em que os deuses tomam as formas da imaginação que os sonha*". Borges aludia, assim, à experiência visionária de Xul, que em diversos momentos a associou às de São João, o Teólogo (v.), Swedenborg (v. Swedenborg, Emanuel) e Blake (v. Blake, William); um interesse pelo artista visionário que proporciona, ademais, uma via de leitura para algumas de suas próprias antologias, como *Libro del cielo y del infierno* (em colaboração com Adolfo Bioy Casares, 1960), *Libro de sueños* (1976) ou *Libro delle visioni* (1980). — PA

FROBENIUS
KULTUR
GESCHICHTE
AFRIKAS
LEE
Douglas Southall Freeman
The Year's Work in English Studies

Y

Yacaré

Pseudônimo do poeta lunfardo Felipe Fernández (1889-1929), o primeiro a publicar em livro as poesias lunfardas, na obra *Versos rantifusos* (1916), em que o poeta demonstrava apurado conhecimento linguístico popular. O lunfardo (v.), dialeto utilizado nos arrabaldes (v.) de Buenos Aires no início do século XX, o qual Borges considerava "*jerigonza ocultadiza de los ladrones*" (*El idioma de los argentinos*), ou ainda uma "*expressão rudimentar e modesta das prisões*" ("O alarmismo do dr. Américo Castro", *Outras inquisições*), era constituído de palavras e gírias que mais ocultavam que revelavam o que se dizia.

O julgamento de Borges sobre Yacaré não parece ser dos melhores, em especial na comparação com a obra de Miguel D. Etchebarne. Ele avaliava que este último teria sido um bom escritor de poesia lunfarda principalmente por não ter usado em excesso expressões desse modo de falar, como teriam feito Carlos de la Púa e o próprio Yacaré. Vale lembrar que, em plena efervescência vanguardista, Borges havia escrito uma crítica positiva sobre o trabalho de De la Púa na edição de 21 de fevereiro de 1929 da revista *Síntesis*, ano 2, n. 21.

O lunfardo foi tema de considerações do dr. Américo Castro (v.) acerca da corrupção do idioma espanhol falado na região do rio da Prata. Para ele, o espanhol oral na Espanha seria superior ao usado na Argentina, ideia amplamente refutada por Borges em "O alarmismo do dr. Américo Castro", em que afirma que o dr. Castro, para sustentar sua tese, teria lido, entre outros, os textos de Yacaré. — PFCO

Yeats, William Butler

Poeta e dramaturgo irlandês (1865-1939), foi uma das figuras centrais do renascimento literário na Irlanda, o qual se caracterizava por uma retomada da tradição céltica, em oposição à predominância da cultura inglesa. Apesar disso, a obra de Yeats é marcada não só pelo folclore de seu país, como pelos de origem oriental, entre eles a mitologia hindu e o teatro Nô japonês. Esses interesses comuns motivaram a ligação dele com Ezra Pound (v.), o que permitiu a Yeats uma transformação de sua poesia, deixando os traços românticos dos primeiros livros para agregar as experimentações do modernismo inglês insurgente.

Também suas crenças espirituais estariam marcadas por profundo sincretismo, guiadas por uma religiosidade espírita. Esse fato está ligado à observação de Borges sobre a busca de Yeats por símbolos que despertassem a memória coletiva em mentes individuais, um precursor dos arquétipos de Carl Gustav Jung ("Nota sobre Walt Whitman", *Discussão*). Isso resulta em uma obra bastante hermética e visionária, da qual são exemplos *In the Seven Woods* (1903) e *The Green Helmet and Other Poems* (1910). O escritor argentino chega até a condenar-lhe a obscuridade ("Quevedo", *Outras inquisições*), ao mesmo tempo que o põe acima de Paul Valéry (v.) ("Valéry como símbolo", *Outras inquisições*) e utiliza os versos do longo poema "The Tower" como epígrafe do conto "Tema do traidor e do herói" (*Ficções*). Yeats ainda foi importante por ter criado diversas instituições, como o Abbey Theatre, a Sociedade do Teatro Nacional de Dublin e a Sociedade Irlandesa de Literatura. Em 1923, receberia o Prêmio Nobel de Literatura.

Borges alude ao poeta irlandês: em "O rouxinol de Keats" (*Outras inquisições*); aponta "Sailing to Byzantium" como uma interpretação errônea do poema de John Keats (v.); e, em uma resenha de 28 de maio de 1937 (*Textos cativos*), discorda da arbitrariedade da coletânea de poetas ingleses organizada por Yeats, *The Oxford Book of Modern Verse*. — TP

Yrigoyen, Hipólito

Hipólito Yrigoyen (1852-1933) foi presidente da Argentina de 1916 a 1922. Em 1927, candidatou-se novamente ao cargo. Com outros poetas ligados à revista *Martín Fierro* (v.), Borges fundou, nesse ano, o Comitê de Jovens Intelectuais para apoiar essa candidatura. Tal envolvimento político provocou o afastamento do autor de duas revistas das quais participava: *Martín Fierro*, cujos demais editores preferiram a neutralidade, e *Claridad*, considerada de esquerda.

Um dos autores que estiveram ao lado de Borges nessa sua primeira participação na política do país, Ulyses Petit de Murat, escreveu, anos depois, que o que impulsionou o grupo foi a certeza de que o candidato seria derrotado. Ou seja, Borges teria se iniciado na política argentina movido pelo atrativo de uma causa perdida. Ele, porém, apontou outro motivo: via em Yrigoyen um líder e um símbolo do *criollismo* (v. *criollo*) simples, e não ostentador de sua condição.

Após a surpreendente vitória eleitoral de Yrigoyen em 1928, contudo, Borges passou a criticá-lo, denunciando-lhe a incapacidade de reverter o quadro crítico da política e da economia nacional. Quando o golpe militar de 1930 derrubou o presidente e encerrou sua carreira política, o escritor portenho lamentou o fim do governo e do símbolo.

Na obra de Borges aparecem várias referências a Yrigoyen: em "Queja de todo criollo" (*Inquisiciones*, 1925), "El tamaño de mi esperanza" (*El tamaño de mi esperanza*, 1926), "Fundação mítica de Buenos Aires" (de 1929, *Caderno San Martín*), "O Sul" (de 1953, *Ficções*), "Macedonio Fernández" (de 1961, *Prólogos, com um prólogo de prólogos*) e "Las formas de la gloria" (*Nuevos cuentos de Bustos Domecq*, 1977, em colaboração com Adolfo Bioy Casares (v.). — JPP

Z

Zahir

Todas as coisas em uma, ou uma em todas: essas duas noções perpassam a obra de Borges com regularidade. "*Disse Tennyson que, se pudéssemos compreender uma única flor, saberíamos quem somos e o que é o mundo*", escreve no final de "O Zahir", um dos contos de *O Aleph*. A "*infinita concatenação de causas e efeitos*" é uma das maneiras de interpretar a frase do poeta vitoriano; o "*mundo visível se dá inteiro em cada representação*" é seu previsível e legítimo oposto. Uma e outra são implicitamente formas de pensar sobre a leitura, ponto de partida e limite da ficção de Borges.

No prólogo "Franz Kafka, *América. Relatos breves*" (*Biblioteca pessoal*), Borges admira a capacidade de Franz Kafka (v.) de transformar "*agonias em fábulas*". Dentre as tantas fábulas da agonia no próprio Borges — um autor menos sereno do que sugere o seu tom civilizado e cordial —, merece destaque "O Zahir".

Talvez não haja outro escritor contemporâneo mais consciente que ele da identidade retórica da narrativa; isto é, da maneira como as figuras de linguagem controlam o que parece ser, na literatura, a realidade. No caso desse conto, a figura, anunciada explicitamente, é o oximoro: a combinação paradoxal de opostos ("*sol negro*"). A obsessão pelas figuras é uma praga do escritor, dramatizada na obsessão por um objeto ou uma imagem — Zahir — que há de conduzir o narrador à loucura.

O Zahir, no caso, é uma moeda de vinte centavos, que o narrador recebe de troco em um bar, ao sair do velório da colunável por quem nutria uma paixão à distância. Ao longo do tempo, o Zahir ("notório", em árabe) já foi um tigre, um cego de uma mesquita javanesa, um astrolábio persa, uma pequena bússola, o fundo do poço em um gueto judeu. Com erudição fantástica e caricatural, Borges esmiúça a tradição de comentários sobre ele, até chegar ao destino em suspenso do próprio Borges, que a essa altura é tanto autor como personagem. A autoinclusão é parente do oximoro, transferindo para a esfera do tempo o que antes era espacial ou abstrato.

"*Um dos noventa e nove nomes de Deus*", o Zahir é perseguido por esse narrador-autor-personagem com o mesmo afã com que a colunável, Teodelina Villar (v.), buscava "*o absoluto*" nas formas cambiantes da etiqueta e da moda. A busca não chega nem pode chegar jamais ao fim. Tal "*iminência de uma revelação que não se produz*" ("A muralha e os livros", *Outras inquisições*) poderia ser vista da perspectiva imaterial da literatura, como emblema da interpretação infinita. Mas, se "O Zahir", com sua multiplicação exagerada de histórias e histórias dentro de histórias e sua busca da imagem única, faz refletir sobre a arte de Borges como enigma irresolvido, também faz pensar nela como uma contingência, ou limite, que é a própria literatura. A alegria da literatura é também a tristeza da experiência.

"*Se tivesse de indicar o evento principal de minha vida, diria que é a biblioteca de meu pai*", escreveu ele em seu *Ensaio autobiográfico*. A frase se presta a todo tipo de análise — até mesmo à psicanálise, que Borges abominava, como todo criador de parábolas. Seja como for, ela define uma origem e um fim para a literatura e a crítica do maior escritor argentino do século XX.

Idealismo e realismo vão tecendo alegorias pela prosa "metafísica" e "essencial" de Borges (nas palavras de Alexandre Eulalio) (v.). Mas a que o narrador aspira, o que o autor também quer, o que cada leitor tem de buscar nas imagens obsessivas desses contos não é afinal o que está "*por trás da moeda*", por trás de todas as palavras e imagens? Zahir, Deus e Aleph são três dos seus noventa e nove nomes. Para Borges, menos poeticamente, mais paradoxalmente, o último nome é "literatura". — AN (Texto publicado no jornal *Folha de S.Paulo*, São Paulo, 1º de agosto de 1999, caderno mais!.)

zéjel

Forma de composição poética da Idade Média. Acredita-se que tenha sido criado em Córdoba, entre o fim do século IX e o começo do X, pelo poeta cego Mocadem ben Moafa. Sua característica mais importante é a presença de um estribilho inicial, seguido por um número indefinido de estrofes de quatro versos, sendo os três primeiros monorrimos e o último rimando com o estribilho. Apesar de se tratar de uma composição popular tipicamente árabe-andaluza, há quem defenda que o *zéjel* não apenas foi assimilado por outros poetas islâmicos como também foi incorporado pela poesia trovadoresca, tanto na península Ibérica como na França.

O *zéjel* é lembrado por Borges no poema "Alhambra" (*História da noite*), escrito em Granada em 1976, e no poema "O poeta declara seu renome" (*O fazedor*). O autor argentino destaca a musicalidade dessa forma poética — "*Grata a música do zéjel*". De fato, a palavra "zéjel", de origem árabe, pressupõe a musicalidade já em seu significado — quer dizer "bailado" ou "cantar". — DF

Zenão de Eleia

Viveu no século V a.C., na cidade grega de Eleia, ao sul da península Itálica, e foi discípulo de Parmênides (v.). O sistema de análise de Zenão parecia-se com o de outros pensadores gregos, como o de seu mestre. Em discussões com interlocutores que tinham opiniões diferentes das dele, Zenão conseguia articular conclusões contraditórias com base nos discursos dos adversários, os chamados "paradoxos". Suas principais obras foram *Sobre a natureza*, *Discussões* e *Contra os físicos*.

A busca pelos paradoxos é um dos traços característicos de Borges, e seu interesse pelo assunto o vincula à obra de Zenão de Eleia. Os paradoxos do pensador grego são analisados em detalhes ao longo de ensaios e textos literários, como em "A perpétua corrida de Aquiles e da tartaruga" e "Avatares da tartaruga" (*Discussão*). O autor portenho se sentiu atraído pelos paradoxos desde a infância. O pai explicava-lhe as ideias de Zenão com a ajuda de um tabuleiro de xadrez. Já adulto, a qualidade estética das explicações do pensador motivou o aprofundamento desse interesse, à medida que expunha os conceitos dele com exemplos e imagens. Isso contribuiu para que Borges o considerasse um de seus filósofos preferidos, fazendo-lhe diversas referências, como nas "Notas" de *Fervor de Buenos Aires*, em "*Men of Mathematics*, de E. T. Bell" (*Textos cativos*) e nos textos acima citados. — PFCO

Zimmermann, doutor Eduardo

Personagem do conto "Guayaquil" (*O informe de Brodie*), doutor da Universidad del Sur, Argentina. Natural de Praga, Zimmermann é historiador, refugiado da Segunda Guerra Mundial e naturalizado cidadão argentino. Borges acaba por ficcionalizar não o encontro entre San Martín (v. San Martín, Juan José de) e Simón Bolívar (v.) propriamente, mas as especulações sobre esse evento histórico, das quais Zimmermann toma partido, vencendo a discussão travada com o narrador. Além de remeter ao mistério do encontro sigiloso entre Bolívar e San Martín, o conto propõe sobretudo um conflito entre dois argentinos, entre duas concepções de história, entre duas expressões dessa nacionalidade. Em oposição ao narrador, descendente de um guerreiro da independência e que "*traz a história no sangue*", o historiador é um estrangeiro que se tornou cidadão argentino e cuja única ligação com a história é o conhecimento adquirido pelos livros. Como em outros contos de Borges, em que competem dois investigadores, a exemplo de "A morte e a bússola" (*Ficções*), prevalece o que pertence ao mundo livresco, e não aquele que tem um vínculo direto com o passado histórico. — PPM

Zola, Émile

Escritor francês (1840-1902), autor de uma obra tão vasta quanto poliforme, reconhece-se o nome de Zola como o romancista, embora a ele se devam dezenas de contos dispersos, peças de teatro, dramas líricos, críticas de arte, teatro e literatura, além da atividade de jornalista parlamentar. Sua correspondência ultrapassa a cifra de 4 mil cartas, e a paixão pela fotografia acumula cerca de 6 mil registros. Seu trabalho atesta uma vontade de poder e reconhecimento por parte do *homme de lettres* que decidiu ser. *Thérèse Raquin* (1867), o primeiro grande romance que escreveu, é sucedido por *Les Rougon-Macquart* (1871-93), o qual, percorrendo com pretensões científicas a árvore genealógica da família que dá nome a esse grupo de romances, consome-lhe mais de duas décadas na confecção de um quadro naturalista do Segundo Império. *Germinal* (1885), romance social a respeito de uma greve de mineiros, e *L'Assommoir* (1877), que faz parte de *Les Rougon-Macquart* e narra o percurso da jovem Gervaise, desde sua chegada a Paris (com 22 anos) até a morte, destacam-se dentre os inúmeros romances de Zola, ao lado de *Nana* (1879) e *La Bête humaine* (1889).

Em "Vindicação de *Bouvard et Pécuchet*" (*Discussão*), Borges recupera um juízo emitido por Gustave Flaubert (v.) — de que Honoré de Balzac (v.) seria um dos exemplos do romance realista por excelência, que pode alcançar um caráter etnográfico e estatístico reprovável — para incluir, por extensão, o exemplo de Zola. Em ensaio dedicado a Nathaniel Hawthorne (v.) (*Outras inquisições*), Borges confronta a parcial e relativa objetividade da obra deste com a teoria romanesca do escritor francês. Zola é distanciado de Henry James (v.) em um prólogo ao livro *A humilhação dos Northmore* (*Prólogos, com um prólogo de prólogos*). — JGS

Zoológico, Jardim

Em "Palermo de Buenos Aires" (*Evaristo Carriego*), Borges comenta a formação histórica do bairro de Palermo, onde por muitos anos viveu sua família. Entre o fim do século XIX e o início do XX, a região fazia parte dos arrabaldes (v.) de Buenos Aires. Em 1875, inaugurava-se o Parque 3 de Febrero, que contava com uma seção zoológica. Foi com a transferência do parque para a municipalidade de Buenos Aires, em 1888, que se formou o Jardim Zoológico em 1890 e Botânico (v.) em 1892. O histórico Jardim Zoológico de Buenos Aires, um dos primeiros da América, fechou suas portas em 2016.

Bem como outras imagens recorrentes na obra de Borges, os tigres marcaram-na profundamente, influenciando-o desde tenra idade, quando realizava com a família passeios pelo Zoológico. Em suas lembranças, o Jardim Zoológico cheirava a caramelos e a tigre, e tamanho era seu fascínio por esse animal que a mãe só conseguia que ele saísse de perto da jaula ao ameaçar retirar-lhe os livros. Exemplo desse fascínio está em "*Dreamtigers*" (*O fazedor*), quando Borges permanece "*infindavelmente diante de uma das jaulas do Zoológico*". — PFCO

Zorrilla de San Martín, Juan

Embora a única referência literária de Borges à extensa elegia *Tabaré* (1888), de Juan Zorrilla de San Martín (Montevidéu, 1855-1931), tenha sido feita no inventário de uma biblioteca rústica no conto "O Evangelho segundo São Marcos", do livro crepuscular *O informe de Brodie* (1972), a menção não deixa de ser ilustrativa das devoções e rejeições do escritor. Considerada pela crítica, desde o espanhol Juan Valera, como o arquétipo do poema romântico americano, *Tabaré* narra, em versos de métricas diversas, a história de um mestiço, filho de uma espanhola e de um índio charrua (tribo predominante no atual território uruguaio). Por seu tema e opções estéticas, a obra não poderia atraí-lo mais amplamente, além do enorme prestígio que texto e autor gozaram no rio da Prata e na América inteira durante a juventude de Borges. Prova deste último dado é que há uma tradução brasileira do poema, de meados da década de 1930, realizada por Manoelito de Ornelas. — PR

zumacos

Os zumacos (ou sumacos) são os habitantes dos arredores do parque de Sumaco, um vulcão ativo pouco acessível na região equatoriana da cordilheira dos Andes. Da população total da área, cerca de 80 mil pessoas, 70% são de origem indígena quíchua e 30% colonos. Mantêm em geral uma agricultura de subsistência e uma irrelevante comercialização de produtos tradicionais como café, cacau e banana. *Sumaco* em língua quíchua significa algo como "fera bonita", nome dado pelos incas quando visitaram o lugar.

No conto "A outra morte" (*O Aleph*), em que cita um tiroteio travado entre o personagem Pedro Damián e os zumacos, Borges faz referência a esse povo e diz que Damián se comportou com coragem naquele momento, mas que fracassou em Masoller (v.). — PPM

bibliografia

Esta bibliografia *de* e *sobre* Borges e obras em geral circunscreve-se às referências consultadas pelos autores em seus respectivos verbetes.

obras de jorge luis borges

BORGES*: Cien años*. Buenos Aires: *Proa*, jul.-ago. 1999.

BORGES *en* El Hogar*: 1935-1958*. Buenos Aires: Emecé, 2000.

BORGES *en* Sur*: 1931-1980*. Buenos Aires: Emecé, 1999.

BORGES, Jorge Luis. *Álbum biográfico y fotográfico de Jorge Luis Borges*. Madri: Alianza Editorial, 1998.

______. *Autobiografía: 1899-1970*. Buenos Aires: El Ateneo, 1999.

______. "Borges igual a sí mismo". Entrevista a María Esther Vázquez, Biblioteca Nacional, abr. 1973. Reprod. em BORGES, Jorge Luis. *Veinticinco Agosto 1983 y otros cuentos*. Madri: Siruela, 1983, pp. 83-4.

______. *Borges: Obras, reseñas y traducciones inéditas*. Colaborações de Jorge Luis Borges na *Revista Multicolor de los Sábados* do jornal *Crítica, 1933-1934* (1995), comp. de Irma Zangara. *Revista Multicolor de los Sábados, 1933-1934*. Ed. completa em CD-ROM (1999), a cargo de Nicolás Helft, Prólogo de Horacio Salas e textos de Sylvia Saítta. Buenos Aires: Fondo Nacional de las Artes, 1999.

______. *Borges oral. Conferencias*. Buenos Aires: Emecé, 1996.

______. *Borges oral & Sete noites*. Trad. de Heloisa Jahn. São Paulo: Companhia das Letras, 2011.

______. *Cartas del fervor. Correspondencia con Maurice Abramowicz y Jacobo Sureda (1919-1928)*. Prólogo de Joaquín Marco; notas de Carlos García; ed. de Cristóbal Pera. Trad. de Marietta Gargatagli. Barcelona: Galaxia Gutenberg; Círculo de Lectores; Emecé, 1999.

______. *Collected Fictions*. Trad. de Andrew Hurley. Nova York: Penguin Books, 1999.

______. "Dele-Dele". *Argentina Libre*, Buenos Aires, 15 ago. 1946.

______. *Discussão*. Trad. de Josely Vianna Baptista. São Paulo: Companhia das Letras, 2008.

______. *El Aleph de Jorge Luis Borges*. Ed. crít. e fac--sim. de Julio Ortega y Elena del Río Parra. México: El Colegio de México/ Centro de Estudios Lingüísticos y Literarios, 2001.

______. *El círculo secreto: Prólogos y notas*. Buenos Aires: Emecé, 2003.

______. *El idioma de los argentinos* (1928). Buenos Aires: Seix Barral, 1994. (Biblioteca Breve).

______. *El tamaño de mi esperanza* (1926). Buenos Aires: Seix Barral, 1993.

______. "Entrevista con Christian Wildner". In: SWEDENBORG, Emanuel. *El cielo y sus maravillas y el infierno*. Buenos Aires: Kier, 1991.

______. "Entrevista com Ronald Christ. A arte da ficção". In: *As entrevistas da* Paris Review, n. 39. Trad. de Christian Schwartz e Sergio Alcides. São Paulo: Companhia das letras, 2011, v. I, pp. 120-76 (original inglês 1967).

______. Epílogo. In: ______. *Obras completas 1975-1985*. Buenos Aires: Emecé, 1989. v. III, pp. 505-7.

______. "Estudio preliminar". In: *Dante. La divina comedia*. Buenos Aires: W. M. Jackson, 1956. p. XXVIII. (Colección Clásicos Jackson, v. XXXI).

______. *Ficcionario. Una antología de sus textos*. RODRÍGUEZ MONEGAL, Emir (Org.). México (DF): Fondo de Cultura Económica, 1981.

______. *Ficções*. Trad. de Davi Arrigucci Jr. São Paulo: Companhia das Letras, 2007.

______. *História da eternidade*. Trad. de Heloisa Jahn. São Paulo: Companhia das Letras, 2010.

______. *História universal da infâmia*. Trad. de Davi Arrigucci Jr. São Paulo: Companhia das Letras, 2012.

______. *Inquisiciones* (1925). Buenos Aires: Seix Barral, 1994.

______. *Jorge L. Borges recuerda a Xul Solar: Prólogos y conferencias, 1949-1980*. Intr. e notas de Patricia M. Artundo. Buenos Aires: Fundación Pan Klub; Fundación Internacional Jorge Luis Borges, 2013.

______. "La belleza no es un hecho extraordinario". *Cuadernos Hispanoamericanos*, Madri, n. 505--507, pp. 51-72, jul.-set. 1992. *Homenaje a Jorge Luis Borges*.

______. *Libro de las ruinas*. Pinturas de John Martin (1789-1854), sel. e coment. de William Feaver e Gianfranco Malafarina. Milão: Franco Maria Ricci, 1997. (Los Signos del Hombre, 18).

______. *Libro de sueños*. Buenos Aires: Torres Agüero Editor, 1976.

______. *Libro delle visioni*. Milão: Franco Maria Ricci, 1980.

______. *Narraciones*. BARNATÁN, Marcos Ricardo (Org.). Madri: Cátedra; Letras Hispánicas, 1998.

______. *Nove ensaios dantescos & A memória de Shakespeare*. Trad. de Heloisa Jahn. São Paulo: Companhia das Letras, 2011.

______. *O Aleph*. Trad. de Davi Arrigucci Jr. São Paulo: Companhia das Letras, 2013.

BORGES, Jorge Luis. *Obras completas (1923-1972)*. Buenos Aires: Emecé, 1974.
______. *Obras completas*. Barcelona: Emecé, 1989. 4 v.: v. 1: *1923-1949*, v. 2: *1952-1972*, v. 3: *1975-1985*, v. 4: *1975-1988*.
______. *Obras completas*. São Paulo: Globo, 1998-99. 4 v.: v. 1: *1923-1949*, v. 2: *1952-1972*, v. 3: *1975-1985*, v. 4: *1975-1988*.
______. *Obras completas I (1923-1949)*. Ed. crít. Notas de Rolando Costa Picazo e Irma Zangara. Buenos Aires: Emecé, 2009.
______. *Obras completas II (1952-1972)*. Ed. crít. Notas de Rolando Costa Picazo. Buenos Aires: Emecé, 2010.
______. *Obras completas III (1975-1985)*. Ed. crít. Notas de Rolando Costa Picazo. Buenos Aires: Emecé, 2011.
______. *Obras completas en colaboración*. Buenos Aires: Emecé, 1991. Em coautoria com Adolfo Bioy Casares (pseudônimo comum de H. Bustos Domecq e B. Suárez Lynch). Além de obras em colaboração com Betina Eidelberg (*Leopoldo Lugones*, 1965), Margarita Guerrero (El *Martín Fierro*, 1953, e *El libro de los seres imaginarios*, 1967), Alicia Jurado (*¿Qué es el budismo?*, 1977), María Kodama (*Breve antología anglosajona*, 1978), María Esther Vázquez (*Introducción a la literatura inglesa*, 1965, e *Literaturas germánicas medievales*, 1966), Esther Zemborain de Torres Duggan (*Introducción a la literatura norteamericana*, 1967).
______. *Oeuvres complètes*. Ed., apres. e notas de Jean Pierre Bernès. Paris: Gallimard, 1993. 2 v. (Bibliothèque de la Pléiade).
______. *Oeuvres complètes*. Reimp. revista, pref. do autor. Ed., apres. e notas Jean Pierre Bernès. Paris: Gallimard, 2010. t. I, 1754 pp., t. II 1754 pp. (Bibliothèque de La Pléiade).
______. *O fazedor*. Trad. de Josely Vianna Baptista. São Paulo: Companhia das Letras, 2008.
______. *O informe de Brodie*. Trad. de Davi Arrigucci Jr. São Paulo: Companhia das Letras, 2008.
______. *O livro de areia*. Trad. de Davi Arrigucci Jr. São Paulo: Companhia das Letras, 2009.
______. O Martín Fierro, *Para as seis cordas & Evaristo Carriego*. Trad. de Heloisa Jahn. São Paulo: Companhia das Letras, 2017.
______. *O outro, o mesmo*. Trad. de Heloisa Jahn. São Paulo: Companhia das Letras, 2009.
______. *Otras inquisiciones*. Buenos Aires: Emecé, 1983.
______. *Outras inquisições*. Trad. de Davi Arrigucci Jr. São Paulo: Companhia das Letras, 2007.
______. *Poesia* (*Elogio da sombra*, 1969, *O ouro dos tigres*, 1972, *A rosa profunda*, 1975, *A moeda de ferro*, 1976, *História da noite*, 1977, *A cifra*, 1981, *Os conjurados*, 1985). Ed. bilíngue. Trad. de Josely Vianna Baptista. São Paulo: Companhia das Letras, 2009.
______. *Primeira poesia* (*Fervor de Buenos Aires*, *Lua defronte*, *Caderno San Martín*). Ed. bilíngue. Trad. de Josely Vianna Baptista. São Paulo: Companhia das Letras, 2008.
______. *Prólogos, com um prólogo de prólogos*. Trad. de Josely Vianna Baptista. São Paulo: Companhia das Letras, 2010.
______. *Textos recobrados 1919-1929*. Buenos Aires: Emecé, 1997.
______. *Textos recobrados 1931-1955*. Buenos Aires: Emecé, 2001.
______. *Textos recobrados 1956-1986*. Buenos Aires: Emecé, 2003.
______. *The Total Library. Non-Fiction 1922-1986*. WEINBERGER, Eliot (Org.). Nova York: Penguin, 1999.
______. *This Craft of Verse*. Cambridge: Harvard University Press, 2000.
______. "Ultraísmo". *Nosotros*, n. 151, dez. 1921.
______. *Veinticinco Agosto 1983 y otros cuentos*. Madri: Siruela, 1983.
______; BIOY CASARES, Adolfo. *Libro del cielo y del infierno*. Buenos Aires: Sur, 1960.
______; BIOY CASARES, Adolfo; OCAMPO, Silvina. *Antología de la literatura fantástica*. Buenos Aires: Sudamericana, 1996. [Ed. bras.: *Antologia da literatura fantástica*. Trad. de Josely Vianna Baptista. São Paulo: Cosac Naify, 2013.]
______; DI GIOVANNI, Norman Thomas. "Autobiographical Notes". *The New Yorker*, 19 set. 1970. [Ed. bras.: *Ensaio autobiográfico (1899-1970)*. Trad. de Maria Carolina de Araujo e Jorge Schwartz. São Paulo: Companhia das Letras, 2009. (1ª ed.: Globo, 2000)]
______; FERRARI, Osvaldo. *Diálogos últimos*. Buenos Aires: Sudamericana, 1987.
______; GUERRERO, Margarita. "A ave fênix". In: ______. *O livro dos seres imaginários*. Trad. de Heloisa Jahn. São Paulo: Companhia das Letras, 2011, pp. 34-6.
______; KODAMA, María. *Atlas*. Trad. de Heloisa Jahn. São Paulo: Companhia das Letras, 2010.
______; MONTENEGRO, Néstor J. *Diálogos*. Buenos Aires: Nemont Ediciones, 1983.
______; SABATO, Ernesto. *Borges/Sabato. Diálogos*. BARONE, Orlando (Org.). Trad. de Maria Paula Gurgel Ribeiro. São Paulo: Globo, 2005.
______; SORRENTINO, Fernando. *Siete conversaciones con Jorge Luis Borges*. Buenos Aires: Casa Pardo, 1973. [Ed. ingl.: *Seven Conversations with Jorge Luis*

Borges. Trad. de Clark M. Zlotchew. Filadélfia: Paul Dry Books, 2010.]

obras sobre jorge luis borges

ABÓS, Álvaro. *Al pie de la letra. Guía literaria de Buenos Aires*. Buenos Aires: Grijalbo; Mondadori, 2000.

AGHEANA, Ion Tudro. *Reasoned Thematic Dictionary of the Prose of Jorge Luis Borges*. Hanover: Ediciones del Norte, 1990.

ALAZRAKI, Jaime. *Jorge Luis Borges*. Madri: Taurus, 1976.

______. *La prosa narrativa de Jorge Luis Borges*. Madri: Gredos, 1986.

ANTELO, Raúl. "Naderia". *Folha de S.Paulo*, São Paulo, 1º ago. 1999. caderno mais!, p. 7.

ARRIGUCCI JR., Davi. "Da fama e da infâmia (Borges no contexto literário latino-americano)". *Cuadernos de Recienvenido*, São Paulo, n. 10, Humanitas; FFLCH-USP, 1999.

______. "Borges e a experiência histórica". In: SCHWARTZ, Jorge (Org.). *Borges no Brasil*. São Paulo: Editora Unesp; Imprensa Oficial do Estado, 2001.

ARROJO, Rosemary. "Borges e a maldição de Babel: escritura, interpretação e conflito". In: SCHWARTZ, Jorge (Org.). *Borges no Brasil*. São Paulo: Editora Unesp; Imprensa Oficial do Estado, 2001.

ARTUNDO, Patricia. "Entre 'La aventura y el orden': los hermanos Borges y el ultraísmo argentino". *Cuadernos de Recienvenido*, São Paulo, n. 10, Humanitas; FFLCH-USP, 1999.

______. *Mário de Andrade e a Argentina: Um país e sua produção cultural como espaço de reflexão*. Trad. de Gênese Andrade. São Paulo: Edusp; Fapesp, 2004.

ASSUNÇÃO, Ronaldo. *Jorge Luis Borges e Mário de Andrade: Poesia, cidade, oralidade*. Campo Grande: Editora UFMS, 2004.

______. "Mário de Andrade y Jorge Luis Borges: poesía urbana y vanguardia en la década de 1920". *Variaciones Borges*, n. 19, pp. 243-57, 2005.

BALDERSTON, Daniel. "Tradição e traição: Borges e Stevenson". *Folha de S.Paulo*, São Paulo, 19 ago. 1984. Folhetim, p. 11.

______. *El precursor velado: R. L. Stevenson en la obra de Borges*. Trad. de Eduardo Paz Leston. Buenos Aires: Sudamericana, 1985.

______. *The Literary Universe of Jorge Luis Borges: An Index to References and Allusions to Persons, Titles, and Places in his Writings*. Nova York: Westport; Londres: Greenwood Press, 1986.

______. *Out of Context: Historical Reference and the Representation of Reality in Borges*. Durham: Duke University Press, 1993. [Ed. esp.: *¿Fuera de contexto?: Referencialidad histórica y expresión de la realidad en Borges*. Trad. do autor. Rosário: Beatriz Viterbo Editora, 1996.]

______. "Borges and the Universe of Culture". *Variaciones Borges*, n. 14, 2002.

______. "Gaúchos da fronteira: Uruguai e Rio Grande do Sul na obra de Borges". In: MOREIRA, Maria Eunice (Org.). *Histórias da literatura: Teorias, temas e autores*. Porto Alegre: Mercado Aberto, 2003. pp. 188-207. Disponível em: <http://www.borges.pitt.edu/sites/default/files/Balderston%20in%20Moreira.pdf>. Acesso em: nov. 2016.

______. "De la *Antología de la literatura fantástica* y sus alrededores". In: SAÍTTA, Sylvia (Org.). *Historia crítica de la literatura argentina*. Buenos Aires: Emecé, 2004. t. 9.

______. "Borges, las sucesivas rupturas". In: OLEA FRANCO, Rafael (Org.). *In memoriam. Jorge Luis Borges*. México: El Colegio de México, 2008.

______; GALLO, Gastón; HELFT, Nicolás. *Borges. Una enciclopedia*. Buenos Aires: Norma, 1999.

BARBOSA, João Alexandre. "Borges, leitor do *Quixote*". In: SCHWARTZ, Jorge (Org.). *Borges no Brasil*. São Paulo: Editora Unesp; Imprensa Oficial do Estado, 2001.

BARRENECHEA, Ana María et al. *Borges y la crítica: Antología*. Buenos Aires: Centro Editor de América Latina, 1981.

______. *La expresión de la irrealidad en la obra de Borges* (1957). Buenos Aires: Centro Editor de América Latina, 1984.

BASTOS, María Luisa. *Borges ante la crítica argentina, 1923-1960*. Buenos Aires: Hispamérica, 1974.

BAUR, Sergio. *Borges in Egypt*. Fotos: María Kodama. Textos: Jorge Luis Borges, Nagwa Mehrez. Cairo: Embaixada da Argentina, dez. 2015.

BELL-VILLADA, Gene H. *Borges and his Fiction: A Guide to his Mind and Art*. Chapel Hill: University of North Carolina Press, 1981; Austin: University of Texas Press, 1999.

BIANCOTTO, Natalia. "El realismo y sus verdades: Borges con Auerbach, a través de Stevenson". *Variaciones Borges*, n. 37, pp. 19-35, 2014.

BIOY CASARES, Adolfo. *Borges*. Barcelona: Destino, 2006.

BLOOM, Harold (Org.). *Jorge Luis Borges*. Nova York: Chelsea House Publishers, 1986.

BLÜHER, Karl Alfred; TORO, Alfonso de (Org.).

Jorge Luis Borges: Variaciones interpretativas sobre sus procedimientos literarios y bases epistemológicas. Madri: Vervuert; Iberoamericana, 1995.
BONET, Juan Manuel. *El ultraísmo y las artes plásticas*. Valência: Instituto Valenciano de Arte Moderno (Ivam), 1996.
______. *Diccionario de las vanguardias españolas*. Madri: Alianza, 2007.
______. *Las cosas se han roto. Antología de la poesía ultraísta*. Sevilha: Vandalia; Fundación José Manuel Lara, 2012.
BOSI, Viviana et al. (Org.). *Ficções: Leitores e leituras*. Cotia: Ateliê, 2001.
BRAVO, Pilar; PAOLETTI, Mario. *Borges verbal*. Buenos Aires: Emecé, 1999.
BRESCIA, Pablo; ZAVALA, Lauro (Org.). *Borges múltiple: Cuentos y ensayos de cuentistas*. México: Universidad Nacional Autónoma de México, Coordinación de Difusión Cultural, Dirección de Literatura, Coordinación de Humanidades, Programa Editorial, 1999.
CALIL, Carlos Augusto; BOAVENTURA, Maria Eugenia; LEVIN, Orna Messer (Org.). "Borges ou da literatura. Problemas de leitura e tradução". *Remate de Males*, Campinas: Unicamp, IEL/Departamento de Teoria Literária, n. especial, 1999.
CÁMPORA, Magdalena; GONZÁLEZ, Javier Roberto (Org.). *Borges: Francia*. Buenos Aires: Selectus, 2011.
CAMPOS, Augusto de. *Quase Borges: 20 transpoemas e uma entrevista*. São Paulo: Terracota, 2013. (Selo Musa Rara).
CANTO, Estela. *Borges a contraluz*. Madri: Espasa-Calpe, 1989. [Ed. bras.: *Borges à contraluz*. Trad. de Vera Mascarenhas de Campos. São Paulo: Iluminuras, 1991.]
CAPELLI, Darío. "Estudio preliminar". In: CANCELA, Arturo. *Historia funambulesca del profesor Landormy*. Buenos Aires: Colihue; Biblioteca Nacional, 2007. pp. 15-53.
COZARINSKY, Edgardo. *Borges en/y/sobre cine*. Pref. de Adolfo Bioy Casares. Madri: Fundamentos, 1981. [Ed. bras.: *Borges em/e/sobre cinema*. Trad. de Laura J. Hosiasson. São Paulo: Iluminuras, 2000.]
______. "Palabras leídas en la Maison de l'Amérique Latine, en París, el 1º de febrero de 2005". *Blues*. Buenos Aires: Adriana Hidalgo Editora, 2010.
______. "Victoria Ocampo, recordada". *Blues*. Buenos Aires: Adriana Hidalgo Editora, 2010.
______; BERTI, Eduardo. *Galaxia Borges*. Buenos Aires: Adriana Hidalgo Editora, 2007.
CROCE, Marcela; GALLO, Gastón Sebastián M. (Org.). *Enciclopedia Borges*. Málaga: Alfama, 2008.
FARÍAS, Víctor. *La metafísica del arrabal*. El tamaño de mi esperanza, *un libro desconocido de Jorge Luis Borges*. Madri: Anaya & M. Muchnik, 1992.
FERRARI, Osvaldo. *Reencuentro. Diálogos inéditos*. Buenos Aires: Sudamericana, 1999.
FERRER, Antonio Fernández. *Ficciones de Borges: En las galerías del laberinto*. Madri: Cátedra, 2009.
______ (Org.). *Borges A/Z*. Madri: Siruela, 1988.
FISHBURN, Evelyn; HUGHES, Psiche. *Un diccionario de Borges*. Buenos Aires: Torres Agüero Editor, 1995. [Ed. ingl.: *A dictionary of Borges*. Ed. rev. em 2016. Disponível em: <www.borges.pitt.edu/sites/default/files/revisededition.fishburn_4.pdf>. Acesso em: mar. 2017.]
FLAMAND, Eric. *Abrégé de culture borgesienne*. Paris: Noel Blandin, 1985.
GIORDANO, Alberto. *Modos del ensayo: Jorge Luis Borges-Oscar Masotta*. Rosário: Beatriz Viterbo Editora, 1991.
GRAU, Cristina. *Borges y la arquitectura*. Madri: Cátedra, 1995.
GUTWEIN, Daniel. *The Divided Elite: Economics, Politics, and Anglo-Jewry, 1882-1917*. Leiden: E. J. Brill, 1992.
HANSEN, João Adolfo. "Espelho". *Folha de S.Paulo*, São Paulo, 1º ago. 1999. caderno mais!, p. 5.
HELFT, Nicolás. *Jorge Luis Borges: Bibliografía completa*. Buenos Aires: Fondo de Cultura Económica, 1997.
______; PAULS, Alan. *El factor Borges: Nueve ensayos ilustrados*. Buenos Aires: Fondo de Cultura Económica, 2000.
INSUA, Juan (Org.). *Cosmópolis. Borges y Buenos Aires*. Catálogo de exposição. Barcelona, Centro de Cultura Contemporánea de Barcelona, out. 2002-fev. 2003, e Madri, Biblioteca Nacional, jul.-set. 2003.
JURADO, Alicia. *Genio y figura de Jorge Luis Borges*. Buenos Aires: Eudeba, 1996.
KRISTAL, Efraín. *Borges and Translation: Invisible Work*. Nashville: Vanderbilt University Press, 2002.
LAFON, Michel. *Borges ou la réécriture*. Paris: Seuil, 1990.
______. *Une vie de Pierre Ménard*. Paris: Gallimard, 2008.
______. Prefácio. In: BIOY CASARES, Adolfo; BORGES, Jorge Luis [pseudônimo: H. Bustos Domecq]. *Seis problemas para dom Isidro Parodi; Duas fantasias memoráveis*. Trad. de Maria Paula Gurgel Ribeiro. São Paulo: Globo, 2014.
LA MAGA. Ed. espec. de coleção. *Homenaje a Borges*. Buenos Aires, n. 18, fev. 1996.
LOEWENSTEIN, C. Jared. *A Descriptive Catalogue of the Jorge Luis Borges Collection at the University of Virginia Library*. Virgínia: University Press of Virginia, 1993.

LOUIS, Annick. *Oeuvres et manoeuvres*. Paris: L'Harmattan, 1997.
______. *Borges ante el fascismo*. Berna: Peter Lang International Academic Publishers, 2008.
______ (Org.). *Enrique Pezzoni, lector de Borges (Lecciones de literatura 1984-1988)*. Buenos Aires: Sudamericana, 1999.
MARTÍNEZ, Guillermo. *Borges y la matemática*. Buenos Aires: Eudeba, 2003.
MASTRONARDI, Carlos. *Borges*. Buenos Aires: Academia Argentina de Letras, 2007.
MATTALÍA, Sonia (Org.). *Borges entre la tradición y la vanguardia*. Valência: Generalitat Valenciana, 1990.
MIZRAJE, María Gabriela. "Juan José de Soiza Reilly (1879-1959)". In: LOCKHART, Darrell B. (Org.). *Latin American Mystery Writers: An A-to-Z guide*. Westport: Greenwood Press, 2004.
MOLLOY, Sylvia. *Signs of Borges*. Durham: Duke University Press, 1994.
______. *Las letras de Borges y otros ensayos*. Rosário: Beatriz Viterbo Editora, 1999.
OCAMPO, Victoria. *Diálogo con Borges*. Buenos Aires: Sur, 1969.
OLEA FRANCO, Rafael. *El otro Borges. El primer Borges*. Buenos Aires: El Colegio de México; Fondo de Cultura Económica, 1993.
OLMOS, Ana Cecilia. *Por que ler Borges*. São Paulo: Globo, 2008. (Coleção Por Que Ler).
ORTEGA, Julio. "Borges y la cultura hispano-americana". *Revista Iberoamericana*, Pittsburgh: Pittsburgh University, n. 100-101, jul.-dez. 1977.
______. "Borges, fundador". In: ______. *Una poética del cambio*. Caracas: Biblioteca Ayacucho, s.d.
PARAIZO, Mariângela de Andrade. *O labirinto e a bússola: Aspectos do tempo em Borges*. São Paulo: Fundação Memorial da América Latina, s.d. (Coleção Memo, 47).
PEREYRA, Washington Luis. *La prensa literaria argentina 1890-1974*. Buenos Aires: Librería Colonial, 1995. t. 2: *Los años rebeldes 1920-1929*.
PERRONE-MOISÉS, Leyla. "Felicidade". *Folha de S.Paulo*, São Paulo, 1º ago. 1999. caderno mais!, p. 5.
______. "L'histoire littéraire selon J. L. Borges". *Littérature*, n. 124, Paris, pp. 67-80, dez. 2001.
PEZZONI, Enrique. "Fervor de Buenos Aires: autobiografía y autorretrato". In: ______. *El texto y sus voces*. Buenos Aires: Sudamericana, 1998.
PIGLIA, Ricardo. "Sobre o gênero policial". In: ______. *O laboratório do escritor*. Trad. de Josely Vianna Baptista. São Paulo: Iluminuras, 1994.
______. "Sobre Borges". *Cuadernos de Recienvenido*, São Paulo, n. 10, Humanitas; FFLCH-USP, 1999.
______. "El arte de narrar". *Cuadernos de Recienvenido*, São Paulo, n. 12, Humanitas; FFLCH-USP, 1999.
______. "Teses sobre o conto". In: ______. *Formas breves*. Trad. de José Marcos Mariani de Macedo. São Paulo: Companhia das Letras, 2004.
______. *O último leitor*. Trad. de Heloisa Jahn. São Paulo: Companhia das Letras, 2006.
PINTO, Júlio Pimentel. *Uma memória do mundo: Ficção, memória e história em Jorge Luis Borges*. São Paulo: Estação Liberdade; Fapesp, 1998.
______. *A leitura e seus lugares*. São Paulo: Estação Liberdade, 2004.
______. Prefácio. In: BORGES, Jorge Luis; BIOY CASARES, Adolfo [pseudônimo: H. Bustos Domecq]. *Um modelo para a morte; Os suburbanos; O paraíso dos crentes*. Trad. de Maria Paula Gurgel Ribeiro. São Paulo: Globo, 2014.
POSSE, Abel. "Kafka y Borges por las calles de Praga". *La Nación*, 31 maio 2008.
REST, Jaime. *El laberinto del universo. Borges y el pensamiento nominalista*. Buenos Aires: Eterna Cadencia, 2009.
REYNOLDS, Dwight Fletcher (Org.). *Interpreting the Self: Autobiography in the Arabic Literary Tradition*. Berkeley: University of California Press, 2001.
ROCCA, Pablo (Org.). *El Uruguay de Borges. Borges y los uruguayos 1925-1974*. Montevidéu; Universidad de la República, 2002.
RODRÍGUEZ MONEGAL, Emir. *Borgès par lui même*. Paris: Seuil, 1970. [Ed. esp.: *Borges por él mismo*. Caracas: Monte Ávila, 1980.]
______. "Borges y la 'nouvelle critique'". *Revista Iberoamericana*, Pittsburgh: Pittsburgh University, n. 80, jul.-set. 1972.
______. *Borges: Hacia una lectura poética*. Madri: Guadarrama, 1976.
______. "Borges: Una teoría de la literatura fantástica". *Revista Iberoamericana*, Pittsburgh; Pittsburgh University, n. 95, abr.-jul. 1976.
______. "Borges y la política". *Revista Iberoamericana*, Pittsburgh: Pittsburgh University, v. 43, n. 100-101, jul.-dez. 1977.
______. *Mário de Andrade / Borges: Um diálogo dos anos 20*. Trad. de Maria Augusta da Costa Vieira. São Paulo: Perspectiva, 1978. (Coleção Elos 27).
______. *Jorge Luis Borges; A Literary Biography*. Nova York: E. P. Dutton, 1978. [Ed. esp.: *Borges: Una biografía literaria*. Trad. de Homero Alsina Thevenet. México (DF): Fondo de Cultura Económica, 1987.]
______. *Borges, uma poética da leitura*. Trad. de

Irlemar Chiampi. São Paulo: Perspectiva, 1980. (Coleção Debates).
RODRÍGUEZ MONEGAL, Emir; ROGGIANO, Alfredo (Org.). "40 Inquisiciones sobre Borges". *Revista Iberoamericana*, Pittsburgh: Pittsburgh University, n. 100-101, jul.-dez. 1977.
ROSATO, Laura; ALVAREZ, Germán. *Borges, libros y lecturas*. Buenos Aires: Biblioteca Nacional de Buenos Aires, 2010.
SACERIO-GARÍ, Enrique; RODRÍGUEZ MONEGAL, Emir (Org.). *Jorge Luis Borges: Textos cautivos*. Barcelona: Tusquets, 1986.
SARLO, Beatriz. *Borges, un escritor en las orillas*. Buenos Aires: Ariel, 1995. [Ed. bras.: *Jorge Luis Borges, um escritor na periferia*. Trad. de Samuel Titan Jr. São Paulo: Iluminuras, 2008.] [Ed. ingl.: *A Writer on the Edge*. Londres: Verso, 1993.]
______. "Borges, orillero". In: INSUA, Juan (Org.). *Cosmópolis. Borges y Buenos Aires*. Catálogo de exposição. Barcelona, Centro de Cultura Contemporánea de Barcelona, out. 2002-fev. 2003, e Madri, Biblioteca Nacional, jul.-set. 2003.
SCHWARTZ, Jorge. "Borges e Joyce (via Salas Subirat, Antonio Houaiss e Haroldo de Campos)". In: ______ (Org.). *Borges no Brasil*. São Paulo: Editora Unesp; Imprensa Oficial do Estado, 2001.
______ (Org.). *Borges no Brasil*. São Paulo: Editora Unesp; Imprensa Oficial do Estado, 2001.
SLAPAK, Sara (Coord.). *Borges y la ciencia*. Prólogo de María Kodama. Buenos Aires: Eudeba/ Centro de Estudios Avanzados, Universidad de Buenos Aires, 1999.
SOSNOWSKI, Saúl. *Borges e a cabala*. São Paulo: Perspectiva, 1991.
______; SALAS, Horacio (Comp.). *Borges y yo. Diálogo con las letras hispanoamericanas*. Buenos Aires: Fondo Nacional de las Artes, 2000.
SOUZA, Eneida Maria de. *O século de Borges*. Belo Horizonte: Autêntica, 1999.
STORTINI, Carlos R. *El diccionario de Borges*. Buenos Aires: Miscelánea, 1986.
STURLUSON, Snorri. *La alucinación de Gylfi*. Prólogo e trad. de Jorge Luis Borges e María Kodama. Madri: Alianza, 1984.
SUCRE, Guillermo. *Borges, el poeta*. 2. ed. Caracas: Monte Ávila, 1967.
TAVARES, Braulio (Org.). *Contos fantásticos no labirinto de Borges*. Trad. de Julio Silveira et al. Rio de Janeiro: Casa da Palavra, 2005.
TEITELBOIM, Volodia. *Los dos Borges: Vida, sueños, enigmas*. Santiago: Sudamericana, 1996.
TESLER, Mario. "Sobre las firmas de Borges". *La Biblioteca 13. Cuestión Borges*. Buenos Aires: Biblioteca Nacional, pp. 314-28, 2013.
VACCARO, Alejandro (Org.). *Borges a través de sus libros. Homenaje décimo aniversario*. Buenos Aires: Centro Cultural Borges, 1996.
______. *Georgie 1899-1930*. Buenos Aires: Proa, 1996.
VARIACIONES Borges. The Borges Center. Pittsburgh: University of Pittsburgh.
VÁZQUEZ, María Esther. *Borges: Esplendor y derrota*. Buenos Aires: Tusquets, 1996.
______ (Org.). "La violencia: miradas opuestas. Diálogo entre J. L. B. y Eduardo Gudiño Kieffer". *La Nación*, 6 ago. 1972.
WILLIAMSON, Edwin. *Borges: Uma vida*. Trad. de Pedro Maia Soares. São Paulo: Companhia das Letras, 2011.
WOODALL, James. *Jorge Luis Borges: O homem no espelho do livro*. Rio de Janeiro: Bertrand Brasil, 1999.
WRIGHT, Thomas. *The Life of Sir Richard Burton*. Whitefish: Kessinger Publisher, s.d.

obras em geral

ADORNO, Theodor W. *Notas de literatura I*. Trad. de Jorge de Almeida. São Paulo: Ed. 34; Duas Cidades, 2003.
ALPOSTA, Luis. *Mosaicos porteños*. Buenos Aires: Marcelo Héctor Oliveri Editor, 2005.
ARANTES, José Antonio. "A demanda do mistério". In: MACHEN, Arthur. *O terror*. Trad. e posf. de José Antonio Arantes. São Paulo: Iluminuras, 2002.
BARTHES, Roland et al. *Littérature et réalité*. Paris: Seuil, 1982.
______. *L'Obvie et l'obtus*. Paris: Seuil, 1982.
______. *Le Discours de l'histoire*. In: ______. *Oeuvres complètes*. Paris: Seuil, 2002. v. II: *1962-1967*.
BEOWULF. A verse translation. Trad. de Michael Alexander. Londres: Penguin Books, 2001.
BIRCH, Dinah (Org.). *The Oxford Companion to English Literature*. Oxford: Oxford University Press, 1996.
BONET, Juan Manuel. *Rayuela. El París de Cortázar*. Paris: Instituto Cervantes, 2013. A versão integral deste livro-dicionário pode ser consultada em: <http://epoo.epimg.net/descargables/2013/06/28/2783ac7deb8601250cdb495da52e0dfd.pdf>. Acesso em: nov. 2016.
COMPAGNON, Antoine. *La seconde main ou le travail de la citation*. Paris: Seuil, 1979.

CORTÁZAR, Julio. *Cartas a los Jonquières*. Madri: Alfaguara, 2010.

DELAL — Diccionario enciclopédico de las letras de América Latina. Caracas: Monte Ávila Latinoamericana; Biblioteca Ayacucho, 1995. 3 v.

DELEUZE, Gilles. *Logique du sens*. Paris: Minuit, 1969. [Ed. bras.: *Lógica do sentido*. São Paulo: Perspectiva: 2011.]

______. *Différence et répétition*. Paris: PUF, 1996. [Ed. port.: *Diferença e repetição*. Lisboa: Relógio D'Água, 2000.]

DICTIONNAIRE de littérature grecque et latine. Paris: Éditions Universitaires, 1969.

DICTIONNAIRE des oeuvres littéraires de langue française. Paris: Bordas, 1994.

DIZIONARIO degli scrittori greci e latini. Milão: Marzorati editore, 1988.

DIZIONARIO delle letterature classiche. Turim: Giulio Einaudi, 1993.

EGIL'S SAGA. Trad. de Bernard Scudder. Intr. e notas de Svanhildur Óskarsdóttir. Londres: Penguin Books, 2004.

ENCYCLOPAEDIA BRITANNICA. Chicago: Encyclopaedia Britannica, 1986.

FIGLIA, Marcelo Pasta. "La poesía lunfarda en la literatura argentina" [25 set. 2013]. Disponível em: <http://www.nelool.ufsc.br/palestras/marcelopastafiglia.pdf>. Acesso em: nov. 2016.

FLAUBERT, Gustave. *Oeuvres*. Paris: Gallimard, 1997. (Bibliothèque de la Pléiade).

FOUCAULT, Michel. *Les Mots et les choses*. Paris: Gallimard, 1966. [Ed. bras.: *As palavras e as coisas*. São Paulo: Martins Fontes, 2016.]

GRETTIR'S SAGA. Trad. de Denton Fox e Herman Pálsson. Toronto: University of Toronto Press, 2001.

HEAD, Dominic (Org.). *The Cambridge Guide to Literature in English*. Cambridge; Nova York: Cambridge University Press, 1993.

HERRERA Y REISSIG, Julio. *Tratado de la imbecilidad del país por el sistema de Herbert Spencer*. Montevidéu: Taurus, 2006. (Edición y prólogo de Aldo Mazzucchelli. Inclui CD com fragmentos inconclusos.)

KAFKA, Franz. *Gesammelte Werke in Einzelbänden in der Fassung der Handschriften: Nachgelassene Schriften und Fragmente I*. Org. de Malcolm Pasley. Frankfurt: Fischer, 1993.

KANDINSKY, Wassily; MARC, Franz. Almanaque *O Cavaleiro Azul* [*Der blaue Reiter*]. Org. Jorge Schwartz. Trad. de Flávia Bancher. São Paulo: Edusp; Museu Lasar Segall, Ibram-Minc, 2013 (original alemão 1912).

LOVECRAFT, H. P. *O horror sobrenatural em literatura*. Trad. de Celso M. Paciornik. São Paulo: Iluminuras, 2007.

MANGUEL, Alberto; GUADALUPI, Gianni. *Dicionário de lugares imaginários*. Trad. de Pedro Maia Soares. São Paulo: Companhia das Letras, 2003.

MEYRINK, Gustav. *O Golem*. Trad. de Agatha Maria Auersperg. São Paulo: Hemus, 2003.

MICHEL, Arlette (Org.). *Littérature française du XIXᵉ siècle*. Paris: PUF, 1993.

MONTAIGNE, Michel de. *Oeuvres complètes*. Paris: Gallimard, 1962. (Bibliothèque de la Pléiade).

NJAL'S SAGA. Trad., intr. e notas de Robert Cook. Londres: Penguin Books, 2001.

PASCAL, Blaise. *Oeuvres complètes*. Paris: Gallimard, 1995. (Bibliothèque de la Pléiade).

PEREC, Georges. *La Vie, mode d'emploi: Romans*. Paris: Hachette, 1991.

______. *Espèces d'espaces*. S. l.: Galilée, 1992.

______. *Le Voyage d'hiver*. Paris: Seuil, 1993.

______. *A coleção particular*. Trad. de Ivo Barroso. São Paulo: Cosac Naify, 2004.

PERRONE-MOISÉS, Leyla (Org.). *Do positivismo à desconstrução: Ideias francesas na América*. São Paulo: Edusp, 2004.

______; RODRÍGUEZ MONEGAL, Emir. *Lautréamont austral*. São Paulo: Iluminuras, 2014.

PRIETO, Adolfo. *El discurso criollista en la formación de la Argentina moderna*. Buenos Aires: Sudamericana, 1988.

RODRÍGUEZ MOLAS, Ricardo. *Historia social del gaucho*. Buenos Aires: Centro Editor de América Latina, 1982.

RUBINSTEIN, Zipora. *Shem Tov de Carrión: um elo entre três culturas*. São Paulo: Edusp, 1993.

SARMIENTO, Domingo Faustino. *Facundo: Civilización y barbarie*. Buenos Aires: Tecnibook, 2011. [Ed. bras.: *Facundo: Civilização e barbárie*. Trad. de Jaime A. Clasen. Petrópolis: Vozes, 1996.]

SCHWOB, Marcel. *Vidas imaginárias*. Prólogo de Jorge Luis Borges. Trad. de Duda Machado. São Paulo: Ed. 34, 1997.

STURLUSON, Snorri. *Edda*. Trad. e ed. de Anthony Faulkes. Vermont: Everyman, 1996.

THE POETIC EDDA. Trad., intr. e notas explicativas de Lee M. Hollander. Austin: University of Texas Press, 1996.

THE SAGA OF THE VOLSUNGS. The Norse epic of Sigurd the dragon slayer. Intr. e trad. de Jesse L. Byock. Middlesex: Hisarlik Press, 1993.

VALÉRY, Paul. *Oeuvres*. Paris: Gallimard, 1997. 2 v. (Bibliothèque de la Pléiade).

índice de verbetes

O corpus vocabular escolhido se restringe aos quatro volumes das *Obras completas*, da Editora Globo, que por sua vez seguiu o padrão da Editora Emecé, da Argentina. Atualmente, na Companhia das Letras, os títulos foram desdobrados em obras individuais.

a

b

d

e

i

j

k

n

o

s

t

U

V

W

X

Y

Z

índice onomástico

créditos das imagens

pp. 2, 5, 525 e 552: Ferdinando Scianna/ Magnum Photos/ Fotoarena
p. 14: © Maria Kodama, 1995. "Exame da obra de Herbert Quain" (*Ficções*). Víctor Aizenman, livreiro-antiquário, Buenos Aires
p. 16: © Maria Kodama, 1995. "As ruínas circulares" (*Ficções*). Víctor Aizenman, livreiro-antiquário, Buenos Aires
p. 86: Edición Peuser, 1935
p. 136: Gisèle Freund/ Granger/ Fotoarena
pp. 180, 228 e 522: Sara Facio
p. 196: © Estate of Grete Stern courtesy Galería Jorge Mara – La Ruche, Buenos Aires
pp. 214, 302 e 377: Norah Borges
pp. 254, 424 e 425: Alicia D'Amico/ Galería Vasari, Buenos Aires
p. 274: Paola Agosti
p. 282: Pepe Fernandez/ Galería Vasari, Buenos Aires
p. 292: Willis Barnstone
pp. 337 e 392: Annemarie Heinrich/ Galería Vasari, Buenos Aires
p. 419: Diane Arbus/ artist rooms, National Galleries of Scotland e Tate. Coleção adquirida com a doação de Anthony d'Offay, com suporte do National Heritage Memorial Fund e do Art Fund, 2008
p. 441: Renato dos Anjos/ Folhapress
p. 475: Jorge Luis Borges, 1969 © Eduardo Comesaña/ photographersdirect.com
p. 493: Jordi Socias
p. 500: Richard Avedon © The Richard Avedon Foundation
p. 512: Amanda Ortega
p. 518: Carta natal de Jorge Luis Borges, Xul Solar. Lápiz sobre cartón, 11 × 14,8 cm. Fundación Internacional Jorge Luis Borges

Esta obra foi composta em Fournier
e Futura por Raul Loureiro e impressa
em ofsete pela Geográfica sobre
papel Alta Alvura da Suzano Papel
e Celulose para a Editora Schwarcz
em junho de 2017

FSC
www.fsc.org
MISTO
Papel produzido
a partir de
fontes responsáveis
FSC® C019498

A marca FSC® é a garantia de que a madeira utilizada na fabricação do papel deste livro provém de florestas que foram gerenciadas de maneira ambientalmente correta, socialmente justa e economicamente viável, além de outras fontes de origem controlada.